Experiencias

Beginning Spanish

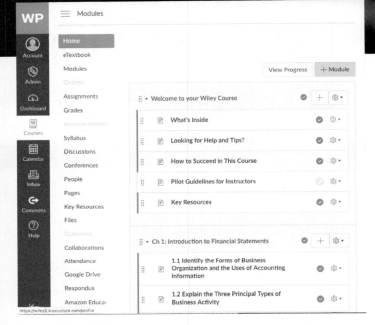

Experiencias

Beginning Spanish

DIANE CEO-DIFRANCESCO, PhD
Xavier University

KATHY BARTON, PhD
Professor Emerita Indiana University of Pennsylvania

GREGORY L. THOMPSON, PhD
Brigham Young University

ALAN V. BROWN, PhD
University of Kentucky

WILEY

SENIOR DIRECTOR WORLD LANGUAGES	Veronica Visentin
ACQUISITIONS EDITOR	Elena Herrero
DEVELOPMENTAL EDITOR	Miriam Olesiejuk Ayuso
EDITORIAL ASSISTANT	Jannil Perez
PRODUCT DESIGN LEAD	Karen Staudinger
SENIOR MARKETING MANAGER	Carolyn Wells
SENIOR CONTENT MANAGER	Valerie Zaborski
SENIOR PRODUCTION EDITOR	Sandra Rigby
PHOTO EDITOR	Kristin Piljay
SENIOR OPERATIONS MANAGER	Nancy Perry
SENIOR CREATIVE PRODUCT DESIGNER	Wendy Lai
COVER DESIGN	Wendy Lai

Cover Photo: © PeopleImages / Getty Images

This book was typeset in 9.5/12.5 Source Sans Pro at codeMantra and printed and bound by Quad/Graphics.

The cover was printed by Quad/Graphics.

Founded in 1807, John Wiley & Sons, Inc. has been a valued source of knowledge and understanding for more than 200 years, helping people around the world meet their needs and fulfill their aspirations. Our company is built on a foundation of principles that include responsibility to the communities we serve and where we live and work. In 2008, we launched a Corporate Citizenship Initiative, a global effort to address the environmental, social, economic, and ethical challenges we face in our business. Among the issues we are addressing are carbon impact, paper specifications and procurement, ethical conduct within our business and among our vendors, and community and charitable support. For more information, please visit our website: www.wiley.com/go/citizenship.

This book is printed on acid-free paper.

Library of Congress Cataloging-in-Publication Data
Names: Ceo-DiFrancesco, Diane, author. | Barton, Kathy, author. | Thompson, Gregory L. (College teacher), author. | Brown, Alan V., author.
Title: Experiencias : beginning Spanish / Diane Ceo-DiFrancesco, Kathy Barton, Gregory L. Thompson, Alan V. Brown.
Description: First edition. | Hoboken : Wiley, 2019. | Includes index.
Identifiers: LCCN 2019032241 (print) | LCCN 2019032242 (ebook) | ISBN 9781118382158 (paperback) | ISBN 9781119512479 (adobe pdf) | ISBN 9781119470922 (epub)
Subjects: LCSH: Spanish language—Textbooks for foreign speakers—English.
Classification: LCC PC4129.E5 C424 2019 (print) | LCC PC4129.E5 (ebook) | DDC 468.2/421—dc23
LC record available at https://lccn.loc.gov/2019032241
LC ebook record available at https://lccn.loc.gov/2019032242

ISBN 13 978-1-119-47092-2

The inside back cover will contain printing identification and country of origin if omitted from this page. In addition, if the ISBN on the cover differs from the ISBN on this page, the one on the cover is correct.

Printed in the United States of America.

V10013920_091919

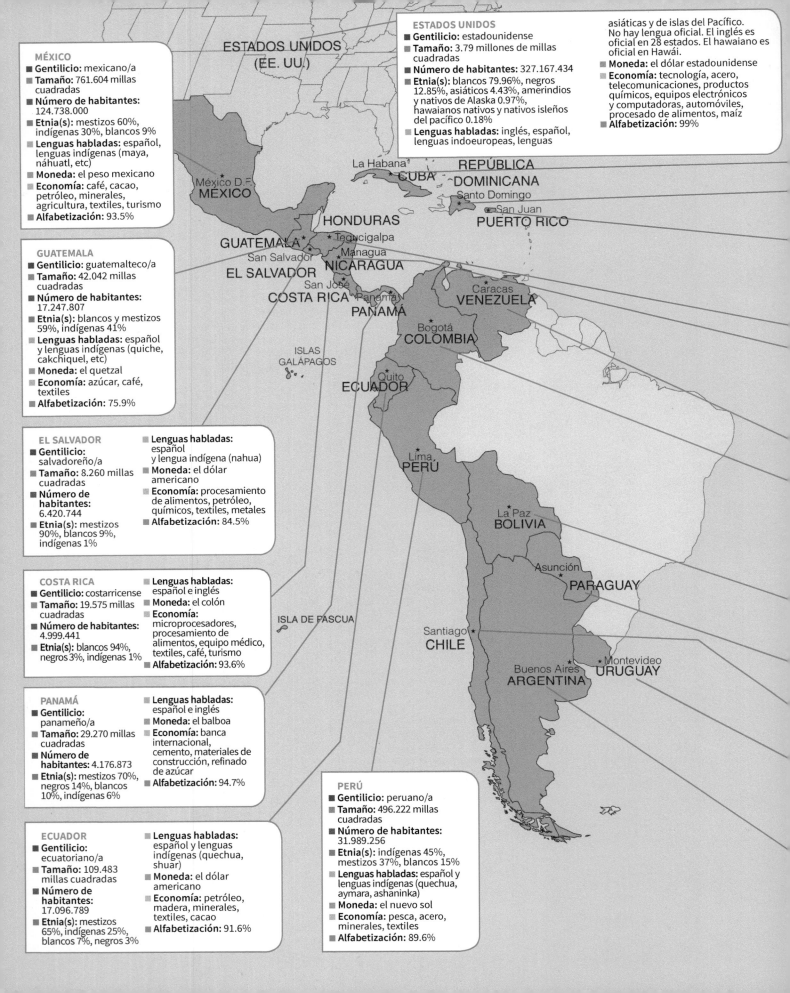

ESTADOS UNIDOS (EE. UU.)

MÉXICO
- **Gentilicio:** mexicano/a
- **Tamaño:** 761.604 millas cuadradas
- **Número de habitantes:** 124.738.000
- **Etnia(s):** mestizos 60%, indígenas 30%, blancos 9%
- **Lenguas habladas:** español, lenguas indígenas (maya, náhuatl, etc)
- **Moneda:** el peso mexicano
- **Economía:** café, cacao, petróleo, minerales, agricultura, textiles, turismo
- **Alfabetización:** 93.5%

GUATEMALA
- **Gentilicio:** guatemalteco/a
- **Tamaño:** 42.042 millas cuadradas
- **Número de habitantes:** 17.247.807
- **Etnia(s):** blancos y mestizos 59%, indígenas 41%
- **Lenguas habladas:** español y lenguas indígenas (quiche, cakchiquel, etc)
- **Moneda:** el quetzal
- **Economía:** azúcar, café, textiles
- **Alfabetización:** 75.9%

EL SALVADOR
- **Gentilicio:** salvadoreño/a
- **Tamaño:** 8.260 millas cuadradas
- **Número de habitantes:** 6.420.744
- **Etnia(s):** mestizos 90%, blancos 9%, indígenas 1%
- **Lenguas habladas:** español y lengua indígena (nahua)
- **Moneda:** el dólar americano
- **Economía:** procesamiento de alimentos, petróleo, químicos, textiles, metales
- **Alfabetización:** 84.5%

COSTA RICA
- **Gentilicio:** costarricense
- **Tamaño:** 19.575 millas cuadradas
- **Número de habitantes:** 4.999.441
- **Etnia(s):** blancos 94%, negros 3%, indígenas 1%
- **Lenguas habladas:** español e inglés
- **Moneda:** el colón
- **Economía:** microprocesadores, procesamiento de alimentos, equipo médico, textiles, café, turismo
- **Alfabetización:** 93.6%

PANAMÁ
- **Gentilicio:** panameño/a
- **Tamaño:** 29.270 millas cuadradas
- **Número de habitantes:** 4.176.873
- **Etnia(s):** mestizos 70%, negros 14%, blancos 10%, indígenas 6%
- **Lenguas habladas:** español e inglés
- **Moneda:** el balboa
- **Economía:** banca internacional, cemento, materiales de construcción, refinado de azúcar
- **Alfabetización:** 94.7%

ECUADOR
- **Gentilicio:** ecuatoriano/a
- **Tamaño:** 109.483 millas cuadradas
- **Número de habitantes:** 17.096.789
- **Etnia(s):** mestizos 65%, indígenas 25%, blancos 7%, negros 3%
- **Lenguas habladas:** español y lenguas indígenas (quechua, shuar)
- **Moneda:** el dólar americano
- **Economía:** petróleo, madera, minerales, textiles, cacao
- **Alfabetización:** 91.6%

ESTADOS UNIDOS
- **Gentilicio:** estadounidense
- **Tamaño:** 3.79 millones de millas cuadradas
- **Número de habitantes:** 327.167.434
- **Etnia(s):** blancos 79.96%, negros 12.85%, asiáticos 4.43%, amerindios y nativos de Alaska 0.97%, hawaianos nativos y nativos isleños del pacífico 0.18%
- **Lenguas habladas:** inglés, español, lenguas indoeuropeas, lenguas asiáticas y de islas del Pacífico. No hay lengua oficial. El inglés es oficial en 28 estados. El hawaiano es oficial en Hawái.
- **Moneda:** el dólar estadounidense
- **Economía:** tecnología, acero, telecomunicaciones, productos químicos, equipos electrónicos y computadoras, automóviles, procesado de alimentos, maíz
- **Alfabetización:** 99%

PERÚ
- **Gentilicio:** peruano/a
- **Tamaño:** 496.222 millas cuadradas
- **Número de habitantes:** 31.989.256
- **Etnia(s):** indígenas 45%, mestizos 37%, blancos 15%
- **Lenguas habladas:** español y lenguas indígenas (quechua, aymara, ashaninka)
- **Moneda:** el nuevo sol
- **Economía:** pesca, acero, minerales, textiles
- **Alfabetización:** 89.6%

La Habana
CUBA
REPÚBLICA DOMINICANA
Santo Domingo
San Juan
PUERTO RICO
HONDURAS
Tegucigalpa
Managua
San Salvador
NICARAGUA
EL SALVADOR
San José
Panamá
COSTA RICA
PANAMÁ
Caracas
VENEZUELA
México D.F.
MÉXICO
GUATEMALA
Bogotá
COLOMBIA
ISLAS GALÁPAGOS
Quito
ECUADOR
Lima
PERÚ
La Paz
BOLIVIA
Asunción
PARAGUAY
ISLA DE PASCUA
Santiago
CHILE
Buenos Aires
ARGENTINA
Montevideo
URUGUAY

PAÍSES DE HABLA HISPANA

CUBA
- **Gentilicio:** cubano/a
- **Tamaño:** 44.218 millas cuadradas
- **Número de habitantes:** 11.5 millones
- **Etnia(s):** blancos 37%, mulatos 51%, negros 11%
- **Lenguas habladas:** español
- **Moneda:** el peso cubano, el peso convertible
- **Economía:** azúcar, tabaco, turismo
- **Alfabetización:** 99.8%

REPÚBLICA D OMINICANA
- **Gentilicio:** dominicano/a
- **Tamaño:** 18.816 millas cuadradas
- **Número de habitantes:** 10.6 millones
- **Etnia(s):** mulatos 73%, blancos 16%, negros 11%
- **Lenguas habladas:** español
- **Moneda:** el peso dominicano
- **Economía:** azúcar, café, cacao, tabaco, cemento
- **Alfabetización:** 91.8%

ESPAÑA
- **Gentilicio:** español/a
- **Tamaño:** 194.896 millas cuadradas
- **Número de habitantes:** 47 millones
- **Etnia(s):** blancos
- **Lenguas habladas:** castellano (español), catalán, gallego, euskera
- **Moneda:** el euro
- **Economía:** maquinaria, textiles, metales, farmacéutica, aceituna, vino, turismo, textiles, metales
- **Alfabetización:** 98.1%

PUERTO RICO
- **Gentilicio:** puertorriqueño/a
- **Tamaño:** 3.435 millas cuadradas
- **Número de habitantes:** 3.38 millones
- **Etnia(s):** blancos 76%, negros 7%, otros 17%
- **Lenguas habladas:** español e inglés
- **Moneda:** el dólar americano
- **Economía:** manufactura (farmacéuticos), turismo
- **Alfabetización:** 93.3%

HONDURAS
- **Gentilicio:** hondureño/a
- **Tamaño:** 43.277 millas cuadradas
- **Número de habitantes:** 9.5 millones
- **Etnia(s):** mestizos 90%, indígenas 7%, negros 2%, blancos 1%
- **Lenguas habladas:** español y 9 lenguas indígenas
- **Moneda:** el lempira
- **Economía:** bananas, café, azúcar, madera, textiles
- **Alfabetización:** 88.5%

NICARAGUA
- **Gentilicio:** nicaragüense
- **Tamaño:** 50.193 millas cuadradas
- **Número de habitantes:** 6.4 millones
- **Etnia(s):** mestizos 69%, blancos 17%, negros 9%, indígenas 5%
- **Lenguas habladas:** español y 3 lenguas indígenas
- **Moneda:** el córdoba
- **Economía:** procesamiento de alimentos, químicos, metales, petróleo, calzado, tabaco
- **Alfabetización:** 82.8%

VENEZUELA
- **Gentilicio:** venezolano/a
- **Tamaño:** 362.143 millas cuadradas
- **Número de habitantes:** 28.9 millones
- **Etnia(s):** mestizos 69%, blancos 20%, negros 9%, indígenas 2%
- **Lenguas habladas:** español y 40 lenguas indígenas
- **Moneda:** el bolívar fuerte
- **Economía:** petróleo, metales, materiales de construcción
- **Alfabetización:** 96.3%

COLOMBIA
- **Gentilicio:** colombiano/a
- **Tamaño:** 439.735 millas cuadradas
- **Número de habitantes:** 49 millones
- **Etnia(s):** mestizos 58%, blancos 20%, mulatos 14%, negros 4%, indígenas 4%
- **Lenguas habladas:** español y 65 lenguas indígenas
- **Moneda:** el peso colombiano
- **Economía:** procesamiento de alimentos, petróleo, calzado, oro, esmeraldas, café, cacao, flores, textiles
- **Alfabetización:** 94.7%

BOLIVIA
- **Gentilicio:** boliviano/a
- **Tamaño:** 424.165 millas cuadradas
- **Número de habitantes:** 11 millones
- **Etnia(s):** mestizos 30%, indígenas 55%, blancos 15%
- **Lenguas habladas:** español y 39 lenguas indígenas incluyendo quechua y aymara
- **Moneda:** el boliviano
- **Economía:** gas, petróleo, minerales, tabaco, textiles
- **Alfabetización:** 95.7%

GUINEA ECUATORIAL
- **Gentilicio:** guineano/a, ecuatoguineano/a
- **Tamaño:** 10.830 millas cuadradas
- **Número de habitantes:** 1.3 millones
- **Etnia(s):** fang 86%, otras etnias africanas 14%
- **Lenguas habladas:** español, y lenguas indígenas (fang, bubi)
- **Moneda:** el franco CFA
- **Economía:** petróleo, madera, cacao, café
- **Alfabetización:** 95.3%

PARAGUAY
- **Gentilicio:** paraguayo/a
- **Tamaño:** 157.047 millas cuadradas
- **Número de habitantes:** 6.9 millones
- **Etnia(s):** mestizos 95%
- **Lenguas habladas:** español y guaraní
- **Moneda:** el guaraní
- **Economía:** azúcar, carne, textiles, cemento, madera, minerales
- **Alfabetización:** 93.9%

CHILE
- **Gentilicio:** chileno/a
- **Tamaño:** 292.257 millas cuadradas
- **Número de habitantes:** 18.7 millones
- **Etnia(s):** mestizos 65%, blancos 25%, indígenas 5%
- **Lenguas habladas:** español y 9 lenguas indígenas
- **Moneda:** el peso chileno
- **Economía:** minerales (cobre), agricultura, pesca, vino
- **Alfabetización:** 97.5%

URUGUAY
- **Gentilicio:** uruguayo/a
- **Tamaño:** 68.037 millas cuadradas
- **Número de habitantes:** 3.5 millones
- **Etnia(s):** blancos 88%, mestizos 8%, negros 4%
- **Lenguas habladas:** español
- **Moneda:** el peso uruguayo
- **Economía:** carne, metales, textiles, productos agrícolas
- **Alfabetización:** 99.5%

ARGENTINA
- **Gentilicio:** argentino/a
- **Tamaño:** 1.065.000 millas cuadradas
- **Número de habitantes:** 44.3 millones
- **Etnia(s):** blanco 97%
- **Lenguas habladas:** español
- **Moneda oficial:** el peso argentino
- **Economía:** carne, trigo, lana, petróleo
- **Alfabetización:** 97.9%

1 milla = 1.6 km

- **Gentilicio:** Nationality
- **Tamaño:** Size
- **Número de habitantes:** Population
- **Etnia(s):** Ethnic group(s)
- **Lenguas habladas:** Spoken Languages
- **Moneda oficial:** Currency
- **Economía:** Economy
- **Alfabetización:** Literacy

Madrid
ESPAÑA
ISLAS BALEARES
Ceuta
Melilla
ISLAS CANARIAS
Malabo
GUINEA ECUATORIAL

About the Authors

DIANE CEO-DIFRANCESCO, PhD Writing *Experiencias* with the author team has been a wonderful way of tying together my many interests and experience: research, teaching, consulting, and globally engaged learning. With a PhD in Spanish Applied Linguistics and Teaching Methodology from the University of Pittsburgh, I ultimately landed in Cincinnati where I teach courses in Spanish language, linguistics, and world language pedagogy at Xavier University. I often work with undergraduate and graduate pre-service teachers, supervising fieldwork and student teaching, and as a consultant with K-12 world language teachers. Over the years, instructing Spanish to students at all levels and ages in a variety of contexts, I have found that teaching metacognitive learning strategies, integrating culture and facilitating authentic interaction are effective ways to engage students in successful communication. My research in applied linguistics and language pedagogy, and my experience serving as Faculty Director of both the Center for Teaching Excellence and the Eigel Center for Community-Engaged Learning at Xavier University have influenced the pedagogical underpinnings and the array of tasks, activities and learning strategies in *Experiencias*. My love for travel has taken me around the world, leading study abroad and immersion programs for students, faculty and staff to numerous Spanish-speaking countries. I also research and facilitate student interaction through virtual exchange. It is my hope that *Experiencias* inspires learners to explore, experience, and interact with different peoples, opening their minds to diverse ideas and perspectives.

I dedicate *Experiencias* to my family. I deeply appreciate their patience and encouragement throughout the development of this project. I thank my supportive colleagues around the globe who continue to inspire me. To my students, for all the fun that we have had learning together. Thank you for helping me to grow as an educator.

KATHY BARTON, PhD It was a six grade trip to watch the Pittsburgh Pirates play baseball that would later spark my passion for the Spanish language, people and culture. Sitting in my bleacher seat I was dazzled by the performance of right fielder, Roberto Clemente and from that afternoon I carried the dream of meeting him one day. My passion for teaching became evident during choice of Spanish Education followed by an MA in Hispanic Literature at Indiana University of Pennsylvania (IUP) and a PhD in Spanish Applied Linguistics and Teaching Methodology from the University of Pittsburgh. My professional life had been the main focus of my years and, until my retirement, had revolved around 32 years as a faculty member in the Department of Foreign Languages at IUP teaching Spanish language courses, conversation, and methodology along with observing student teachers and supervising interns in Mexico and Costa Rica. I always considered the time well spent and so very worthwhile and fulfilling, knowing they would be bringing to fruition their years of study. In addition, two special experiences have brought me great professional fulfillment: the initiation and development of an after school Spanish program for the benefit of 2nd graders at a local elementary school and, the opportunity to work with the *Experiencias* team. Although I never had the opportunity to meet Roberto Clemente and still, at times, mourn his untimely death, he would never know the impact his life, his God given talents and his humanitarian gifts have had on my life path. I have much to be thankful for and IUP, my students, my colleagues many travel experiences over the years have added much to my fulfillment in teaching and my happiness.

I dedicate *Experiencias* to Morgan and Scarlett, both a constant source of joy in my life. May they grow to love and experience the Spanish language and culture as much as their grandmother.

GREGORY L. THOMPSON, PhD I am the son of a teacher, the brother of a teacher, the nephew of several teachers, and likely the father of future teachers as my daughters are interested in following in my footsteps. I always wanted to be a teacher growing up and received my bachelors with a double major in math and Spanish teaching in 1999. I then decided to continue my education receiving an MA in Spanish Pedagogy from Brigham Young University (2001) and then a PhD in Second Language Acquisition and Teaching from the University of Arizona (2006). I have taught classes in language pedagogy, bilingualism, Spanish phonetics, applied linguistics, as well as classes on the development of language skills. I have published articles in areas including code-switching in the foreign language classroom; heritage language learners; service-learning and language acquisition; bilingualism and languages in contact; and placement exams and language testing. I have also published three books titled *Intersection of Service and Learning: Research and Practice in the Second Language Classroom; Spanish in Bilingual and Multilingual Settings around the World;* and *The Changing Landscape of Spanish Language Curricula: Designing Higher Education Programs for Diverse Students.* Currently I am working at Brigham Young University in the pedagogy section of the Department of Spanish and Portuguese. I have had the opportunity to supervise intermediate Spanish since 2012. I feel strongly that the training I have received, my research experience, and my 20+ years of teaching experience have helped me in working on this extensive textbook project of *Experiencias.* Working with this author team on *Experiencias* has helped not only as a professional in the field but also as a professor and as a supervisor of instructors.

I dedicate this work to my family for their loving support, to my students who teach me every day, and to all of those educators who have changed my life and continue to inspire me.

ALAN V. BROWN, PhD I was raised in Southern California by a Spanish teacher though I rarely got to see my father in the classroom. I knew he was rather well liked by his students and his colleagues, and a bit loony in the classroom as compared to how he was at home. It never crossed my mind as a child and teenager that I might follow a similar path as my dad. But when I got my first taste of teaching Spanish in 1995 working as a part-time instructor of small groups of volunteer missionaries during college, I fell in love. It was then that I realized that language teaching, specifically Spanish language teaching brought out the parts of my personality that I enjoyed most. I then became certified as a secondary Spanish teacher at Brigham Young University, received a Master's in Spanish Pedagogy from the same university, and subsequently completed a doctorate in Second Language Acquisition and Teaching from the University of Arizona. All during this time I taught Spanish, and ESL at times, at the post-secondary level. I am currently on faculty at the University of Kentucky as a member of the Hispanic Studies Department and enjoy teaching and learning about all things related to Spanish applied linguistics, Spanish language teaching and learning, and Spanish second language acquisition. I have published my research in a variety of journals on language pedagogy, curriculum development, and assessment. I also co-authored a book with Greg entitled *The Changing Landscape of Spanish Language Curricula: Designing Higher Education Programs for Diverse Students.*

I want to thank my co-authors for inviting me to form part of the team and for their patience with me as I learned, at times hesitantly, the rigors of writing a language textbook. I dedicate this work to those tireless, underpaid Spanish teachers, regardless of level, who truly believe in the transformative power of multi-lingualism.

Preface

What if your students had a mentor as they were learning Spanish? In *Experiencias*, students meet Daniel and Sofía, mentors who guide them through the language learning process and offer learning strategies and insights into Spanish-speaking cultures. Focusing on meaningful and authentic communication, *Experiencias* provides a four-semester sequence that uses research in second language acquisition, metacognition, and learner-centered pedagogy to create a student-centered text.

In *Experiencias Beginning*, students meet Daniel, a 25-year-old heritage speaker who works as a journalist and television host. In each chapter, students watch Daniel's 'how-to' show where he interviews guests who teach skills like cooking a regional dish, creating a practical schedule, or shopping at a market. Daniel also blogs about his favorite places, movies, music, and people. Sofía expands on these perspectives and topics in *Experiencias Intermediate*.

Guided by the *ACTFL Proficiency Guidelines* (2012), *Experiencias* concentrates on what students can realistically communicate after two to four semesters of classroom-based Spanish language instruction. *Experiencias Beginning* develops oral communication and literacy through a variety of authentic tasks. With the help of *Experiencias Intermediate*, students continue to develop communicative competencies while also focusing on practical literacies, digital humanities, and job-related skills. The communicative nature of the tasks found in the book encourages students to begin using Spanish immediately in the classroom as they develop their own personal meaning.

Conceptual Foundation of *Experiencias*

Experiencias utilizes the findings from the authors' own classroom-based research in designing a program that allows students' language proficiency to develop efficiently and effectively. This program focuses on what students perceive as one of the most interesting aspects of learning Spanish: the cultures of Spanish-speaking countries and the perspectives of native speakers. *Experiencias* allows students to experience language in an authentic way, weaving culturally relevant topics throughout each chapter.

Experiencias presents students with strategies that encourage them to take charge of their language learning experience. The text offers a rich and rewarding language-learning experience in which students are likely to feel a sense of accomplishment, experience the Spanish language and associated cultures, and develop as life-long learners beyond the classroom setting.

How does *Experiencias* achieve its goals?

Experiencias utilizes the goals of the *ACTFL World-Readiness Standards for Learning Languages* (2015) as its organizational framework, embraces the *ACTFL Proficiency Guidelines* (2012) and fosters active, student-centered learning. By extending the language learning experience beyond the traditional grammatical syllabus, *Experiencias* addresses the frequent complaint from students after completing introductory programs that though they have some knowledge of Spanish grammar and basic comprehension skills, they cannot effectively communicate in the language. In every chapter, *Experiencias* offers realistic interactive encounters that relate to topics of interest to today's language students.

Key Features of the Program

Video Components

Appealing to the 21st century learner, the unique videos in *Experiencias Beginning* present Daniel and his Spanish-speaking friends sharing their life experiences on Daniel's 'how-to' show. In a casual setting featuring cross-cultural comparisons, Daniel's videos allow students to practice real-life skills. In *Experiencias Beginning*, Daniel also narrates short video segments throughout the chapters, offering language acquisition tips and strategies. In *Experiencias Intermediate*, Sofía presents native speakers from the community with contemporary issues and asks for their perspectives on each topic.

Language Learning Strategies

Today's students may have very specific and rigid ideas on how languages are learned, and when their favorite strategies do not work they become overwhelmed. They may need specific strategies to help them build on their potential. Students can quickly benefit from the useful suggestions and hints. Daniel presents metacognitive strategies for students to be more effective learners throughout *Experiencias Beginning*.

Culture as Content

Culture is the point of departure for the entire language learning experience in *Experiencias*, with relevant cultural information integrated into authentic tasks and activities. Each chapter focuses on a country, as learners experience a variety of perspectives and rich contexts of the Spanish-speaking world through videos, blogs, realia, country-specific information, and other sources of media.

Technology

Experiencias addresses the unique technology needs of 21st century language learners through *WileyPLUS*. Students are provided with guided learning paths in a mobile and accessible environment. They are provided with opportunities to collaborate and practice virtually, at times that suit their schedule. Instructors can test students speaking skills as they complete video assignments synchronously and asynchronously on their own or with their peers. They have access to adaptive practice to identify and focus on areas that challenge them and engage with that content.

Reduced Grammatical Syllabus

Experiencias limits its grammatical syllabus, deliberately focusing on high frequency structures and devoting more time to challenging areas through recycling and creative communication. Grammatical explanations include both inductive and deductive approaches, while avoiding overly technical terminology when possible. In *Experiencias*, students devote more time to interaction with others and the development of literacy, rather than completing grammar exercises.

Activities and Tasks

Experiencias offers carefully sequenced activities, pre-tested in the authors' own classes, that focus on personal interaction and real communication. All face-to-face activities are easily adaptable for digital environments and writing assignments.

Recycling

Throughout both volumes, *Experiencias* incorporates activities that recycle previously learned material but with new topics, which allows students to continue mastering vocabulary and structures encountered earlier in the program.

Independent Practice

For flipped and hybrid courses, additional activities follow the organizational framework of the textbook and complement classwork by providing extended and independent practice both in the text and in *WileyPLUS*.

Experiences

Experiencias is designed to lead students on a journey through the Spanish-speaking world using the Spanish language as they broaden their horizons and truly experience the Spanish language, its cultures, and peoples.

The Complete Program

The textbook is available in various formats to ensure student access at a price point that meets their needs. For a desk copy or to access our online platform, WileyPLUS, please contact your local Wiley sales representative, or call our Sales Office at 1-800-CALL-WILEY (800-225-5945).

If you want to find out more about this title, visit https://www.wileyplus.com/world-languages/ceo-difrancesco-experiencas-1e-eprof17281

Student Textbook

978-1-118-5178-7-1
The textbook is organized into 12 chapters.

Annotated Instructor's Edition

978-1-118-3821-5-8
The Annotated Instructor's Edition includes a variety of marginal annotations with teaching tips, scripts for the listening activities, expansion activities, notes for flipping the classroom, and answers to discrete point exercises.

WileyPLUS

For details on the *WileyPLUS* platform, visit https://www.wileyplus.com/platforms/wileyplus/

What Do Students Receive with *WileyPLUS*?

An easy-to-navigate presentation of all the course materials, which is organized by modules at the learning objective level. Each module provides:

- Access to the relevant chapter content in an enhanced eText with embedded audio and video
- Related resources and media that engage students and reinforce the module's learning objective
- Innovative features such as self-evaluation tools that improve time management and strengthen areas of weakness.

With *WileyPLUS*, students receive 24/7 access to resources that promote positive learning outcomes. WileyPLUS provides students with a clear path through the course material and assignments, helping them stay engaged and on track. All the material found in *WileyPLUS* is also fully accessible.

WileyPLUS for *Experiencias*

Enhanced e-text:

- **Audio Program:** The e-text features links to all recordings for the listening activities in the textbook, as well as the vocabulary in the *Exploremos el vocabulario* sections, and the *Repaso de vocabulario* list at the end of the chapters.
- **Video Program:** The unique videos in *Experiencias Beginning level* present Daniel and his Spanish-speaking friends sharing their life experiences on Daniel's 'how-to' show. In a casual setting featuring cross-cultural comparisons, Daniel's videos allow students to practice real life skills. Daniel also narrates short video segments throughout the chapters, offering language acquisition tips and strategies.

Students are also provided with a suite of tools that allow them to easily search content, highlight and take notes, and read offline.

Resources and Media:

- **Interactive vocabulary presentations** allow students to engage with *Exploremos el vocabulario* items via embedded audio and drag and drop activities.
- **Animated grammar tutorials** reinforce key grammatical lessons.
- **Audio flashcards** offer pronunciation, English/Spanish translations, and chapter quizzes.
- **Verb conjugator** provides guidance and practice for conjugating verbs.
- *La pronunciación* offers basic rules and practice for pronouncing the alphabet, diphthongs, accent marks, and more.

- **English grammar checkpoints** allow students to review their use of the major grammar points from the textbook in the English language.
- **Orthographic Accents** helps students learn the basic concepts of the Spanish written accent system so that they can improve their pronunciation.

Practice
In-text activities have been programmed and presented for student practice along with the associated section content.

Assignment Material

- **Video assignments** provide synchronous and asynchronous options allowing instructors to test students speaking skills as students complete assignments, either on their own or with their peers.
- **Prebuilt assignments** created from questions available in *WileyPLUS* can be used as-is or easily customized to meet specific course goals.
- **Adaptive Practice** provides students with a personal, adaptive learning experience so they can build their language skills and use their study time most effectively. *WileyPLUS* Adaptive Practice helps students learn by learning about them.

What Do Instructors Receive with WileyPLUS?

WileyPLUS gives instructors the freedom and flexibility to tailor curated content and easily manage their course to keep students engaged and on track. It provides reliable, customizable resources that reinforce course goals inside and outside of the classroom as well as tracking of individual student progress. Pre-created materials and activities help instructors optimize their time. All Instructor Resources are also available via *WileyPLUS*. These include:

- **Sample Syllabi** are included for quarters and semesters.
- **Image Gallery:** Collection of the photographs, illustrations, and artwork from each chapter of the textbook.
- **Test bank:** Collection of assignable questions that allow instructors to build custom exams; select Test bank questions are also available in Wodrd documents.
- **Printable exams with answer keys, audio files, and scripts:** There are two different exam versions per chapter, two partial and two final exams, and one IPA exam every 3 chapters.
- **Lab Manual audio script:** Script for each of the listening activities in the chapter.

Acknowledgments

The **Experiencias** authors wish to express a very sincere and heartfelt thank you to the many individuals who were instrumental in making this first-edition project possible.

First, we gratefully acknowledge the indispensable contributions of members of the Wiley team: Elena Herrero, for her leadership and dedication to all aspects of this project, for sharing her innumerable creative insights, her enthusiasm, patience and encouragement; Miriam Olesiejuk Ayuso, our Development Editor, for her careful eye, incredible energy, diligence and commitment. We are also grateful to Amy Huseman, for her organization, support, and loyalty to our project; and to Maruja Malavé for her commitment on the first stages of the program.

We wish to thank Kristin Piljay, Photo Editor, for her creative energy in locating beautiful images for our book; to Karen Staudinger, Product Design Lead for guiding us in resource development; and to Sandra Rigby and Valerie Zaborski for coordinating all the technical aspects of production. We wish to recognize Teresa Roig-Torres, PhD and Angie Woods, PhD for their creative work on designing the testing program. We are tremendously grateful for their expertise and experience.

For their generous assistance in providing photos, we acknowledge and thank Elena Casillas, Kim Diehl, Mark DiFrancesco, Vincent DiFrancesco, Miriam Olesiejuk Ayuso and Oscar Kennedy Mora.

We want to thank all of the reviewers listed below, as well as additional colleagues, who took time out of their busy schedules to carefully pour over preliminary drafts of the manuscript. As educators ourselves, we appreciate the numerous demands on their time, energy, and expertise, and we want to assure them that their efforts have not gone unnoticed. Their insightful feedback has helped us to make *Experiencias* more relevant to their needs and the needs of their students. Nevertheless, we take full responsibility for any errors, omissions, or inaccuracies.

Amy Carbajal, *Western Washington University*
Susana Blanco-Iglesias, *Macalester College*
Todd Hernández, *Marquette University*
Dolores Flores-Silva, *Roanoke College*
Lilian Baeza-Mendoza, *American University*
Sean Dwyer, *Western Washington University*
Ryan LaBrozzi, *Bridgewater State University*
D. Eric Holt, *University of South Carolina, Columbia*
Karina Kline-Gabel, *James Madison University*
Jealynn Liddle Coleman, *Wytheville Community College*
Linda McManness, *Baylor University*
Julio Hernando, *Indiana University South Bend*

Robert Turner, *University of South Dakota*
Bridget Morgan, *Indiana University South Bend*
Jorge Muñoz, *Auburn University*
Barry Velleman, *Marquette University*
Catherine Wiskes, *University of South Carolina - Columbia*
Mirna Trauger, *Muhlenberg College*
Rachel Payne, *University of St. Joseph*
Patricia Orozco, *University of Mary Washington*
Héctor Enríquez, *University of Texas at El Paso*
Ava Conley, *Harding University*
Chelsa Ann Bohinski, *Binghamton University*
Ron Cere, *Eastern Michigan University*
Terri Wilbanks, *University of South Alabama*
Rebecca Carte, *Georgia College & State University*
James Davis, *Howard University*
Mónica Millán, *Eastern Michigan University*
Jorge González del Pozo, *University of Michigan-Dearborn*
Deyanira Rojas-Sosa, *SUNY New Paltz*
Luz Marina Escobar, *Tarrant County College Southeast Campus*
Louis Silvers, *Monroe Community College*
Julia Farmer, *University of West Georgia*
Alan Hartman, *Mercy College*
Chesla Ann Bohinski, *Binghamton University - Main Campus*
Jeff Longwell, *New Mexico State University*
John Burns, *Rockford College*
Martha Simmons, *Xavier University*
Rosa María Moreno, *Cincinnati State Tech*
Teresa Roig-Torres, *University of Cincinnati*
Francisco Martínez, *Northwestern Oklahoma State University*
Dana Monsein, *Endicott College*
David Schuettler, *The College of St. Scholastica*
Kenneth Totten, *The University of Cincinnati and The Art Institute of Ohio - Cincinnati*
Marlene Roldan-Romero, *Georgia College & State University*
Aurora Castillo, *Georgia College & State University*
Jorge González del Pozo, *University of Michigan-Dearborn*
Marta Camps, *George Washington (Foggy Bottom)*
Carla Aguado Swygert, *University of South Carolina ~ Columbia, SC*
Nuria R. López-Ortega, *University of Cincinnati*
Terri Rice, *University of South Alabama*
Deanna Mihaly, *Virginia State University Petersburg*
Simone Williams, *William Paterson University*
Rafael Arias, *Los Angeles Valley College*
Lourdes Albuixech, *Southern Illinois University*
Cristina Sparks-Early, *Northern Virginia Community College-Manassas*
Melany Bowman, *Arkansas State University*

Visual Walkthrough

Each chapter opens with photos taken in the featured countries. Questions are posed to activate students' previous knowledge, while at the same time, introducing them to the cultural themes that will be explored in each chapter.

OBJETIVOS COMUNICATIVOS

By the end of this chapter, you will be able to...

- identify friends, family members and their activities.
- engage in meaningful communication with others regarding activities and obligations.
- describe weather conditions.
- talk about the seasons.
- describe familiar people and places.
- state information or facts of interest.

OBJETIVOS CULTURALES

By the end of this chapter, you will be able to...

- explain the importance of family in Hispanic cultures.
- demonstrate an understanding of the use of surnames in Hispanic cultures.
- compare the relationship among family members in the United States and other Spanish speaking countries.
- identify the importance of ecotourism and the National Parks in Costa Rica and Panama.

Objetivos

Communicative and cultural objectives are written with students in mind and are aligned with the *ACTFL World-Readiness Standards for Learning Languages* (2015).

ENCUENTROS

Video ▶ Cómo hacer un árbol genealógico

5.1 Observaciones. En este video vas a aprender cómo se hace un árbol genealógico. Para empezar, mira el video y contesta las siguientes preguntas.

1. ¿Qué tecnología utiliza Carmen?
2. ¿Qué necesitas para hacer un árbol genealógico?

WileyPLUS
Go to WileyPLUS to watch this video.

Estrategia de estudio: Understanding Spanish in the Video

Remember, you are not expected to understand every word in this video. Instead, focus on the vocabulary and what you want to learn about the family presented.

Encuentros Video

Daniel and his Spanish-speaking friends share their life experiences on Daniel's 'how-to' show. In a casual setting featuring cross-cultural comparisons, Daniel's videos allow students to practice real-life skills. Comprehension and personalized activities based on the videos are included here. Students will revisit the video at the end of the chapter and will film their own how-to video.

Estrategias de estudio

Strategically located throughout each chapter are boxes with metacognitive strategies, presented by Daniel, to guide and support the students during their language learning experience.

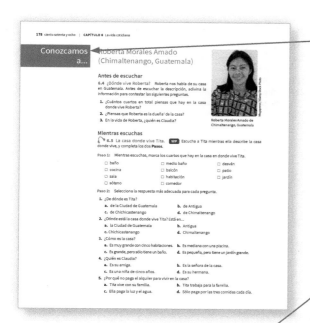

Conozcamos a…

The *Conozcamos a…* section introduces students to cultural information of the featured Spanish-speaking countries. Native speakers share their personal experiences and stories with students through audio presentations that engage students in contextualized language before examining specific vocabulary themes and grammar points. A brief overview, statistical information, typical expressions and vocabulary, and photos of places of interest pertaining to the featured country or countries in each chapter are also provided. Students interact directly with the content and create their own portfolio of interesting places and information.

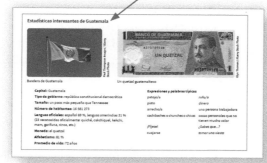

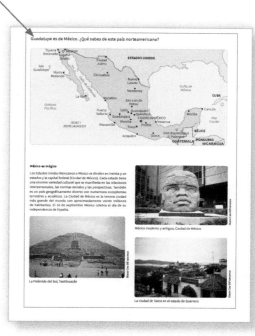

Exploraciones

Each *Exploraciones* section begins with a vocabulary presentation. Thereafter, vocabulary and grammar are presented for students to interact by engaging in contextualized and authentic tasks in each chapter. At the end of the *Exploraciones* section, interactive situations are included to prompt the communicative use of new structures and vocabulary from the chapter, as well as recycled lexical and grammatical items.

Exploremos el vocabulario

New lexical items are introduced in contextualized and creative ways with activities that move students from input to output and additional student interaction. This section equips students with the basic lexicon for communication without excessively long lists. Throughout the text, students are encouraged to pay attention to cognates and to apply metacognitive strategies to aid in their acquisition of new lexical items.

Situaciones

Real world, interactive tasks are strategically placed throughout each chapter so that students communicate in new contexts. These tasks are open-ended, requiring students to interact in creative conversations.

2.34 Situaciones.   Choose role **A** or **B** to participate in a conversation in Spanish.

A- You are going to Mexico on a university exchange program. The family you will live with during your stay would like to know how to recognize you at the airport when you arrive. Describe yourself to your partner as if you were speaking by phone to the mother of your Mexican family. Don't forget to greet the mother of the family.

B- You are the mother of the Mexican family who is about to host a university student from the United States. You call the student to get a physical description, since you are headed to the airport in Mexico City and want to know how to identify the student. Ask a few questions to clarify what the student tells you and describe yourself to the student.

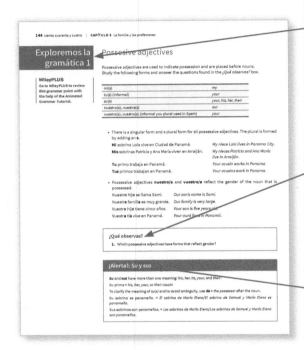

Exploremos la gramática

Grammar explanations are written in English, incorporating useful and comprehensible terminology. Concise, easy to follow explanations with contextualized examples are incorporated and serve as a guide or road map to communication.

¿Qué observas?

Strategically located within the grammar explanations are boxes with guiding questions, prompting students to observe and analyze grammar elements in order to co-construct a conceptual model of the structures that are explored.

¡Alerta!

The *¡Alerta!* section offers students contextualized grammar hints, when needed, in order to facilitate communication. These grammar hints are presented in *¡Alerta!* boxes since they do not need a long explanation.

Cultura viva

Information boxes throughout the chapter remind students that language and culture are inextricably connected. Students receive basic tips for getting along in the target culture. Each tip reveals thematically-based practices and perspectives and aids students in deepening their understanding of the target cultures.

Cultura viva

Utensilios tradicionales

In both Guatemala and El Salvador, a **hamaca** (See photo in **Después de escuchar**, section **Te presentamos a...**) is a traditional piece of furniture used for sleeping or resting. In the countryside, it was often woven by hand using natural fibers like cotton or henequen and natural dyes to make colorful designs. Today most hammocks are made from synthetic fibers. A **comal** is a large stone that serves as a griddle or stove top to cook the **tortillas** when placed on top of a fire or hot coals. A **petate** is a bedroll woven of dried palm leaves. It is unrolled for sleeping on the floor or on warm evenings, outside. It can also be used to dry seeds or beans. A **metate** or mortar is a traditional stone used for grinding corn or other grains.

Brent Hofacker / 123RF

El español cerca de ti

Students are presented with a task that allows them to examine the Spanish language and Spanish-language cultures in students' own communities and beyond. Tasks involve investigations of chapter themes and the presence of the Spanish language in the local community or through the internet, in a broader setting.

6.26 El español cerca de ti. Tu clase investiga el papel del género relacionado con los quehaceres domésticos. En tu universidad o en Internet, busca a un/a latino/a para preguntarle quién de su casa hace generalmente cada quehacer de la lista que estudiamos. Después, tu clase hará una tabla para ver cuántas mujeres y cuántos hombres hacen cada quehacer doméstico. Pueden comparar estos números con las experiencias de los estudiantes en la clase.

EXPERIENCIAS

Experiencias

Readings in the *Experiencias* section are accompanied by reading and writing strategies and culminating task-based activities… *Estrategias de escritura* guide students through the writing tasks and facilitate the development of presentational writing. Students prepare to work with the texts by making predictions about the content and the new vocabulary and relating their own experiences with the topic. Incorporating the interpretive mode, students attempt to move beyond basic comprehension of the text by applying higher order thinking skills. The contextualized tasks reinforce the cultural, literary, functional, and lexical knowledge of the chapter as they involve students in target language interactions from the very beginning of instruction.

El blog de Daniel

Cuernavaca y las escuelas de lengua

Noticias   Información   Fotos   Amigos   Archivos

Courtesy of Harriet Goff Guerrero

Comunidad Educativa Cemanahuac, en Cuernavaca, México.

Si quieren estudiar español en un lugar estupendo, les recomiendo la ciudad de Cuernavaca. En Cuernavaca hay muchos institutos de lengua para estudiar todos los días. Mi favorito es Cemanahuac. En Cemanahuac, las clases son pequeñas, los profesores son inteligentes y muy pacientes, y las excursiones son populares e interesantes. Mis amigos Charlie y Harriet son los directores del instituto. Charlie tiene un blog propio, muy interesante. Escribe en inglés sobre varios aspectos de la cultura mexicana.

2.36 Investigación de Cemanahuac. You have a friend who mentioned she'd like to study abroad in Mexico this summer. Since Daniel has recommended Cemanahuac, you decide to find out more for her by completing the next **Pasos**.

Paso 1: Use your favorite Internet mapping site to find Cuernavaca, Mexico and the location of the language institute.

Paso 2: Visit the website for Cemanahuac Spanish School and answer the following questions.

1. ¿Qué excursiones hay? _____ _____
2. ¿Qué actividades hay? _____ _____
3. ¿Cuánto cuestan las clases? $ _____ por semana.
4. ¿Dónde prefieres quedarte?
   _____ en un hotel   _____ con una familia   _____ en un apartamento pequeño

El blog de Daniel

Each chapter presents a new entry of Daniel's blog highlighting unique places in Spanish-speaking countries. Students view the countries and cultures through Daniel's eyes and experiences: photos, authentic places, and new cultural information. Students will interact directly with the content and create their own blog of interesting places and information.

La presidenta Laura Chinchilla

5.39 La primera mujer presidenta de Costa Rica. La siguiente lectura describe la vida de Laura Chinchilla. Antes de leer la selección, lee la estrategia.

John Berry / Wireimage / Getty Images

Laura Chinchilla, presidenta de Costa Rica de 2010 a 2014.

Te presentamos a…

Estrategia de lectura: Scanning

Scanning is a reading technique that involves reading quickly to locate specific information, such as the main idea of a passage, cognates and familiar vocabulary. Utilizing this strategy prior to completing a thorough read through of the selection will assist with your reading comprehension of any reading passage.

Antes de leer

Paso 1:   Revisa la selección y selecciona todos los cognados.

Paso 2:   Lee la selección con cuidado. Recuerda que no tienes que entender cada palabra, sino que puedes enfocarte en la descripción de la mujer y el hogar[11].

Laura Chinchilla Miranda nace el 28 de marzo de 1959, al sur de San José, en una familia de clase media. Es la única hija y la mayor de cuatro hermanos. Al cumplir sus 18 años, viaja por Centroamérica, y comprende así el privilegio de nacer en un país sin ejército. También descubre su vocación por la política. Ella decide estudiar ciencias políticas en la Universidad de Costa Rica. Posteriormente, obtiene una maestría en Políticas Públicas de la Universidad de Georgetown, en Estados Unidos.

Doña Laura dedica gran parte de su vida profesional al servicio público en Costa Rica. Fue la primera Ministra de Seguridad Pública en la historia del país. Desde mayo de 2006 y hasta octubre del 2008, doña Laura fue la Primera Vicepresidenta de la República durante el gobierno de don Oscar Arias Sánchez, así como Ministra de Justicia. En el proceso electoral del año 2010, como candidata del Partido Liberación Nacional, doña Laura Chinchilla se convierte en la primera mujer en alcanzar la Presidencia en la historia de Costa Rica el 8 de mayo de 2010. Sesenta años después de que las mujeres votan por primera vez en Costa Rica, la primera mujer Presidenta de la República sueña con[12] un país más próspero, más solidario y ecológicamente sostenible. Laura forma su hogar junto a José María Rico Cueto, con quien se casa en el año 2000 y con quien tiene un hijo, José María Rico Chinchilla. Es bien reconocida la cercana relación que tiene con sus padres, don Rafael Ángel y doña Emilce, pues doña Laura dice que la familia, junto con el trabajo, son las dos grandes pasiones de su vida.

Te presentamos a…

Students can explore the lives of real individuals from the Spanish speaking world: politicians, authors, actors, activists, and others whose work has contributed significantly to their culture and society. A series of tasks accompany each reading to scaffold students' literacy development.

Cultura y sociedad

Students are exposed to language presented through authentic readings, visuals, and cultural contexts. Extending the cultural information of each chapter, this content includes cultural readings which exposes students to unique perspectives from each country.

Cultura y sociedad

Las ruinas arqueológicas de Guatemala y El Salvador

6.43 Tikal y Tazumal. En Centroamérica hay muchos sitios arqueológicos de civilizaciones antiguas que puedes explorar. Sigue los **Pasos** para aprender sobre dos de ellos.

Antes de leer

Paso 1:   Como preparación para la lectura, prepara los siguientes puntos y comparte tus ideas con tu clase.

- ¿Sabes el nombre de alguna civilización antigua del mundo? ¿Dónde están sus ruinas?
- ¿Hay ruinas arqueológicas en Estados Unidos? ¿Dónde están?
- Hay dos ruinas arqueológicas muy importantes en Centroamérica. Mira el mapa y busca el nombre de esos dos sitios antiguos.

Paso 2:   Ahora lee la información sobre estas dos grandes ciudades antiguas.

Las ruinas arqueológicas de Guatemala y El Salvador

Existen ruinas de las civilizaciones antiguas y sitios arqueológicos en El Salvador y Guatemala. Tazumal, un rincón[3] maya en El Salvador, está cerca de la ciudad de Chalchuapa a unos 80 kilómetros de la capital, San Salvador. Es un sitio histórico de gran interés. Es posible ver las influencias de diferentes culturas antiguas, como la teotihuacana de México, la de Copán de Honduras y la tolteca de México, entre otras. Esta región es un territorio notablemente rico en expresiones artísticas y arquitectónicas, gracias a la mezcla de las diferentes culturas antiguas. Stanley Boggs es el primer arqueólogo en llegar a Tazumal en 1942. Tazumal tiene ruinas de la fase más antigua de El Salvador, de 1500 a. C. Dentro de esta estructura de 24 metros de altura, hay tumbas con vasijas, joyería de jade, espejos de pirita de hierro, artefactos del juego de pelota y cerámicas con forma de lagartos. Gracias también a los estudios arqueológicos sabemos que el juego de pelota apareció entre el 600 d. C y el 900 d. C. Gracias al trabajo de los arqueólogos, hoy en día es posible imaginar cómo vivían los antiguos pobladores que hicieron de Tazumal un maravilloso y mítico lugar.

(continuación)

[3]rincón: corner

Manos a la obra

Students use the vocabulary and grammar of the chapter as they apply higher order thinking skills to complete real-world, task-based activities. Tasks involve use of technology in creative ways. Utilizing the presentational mode, students develop and create written or oral presentations which integrate cultural information, chapter themes and authentic tasks. These contextualized tasks reinforce the cultural, literary, functional, and lexical knowledge of the chapter as they involve students in target language interactions from the very beginning of instruction.

Repasos: Repaso de objetivos / Repaso de vocabulario / Repaso de gramática

At the end of each chapter is a checklist of tasks and functions practiced in the chapter, along with vocabulary lists and a quick grammatical guide, including verb charts and grammatical formulae, for easy reference. Students are encouraged to use the checklist for self assessment.

Experiencias provides a learner-centered experience through metacognitive strategies, active learning activities, real-world tasks, and culturally authentic contexts.

---

210 doscientos diez | **CAPÍTULO 6** La vida cotidiana

Manos a la obra — La vida cotidiana

6.44 Intercambio por un semestre. Te han aceptado en un programa de intercambio en la Universidad Centroamericana José Simeón Cañas en San Salvador. Ahora te toca investigar dónde vivir en la ciudad y cuánto te va a costar. Completa los **Pasos**.

Paso 1: Accede al sitio en Internet de la universidad para investigar qué viviendas se ofrecen para los estudiantes internacionales. Si no hay residencias estudiantiles, ¿cuáles son tus próximos pasos para encontrar un lugar para vivir durante un semestre?

Paso 2: ¿Qué muebles o electrodomésticos vas a necesitar en San Salvador? ¿Qué puedes llevar contigo? ¿Qué tienes que comprar allá? Escribe un mensaje por correo electrónico al consejero de estudios internacionales de tu universidad para informarle sobre las opciones que has encontrado en San Salvador para vivir y cuánto cuestan. Pídele consejos para ayudarte con tus decisiones.

6.45 Las casas en la Ciudad de Guatemala. Completa los **Pasos** para investigar qué tipo de casa puedes comprar en la capital de Guatemala por $200,000 dólares estadounidenses.

Paso 1: En Internet, busca una página de inmuebles/bienes raíces con fotos de casas en venta. Selecciona una casa que te guste. ¿Cómo es la casa? ¿Cuánto te va a costar en quetzales? Prepara una tabla con la información específica de la casa e incluye una foto. Busca en Internet una casa en venta en tu propia ciudad por el mismo precio. Incluye esta casa en tu tabla junto con una foto.

Paso 2: Con un/a compañero/a de clase, compara las casas que encontraron.

6.46 Te toca a ti. Vas a grabar un video de tu casa para mandárselo a tus amigos que viven en otros estados/países. Mira el video del comienzo del capítulo 6: **Cómo preparar un video de tu casa.** Sigue los **Pasos** para preparar tu propio video.

Paso 1: Decide qué vas a incluir en la descripción de tu casa y escribe un guion. Practica tu descripción en voz alta, sin leer tus apuntes.

Paso 2: Practica tu descripción con tu compañero/a. Tu compañero/a te dará sugerencias sobre tu trabajo. Finalmente, graba tu video con tu compañero/a, turnándose para incluir las tareas de los **Pasos** anteriores en sus respectivos videos.

Paso 3: Sube tu video al foro de la clase para compartirlo con tus compañeros de clase.

6.47 El cuaderno electrónico. Ahora te toca organizar otra página en tu cuaderno electrónico para anotar la información interesante que encuentras sobre Guatemala y El Salvador. Abre tu cuaderno y completa los **Pasos**.

Paso 1: Utilizando tu libro de texto, los videos de Daniel e Internet, incluye la siguiente información:

1. Estadísticas interesantes de Guatemala y El Salvador
2. Información básica sobre Guatemala y El Salvador
3. Mapa de los dos países
4. Dos lugares que quieres ver en esos países y por qué
5. Información sobre los lugares que quieres visitar
6. Fotos de cada país
7. Enlaces interesantes sobre los dos países
8. Observaciones culturales

Paso 2: Comparte tu información con la de un/a compañero/a o con la clase.

CAPÍTULO 1	Encuentros	Video	Exploremos el vocabulario
Experiencias del español en Estados Unidos p. 1 *Diane Ceo-DiFrancesco*	¿Qué sabes de Estados Unidos? **Conozcamos a...** Carlos, Flor, Bernardita y Ricardo (Estados Unidos) **p. 5**	Cómo presentarte en español **p. 2**	1. Las presentaciones, los saludos y las despedidas **p. 6** 2. Los números del 0 al 29 **p. 12** 3. El alfabeto (abecedario) español **p. 15** 4. Los países del mundo hispano **p. 17**
CAPÍTULO 2			
Un retrato personal p. 26 *Paco Navarro / Blend Images / Getty Images*	¿Qué sabes de México? **Conozcamos a...** Guadalupe Zamora González (Puebla, México) **p. 28**	Cómo preparar una descripción personal **p. 27**	1. La personalidad **p. 31** 2. Los países y las nacionalidades **p. 39** 3. Los números del 30 al 100 **p. 41** 4. Las características físicas **p. 44** 5. Las palabras interrogativas **p. 48**
CAPÍTULO 3			
Pasatiempos y algo más p. 57 *Erika Santelices / AFP / Getty Images*	¿Qué sabes de Puerto Rico y la República Dominicana? **Conozcamos a...** Francisco Figueroa Rivera (Ponce, Puerto Rico) **p. 58** Ramonita Sandoval Gómez (Santiago de los Caballeros, la República Dominicana) **p. 76**	Cómo crear un calendario **p. 58**	1. Los pasatiempos, los deportes y otras actividades **p. 62** 2. Las clases, los días de la semana y la hora **p. 70** 3. Los materiales y la tecnología para estudiar **p. 78** 4. Los lugares **p. 84**

Exploremos la gramática	Experiencias	El blog de Daniel
1. *Hay*	**Te presentamos a…** Sandra Pulido **p. 20** **Cultura y sociedad:** Hispanos famosos en Estados Unidos **p. 22** **Manos a la obra:** Experiencias del español en Estados Unidos **p. 24**	El Museo Nacional de Arte Mexicano **p. 19**

1. Identifying and describing people and things
  The verb *ser* **p. 33**
 2. Classifying and describing people and things
  Gender of nouns **p. 35**
  Number of nouns and adjectives **p. 36**
  Adjective formation **p. 36**
 3. The verb *tener* **p. 45**
	Te presentamos a…
	 Diego Boneta **p. 51**
	 Cultura y sociedad:
	 La riqueza cultural de México **p. 52**
	 Manos a la obra:
	 Un retrato personal **p. 54**
		Cuernavaca y las escuelas de lengua **p. 50**

1. The verb *gustar* **p. 65** 2. The verb *estar* **p. 80** 3. Present indicative of *-ar* verbs **p. 85**	**Te presentamos a…** Esmeralda Santiago **p. 91** **Cultura y sociedad:** Béisbol, el deporte rey **p. 92** **Manos a la obra:** Pasatiempos y algo más **p. 94**	La bandera dominicana **p. 90**

CAPÍTULO 4	Encuentros	Video	Exploremos el vocabulario
Ritmos y movimientos **p. 97** Rolf Schulten / Alamy Stock Photo	¿Qué sabes de Cuba? **Conozcamos a...** José Antonio Varela Gavilán (La Habana, Cuba) **p. 99** Rolando López Ramos (Miami, Florida) **p. 107**	Cómo bailar salsa **p. 98**	1. La música y las actividades **p. 103** 2. El calendario: los meses del año, la fecha y los días feriados **p. 116**
CAPÍTULO 5			
La familia y las profesiones **p. 135** Allison Hays / Allicat Photography / Shutterstock	¿Qué sabes de Costa Rica y Panamá? **Conozcamos a...** María Elena Álvarez Guzmán (Ciudad de Panamá, Panamá) **p. 137** Ernesto Montes Marín (San José, Costa Rica) **p. 146**	Cómo hacer un árbol genealógico **p. 136**	1. La familia **p. 141** 2. Las profesiones y los oficios **p. 158** 3. El tiempo y las estaciones del año **p. 163**
CAPÍTULO 6			
La vida cotidiana **p. 176** Courtesy of Diane Ceo-DiFrancesco	¿Qué sabes de Guatemala y El Salvador? **Conozcamos a...** Roberta Morales Amado (Chimaltenango, Guatemala) **p. 178** Nohemí Castro Amaya (Cuscatlán, El Salvador) **p. 199**	Cómo preparar un video de tu casa **p. 177**	1. La casa, los muebles y los electrodomésticos **p. 182** 2. Los números hasta 900 000 000 **p. 185** 3. Los quehaceres de la casa **p. 193**

Exploremos la gramática	Experiencias	El blog de Daniel
1. Present tense of *-er* and *-ir* verbs **p. 105** **2.** Future plans: *ir + a* + infinitive **p. 109** **3.** Making affirmative and negative statements **p. 113** **4.** *Ser* and *estar* with adjectives **p. 121**	**Te presentamos a…** Varios músicos famosos de Cuba **p. 126** **Cultura y sociedad:** La política de Cuba **p. 128** **Manos a la obra:** Ritmos y movimientos **p. 131**	El Carnaval en Santiago de Cuba **p. 125**
1. Possessive adjectives **p. 144** **2.** Present tense: Stem-changing verbs **p. 150** **3.** Present tense verbs: *yo* form variations **p. 155** **4.** *Saber* and *conocer* **p. 166**	**Te presentamos a…** La presidenta Laura Chinchilla **p. 169** **Cultura y sociedad:** El ecoturismo y los parques nacionales en Costa Rica y Panamá **p. 171** **Manos a la obra:** La familia y las profesiones **p. 172**	El Parque Ecológico Veragua **p. 168**
1. Comparisons **p. 187** **2.** Expressing obligations: *deber*, *necesitar*, *tener que* + infinitive **p. 194** **3.** Reflexive constructions **p. 197** **4.** Present progressive **p. 202**	**Te presentamos a…** Rigoberta Menchú Tum y Manlio Argueta **p. 205** **Cultura y sociedad:** Las ruinas arqueológicas de Guatemala y El Salvador **p. 208** **Manos a la obra:** La vida cotidiana **p. 210**	El lago Ilopango en El Salvador **p. 204**

CAPÍTULO 7	Encuentros	Video	Exploremos el vocabulario
Necesidades básicas p. 213 *Courtesy of Diane Ceo-DiFrancesco*	¿Qué sabes de Nicaragua y Honduras? **Conozcamos a...** Kenia Fuentes Rivera (Managua, Nicaragua) **p. 215** Carlos Marlón García (Tegucigalpa, Honduras) **p. 227**	Cómo comprar ropa en el mercado **p. 214**	1. La ropa y los colores **p. 218** 2. Las partes del cuerpo **p. 226**
CAPÍTULO 8			
El arte del buen comer p. 243 *Stefano Politi Markovina / AWL Images / Getty Images*	¿Qué sabes de España? **Conozcamos a...** Irene Iturriaga (Bilbao, España) **p. 246**	Cómo hacer una tortilla española **p. 244**	1. Los alimentos y la nutrición **p. 249** 2. El restaurante **p. 257** 3. Las pequeñas tiendas tradicionales **p. 260**
CAPÍTULO 9			
El entorno personal p. 277 *Courtesy of Diane Ceo-DiFrancesco*	¿Qué sabes de Perú, Ecuador y Bolivia? **Conozcamos a...** Rodrigo Sánchez Zambrano (Quito, Ecuador) **p. 279** Mariluz Valdez Romero (La Paz, Bolivia) **p. 283** María Elena (Lima, Perú) **p. 289**	Cómo preparar una mochila para viajar a los Andes **p. 278**	1. Recomendaciones: Qué llevar **p. 282** 2. La geografía de Perú y Bolivia: Los puntos cardinales y los accidentes geográficos **p. 288** 3. Fenómenos del tiempo y desastres naturales **p. 298**

Exploremos la gramática	Experiencias	El blog de Daniel
1. Demonstrative adjectives and demonstrative pronouns **p. 222** 2. *Por* and *para* (parte 1) **p. 230**	**Te presentamos a…** Keren Duanaway-González **p. 236** **Cultura y sociedad:** ¿Cómo se visten en Honduras? **p. 238** **Manos a la obra:** Necesidades básicas **p. 239**	Esperanza en acción **p. 235**
1. Describing food using *ser* and *estar* **p. 252** 2. *Se* construction **p. 253** 3. Avoiding redundancies: Direct object pronouns **p. 262**	**Te presentamos a…** Ferran Adrià Acosta **p. 269** **Cultura y sociedad:** La dieta española **p. 271** **Manos a la obra:** El arte del buen comer **p. 273**	El concurso de pinchos en San Sebastián **p. 268**
1. The preterit: Narrating and reporting events in the past **p. 291** 2. How long ago did an event occur? *Hace + que +* preterit **p. 296** 3. More with *por* and *para* **p. 300**	**Te presentamos a…** Sofía Mulanovich **p. 304** **Cultura y sociedad:** La ciudad perdida de Machu Picchu **p. 306** **Manos a la obra:** El entorno personal **p. 308**	Las islas Galápagos **p. 303**

CAPÍTULO 10	Encuentros	Video	Exploremos el vocabulario
La vida social p. 313 Wolfgang Kaehler / LightRocket / Getty Images	¿Qué sabes de Uruguay y Paraguay? **Conozcamos a...** Rodrigo Cardoza Medina (Montevideo, Uruguay) **p. 315** Sofía Cásares Acuña (Asunción, Paraguay) **p. 332**	Cómo preparar una fiesta **p. 314**	1. Las etapas de la vida y las relaciones sentimentales/personales **p. 318** 2. Las fiestas **p. 329** 3. Las cualidades de una persona **p. 331**
CAPÍTULO 11			
Momentos inolvidables p. 350 Alvaro Fuente / NurPhoto / Getty Images	¿Qué sabes de Colombia y Venezuela? **Conozcamos a...** Alicia Ferrara de Peraza (Barquisimeto, Venezuela) **p. 352** Sandra Santiago Ruiz (Barranquilla, Colombia) **p. 364**	Cómo crear tu propio juego de mesa **p. 351**	1. Las actividades de la niñez **p. 356** 2. Los días feriados y las celebraciones **p. 366**
CAPÍTULO 12			
Según cuenta la historia p. 382 David R. Frazier Photolibrary, Inc. / Alamy Stock Photo	¿Qué sabes de Chile y Argentina? **Conozcamos a...** Cecilia Márquez Videla (San Nicolás, Argentina) **p. 384** Mariana Paz Jiménez (Santiago, Chile) **p. 392**	Cómo preparar mate **p. 383**	1. Los estados de ánimo **p. 388**

Appendix: Syllable (Word-level) Stress and Written Accent Marks in Spanish **p. A-1**

Glossory: Spanish-English **p. G-1**

Glossory: English-Spanish **p. G-7**

Index **p. I-1**

Exploremos la gramática	Experiencias	El blog de Daniel

1. Verbs with altered stems in the preterit   **p. 321**
2. Verbs with vowel changes in the preterit   **p. 325**
3. Indirect object pronouns   **p. 335**
	Te presentamos a…
	  José Mujica **p. 341**
	Cultura y sociedad:
	  El guaraní en Paraguay
	  p. 343
	Manos a la obra:
	  La vida social **p. 345**
		Sinfónica de basura: La orquesta de instrumentos reciclados **p. 340**

1. The imperfect: describing past events and situations   **p. 358**
2. Diminutives   **p. 370**
	Te presentamos a…
	  Gustavo Dudamel
	  p. 374
	Cultura y sociedad:
	  La música y el baile colombianos **p. 377**
	Manos a la obra:
	  Momentos inolvidables
	  p. 378
		El parque nacional Amacayacu **p. 373**

1. Narrating and describing in the past with preterit and imperfect   **p. 395**
2. Preterit and imperfect with mental states and emotions   **p. 403**
	Te presentamos a…
	  Camila Vallejo **p. 407**
	Cultura y sociedad:
	  Las arpilleras: Arte folclórico de Chile
	  p. 409
	Manos a la obra:
	  Según cuenta la historia
	  p. 411
		Los pingüinos de Magallanes **p. 406**

CAPÍTULO 1

Experiencias del español en Estados Unidos

Diane Ceo-DiFrancesco

Note for Capítulo 1:
World Readiness Standards addressed in this chapter include:
Communication: All three modes.
Culture: Examining the presence of Spanish in the students' home community, cultural norms related to greetings and leave taking, and the perspectives behind these products and practices.
Connections: Connecting with the disciplines of sociology, history and geography.
Comparisons: Comparing and contrasting greetings and leave takings in target cultures and home culture.

Did you know that...

1. The U.S. Hispanic population is the second largest in the world, second only to Mexico?
2. 55 million Latinos live in the United States?
3. 74% of the Hispanic population resides in eight states: California, Texas, Florida, New York, Illinois, Arizona, New Jersey, and Colorado?
4. Los Angeles, New York and Miami have the highest population of Latinos in the U.S.?

OBJETIVOS COMUNICATIVOS

By the end of this chapter, you will be able to...

- greet and interact with others by exchanging information: name, origin and greetings.
- tell others where you are from.
- identify the countries where Spanish is spoken.

OBJETIVOS CULTURALES

By the end of this chapter, you will be able to...

- list the areas of concentration of Spanish-speakers in the United States.
- compare the way people are greeted in the Spanish-speaking world.
- identify some well-known Hispanic figures in the United States.
- examine the use of the Spanish language in your community.

ENCUENTROS

Video: Cómo presentarte en español

Conozcamos a... Carlos, Flor, Bernardita y Ricardo (Estados Unidos)

EXPLORACIONES

Exploremos el vocabulario

Las presentaciones, los saludos y las despedidas

Los números del 0 al 29

El alfabeto (abecedario) español

Los países del mundo hispano

EXPERIENCIAS

El blog de Daniel: El Museo Nacional de Arte Mexicano

Te presentamos a... Sandra Pulido

Cultura y sociedad: Hispanos famosos en Estados Unidos

Manos a la obra: Experiencias del español en Estados Unidos

ENCUENTROS

Note for Estrategias de estudio de Daniel. Throughout each chapter, Daniel will present short strategy tips and techniques. Students can read these tips in boxes in the printed text or in WileyPLUS.

Estrategia de estudio

Hi! I'm Daniel, here to share with you some of my strategies for the best way to learn to communicate in Spanish, quickly and effectively. How do I know? I've been traveling to Spanish-speaking countries as a journalist and television reporter and have been a language student too. I'll share some of my best techniques with you throughout each chapter.

In this chapter you'll introduce yourself and learn basic greetings and everyday expressions in Spanish. You'll interact in a basic conversation, tell how you are feeling, and you'll be able to tell where you are from. You'll also learn about Spanish in the United States, including famous Latinos in the U. S. There is a scavenger hunt of sorts regarding Spanish language and cultural influences in your own town or city. What have been your experiences with the Spanish language?

WileyPLUS

Go to WileyPLUS to watch this video.

Note for Video: Cómo presentarse en español: Each chapter of *Experiencias* includes a video talk show with Daniel as the host. In chapter 1, students see, hear and experience how to greet others in various countries in Spanish.

▶ Estrategia de estudio: How to Use Cognates to Your Advantage

Are you asking yourself "How can I begin to understand this new language"? When you watch videos in Spanish, remember: don't expect to understand every word you hear. Instead, as a beginner, focus on words we call cognates, words from two languages that are similar, like *importante* in Spanish. Of course, this word looks like the English word "important", right? *Importante* does mean important, but it's pronounced differently. Recognizing cognates and using them to help you comprehend spoken or written Spanish is your first step toward communicating!

Video ▶

Cómo presentarte en español

WileyPLUS

Go to WileyPLUS to watch this video.

Answers for 1.1: Answers will vary.

Answers for 1.2: Answers will vary.

1.1 Antes de ver. As part of Daniel's talk show, he will introduce you to his four guests, all from various Spanish-speaking countries. Each guest will make a brief statement about himself or herself. Before viewing the segment, answer the following questions to make predictions regarding what you think you will see.

1. What do you think each will say about him/herself?
2. Which Spanish-speaking countries do you think will be represented?

1.2 Observaciones. In the "how to" clips you will see various people introducing themselves to one another in Spanish. With the sound turned off, first watch the clips and then answer the following questions:

1. What gestures do the people use to greet each other?
2. Which greetings resemble the ones from your culture? Which ones are different?
3. What similarities and differences do you notice?

Note for Estrategia de estudio: How to use cognates to your advantage: Students meet Daniel, a 25-year-old journalist from the United States. Due to his work as a journalist he has had the opportunity to travel to many Spanish-speaking countries, and continues to work as a free-lance journalist and television host. Because of his extensive travels and experience, he has been chosen to share his expertise and strategies with students. Daniel will introduce the chapter strategies, as well as study tips, since he knows some effective techniques for helping students learn Spanish!

1.3 Expresiones. **WP** Watch the video with the sound on and choose the expressions that the speakers use to introduce themselves.

Hasta luego.	Adiós.	¿Qué tal?
Buenos días.	Mucho gusto.	Encantado/a.
Nos vemos.	Hola.	Hasta pronto.
Hasta mañana.	Chao.	El gusto es mío.
¿De dónde eres?	¿Cómo estás?	Bien, gracias.

Cultura viva

Greetings in Spanish-speaking countries

Spanish-speaking people generally greet one another with more than just words. For example, men who know each other well often hug or pat each other on the back. Women will give a light kiss on one or both cheeks. This is also true when men and women meet who know each other well. This seems to be the general practice in most Spanish-speaking countries but these practices may vary from one country to another. Remember, there are 22 different Spanish-speaking countries in the world, including Equatorial Guinea!

1.4 ¿De dónde es? You are working as an assistant in the International Education office and are preparing for the arrival of new international students. In order to greet each student and assist them with their needs, you are trying to connect names with faces and where each person is from. In order to do this, complete the following two steps.

Paso 1: Review the following photos and predict where you think each person is from: Chile, España, México, or Perú. Write the country name under the corresponding photo.

Braddy / E+ / Getty Images

1. Es de _____.

GiorgioMagini / iStock / Getty Images

2. Es de _____.

SJKoenig / Moment Select / Getty Images

3. Es de _____.

Jonathan Kirn / Photographer's Choice / Getty Images

4. Es de _____.

Paso 2: Now listen as your boss reviews the photos, with each student's name and where they are from. Fill in the following chart and check to see if your predictions from **Paso 1** were correct.

Nombre	¿De dónde es?

Follow-up to 1.5: Approach various students one at a time (begin with those who may be willing to answer at this point.) Ask *¿Cómo te llamas?* After a response, point to yourself and say *Soy de ___.* Then ask the student *¿De dónde eres?*

Follow-up to Estrategias de estudio: During the next few days of class, it's a good idea to practice the phrases that Daniel has introduced in videoscript 1.3. Set up situations (in English) and have students give an appropriate response in Spanish.

Warm up to reading ¿Qué sabes de este país norteamericano?: This brief overview of featured countries is included in each chapter of *Experiencias*. This particular paragraph contains many helpful cognates so that students can utilize these to comprehend the text. Encourage them to use the cognates to gain the gist or main idea of the short paragraph. Review the cognates with students. This paragraph comments on diversity in the United States. Ask students what possible types of diversity might exist in the United States.

1.5 ¿De dónde eres? It's still the beginning of the semester and you want to get to know your classmates better. Use the following model to greet four classmates, find out their names and where they are from. Be prepared to tell the same information about yourself when asked.

Modelo: Estudiante A: *Hola. ¿Cómo te llamas?*

Estudiante B: *Hola. Me llamo Megan Miller. ¿Y tú?*

Estudiante A: *Me llamo Scott McDonald. ¿De dónde eres?*

Estudiante B: *Soy de Pittsburgh, Pennsylvania. Y tú, ¿de dónde eres?*

Estudiante A: *Soy de Richmond, Virginia.*

(Use "**Repite, por favor**" if you need your partner to repeat a response.)

Él/ Ella se llama...	Es de...

Answers for 1.5: Answers will vary.

Estrategia de estudio: Interacting in Spanish

While you are interacting in class, try to use some of these expressions. Keep them on a note card inside your textbook or notebook for easy access. Eventually, they'll become automatic after you've used and reviewed them a few times and you won't need to look at the note card! Using these expressions will help you to keep your interactions in Spanish, something you should definitely try to achieve!

Repite, por favor.	Repeat, please.
No comprendo.	I don't understand.
¿Comprendes?	Do you understand?
Te toca a ti.	It's your turn.
¿Y tú?	And you?
¿Qué opinas?	What's your opinion?
Tengo una pregunta.	I have a question.
¿Qué quiere decir _____?	What does _____ mean?
¿Cómo se dice _____ en español?	How do you say _____ in Spanish?

You're now on your way to interacting in Spanish! Don't forget to practice and keep these expressions handy for class.

Carlos, Flor, Bernardita y Ricardo (Estados Unidos)

Estrategias de estudio: Reading in Spanish

The following is the first paragraph in Spanish that you will read. Before you begin reading about the United States, scan the paragraph and select all the cognates that you see. Review all of them and guess what you think the paragraph is about.

Carlos, Flor, Bernardita y Ricardo son de Estados Unidos. ¿Qué sabes de este país norteamericano?

En Estados Unidos existe mucha diversidad en distintos aspectos como la geografía, las tradiciones, las culturas, la educación, las lenguas y las nacionalidades. En los 50 estados hay más de 41 millones de personas que hablan español como lengua nativa. Las comunidades hispanas representan una fuerza laboral significativa y tienen influencia en la política y en las elecciones presidenciales. El presidente es el líder máximo de esta nación y la libertad es uno de los símbolos más importantes de esta sociedad.

Panadería mexicana en Chicago, Illinois.

Restaurante mexicano en Dallas, Texas.

Supermercado latino en Cincinnati, Ohio.

Diane Ceo-DiFrancesco

Estadísticas interesantes de Estados Unidos

Capital: Washington, D.C.

Tipo de gobierno: república federal con una fuerte[1] tradición democrática

Tamaño: un poco más grande que Brasil y que China, pero la mitad[2] del tamaño[3] de Rusia

Número de habitantes: 323 995 528*

Lenguas: No hay una lengua oficial nacional.

Moneda: dólar estadounidense

Alfabetismo: 99 %

Años de vida: 79,56

This section, **Estadísticas interesantes de Estados Unidos** will be located in WileyPLUS. Statistics on the United States are included in the text along with statistics on all other Spanish-speaking countries. In this way, comparisons can be made.

[1]**fuerte:** strong [2]**mitad:** half [3]**tamaño:** size *In some Spanish-speaking countries, with numbers beyond 1000, a period is used (1.000) where in English a comma is used (1,000). Where in English a decimal point is used (0.25), in Spanish a comma is used (0,25). In *Experiencias*, we will be following this convention for numeric notations throughout the text.

EXPLORACIONES

Las presentaciones, los saludos y las despedidas

Note for Exploremos el vocabulario 1: Las presentaciones: This text is recorded for students to listen to the conversations. Students should use these dialogues as a model, providing them with correct pronunciation. Students can be paired up to practice the roles. They could also be asked to switch partners and practice with another student.

Estrategia de estudio: Listening to Audio Recordings

These dialogues are recorded for you for extra listening practice. Listen first without following along in the text. Then follow the speakers as you listen again. Finally, listen without looking at the conversation in the text.

Luisa:	Buenas tardes. ¿Cómo te llamas?
Eduardo:	Me llamo Eduardo. ¿Y tú?
Luisa:	Soy Luisa.
Eduardo:	Mucho gusto.
Luisa:	Encantada.

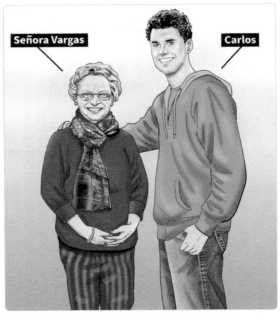

Carlos:	Buenos días, señora. ¿Cómo se llama usted?
Sra. Vargas:	Me llamo Margarita Vargas Muñoz. ¿Y tú?
Carlos:	Mi nombre es Carlos Rodríguez. Mucho gusto.
Sra. Vargas:	El gusto es mío.

Las presentaciones (*Introductions*)

The following phrases may be used when meeting new people through personal introductions:

Question or Comment	Response
¿Cómo *te* llamas?/ ¿Cómo *se* llama us*ted*? *What is your name?/What do you call yourself?*	*Me llamo...* *My name is...* *Soy...* *I'm... (include your name here)*
¿Cuál es *tu* nombre? *What is your name? (informal)* ¿Cuál es *su* nombre? *What is your name? (formal)*	*Mi nombre es...* *My name is...*
¿Quién es? *Who is she/he?*	*Es...* *She's/He's...*
Mucho gusto. *Nice to meet you.*	*El gusto es mío.* *Nice to meet you, too.* *Igualmente.* *Likewise/Same for me.* *Encantado. / Encantada.* *Pleased to meet you.*
Encantado. / Encantada. *Nice to meet you.*	*Igualmente.* *Likewise/Same for me.*

¡Alerta!: *Tú* and *usted*

English speakers have one form of direct address: you. In Spanish there are two forms of address depending upon the social distance that exists between two people. The uses of **tú** and **usted** may vary from one Spanish-speaking country to another and may even vary within a given country. Generally,

- **tú** (informal) is used with your family, friends, and anyone close to your won age, as well as children and pets;
- **usted** (formal) is used to show respect to others, including older adults, and generally indicates a more formal relationship.

Cultura viva

Terminology

Here is a breakdown of the terminology used to refer to people who speak Spanish in the United States.

- 'Hispanics' is the term used by the U.S. government as a collective name for all native Spanish-speakers. It specifically denotes a lineage or cultural heritage related to Spain.
- 'Latino/a' has been used in the U.S. interchangeably with 'Hispanic', although it is the preferred term of many Spanish speakers of Latin American heritage.
- 'Chicano/a': a citizen of the U.S. or a person living in the U.S. who is of Mexican descent with political undertones for some.
- 'Spanish': the name of a language. Also, this term refers to citizens of Spain.

Los saludos y las despedidas (*Greetings and farewells*)

To greet someone in Spanish you may use the following greetings (Note that your choice may depend on the formality of the situation):

Hola.
Hello.

Adiós.
Good-bye.
(if you do not expect to see the person for a while)

Nos vemos.
We'll see each other soon.

Chao.
Good-bye. (informal)

Hasta luego.
See you later.

Hasta mañana.
See you tomorrow.

Hasta pronto.
See you soon.

Buenos días.
Good morning.

Buenas tardes.
Good afternoon.

Buenas noches.
Good night/Good evening.

WileyPLUS

Go to WileyPLUS Resources to access an interactive version of these illustrations to review these vocabulary words and practice their pronunciation.

Cultura viva

Greetings

Buenos días is used until the time of the main meal of the day in Hispanic countries. The time of the main meal may vary from country to country but generally occurs between 1:00 to 3:00 p.m. At that point, **Buenas tardes** is used into the evening hours. **Buenas noches** is used later at night when it's dark out. In some informal settings, native speakers just say **Buenas**. The second half of the greeting (**tardes, noches**) is understood by the time of the day. **Adiós** is used for good-bye when you don't expect to see the person soon. It is also used as a greeting in passing when you do not expect to stop and talk to the person. In some countries it is used as a greeting in passing by a person you do not know.

1.6 ¿Qué dices? **WP** You and a coworker in the office of International Education decide to practice some greetings before the international students arrive. Listen to your partner and choose the most logical response.

Audioscript for 1.6:
1. ¿Cómo te llamas?
2. ¡Hola!
3. Mucho gusto.
4. ¿Cómo se llama usted?
5. ¿De dónde eres?
6. Hasta luego.
7. ¿Quién es?
8. ¿Cuál es tu nombre?
9. Mucho gusto.

1. **(a.)** Me llamo Carlos. **b.** Hola. **c.** ¿Quién es? **d.** Se llama José.
2. **a.** Adiós. **b.** Hasta luego. **(c.)** Buenos días. **d.** Encantada.
3. **a.** Nos vemos. **(b.)** El gusto es mío. **c.** Buenos días. **d.** Chao.
4. **a.** Igualmente. **b.** Es María. **(c.)** Me llamo Rafael. **d.** Hola.
5. **a.** Buenas tardes. **b.** Es de Los Ángeles. **(c.)** Soy de Richmond. **d.** Es Javier.
6. **(a.)** Hasta pronto. **b.** ¿Qué tal? **c.** Es Marta. **d.** Su nombre es Isabel.
7. **(a.)** Se llama Raquel. **b.** Es de Colorado. **c.** Encantado. **d.** Buenas noches.
8. **a.** Es Jennifer. **(b.)** Soy Nieves. **c.** Buenos días. **d.** Su nombre es Juan.
9. **(a.)** Encantado. **b.** Es Gonzalo. **c.** Soy de Ohio. **d.** Hola.

1.7 Mensajes de texto. Your coworker sends you some text messages in Spanish for more practice. Write your answers to each message you receive.

Answers for 1.7: 1. Se llama Elsa. 2. Me llamo _____. o Soy _____. 3. Es Natalia. 4. El gusto es mío. o Igualmente. 5. Hasta pronto o Nos vemos o Chao.

1. ¿Cómo se llama la chica de California?

   _____

2. ¿Cómo te llamas tú?

   _____

3. ¿Quién es esa estudiante?

   _____

4. Mucho gusto.

   _____

5. Hasta mañana.

   _____

1.8 Una recepción. Imagine that you are at a party at your university. Meet and greet as many people in your class as you can.

Suggestion for 1.8: Have students circulate around the room as if at an actual reception. Remind them that they must use only Spanish in their interactions to complete the task. Tell them that they have a given amount of time (5 minutes or less, depending on the size of the group) to complete the task.

Answers for 1.8: Answers will vary.

Modelo: Estudiante A: *¡Hola! Mi nombre es Diana.*

  Estudiante B: *Mucho gusto, Diana. Me llamo _____.*

  Estudiante A: _____.

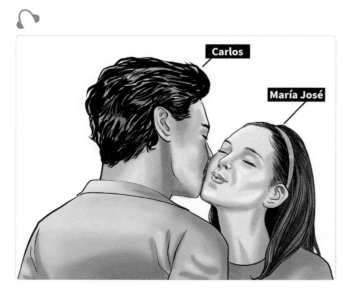

Carlos

María José

María José: ¡Hola! ¿Qué tal?

Carlos: Bien. ¿Y tú?

María José: Más o menos.

Follow-up for 1.8: It should be a goal of the communicative and interactive classroom that students learn each other's first names. This is a good activity to start them in the process. As a follow-up, you can point to, approach or stand by individual students and tell their names, *Él se llama _____. Ella se llama _____.* After introducing several students this way, ask *¿Cómo se llama él/ella?*, as you point to various students in the classroom. You can also hold up or project on the screen photos of famous people and ask *¿Quién es él/ella? ¿Cómo se llama él/ella?* Have students respond in a complete sentence.

Note for dialogues: Use the same technique with questions such as *¿Cómo estás?*, etc.

Ricardo:	Buenas tardes, señor. ¿Cómo está usted?
Sr. Davidson:	Muy bien, gracias. Y tú, ¿cómo estás?
Ricardo:	No muy bien.
Sr. Davidson:	Lo siento.

Leticia:	¡Hola, Beti! ¿Cómo te va? ¿Qué tal los estudios?
Beti:	Muy bien, gracias. ¿Y tú? ¿Cómo estás?
Leticia:	Bastante bien.

To inquire about how someone is or is feeling:	Some possible responses:
¿Qué tal? *What's new? (informal type of greeting)*	**(Estoy)…** *(I am)…*
¿Qué pasa? *What's happening? / What's up? (informal type of greeting)*	**(Muy) bien.** *(Very) well.*
¿Cómo estás? *How are you? (informal)*	**Bastante bien.** *Okay.*
¿Cómo está usted? *How are you? (formal)*	**No (muy) bien.** *(Not) very well.*
	(Muy) mal. *Not very well (at all).*
	Regular. / Más o menos. *So-so.*
	Gracias. *Thank you.* (A polite response to someone after telling them how you are feeling.)
	Lo siento. *I'm sorry to hear that.* (A polite response when someone tells you he/she is not feeling well.)

Cultura viva

Titles of respect

Titles of respect, **señor** (Mr.), **señora** (Mrs.), **señorita** (Miss or Ms.), **doctor** (Dr.), **doctora** (Dr.), are used with the last name and are abbreviated **Sr., Sra., Srta., Dr., Dra**. On the other hand, **Doña** and **Don** are titles of respect used with first names to address an older adult that you know well, an older family friend, for example, **Doña María, Don Felipe**. Without reference to their marital status, the title **Señora** is often used without the last name as a way to show respect for older women and **Señorita** is often used in the same manner when addressing younger women.

1.9 Word cloud. Your friend sends you a world cloud of some cognates and new expressions in Spanish. Take a look and then, using your internet browser, make your own world cloud of vocabulary you have learned in this chapter. Post your world cloud on the discussion board.

Answers for 1.9: Answers will vary.

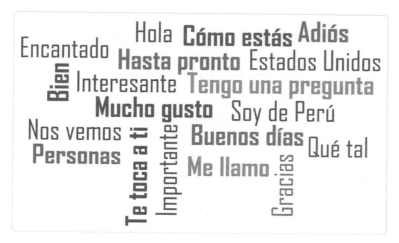

1.10 Jeopardy. You and a partner create statements for a game of Jeopardy. Take turns reading the answers aloud and match them by saying the appropriate question. Then try creating two of your own. **GAME**

Answers for 1.10: 1. e. 2. g. 3. a. 4. d. 5. b. 6. f. 7. c. 8 & 9: Answers will vary.

_____ **1.** Bien, gracias, ¿y tú?
_____ **2.** Soy de Cleveland, Ohio.
_____ **3.** Es Marta.
_____ **4.** Es de Perú.
_____ **5.** Estoy bastante bien.
_____ **6.** Me llamo Carla.
_____ **7.** Su nombre es Patricia.
_____ **8.** ¿???
_____ **9.** ¿???

a. ¿Quién es ella?
b. ¿Cómo está usted?
c. ¿Cuál es su nombre?
d. ¿De qué país es Verónica?
e. ¿Qué tal?
f. ¿Cómo te llamas?
g. ¿De dónde eres?

1.11 ¿Cómo estás? You want to practice speaking to your classmates appropriately. Ask five people, including your instructor, how they are feeling today. Look at the following model to have an idea for greeting a friend or acquaintance and asking how s/he is feeling. You will need to modify the original dialogue in the model. Remember to be more formal with your instructor.

Answers for 1.11: Answers will vary.

Modelo (informal):

Estudiante A: _¡Hola! ¿Qué tal?_
Estudiante B: _Bien, gracias. ¿Y tú?_
Estudiante A: _Muy bien, gracias._

Modelo (formal):

Estudiante A: _Buenos días, señor _____._
Estudiante B: _¿Cómo está usted?_
Estudiante A: _Muy bien, gracias, ¿y tú?_
Estudiante B: _Bastante bien._

1.12 Conversación dirigida. The international students have finally arrived and you are ready to talk to them in Spanish. Use the cues indicated in the left column to interact with your partner. Follow the numbers to speak first, then to your partner and back to you again until you complete your conversation. Then switch roles.

You...	Your partner...
1. Greet your partner.	**2.** Responds.
3. Ask your partner how s/he is feeling.	**4.** Responds.
5. Tell your partner you are from… (name a city) and ask your partner where s/he is from.	**6.** Says s/he is from… (name a city)
7. Tell your partner you will see him/her later.	**8.** Responds with good-bye.

Exploremos el vocabulario 2

Los números del 0 al 29   *Numbers from 0 to 29*

0	cero	11	once	22	veintidós
1	uno	12	doce	23	veintitrés
2	dos	13	trece	24	veinticuatro
3	tres	14	catorce	25	veinticinco
4	cuatro	15	quince	26	veintiséis
5	cinco	16	dieciséis	27	veintisiete
6	seis	17	diecisiete	28	veintiocho
7	siete	18	dieciocho	29	veintinueve
8	ocho	19	diecinueve		
9	nueve	20	veinte		
10	diez	21	veintiuno		

1.13 Lotería Nacional de México para la Asistencia Pública. **WP** Although your friend lives in the United States now, he is still trying to win the **Grande**. Listen to the live broadcast and mark the winning numbers in each category.

1. Sorteo fácil: 65732   65831   67542
2. Sorteo colosal: 71143   71289   71198
3. Sorteo horóscopo: 5641   5762   5681
4. Sorteo superior: 01892   04538   00237
5. Seguro: 96723   90867   96418
6. Grande: 80436   88321   82472

Answers for 1.13:
1. Sorteo fácil: 65831
2. Sorteo colosal: 71143
3. Sorteo horóscopo: 5681
4. Sorteo superior: 01892
5. Seguro: 96723
6. Grande: 82472

Audioscript for 1.13: Tenemos los números ganadores para hoy. Para el Sorteo fácil, gana el número 65831. Para el Sorteo colosal, gana el número 71143. Para el Sorteo horóscopo, gana el número 5681. Para el Sorteo superior, gana el 01892. Para el Seguro, gana el 96723. Y finalmente, para el Grande, el número ganador es el 82472.

¡Alerta!: *Hay*

Hay = *There is… / There are…*
Hay un estudiante. / Hay dos estudiantes.
There is one student. / There are two students.

Follow-up for 1.14: You may want to continue this number practice with your own culturally authentic photos. Be sure to elicit the verb *haber* (*hay* form) in their responses, since students typically have a difficult time recalling this verb.

1.14 ¿Cuántos hay…?   You are anxious to practice the numbers you have just reviewed. Ask your partner how many people or things are in each of the following photos. Be sure to use a complete sentence following the model!

Modelo: Estudiante A: *¿Cuántas personas hay en la foto?*
          Estudiante B: *Hay cuatro. (Hay cuatro personas.)*

1.

2.

3.

Hill Street Studios / Walter Jimenez / Getty Images

Ronnie Kaufman/Getty Image

Flashpop / Taxi / Getty Images

4.

Answers for 1.14: Photo 1: Hay doce personas. Photo 2: Hay ocho personas. Photo 3: Hay diez personas. Photo 4: Hay diecisiete personas. Photo 5: Hay catorce personas.

5.

Answers for 1.15: Answers will vary.

1.15 ¿Qué números tienes? You and a partner are reviewing numbers for an upcoming quiz. Fill in the following spaces with 12 different numbers. Do not share them with your partner! Follow the model to figure out which numbers you and your partner have in common.

Modelo: Estudiante A: *¿Tienes el número 13?*

Estudiante B: *Sí, tengo el 13. or No, no tengo el 13.*

——— ——— ——— ——— ——— ——— ——— ——— ———

——— ———

1.16 Joe Villarreal. Joe Villarreal is a painter who was born, grew up, and still resides in San Antonio, Texas. The primary themes of his paintings are sports, nature and everyday life. Use your web browser to locate his painting *Las canicas* and answer the following questions.

Paso 1: What do you notice about the artist's name? Share your thoughts with the class.

Paso 2: The painting is entitled *Las canicas*. Looking at the painting, define the following words: **canicas** and **niños**.

Answers for 1.16, 3: 6, 1, 7, (inside the circle) 9, bien

Paso 3: Look for the painting and, working with a partner, alternate asking and answering the following questions in Spanish. Answer in complete sentences.

- ¿Cuántos niños hay en la pintura?
- ¿Cuántas niñas hay?
- ¿Cuántos niños hay en total?
- ¿Cuántas canicas hay?
- ¿Cómo están los niños?

El alfabeto (abecedario) español
Spanish alphabet

Letter	Name of letter	Example	Letter	Name of letter	Example
a	a	Argentina	o	o	Orinoco
b	be	Bolivia	p	pe	Paraguay
c	ce	Cuba	q	cu	Quito
d	de	Durango	r	ere	Puerto Rico
e	e	Ecuador	s	ese	El Salvador
f	efe	Florida	t	te	Tenerife
g	ge	Guatemala	u	u	Uruguay
h	hache	Honduras	v	ve, uve, ve chica	Venezuela
i	i	Iquique	w	doble ve, doble uve	Washington
j	jota	Ciudad Juárez	x	equis	Extremadura
k	ka	Kansas	y	i griega	Yucatán
l	ele	Lima	z	zeta	Zaragoza
m	eme	México			
n	ene	Nicaragua			
ñ	eñe	España			

- Since **b** and **v** are pronounced alike, Spanish speakers often use **b larga/v corta** or **b grande/v chica** to distinguish the two letters.
- The letters **k** and **w** are used to spell words that have been borrowed from other languages.
- Be aware that these are the names of the letters of the alphabet and they do not represent the sounds of the Spanish language.

1.17 Las placas. With a partner, practice numbers and letters by identifying the following license plates.

1.18 Los apellidos. A good way to practice the alphabet is to spell words that you are familiar with in English. Practice spelling your last name in Spanish so that you are able to spell it without looking at the written alphabet. Then, following the model, ask five students in the class how to spell their last names.

Modelo: Estudiante A: *¿Cómo te llamas?*
Estudiante B: *Mi nombre es Martha Smith.*
Estudiante A: *¿Cómo se escribe Smith?*
Estudiante B: *ese-eme-i -te-hache**

1.19 Trabalenguas. Practice your pronunciation in Spanish by listening to these common tongue twisters and reciting them aloud. See if you can say them faster than other students in your class.

Pepe Peña
Pepe Pecos pica papas con un pico.

¿Toma té?
Toto toma té.
Tita toma mate.
Y yo me tomo
toda mi taza de chocolate.

¿Cómo?
¿Cómo como?
Como como como.

*This is what Estudiante A hears from Estudiante B, but Estudiante A writes *Smith*.

Los países del mundo hispano
Spanish speaking countries

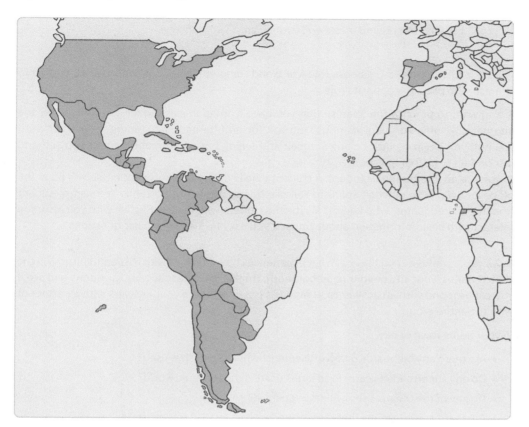

1.20. El mapa de los países hispanos. You are in your Latin American history class during a lecture on geography. Complete the **Pasos** below.

Paso 1: Set a timer for one minute to see how many Spanish speaking countries you can identify on the map found in **Exploremos el vocabulario 4**. When you finish, share your information with a partner. Be sure to use the correct pronunciation for each country.

Paso 2: Make a list of the Spanish-speaking countries in each of the following regions. Practice telling how many there are and be sure to use a full Spanish sentence when responding.

Modelo: *En Centroamérica hay seis países.*

Suggestion for 1.20: Allow students to fill in as many countries as they can within a few minutes time. Call time and place students in pairs in order to compare and continue filling in the map. Finally, together as a class, review the names and pronunciations of all of the Spanish-speaking countries.

	África	El Caribe	Centroamérica	Europa	Norteamérica	Sudamérica
	Guinea Ecuatorial	Cuba	Guatemala	España	México	Colombia
		República Dominicana	Honduras		Estados Unidos	Ecuador
		Puerto Rico	El Salvador			Perú
			Costa Rica			Bolivia
			Panamá			Paraguay
			Nicaragua			Uruguay
						Chile
						Argentina
						Venezuela
Total:	1	3	6	1	2	9

1.21 ¿Dónde está? You and you partner need some more practice identifying countries on the map. Take turns asking each other in what geographical area a particular country is located.

Modelo: Estudiante A: *¿Dónde está Ecuador?*

Estudiante B: *Ecuador está en Sudamérica.*

1.22 Situaciones. Choose role A or B and complete the conversation with a partner in Spanish who plays the opposite role.

A. You want to practice the Spanish that you have learned in class so far so you head for the International office on your campus. You ask for an international student to practice with you and you begin by introducing yourself and telling basic information about yourself and responding to his/her questions.

B. You are an international student. A student who is taking a Spanish course shows up at the office and wants to practice Spanish. You see this as a great opportunity to meet a student from the United States. Who knows? Maybe the student will practice English with you also. You interact with basic information about yourself and ask him/her a few basic questions.

1.23 El español cerca de ti. What experiences have you had with Hispanic cultures in the United States, your city or your neighborhood? Think about the following questions and see if you can respond with an answer to as many as possible. Share your answers with a partner or with the entire group.

In your home town or city…

- Are there any billboards or advertisements where Spanish is used?
- Do any supermarkets carry food items used in the Hispanic world?
- Do any of the theaters show films in Spanish?
- Are there any museums that display works of art by Hispanic artists?
- Are there any radio or TV stations or newspapers that serve the Hispanic population?

In your world...

- Have you read any novels or literary works by Hispanic authors?
- Do you know of any university employees besides language instructors who have Hispanic surnames?
- Do you have any family members or friends from Spanish-speaking countries?
- Have you ever traveled to a Spanish-speaking country?

EXPERIENCIAS

El Museo Nacional de Arte Mexicano

Noticias   Información   Fotos   Amigos   Archivos

Diane Ceo-DiFrancesco

En Chicago hay un museo famoso que se llama el Museo Nacional de Arte Mexicano. En el museo hay varias colecciones permanentes y exhibiciones especiales. Hay actividades para niños, adultos, adolescentes y familias.

1.24 El Museo Nacional de Arte Mexicano. *(The National Museum of Mexican Art.)* Use your Internet browser to visit the website of this museum in Chicago. Explore its collection and provide the information requested below.

1. Choose three exhibits you would like to view.

   _____ _____ _____

2. Why is this museum located in Chicago? _____

3. Why do you think this website is in English? _____

1.25 Mi propio blog. Create your own blog about your exploration of Spanish language and Hispanic cultures. Complete the following **Pasos** to begin your blog.

Paso 1: Make the blog personal by uploading a photo of yourself.

Paso 2: For your first blog entry, take a photo of some evidence of the Spanish language in your community (not a chain restaurant). Write a caption for the photo in Spanish and upload it to your blog.

Paso 3: Visit the blog of two classmates and write comments about their postings in Spanish.

Answers for 1.24: Answers will vary.

Technology tip for 1.25: Assign students to create a blog using any web application. Students will utilize this blog and post items to it for every chapter of *Experiencias*. You may ask your students to share the link to that blog on your learning management system discussion board. Then in class, ask students to compare their information.

Answers for 1.25: Answers will vary.

Te presentamos a...

Sandra Pulido

1.26 Sandra Pulido. Sandra Pulido nace en San Francisco, California, pero crece en El Salvador. Ella escribe poemas desde los 15 años. Es graduada en Español por la Universidad de California Davis. Su trabajo está publicado en antologías, como *Candlelight Breakfast y Under her Wings: Poetry from the Heart*. Sandra presenta sus poemas por todo San Francisco.

Sandra Pulido, poeta chicana.

Courtesy of Sandra Pulido

Antes de leer

Paso 1: Before reading the poem, think about its title, *Distintos pero iguales/Different but the Same.*

- In what ways are all people alike?
- In what ways are people different?

Estrategia de lectura: Cognates

Cognates (**cognados**) are words in two languages, for example, Spanish and English that have the same origin and share a similar spelling and meaning. Some examples of Spanish cognates are: **especial, importante, inteligente, liberal**. As you read, take advantage of cognates to help you understand Spanish.

 Paso 2: Read the poem aloud to a partner, paying attention to your pronunciation.

Distintos pero iguales	**Different but the same**
somos los mismos	*we are the same*
porque nuestra sangre es roja	*because our blood is red*
tal vez distintos porque	*perhaps different because*
eres, tú, creativo y yo optimista	*you are creative and I am optimistic*
somos los mismos	*we are the same*
porque vivimos soñando	*because we live dreaming*
distintos porque	*different because*
soy, yo, sincera y tú extrovertido	*I am sincere and you are extroverted*
somos distintos,	*we are different,*
pero los mismos	*but the same*

Después de leer

Paso 3: Practice describing who we are. You may use the following list of cognates.

Cognados: interesantes, inteligentes, optimistas, norteamericanos, centroamericanos, pesimistas, importantes, independientes, liberales, responsables, activos, creativos, generosos, extrovertidos, sinceros, conservadores.

Modelo: Estudiante A: *Somos iguales.*

Estudiante B: *Somos diferentes.*

Antes de leer

Paso 4: Before reading the second poem by Sandra Pulido, *Dos lenguas/Two languages*, scan and search for any cognates, words that look similar to English. Compare your list with a partner.

Paso 5: Now read the poem aloud to a partner, paying attention to your pronunciation.

Dos lenguas	**Two languages**
saludo a mi madre,	*I greet my mom,*
"Buenos días"	*"Buenos días"*
saludo a mi padre,	*I greet my dad,*
"How are you?"	*"How are you?"*
escucho al pájaro saludar	*I hear a bird greet me,*
pio, pio	*pio, pio,*
en mi ventana	*in my window*
y después saluda a los vecinos,	*then it greets the neighbors,*
tweet, tweet	*tweet, tweet,*
por si español no entienden	*in case they don't understand Spanish*
simultáneamente	*simultaneously*
pienso en dos lenguas	*I think in two languages*
yo hablo inglés y español,	*I speak English and Spanish,*
español e inglés, hablo yo	*Spanish and English, I speak*

Después de leer

Paso 6: Answer the following questions concerning the poem by Sandra Pulido.

- What does it mean to be bilingual?
- What are the advantages of being bilingual?
- Do you know of anyone who is bilingual?
- Could a dog really be bilingual?

Gloria Anzaldúa, another well-known Chicana writer, shares her thoughts:

"We come from all colors, all classes, all races, all time periods. Our role is to link people with each other - the Blacks with Jews with Indians with Asians with whites with extraterrestrials. It is to transfer ideas and information from one culture to another." (Literatura chicana, p. 83)

Paso 7: Answer the following questions concerning the poems by Sandra Pulido and the quote by Gloria Anzaldúa.

- What is the goal or purpose of language learning and learning about other cultures?
- What are your reasons for taking Spanish language courses?
- How can you contribute to the transfer of ideas and information from one culture to another?

Cultura y sociedad

Note for Cultura y sociedad: Hispanos famosos en Estados Unidos: This text will be recorded for the students to listen to and follow along in their text to aid in the pronunciation of the new vocabulary.

Hispanos famosos en Estados Unidos

1.27 Cinco hispanos importantes. Try to utilize cognates to help you understand the gist about the lives of five famous Hispanics in the United States. Complete the following tasks.

Antes de leer

Paso 1: Make a list in English of the general information you would expect to find in a biography.

Paso 2: Skim each biography and select the cognates. This will help you to comprehend what you read without consulting a dictionary.

David Livingston / Getty Images

Sandra Cisneros es una <u>novelista, ensayista</u> y <u>poeta</u>. Nace en Chicago en 1954, <u>obtiene</u> su licenciatura de la <u>Universidad</u> de Loyola y su maestría de la Universidad de Iowa. Su <u>novela</u> más <u>famosa</u> es *The House on Mango Street*. Esta novela <u>representa</u> en detalle la <u>situación</u> de las chicanas en Estados Unidos.

Greg Sorber / Albuquerque Journal / ZUMAPRESS.com / Alamy Stock Photo

Susana Martínez nace el 14 de julio de 1959 en El Paso, Texas. Es la <u>gobernadora</u> número 31 de Nuevo México. También, es la primera[4] mujer hispana gobernadora en Estados Unidos.

Charley Gallay / WireImage / Getty Images

Ricardo León "Rick" Sánchez de Reinaldo se conoce <u>profesionalmente</u> como Rick Sánchez. Es un periodista cubano-americano que fue *anchor* en la <u>televisión</u> durante 30 años, primero en MSNBC y CNN, y luego para FOX News, FoxNewsLatino.com y MundoFOX. Nace el 3 de julio de 1958 en Guanabacoa, Cuba.

[4]**primera:** first

JB Lacroix / WireImage / Getty Images

Rob Kim / Getty Images

Carlos Augusto Alves Santana, <u>guitarrista</u> y cantante, nace el 20 de julio de 1947 en Autlán de Navarro, México. En la <u>década</u> de 1960 su <u>familia</u> <u>radica</u> en San Francisco, donde Carlos forma su <u>banda</u>. En 2009 Santana recibe el Billboard Latin Music Awards "Lifetime Achievement" y, en 2013, el Kennedy Center Honors.

Sonia Sotomayor nace en South Bronx el 25 de junio de 1954. Es la primera <u>latina</u> designada a la <u>Corte Suprema</u> de Estados Unidos. Es una mujer de <u>extraordinaria</u> <u>determinación</u> y con el poder de creer en sí misma. Su libro *My Beloved World (Mi mundo adorado)* fue <u>publicado</u> en 2014.

Después de leer

Paso 3: Complete the following chart with the information you read about the five famous Latinos. Then use your Internet browser and search for an additional famous Latino in the U.S. Include his/her information in the final row of the chart.

Nombre	Origen	Edad	Profesión
1. Sandra Cisneros	Chicago	60	Novelista
2.			
3.			
4.			
5.			
6. _____			

Note for 1.27, Paso 3: You may choose to assign the investigation of other famous Latino or Latina and the comprehension chart for homework. Have students share the information they found on other famous Latinos during the next class meeting.

Estrategia de estudio: Tips for Learning a New Language

Hi! I want to share some tips about learning Spanish. A foreign language class is typically different from other classes because it's not just about content or reading a chapter and memorizing facts. There are lots of different modalities that you'll use to communicate. Rather than memorizing facts about the language and its structure your focus in the classroom will be on using Spanish to interact and to learn interesting information about Spanish-speaking cultures. Acquiring a new language requires lots of practice, similar to learning to play a musical instrument or a sport. Learning a new language is a cumulative process, like math, where each step builds upon the ones you have already learned. It's definitely important to take responsibility for your learning.

Here are some suggestions to get you started.

1. Organize your time well throughout the semester. You cannot cram for a language course as you might be able to do in other courses.

2. Remember that one skill builds on another. If you are confused in one area or at one point, chances are that this confusion will remain with you throughout the semester or even throughout the entire period of your experience with that language. It is a good idea to consult your instructor as soon as you feel lost, even if slightly so.

3. Prepare written work ahead of time. Do all of your assignments and class preparation with care. These are learning experiences that steadily help you to prepare for daily class participation and exams.

4. Make the most of this learning experience. Think of ways in which Spanish can be used to enhance your future: for business, travel, work or further study.

5. Be enthusiastic about learning a new language and be fully engaged in the classroom experience.

6. Do not be afraid to take risks and participate as often as you can in class.

7. Think of your new language experience as an adventure to be enjoyed with the knowledge that you can communicate in Spanish. You will find doors opening just for you.

8. And, always aim for success!

Manos a la obra

Experiencias del español en Estados Unidos

Technology tip for 1.28:
Students should be instructed to complete this activity outside of class time and upload their final videos to your learning management system discussion board for viewing. You may wish to create a rubric and assign grades to their final work, or assign students to watch and comment on two or three of their classmates' videos.

Answers for 1.28 and 1.29:
Answers will vary.

Technology tip for 1.29: Have your students use the tool of their choice to compile their electronic notebook. This is a great way to keep students organized as they create a portfolio of photos and material regarding the countries presented throughout the book.

1.28 Te toca a ti. Once again watch the *Experiencias* video, Episodio 1, **Cómo presentarte en español** from the beginning of the chapter in order to review how to introduce yourself.

Paso 1: Follow the examples to practice introducing and saying basic information about yourself. You may also refer to activities 1.5, 1.8, 1.12, and 1.22 which you did earlier in the chapter.

Paso 2: Work with a partner and record a video of the two of you having a conversation using phrases you learned in this chapter. Be sure to include the following:

- A greeting
- An introduction
- Asking and giving your name
- Asking and telling where you are from
- Saying good-bye

Paso 3: Upload the video to your learning management system to share with the class.

1.29 El cuaderno electrónico. You will begin to compile an electronic notebook in your learning management system to keep track of useful and interesting information regarding each country. Open your electronic notebook and follow the following **Pasos**.

Paso 1: Using your text and electronic resources, Daniel's videos, and the Internet, write the following information:

1. estadísticas interesantes de Estados Unidos
2. información básica de Estados Unidos
3. mapa de Estados Unidos
4. dos ciudades interesantes en Estados Unidos
5. fotos del país
6. expresiones útiles

Paso 2: Compare your findings with a partner and share something you learned that you didn't know before.

REPASOS

Repaso de objetivos

Check off the objectives you have accomplished.

I am able to...

Teaching note for Repaso de objetivos: Although this self-assessment is designed for the students to evaluate their progress, teachers might poll students informally as a group to gauge how students are feeling about the material. This could be done orally with eyes closed and hands raised or by simply asking students to leave a slip with their answers at the end of class.

	Well	Somewhat
• greet others and say good-bye.	☐	☐
• exchange basic information about myself including my name, how I am feeling, where I am from, and how many people are in my family.	☐	☐
• locate the Spanish speaking countries on a map of the world.	☐	☐

	Well	Somewhat
• list the areas of concentration of Spanish-speakers in the United States.	☐	☐
• reflect on the way in which Hispanics greet one another and say good-bye.	☐	☐
• identify some famous Hispanics in the United States.	☐	☐
• describe the use of the Spanish language in the community where you live.	☐	☐

🎧 Repaso de vocabulario

WileyPLUS
Go to WileyPLUS to review these vocabulary words and practice their pronunciation.

Las presentaciones *Introductions*

Mucho gusto.   *Nice to meet you.*
El gusto es mío.   *The pleasure is mine.*
Encantado/a.   *Nice to meet you.*
Igualmente.   *Likewise/Same for me.*
¿Cómo te llamas?   *What is your name? (informal)*
¿Cómo se llama usted?   *What is your name? (formal)*
Me llamo...   *My name is...*
Soy...   *I am… (include your name here)*
¿Cuál es tu nombre?   *What is your name? (informal)*
¿Cuál es su nombre?   *What is your name? (formal)*
Mi nombre es...   *My name is...*
¿Quién es?   *Who is she/he?*
Es...   *S/he is...*

Los saludos *Greetings*

Hola.   *Hi!*
Buenos días.   *Good morning.*
Buenas tardes.   *Good afternoon.*
Buenas noches.   *Good evening.*
¿Cómo estás?   *How are you? (informal)*
¿Cómo está usted?   *How are you? (formal)*
¿Qué tal?   *What's new? (informal type of greeting)*
(Muy) bien.   *(Very) well.*
(No) muy bien.   *(Not) very well.*
Bastante bien.   *Okay.*
Más o menos.   *So-so.*

Los números del 0 al 29 *Numbers from 0 to 29*

Regular.   *So-so.*
(Muy) mal.   *Not (very) well.*

Las despedidas *Saying good-bye.*

Adiós.   *Good-bye.*
Hasta luego.   *See you later.*
Hasta mañana.   *See you tomorrow.*
Hasta pronto.   *See you soon.*
Chao.   *Good-bye.*
Nos vemos.   *We'll see each other soon.*
Buenas noches.   *Good night.*

Los verbos *Verbs*

Hay…   *There is… / There are...*
Soy de...   *I am from...*
Es de...   *S/he is from...*
Estoy...   *I am (feeling)...*

Los títulos *Titles*

Doctor (Dr.)   *male doctor*
Doctora (Dra.)   *female doctor*
Señor (Sr.)   *Mr.*
Señora (Sra.)   *Mrs.*
Señorita (Srta.)   *Miss or Ms.*
Don   (has no expressed meaning but used with a male's first name)
Doña   (has no expressed meaning but used with a female's first name)

0	cero	11	once	22	veintidós
1	uno	12	doce	23	veintitrés
2	dos	13	trece	24	veinticuatro
3	tres	14	catorce	25	veinticinco
4	cuatro	15	quince	26	veintiséis
5	cinco	16	dieciséis	27	veintisiete
6	seis	17	diecisiete	28	veintiocho
7	siete	18	dieciocho	29	veintinueve
8	ocho	19	diecinueve		
9	nueve	20	veinte		
10	diez	21	veintiuno		

CAPÍTULO 2

Paco Navarro / Blend Images / Getty Images

Carlos es de Guanajuato, México.

Un retrato personal

Note for Capítulo 2:
World Readiness Standards addressed in this chapter include:
Communication: All three modes.
Culture: Examining practices and products specific to Mexico (music, food, manners, etc) and the perspectives underlying each.
Connections: Connecting with the disciplines of geography, anthropology and socioinguistics
Comparisons: Comparing and contrasting linguistic elements and concepts, such as cognates and gender in L1 and L2.

Contesta a las siguientes preguntas basadas en la foto.

1. ¿Quién está en la foto?
2. ¿Cómo se llama?
3. ¿De dónde es?
4. ¿Cómo es?

OBJETIVOS COMUNICATIVOS

By the end of this chapter, you will be able to...

- describe yourself and others: personality and physical appearance.
- state your nationality and those of others.
- state your age and the age of others.
- ask and answer questions about yourself and others.
- write autobiographical information.

OBJETIVOS CULTURALES

By the end of this chapter, you will be able to...

- describe the richness of the Mexican culture.
- examine and reflect upon cultural stereotypes.

ENCUENTROS

Video: Cómo preparar una descripción personal
Conozcamos a... Guadalupe Zamora González
(Puebla, México)

EXPLORACIONES

Exploremos el vocabulario

La personalidad
Los países y las nacionalidades
Los números del 30 al 100
Las características físicas
Las palabras interrogativas

Exploremos la gramática

Identifying and describing people and things
The verb *ser*

Classifying and Describing People and Things
Gender of nouns
Number of nouns and adjectives
Adjective formation
The verb *tener*

EXPERIENCIAS

El blog de Daniel: Cuernavaca y las escuelas de lengua
Te presentamos a... Diego Boneta
Cultura y sociedad: La riqueza cultural de México
Manos a la obra: Un retrato personal

ENCUENTROS

▶ Estrategia de estudio: How to Become a Fluent Speaker

Did you know that language learning may be more difficult if you are overly anxious? Do you have a fear of being embarrassed as you try out new sounds or a fear of making errors when you speak? This can actually make it harder for you to think of things to say. What can you do about this anxiety? First, have realistic expectations. You cannot become a fluent speaker after a few months. Second, avoid comparing yourself to other students, since everyone is at a different level and learns at a different pace. Third, students who are flexible and tolerate ambiguity are able to comprehend better and communicate with greater ease. Finally, become aware of how you learn best: through seeing, listening, movement, or a combination of learning styles.

Cómo preparar una descripción personal

◀ Video

2.1 Categorías. Setting up a profile online can be simple. Based on what you know about Daniel so far, mark the categories that you predict that Daniel will mention in the video about personal descriptions.

descripción física	personalidad	vacaciones
edad	educación	programas de televisión
profesión	intereses	familia
música favorita	amigos	actividades

2.2 Descripciones. As Daniel and Julia build an interesting profile, fill in the blanks with the information about one of them.

1. La persona se llama _____.
2. Ojos _____
3. Edad _____
4. Pelo _____
5. Nacionalidad _____
6. Personalidad _____

👥 **2.3 ¿Quién es quién?** Watch the video **Cómo preparar una descripción personal** again and work with a partner to answer the following questions in complete sentences.

1. ¿Cómo se llama la chica[1] que habla a través de internet en el video?
2. ¿Cómo se llama el chico[2]?
3. ¿De dónde es la chica que escribe a través de internet?
4. ¿Cuántas personas hay en el video?
5. ¿Qué palabras describen a la chica?

[1]**chica:** girl   [2]**chico:** boy

Conozcamos a...

Guadalupe Zamora González (Puebla, México)

Guadalupe Zamora González, de Puebla, México

Suggestion for 2.4: Play the listening passage once to provide students with the opportunity to listen for cognates and content. Then introduce the task and play the listening passage again. Students complete the task as they listen. Finally, ask for volunteers to provide the information they heard about Guadalupe and her friend.

Answers for 2.4: Answers will vary.

Warm up for 2.5: Read through the questions with the students. Use teacher talk to aid students in comprehending unknown vocabulary such as:

Apellido: El apellido de Robert es Smith; ¿Qué estudia?: ¿Estudia matemáticas… economía, historia, etc.?

Audioscript for 2.5: Mi nombre es Guadalupe Zamora González, pero mis amigos me llaman Lupe. Soy mexicana y vivo en la ciudad de Puebla con mi familia. Soy baja y tengo ojos claros. Soy muy optimista, tranquila y un poco idealista. Tengo diecinueve años y estudio psicología en la Universidad de las Américas en Puebla, México. Estoy en el cuarto semestre de mis estudios. Tengo un amigo de Estados Unidos. Se llama Matt Hutchinson y es de Minnesota. Tiene veinte años y es alto y delgado. Es muy cómico, inteligente y atlético. Estudia matemáticas y, claro, español.

Suggestion for 2.6: Pronounce the list of cognates for the students before they begin the task.

Answers for 2.6: Answers will vary.

Antes de escuchar

2.4 Antes de conocer a Guadalupe. You will get to know Guadalupe as she introduces herself. Name three categories of information that you expect her to include.

Estrategia de estudio: Focusing on Key Words

Remember, you are not expected to understand every word in the following recording. Instead focus on the vocabulary you'll need to complete the tasks and to describe yourself.

Mientras escuchas

2.5 ¿Cómo son Guadalupe y su amigo? Guadalupe tells about herself and a friend. Listen and organize the information in the following table.

Nombre:	Guadalupe (Lupe)	Matt
Apellido:	Zamora González	Huchinson
Personalidad:	tranquila, optimista y un poco idealista	cómico, inteligente y atlético
Descripción física:	Es baja y tiene ojos claros.	Es alto y delgado.
Es de:	México	Estados Unidos
Nacionalidad:	mexicana	norteamericano
Estudia:	psicología	matemáticas y español

Después de escuchar

2.6 Descripciones. Just as Guadalupe described herself, complete the next **Pasos** to write a description of yourself.

Paso 1: Select the words from Guadalupe's description that could be used for you to describe yourself.

optimista	tranquilo/a	idealista	cómico/a
inteligente	atlético/a	norteamericano/a	mexicano/a

Paso 2: Now, use the information to write a descriptive sentence about yourself.

Guadalupe es de México. ¿Qué sabes de este país norteamericano?

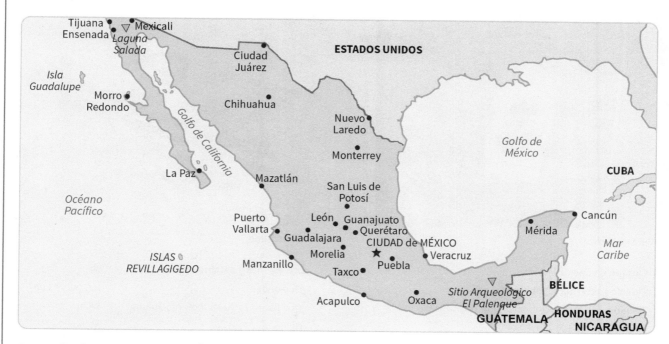

Tijuana • ▽ Mexicali
Ensenada • *Laguna*
Salada
Isla
Guadalupe
Morro •
Redondo
Ciudad
Juárez •
Chihuahua •
ESTADOS UNIDOS
Golfo de California
La Paz •
Océano
Pacífico
Mazatlán •
Nuevo •
Laredo
Monterrey •
San Luis de
Potosí •
Golfo de
México
CUBA
Puerto •
Vallarta
León •
Guadalajara •
Guanajuato •
Querétaro •
CIUDAD de MÉXICO ★
• Mérida
Cancún •
Mar
Caribe
Morelia •
Veracruz •
ISLAS
REVILLAGIGEDO
Manzanillo •
Taxco •
Puebla •
Acapulco •
Oxaca •
Sitio Arqueológico
El Palenque ▽
BÉLICE
GUATEMALA
HONDURAS
NICARAGUA

Suggestion for Guadalupe es de México: Before students are assigned to read, remind them to scan the paragraph and underline all of the cognates. Explain that the objective is to comprehend the main ideas of the passage and not to translate word for word to English.

México es mágico

Los Estados Unidos Mexicanos o México se dividen en treinta y un estados y la capital federal (Ciudad de México). Cada estado tiene una enorme variedad cultural que se manifiesta en las relaciones interpersonales, las normas sociales y las perspectivas. También es un país geográficamente diverso con numerosos ecosistemas terrestres y acuáticos. La Ciudad de México es la tercera ciudad más grande del mundo con aproximadamente veinte millones de habitantes. El 16 de septiembre México celebra el día de su independencia de España.

México moderno y antiguo, Ciudad de México

La Pirámide del Sol, Teotihuacán

La ciudad de Taxco en el estado de Guerrero

Estadísticas interesantes de México

Bandera de México

El peso mexicano

Capital: Ciudad de México

Tipo de gobierno: república federal

Tamaño: casi tres veces mayor que Texas

Población: 133 166 749

Lenguas: español (oficial), maya, náhuatl y otras lenguas indígenas

Moneda: peso mexicano

Nivel de alfabetización: 95 %

Promedio de vida: 75 años

Expresiones y palabras típicas

¿Qué onda?	*Hey, what's up?*
¿Qué hubo? / ¿Qué húbole? / ¿Quiubo?	*What's up?*
¡Híjole!	*My goodness!*
¡Qué padre!	*How cool!*

Steve Allen Travel Photography / Alamy Stock Photo

Maogg / Getty Images

Answers for 2.7: Answers will vary.

Technology tip for 2.7: Students can be instructed to post their findings on your learning management system discussion board and to write three comments regarding a classmate's posting. Alternatively, they can create a word document or electronic poster to present briefly in class.

2.7 Investigación en Internet. Use the Internet to select a place of interest in Mexico. Write a brief description that includes:

- el nombre del lugar turístico
- dónde está el lugar en México
- una descripción del lugar
- por qué te interesa este lugar

EXPLORACIONES

🎧 La personalidad

creativo · romántica · deportista · generoso · paciente · inteligente · atractiva · extrovertida

Los cognados

Cognates are words that look like a word in English and have the same meaning but are pronounced differently.

- The cognates listed below may be used to describe a male or a female. Can you guess the meaning of each word?

arrogante	importante	materialista	popular
competente	independiente	optimista	rebelde
responsable	idealista	liberal	pesimista
elegante	interesante	perfeccionista	tradicional

José María es popular.   *Susana es popular.*

Marcos es rebelde y optimista.   *Elena es rebelde y optimista.*

WileyPLUS

Go to WileyPLUS Resources to access an interactive version of this illustration to review these vocabulary words and practice their pronunciation.

Teaching tip for Exploremos el vocabulario 1: La personalidad: Pronouncing cognates: Have students follow along as you pronounce these cognates for students so that they have the opportunity to hear correct pronunciation. Invite students to say them after you for practice. You might point out or contrast the Spanish pronunciation of these words with the English.

- The cognates listed below may end in **-o** or **-a**. Those ending in **-o** describe a male and those ending in **-a** describe a female.

activo/a	dramático/a	religioso/a
agresivo/a	reservado/a	tranquilo/a
ambicioso/a	impulsivo/a	serio/a
cómico/a	introvertido/a	sincero/a
organizado/a	tímido/a	dinámico/a

Juan es organizado y generoso.   *Lola es organizada y generosa.*

- The following words that end in a consonant, **-r**, describe a male. To describe a female an **-a** is added to the end of the word.

conservador/a   trabajador/a³   hablador/a⁴

Carlos es conservador.   *Elsa es conservadora.*

Estrategia de estudio: Guessing the Meaning of Cognates

Remember, cognates are words that look like a word in English and have the same meaning but are pronounced differently. Can you guess the meaning of the words found in the section **Exploremos el vocabulario 1**? You probably can recognize a lot of words in Spanish.

Audio script for 2.8:
Gael García Bernal es un actor mexicano de cine, televisión y teatro. También es productor y director de cine. Es de Ciudad de México. Es inteligente, dedicado, apasionado, cómico, trabajador, ambicioso y organizado. Algunas de sus películas son *Diarios de motocicleta, Letters to Juliet, Dot the I, No, También la lluvia* y *Casa de mi padre.*

Answers for 2.8, Paso 1:
Students should select: inteligente, dedicado, apasionado, cómico, trabajador, ambicioso and organizado.
Paso 2: Answers may vary.

Answers for 2.8, Paso 2:
1. director y productor;
2. dedicado y organizado;
3. Ciudad de México.

Answers for 2.9: Answers will vary.

Technology tip for 2.9:
For hybrid courses, this activity can be assigned for students to complete using a learning management system conferencing or an online videoconferencing tool.

2.8 Gael García Bernal. Gael García Bernal is a famous Mexican actor. Listen to the description of him and complete the **Pasos.**

Paso 1: **WP** Select the personality descriptions that you hear.

conservador	trabajador	inteligente	organizado
introvertido	ambicioso	cómico	religioso
dedicado	impulsivo	paciente	apasionado

Paso 2: Complete the following sentences about Gael.

1. Gael es actor. También es _____.
2. Es inteligente, _____ y _____.
3. Es de _____.

Gael García Bernal, actor mexicano

2.9 Mi personalidad, tu personalidad. You and your partner compare personalities to see if you are compatible. Complete the following **Pasos** to see how much you are alike.

Paso 1: Use the following list of personality traits to select the ones that apply to you.

☐ optimista	☐ cómico/a	☐ serio/a
☐ responsable	☐ tímido/a	☐ paciente
☐ romántico/a	☐ tranquilo/a	☐ materialista

---

³**trabajador/a:** hardworking   ⁴**hablador/a:** talkative

Paso 2: Describe yourself to your partner. Then, listen as your partner describes herself/himself to you and check off his/her traits from the list.

Paso 3: Compare yourself to your partner, following the model.

Modelo: *Yo soy responsable y mi compañera Rebecca es cómica y optimista.*

Estrategia de estudio: Using Grammar Tools

 In the next section **Exploremos la gramática 1**, you will see the first of many verbs that you will learn in Spanish. It's important to learn verb forms in Spanish to express what you want to say. There are several forms and you must memorize each one, identify the person that the form signals, and practice using the forms to describe yourself and others.

Identifying and describing people and things

The verb *ser*

The verb **ser** (*to be*) is used to classify and to describe what something or someone is like or to tell essential qualities or characteristics. Just as the English verb *to be* has different forms for different subjects (*I <u>am</u>, you <u>are</u>, he/she/it <u>is</u>, we <u>are</u>, etc.*) so does the Spanish verb **ser**. It is important to use the correct form of the verb so that your message will not be misunderstood.

Subject pronouns	Conjugated verb *Ser*
yo (*I*)	**Soy** estudiante.
tú (*you, singular, informal*)	**Eres** mexicano/a.
usted (*you, singular, formal*)	**Es** trabajador/a.
él/ella (*he/she*)	**Es** profesor/profesora.
nosotros/nosotras (*we*)	**Somos** inteligentes.
vosotros/vosotras (*you, Spain, plural informal*)	**Sois** flexibles.
ustedes (*you, plural*)	**Son** responsables.
ellos/ellas (*they, masculine and feminine*)	**Son** organizados/organizadas.

¿Qué observas?

1. How many different forms of the verb **ser** do you notice?
2. Which forms of **ser** are used with more than one subject pronoun?
3. Which forms of **ser** correspond to only one subject pronoun?

Teaching tip for 2.9: Conducting pair work activities: As with any pair or group activity, remind students to speak only in Spanish and focus on the task at hand. If they finish before the rest of the class, encourage them to repeat the task or continue to speak in Spanish while completing an additional task. Be sure to follow-up each pair activity so that students know that they will be held accountable for their group work.

Exploremos la gramática 1

WileyPLUS

Go to WileyPLUS to review this grammar point with the help of the Animated Grammar Tutorial and the Verb Conjugator.

Note for ¿Qué observas? box: This box appears periodically within grammar explanations to guide students in critically examining the grammar point. Review these questions with the students to provide scaffolding and a co-construction phase of the grammar lesson.

Use the verb *ser* . . .

- to tell who or what a person is:

María **es** estudiante.	*Maria is a student.*
Soy Alejandra.	*I'm Alejandra.*

- describe people and things:

Es liberal y rebelde.	*She is liberal and rebellious.*
La clase **es** interesante.	*The class is interesting.*

- to tell the origin of a person or thing:

Ella **es** de Guadalajara.	*She is from Guadalajara.*
El café **es** de Colombia.	*The coffee is from Colombia.*

There is more than one word meaning *you* in Spanish:

- **Tú** is informal and used when talking to someone on a first name basis (a friend, family member, a child, someone around your age).
- **Usted** (abbreviated as **Ud.**) is formal and is used when talking to someone in a formal or respectful situation (a doctor, professor, a senior citizen).
- **Ustedes** (abbreviated as **Uds.**) is used when talking to a group of people in both formal and informal situations in Latin America. In Spain, it is mainly used in formal situations.
- **Vosotros/as** is used in Spain when talking to a group of friends or family members.

Male and female groups are distinguished in the following manner:

- Nosotr**os**, vosotr**os** and ell**os** refer to a group of males only or to a mixed group of males and females.
- Nosotr**as**, vosotr**as** and ell**as** refer to two or more females.
- In English it is always necessary to indicate the subject explicitly, often with a pronoun (*I*, *you*, *he*, *she*, *we*, *they*) with the verb. But there are instances in Spanish when **yo** and **tú** may be eliminated because there is no other subject that can be used with **soy** and **eres**. If stated, they are used for emphasis or contrast.

Soy activa y deportista	*I am active and athletic.*
Yo soy activa y deportista, pero **tú** eres pasiva y reservada.	*I am active and athletic, but you are passive and reserved.*

Cultura viva

Using *tú* and *usted* in Mexico

In Mexico, like in other Spanish-speaking countries, students show respect for authority figures by always addressing them by their titles and using formal Spanish. It is the exception to the rule when professors ask their students to call them by their first names. Professional titles, such as **doctor/doctora**, **ingeniero/ingeniera**, **licenciado/licenciada** and **arquitecto/arquitecta**, are commonly used at companies and universities. In a formal situation it is best to use **usted** unless you are asked to use the informal **tú**: **"Vamos a tutearnos."** or **"Puedes tutearme."** Only at this point would it be appropriate for you to start using the informal **tú** for the rest of the conversation.

Estrategia de estudio: Observing Grammar

The following grammar explanation focuses on the gender of nouns. It is important to be aware of the gender of nouns in Spanish so you can figure out the correct ending of words that describe people and things.

Classifying and describing people and things

Gender of nouns

Exploremos la gramática 2

WileyPLUS
Go to WileyPLUS to review this grammar point with the help of the Animated Grammar Tutorial.

People and things, whether they are actual living beings, non-living things or abstract nouns, are classified in one of two categories: masculine or feminine. This classification system is called gender.

Here are two practical ways to determine the gender of nouns.

I. Animate nouns refer to people and some other animate beings

People and animate beings, such as animals and other living things, are classified according to their real or specific *biological* or *natural* gender: male/female – masculine/feminine.

Gender	Articles	Refers to	Singular	Plural
Masculine	el, los (*the*) un/unos (*a, some*)	males	el/un amigo	los/unos amigos
			el/un profesor el/un padre	los/unos profesores los/unos padres
Feminine	la, las (*the*) una/unas (*a, some*)	females	la/una amiga	las/unas amigas
			la/una profesora la/una madre	las/unas profesoras las/unas madres

- **El** or **la** is used to indicate the biological gender of nouns ending in **–ista** or **–e**:

  el artista/la artista   el estudiante/la estudiante

- An **–a** is added to nouns ending in a consonant to refer to a female:

  profesor   profesora

- Sometimes there are different words to refer to a male or a female:

  madre/padre   hombre/mujer   actor/actriz

  mother/father   man/woman   actor/actress

II. Inanimate nouns refer to non-living things (places, objects, events, concepts, abstractions, etc):

These nouns are classified according to the ending of the noun, not biological gender, and their gender is a classification system only. There is no connection between meaning and gender.

Some common exceptions: **el día   la mano   el problema**

Gender	Articles	Endings of nouns	Singular	Plural
Masculine words	el, los (*the*) un/unos (*a, some*)	o, e, l, n, r, ma	el/un libro el/un chocolate el/un papel el/un rincón el/un color el/un tema	los/unos libros los/unos chocolates los/unos papeles los/unos rincones los/unos colores los/unos temas
Feminine words	la, las (*the*) una/unas (*a, some*)	a, d, ión	la/una mochila la/una universidad la/una conversación	las/unas mochilas las/unas universidades las/unas conversaciones

Suggestion for Exploremos la gramática 2, Gender of nouns: Explain to students that for the native speaker of English who is learning Spanish, grammatical gender is generally an unfamiliar concept. In English gender is only relevant in some personal, possessive, and reflexive pronouns (he, she, his, hers, him, her, himself, herself). English gender has very little relation to the gender system of Spanish.

Suggestion for Exploremos la gramática 1: Gender of nouns: Inanimate nouns: For the inanimate noun group, explain to students that the gender category of these nouns does *not* mean that they have masculine or feminine attributes. Explain also that they will not be able to predict the gender of inanimate nouns by knowing the meaning of the noun. Generally the category or grammatical gender can be determined by the ending of the word, but this is not always the case. You can recommend that they learn to associate the article *el* or *la* with each new noun that they encounter.

¿Qué observas?

1. What English words show gender?
2. Can you tell the gender of a noun in Spanish by the meaning of word?

Number of nouns and adjectives

In Spanish, nouns and adjectives are made plural in the following ways:

- Add **-s** to a noun that ends in a vowel (a, e, i, o, u)
- Add **-es** to a noun that ends in a consonant (any letter of the alphabet other than a vowel)
- Nouns ending in **-z**, change **-z** to **-c** before adding **-es**.

  la actri**z** → las actri**ces**   la lu**z** → las lu**ces**
- A noun can be used to refer to a male and a female in the same group. In this case, you can use the masculine plural form of the noun:

  el chico y la chica = los chicos

  los chicos y las chicas = los chicos

Adjective formation

I. Variable – two form adjectives (like some nouns)
Adjectives that have a paired counterpart and end in **-o** and **-a**;

Masculine forms		Feminine forms	
Singular	**Plural**	**Singular**	**Plural**
el señor seri**o**	los señores seri**os**	la señora seri**a**	las señor**as** seri**as**
el amig**o** cómic**o**	los amig**os** cómic**os**	la amig**a** cómic**a**	las amig**as** cómic**as**

Like some nouns, some adjectives that end in a consonant **add -a** to the consonant to form the feminine adjective form:

español/español**a**   conservador/conservador**a**   hablador/ hablador**a**

II. Invariable - Adjectives that have no paired counterpart; they may end in a **consonant**, **-e**, or **-ista** and have only one form that is used both for masculine and feminine adjectives.

inteligente   idealista   tradicional   popular

Singular	Plural
Guadalupe es un**a** chic**a** creativ**a**.	Guadalupe y Susana son unas chic**as** creativ**as**.
Javier es un chic**o** creativ**o**.	Javier y Rafael son unos chic**os** creativ**os**.
El señor Martínez es responsabl**e** y popular.	El señor y la señora Martínez son responsabl**es** y popular**es**.

Unlike English, descriptive words generally come after the person or thing they describe in Spanish:

La **señorita seria** es la profesora de historia.   *The serious young woman is the history professor.*

Juan es un **estudiante trabajador y optimista**.   *Juan is a hardworking and optimistic student.*

What is noun-adjective agreement?

Adjectives, words that describe nouns, must "match" the people or things that they describe in terms of masculine/feminine category and singular/plural forms. This "matching" is sometimes called agreement.

2.10 ¿Cuál es tu opinión? Most people hold opinions about people they know personally and those in the public light. Choose a partner and share your feelings about the following people, using complete sentences. Be sure to use the correct forms of the verb **ser** and the correct form of the adjectives for each.

Modelo: Gustavo Dudamel

    a. dinámico   **b.** competente   **c.** popular   **d.** reservado

Gustavo Dudamel es dinámico, competente y popular. No es reservado.

1. el/la presidente/a de los Estados Unidos
    a. romántico   **b.** inteligente   **c.** pesimista   **d.** sincero

2. tu profesor/a
    a. competente   **b.** paciente   **c.** serio/a   **d.** optimista

3. los compañeros de clase
    a. independientes   **b.** tradicionales   **c.** rebeldes   **d.** creativos

4. mis clases
    a. importantes   **b.** organizadas   **c.** interesantes   **d.** cómicas

5. mi familia y yo
    a. activos/as   **b.** responsables   **c.** generosos/as   **d.** materialistas

6. yo
    a. deportista   **b.** extrovertido/a   **c.** ambicioso/a   **d.** competente

7. tú (you are speaking directly to a particular friend; name that friend and continue)
    a. tranquilo/a   **b.** atlético/a   **c.** generoso/a   **d.** responsable

8. tu mamá
    a. elegante   **b.** perfeccionista   **c.** tradicional   **d.** generosa

2.11 ¿Cómo es? There are many ways to describe people and things.

Paso 1: Consider the following list, all of which are cognates, in column I. Use the descriptors in column II to describe each item. Note that more than one description is possible for some. Write all possible descriptions beside each item.

I	II
1. la universidad ___	dulce
2. la música ___	funcional
3. el chocolate ___	interesante
4. el automóvil ___	moderna
5. el béisbol ___	tradicional
6. la danza ___	fabuloso
7. la computadora ___	colombiano
8. el perfume ___	folclórica
9. la familia ___	controversial
10. la nación ___	conservadora
11. el restaurante ___	clásica
12. el arte ___	natural
13. el café ___	organizado
14. la televisión ___	italiano
15. la idea ___	idealista

Suggestion for 2.10: You may wish to expand the activity by having students add more descriptors and/or by stating what does not apply to the subject.

Possible answers for 2.10:
1. El presidente de los Estados Unidos es inteligente, pesimista y sincero. No es romántico.
2. Mi profesora es competente, paciente y optimista. No es seria.
3. Los compañeros de clase con independientes, rebeldes y creativos. No son tradicionales.
4. Mis clases son organizadas, interesantes e importantes. No son cómicas.
5. Mi familia y yo somos activos, responsables y generosos. No somos materialistas.
6. Yo soy extrovertido, ambicioso y competente. No soy deportista.
7. Mario, tú eres tranquilo, atlético y generoso. No eres responsable.
8. Mi mamá es perfeccionista, tradicional y generosa. No es muy elegante.

Possible answers for 2.11:
1. La universidad es interesante.
2. La música es folclórica.
3. El chocolate es dulce.
4. El automóvil es fabuloso.
5. El béisbol es interesante.
6. La danza es tradicional.
7. La computadora es moderna.
8. El perfume es natural.
9. La familia es organizada.
10. La nación es conservadora.
11. El restaurante es italiano.
12. El arte es idealista.
13. El café es colombiano.
14. La televisión es interesante.
15. La idea es controversial.

Paso 2: Work with a partner and take turns describing the items in column I of **Paso 1**. Listen carefully to see if you agree or can add more information.

Modelo: *El arte es interesante y natural.*

🎧 **2.12 ¿Cómo son estas personas?** WP Your friend shares photos with you of people she knows. Listen to the descriptions of the people in each photo and write the number of the description you hear under the photo it describes.

A. _____

B. _____

Matimix / Shutterstock

Ronnie Kaufman / The Image Bank / Getty Images

D. _____

E. _____

C. _____

StockLite/ Shutterstock

Hill Street Studios LLC / DigitalVision / Getty Images

Skynesher / E+ / Getty Images

2.13 Más descripciones. WP While studying in Mexico your friend Denise's Mexican host family wants to know about her family and friends back home. As she speaks, she is showing them photos on her iPad. Use the following phrases or words in each item number to find out what Denise is telling them.

1. mi amiga Alexis / ser de / Chicago. Ella y yo / ser / buenos amigos.
2. el señor Vega / ser / inteligente / y / paciente. Él / ser / mi profesor / favorito.
3. Gavin, Miriam y yo / ser / estudiante / serio / y / ser / bueno / amigo.
4. Gavin / y / Miriam / ser / deportista / y / ser/ popular.
5. mi familia / ser / activo / y / extrovertido. No / ser / agresivo.
6. Jason / ser / mi hermano[5]. Él / ser / ambicioso, atractivo / y / romántico.

2.14 Mis amigos. Make a list of five friends and describe what their personalities are like.

Modelo: *Mi amigo Ron es extrovertido, deportista y sincero.*
Mi amiga Sandra es inteligente, conservadora y paciente.

---

[5]**hermano:** brother

Los países y las nacionalidades

España:
español/a

Estados Unidos:
estadounidense

Cuba:
cubano/a

República Dominicana:
dominicano/a

México:
mexicano/a

Puerto Rico:
puertorriqueño/a

Guatemala:
guatemalteco/a

Honduras:
hondureño/a

El Salvador:
salvadoreño/a

Venezuela:
venezolano/a

Nicaragua:
nicaragüense

Colombia:
colombiano/a

Costa Rica:
costarricense

Guinea Ecuatorial:
guineano/a

Panamá:
panameño/a

Ecuador:
ecuatoriano/a

Bolivia:
boliviano/a

Paraguay:
paraguayo/a

Perú:
peruano/a

Uruguay:
uruguayo/a

Chile:
chileno/a

Argentina:
argentino/a

¡Alerta!: Nationalities in Spanish

Unlike English, notice that nationalities are not capitalized in Spanish.
Lupe es **m**exicana.   Matt es **e**stadounidense.

2.15 Estudiantes internacionales. **WP** **Recycle** You have volunteered to be a conversation partner at the Office of International Studies on your campus. Refer to the map of Spanish speaking countries and listen for the country of origin of each potential conversation partner. Then, match the name of each person with his/her nationality.

Activity 2.15 recycles Spanish-speaking countries from Chapter 1.

1. José   a. guatemalteco
2. Marisol   b. chileno
3. Luisa   c. costarricense
4. Alfredo   d. nicaragüense
5. Flor   e. guineano
6. Bernardo   f. española
7. Iris   g. paraguaya
8. Manuel   h. uruguayo

Answers for 2.16, Paso 2: 1. Es interesante, sincera, optimista y muy dinámica.; 2. Es creativo, extrovertido y muy organizado.; 3. Es popular y cómico.; 4. Son muy pacientes, inteligentes y conservadores.; 5. Answers will vary.

2.16 Los profesores de Guadalupe. In an email message to her friend Inés, Guadalupe describes her current professors. Follow the next **Pasos** regarding the reading.

Paso 1: Skim the paragraph and select the descriptive words Guadalupe uses to describe her professors.

Hola, Inés:

Este semestre, mis profesores son muy <u>pacientes</u>, <u>inteligentes</u> y <u>conservadores</u>. Ellos tienen mucho interés en la educación y son muy <u>entusiastas</u>. Tengo una profesora muy <u>interesante</u>. La profesora González es cubana, pero ahora está en Puebla. Es una mujer <u>sincera</u>, <u>optimista</u> y muy <u>dinámica</u>. También tengo un profesor salvadoreño, el profesor Martínez. Es <u>creativo</u>, <u>extrovertido</u> y muy <u>organizado</u>. Mi profesor norteamericano, el profesor Patterson, es de Kansas. Es <u>cómico</u> y <u>popular</u>. Hay profesores muy <u>buenos</u> aquí en la Universidad de las Américas. ¿Te interesa tomar un curso aquí algún día?

Nos vemos pronto,
Lupe

Paso 2: Answer the following questions by writing responses in full sentences.

1. ¿Cómo es la profesora cubana?
2. ¿Cómo es el profesor salvadoreño?
3. ¿Cómo es el profesor norteamericano?
4. ¿Cómo son los profesores de Guadalupe, en general?
5. ¿Cómo son los profesores en tu universidad?

Answers for 2.17: Answers may vary, but can include: 1. Nora es voleibolista. También es independiente e idealista. Es mexicana.; 2. Alberto es un chico organizado y conservador. Es chileno.; 3. Esteban y Marta son estudiantes populares. También son liberales y deportistas.; 4. La profesora Marín es mexicana. Es creativa e independiente.; 5. Las amigas de Guadalupe son liberales y populares. Son colombianas.

2.17 Descripciones posibles. Guadalupe has several people at the university that she describes to Inés. From the following list, select the possible descriptions for each of the people. Then, write at least one complete sentence for each person.

Modelo: *Raúl es un chico extrovertido y sincero. Es estudiante.*

1. Nora
2. Alberto
3. Esteban y Marta
4. la profesora Marín
5. las amigas de Guadalupe

chileno	chico	madre	populares	idealista
amigos	chica	organizado	voleibolista	independiente
colombianas	estudiantes	creativa	liberales	rebelde
estudiante	profesor	mexicana	conservador	deportistas

Answers for 2.18: Answers will vary.

2.18 ¿Cómo son mis compañeros? **Recycle** You'd like to find out more about some classmates. Circulate around the class and interview three people to find out some basic information about them, including their personaLity and where each is from.

Activity 2.18 recycles Greetings and farewells from Chapter 1.

Nombre	Origen	Personalidad	Nacionalidad
María	San José	cómica, impulsiva	Costarricense

Estrategia de estudio: Los buenos modales

 In Mexico, you will find that manners do matter, and they may be considered a top value in Mexican society. Be sure to say **Buen provecho** (*Enjoy your food*) when you walk by someone who is eating, **Que te vaya bien** (*Have a good one*) when someone is leaving, and **Con permiso** (*Excuse me*) when you are leaving or joining a group. You will be on your way to Mexican cultural fluency. Using the right phrase at the right time is important, so be sure to say **Para servirle** (*In order to serve you*) in response to **Gracias** (*Thanks*), and **Estás en tu casa** (*Make yourself at home./This is your house*) when someone comes to your home. Try to use some of these expressions during your interactions with Mexicans or during travels to Mexico. You will be considered **bien educado/a** (*well-mannered*)!

Los números del 30 al 100

30	**treinta**	50	**cincuenta**
31	**treinta y uno**	60	**sesenta**
32	**treinta y dos**	70	**setenta**
33	**treinta y tres**	80	**ochenta**
40	**cuarenta**	90	**noventa**
41	**cuarenta y uno**	100	**cien**

Exploremos el vocabulario 3

WileyPLUS

Go to WileyPLUS to review these vocabulary words and practice their pronunciation.

- Note that numbers from 21 to 29 are spelled out in one word.

  veintitrés: 23

- The number words that end in **s** require a written accent on the final **e**:

  veintiséis: 26

- Numbers 31 through 99 are spelled with **y** between the number words.

  cuarenta y tres: 43

2.19 Los patrones. [Recycle] Number puzzles can be fun when you work together. As you find the patterns for the following lists of numbers, read the sequence aloud.

Activity 2.19 recycles Los números del 0 al 29 from Chapter 1.

1. 15, 30, 45, _____

2. 62, 64, 66, _____

3. 41, 36, 31, _____

4. 73, 76, 79, _____

5. 22, 32, 42, _____

6. 96, 92, 88, _____

7. 14, 21, 28, _____

8. 45, 55, 65, _____

2.20 Lotería. [Recycle] Fill in the grids with any numbers between 30 and 100. Then, listen as your instructor calls out the numbers. Locate and keep track of the numbers on your grid that are called. When you have a diagonal, horizontal or vertical bingo, call out **¡Lotería!** Be prepared to repeat the numbers aloud to earn your prize! **GAME**

Activity 2.20 recycles Los números del 0 al 29 from Chapter 1.

Warm up for 2.19: Have students practice with a partner, counting by 2's, 3's, 4's, 5's, etc. in Spanish. This will review numbers 1-29 as well.

Answers for 2.19: 1. 60; 2. 68; 3. 26; 4. 82; 5. 52; 6. 84; 7. 35; 8. 75.

Suggestion for 2.20: Pass out beans or small candies for markers. Randomly call numbers between 30 and 100. Keep track of the numbers you call. When there is a bingo, winners can read the numbers aloud. You can even award small prizes if you like.

Answers for 2.20: Answers will vary.

Cultura viva

Mexican lottery

The Mexican **lotería** is a game of chance like bingo in the U.S., but with images and numbers in each rectangle and a set of 54 decorated playing cards instead of bingo balls. Players use pinto beans for marking the **tablas**. The specific pattern is announced at the beginning of the game. These patterns are similar to those played in the U.S. bingo game. The game begins as the **cantor** randomly selects a card and announces the card name or an associated riddle. The first player to complete the pattern shouts **¡lotería!** or **¡buenas!** You can use your Internet browser to play **Lotería** online.

Rsdphotography / Alamy Stock Photo

¡Alerta!: Phone Numbers in Spanish

Phone numbers in Spanish are generally given in two digit groupings, such as 34-23-43. In the case of three numbers together, (as in codes for a specific province or state), the first number is stated as a single digit and the last two are grouped together. 697-2133 → 6-97-21-33

Answers for 2.21: Students say phone numbers.

👥 **2.21 ¿Cuál es el número de teléfono de…?** [Recycle] Your friend is heading to Mexico City and you both look up some good restaurants online. Refer to the following partial list of phone numbers from the Mexico City phone directory. Ask and give phone numbers with your partner using the following model.

Activity 2.21 recycles Los números del 0 al 29 from Chapter 1.

Modelo: Estudiante A: *¿Cuál es el número de teléfono del restaurante…?*

Estudiante B: *Es el 55-01-82-43.*

La Casita
Ferrocarril de Cuernavaca 415, Col. Lomas de Chapultepec, Ciudad de México
(52) 52824616

La Taquería Sahuayo
Universidad 913, Col. del Valle, Ciudad de México
(52) 55349394

La Taquería Gallito
Insurgentes Sur 2351, San Angel, Ciudad de México
(52) 553456

La Hacienda de los Morales
Vazquez de Mella 525, Col. Polanco, Ciudad de México
(52) 50963000

Los Canarios
Bosque de Duraznos 39, Col. Bosques de Las Lomas, Ciudad de México
(52) 55267893

La Carreta
Niza 38, Zona Rosa, Ciudad de México
(52) 56725376

Cultura viva

Mexican food

Mexican food is a lot more than **tacos, burritos** and **tortillas**, and cooking and eating play a big part in family events and parties. Typical dishes include **carnitas, pozole, tamales, mole** and **chilaquiles**. Typical drinks include **horchata, agua de jamaica** and **agua de tamarindo**. In the following photo, a woman makes the traditional **mole** sauce, served over chicken, meat or **enchiladas**. **Mole** consists of more than 20 ingredients, including chocolate and chile peppers.

Russell Monk/Photodisc / Getty Images

2.22 Tu número de teléfono. **Recycle** You want to exchange numbers with classmates in order to get together outside of class. Write down your phone number. Then regroup your number, writing it as you would in a Spanish speaking country. Finally take turns asking five of your classmates their telephone numbers and write the numbers down as each classmate responds. Activity 2.22 recycles *Los números del 1 al 29* from Chapter 1.

Modelo: Estudiante A: *¿Cuál es tu número de teléfono?*
Estudiante B: *Es el 5-35-66-82-43.*
Estudiante A: *No entiendo. Repite, por favor.*
Estudiante B: *Es el 5-35-66-82-43.*

Note for 2.22: Remind students that they do not have to give out their real phone number if they prefer not to. They can create a fictitious one to complete the activity. Have students dictate the phone number as the other student jots it down on a piece of paper. Explain to students that this is a Spanish-only listening activity and that they are not to give any numbers in English or to compare written notes.

Answers for 2.22: Answers will vary.

Exploremos el vocabulario 4

Las características físicas

WileyPLUS

Go to WileyPLUS Resources to access an interactive version of this illustration to review these vocabulary words and practice their pronunciation.

Teaching tip for Exploremos el vocabulario 4: Las características físicas: Read the visuals with the students and provide more comprehensible input by pointing out a student or two from the class that also fits the physical descriptions in the drawings. Explain that the use of the article is optional for hair and eyes.

Vocabulario adicional	
atlético/a	
atractivo/a	
delgado/a	*thin*
guapo/a	*handsome/good-looking*

2.23 ¿Cierto o Falso? **WP** Listen to the descriptions of people in the drawing found in **Exploremos el vocabulario 4**. Decide whether or not each statement is true or false.

1. _____
2. _____
3. _____
4. _____
5. _____
6. _____
7. _____
8. _____

Audioscript for 2.23:
1. Pedro es gordito.
2. Martín tiene pelo moreno.
3. Julio es alto.
4. Ana tiene pelo mediano.
5. Andrés tiene barba y bigote.
6. Sonia tiene pelo lacio.
7. Carlos es flaco.
8. David tiene pelo rizado y corto.

Answers for 2.23: 1. C; 2. F; 3. F; 4. F; 5. F; 6. C; 7. C; 8. C

2.24 ¿Quién es? **WP** Listen to the description of people in the drawing from **Exploremos el vocabulario 4** and decide who is being described. Write the name of the person in each blank.

1. _____
2. _____
3. _____
4. _____
5. _____

Audioscript for 2.24:
1. Esta persona tiene pelo castaño.
2. Esta persona es alta y pelirroja.
3. Esta persona tiene barba y bigote.
4. Esta persona es de estatura mediana. Tiene pelo lacio y largo.
5. Esta persona no es gordita, es flaca.

Answers for 2.24: 1. Elena; 2. Alberta; 3. El Sr. González; 4. Sonia; 5. Carlos

2.25 ¿Cómo es esta persona? Several people have names that begin with the letter A. You can't keep them all straight. With your partner, list all of the words that describe each person, based on the drawing at the university found in **Exploremos el vocabulario 4**.

1. Alberta: _____
2. Alicia: _____
3. Andrés: _____
4. Ana: _____

Answers for 2.25: Alberta: alta, pelirroja; Alicia: pelo negro y mediano; Andrés: pelo negro; Ana: pelo largo

The verb *tener*

Exploremos la gramática 3

WileyPLUS

Go to WileyPLUS to review this grammar point with the help of the Animated Grammar Tutorial and the Verb Conjugator.

You have already used the verb **tener** in Chapter 1 to tell that you have a question (**Tengo una pregunta**). Now you will use **tener** to describe hair and eye color and to tell someone's age.

Tener (*to have*)

Singular		Plural	
yo tengo	*I have*	nosotros/as tenemos	*we have*
tú tienes	*you have*	vosotros/as tenéis	*you have*
él, ella, usted tiene	*he/she has; you have*	ellos, ellas, ustedes tienen	*they have, you have*
María **tiene** veinte años.	*Maria is twenty years old.*	Nosotras **tenemos** el pelo rubio.	*We have blond hair.*
Tengo quince años.	*I am fifteen years old.*	Vosotras **tenéis** la piel morena.	*Your skin is brown.*
Mi carro **tiene** seis años.	*My car is six years old.*	Mis compañeros **tienen** los ojos negros.	*My colleagues have dark eyes.*

2.26 ¿Qué número? ¿Qué persona? **WP** Listen to the descriptions of people in the following drawings. Write the number of the description you hear next to the drawing it describes.

A. _____

B. _____

C. _____

D. _____

E. _____

F. _____

2.27 Frida Kahlo. **Recycle** In your Latin American history course, you are studying Frida Kahlo, a world famous Mexican artist. See photo of Frida Kahlo. Use your Internet browser to locate two paintings by Frida Kahlo: *Frida y Diego Rivera* and *Yo y mis pericos*. Reflect on the two paintings and complete the following **Pasos**.

Activity 2.27 recycles the verb *haber* and Spanish-speaking countries from Chapter 1.

Paso 1: Answer the questions that follow regarding the painting *Frida y Diego Rivera*.

- ¿Cuántas personas hay?
- ¿Cómo es el hombre?
- ¿Cómo es la mujer?
- ¿Cuál es la nacionalidad de las dos personas?

Frida Kahlo es un símbolo del feminismo en México.

Paso 2: Answer the following questions regarding the painting *Yo y mis pericos*.

- ¿Cuál es el nombre de la mujer?
- ¿De dónde es?
- ¿Qué tiene la mujer?
- ¿Cómo es la mujer?

Paso 3: Use the following Venn diagram to compare and contrast Frida Kahlo and Diego Rivera. Compare your responses with a partner.

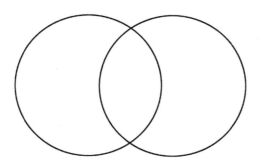

2.28 Una persona famosa. Your partner is really into pop culture and looks up some famous Latinos on the internet. Take turns describing the famous people found in the following list. Ask your partner to guess which person you described.

Modelo: *Es interesante, romántico y popular.*

Selena Gómez	Jorge Ramos	Jessica Alba
Salma Hayek	Lin-Manuel Miranda	Zoe Saldana

2.29 Comparaciones. You are hoping to create a personal web page in Spanish. Complete the following **Pasos** with your partner.

Paso 1: Fill in the third column with information about yourself; then describe yourself to your partner following the model. As your partner describes himself/herself to you, fill in the fourth column.

Modelo: *Yo soy arquitecto y tengo veintinueve años. Tengo el pelo negro y los ojos azules. Soy extrovertido y cómico.*

Descripción	Modelo	Yo	Mi compañero/a
Profesión:	arquitecto	_____	_____
Edad:	29	_____	_____
Pelo:	negro	_____	_____
Ojos:	azules	_____	_____
Personalidad:	extrovertido y cómico	_____	_____

Paso 2: Use the information in the chart from **Paso 1** to compare your physical and personality description with that of your partner. Report the similarities and then the differences in complete sentences.

Modelo: *Nosotros somos delgados y de estatura mediana. Mi compañera tiene ojos azules, pero yo tengo ojos oscuros. Soy generoso y extrovertido, pero mi compañera es tímida y paciente.*

2.30 El español cerca de ti. Look for an article, headline or photo of a Latino/a in your local community, city or state newspaper. Is the person famous? Write down the name of the person and a description to share with the class.

Answers for 2.27, Paso 1: Answers may vary. Possible answers are: *Frida y Diego Rivera*: Hay dos personas. El hombre es alto y gordito, tiene pelo corto y castaño. La mujer es baja, tiene pelo castaño y ojos oscuros. Ellos son mexicanos. **Paso 2:** *Yo y mis pericos*: La mujer se llama Frida. Es de México. Tiene cuatro pericos. Ella tiene pelo castaño y ojos oscuros, también tiene bigote.

Technology tip for 2.27: Students can be required to search for an additional painting by the artist using their web browser. They can post the painting and a description regarding the painting on your learning management system discussion board.

Warm-up for 2.28: Describe students at random in order to provide additional input on physical description. Have the students guess which of their classmates you described.

Follow-up for 2.28: Name or show photos of other famous people and have the class describe them.

Suggestion for 2.29: Allow students a few minutes to complete the task in pairs. Use indirect elicitors, such as *¿Qué tienen en común?* Prompt the students to create full sentence responses.

Technology tip for 2.29: After completing **Paso 2**, students can post their comparison on your learning management system discussion board and then comment on another pair's comparison post.

Answers for 2.28, 2.29 and 2.30: Answers will vary.

Exploremos el vocabulario 5

WileyPLUS

Go to WileyPLUS to review these vocabulary words and practice their pronunciation.

Las palabras interrogativas

You may have noticed that certain words in Spanish are used to ask for information. These words are placed at the beginning of a question, are preceded by an inverted question mark and are called interrogatives. For example:

¿**Cómo** te llamas?

¿**Quién** es el chico?

¿**Cuál** es tu número de teléfono?

Think of some of the questions you have used in order to gain or request information from your classmates and others. Without looking back on previous materials, write down three questions that come to mind.

- Do you remember:

  … how to write the inverted question mark?

  … where should you include a written accent on each interrogative?

- Compare the interrogatives you used in your questions with the following examples. Note that each interrogative has a written accent mark.

Palabras interrogativas		Ejemplos
¿Cómo?	What?/How?	¿**Cómo** te llamas? ¿**Cómo** estás?
¿Cuál/es?	Which one/s?	¿**Cuál** es la capital de Perú?
¿Cuándo?	When?	¿**Cuándo** es la clase de español?
¿Cuánto/a?	How much?	¿**Cuánto** es?
¿Cuántos/as?	How many?	¿**Cuántas** personas hay en la clase?
¿De dónde?	From where?	¿**De dónde** eres?
¿Dónde?	Where?	¿**Dónde** está Miguel?
¿Por qué?	Why?	¿**Por qué** eres estudiante?
¿Qué?	What?	¿**Qué** número es?
¿De qué?	From what?	¿**De qué** país es María?
¿Quién/es?	Who/Whom?	¿**Quién** es la chica de la foto?
		¿**Quiénes** son los chicos de la foto?

- The end of the interrogative **cuánto** will vary (**-o, -a, -os** or **-as**) depending upon the gender of the noun and whether the noun is singular or plural.

  ¿Cuánt**os** libr**os** hay en la mochila?
  ¿Cuánt**as** profesor**as** hay en el departamento de español?

- **Quién** has both a singular and a plural form and is used to refer to people only.

  ¿**Quién** es la estudiante alta?
  ¿**Quiénes** son los chicos?

- **Cuál** has both a singular and a plural form and implies a choice or selection among people or things. It does not directly precede a noun.

  ¿**Cuál** es tu clase favorita?
  ¿**Cuáles** son tus pasatiempos preferidos?

2.31 Preguntas y respuestas. [Recycle] [WP] Listen to the statements. Write the number of the statement next to the question that it answers.

Activity 2.31 recycles *Las presentaciones, los saludos y las despedidas* from Chapter 1.

_____ a. ¿Cómo te llamas?

_____ b. ¿Cómo es Elisa?

_____ c. ¿Cuántos estudiantes hay en la clase?

_____ d. ¿Cuál es la nacionalidad de Juan?

_____ e. ¿Cuántos años tienes?

_____ f. ¿De dónde eres?

2.32 ¿Cuál es la pregunta? [Recycle] You and your partner are reviewing the interrogatives together. Supply the correct interrogative word for each of the following questions.

Activity 2.32 recycles *Las presentaciones, los saludos y las despedidas* from Chapter 1.

Modelo: *¿Dónde está tu amigo Antonio?*   Está en Oaxaca, México.

1. ¿_____ son cinco más cinco?   Cinco más cinco son diez.

2. ¿_____ es ese chico?   Su nombre es Ramón.

3. ¿_____ se llama usted?   Me llamo Rosalinda Vargas Ramírez.

4. ¿_____ es la capital de México?   Es la Ciudad de México.

5. ¿_____ es la fiesta?   Es mañana a las 9:00.

6. ¿_____ es el mole poblano?   Es un platillo especial de Puebla, México.

7. ¿_____ estás, Anita?   Muy bien, gracias. ¿Y tú?

8. ¿_____ eres liberal?   Porque no soy conservador.

9. ¿_____ niñas hay en la fotografía?   Hay seis.

2.33 "Jeopardy". [Recycle] Jeopardy is a fun game to practice questions. Work with a partner so that one of you reads the sentence and the other provides the question, alternating between the two tasks. **GAME** Activity 2.33 recycles *Las presentaciones, los saludos y las despedidas* from Chapter 1.

Modelo: El estudiante se llama Andrés.   *¿Cómo se llama el estudiante?*

1. Carmen Salinas es de Puerto Rico.

2. Tres más siete son diez.

3. Asunción es la capital de Paraguay.

4. Hay veinte estudiantes en la clase de español.

5. Es un diccionario de español.

6. Los compañeros de clase son simpáticos y generosos.

7. La clase es a las 8:30.

2.34 Situaciones. Choose role **A** or **B** to participate in a conversation in Spanish.

A- You are going to Mexico on a university exchange program. The family you will live with during your stay would like to know how to recognize you at the airport when you arrive. Describe yourself to your partner as if you were speaking by phone to the mother of your Mexican family. Don't forget to greet the mother of the family.

B- You are the mother of the Mexican family who is about to host a university student from the United States. You call the student to get a physical description, since you are headed to the airport in Mexico City and want to know how to identify the student. Ask a few questions to clarify what the student tells you and describe yourself to the student.

2.35 Situaciones. Choose role **A** or **B** to participate in a conversation in Spanish.

A- You are interviewing international students to feature in the campus newspaper. Interview your partner by asking five questions of basic information about himself/herself.

B- You are an international student. A new Spanish student shows up at the office and wants to interview you for the campus newspaper. You'd like to know something about the student prior to answering his/her questions with basic information about yourself.

Audioscript for 2.31:
Número 1. Hay veinte.
Número 2. Soy de Houston, Texas.
Número 3. Ella es alta y tiene pelo largo.
Número 4. Tengo dieciocho años.
Número 5. Es puertorriqueño.
Número 6. Me llamo Melissa.

Answers for 2.31:
a. 6; b. 3; c. 1; d. 5; e. 4; f. 2

Answers for 2.32: 1. Cuántos; 2. Quién; 3. Cómo; 4. Cuál; 5. Cuándo; 6. Qué; 7. Cómo; 8. Por qué; 9. Cuántas.

Answers for 2.33: 1. ¿De dónde es Carmen Salinas?; 2. ¿Cuántos son tres más siete?; 3. ¿Cuál es la capital de Paraguay?; 4. ¿Cuántos estudiantes hay en la clase de español?; 5. ¿Qué es?; 6. ¿Cómo son los compañeros de clase?; 7. ¿Cuándo es la clase?

Game for 2.33: Play this game to get students up and moving around. Each student is given a slip of paper. Some have questions, while others have answers. Students circulate to find their partner, either the answer to their question or the question related to their statement. As a follow-up, each pair reads their question and answer to the class.

Answers for 2.34 and 2.35: Answers will vary.

Suggestion for 2.34 and 2.35: Require students to prepare situations outside of class and then present them during the next class session. Encourage the students to use complete sentences so that they gain more confidence in the language classroom.

EXPERIENCIAS

Cuernavaca y las escuelas de lengua

| Noticias | Información | Fotos | Amigos | Archivos |

Comunidad Educativa Cemanahuac, en Cuernavaca, México.

Si quieren estudiar español en un lugar estupendo, les recomiendo la ciudad de Cuernavaca. En Cuernavaca hay muchos institutos de lengua para estudiar todos los días. Mi favorito es Cemanahuac. En Cemanahuac, las clases son pequeñas, los profesores son inteligentes y muy pacientes, y las excursiones son populares e interesantes. Mis amigos Charlie y Harriet son los directores del instituto. Charlie tiene un blog propio, muy interesante. Escribe en inglés sobre varios aspectos de la cultura mexicana.

Answers for 2.36: Answers will vary.

2.36 Investigación de Cemanahuac. You have a friend who mentioned she'd like to study abroad in Mexico this summer. Since Daniel has recommended Cemanahuac, you decide to find out more for her by completing the next **Pasos**.

Paso 1: Use your favorite Internet mapping site to find Cuernavaca, Mexico and the location of the language institute.

Paso 2: Visit the website for Cemanahuac Spanish School and answer the following questions.

1. ¿Qué excursiones hay?

   _____ _____ _____

2. ¿Qué actividades hay?

   _____ _____ _____

3. ¿Cuánto cuestan las clases? $ _____ por semana.

4. ¿Dónde prefieres quedarte?

   _____ en un hotel   _____ con una familia   _____ en un apartamento pequeño

2.37 Mi propio blog. You decide to investigate another language school in Mexico to further assist your friend as she decides where to study. Choose a city in Mexico that you think would be a great place for her to live and complete the following **Pasos**.

Paso 1: Post a photo and a description of the school. Include the name, location, cost and excursions.

Paso 2: Visit the blog of two classmates and write comments about their postings in Spanish.

Follow up for 2.37: Assign students to create a blog using any web application. Students will utilize this blog and post items to it for every chapter of *Experiencias*. You may ask your students to share the link to that blog on your learning management system discussion board. Then in class, ask students to compare their information.

Diego Boneta

Te presentamos a…

2.38 Biografía de Diego Boneta. You are curious about a Mexican actor you've seen on TV recently. Complete the next **Pasos** to learn more about him.

Diego Boneta, actor y cantante mexicano.

Steve Granitz / WireImage / Getty Images

Antes de leer

Paso 1: Skim the short biography and select all of the cognates. Then read the biography.

> Diego Andrés González Boneta nace en 1990[6]. Es <u>actor</u> y cantante. Tiene <u>pasaporte</u> mexicano, estadounidense y español, y habla español e inglés <u>perfectamente</u>. En 2010 aparece en el <u>programa</u> *Pretty Little Liars* como el personaje de Alex Santiago, y en las <u>series</u> *90210* como el personaje de Javier Luna y *Underemployed* en el papel de Miles González. Sus películas son *Mean Girls 2, Rock of Ages, Another You* y *The Dead Man*. Tiene dos discos: *Diego*, del año 2005, e *Índigo*, del año 2008.

Después de leer

Paso 2: Use your web browser to find one of Diego's music videos. Answer the following questions about the video in complete sentences.

1. ¿Cómo se llama la canción?
2. ¿Cuántas personas hay en el video?
3. ¿Cómo es Diego?

Answers for 2.38: Paso 2: Answers will vary.

Estrategia de estudio: Reflecting on Culture

One of the benefits of experiencing Spanish is that you can learn about so many different and exciting peoples and cultures. Your study of Spanish should help you to reflect upon your own culture and to realize that there are many interesting world views.

2.39 ¿Qué asocias con la palabra *cultura*? What does the word 'culture' mean to you? Complete the following **Pasos** to reflect upon this complex concept.

Paso 1: Select those cognates that represent culture for you.

la historia	la religión	la personalidad	la comida
las tradiciones	la televisión	la música	el arte
las costumbres	la educación	las actitudes	la familia
la política	la danza	los libros	los deportes

Answers for 2.39: Answers will vary.

Follow up for 2.39: Have students share some of the common stereotypes concerning Mexican culture.

[6]To say someone's birth year in Spanish, start with *mil novecientos* (one thousand nine hundred) along with the numbers that you already know. For someone born in 2000 or later, use *dos mil* (two thousand).

Paso 2: Now mark the words that represent the USA for you.

el béisbol	la hamburguesa	la música *country*	la música *hip hop*
SUV	rápido	la música mariachi	lasaña
Coca-cola	el fútbol	la plaza	las tortillas

Paso 3: Create a description of your native culture. Write at least three complete sentences. Be prepared to present your portrait to the class.

Modelo: *Soy mexicano. Nosotros somos trabajadores y alegres. También somos religiosos y creativos.*

Suggestion for Cultura y sociedad: La riqueza cultural de México: Read the photo captions and have students follow along. Then pair students and have them prepare answers in Spanish to the questions that accompany each caption. Follow-up by having the students share their answers with the class.

Cultura y sociedad

La riqueza cultural de México

2.40 Fotos de México. Daniel has shared with you more of his photos from his recent travels to Mexico. As you examine each photo, complete the following **Pasos**.

Antes de leer

Answers for 2.40, Paso 1: Students underline: tradición católica, celebra, noviembre, tortilla, dieta, colores, límites, mexicanos, estilo, música folklórica, instrumentos, guitarra, violín, arqueológicas, mayas, sitios arqueológicos, indígenas. **Paso 2:** Answers will vary.

Paso 1: Skim each caption and mark the cognates that you find. Then read the caption that accompanies each photo.

Después de leer

Paso 2: Answer the questions in each of the following captions in complete sentences.

Charles O. Cecil / Alamy Stock Photo

Michael Nalley / DigitalVision / Getty Images

El Día de los Muertos, una combinación de la tradición católica y la tradición indígena, se celebra en todo México el uno y el dos de noviembre. **¿Hay una celebración similar en Estados Unidos?**

La tortilla forma parte de la dieta básica de la comida mexicana. Es de varios colores. Hay tortillas grandes y pequeñas. No hay límites en el uso de la tortilla en la comida diaria de los mexicanos. **¿Dónde hay tortillas en tu ciudad?**

Pixelchrome Inc / The Image Bank / Getty Images

Diane Ceo-Difrancesco

La música mariachi es un estilo de música folklórica y tiene una gran tradición en México. Los instrumentos principales de la música mariachi son la guitarra, el arpa, la vihuela, la trompeta y el violín. **¿Qué música folklórica existe en Estados Unidos?**

El Palacio de Palenque es parte de las ruinas arqueológicas mayas. Hay muchos sitios arqueológicos en México que representan varios grupos de indígenas: los aztecas, los toltecas, los mixtecas, los zapotecas, los olmecas y los mayas. **¿Hay sitios arqueológicos en Estados Unidos?**

2.41 México y su riqueza. Use your favorite web browser to complete one of the following activities. Share your information with the class.

- View some **ofrendas** prepared for use during the **Día de los Muertos** celebrations. Be prepared to describe an **ofrenda** that you found.
- Search for a **tortillería**, a place where tortillas are made. Name some of the dishes in which tortillas are used.
- Listen to some **Mariachi** music on the website. Write down the titles of the songs you hear and then find a photo of a **vihuela**.
- Find out where in Mexico the archeological site of **Palenque** is located. Identify one additional site of a different indigenous group in Mexico.

Estrategia de lectura: Increasing Vocabulary through Reading

As you can imagine, you are not expected to understand everything in the reading selections you encounter, but you should concentrate on what you do understand. Continued reading is a way for you to increase your vocabulary and sharpen you grammar skills. Even when we read in our own language we do not always understand every word, but we can usually get the gist of what we read. Try to look up only a word or two, if necessary, when you feel completely in the dark about the reading task. You may want to keep a list of the words you look up. And, always be aware of the cognates.

2.42 Unas ciudades importantes. Read the following short descriptions about several important cities in Mexico, concentrating on what you do understand. Then complete the **Pasos** that follow.

Guanajuato es la capital del estado de Guanajuato. Es una ciudad colonial muy importante. Entre sus características más interesantes tenemos el centro histórico, sus minas y sus construcciones de estilo barroco. Es una metrópoli única.

Querétaro, en el estado de Querétaro, tiene un bajo índice de desempleo (es decir, muy pocas personas no tienen trabajo). Es una ciudad muy bonita y limpia, donde puede disfrutarse de mucha cultura y diversión.

Mérida, en el estado de Yucatán, es la "Capital de la cultura" por las diversas opciones artísticas que ofrece. Es la ciudad más poblada (tiene muchos habitantes o personas) del sureste mexicano.

Taxco es una hermosa ciudad colonial del estado de Guerrero. Produce muchos artículos de plata que son muy populares entre los turistas. Es interesante saber que el nombre de Taxco procede del náhuatl "Tlachco", que significa "lugar donde se juega el juego de la pelota".

Puebla es la capital del estado de Puebla. En la región de la Sierra Norte de Puebla (que forma parte de la Sierra Madre Oriental) se concentra la mayor población de hablantes nativos de náhuatl. El estado de Puebla ha sido de gran importancia en la historia de México. Puebla es actualmente uno de los estados más pobres del país.

Oaxaca es la capital del estado de su mismo nombre – Oaxaca. Es una ciudad favorita de los turistas. El nombre Oaxaca proviene de la lengua náhuatl. Ofrece un excelente clima templado durante todo el año. Rica en historia y cultura, Oaxaca es un fascinante destino turístico donde confluyen civilizaciones milenarias, arquitectura colonial y tradiciones vivas.

Paso 1: Use your browser to locate each state and city on a map of states of Mexico.

Paso 2: Find a photo that would be representative of each city described in the text.

Paso 3: Compose a chart listing the cities and what they have in common.

Paso 4: Write, in Spanish, your city of preference and why:

Prefiero _____, porque _____.

Technology tip for 2.43: Require students to post their paragraphs on your learning management system discussion board. Next, students must read and post follow-up questions for two of their classmates to be answered prior to the next class session.

Answers for 2.43: Answers will vary.

Manos a la obra

Answers for 2.44–2.47: Answers will vary.

> ### Estrategia de escritura: Brainstorming
>
> One way to begin the writing process is to jot your ideas down on paper as quickly as possible. Go ahead and jot down the categories of information you might include in a biographical sketch. Once complete, share your list with a partner.

👥 **2.43 LinkedIn.** Write a short sketch about yourself to include on your LinkedIn page. Use your brainstorming list to help you get started. Since this is a professional page, be sure to keep it serious.

When your writing is complete:

- read your work to your partner and together edit each other's work;
- check for the proper form of the verbs **ser** and **tener**;
- review the adjectives by checking that you have chosen the correct form of each.

Un retrato personal

👥 **2.44 Buscando a un/a compañero/a.** Prepare a description of yourself for a speed dating evening that you signed up for at the student center on campus. Remember to be prepared to present yourself, including your name, age, personality traits, nationality and phone number. Don't forget to review information from Chapter 1 about how to introduce yourself. You will speak to several people during the designated time, so have a few questions ready to ask the persons with whom you speak. You might want to bring a small notebook to take notes, just in case you meet someone of interest!

👥 **2.45 Lista de contactos.** You are updating your contact list on your phone with some of the new students you have met so far this semester. Make a list of five students you know who either speak and/or study Spanish. Add them to your contact list so that you can write to them for conversation or when you have questions about language and cultures. Explain the profile of each student to your partner.

Technology tip for 2.46: Students should be instructed to complete this activity outside of class time and upload their final video to your learning management system site for viewing. You may wish to create a rubric and assign grades to their final work, or assign students to watch and comment on two or three of their classmates' videos.

2.46 Te toca a ti. Watch the 'how-to' video from the beginning of the chapter, **Cómo hacer una descripción personal**, to review how to describe yourself.

1. Follow the instructions and examples in the video to practice describing yourself. You may also use some of the information you gathered in activities 2.6, 2.9 and 2.29.
2. In your video, be sure to include your name, a physical description, your personality, your place of origin.
3. Grab a partner and ask him or her to record a video of you describing yourself.
4. Upload the video to your learning management system to share with the class.

Technology tip for 2.47: Have your students use the tool of their choice to compile their electronic notebook. This is a great way to keep students organized as they create a portfolio of photos and material regarding the countries presented throughout the book.

2.47 El cuaderno electrónico. You will continue to compile an electronic portfolio to keep track of useful and interesting information regarding each Spanish speaking country. Open your electronic notebook and follow the next **Pasos**.

Paso 1: Using your textbook, videos found in the **Video** section, and the internet, write the following information:

1. estadísticas interesantes de México
2. información básica de México
3. mapa de México
4. dos ciudades interesantes en México
5. fotos de México
6. expresiones útiles
7. observaciones culturales

👥 **Paso 2:** Compare your findings with a partner and share something new that you have learned.

REPASOS

Repaso de objetivos

Check off the objectives you have accomplished.

I am able to...

	Well	Somewhat		Well	Somewhat
• describe myself and others, including physical appearance, personality, and nationality.	☐	☐	• ask and answer questions about myself and others.	☐	☐
• state my nationality and those of others.	☐	☐	• write autobiographical information.	☐	☐
• state my age and the age of others.	☐	☐	• describe the richness of the Mexican culture.	☐	☐
			• examine and reflect upon cultural stereotypes.	☐	☐

🎧 Repaso de vocabulario

WileyPLUS

Go to WileyPLUS to review these vocabulary words and practice their pronunciation.

La personalidad *Personality*
activo/a *active*
agresivo/a *aggressive*
ambicioso/a *ambicious*
arrogante *arrogant*
cómico/a *comical, funny*
competente *competent*
conservador/a *conservative*
creativo/a *creative*
dinámico/a *dynamic*
dramático/a *dramatic*
elegante *elegant*
extrovertido/a *extroverted*
generoso/a *generous*
idealista *idealistic*
importante *important*
impulsivo/a *impulsive*
independiente *independent*
inteligente *intelligent*
interesante *interesting*
introvertido/a *introverted*
liberal *liberal*
materialista *materialistic*
optimista *optimistic*
organizado/a *organized*
paciente *patient*
pasivo/a *passive*
perfeccionista *perfeccionist*
pesimista *pessimistic*

popular *popular*
rebelde *rebelious*
religioso/a *religious*
reservado/a *reserved*
responsable *responsible*
romántico/a *romantic*
serio/a *serious*
sincero/a *sincere*
tímido/a *timid*
trabajador/a *hard-working, industrious*
tradicional *traditional*
tranquilo/a *calm, tranquil*

Los números del 30 al 100
Numbers from 30 to 100

30 treinta
31 treinta y uno
32 treinta y dos
33 treinta y tres
40 cuarenta
41 cuarenta y uno
50 cincuenta
60 sesenta
70 setenta
80 ochenta
90 noventa
100 cien

Las caracteríticas físicas *Physical traits*
alto/a *tall*
atlético/a *athletic*
atractivo/a *attractive*
bajo/a *short*
delgado/a *thin*
de estatura mediana *medium height*
flaco/a *skinny*
gordito/a *plump*
guapo/a *handsome/good looking*

El pelo *Hair*
corto *short*
lacio *straight*
largo *long*
castaño/moreno *chestnut-colored/brown*
mediano *medium-sized*
negro *black*
pelirrojo/a *red-haired*
rizado *curly*
rubio *blonde*

Otras características físicas *Other physical characteristics*
la barba *beard*

el bigote *mustache*

Las personas *People*
el/la amigo/a *friend*
el/la chico/a *young person (male/female)*
el/la estudiante *student*
el hombre *man*
la mujer *woman*
el/la niño/a *child*
el/la profesor/a *professor*
el señor *man, Mr.*
la señora *woman, Mrs.*
la señorita *young woman, Miss*

Las palabras interrogativas *Interrogative words*
¿Cómo? *What/How?*
¿Cuál/es? *Which one/s?*
¿Cuándo? *When?*
¿Cuánto/a? *How much?*
¿Cuántos/as? *How many?*
¿De dónde? *From where?*
¿Dónde? *Where?*
¿Por qué? *Why?*
¿Qué? *What?*
¿De qué? *From what?*
¿Quién/es? *Who/Whom?*

Repaso de gramática

Identifying and describing people and things

Subject pronouns

Singular		Plural	
yo	*I*	nosotros/nosotras	*we*
tú	*you*	vosotros/vosotras	*you*
él	*he*	ellos	*they*
ella	*she*	ellas	*they*
usted	*you*	ustedes	*you*

Ser (*to be*)

Singular		Plural	
yo soy	*I am*	nosotros/as somos	*we are*
tú eres	*you are*	vosotros/as sois	*you are*
él, ella, usted es	*he/she is, you are*	ellos, ellas, ustedes son	*they are, you are*

Classifying and describing people and things

Gender of nouns

In Spanish, gender is used to classify all nouns.

Nouns that refer to humans and some animals have biological gender. Nouns that refer to males are masculine and nouns that refer to females are feminine. All other nouns are also classified as masculine or feminine but have no biological gender. The gender of these nouns is not normally related to meaning but can usually be determined by looking at the ending of the words.

Masculine:	el abogad**o**	*attorney, male*	el libr**o**	*book*
Feminine:	la abogad**a**	*attorney, female*	la computador**a**	*computer*

Definite and indefinite articles

- Definite articles: **el, la, los, las** = *the*
- Indefinite articles: **un, una** = *a, an*

  unos, unas = *some*

Number of nouns and adjectives

- Add **-s** to a noun or adjective that ends in a vowel.
- Add **-es** to a noun or adjective that ends in a consonant.

Adjective formation

There are two types of descriptive adjectives in Spanish:

1. adjectives that have both masculine and feminine and singular and plural forms.

Masculine forms		Feminine forms	
Singular	Plural	Singular	Plural
el señor seri**o**	los señores seri**os**	la señora seri**a**	las señoras seri**as**
el amig**o** cómic**o**	los amig**os** cómic**os**	la amig**a** cómic**a**	las amig**as** cómic**as**

2. adjectives that have only one singular and one plural form and refer to masculine or feminine nouns.

Masculine and feminine forms	
Singular	Plural
el señor/la señora responsable	los señores/las señoras responsables
el amigo/la amiga popular	los amigos/las amigas populares

The verb *tener*

Tener (*to have*)

Singular		Plural	
yo tengo	*I have*	nosotros/as tenemos	*we have*
tú tienes	*you have*	vosotros/as tenéis	*you have*
él, ella, usted tiene	*he/she has, you have*	ellos, ellas, ustedes tienen	*they have, you have*

CAPÍTULO 3

Pasatiempos y algo más

Note for Capítulo 3: World Readiness Standards addressed in this chapter include: Communication: All three modes. Culture: Examining leisure time activities, cultural norms related to free time, and the perspectives behind these practices. Connections: Connecting with the disciplines of political science and sports management. Comparisons: Comparing and contrasting leisure activities and the role of baseball in target cultures and home culture.

Playa con turistas en la República Dominicana

Technology tip for ¿Qué sabes? ¿Cierto o Falso?: Use your web browser to find an online survey software. You can use the questions here to prepare a brief survey for students. Students can answer immediately using laptops or mobile phones and see the class results via a bar graph. The instructor can review correct answers to country trivia to peak interest for chapter content.

¿Qué sabes? ¿Cierto o Falso?

___C___ El único bosque tropical del sistema de parques nacionales de EE. UU. está en Puerto Rico.

___C___ El deporte nacional de la República Dominicana es el béisbol.

___C___ Se utiliza el dólar de EE. UU. en Puerto Rico y el peso dominicano en la República Dominicana.

OBJETIVOS COMUNICATIVOS

By the end of this chapter, you will be able to...

- express activities that you like and dislike doing.
- talk about your classes and class schedule.
- report activities that you and others generally do.
- identify the location of places, objects, and people.

OBJETIVOS CULTURALES

By the end of this chapter, you will be able to...

- examine the political relationship between Puerto Rico and the United States.
- acquire information about leisure time activities in the Dominican Republic and Puerto Rico.
- demonstrate an understanding of the role of baseball in the Dominican Republic and Puerto Rico.

ENCUENTROS

Video: Cómo crear un calendario

Conozcamos a...

Francisco Figueroa Rivera (Ponce, Puerto Rico)

Ramonita Sandoval Gómez (Santiago de los Caballeros, la República Dominicana)

EXPLORACIONES

Exploremos el vocabulario

Los pasatiempos, los deportes y otras actividades

Las clases, los días de la semana y la hora

Los materiales y la tecnología para estudiar

Los lugares

Exploremos la gramática

The verb *gustar*

The verb *estar*

Present indicative of *-ar* verbs

EXPERIENCIAS

El blog de Daniel: La bandera dominicana

Te presentamos a... Esmeralda Santiago

Cultura y sociedad: Béisbol, el deporte rey

Manos a la obra: Pasatiempos y algo más

Erika Santelices / AFP / Getty Images

ENCUENTROS

WileyPLUS
Go to WileyPLUS to watch this video.

Answers for 3.1: Answers will vary.

Answers for 3.2: andar en bicicleta, estudiar, nadar, jugar videojuegos, trabajar, visitar a la familia.

Answers for 3.3: Answers will vary.

WileyPLUS
Go to WileyPLUS to watch this video.

Cómo crear un calendario

3.1 Mis actividades. Take a look at the following list of activities and use your knowledge of cognates to figure out the meaning of each. Then, select the activities that you generally do.

conversar con los amigos

visitar a la familia

estudiar

mirar videos

andar en bicicleta

usar la computadora

practicar deportes

mandar mensajes de texto

3.2 El calendario. **WP** Select the activities that you hear mentioned in the video.

_____ andar en bicicleta

_____ hablar por teléfono

_____ estudiar

_____ nadar

_____ mandar mensajes de texto

_____ jugar videojuegos

_____ trabajar

_____ mirar videos

_____ visitar a la familia

 3.3 Los momentos libres. Free moments are great times to relax or to choose an activity you really love. With a partner, compare notes on some of your favorite free time activities. Do you have any favorites in common?

Modelo: En mis momentos libres, prefiero…

conversar con los amigos

jugar videojuegos

practicar deportes

comer en un restaurante

leer una novela

hablar por teléfono

mirar videos

andar en bicicleta

▶ **Estrategia de estudio: Comprehending Spoken Spanish**

What are the best tips for understanding spoken Spanish? When you listen to any recordings in this chapter, I recommend that at first, you just listen for keywords. You don't have to understand everything that is said; listen for cognates and other words that you know, piece it together, and guess! You may have to listen several times, but that's normal. Read over the tasks connected to the listening passages before you begin to listen. That way, you can be prepared for what you are going to hear.

Conozcamos a...   Francisco Figueroa Rivera (Ponce, Puerto Rico)

Matiaswilson / E+ / Getty Images

Francisco Figueroa Rivera, de Ponce, Puerto Rico

Antes de escuchar

3.4 Antes de conocer a Francisco. Before you begin listening to Francisco, a sports enthusiast from Puerto Rico, list three activities that you think he may talk about.

Mientras escuchas

🎧 **3.5 Francisco y sus actividades.** **WP** Now, listen to Francisco talk about his activities and select the word or words that best complete(s) each statement.

1. Francisco es…

  a. activo y simpático   **b.** activo y paciente   **c.** deportista y activo

2. Un pasatiempo favorito de Francisco es…

  a. levantar pesas   **b.** ir de compras   **c.** conversar

3. A Francisco le gusta salir con los amigos…

  a. los domingos por la tarde **b.** los sábados por la noche **c.** los viernes por la mañana

4. Los viernes le gusta…

  a. mirar videos   **b.** hacer ejercicio   **c.** mandar mensajes de texto

5. Los domingos le gusta jugar al…

  a. fútbol americano   **b.** fútbol y al básquetbol   **c.** básquetbol y al tenis

Después de escuchar

3.6 Tus actividades. Now that you've heard about Francisco's activities, take turns with a partner stating your favorite activities from the following list (*Mi actividad favorita es…* or *Mis actividades favoritas son…*).

Modelo: *Mis actividades favoritas son nadar y leer novelas.*

Los deportes	Otros pasatiempos
jugar al…	andar en bicicleta
béisbol	mirar videos
fútbol	jugar videojuegos
básquetbol	hablar por teléfono
golf	conversar con los amigos
tenis	mandar mensajes de texto
vóleibol	visitar a mis parientes
fútbol americano	leer novelas

Francisco es de Puerto Rico. ¿Qué sabes de esta isla?

Puerto Rico es la Isla del Encanto.

Puerto Rico es una de las islas del mar Caribe. Es un Estado Libre Asociado de EE. UU., pero tiene su propia constitución. También tiene un representante en el Congreso de EE. UU., pero sus ciudadanos no pueden votar en este país. Los habitantes originales de la isla eran los indios taínos, que ya no existen. Boriquén o Borinquen era el nombre de la isla antes de la llegada de Cristóbal Colón y los españoles en 1508. Por eso a los puertorriqueños también se les llama *boricuas*.

Suggestion for Fransisco es de Puerto Rico ¿Qué sabes de esta isla?: Put the reading on a screen. Read the paragraph aloud as students follow along. Have them select all of the cognates. Then ask yes/no and either/or questions regarding the content, such as: *¿Puerto Rico es una isla? ¿Puerto Rico es un estado de Estados Unidos?* and either/or questions such as *¿Tiene su propia constitución?*

Mapa de Puerto Rico

El Viejo San Juan es la segunda ciudad más antigua[1] de las Américas.

El Fuerte San Felipe del Morro, El Morro, es un impresionante fuerte militar.

David Madison / The Image Bank / Getty Images

Ruth Peterkin / Alamy Stock Photo

El Yunque es el único bosque tropical en el sistema de parques nacionales de EE. UU.

Danita Delimont / Gallo Images / Getty Images

---

[1]**segunda ciudad más antigua:** second oldest city

Estadísticas interesantes de Puerto Rico

Bandera de Puerto Rico

Dólar estadounidense

Capital: San Juan

Tipo de gobierno: Estado Libre Asociado de EE. UU.

Tamaño: casi tres veces el tamaño de Rhode Island

Población: 3 351 827

Lenguas: español, inglés

Moneda: dólar americano

Nivel de alfabetización: 93 %

Promedio de vida: 80 años

Expresiones y palabras típicas

¡Chévere!	*¡Fantástico!*
la guagua	*el autobús*
un peso	*un dólar*
¡Ay, bendito!	*¡Oh, no!*

Suggestion for Estadísticas interesantes de Puerto Rico: Read the statistics on Puerto Rico to the students. You could have students create a Venn diagram comparing the statistics presented on Puerto Rico to those of Mexico or the United States. Once you have presented the paragraph on the Dominican Republic, a Venn diagram could be used to compare the two countries presented in this chapter.

3.7 Investigación en Internet. Use the Internet to select a place of interest in Puerto Rico. Write a brief description that includes:

- el nombre del lugar turístico
- dónde está el lugar en Puerto Rico
- una descripción del lugar
- por qué te interesa

Answers for 3.7: Answers will vary.

Technology tip for 3.7: Students can be instructed to post their findings on your learning management system discussion board and to write three comments regarding classmates' posts. Alternatively, they can create a Word document or electronic poster to present briefly in class.

Estrategia de estudio: Practicing a New Language

Your Spanish course is probably different from other courses you are taking at the college level. As you progress in a language class, you continue to use what you have already learned. It's a cumulative process that all ties together. The closest subject I can think of to this is math. Unlike a class for which you read and memorize facts, you can't cram for your Spanish course. You have to practice all the time. It might seem like a lot at first, but it will get easier if you keep at it!

EXPLORACIONES

Exploremos el vocabulario 1

🎧 Los pasatiempos, los deportes y otras actividades

Los pasatiempos

WileyPLUS

Go to WileyPLUS Resources to access an interactive version of these illustrations to review these vocabulary words and practice their pronunciation.

jugar videojuegos

mirar videos

mandar mensajes de texto

hablar por teléfono

salir con los amigos

conversar con los amigos

leer una novela

visitar a la familia

ir de compras

Note for Exploremos el vocabulario 1: Los pasatiempos: In this chapter, there are many vocabulary items related to activities. They are practiced first with *gustar*, then in the present tense and thereafter will be recycled throughout the remainder of the text.

Teaching tip for Exploremos el vocabulario 1: Encourage students to guess the meaning of cognates to eliminate the need to memorize these vocabulary items.

Los deportes y otras actividades

jugar al fútbol americano

jugar al vóleibol

jugar al béisbol

nadar

andar en bicicleta

hacer ejercicio

jugar al fútbol

correr

jugar al básquetbol

jugar al golf

caminar

jugar al tenis

levantar pesas

Otras actividades	Other activities
comer	to eat
comprar	to buy
estudiar	to study
trabajar	to work

Audioscript for 3.8:
1. A Rafael le gusta levantar pesas en el gimnasio.
2. A Josefina le gusta ir de compras los sábados.
3. A los niños les gusta jugar al fútbol.
4. A Manuela le gusta ir al cine.
5. A Diego le gusta hacer ejercicio en el gimnasio.

Answers for 3.8: 1. F; 2. C; 3. C; 4. F; 5. C

Answers for 3.9: Actividades dinámicas: hacer ejercicio, ir de compras, levantar pesas, salir con los amigos, visitar a la familia, andar en bicicleta, correr, practicar deportes, nadar

Actividades sedentarias: leer novelas, mirar videos, jugar videojuegos, hablar por teléfono, conversar con los amigos

Actividades en grupo: salir con los amigos, visitar a la familia, jugar al... básquetbol, béisbol, fútbol, fútbol americano, vóleibol

Actividades en solitario: caminar, hacer ejercicio, jugar videojuegos, leer una novela, levantar pesas, mirar videos, andar en bicicleta, nadar

Follow-up for 3.9: Ask students which type of activities they like to do better: activities in large groups, pairs or individual activities.

Extension for 3.9: Have students choose two or more of their favorite activities and report these to a classmate, i.e. *Mis actividades favoritas son levantar pesas y visitar a mis amigos.*

3.8 ¿Cierto o falso? **WP** At the university, students participate in many types of activities. Listen to the statements about each drawing and decide whether each is true or false. Write a **C** for **cierto** (true) or **F** for **falso** (false) under each drawing.

A. _____

B. _____

C. _____

D. _____

E. _____

3.9 Tipos de actividades. Many activities require a different amount of energy and effort. Classify the pastimes and sports found in the drawings of **Exploremos el vocabulario 1** according to the following categories.

Actividades dinámicas: _____

Actividades sedentarias: _____

Actividades en grupo: _____

Actividades en solitario: _____

Answers for 3.10: 1. *jugar al golf, pescar, nadar, correr, andar en bicicleta, navegar en la red;* 2. *jugar al tenis, hablar por teléfono;* 3–4. *jugar al tenis;* 5–9. *jugar al baloncesto, jugar al béisbol;* 10+. *jugar al fútbol americano*

3.10 Número de participantes. Each sport or activity has a different amount of players. Complete the following chart according to the number of players or participants required for various sports and activities.

1	2	3–4	5–9	10+

Teaching tip for Exploremos la gramática 1: The verb *gustar*: Give students time to think about some activities that they like to do in their free time. Write *Me gusta* _____ on the screen or board. Label three vertical columns with headings *-ar* verbs, *-er* verbs and *-ir* verbs. As students volunteer responses (in Spanish or English), write the verb in the infinitive form under the appropriate column. Conduct a comprehension check, encouraging students to respond to your prompt *¿Te gusta* _____? or *¿A quién le gusta* _____?

The verb *gustar*

Exploremos la gramática 1

Gustar is a verb that you will use to express likes and dislikes, and activities that you like to do or do not like to do. The *gustar* structure should be learned as a "chunk" of language and should not be directly translated from Spanish to English or vice versa.

- To express activities that you like **to do**, use: **Me gusta** + *infinitive*

  Me gusta *nadar.*   *I like to swim.*

  Me gusta *jugar videojuegos.*   *I like to play video games.*

Notice that the infinitive expresses the activity: **nadar**, **jugar**. An infinitive is the dictionary form, sometimes referred to as *the r form*. It indicates meaning only. It does not give information about who is doing the action.

Examples are:

correr   *to run*

estudiar   *to study*

¿Qué observas?

Examine the two infinitives **correr** (to run) and **estudiar** (to study). What do these two verbs have in common?

- To ask someone (informal) if s/he likes to do a specific activity, use: ¿**Te gusta** + *infinitive*?

  —¿**Te gusta** *caminar*?

  —Sí, **me gusta** *caminar.*

- To ask someone (formal) if s/he likes to do a specific activity, use: **A usted, ¿le gusta** + *infinitive*?

  —A usted, ¿**le gusta** *levantar pesas*?

  —*Sí, me gusta levantar pesas.*

When responding to this information question with the verb **hacer**, the verb **hacer** is not repeated in the answer, instead, the activity or activities that you like to do are mentioned.

  —¿Qué **te gusta** *hacer*?   —¿Qué **le gusta** *hacer*? (a usted)

  —*Me gusta jugar al fútbol.*   —*Me gusta correr en el parque.*

- To report what another person likes to do, use:

  Le gusta + *infinitive*

  (A David) **le gusta** *correr en el parque.*

- To indicate that you or someone else does not like to do something, place **no** in front of *me, te* or *le*:

  No me gusta + *infinitive*.

  No me gusta *ir al cine.*   **No le gusta** *mirar videos.*

WileyPLUS

Go to WileyPLUS to review this grammar point with the help of the Animated Grammar Tutorial and the Verb Conjugator.

Note for Exploremos la gramática 1: The verb *gustar*: Before the presentation of regular present tense verb endings, students will learn the meaning of many verbs related to pastime activites along with the verb *gustar*. Explain that *gustar* has no direct translation to English. It is best for students to use the formula in the text instead of translating what they intend to say in English. Only the singular forms of the indirect object pronouns are introduced at this point. *Le* is introduced so that students can report back to the class after completing pairwork activities.

Answer for ¿Qué observas? box: They indicate meaning only. They do not give information about who is doing the action.

Warm-up for 3.11: Have students think of several activities that they like to do in their free time and then write down each in a sentence, using *Me gusta* + activity. Then have students construct a chart to categorize each activity into the three verb classes: *-ar, -er, -ir*.

Audioscript for 3.11:
1. A esta persona le gusta levantar pesas. ¿Quién es?
2. A estas personas les gusta caminar por el parque con su perro. ¿Cómo se llaman?
3. A estas personas les gusta nadar en la piscina. ¿Quiénes son?
4. A esta persona le gusta correr. ¿Quién es?
5. A estas personas les gusta andar en bicicleta. ¿Quiénes son?
6. A estas personas les gusta jugar al tenis. ¿Cómo se llaman?
7. A estas personas les gusta jugar al vóleibol. ¿Quiénes son?
8. A esta persona le gusta hacer ejercicio. ¿Cuál es su nombre?
9. A estas personas les gusta jugar al béisbol. ¿Cómo se llaman?
10. A estas personas les gusta jugar al golf. ¿Cómo se llaman?

Answers for 3.11: 1. Adela; 2. Javier, Marisa; 3. Marta, Sandra; 4. Milagros; 5. Chema, Elsa; 6. José, Jennifer; 7. los amigos; 8. Lucas; 9. Esteban, Gregorio; 10. Mario y Sebastián.

3.11 ¿Quién es? ¿Quiénes son? **WP** Examine the following drawing and listen to the statements. Fill in the blanks with the name of the person described in each statement.

1. _____
2. _____ y _____
3. _____ y _____
4. _____
5. _____ y _____
6. _____ y _____
7. _____
8. _____
9. _____ y _____
10. _____ y _____

3.12 ¿Qué te gusta? You receive a link to complete a student government survey regarding favorite activities on campus. Complete the following **Pasos** in order to discuss your likes and dislikes with your partner.

Answers for 3.12: Answers may vary.

Paso 1: Answer the questions in the following survey.

1. ¿Qué te gusta hacer durante la semana?
   - ☐ leer novelas
   - ☐ andar en bicicleta
   - ☐ levantar pesas
   - ☐ jugar videojuegos

2. ¿Qué te gusta hacer los fines de semana?
   - ☐ salir con los amigos
   - ☐ ir de compras
   - ☐ mirar películas
   - ☐ conversar con los amigos

3. ¿Te gusta conversar con tus profesores?
   - ☐ Sí
   - ☐ No

4. ¿Te gusta hacer tu tarea en el laboratorio de computación?
   - ☐ Sí
   - ☐ No

5. ¿Te gusta comer en la cafetería?
   - ☐ Sí
   - ☐ No

6. ¿Te gusta participar en las actividades de la universidad?
   - ☐ Sí
   - ☐ No

7. ¿Te gusta practicar deportes en el centro deportivo de la universidad?
   - ☐ Sí
   - ☐ No

8. ¿Por cuántas horas te gusta estudiar en la biblioteca?
   - ☐ 16–25
   - ☐ 11–15
   - ☐ 6–10
   - ☐ 0–5

9. ¿Te gusta andar en bicicleta?
   - ☐ Sí
   - ☐ No

10. ¿Te gusta tomar el autobús de la universidad?
    - ☐ Sí
    - ☐ No

Paso 2: Share your answers with a partner and keep track of the activities you both have in common.

Modelo: Estudiante A: *¿Te gusta _____?*
Estudiante B: *Sí, me gusta _____. / No, no me gusta _____.*

Paso 3: Now share with the class some of the activities you and your partner have in common. Use the phrase: *Nos gusta _____.*

3.13 Los lugares. Most of us have a favorite activity that we associate with each place that we go. Tell what you like to do in each of the following places. Alternate asking and answering the questions according to the model.

Answers for 3.13: Answers will vary.

Follow-up for 3.13: The instructor should follow-up the pair work with questions such as *¿Qué sabes de tu compañero/a? ¿Qué sabes de José?* Make a table with your students of the most common activities in each place.

Modelo: Estudiante A: *¿Qué te gusta hacer en la plaza?*
Estudiante B: *Me gusta conversar con mis amigos.*

el gimnasio   el parque   la universidad   el restaurante   la clase

3.14 El tiempo libre en Puerto Rico. [Recycle] You will now review the results of a survey of 2,055 Puerto Ricans aged 12 and older regarding their favorite free time activities. Percentages show how many people did each activity in the past three months. Interview a partner to find out whether s/he likes to do any of the activities in the survey.

Activity 3.14 recycles numbers from chapters 1 and 2.

Modelo: **Estudiante A:** *¿Te gusta hacer ejercicio?*

Estudiante B: *Sí, me gusta (mucho) hacer ejercicio. / No, no me gusta hacer ejercicio.*

Las actividades	Porcentaje (%) de puertorriqueños	Resultados de la clase
leer novelas	12,2	
ir a la playa	21,8	
jugar a los naipes (*cards*), jugar al dominó	14,1	
hacer ejercicio/ ir al gimnasio	9,3	
comer en restaurantes	19,6	
hacer proyectos en casa	8,6	
ir a una discoteca	6,4	
ir a un concierto	9,7	
ir al ballet/ teatro	8,1	

Estrategia de estudio: Utilizing *Cultura viva* Resources

As you learn about aspects of Puerto Rican and Dominican cultures, be sure to read the *Cultura viva* boxes throughout the chapter. You'll notice some interesting practices, products and perspectives of the two countries and the people who live there. Don't skip over these boxes. If the topic interests you, go to your favorite web browser and search for further information on the topic.

Cultura viva

Puerto Rican Pride

Puerto Ricans are United States citizens. Before the arrival of the Spaniards, the island of Puerto Rico was called **Boriquén**. Spaniards landed to establish a colony, search for gold and convert the inhabitants, **los indios taínos** to Christianity. At one time there were more than 60,000 **taínos**, but they no longer exist. Puerto Ricans consider themselves Americans, but are fiercely proud of their island and their culture. They don't usually call themselves Americans or *Americanos*, but refer to themselves as **puertorriqueños** or **boricuas**. To most Puerto Ricans, *my country* means *Puerto Rico*, not the United States. **Criollo** (creole) is a word used today by Puerto Ricans to describe things native to the island, such as: music, cuisine, art, religion and other aspects of the island culture. Puerto Rican descendants often call themselves Puerto Ricans; *I am Puerto Rican, but I wasn't born there.*

3.15 Adivina quién es. Recycle Take turns describing the following drawings. Be sure to include a physical description and possible likes and dislikes of the people depicted in each picture. Your partner will guess which drawing you are describing.

Activity 3.15 recycles Las características físicas from Chapter 2.

Ronaldo

1

María y Alfredo

Ana

2

los amigos

3

Isabel y Roberto

4

Raquel

5

los jóvenes

6

Answers for 3.15:
1. Ronaldo tiene el pelo corto y marrón. Es de estatura mediana, y le gusta mirar videos en la computadora.
2. A Ana le gusta andar en bicicleta, y a María y Alfredo les gusta correr por el parque. Ana tiene el pelo largo y moreno. María y Alfredo tienen el pelo negro. 3. A los amigos les gusta salir con más amigos a cenar.
4. A Isabel y Roberto les gusta pasear por el parque. 5. A Raquel le gusta hacer ejercicio. Ella es de estatura mediana y tiene el pelo pelirrojo.
6. A los jóvenes les gusta jugar al tenis.

Follow-up for 3.15: Encourage students to produce all of the information listed regarding the people in the photos. Use prompts to elicit from students full sentences, such as *Descríbeme a Ronaldo.*

Exploremos el vocabulario 2

🎧 Las clases, los días de la semana y la hora

Las clases

WileyPLUS

Go to WileyPLUS Resources to access an interactive version of this illustration to review these vocabulary words and practice their pronunciation.

Teaching tip for Exploremos el vocabulario 2: Las clases Pronounce the vocabulary for the students: Pronounce several cognates from the list and encourage students to guess their meanings.

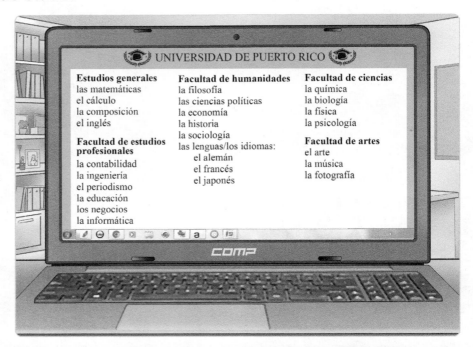

UNIVERSIDAD DE PUERTO RICO

Estudios generales
las matemáticas
el cálculo
la composición
el inglés

Facultad de estudios profesionales
la contabilidad
la ingeniería
el periodismo
la educación
los negocios
la informática

Facultad de humanidades
la filosofía
las ciencias políticas
la economía
la historia
la sociología
las lenguas/los idiomas:
  el alemán
  el francés
  el japonés

Facultad de ciencias
la química
la biología
la física
la psicología

Facultad de artes
el arte
la música
la fotografía

Estrategia de estudio: Pronouncing Cognates

Many of the course names found in **Exploremos el vocabulario 2** are cognates. However, they are pronounced differently in Spanish. Take some time to listen to the recording of the words and practice repeating them aloud. Note how the words are pronounced differently from their English counterpart.

Audioscript for 3.16 El horario de Rosa: "Tengo un horario bastante difícil este semestre. Primero, tengo clases todos los días. Muy temprano, a las 8:30 los lunes y viernes, tengo clase de historia. Los jueves tengo una clase por la tarde a las 4:30, filosofía. Es mi clase favorita, pero es difícil. Además, tengo clase de cálculo los miércoles a las 10:00 de la mañana. No me gusta porque odio los números. Finalmente, tengo clase de química a las 12 los martes y jueves. Es un horario bastante completo, ¿no?"

Answers for 3.16: lunes y viernes, la clase de historia; jueves, la clase de filosofía; miércoles, la clase de cálculo; martes y jueves, la clase de química

Para describir clases y actividades	*Describing classes and activities*
aburrido/a	*boring*
difícil	*difficult*
fácil	*easy*
fascinante	*fascinating*
grande	*big*
interesante	*interesting*
pequeña	*small*

🎧 **3.16 El horario de Rosa.** **WP** Listen to Rosa María explain her schedule at Universidad de Puerto Rico. Write in the names of the classes she is taking this semester.

Estudiante: Rosa María Ramírez Gómez   Número de estudiante: 5078135

Cursos:	días	hora
_____	lunes, viernes	8:30–9:30
_____	jueves	16:30–18:30
_____	miércoles	10:00–12:00
_____	martes, jueves	12:00–13:00

3.17 Pasaporte al éxito. The *Universidad de Las Islas* is a small, private university in Puerto Rico. Look at the following advertisement and write your answers to the questions in complete sentences.

Pasaporte al éxito

Una buena educación te hará llegar más pronto a tu destino. Adquiere tu licenciatura en:

- Administración Comercial
- Educación
- Trabajo Social
- Enfermería
- Computación
- Ingeniería Civil

PASAPORTE

UNIVERSIDAD DE LAS ISLAS

UNIVERSIDAD DE LAS ISLAS

1. En tu opinión, ¿qué cursos son interesantes?
2. ¿Qué cursos hay en tu universidad?
3. ¿Cuál es la clase más popular de tu universidad?
4. ¿Te gusta estudiar computación?
5. ¿A tu amigo/a le gusta estudiar administración comercial?

3.18 Las clasificaciones. Soon after beginning the semester, we develop an opinion about our courses. Describe the courses you are taking using descriptive words, including the following ones.

interesante   fascinante   aburrida   grande   pequeña   difícil   fácil

Modelo: *Mi clase de matemáticas es fascinante. Es una clase muy grande.*

WileyPLUS

Go to WileyPLUS Resources to access an interactive version of this illustration to review these vocabulary words and practice their pronunciation.

Los días de la semana

| este fin de semana | *this weekend* |
| los fines de semana | *weekends* |

¡Alerta!: Calendars in Spanish-Speaking Countries

The calendar in Spanish starts with Monday instead of Sunday as in the U.S. Notice that the days of the week are not capitalized in Spanish.

To express *on + a certain day of the week*, use **el/los**:

| **el lunes** = *on Monday* | **este fin de semana** = *this weekend* |
| **los lunes** = *on Mondays* | **los fines de semana** = *on weekends* |

3.19 ¿Qué día de la semana es? Referring to the calendar found in **Exploremos el vocabulario 2: Los días de la semana**, take turns with a partner asking and answering the following questions:

Modelo: *¿Qué día de la semana es el 2?*

Es lunes.

1. ¿Qué día de la semana es el 5?
2. ¿Qué día de la semana es el 23?
3. ¿Qué día de la semana es el 8?
4. ¿Qué día de la semana es el 27?
5. ¿Qué día de la semana es el 18?
6. ¿Qué día de la semana es el 14?

3.20 Entrevista. Some days are more special to you than others. Take turns asking and answering the following questions.

1. ¿Qué día es hoy?
2. ¿Qué día es mañana?
3. ¿Qué días tienes clase de español?
4. ¿Qué clases tienes los martes? ¿Y los jueves? ¿Y los viernes?
5. ¿Qué clases hay en la universidad los sábados?
6. ¿Cuál es tu día preferido? ¿Por qué?

La hora

- To tell *at what time* an event occurs use **a la** or **a las** with the hour:

Trabajo en la biblioteca **a las cinco**.
I work in the library at 5:00.

A la una escucho música en casa.
At 1:00 I listen to music at home.

- To indicate a time after the hour up to half past or 30 minutes add **y media** or **y treinta** to the stated hour for half past or **y** + the number of minutes past the hour:

Estudio matemáticas **a la una y media**.
Estudio matemáticas **a la una y treinta**.
I study mathematics at 1:30.

Tengo clase de inglés **a las diez y veinte**.
I have English class at 10:20.

- To indicate a time before the hour:

  state the hour approaching and **menos** and the number of minutes, or

  state the hour and **y** and number of minutes after the hour

Tengo clase de química **a las once menos diez**.
Tengo clase de química **a las diez y cincuenta**.
I have chemistry class at 10:50.

- To indicate a quarter past or a quarter till the hour:

  use **y cuarto** or **y quince** = quarter past **menos cuarto** (or **cuarto para las...**) o **cuarenta y cinco** = quarter till the hour

Tengo clase de geografía **a las ocho y cuarto**.
Tengo clase de geografía **a las ocho y quince**.
I have geography class at 8:15.

Tengo clase de inglés **a las diez menos cuarto**.
Tengo clase de inglés **a las nueve cuarenta y cinco**.
I have English class at 9:45.

WileyPLUS

Go to WileyPLUS Resources to access an interactive version of these illustrations to review these vocabulary words and practice their pronunciation.

Note for Exploremos el vocabulario 2: La hora: Note the decision to separate the explanation on telling time into two parts (Chapters 3 and 5). Students often confuse the two functions. In this chapter we present the model for stating 'at what time' and then introduce the model for telling time in chapter 5.

Suggestion for Exploremos el vocabulario 2: La hora: Explain to the students the alternate way of telling time using a digital clock. For example: *a las diez menos diez* or *a las nueve y cincuenta*.

- To indicate a. m. or p. m.:

de la mañana	*in the morning*	(a. m.)
de la tarde	*in the afternoon*	(p. m.)
de la noche	*in the evening; at night*	(p. m.)

Tengo clase de contabilidad
   a las ocho **de la mañana**.

*I have accounting class at eight
   in the morning.*

Veo la televisión en casa a las once **de la noche**.

I watch TV at eleven o'clock at night.

Audioscript for 3.21:
"Este semestre tengo cinco clases. Todos los días tengo clase de informática a las 9:00 de la mañana. Los lunes, tengo clase de cálculo a las 4:00 de la tarde. Los miércoles y los viernes, tengo clase de inglés a las 7:00 de la tarde. Además, tengo clase de ingeniería civil a las 10:30 de la mañana los lunes, miércoles y viernes. La clase más divertida es la clase de arte a la 1:00 de la tarde los miércoles."

Answers for 3.21:
A. Arte. B. Inglés. C. Informática. D. Cálculo. E. Ingeniería civil.

3.21 ¿A qué hora es la clase? WP Listen to the student describe his schedule at the Caribbean University. Write the name of the class under the clock that shows the scheduled time for each class.

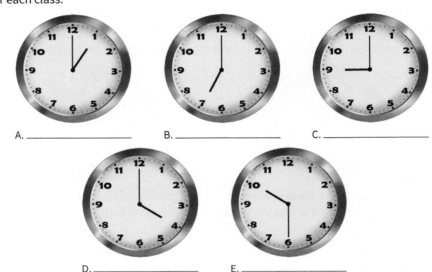

A. _____ B. _____ C. _____

D. _____ E. _____

Answers for 3.22: A. La clase de arte es a las ocho y media; B. La clase de filosofía es a las nueve y cuarto (o quince); C. La clase de educación es a las seis en punto; D. La clase de informática es a las once menos cuarto; o a las diez cuarenta y cinco. E. La clase de sociología es a la una y cuarto (o quince); F. La clase de periodismo es a las cuatro menos cuarto (o tres cuarenta y cinco).

3.22 Los relojes. Arriving on time to class is important to many professors. Determine the time of the following classes, using the clocks. Then, state the time of each class aloud with your partner.

Modelo: *8:30 arte*

    La clase de arte es a las ocho y media.

A. arte   B. filosofía   C. educación

D. informática   E. sociología   F. periodismo

3.23 Mi tiempo libre. Taking time to enjoy a free moment is important. Ask a partner what s/he likes to do when s/he does not have classes or have to work.

¿Qué te gusta hacer…

…los lunes a las siete y media de la mañana?   …los miércoles a las cinco de la tarde?

…los sábados a las diez de la mañana?   …los martes a las siete de la tarde?

…los domingos a la una de la tarde?   …los viernes a las nueve de la noche?

Answers for 3.23: Answers will vary.

Note for 3.23: Additional activity: Have students work in pairs to find out what their partner likes to do on different days of the week. *Modelo: Estudiante A: ¿Qué te gusta hacer los sábados? Estudiante B: Los sábados me gusta leer novelas.*

3.24 Los deportes en la televisión. Are you a sports enthusiast? Look at the following TV sports schedule and write down answers to the questions that follow in complete sentences.

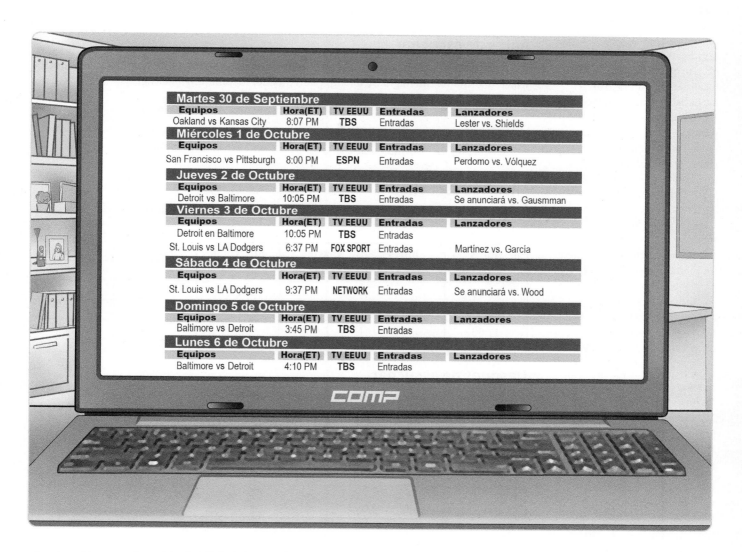

Martes 30 de Septiembre				
Equipos	Hora(ET)	TV EEUU	Entradas	Lanzadores
Oakland vs Kansas City	8:07 PM	TBS	Entradas	Lester vs. Shields
Miércoles 1 de Octubre				
Equipos	Hora(ET)	TV EEUU	Entradas	Lanzadores
San Francisco vs Pittsburgh	8:00 PM	ESPN	Entradas	Perdomo vs. Vólquez
Jueves 2 de Octubre				
Equipos	Hora(ET)	TV EEUU	Entradas	Lanzadores
Detroit vs Baltimore	10:05 PM	TBS	Entradas	Se anunciará vs. Gausmman
Viernes 3 de Octubre				
Equipos	Hora(ET)	TV EEUU	Entradas	Lanzadores
Detroit en Baltimore	10:05 PM	TBS	Entradas	
St. Louis vs LA Dodgers	6:37 PM	FOX SPORT	Entradas	Martínez vs. García
Sábado 4 de Octubre				
Equipos	Hora(ET)	TV EEUU	Entradas	Lanzadores
St. Louis vs LA Dodgers	9:37 PM	NETWORK	Entradas	Se anunciará vs. Wood
Domingo 5 de Octubre				
Equipos	Hora(ET)	TV EEUU	Entradas	Lanzadores
Baltimore vs Detroit	3:45 PM	TBS	Entradas	
Lunes 6 de Octubre				
Equipos	Hora(ET)	TV EEUU	Entradas	Lanzadores
Baltimore vs Detroit	4:10 PM	TBS	Entradas	

1. ¿A qué hora es el partido de béisbol de Grandes Ligas, entre San Francisco y Pittsburgh?
2. ¿Qué equipos juegan a las seis y treinta y siete de la tarde?
3. ¿Y a las diez y cinco de la noche?
4. ¿Cuándo es el partido entre Baltimore y Detroit el domingo?
5. ¿Qué equipo te gusta ver? ¿Por qué?

Answers for 3.24: 1. Es a las 8:00; 2. A las 6:37 juegan St. Louis y LA Dodgers. 3. A las 10:05 PM juegan los Tigres de Detroit. 4. Es a las cuatro menos cuarto/tres cuarenta y cinco.; 5. Me gusta ver… porque… Answers will vary.

<table>
<tr><td>

Conozcamos a...

</td><td>

Ramonita Sandoval Gómez (Santiago de los Caballeros, la República Dominicana)

</td></tr>
</table>

Diego_cervo / istock / Getty Images

Ramonita Sandoval Gómez, de Santiago de los Caballeros, la República Dominicana

Antes de escuchar

3.25 El horario de clases. **WP** Before listening, scan the list of classes and decide which ones Ramonita might be taking, given that her major is engineering.

educación	introducción a la administración	psicología
informática	física	relaciones humanas
cálculo	matemáticas	sociología

Mientras escuchas

 3.26 El horario de Ramonita. **WP** Listen and complete Ramonita's class schedule.

Horas	lunes	martes	miércoles	jueves	viernes
9:00					
10:00					
11:00					
12:00					

Después de escuchar

3.27 Mi horario. In order to better organize your week, prepare a chart of your class schedule including days of the week, classes and times. Explain this schedule to a partner. Describe one of your classes.

Modelo: *Los lunes a las nueve tengo clase de historia. Es interesante y es mi clase preferida.*

Cultura viva

The concept of time

If you visit the Dominican Republic, you may get the impression that the people have a much more relaxed schedule or concept of time. This is only partially true. Cinemas start on time, while performances at the National Theatre may or may not. Chartered bus excursions may not leave on time, but to take a trip on the Metro bus, you must arrive at least fifteen minutes early. For most dinner parties or social gatherings, it is quite normal for guests to arrive an hour later than the appointed time. Dominicans say **ahora** when they mean *right now*, but **ahorita** can mean *in a little while* and be as much as two or more hours later.

Ramonita es de la República Dominicana. ¿Qué sabes de este país caribeño?

La República Dominicana: la isla de la aventura

La República Dominicana es un país muy atractivo por su naturaleza. El turismo es una gran industria y representa 1500 millones de dólares al año. Los turistas pueden disfrutar de una gran diversidad de actividades y pasatiempos al aire libre como, por ejemplo, los deportes acuáticos, que atraen a los turistas. La lluvia, y no la temperatura, determina el clima y las estaciones del año. Su temporada de lluvia generalmente es de mayo a noviembre.

Mapa de República Dominicana

Santo Domingo es la ciudad más antigua de las Américas.

Barahona, al sur de República Dominicana, tiene playas muy bonitas.

Pico Duarte es el pico⁷ más alto del Caribe.

Expansion for Ramonita es de la República Dominicana. ¿Qué sabes de este país caribeño?: Additional information regarding the photos: Santo Domingo has the oldest cathedral, hospital and university in the Americas; the Dominican Republic has 1.288 kilometers of coastline; Pico Duarte is the highest peak in the Caribbean at 3.175 meters.

Note for Ramonita es de la República Dominicana. ¿Qué sabes de este país caribeño?: You may want to point out to students that they should use the article 'la' when refering to *la República Dominicana*. Later on, they will learn about *Perú* or *el Perú. The use of 'el' is optional with Perú.*

⁷**pico:** peak

Estadísticas interesantes de la República Dominicana

Bandera de la República Dominicana

Cinco pesos dominicanos

Capital: Santo Domingo

Tipo de gobierno: democracia representativa

Tamaño: un poco más del doble del tamaño de New Hampshire

Población: 10 734 247

Lengua: español (oficial)

Moneda: peso dominicano

Nivel de alfabetización: 91 %

Promedio de vida: 78 años

Expresiones y palabras típicas

¡Saludos!	*Hola*
el motoconcho	*mototaxi*
chin chin (Dame un chin chin.)	*un poco*
¡Qué chulo!	*¡Fantástico!*

Answers for 3.28: Answers will vary.

Technology tip for 3.28: Students can be instructed to post their findings on your learning management system discussion board and to write three comments regarding their classmates' posts. Alternatively, they can create a word document or electronic poster to present briefly in class.

3.28 Investigación en Internet. You are hoping to go on a service trip with the alternative break program. Use the Internet to select a place of interest in the Dominican Republic. Write a brief description that includes:

- el nombre del lugar turístico
- dónde está el lugar en la isla
- una descripción del lugar
- por qué te interesa

Exploremos el vocabulario 3

Los materiales y la tecnología para estudiar

WileyPLUS

Go to WileyPLUS Resources to access an interactive version of this illustration to review these vocabulary words and practice their pronunciation.

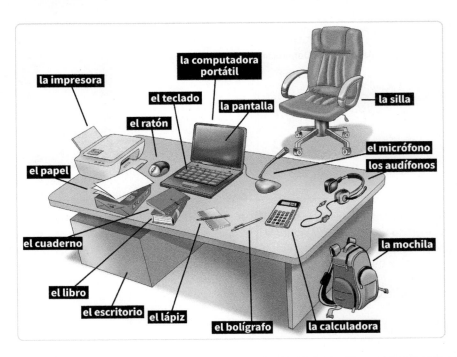

la impresora
la computadora portátil
el teclado
la pantalla
la silla
el ratón
el papel
el micrófono
los audífonos
el cuaderno
la mochila
el libro
el escritorio
el lápiz
el bolígrafo
la calculadora

3.29 Comparaciones. Complete the following chart. In the first column write all the materials from the drawing found in **Exploremos el vocabulario 3**. In the second column, write the number of each item in the drawing, and in the third column indicate the number of each item that you own. Follow the model.

Los materiales	Cantidad de materiales en el dibujo	Cantidad de materiales en donde estás
el libro	2	

Answers for 3.29: Answers may vary.

Note for 3.29: Game: Play this round robin game. The first student starts by completing this sentence with a vocabulary item from *los materiales y la tecnología*: *En el salón de clase, hay…* The next student must complete the sentence with an item of his/her choice plus the previous item/s, and so on until there are no more items to list.

3.30 De compras. It's time to buy some office or course supplies. Your local office supply store has a sale. Refer to the store ad to complete the following **Pasos**.

Paso 1: Take turns stating the cost of various items in the ad.

Paso 2: You are on a limited budget. What possible combinations can you purchase with only $20?

Answers for 3.30: Answers may vary.

3.31 ¿Qué hay en tu mochila? You have misplaced your USB and decide to empty your bag to search for it. Take turns pulling out items from your backpack, briefcase or bag and identifying each item as you take it out. Include the total number of each item. Use the verbs **haber** or **tener** (**tengo**). Since you will not be referring to specific items, you will use **un/una/unos/unas**. Discuss which items are the most important for each of you.

Answers for 3.31: Answers may vary.

Modelo: *Hay un cuaderno en mi mochila. / Tengo un cuaderno en mi mochila.*

En mi mochila hay tres bolígrafos. / Tengo tres bolígrafos en mi mochila.

Exploremos la gramática 2

Teaching tip for Exploremos la gramática 2: The verb *estar*: Use a projector to practice directional terms with the coqui. Use prompts such as *"¿Dónde está el coquí?"*. Refer students to the photo and caption of the *coquí* so that they may understand its significance in Puerto Rican culture.

The verb *estar*

In **Capítulo 1** you used the verb **estar** to answer the question **¿Cómo estás?** or **¿Cómo está usted?** and to tell how you were feeling, as in **Estoy bien/mal/regular/muy bien**. Now you will use **estar** to express where things and people are located. Notice the written accent on four of the forms:

Estar (*to be*)

Singular			Plural		
yo	**estoy**	*I am*	nosotros/as	**estamos**	*we are*
tú	**estás**	*you are*	vosotros/as	**estáis**	*you are*
él, ella, Ud.	**está**	*he/she is; you are*	ellos, ellas, Uds.	**están**	*they are, you are*

The following words are used with the verb **estar** to express location.

 Expresiones que indican lugar

debajo de

encima de...

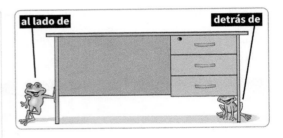
al lado de — detrás de

delante de...

entre

a la derecha de...

a la izquierda de...

enfrente de...

El famoso coquí de Puerto Rico tiene dieciséis especies diferentes. El coquí se llama así por el sonido que produce. Puedes escuchar sus melodías en la isla.

Thomas R. Fletcher / Alamy Stock Photo

Note for *El coquí* paragraph: Use your web browser to find a site that will play the sound of the coqui for the students or instruct students to use their browser to locate and listen to the sound.

¡Alerta!: The word *de*

When using the word **de** before the definite article **el**, the two words are combined to form **del**.

de	+	**el**	= **del**

El libro está a la izquierda **del** cuaderno.

However, **de** before the definite article **la**, does not combine to form a new word.

de	+	**la**	= **de la** (no change)

El libro está al lado **de la** mochila.

3.32 ¿Dónde están los materiales? **WP** Your roommate is unbelievably organized. Look at the following drawing of a desk and listen and write the name of each object as it is described.

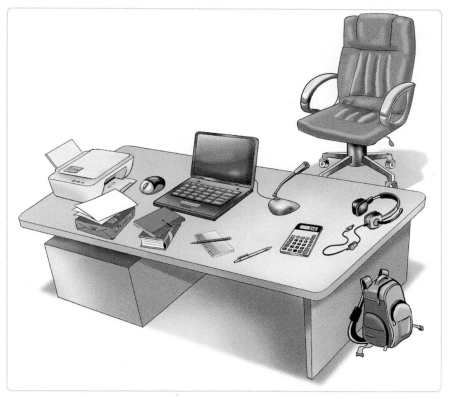

1. _____
2. _____
3. _____
4. _____
5. _____

3.33 ¿Son iguales? Puzzler games can be a fun way to remember many items at once. To play this game, one student uses the picture A and the other picture B. Place an index card or piece of paper over your partner's picture. Then complete the following **Pasos**.

Paso 1: Describe your drawing to your partner and where things are located. Try to discover what you have in common.

Modelo: **Estudiante A:** *El lápiz está al lado del libro*.

Estudiante B: *Sí, el lápiz está al lado del libro*.

Estudiante A: *El profesor está delante del escritorio*.

Estudiante B: *El profesor no está delante del escritorio, está detrás del escritorio*.

Estudiante A or **Estudiante B:** *Son iguales*.

Estudiante A or **Estudiante B:** *No son iguales*.

Note for 3.33: Additional game: Play a 20 questions game in pairs or as a group. Have students seated in traditional rows. Describe the location of two or three students as listening comprehension first before having the students work in pairs. Use a description such as *Esta persona está delante de Harold y detrás de Larry. También está a la derecha de Claudia y a la izquierda de Elena. ¿Quién es?* Students should give the name of the student in a complete sentence, such as *Su nombre es Ralph* or *Se llama Ralph*. Then assign the activity to pairs. One student will think of a specific student in your class. Other students ask yes/no questions to discover the specific student in mind. Yes/no questions may include physical and personality descriptions as well as directional terminology. Examples of typical questions include: *¿Es una persona alta? ¿Tiene pelo largo? ¿Está detrás de Randy?*

Paso 2: Review the items that are different in the following drawings.

A

B

3.34 **La habitación de Carmen es un desastre.** [Recycle] Refer to the following drawing of Carmen's room and complete the **Pasos**. Activity 3.34 recycles the verb *haber* from chapter 1 and numbers and physical characteristics from chapters 1 and 2.

Paso 1: List some of the items in Carmen's room and tell how many there are of each item.

Paso 2: Carmen's room is a mess. Help Carmen find the following items that she needs for her next class:

Modelo: *la mochila*   *La mochila está encima del escritorio.*

los libros   los papeles   la calculadora

los bolígrafos   el cuaderno

Answers for 3.34: Paso 1: Hay una calculadora, una mochila, una computadora portátil, una silla, un escritorio, tres bolígrafos, cinco libros en la mesa, y siete libros en el escritorio. **Paso 2:** Los libros están encima del escritorio, al lado del sofá. Los bolígrafos están entre el cuaderno y la calculadora. Los papeles están detrás de la silla. El cuaderno está a la izquierda de los bolígrafos. La calculadora está debajo de la silla. La calculadora está a la derecha de los bolígrafos.

Follow-up for 3.34: Have students describe Carmen by including her age, personality and physical description.

Exploremos el vocabulario 4

WileyPLUS

Go to WileyPLUS Resources to access an interactive version of this illustration to review these vocabulary words and practice their pronunciation.

Los lugares

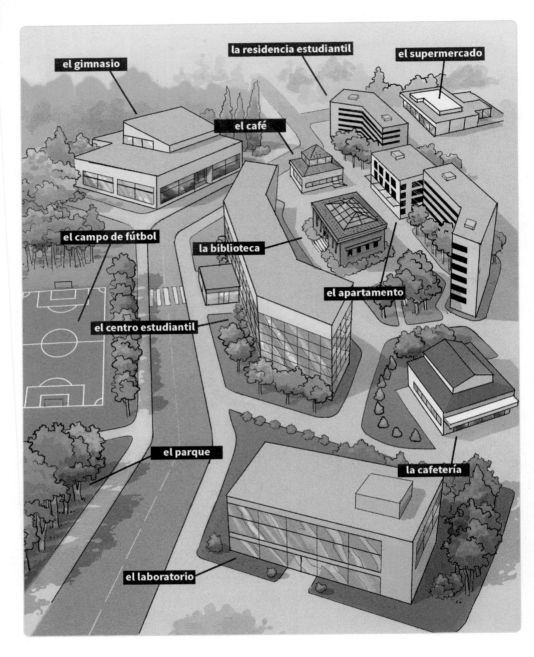

el gimnasio

la residencia estudiantil

el supermercado

el café

el campo de fútbol

la biblioteca

el apartamento

el centro estudiantil

el parque

la cafetería

el laboratorio

Audioscript for 3.35:
1. El gimnasio está enfrente de la cafetería.
2. La biblioteca está lejos de la cafetería.
3. El campo de fútbol está detrás del parque.
4. El centro estudiantil está al lado del gimnasio.
5. El laboratorio está a la izquierda de la biblioteca.
6. La residencia estudiantil está al lado de los apartamentos.

Answers for 3.35: 1. F; 2. F; 3. C; 4. C; 5. F; 6. C

Follow-up for 3.35: Take students on a walking tour of the campus. Talk about the buildings, where they are located and what activities students do in each.

3.35 ¿Cierto o falso? **WP** Knowing your way around campus is important. Listen to the descriptions based on the drawing found in **Exploremos el vocabulario 4** and decide whether each statement is true (**cierto**) or false (**falso**).

1. _____   4. _____

2. _____   5. _____

3. _____   6. _____

3.36 ¿Dónde está...? You will begin working for the Admissions Office to give campus tours and need to practice describing where various buildings are located for international guests. Refer to the drawing of the university campus found in **Exploremos el vocabulario 4** and complete the **Pasos**.

👥 **Paso 1:** Take turns describing where each building in the drawing is located.

👥 **Paso 2:** With a partner, compare the university drawing found in **Exploremos el vocabulario 4** to your own university's campus. Tell what places are also on your university campus and where they are located.

Paso 3: Create a simple map of your university and write eight sentences that tell where various buildings are located.

Present indicative of -*ar* verbs

In Spanish, all verbs are classified as belonging to one of three groups: **-ar**, **-er**, and **-ir**. For example, *hablar, comer, escribir*. When the **-ar, -er,** or **-ir** is removed from a verb, what remains is called the root. **Hablar: hablar—habl-** is the root form. The root form tells the meaning. Verb endings can be added to the root form and these indicate the subject or doer of an action.

Example: In order to create the **tú** form of the verb **hablar** think of it in terms of the following process:

	Root	+	Vowel	+	Ending	=	Verb form
Hablar (tú)	habl	+	a	+	s	=	hablas

Look at the following chart of the present tense endings for the **-ar** verb group.

Subject pronouns	Verb endings
yo	**o**
tú	**as**
él, ella, usted	**a**
nosotros/as	**amos**
vosotros/as	**áis**
ellos, ellas, ustedes	**an**

¿Qué observas?

What vowel is present in each form – except in the **yo** form of the **-ar** verb?

See the following table with endings for the verb **comprar**.

Subject pronouns	*comprar*	to buy
yo	compr**o**	*I buy.*
tú	compr**as**	*you buy.*
él, ella, usted	compr**a**	*he/she/you buy.*
nosotros/as	compr**amos**	*we buy.*
vosotros/as	compr**áis**	*you buy.*
ellos, ellas, ustedes	compr**an**	*they/you buy.*

Recycle

The verb **comprar's** table recycles subject pronouns from *Gender of nouns* in Chapter 2.

Answers for 3.36: Answers will vary.

Exploremos la gramática 3

WileyPLUS

Go to WileyPLUS to review this grammar point with the help of the Animated Grammar Tutorial and the Verb Conjugator.

Note for Exploremos la gramática 3: Present indicative of -*ar* verbs: This grammar presentation lends itself to an inductive, co-construction approach. In this presentation, students work to understand the present tense morphology. All three verb groups are presented, although only -*ar* verbs are practiced in this chapter. In chapter 4, all groups, -*ar*, -*er* and -*ir* verbs are practiced, and in chapter 5 recycling of present tense is included to solidify understanding and further support production.

Suggestion for Exploremos la gramática 3: Present indicative of -*ar* verbs: Refer students to the chart of -*ar* verb endings. Ask them to notice the common vowel that appears in each ending (a). Next, ask students to look at what appears after each -*a* (s, mos, n) and note which form has no -*a* in its ending. The emphasis here is on the patterns of the verb endings so that students can more readily access the vocabulary and use the correct ending to express themselves.

Notice how the ending of each verb form indicates the subject or the doer of the action.

Le**o** y estudi**o** para mis clases.	*I read and study for my classes.*
José Luis trabaj**a** en un café cerca de la universidad.	*José Luis works at a cafe near the university.*
En el café, él convers**a** mucho con los clientes.	*In the cafe, he talks a lot with the customers.*
José Luis estudi**a** para sus clases.	*José Luis studies for his classes.*

¿Qué observas?

1. What ending would you place on the verb root if you were talking about your own activities? Would it be necessary to use **yo** to indicate the subject? Why or why not?

2. What ending would you place on the verb root if you were talking about the activities of a particular friend? Would it be necessary to indicate the person doing the action by using **él**, **ella**, or a particular name? Why or why not?

3.37 Las actividades de los amigos. **WP** You will hear some information about various friends. Listen to each comment and select the pronoun that would indicate who the subject is or who is being referred to in each comment.

Modelo: **You hear:** *Corro cinco millas todos los días.*

 You see: yo   tú y yo   Uds.   él

 You select: *yo* (**yo** is the only subject that could be used with **corro**)

1.	ellos	<u>nosotros</u>	él	yo
2.	ustedes	ellas	<u>tú</u>	ella
3.	<u>yo</u>	tú y yo	nosotras	usted
4.	ella	yo	tú	<u>ellos</u>
5.	tú	ellos	<u>ella</u>	nosotros

Estrategia de estudio: Improving your Pronunciation

Practice reading aloud the message found in activity 3.38 that Juliana wrote to her parents. Make it flow and focus on connecting the words. You can even record yourself using downloadable software and listen to your recording. If you hear mistakes, you can try to practice, record, and listen again. This will help to improve your pronunciation. The more accurately you pronounce the sounds, the more those who only speak Spanish will understand you!

3.38 El mensaje de Juliana. In the following email message Juliana Rivera, Ramonita's best friend, sends to her family regarding her class schedule and that of her brother José. Read her message and complete the **Pasos**.

Paso 1: Select all of the verbs in the email message sent by Juliana Rivera.

> To: rivera609@codetel.net.do
> Subject: Hola
> From: Juliana Rivera
>
> Hola, mami y papi:
>
> ¿Cómo _están_ Uds.? Yo _estoy_ bien. _Me gusta_ mucho la universidad y _me gusta estudiar_ para mis clases. _Tengo_ clase de literatura a las diez de la mañana los lunes, miércoles y viernes; después, a las dos menos cuarto, _tengo_ clase de historia latinoamericana. Los martes y los jueves _tengo_ dos clases más, clase de antropología de nueve a once, y clase de inglés a las tres y cuarto. _Leo_ y _estudio_ mucho para mis clases y, también, _trabajo_ en el laboratorio de computación.
>
> José Luis no _tiene_ clases los martes, así que _trabaja_ en un café cerca de la universidad desde las once hasta las cuatro. En el café él _conversa_ mucho con los clientes. Cuando no _hay_ clientes, José Luis _estudia_ para sus clases. Él _tiene_ clases de matemáticas, ciencias políticas y economía tres días a la semana: los lunes, miércoles y viernes. Su primera clase _es_ a las ocho de la mañana.
>
> Hasta pronto,
> Juliana

Paso 2: Answer the following questions.

1. When Juliana states that she reads, she says _Leo_… Identify two other activities that she shares about herself.
2. When she relates that her brother works, she says _José Luis trabaja en un café cerca de la universidad_. Identify two other activities or actions that she attributes to José.

Paso 3: Write answers to the following questions in complete sentences.

1. ¿Cuándo estudia Juliana historia?
2. ¿Cuántas clases tiene Juliana?
3. ¿Cuántos días a la semana tiene José Luis clase de ciencias políticas?
4. ¿A qué hora tiene Juliana clase de inglés?
5. ¿Qué hacen Juliana y José Luis cuando no tienen clases?
6. ¿Cuántas clases tiene José Luis los viernes?

3.39 ¿Quién en la clase…? To get to know your classmates better, choose activities from the following list and find classmates who do these activities. Remember to use the **tú** form of the verb with peers. The person you ask should respond in Spanish in a complete sentence. Follow the model provided and write an additional activity for #7. Use only one student's name per activity.

Modelo: Estudiante 1: ¿Haces ejercicio en el gimnasio?
Estudiante 2: Sí, hago ejercicio en el gimnasio.
Estudiante 1: Firma aquí, por favor.

1. caminar por el parque _____
2. conversar con amigos _____
3. estudiar en la biblioteca _____
4. trabajar los fines de semana (los sábados y los domingos) _____
5. jugar videojuegos _____
6. mandar mensajes de texto _____
7. _____

Answers for 3.38:

Paso 2: 1. estudio, trabajo; 2. conversa, estudia

Paso 3: 1. Juliana estudia historia a la 1:45 los lunes, miércoles y viernes.
2. Juliana tiene cuatro clases.
3. José Luis tiene clase de ciencias políticas tres días a la semana.
4. Juliana tiene clase de inglés a las 3:15.
5. Ellos trabajan. Juliana trabaja en el laboratorio de computación y José Luis trabaja en un café. Juliana lee y estudia. José Luis conversa con los clientes y estudia.
6. Los viernes José Luis tiene tres clases.

Answers for 3.39: Answers will vary.

3.40 Las actividades. Recycle Describe the following drawings in writing by including the person's name, physical description, approximate age and the activity they do.

Activity 3.40 recycles *Las características físicas* from Chapter 2.

Victoria y sus amigas

Lucas

Alfredo y su amigo

Octavio

3.41 El español cerca de ti. Contact the international student office at your university or a website designed to practice languages via chat or videoconferencing. Ask to interview someone from Puerto Rico or the Dominican Republic. Ask the person his/her name, age, place of origin, classes, likes, dislikes and typical activities. Write a paragraph describing the person and include a photograph if possible.

3.42 Mi amigo y yo. You are required to submit a brief description of yourself for an online class. Write a short paragraph in which you talk about your courses and some of your activities during the week. Include similar information about a friend. Follow the model.

Modelo: *Este semestre tengo cinco clases. Los lunes tengo clase de biología. Es una clase muy difícil. Los viernes tengo clase de literatura. Es una clase aburrida, pero me gusta leer las novelas. Estudio mucho para todas las clases. Por otro lado, mi amigo Alejandro estudia psicología y trabaja en una oficina. Él tiene tres clases los miércoles y estudia mucho.*

¡Alerta!: Yes/No Questions

There are two ways to form a yes/no question from a statement:

- The voice level rises at the end of a statement.

  Statement: Juliana estudia literatura los viernes.   *Juliana studies literature on Fridays.*

  Question: ¿Juliana estudia literatura los viernes?   *Does Juliana study literature on Fridays?*

- Use the verb first and then the person.

  Statement: Juliana estudia literatura los viernes.   *Juliana studies literature on Fridays.*

  Question: ¿Estudia (Juliana) literatura los viernes?   *Does Juliana study literature on Fridays?*

In Spanish, there is no equivalent to the English auxiliary *does* or *do*.

3.43 Entrevista de tres. `Recycle` Choose one of the following roles and work to complete the tasks. Activity 3.43 recycles *Las presentaciones, los saludos y las despedidas* and *Los países y las nacionalidades* from Chapters 1 and 2.

- The interviewer: asks the questions found in the chart;
- The interviewee: listens and responds in complete sentences with the textbook closed;
- The **secretario/a**: writes down the interviewee's answers and may ask for clarification such as: **repite, por favor; más despacio, por favor; otra vez**. The **secretario/a** should be prepared to report the information to the class.

Preguntas	Respuestas
1. ¿Cómo te llamas?	
2. ¿De dónde eres?	
3. ¿Cuántos años tienes?	
4. ¿Qué estudias en la universidad?	
5. ¿Trabajas los fines de semana?	
6. ¿Qué haces (*What do you do*) en la clase de español?	
7. ¿Practicas deportes?	

3.44 Situaciones: Tu consejera. Adopt role of **A** or **B** to participate in the conversation with a partner.

A- Your academic advisor has sent you a message to come to her office. It is your first meeting and she would like to get to know you. First, greet your advisor. Give her some background information about youself, like your personality, interests and schedule.
B- You are the academic advisor. Comment on the student's information and ask follow-up questions. Ask the student what courses s/he is taking this semester and how things are going.

3.45 Situaciones: Un *tour* de tu universidad. Adopt role of **A** or **B** to participate in the conversation with a partner.

A- The Admissions Office has asked you to give a tour to a prospective student in Spanish. Include the important buildings, interesting facts and answers to any questions.
B- You are a student from the Caribbean visiting universities in the U.S. for the first time. You want to learn as much as you can from the campus tour. Ask at least three questions about the university during the tour.

Answers for 3.43: Answers will vary.

Follow-up for 3.43: Follow this activity by having the *secretario/a* of each group report on the information from his/her group. Ask the class follow-up questions based upon the information that is reported, such as *¿Qué estudia X?, ¿Cuántos años tiene X?* and *¿Practica X algún deporte?*

Suggestion for 3.44 and 3.45: Require students to prepare situations outside of class and then present during the next class session.

Answers for 3.44 and 3.45: Answers will vary.

EXPERIENCIAS

La bandera dominicana

Noticias   Información   Fotos   Amigos   Archivos

La bandera de la República Dominicana

Adempercem / Alamy Stock Photo

"La Bandera Dominicana"

Courtesy of Edan Stanley

El símbolo patrio que representa un país es su bandera. Precisamente, el plato más tradicional y típico de la República Dominicana se llama *La Bandera Dominicana*.

El almuerzo es la comida más importante del día, y a esta hora la familia generalmente se reúne alrededor de la mesa para compartir o comer. Esta *bandera* consiste en arroz blanco, habichuelas[8], carne, ensalada y plátanos fritos. Representa una comida saludable, ya que combina todos los grupos alimenticios.

Answers for 3.46: Answers will vary.

Technology tip for 3.46: Assign students to create a blog using any web application. Students will utilize this blog and post items to it for every chapter of *Experiencias*. You may ask your students to share the link to that blog on your learning management system discussion board. Then in class, ask students to compare their information.

3.46 Mi propio blog: La bandera de... Use your Internet browser to further investigate traditional Caribbean dishes by completing the following **Pasos**.

Paso 1: Search for a video in your web browser in Spanish for *La Bandera Dominicana*. Watch the video and write down the food items that are used for the dish.

Paso 2: Now, search for a video in your web browser that characterizes a special, national dish of Puerto Rico. Is there such a dish? If so, watch the video and write down at least two common food items that are necessary in this Puerto Rican dish. Even though the food dish and the flag have nothing in common, what words come to your mind that would relate to them both? _____, _____, _____

Paso 3: The Dominican Republic and Puerto Rico are not the only countries with national dishes. In your own blog, write about a tradional dish from your own country and include a photo of the dish. Discuss any similarities or ways to contrast it with the dishes of the Dominican Republic and Puerto Rico. Would you consider this dish "**la bandera**" of your country? Why or why not?

---

[8] **habichuelas:** frijoles

Esmeralda Santiago

3.47 Esmeralda Santiago, autora puertorriqueña.
Esmeralda Santiago is a Puerto Rican author who spent her childhood in Puerto Rico before moving with her family to the United States. Apply the following study and writing strategies to help you comprehend the biographical selection of the author. Then complete the **Pasos** that follow.

Antes de leer

Paso 1: Scan the reading and mark all of the cognates that you find.

Paso 2: Read the following selection and add new words to the personal vocabulary list that you created in chapter 2.

Esmeralda Santiago, autora puertorriqueña

Johnny Nunez / WireImage / Getty Images

 Esmeralda Santiago es de Santurce, Puerto Rico. Viene de una <u>familia</u> pobre con una madre muy trabajadora y un padre <u>irresponsable.</u> Cuando tiene trece años, ella, sus diez hermanos y su <u>mamá</u> se mudan a Brooklyn, Nueva York, donde Esmeralda se encuentra con una <u>cultura</u> nueva a la cual necesita <u>adaptarse</u>, y con un <u>idioma</u> <u>diferente</u>, el <u>inglés</u>, que necesita aprender. <u>Estudia</u> <u>teatro</u> y baile en la Escuela de <u>Artes</u> de la <u>Interpretación</u> de Nueva York, y después <u>estudia</u> en la <u>Universidad</u> de Harvard. Luego, recibe su maestría en Letras en el *Sarah Lawrence College*. A Esmeralda le gusta escribir <u>novelas</u>, así que en 1994 escribe su primera <u>novela</u> <u>autobiográfica</u>, *Cuando era puertorriqueña*. En la <u>novela</u> <u>describe</u> su vida en Puerto Rico cuando era niña y sus <u>experiencias</u> en <u>Nueva York</u>, donde no tiene muchos amigos porque su inglés no es <u>perfecto</u>. Ahora vive en <u>Nueva York</u> con su esposo Frank Cantor, <u>director</u> de películas. Tienen dos hijos, Lucas e Ila. Otras <u>novelas</u> de Esmeralda, <u>publicadas</u> en inglés y español son *Casi una mujer*, *El amante turco*, *El sueño de América y Conquistadora*.

Estrategia de estudio: Using Cognates to Comprehend the Gist

Be sure to use cognates and context clues to help you comprehend the paragraph, especially the words you do not know. Remember, it is not necessary to understand every word in order to read a paragraph in Spanish. Focus on getting the gist of what you read.

Después de leer

Paso 3: **WP** Read the following statements about Esmeralda Santiago and her family and decide whether each is true (**cierto**), or false (**falso**). Then, correct the false statements to make them read as true.

1. Esmeralda Santiago está contenta y no tiene problemas cuando su familia se muda a Nueva York.

2. El padre de Esmeralda trabaja mucho por su familia.

3. Se muda a Brooklyn cuando ella tiene once años.

4. Cuando tiene trece años no habla bien el inglés.

5. La autora no tiene mucha preparación académica.

6. Su primera novela es una novela autobiográfica.

Estrategia de escritura: Using Linking Words

You can use linking words to combine sentences and thoughts and to make your writing more sophisticated. Linking words will make your sentences more cohesive and less choppy. Study the following chart and try to include some linking words in the writing task found in activity **3.47**, **Paso 5**.

Addition	**y, también, además**
Contrast	**pero, por otro lado**
Reason	**porque, pues**
Restating	**es decir, en otras palabras**
Result	**por eso, pues, luego, así que, a causa de**
Summary	**por fin, finalmente**
Time	**cuando, entonces, después de**

Answers for 3.47, Paso 4: Cuando, después, luego, así que, ahora. **Paso 5** and **Paso 6:** Answers will vary.

Technology tip for 3.47, Paso 6: Require students to post their paragraphs on your learning management system discussion board. Next, students must read and post follow-up questions for two of their classmates to be answered prior to the next class session.

Paso 4: Before continuing to the writing task, go to the reading of Esmeralda Santiago and select all the linking words that you see.

Paso 5: Mi autobiografía. Write an autobiographical sketch. Be sure to use the following check off list so that you don't forget to include all of the required information.

☐ Mi nombre

☐ Mi edad

☐ Mi ciudad de origen

☐ Mi personalidad

☐ Mi descripción física

☐ Mis estudios

☐ Las actividades que me gusta hacer

☐ Mis actividades diarias

Paso 6: Read your autobiography to a classmate. Your classmate must ask you at least three questions regarding your writing.

Cultura y sociedad

Teaching tip for 3.48: Before reading the text from activity 3.48, ask students to first read the *Estrategia de lectura: Using Visuals* box and then, let them look at the pictures for a few minutes so that they can guess what the text is going to be about.

Note for 3.48: This text is recorded for the students to listen to and follow along in their text to aid in the pronunciation of the new vocabulary.

Béisbol, el deporte rey

3.48 El béisbol es más que un deporte. Baseball is an important sport in the Caribbean. To learn more, read the paragraph found in activity **3.48**, **Paso 1** and complete the tasks that follow.

Antes de leer

Paso 1: Take a look at the visuals associated with the following reading. Review the captions with each. Then, scan the reading for cognates and select them.

En varios países del Caribe como la República Dominicana y Puerto Rico, el béisbol es el *deporte rey*, el deporte más importante y más popular. Para muchas personas el béisbol es el centro de su vida y para otras personas es un gran pasatiempo. Para los dominicanos el béisbol es su gran pasión. Hay niños y jóvenes que practican mucho para mejorar sus habilidades atléticas. Para muchos jugadores, el béisbol es, también, una oportunidad de jugar en las Grandes Ligas de EE. UU. – la MLB, por sus siglas en inglés. Desde finales de 1800 hasta 2018 hay más de 725 jugadores dominicanos que juegan en varios equipos en la MLB, y en el año 2018 hay 84 jugadores dominicanos.

El gran jugador puertorriqueño Roberto Clemente, con una carrera impresionante de 18 años con los Piratas de Pittsburgh, y sobre todo, en la Serie Mundial de béisbol en 1971, recibió[9] el trofeo al jugador más valioso del año y más de diez Premios Guante de Oro durante su carrera. En la actualidad, la gente admira mucho a este jugador puertorriqueño. Hay una estatua en la entrada del estadio de béisbol en Pittsburgh, en honor a su dedicación y a sus triunfos como beisbolista y reconociéndolo, además, como una gran persona humanitaria. Fue el primer jugador latino en formar parte del Salón de la Fama en Cooperstown, Nueva York. En septiembre de 1972 batea su hit número 3.000. Muere el 31 de diciembre de ese año, cuando volaba a Nicaragua en una misión humanitaria para ayudar a las víctimas del terremoto.

Estrategia de lectura: Using Visuals

A reading technique that will help with your comprehension involves simply reviewing any accompanying visuals before you start reading the text. You can also read the captions that you may find with drawings or photos. This simple strategy will prepare you for the reading and maybe even give you a head start on comprehending the main message of any reading passage.

Jim McIsaac / Getty Images

Robinson Canó, Equipo: New York Mets, Posición: segunda base

Jim McIsaac / Getty Images

David Ortiz, "Big Papi", Equipo: Boston Red Sox, Posición: primera base y bateador designado

Jamie Squire / Getty Images

Adrián Beltré, Equipo: Texas Rangers, Posición: tercera base

ZUMA Press, Inc. / Alamy Stock Photo

Roberto Clemente (1955–1972) jugador de los Piratas de Pittsburgh

Raymond Boyd / Getty Images

Estatua de Roberto Clemente en Pittsburgh, Pensilvania

Después de leer

Paso 2: Answer the following questions in complete sentences.

1. ¿Dónde es muy popular el béisbol?
2. ¿Por qué consideran el béisbol como un modo de vida en el Caribe?
3. ¿Cuántos jugadores dominicanos hay en el año 2018 en la MLB de EE. UU?
4. ¿Por qué es importante Roberto Clemente?
5. ¿Hay algún deporte en EE. UU. que consideres como un modo de vida? ¿Por qué?
6. ¿Cuál es el deporte rey (o un deporte muy popular) de tu ciudad/estado/país?

Paso 3: Use your web browser to investigate basic information about an athlete from Puerto Rico or the Dominican Republic. Report your findings to the class regarding the athlete's:

nationality   physical description   likes/dislikes   age   personality

Answers for 3.48, Paso 2: 1. Es muy popular en la República Dominicana y Puerto Rico. 2. Answers will vary. 3. Hay 84. 4. Answers will vary. Mucha gente lo admira porque es una gran persona humanitaria. 5. Answers will vary. 6. Answers will vary.

Answers for 3.48, Paso 3: Answers will vary.

[9] **recibió:** received

Manos a la obra

Pasatiempos y algo más

3.49 Las universidades. Your university has an exchange program with several universities in the Caribbean and you think it would be a great idea to spend a semester in a tropical climate! Investigate a university website in Puerto Rico or the Dominican Republic and look at their course offerings and campus. Does the university offer courses in your major or general studies that would count toward your degree? Are there buildings and activities that indicate it is a good match for you as a student? Make a simple power point presentation to present your findings to the class. Do you recommend the university to your classmates?

Suggestion for 3.50: You could team up with another instructor's class to do the survey with his/her students.

3.50 Una encuesta. Your Spanish and statistics instructors have teamed up to assign a project for both classes. You must create an online survey with at least six questions regarding university life, likes and dislikes and activities of college students. Send it to at least 10 students who are studying Spanish or who are native speakers of Spanish. Prepare a brief presentation of the survey results and present your findings to the class.

Suggestion for 3.51: Students should be instructed to complete this activity outside of class time and upload their final videos to your learning management system for viewing. You may wish to create a rubric and assign grades to their final work, or assign students to watch and comment on two or three of their classmates' videos.

3.51 Te toca a ti. Watch the 'how-to' video *Cómo crear un calendario* from the beginning of the chapter, found in the section **Encuentros**, to review how to create your own electronic calendar to organize your classes and free time activities.

1. Follow the instructions and examples in the video to create your own electronic calendar. You may also use the information you gathered in exercises 3.27, 3.39 and 3.42.
2. In your video, be sure to include your name, your course schedule, your likes and dislikes, and your typical activities. Practice a description of your calendar.
3. Grab a partner and record a video of the two of you talking about your schedules and calendars.
4. Upload the video to your learning management system to share with the class.

Technology tip for 3.52: Have your students use the tool of their choice to compile their electronic notebook. This is a great way to keep students organized as they create a portfolio of photos and material regarding the countries presented throughout the book.

3.52 El cuaderno electrónico. You will continue to compile an electronic notebook to keep track of useful and interesting information regarding each Spanish speaking country. Open your electronic notebook and follow the next questions.

Paso 1: Using your text, the videos and the Internet, write the following information:

1. estadísticas interesantes de Puerto Rico y la República Dominicana
2. información básica de Puerto Rico y la República Dominicana
3. mapa de los dos países
4. dos lugares interesantes en los dos países
5. fotos de cada país
6. expresiones útiles
7. observaciones culturales

Paso 2: Compare your findings with a partner and share something you learned and didn't know previously.

REPASOS

Repaso de objetivos

Check off the objectives you have accomplished.

I am able to...

Teaching tip for Repaso de objetivos: Although this self-assessment is designed for the students to evaluate their progress, teachers might poll students informally as a group to gauge how students are feeling about the material. This could be done orally with eyes closed and hands raised or by simply asking students to leave a slip with their answers at the end of class.

	Well	Somewhat
• express activities I like and dislike doing.	☐	☐
• explain my class schedule, including courses, days of the week, times, professors and items I need for each class.	☐	☐
• report activities I generally do and report on the activities of others.	☐	☐
• describe the location of people, places and objects.	☐	☐

	Well	Somewhat
• explain the political relationship between Puerto Rico and the United States.	☐	☐
• acquire information about leisure time activities in the Dominican Republic and Puerto Rico.	☐	☐
• discuss the importance of baseball in the Caribbean and the influences of sports figures from the Dominican Republic and Puerto Rico.	☐	☐

🎧 Repaso de vocabulario

WileyPLUS
Go to WileyPLUS to review these vocabulary words and practice their pronunciation.

Los pasatiempos
Pastimes/free time activities

conversar con los amigos
   to converse/chat with friends
hablar (por teléfono)
   to speak/talk (on the phone)
ir de compras *to go shopping*
jugar videojuegos *to play videogames*
leer una novela *to read a novel*
mandar mensajes de texto
   to send text messages
mirar videos *to watch videos*
salir con los amigos *to go out with friends*
visitar a la familia *to visit family*

Los deportes *Sports*

andar en bicicleta *ride a bike*
caminar *to walk*
correr *to run*
hacer ejercicio *to do exercise*
levantar pesas *to lift weights*
nadar *to swim*
practicar deportes *to play sports*
jugar al... *to play...*
  básquetbol *basketball*
  béisbol *baseball*
  fútbol *soccer*
  fútbol americano *football*
  golf *golf*
  tenis *tennis*
  vóleibol *volleyball*

Otras actividades *Other activities*

comer *to eat*
comprar *to buy*

estudiar *to study*
trabajar *to work*

Las clases *Classes*

el arte *art*
la biología *biology*
el cálculo *calculus*
las ciencias políticas *political science*
la composición *composition*
la contabilidad *accounting*
la economía *economics*
la educación *education*
la filosofía *philosophy*
la física *physics*
la fotografía *photography*
la historia *history*
la informática *computer science*
la ingeniería *engineering*
las lenguas/los idiomas *languages*
  el alemán *German*
  el francés *French*
  el inglés *English*
  el japonés *Japanese*
las matemáticas *mathematics*
la música *music*
el periodismo *journalism*
la psicología *psycology*
la química *chemistry*
la sociología *sociology*

Para describir clases y actividades
Describing classes and activities

aburrido/a *boring*
difícil *difficult*
fácil *easy*

fascinante *fascinating*
grande *big*
interesante *interesting*
pequeña *small*

Los días de la semana
The days of the week

lunes *Monday*
martes *Tuesday*
miércoles *Wednesday*
jueves *Thursday*
viernes *Friday*
sábado *Saturday*
domingo *Sunday*
este fin de semana *this weekend*
los fines de semana *weekends*

La hora *Hour/time*

a las cinco *at five o'clock*
a la una *at one o'clock*
menos *minus (used for telling minutes before the hour)*
de la mañana *in the morning (a.m.)*
de la tarde *in the afternoon (p.m.)*
de la noche *in the evening; at night (p.m.)*
el reloj *clock*
y cuarto/y quince *quarter (used for quarter past or quarter till the hour)*
y media/y treinta *half past*

Los materiales y la tecnología para estudiar
Supplies and technology to study

los audífonos *headphones*
el bolígrafo *pen*

la calculadora   *calculator*
la computadora portátil   *laptop computer*
el cuaderno   *notebook*
el escritorio   *desk*
el lápiz   *pencil*
el libro   *book*
el micrófono   *microphone*
la mochila   *backpack*
la pantalla   *screen*
el papel   *paper*
el ratón   *computer mouse*
la silla   *chair*
el teclado   *keyboard*

Expresiones que indican lugar
Expressions to indicate location

a la derecha de...   *to the right of*
a la izquierda de...   *to the left of*
al lado de...   *next to*
debajo de...   *under*
delante de...   *in front of*
detrás de...   *behind*
encima de...   *on top of*
enfrente de...   *facing*
entre   *between*

Los lugares   *Places*

el apartamento   *apartment*
la biblioteca   *library*
el café   *coffeeshop*
la cafetería   *cafeteria*
el campo de fútbol   *soccer field*
el centro estudiantil   *student center*
el gimnasio   *gym*
el laboratorio   *lab*
el parque   *park*
la residencia estudiantil   *dorm*
el supermercado   *supermarket*

Repaso de gramática

The verb *gustar*

- To express activities that you like **to do**, use

  Me gusta + *infinitive*

- To ask someone (informal) if s/he likes to do a specific activity, use

  ¿Te gusta + *infinitive*?

- To ask someone (formal) if s/he likes to do a specific activity, use

  ¿Le gusta + *infinitive*?

  ¿Le gusta nadar?

- To ask someone (informal/formal) what s/he likes to do, use

  ¿Qué te/le gusta hacer?

- To report what another person likes to do, use **le gusta +** *infinitive*

  (A David) **le gusta** *nadar.*

- To indicate that you do not like to do something, place **no** in front of **me, te** or **le**.

  No me gusta + *infinitive*

  No me gusta *nadar.*

The verb *estar*

Singular			Plural		
yo	**estoy**	*I am*	nosotros/as	**estamos**	*we are*
tú	**estás**	*you are*	vosotros/as	**estáis**	*you are*
él, ella, Ud.	**está**	*he/she is; you are*	ellos, ellas, Uds.	**están**	*they are, you are*

Present indicative of *-ar* verbs

Here is a chart of the present tense endings for *-ar* verbs. The endings are used with the base form of the verb.

Subject pronouns	*am*ar (-ar verb)
yo	*am*o
tú	*am*as
él, ella, usted	*am*a
nosotros/as	*am*amos
vosotros/as	*am*áis
ellos, ellas, ustedes	*am*an

CAPÍTULO 4

Ritmos y movimientos

Note for Capítulo 4:
World Readiness Standards addressed in this chapter include:
Communication: All three modes.
Culture: Examining the music of famous Cuban musicians and the perspectives underlying these cultural products.
Connections: Connecting with the disciplines of music, history and political science.
Comparisons: Comparing and contrasting music and celebrations in target cultures and home culture.

Rolf Schulten / Alamy Stock Photo

Un músico en Santiago de Cuba, Cuba.

Answer the following questions based on the photo.

1. ¿Qué hace el hombre en la foto?
2. La música es muy importante en la sociedad cubana. ¿Y en tu vida? ¿Cuál es tu música favorita? ¿Cómo es?

OBJETIVOS COMUNICATIVOS

By the end of this chapter, you will be able to...

- talk about your favorite music.
- talk about your activities and those of others.
- discuss upcoming plans and birthday celebrations.
- state the date and make plans with friends and colleagues.

OBJETIVOS CULTURALES

By the end of this chapter, you will be able to...

- identify music from Cuba and the Caribbean.
- describe famous Cuban musicians.
- explain the relations between the governments of the United States and Cuba.
- compare celebrations in the United States and Cuba.

ENCUENTROS

Video: Cómo bailar salsa

Conozcamos a...

José Antonio Varela Gavilán (La Habana, Cuba)

Rolando López Ramos (Miami, Florida)

EXPLORACIONES

Exploremos el vocabulario

La música y las actividades

El calendario: los meses del año, la fecha y los días feriados

Exploremos la gramática

Present tense of *-er* and *-ir* verbs

Future plans: *ir* + *a* + infinitive

Making affirmative and negative statements

Ser and *estar* with adjectives

EXPERIENCIAS

El blog de Daniel: El Carnaval en Santiago de Cuba

Te presentamos a... Varios músicos famosos de Cuba

Cultura y sociedad: La política de Cuba

Manos a la obra: Ritmos y movimientos

ENCUENTROS

WileyPLUS

Go to WileyPLUS to watch
this video.

Estrategia de estudio: Hearing What the Native Speaker Hears

How important are verb endings in Spanish? As you begin to have conversations in Spanish, you will develop an understanding of how you can change verb endings to convey different information. These endings will help you understand who is doing the action. When you hear "*hablo*" in Spanish, the sound of unstressed /o/ at the end of the verb means that the speaker is referring to himself or herself. You hear "*hablas*", and the sound /s/ indicates that the speaker is talking directly to someone else. Listen carefully for these cues; they will help you comprehend messages and respond appropriately.

Video ▶

WileyPLUS

Go to WileyPLUS to watch
this video.

Note for Video: Cómo bailar salsa: The video consists of a 'how-to' show where Daniel, the host of the show, invites one of his guests to demonstrate how to dance salsa. A brief history of salsa music is also presented. Students experience culture through this first hand 'how-to' format, and, at the end of the chapter, they are instructed to produce their own video in Spanish using any mobile device.

Answers for 4.3: Answers will vary.

Cómo bailar salsa

4.1 Palabras nuevas. You are about to view a lesson on dancing **salsa**. First, watch the video and focus on the following list of new words. Try to guess the meaning by the actions, gestures and Spanish of Daniel and his guests. **Answers for 4.1:** Answers will vary.

1. sabor
2. el pie izquierdo
3. el pie derecho
4. un paso atrás

5. un paso adelante
6. dar una vuelta
7. frente a frente
8. la mano

Follow-up for 4.1: Review students' responses in order to prepare them for the topic of the video presentation.

4.2 La música de Cuba. **WP** A second viewing of the video will help you take in the **salsa** lesson more thoroughly. Watch the video again and decide whether each statement is true (**C= cierto**) or false (**F= falso**).

__C__ **1.** La salsa es un tipo de música, pero también es una comida.

__F__ **2.** Hay muchos tipos de música latina, pero el merengue es el más popular y universal.

__F__ **3.** La salsa es una combinación de ritmos tradicionales del Caribe con el reguetón de Nueva York.

__C__ **4.** La música salsa tiene mucho sabor.

__F__ **5.** Julia le explica a Daniel los cinco pasos.

__C__ **6.** El paso básico es fácil para Daniel.

__C__ **7.** Bailar en pareja es más difícil para Daniel.

__C__ **8.** Daniel va a tomar un curso de baile para aprender más.

4.3 Ahora te toca a ti. **Recycle** Dancing salsa is a lot of fun and great exercise. Since you are sitting in classes and studying most days, it's good to get some exercise. Using the following list to get you started, tell your partner about the activities you do to keep moving. Do you do anything similar to stay in shape? Activity 4.3 recycles pastime activities from Chapter 3.

hacer ejercicio en el gimnasio

caminar en el parque

correr

practicar deportes

andar en bicicleta

nadar

levantar pesas

tomar clases de yoga

bailar

José Antonio Varela Gavilán (La Habana, Cuba)

José Antonio Varela Gavilán, es de La Habana, Cuba.

Antes de escuchar

4.4 ¿Qué hace José Antonio? José Antonio is a 21 year old musician and you are about to hear what he has to say about his views on music. Before you begin listening it will help you to speculate on what he might say. Answer the following questions in Spanish.

Answers for 4.4: Answers will vary.

1. ¿De qué habla José Antonio? Escribe dos ideas.
2. ¿Qué hace José Antonio los fines de semana?

Estrategia de estudio: Listen to the Whole Recording

Don't forget, when you begin a listening activity, first listen to the whole recording completely. Listen for cognates and try to understand what you can without trying to do the task. Try to guess the main idea. Then, read the instructions for the activity and the task. Listen a second time, and complete the activities. You may need to listen three or four times to complete all of the tasks. This is okay; it's part of the learning process and it's good practice!

Mientras escuchas

4.5 José Antonio y su música. **WP** José Antonio has some interesting facts to share about his life and involvement with music. Look over the following information and then listen to what he has to say. Choose the best response to the following incomplete sentences.

1. José Antonio es de...
   a. Camagüey. **b.** La Habana. c. Santiago de Cuba.
2. Ahora José Antonio...
   a. estudia música. **b.** baila en una discoteca. **c.** toca en un concierto de trova cubana.
3. El instrumento musical que toca José Antonio es...
   a. el tambor. **b.** la flauta. **c.** la guitarra.

Follow-up for 4.4: Review students' responses in order to prepare them for the topic of the audio presentation.

Suggestion for 4.5: Call students attention to the study strategy regarding listening comprehension and encourage them to follow the steps outlined. If you are working on this activity in class, consider modeling use of the strategies with students.

Audioscript for 4.5 and 4.6: ¿Qué tal, amigo?, o como decimos en Cuba, ¿qué bolá, asere? Mi nombre es José Antonio. Tengo 21 años y vivo en La Habana, Cuba, con mi mamá y mi papá. Soy estudiante de la universidad, estudio economía, pero mi pasión en la vida es la música. Mi mamá canta en el coro de la iglesia y mi papá toca el órgano cada domingo. Yo toco varios instrumentos musicales: el piano, la guitarra y la trompeta, pero mi instrumento favorito es la guitarra. Me gusta mucho cantar y soy miembro de un conjunto musical junto con tres amigos. Ahora participamos en un concierto de trova cubana en el auditorio del Legado Cultural Hispánico de La Habana. Mis amigos y yo interpretamos canciones de Pablo Milanés, Amaury Pérez y Silvio Rodríguez. Practicamos mucho todas las tardes después de las clases. A todos nos gusta la trova cubana porque es romántica y profunda. En septiembre vamos a recibir un contrato estupendo para la promoción de nuestra música. Por eso, grabamos unas canciones populares.

BDR / Alamy Stock Photo

4. Al grupo le gusta mucho tocar la trova porque…

   a. es superficial.   **(b.)** es profunda.   **c.** es melancólica.

5. En septiembre su conjunto musical…

   a. va a trabajar en Cuba.   **(b.)** va a recibir un contrato.   **c.** va a tocar en EE. UU.

4.6 Las actividades.   **WP**   You can benefit from listening once more to what José Antonio has to share and then choose the activities that he and his friends do.

José Antonio y sus amigos…

   tocan el órgano.

   reciben un contrato.

   cantan canciones de Pablo Milanés.

   practican fútbol después de las clases.

   practican todas las tardes.

   leen libros de historia de música.

   participan en conciertos.

   graban unas canciones.

   componen música.

Después de escuchar

4.7 ¿Qué te gusta?   **Recycle**   Are any of your activities the same or similar to those of José Antonio and his friends? Using the list of activities from 4.6, discuss with a partner your likes and dislikes. Add a few additional activities of your own.   Activity 4.7 recycles the verb *gustar* from Chapter 3.

Modelo: *A mí no me gusta escuchar música clásica, pero me gusta escuchar música jazz.*

4.8 La trova cubana.   You will probably want to know more about the **trova cubana**. Investigate this popular musical style using your Internet browser and write the answers to the following questions.   Answers for 4.8: Answers will vary.

- ¿Cuáles son las características de la trova cubana?
- ¿Por qué es popular este tipo de música?
- ¿Hay algún tipo de música en EE. UU. similar a la trova cubana?

Estrategia de estudio: Visualize the Scene

I hope you will find the information about Cuba as interesting as I do. When reading the following facts about the featured countries, try to visualize the scene and the country described. It will give you a good background for the rest of the chapter. Don't forget to look at the country photos and their captions.

Warm-up for 4.6: Read over the list so that students may hear the vocabulary before completing the activity. Review information about cognates and have students identify some cognates in the list.

Answers for 4.7: Answers will vary.

Technology tip for 4.8: Assign this activity as homework in preparation for the next class session. Hold students accountable by having them submit their findings through your learning management system, before the class discussion begins, following the flipped classroom model.

José Antonio es de Cuba. ¿Qué sabes de este país caribeño?

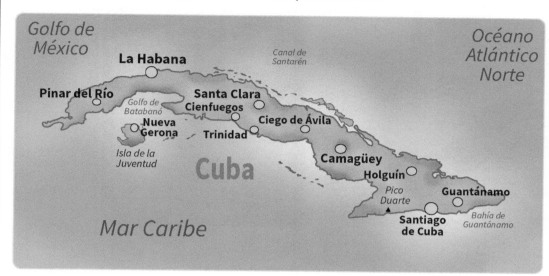

Golfo de México

La Habana

Pinar del Río

Santa Clara
Cienfuegos

Golfo de Batabanó

Nueva Gerona

Ciego de Ávila

Trinidad

Isla de la Juventud

Cuba

Camagüey

Holguín

Pico Duarte

Guantánamo

Santiago de Cuba

Bahía de Guantánamo

Canal de Santarén

Océano Atlántico Norte

Mar Caribe

Suggestion for ¿Qué sabes de este país caribeño?: Put the reading on a screen. Read the paragraph aloud as students follow along. Have them select all of the cognates. Then ask yes/no and either/or questions regarding the content, such as: *¿Cuba es una isla? ¿Qué producen en Cuba? ¿Hay mucho turismo en Cuba? ¿Es importante la música para los cubanos?*

¡Cuba, la perla del Caribe!

Cuba es una isla del Caribe con un clima agradable durante todos los meses del año. Su tierra es muy fértil y produce una gran variedad de frutas tropicales. La palma real, un árbol tropical, domina el paisaje. La vida de los cubanos depende de dos productos importantes: el azúcar y el tabaco. Cuba es un destino turístico de gran atractivo, con playas hermosas que atraen a muchos turistas durante todo el año. La isla es dominada por la música. La base de su música es la mezcla de las tradiciones de España y África. El son cubano es uno de los ritmos que caracteriza la tradición de la música en la isla. Otros tipos de música también populares son la salsa, el *rock*, el *jazz*, la timba, el rap, el danzón, el bolero y la nueva trova. En Cuba existe una gran pasión por el ritmo y el baile.

La playa Varadero tiene condiciones excepcionales para practicar todo tipo de actividad acuática. Hay muchos hoteles, restaurantes, campos de golf y un aeropuerto internacional.

Danita Delimont / Gallo Images / Getty Images

La Habana, capital de Cuba, es el corazón de la vida política, científica y cultural de la nación.

Wellsie82 / Moment / Getty images

En esta fábrica de puros cubanos se producen 32 000 puros cada día.

DeAgostini / Getty Images

Estadísticas interesantes de Cuba

Bandera de Cuba

Pesos cubanos

Capital: La Habana

Tipo de gobierno: república socialista

Tamaño: un poco más pequeño que el estado de Pensilvania

Población: 11 147 470

Lengua: español

Moneda: peso cubano

Nivel de alfabetización: 99,8 %

Promedio de vida: 78 años

Expresiones y palabras típicas

¿Qué bolá, asere?   ¿Qué tal, amigo?

¡Bárbaro!   ¡Chévere!

4.9 Investigación en Internet. Cuba has numerous places of interest to visit. Use the Internet to select one and write a brief description that includes the following:

Answers for 4.9: Answers will vary.

- el nombre del lugar turístico
- dónde está el lugar en Cuba
- una descripción del lugar
- por qué te interesa

4.10 El español cerca de ti. Think of films, either documentaries, full-length features, or travel videos that were either made in Cuba or about Cuba. The following is a list of films to get you started.   *Answers for 4.10:* Answers will vary.

7 Days in Havana	Mambo Kings
Buena Vista Social Club	Sons of Cuba
Cuba: The Accidental Eden	Havana
Greener Grass: Cuba, Baseball and the United States	The Lost Son of Havana
	Una noche
Havana Centro	Viva Cuba

Paso 1: Browse your local or university library and find out if any of these titles are available or can be ordered.

Paso 2: Search the Internet for any 5 titles listed and watch the trailers or read the reviews. Of the 5, which one would probably would give a U.S. perspective of Cuban society and culture and which would give a Cuban perspective? Which ones would provide at least a preview of the music of Cuba?

Paso 3: Write four sentences in Spanish about one of the 5 films and send it to three classmates. Invite them to watch the movie with you to learn more about Cuba.

EXPLORACIONES

🎧 La música y las actividades

- tocar el contrabajo
- ensayar
- grabar una canción
- bailar
- el coro
- escribir
- componer música
- enseñar
- aprender
- Luisa
- el músico
- Manuel
- la cantante
- profesora Bellman
- Carlos
- tocar la trompeta
- dirigir
- el conjunto musical / la banda
- tocar la batería
- cantar
- tocar el piano
- la bailarina
- tocar la guitarra
- el tambor
- Laura
- escuchar música
- María
- Conservatorio de música
- Elisa

Suggestion for Exploremos el vocabulario 1: La música y las actividades: Have students listen to various types of music you find on the Internet. Explain the type of music, the artist and song titles in Spanish using chapter vocabulary (musical instruments, types of music, etc.). Then do the activities that follow.

Los cognados	
el auditorio	el teatro
la melodía	interpretar
la música: popular, clásica, latina, *country*, *rock*, *hip hop*, alternativa, *blues*	producir
	recibir
el ritmo	tocar un instrumento: el violín, la flauta

4.11 Los amigos de José Antonio. **WP** **Recycle** José Antonio has more to tell you about his friends' musical activities. While you listen to him you will need to refer to the drawings in **Exploremos el vocabulario 1**. Listen and write the name of each of his friends in the spaces provided. Activity 4.11 recycles Present tense indicative of *-ar* verbs from Chapter 3.

la profesora

1. _____Carlos_____   2. _____Manuel_____   3. _____Bellman_____   4. _____Elisa_____
5. _____Laura_____   6. _____María_____   7. _____Luisa_____

4.12 Músicos famosos. No doubt you are familiar with famous people in the music field. Complete the following statements with the name of a famous person and add your own related comments. Then, read your descriptions to your partner, without including the name of the famous person, and s/he will try to guess who it is. **Answers for 4.12:** Answers will vary.

Modelo: *Shakira es muy inteligente y creativa. Es de Colombia y canta todos los días. Es muy trabajadora.*

1. _____*(nombre de la persona)* es muy famoso/a. Es de _____ y_____ todos los días. Es _____*(descripción)*.
2. _____*(nombre de la persona)* toca _____ en la banda _____. Él/ella es muy _____ y _____*(descripción)*.

> **Estrategia de estudio: Talking to Your Partner**
>
>
> When you work on an interactive activity, make sure you talk to your classmate with the **tú** form of the verb. When your partner talks to you, try to respond without looking at your paper. That way, you will force yourself to listen and concentrate on what your classmate is asking, instead of just reading it from your own paper.

4.13 ¿Quién en la clase...? **Recycle** Who among your classmates is musically inclined or has special musical talents? Circulate around the classroom asking direct questions to find someone who fits the following descriptions. Be prepared to report back to the class. Activity 4.13 recycles Present tense indicative of *-ar* verbs from Chapter 3.

- escucha ópera
- toca la guitarra
- canta en el coro de la universidad
- toca un instrumento
- canta con una banda

- toma clases de música
- escucha música clásica
- baila salsa o merengue
- tiene música pop en su teléfono

Answers for 4.13: Answers will vary.

Cultura viva

El son cubano

El son cubano is a style of music and dance that originated in Cuba. **Son** is a symbol of the island and an important musical influence. The **son** is structurally made up of two parts: an opening verse and a **montuno** section. The singer improvises and is answered by a chorus in the **montuno** section. **Sones** are centered upon a **clave** rhythm. In fact, the word **son** translates to English as rhythm.

4.14 Mis actividades. Up to now you have heard much about José Antonio and his friends' involvement with music. How about you? Write two or three sentences about each activity that you do related to music. Add some creative and interesting details to your comments.

Answers for 4.14: Answers will vary.

Modelo: *Escucho música rock y también música clásica. En mi tiempo libre me gusta tocar el piano. También canto en el coro de la universidad. No canto en una banda.*

Technology tip for 4.14: After writing the sentences, students can post their work on your learning management system discussion board and comment on another student's post.

Present tense of -er and -ir verbs

Remember in Chapter 3 you learned to use **-ar** verbs to tell about the activities that you and others do. In Spanish, there is also a group of **-er** and **-ir** verbs that have similar sets of endings. Refer to the following chart and compare the endings of the three groups.

Subject pronouns	-*a* endings	-*e* endings	-*i* endings
yo	**o**	**o**	**o**
tú	**as**	**es**	**es**
él/ella, usted	**a**	**e**	**e**
nosotros/as	**amos**	**emos**	**imos**
vosotros/as	**áis**	**éis**	**ís**
ellos/as, ustedes	**an**	**en**	**en**

WileyPLUS

Go to WileyPLUS to review this grammar point with the help of the Animated Grammar Tutorial and the Verb Conjugator.

¿Qué observas?

1. What do the three groups of **-ar**, **-er** and **-ir** verbs have in common?
2. How are the three groups different?

Answers for ¿Qué observas? box: 1. The endings of the first, second and third person singular are the same. 2. These groups are different in the endings of the first, second and third person plural.

You will now find a chart of the verb form that you use with each person. Notice that at the top, the three verbs are listed in their dictionary form (**cantar, aprender, escribir**), and below these, the endings have been added to the stem of each verb. Remember that the stem is what remains after you remove the **-ar**, **-er** or **-ir**.

Present Indicative Verbs

Subject pronouns	-ar	-er	-ir
	cantar	aprender	escribir
yo	cant**o**	aprend**o**	escrib**o**
tú	cant**as**	aprend**es**	escrib**es**
él/ella, usted	cant**a**	aprend**e**	escrib**e**
nosotros/as	cant**amos**	aprend**emos**	escrib**imos**
vosotros/as	cant**áis**	aprend**éis**	escrib**ís**
ellos/as, ustedes	cant**an**	aprend**en**	escrib**en**

José Antonio **canta** en la banda con sus tres amigos.

José Antonio sings in a band with his three friends.

José Antonio y sus amigos **cantan** todas las tardes.

José Antonio and his friends sing every afternoon.

José Antonio y yo **aprendemos** nuevas técnicas de música.

José Antonio and I learn new music techniques.

Yo **aprendo** a bailar en la clase de baile de la universidad.

I learn to dance in a dance class at the university.

Tú **escribes** la letra de las canciones de rock.

You write the lyrics to rock songs.

Vosotros **escribís** canciones nuevas para el coro de la universidad.

You (all) write new songs for the university choir.

4.15 Los amigos de José Antonio. **WP** **Recycle** To find out what other activities José Antonio and his friends do, listen as he describes these activities. Match each friend's name with his/her activity.

Las personas	Las actividades
_e_ Javier	a. Recibe un regalo de sus padres.
_c_ Marianela	b. Escribe y compone música.
_g_ Juan, Rafa y Chito	c. Busca libros interesantes y los lee.
_f_ Jorge	d. Bailan en un club los fines de semana.
_a_ Miguelito	e. Bebe un refresco y come un sándwich.
_d_ Mimí y Raúl	f. No estudia inglés y no comprende mucho.
_h_ Juana	g. Corren cada tarde.
_b_ Eduardo	h. Comprende bien y a veces interpreta.

4.16 El mensaje de texto de José Antonio. José Antonio sends a lot of email and text messages to his friends. Read the following message that he writes to a friend at another university. Then, complete the **Pasos** that follow.

¿Cómo te va? Yo estoy bien aquí, pero estoy muy ocupado con mis actividades y obligaciones universitarias. Estudio mucho. Esta semana en mi clase de Historia de Cuba escribo composiciones sobre algún aspecto de la independencia y leo muchos poemas de José Martí sobre su importancia en la historia de Cuba. Generalmente, no tengo tiempo para preparar la comida y, por eso, mis amigos y yo comemos en la cafetería que está cerca de nuestro edificio. Mi amiga Lucía me invita a cenar en la casa de su familia mañana. Ellos viven cerca y caminamos. Me gustan mis clases, pero mi actividad favorita es tocar con la banda. Mis amigos siempre van a mi apartamento para ensayar. Tocamos los fines de semana en el club "Siete Cinco" donde muchos jóvenes bailan, conversan y beben cerveza o refrescos. Recibimos muchos aplausos de las personas que asisten a estos eventos. Trabajamos mucho para prepararlos bien.

Bueno, eso es todo por ahora. Aprendo a tocar la trompeta y tengo mi lección ahora. Espero recibir noticias tuyas.

Hasta luego,
JA

Paso 1: Read José Antonio's email again and select all of the verbs that he uses.

Paso 2: **WP** Decide whether each of the following statements are true or false. Use **C** (**cierto**) or **F** (**falso**), or **No se sabe** if there is not enough information to tell.

José Antonio…

1. vive cerca de la Universidad. No se sabe.
2. estudia historia. C.
3. prepara la comida en su apartamento. F.
4. baila y canta en el club Siete Cinco. F.
5. cena con la familia de su amiga Lucía. C.

Paso 3: Correct the statements that are false.

Paso 4: Write your own email to a friend who is studying at another university. He/she wants to know about your daily activities and how you spend your weekends. Your email should be composed of at least five sentences and no less than six new verbs. Answers will vary.

Paso 5: Read your message to your partner and write down what you have in common.
Answers will vary.

4.17 Mis actividades. How do your activities compare to those of your classmates? From the following list of activities check off the ones that are part of your routine. Take turns sharing your list with your partner and check off the activities that you have in common. Use the table to organize your information. Answers will vary.

Actividades	Yo	Tu compañero/a
1. tocar un instrumento musical		
2. leer novelas		
3. escribir composiciones en español		
4. vivir en un apartamento		
5. comer en la cafetería de la universidad		
6. correr en el parque o el gimnasio		
7. beber mucha agua cada día		
8. asistir a la clase de Historia		

Rolando López Ramos (Miami, Florida)

Antes de escuchar

4.18 El autorretrato de Rolando López Ramos, de Miami, Florida. **Recycle** Rolando López Ramos is an older Cuban man who now lives in Miami. Begin the activity by completing the following **Pasos.** Activity 4.18 recycles the verb *ser* from Chapter 2.

Paso 1: Using the photo of Rolando, speculate on the following information:

- Edad
- Ciudad de origen
- Profesión
- Pasatiempos favoritos

J Marshall / Tribaleye Images / Alamy Stock Photo

Rolando López Ramos es de Miami, Florida.

Paso 2: Listen to the segment of Rolando and check to see if any of your predictions are correct. Answers for 4.18, Paso 1: Answers will vary. **Paso 2:** Edad: 65. Ciudad de origen: Santiago de Cuba. Profesión: maestro de música. Pasatiempo favorito: Jugar al dominó, ver partidos de béisbol y tomar clases de baile.

Mientras escuchas

4.19 El juego nacional de Cuba. **WP** Listen again to what Rolando has to say about his favorite pastime. While you listen complete the following sentences with his information.

1. El pasatiempo favorito de Rolando es ___jugar al dominó___.

2. El ___dominó___ es el juego nacional de ___Cuba___.

3. Mientras juega al dominó, a Rolando le gusta ___tomar café___ y ___fumar puros___.

Conozcamos a...

Audioscript for 4.18, Paso 2 and 4.19:

Mi nombre es Rolando López Ramos. Nací en Santiago de Cuba, pero actualmente vivo en Miami, Florida. Mi profesión es maestro de música, pero ya no trabajo porque tengo 65 años y estoy jubilado. Mi pasatiempo favorito es el dominó, el juego nacional de Cuba. Existen muchas maneras de jugar al dominó, pero el estilo cubano es único porque mantiene las reglas originales. Después de comer, generalmente, mis amigos y yo jugamos al dominó en el parque Máximo Gómez de la Calle Ocho. A mí me gusta tomar café y fumar puros mientras juego. Mis amigos y yo conversamos de muchos temas, por ejemplo, el béisbol, el boxeo y la política. Esta tarde vamos a ver un partido de béisbol después de jugar al dominó. Mañana no voy a jugar porque voy a tomar clases de baile con mi amiga Carlota. Mi vida ahora es más tranquila. En el futuro, voy a organizar un torneo de dominó en el parque con los jóvenes para mantener esta gran tradición cubana.

4. Los temas de conversación son: _____ el béisbol _____, _____ el boxeo _____ y _____ la política _____.

5. En Miami juega al dominó en el parque Máximo Gómez de la Calle Ocho.

6. Esta tarde Rolando y sus amigos _____ van _____ a _____ ver _____ un partido de béisol.

7. En el futuro, Rolando va a _____ organizar _____ un torneo de dominó.

Después de escuchar

4.20 El pasatiempo favorito de Rolando. **Recycle** You now know that Rolando's favorite pastime is the game of dominoes. What do you know about this game? Complete the following **Pasos** to find out more. *Activity 4.20 recycles interrogative words from Chapter 2.*

Paso 1: Use your Internet browser to find out the rules for playing the Cuban game of dominoes. Is there a popular game in the United States that is played mostly by older men?

Paso 2: Now that you've learned about Rolando's activities, create a list of questions for your classmate, so that you can find out about his/her favorite pastimes. Use the following interrogatives:

¿Cuál es?   ¿Dónde?   ¿Qué?   ¿Cuándo?   ¿Con quién?

Rolando es de la Pequeña Habana, en Miami. ¿Qué sabes de este barrio miamense?

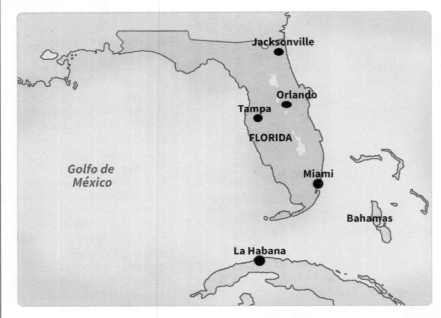

¡La Pequeña Habana, un recuerdo de Cuba!

En Miami hay un barrio que se llama la Pequeña Habana. Tiene una población de 90 000 personas y el 90 % es latina. En este barrio hay artesanos que hacen puros a mano. Hay música en vivo en las calles. Los restaurantes cubanos sirven platos típicos de Cuba, y también sirven café cubano en las terrazas; es un café fuerte y dulce. Muchos cubanos dicen que estar en la Pequeña Habana es como estar en Cuba.

La famosa Calle Ocho en la Pequeña Habana

Una bebida típica cubana se llama "guarapo", y es un jugo de caña de azúcar.

En la Calle Ocho del barrio cubano de Miami hay un Paseo de la Fama con las estrellas de los cubanos más famosos.

Future plans: *ir + a + infinitive*

Exploremos la gramática 2

WileyPLUS

Go to WileyPLUS to review this grammar point with the help of the Animated Grammar Tutorial and the Verb Conjugator.

Remember the verb **ir** that you learned in Chapter 3? Here is the chart with the forms:

ir (*to go*)

yo	voy	*I go*	nosotros/as	vamos	*we go*
tú	vas	*you go*	vosotros/as	vais	*you all go*
él/ella, Ud.	va	*s/he goes, you go*	ellos/as, Uds.	van	*they/you all go*

¡Alerta!: The verb *ir*

Consider the verb **ir**:

- It is an **-ir** verb.
- When the **-ir** is removed there is nothing left for the stem.
- Historically the stem became **v-**.
- The endings for **-ar** verbs are used with this verb.
- The **yo** form **(voy)** follows the pattern for the **yo** form of **ser (soy)** and **estar (estoy).**

One way to express what you are going to do is to use the following formula:
A form of the verb *ir* + *a* + infinitive (dictionary form).

Rolando y Carlota **van a tomar** una clase de baile.

Rolando and Carlota are going to take a dance class.

Yo **voy a cantar** en el coro de la universidad.

I am going to sing in the university choir.

Mi amigo José Antonio **va a tocar** la guitarra en una banda.

My friend José Antonio is going to play the guitar in a band.

Estrategia de estudio: The Importance of Listening

 Before beginning activity 4.21, don't forget the importance of listening the whole way through once, without trying to do the task. Then, read the instructions and try to put the activities in order. You may have to listen several times. That's okay.

Audioscript for 4.21: Vivo para la música. En el futuro, voy a tocar con mis amigos en un concierto en el Auditorio Nacional en La Habana. Voy a terminar mi carrera y recibir mi título en la universidad y después voy a organizar una gira por toda la isla con mi banda. También voy a comprar otra guitarra porque mi guitarra es vieja. Me gustan los instrumentos y voy a aprender a tocar la flauta. Mi sueño es viajar a Miami para trabajar con otros grandes músicos que viven allí.

4.21 José Antonio vive para la música. **WP** **Recycle** Listen to the following podcast that José Antonio has posted for his friends regarding his musical career. Number his plans in the order that you hear them. Activity 4.21 recycles the verb *ir* presented in Chapter 3.

_____6_____ Va a viajar a Miami.

_____5_____ Va a aprender a tocar la flauta.

_____2_____ Va a graduarse de la universidad.

_____4_____ Va a comprar otra guitarra.

_____1_____ Va a tocar con sus amigos en un concierto en La Habana.

_____3_____ Va a organizar una gira con su banda.

4.22 ¿Qué van a hacer los cubanos? **Recycle** You have probably thought about your own future plans to some extent. Look at the following photos and describe each and imagine what the people in the photos plan to do after the activity that is shown in the photo. Follow the next model. Activity 4.22 recycles *Ser de...* (Chapter 1–presented in context), *La descripción física y la personalidad* (Chapter 2), the verb *estar* (Chapter 3).

Modelo: *María Jiménez es de Santiago de Cuba. Tiene pelo largo y es pelirroja. Es alta y delgada. Está en la calle con una banda de música y va a bailar.* (Look at the photo.)

A.

Megapress / Alamy Stock Photo

B. Este hombre está reunido con sus amigos y van a jugar al dominó.

Christophe Cerisier / Getty Images

Terry Donnelly / Alamy Stock Photo

C. Esta mujer es alta. Está en un mercado al aire libre. Va a comprar las frutas.

Holger Leue / Getty Images

D. Este hombre es moreno y delgado. Está conduciendo un carro y va a tomar un café en la cafetería.

Rgb fotografie / imageBROKER / Alamy Stock Photo

E. En este grupo de amigos hay tres chicas y un chico, son delgados y altos. Están en un monumento y van a tomarse una foto.

Suggestion for 4.22: Encourage students to speculate on what the persons in each photo are going to do based on what is happening in each photo. Exploit these photos, full of visual evidence of culture, to generate as much discourse as possible. Students can use conjecture to create names, describe the people in the photos and tell what they are going to do.

Technology tip for 4.22: Students can practice their descriptions using the conferences tool of your learning management system or Internet applications such as videoconferencing.

Cultura viva

Cuban sandwich

This submarine style sandwich of meat (ham or roast pork), cheese, and a pickle between a sliced length of French-style bread, is popular in both Miami and Tampa. In Cuba it is simply called **sándwich** and is made in a sandwich press called **la plancha**.

Courtesy of Diane Ceo-DiFrancesco

Un sándwich cubano

4.23 Las actividades de José Antonio. José Antonio is a very active person. Describe the following drawings and explain where he is and what he is going to do after the activity that is shown.

Modelo: *José Antonio está en clase. Saca la computadora de su mochila y va a estudiar matemáticas.*

A.

B. José Antonio está en el gimnasio. Va a entrenar con pesas.

C. José Antonio está en la biblioteca y va a estudiar.

D. José Antonio está en un bar tomando algo con unos amigos. Va a hablar con ellos sobre el día.

E. José Antonio llega a casa a las 18:15 y va a hablar con su mejor amiga por teléfono.

4.24 ¿Qué planes tienes para...? You and a classmate have decided to hang out together over the weekend. Take turns asking each other questions regarding possible weekend plans. **Answers for 4.24:** Answers will vary.

1. el viernes por la tarde
2. el viernes a las 10:00 de la noche
3. el sábado por la mañana
4. el sábado a las cuatro
5. el sábado a _____ _____
6. el domingo al mediodía
7. el domingo a _____ _____

4.25 El arte de Jorge Arche. `Recycle` The Cuban artist, Jorge Arche, has painted an interesting scene depicting a favorite activity of many Cubans. Use your favorite web browser to locate his painting entitled *Jugadores de Dominó*. Then complete the following **Pasos**.

Paso 1: Complete the following sentences based on the painting created by Jorge Arche.

1. Hay _____.
2. Los tres hombres son _____.
3. Tienen más o menos _____ años.
4. Los tres hombres están _____.
5. El pasatiempo de los tres hombres es _____.

6. Los tres hombres no _____.
7. Después de jugar _____.
8. Más tarde _____.

Paso 2: Discuss the painting and your responses with a partner. Answers will vary.

¿Qué ves en la obra?

¿Qué opinas de la pintura?

Paso 3: Now write a descriptive paragraph about the painting, using your answers as a guide. Answers will vary.

4.26 Situaciones. Select part **A** or **B** to participate in the conversation with your partner.
Answers will vary.
A- You have the task of writing a short article of general interest for the university newspaper, featuring a new graduate student from Cuba. You need to find out the following information: name, origin, nationality, age, schedule, activities, and plans for the semester.

B- You are a graduate student from Cuba who has just arrived to study at the university for the semester. A student has asked to interview you for the university newspaper. Answer the interview questions to help the student with the article. Feel free to ask the student questions about U.S. culture or his/her activities.

Making affirmative and negative statements

There are a few words you can use in Spanish to make sentences affirmative or negative. Look at the following drawings and their captions, paying close attention to the words in bold and the position of these words.

Carlos y Gabriela

Carlos **siempre** estudia en la biblioteca.

Gabriela **nunca** estudia en la biblioteca. Ella **siempre** estudia en casa.

Activity 4.25 recycles numbers, *haber*, *ser*, *estar* and present indicative from previous chapters.

Answers for 4.25, Paso 1: 1. tres jugadores/hombres morenos, latinos, cubanos; 2-4. Answers will vary; 5. jugar al dominó; 6-8. Answers will vary.

Warm-up for 4.25: Jorge Arche nació en Santo Domingo, Cuba, en el año 1905. Arche pintó (*painted*) escenas de la vida diaria. Jorge Arche es un artista del naturalismo simplificado.

Technology tip for 4.25, Paso 3: Students could be required to post their opinion regarding the painting on your learning management system discussion board, and justify their response.

Suggestion for 4.26: You might consider students to prepare situations outside of class and then present during the next class session.

Exploremos la gramática 3

WileyPLUS
Go to WileyPLUS to review this grammar point with the help of the Animated Grammar Tutorial.

Carlos tiene **algo** en la mochila.

Gabriela **no** tiene **nada** en la mochila.

Hay **alguien** en la casa de Carlos ahora.

No hay **nadie** en la casa de Gabriela ahora.

El amigo de Carlos va al cine este fin de semana y Carlos **también**.

El amigo de Gabriela **no** va al cine y Gabriela **tampoco**.

The following chart shows the affirmative expressions and their negative counterpart.

Affirmative		Negative	
algo	*something*	**<u>nada</u>**	*nothing*
todo	*all, everything*	"	"
alguien	*someone, anyone*	**<u>nadie</u>**	*nobody*
todos	*everybody, all*	"	"
siempre	*always*	**<u>nunca</u>**	*never*
a veces	*sometimes*	"	"
también	*also*	**<u>tampoco</u>**	*neither*
algún, alguno(s)/a(as)	*some, any several*	**<u>ningún, ninguno/a</u>**	*no, not any, none*

Negative statements can be formed in two ways:

1. Negative word + verb

Nunca corro en el parque.   *I never run in the park.*

2. No + verb + negative word

No corro **nunca** en el parque.   *I never run in the park.*

Alguien and **nadie** function as subjects of a sentence.

Alguien está en casa.   *Some one is at home.*

Nadie está en casa.   *Nobody is at home.*

Unlike English, Spanish can actually have two or more negative words in the same sentence. A double negative is quite common in Spanish and does not make the statement positive.

Nunca nadie va a la iglesia a las dos de la mañana.   *Nobody ever goes to the church at two o'clock in the morning.*

4.27 Las actividades de Rolando. **WP** How often does Rolando participate in leisure time activities that you heard him talk about in 4.19? Listen to the statements about him and decide if they are true (**cierto**) or false (**falso**).

1. __C__   2. __F__   3. __F__   4. __F__   5. __C__

6. __C__   7. __F__   8. __C__   9. __F__

4.28 Mi profesor/a. Your profesor does more than just his/her university related responsibilities. Read over the following list of activities and check off the ones that you think your professor does. After reviewing the list, suggest an additional item. Then ask your professor yes/no questions to find out if your predictions are correct.   Answers will vary.

Modelo: **Estudiante:** *¿Ve Ud. la televisión?*

Profesor/a: *No, nunca veo la televisión.* o
Sí, veo la televisión con frecuencia.

- El/la profesor/a siempre come en restaurantes elegantes.
- El/la profesor/a va al parque con alguien.
- El/la profesor/a no hace nada los sábados por la noche.
- A veces el/la profesor/a va a la iglesia.
- También los domingos el/la profesor/a baila en un club.
- Nadie va con el/la profesor/a al club.
- El/la profesor/a siempre toma mucho café.
- El/la profesor/a va al centro comercial, pero no compra nada.

Audioscript for 4.27:
1. Rolando siempre juega al dominó en el parque Máximo Gómez con sus amigos.
2. Nadie conversa sobre política durante el juego de dominó.
3. Algunos amigos conversan sobre música durante el juego de dominó.
4. Rolando nunca fuma puros.
5. Algún día Rolando va a organizar un torneo de dominó.
6. A veces Rolando toma una clase de baile con su amiga Carlota.
7. A sus amigos no les gusta ver partidos de béisbol ni a Rolando tampoco.
8. Algunos días Rolando no juega al dominó.
9. Rolando no hace nada con su amiga Carlota.

Technology tip for 4.28:
Require students to post their statements about their professor on your learning management system discussion board. They must also post one comment related to another student's posted opinion.

4.29 ¿Cuándo haces las siguientes actividades? There are many activities that you can do at your university with classmates and friends. Complete the interview to find out how often your classmate does each activity. Add additional activities that pertain to you and your classmate.

siempre	con frecuencia	a veces	cada[1] día
cada mes	cada fin de semana	nunca	

Modelo: **Estudiante A:** *¿Cuándo ves películas?*

Estudiante B: *Veo películas a veces.*

Estudiante A: *¿Cuándo juegas al tenis?*

Estudiante B: *Nunca juego al tenis. (No me gusta jugar al tenis.)*

pasear por el parque	bailar en un club	asistir a una clase
ver un partido de béisbol	tocar un instrumento	leer una novela
correr dos kilómetros	hablar por teléfono	escuchar música

4.30 Situaciones. Select part **A** or **B** to participate in the conversation with a partner. Answers will vary.

A- You have one friend who is always negative. It is a drag, but you need to respond to all of the negative comments. Your current conversation is about music, concerts and pastimes.

B- You are talking to your friend who is annoying because s/he is always so positive about everything. The conversation revolves around music and famous musicians, but your friend asks too many questions and makes too many positive statements. You are in a bad mood and answer all of the questions in a negative way. You end the conversation before making any plans together because your friend is too annoying.

Exploremos el vocabulario 2

El calendario: los meses del año, la fecha y los días feriados

enero	abril	julio	octubre
febrero	mayo	agosto	noviembre
marzo	junio	septiembre	diciembre

---

[1]**cada:** every

¿Qué día es hoy? / ¿Cuál es la fecha de hoy?   *What day is today? / What is the date?*

- To say the date in Spanish, use the following formula:
  Es el (*day*) **de** (*month*).
  Es el 26 de marzo.   *It's March 26th.*

- To express the first day of the month, use **primero***.
  ¿Cuál es la fecha de hoy? Es el primero de julio.   *It's July 1st.*

4.31 ¿Qué día feriado es?   **WP** Holidays usually remind us of pleasant times and special activities. Listen to the descriptions of holidays and write the number of the description next to the appropriate date for each holiday.

___5___ **a.** el 31 de octubre   ___6___ **d.** el 4 de julio

___1___ **b.** el cuarto jueves de noviembre   ___4___ **e.** el 25 de diciembre

___2___ **c.** el 14 de febrero   ___3___ **f.** el 31 de diciembre

4.32 El calendario.   You are interested in being able to communicate correct dates and days. Refer to the month of July in the calendar found in **Exploremos el vocabulario 2** and practice stating the date and day by following the model provided.

Answers for 4.32: Answers will vary.

Modelo: Estudiante A: *¿Qué día es el siete?*

      Estudiante B: *Es domingo.*

      Estudiante B: *¿Qué día es el veinte?*

      Estudiante A: *Es sábado.*

4.33 Los días feriados.   It's always interesting to learn about how others celebrate their special days and contrast them with your own. Refer to the following chart with U.S. and Cuban holidays that occurred in 2019. In the shaded boxes write the information on holidays in the U.S. and how you celebrate each. Compare your responses with a partner.

Fecha	Día de la semana	Día feriado en Cuba	Día feriado en EE. UU.	Actividades
1°. de enero	martes	Día de Año Nuevo		
21 de enero	lunes			
28 de enero	lunes	Nacimiento de José Martí, 1853, Héroe Nacional de Cuba		
18 de febrero	lunes			
8 de marzo	viernes	Día Internacional de las Mujeres		
1°. de mayo	miércoles	Día Internacional de los Trabajadores		
27 de mayo	lunes			
4 de julio	jueves			
25, 26, 27 de julio	jueves, viernes, sábado	Festejos por el 26		

*In some Spanish-speaking countries people use **uno** (i.e. **Uno** de enero).

Warm-up for 4.31: Point out to the students that days and months are not capitalized in Spanish. Explain to the students that because the date is stated in Spanish using the day first and then the month, the abbreviation is written using the same order, as in *El 4 de mayo de 2005* = 4/5/2005.

Audioscript for 4.31:
Número 1: Es un día feriado en Estados Unidos. Las familias se reúnen y preparan una comida abundante. Generalmente comen pavo y muchas veces miran un partido de fútbol americano.
Número 2: Este día feriado se celebra en Estados Unidos con flores y chocolates. Las personas también intercambian tarjetas con sus amigos, y deseos de amor y amistad.
Número 3: Muchas personas van a fiestas y esperan las doce de la noche con impaciencia. Celebran con bailes y fiestas muy alegres. Entonces la celebración continúa el primer día de enero.
Número 4: En Estados Unidos, mucha gente va de compras. Los niños reciben regalos y las familias decoran un árbol en la casa.
Número 5: Es un día feriado en Estados Unidos. Los niños van a las casas y piden dulces y chocolates.
Número 6: Este día celebramos la independencia de Estados Unidos. Normalmente, vemos un espectáculo de fuegos artificiales.

Answers for 4.33: 1 de enero: Día de Año Nuevo; 21 de enero: Día de Martin Luther King, Jr.; 18 de febrero: Día de los Presidentes; 27 de mayo: Día de los Caídos; 4 de julio: Día de la Independencia; 2 de septiembre: Día del Trabajo; 9 de octubre: Día de Cristóbal Colón; 11 de noviembre: Día de los Veteranos; 23 de noviembre: Día de Acción de Gracias; 25 de diciembre: Navidad; 31 de diciembre: Fin de Año

Fecha	Día de la semana	Día feriado en Cuba	Día feriado en EE. UU.	Actividades
30 de julio	martes	Día de los Mártires de la Revolución		
2 de septiembre	lunes			
9 de octubre	miércoles	Aniversario de la muerte del Comandante Che Guevara en 1967		
9 de octubre	miércoles			
10 de octubre	jueves	Inicio de la Guerra de Independencia		
11 de noviembre	lunes			
23 de noviembre	jueves			
25 de diciembre	miércoles			
31 de diciembre	martes	Fin de Año		

Note for Cultura viva: Las fiestas patronales: After Pope John Paul II's visit to Cuba in 1998, Castro declared Cuba a marxist-Catholic country. Today people are not prosecuted for openly being Catholic. Syncretism is the practice of blending Catholic religion with the Yoruba religion of Western Africa, evidenced in offerings to Babalao-Aye/St. Lazarus, or Changó/St Barbara, Ochún/Our Lady of Charity. **Santería** practices have always been performed and are an intrinsic part of Cuban life.

Follow-up for 4.34: Ask students: *¿Qué sabes de name of student?* to elicit information regarding various students. List names and ages on one side of the board or electronic whiteboard and then list birthdays randomly on the opposite side. The instructor can review dates by asking *¿Quién nació en name of month?* or *¿Cuándo es el cumpleaños de name of student?* Probability is quite high that two students in a class of twenty-five to thirty will share the same birthday.

Cultura viva

Patronal feasts

The patron saint of Cuba is **Nuestra Señora de la Caridad del Cobre**. There are big festivals to celebrate with processions, food, music and parties. The saint is honored each year in the Catholic Church on September 8th. There is a celebration on the same day in the Afrocuban Yoruba religion, the **fiesta de Orisha**, for the **Oshún** god. In general in various Spanish speaking countries, the patron saint of a town or the country is celebrated in a big way and especially individuals who share that saint's name will celebrate that feast day.

4.34 ¿Cuándo es tu cumpleaños? We generally regard our birth date as our own special day. Find out the birthday and age of five of your classmates and complete the following chart. Answers will vary.

Nombre	Edad	Fecha de su cumpleaños

4.35 ¡A celebrar! Celebrations are fun! Explain to your classmate the details of how you plan to spend your next birthday celebration. You may use key words such as: **pastel**[2], **regalo**[3], **fiesta**, **piñata**, **globos**[4].

Technology tip for 4.35:
Students can be required to post their plans on your learning management system discussion board.

Cultura viva

Birthday celebrations

Birthday celebrations in Cuba are celebrated in a meaningful way. Many Cubans celebrate with their immediate family eating cake, **pastelitos de carne o de guayaba**, **croqueticas** and **bocaditos** if the family can afford the ingredients for some of these traditional dishes. For girls, their fifteenth birthday is rather special. Their family presents fifteen year old girls to society as they make their transition from childhood to womanhood. For these birthdays, families order a special birthday cake, a *cake* (pronounced "quei" in Cuba) from their neighborhood bakery, and have soft drinks[5]. The traditional celebration song for *los quince* is sung to honor the young lady:

¡Felicidades en tu día!

Felicidades (*name of the person*) en tu día

Que la pases con mucha alegría

Muchos años de paz y armonía

Felicidad, felicidad, felicidad

A party is organized for the entertainment of the **quinceañera** where all her friends and family are invited. Some Cuban families also organize a photo session and **un baile**, a choreographed and rehearsed dance as part of the celebration. There needs to be 15 couples of friends and 15 candles. During the party, the young lady wears a special dress bought for the occasion. She socializes with everyone and dances with her father, godfather, brothers, and uncles, as well as with her boyfriend, if she has one.

RosalreneBetancourt 9 / Alamy Stock Photo

Esta muchacha celebra sus quince con su familia. Una tradición en muchos países de Latinoamérica es la celebración de la quinceañera. También en algunas partes de Estados Unidos se celebra este día especial.

[2]**pastel:** cake   [3]**regalo:** gift   [4]**globos:** balloons   [5]**refrescos:** drinks

4.36 La fiesta de quinceañera. The 15th birthday tradition of most Latino girls is a very special celebration that all look forward to and enjoy. Examine the following invitation and then answer the questions.

La invitación a una fiesta de quinceañera

El Sr. y la Sra. Morales

tienen el honor de invitar a usted y a su familia

a la celebración de los 15 años de su hija

Laura Morales.

Padrinos de Honor: el Sr. y la Sra. Sánchez

Chambelán de Honor: Manuel Morales

La santa misa en su honor se llevará a cabo

el sábado, veintiocho de noviembre de dos mil veinte

a las tres de la tarde

en la Iglesia Santa María

Habrá una recepción inmediatamente después de la ceremonia

en el Restaurante María Teresa

Respuesta:

Por favor, avisen antes del día

4 de octubre de 2020 si nos van

a acompañar en nuestra celebración.

Sr./Sra./Srta. _____

Número de personas _____

- ¿Cómo se llama la chica? ¿Y sus padres?
- ¿Quiénes son sus padrinos[6]?
- ¿Cuándo es la celebración?
- ¿Dónde es la celebración?
- ¿Cuáles son los elementos básicos de la celebración?
- ¿Te gustaría asistir a una fiesta de una quinceañera? ¿Por qué?
- ¿Hay una celebración similar en Estados Unidos?

[6]**padrinos:** godparents

Ser and *estar* with adjectives

Exploremos la gramática 4

The use of **ser** and **estar** with the same adjective results in a different perspective in the Spanish speaker's mind and sometimes in a different meaning.

Here are some examples of adjectives with **ser** and **estar**.

WileyPLUS

Go to WileyPLUS to review this grammar point with the help of the Animated Grammar Tutorial and the Verb Conjugator.

ser	estar
Ser identifies and classifies nouns according to an essential or innate quality or characteristic.	**Estar** comments on or expresses an opinion regarding a condition or state, or how someone feels.

es	está
María es baja.	**María está alta**.

María is a short person, not very tall; she could be classified in the category of "short" people.

María wears high-heel shoes that make her look tall and a comment is made regarding how she looks at the time.

Julio es nervioso.

Manuel está nervioso porque tiene un examen muy difícil hoy.

Julio is a nervous type.

A comment is made about how Manuel is feeling.

El auto de Valeria es nuevo.

Valeria's car is new. She just bought it off the lot. It is classified as a new car.

El auto de Marisol está nuevo.

Marisol's car looks new but it is not. A comment is being made about the condition of the car.

Ramón es aburrido.

Ramón is classified as a boring person.

Carlos está aburrido.

Carlos is feeling bored. He has nothing to do. A comment is made on his state of being; how he is perceived.

Audioscript for 4.37:

1. Me llamo Amanda García Méndez y tengo 35 años. Trabajo como profesora de música en la Universidad de La Habana. Soy divertida y cómica.

2. Mis cursos son interesantes.

3. Los estudiantes nunca están aburridos. Enseño por la mañana porque necesito componer música también.

4. Por eso, generalmente estoy muy cansada cuando llego a casa en la tarde.

5. Hoy preparo arroz con pollo. A mi hijo le gusta mucho este plato. Dice que está delicioso.

6. Mi esposo es inteligente. Trabaja como ingeniero eléctrico.

7. Por lo general, nosotros estamos muy contentos aquí en La Habana porque tenemos muchos amigos que viven cerca.

Follow-up for 4.38: Give students a few minutes to select answers and then have them share with the class. Review correct answers. Ask students to give some other examples to demonstrate how *ser* and *estar* have been used previously: *ser* is used to tell where someone or something is from (*Es de…*); to name something (*Es un/una…*) to describe physical characteristics and personality traits (*Es baja y simpática*); *estar* tells how someone is feeling (*¿Cómo estás? Estoy bien.*). Consider projecting a list of uses encountered thus far.

4.37 Soy profesora de música. José Antonio's guitar teacher played a major part in his love of music and in helping to develop his musical talent. Listen as she describes her life and family and complete the **Pasos**.

Paso 1: **WP** For each statement, write the form of **ser** or **estar** that you hear.

1. ___soy___ 2. ___son___ 3. ___están___ 4. ___estoy___

5. ___está___ 6. ___es___ 7. ___estamos___

Paso 2: Listen again and write one or two of the words that follow **ser** and **estar** for each statement you hear.

1. ___divertida y cómica___   5. ___delicioso___

2. ___interesantes___   6. ___inteligente___

3. ___aburridos___   7. ___muy contentos___

4. ___muy cansada___

4.38 La quinceañera. Focus on the following two women, Sra. Pérez and Sra. Silvas, who have been invited to attend the *quinceañera* celebration of José Antonio's cousin, Laura Morales. The women are close friends of the family who are looking on as José's family members get ready. To find out what they observe read the following dialogue and complete the **Pasos** that follow.

Sra. Pérez: Mira a Rosa, la mamá. Está muy nerviosa porque hoy es el día de la celebración. Normalmente es una mujer muy tranquila.

Sra. Silvas: Sí, es cierto. Y mira a Laura. Es una joven muy bonita y hoy está muy guapa como su mamá.

Sra. Pérez: Sí, es verdad, y en mi opinión, también está más alta.

Sra. Silvas: Sí, pero hoy lleva tacones[7].

[7]**tacones:** high heels

Paso 1: Select all of the instances of **ser** and **estar** with adjectives in the dialogue of Sra. Pérez and Silvas.

Paso 2: Mark all of the adjectives in the dialogue of Sra. Pérez and Silvas.

4.39 ¿Ser o estar? You have been asked to write captions for a variety of photos. Read the following descriptions. Then complete the **Pasos**. Answers will vary.

1. Miguel es alto.
2. Rosita está enferma.
3. Anita está alta.
4. Los estudiantes están aburridos.
5. El profesor Sandoval es aburrido.
6. El arroz con pollo está delicioso.

Paso 1: Look for drawings, photos or clip art to demonstrate each statement. You may also draw your own visuals if you prefer.

Paso 2: Write two additional statements and find visuals to illustrate your sentences.

Paso 3: With a partner take turns describing each of your visuals.

4.40 Descripción de una persona conocida. [Recycle] One of your long time friends who now attends another university wants to visit you during an upcoming weekend. Complete the following **Pasos** in order to give your classmates an idea of what your friend is like before s/he comes to campus. Answers will vary.

Paso 1: Identify the person and write about what s/he is like, expressing some specific qualities and characteristics, i.e. physical appearance, personality, profession and nationality.

Paso 2: Tell how you think the person is feeling today and why and/or express your subjective opinion about the person.

Paso 3: Then read your work aloud as your group members check for the content and the answers to the guiding questions:

¿Cómo es?   What is he/she/it like (his/her essence)?

¿Cómo está?   How is he/she feeling? What is his/her state/condition? How does the person appear or seem to be?

4.41 Versos sencillos. You will now find some of the verses to José Martí's famous poem, *Versos sencillos*. In them, José describes himself and his poetry. Read his verses and select the cognates.

Versos sencillos

Yo soy un hombre <u>sincero</u>
De donde crece la <u>palma</u>.
Y antes de morirme quiero
Echar mis <u>versos</u> del alma.
Yo vengo de todas <u>partes,</u>

Y hacia todas <u>partes</u> voy:
<u>Arte</u> soy entre las <u>artes</u>,
En los <u>montes</u>, <u>monte</u> soy.
Yo sé los nombres extraños
De las yerbas y las flores,

Y de <u>mortales</u> engaños,
Y de <u>sublimes</u> dolores.
Yo he visto en la noche
oscura

Reprinted with permission from the publisher of "Versos sencillos" by José Martí (©1997 Arte Público Press – University of Houston).

Follow-up for 4.39: Consider posting student visuals and requesting that individual students describe not only the statement using *ser/estar*, but additional information about the visual. Use prompts such as *¿Qué ves en el dibujo?* or *Cuéntame algo más de la foto* to elicit more Spanish production from your students.

Activity 4.40 recycles *La descripción física La personalidad and Las nacionalidades* from Chapter 2.

Follow-up for 4.40: As a follow-up to the paragraph writing, students could be asked to read their paragraphs without showing them to their group, and group members would have to draw the person described. Then when completed, they could show their drawing to the group to see how closely their drawing matches the described person.

Suggestion for 4.41: Because Cuba has been depicted as a country where music is a dominant element characterized by rhythm and passion that is known the world over, you may already be familiar with the movie *The Mambo Kings*. You'll hear the music, rhythms and instrumentation so characteristic of Cuba and the Caribbean. Play students the song "Guantanamera" sung by Celia Cruz in the movie. You could create a cloze activity by removing some of the words from the lyrics and then have students listen and fill in the missing words with their books closed.

Photo12 / UIG via Getty Images

L. Busacca / WireImage / Getty Images

José Martí es el Héroe Nacional de Cuba. Nació en La Habana el 28 de enero de 1853. Es famoso por su lucha[8] por la independencia de Cuba contra España. Con su poesía abre el camino[9] al movimiento modernista. Era[10] un visionario de su época y un iluminador del futuro.

Celia Cruz es la Reina de la Salsa. Nació en La Habana, Cuba, el 21 de octubre de 1925. Esta mujer vibrante era cantante de salsa con más de setenta y cinco discos compactos. Falleció[11] el 16 de julio del año 2003 en Fort Lee, New Jersey. Una de sus canciones más famosas es "No hay que llorar".

Answers for 4.42: Answers will vary.

4.42 Tu propio poema. Martí was an exceptional poet who gave richly to society, not only as a poet but as a highly respected statesman. In his *Versos sencillos* he explains who he is. Using the following outline write a poem to express your own feelings and tell about who you are. Think of a context or a place you would like to be.

Yo soy _____.

de _____.

Yo soy _____.

En el futuro me gustaría _____.

Soy como un/una _____.

Cuando estoy en _____.

Mi vida es _____ y _____.

Porque tú, amigo/a, estás _____.

Suggestion for 4.43: You might consider students to prepare situations outside of class and then present during the next class session.

4.43 Situaciones. Select part **A** or **B** to participate in the conversation.

Answers will vary.

A- You run into a Spanish speaking acquaintance and you exchange greetings. You decide to invite him/her to do something with you this weekend, with other friends. Find out some types of music that interest the student. You decide to invite the student to a concert. Be sure to tell the day and time. Discuss who else will go along, tell their names and comment on them. Get the phone number of your acquaintance and give him/her yours so you can get in touch, as needed.

B- You are a Spanish speaking student visiting the U.S. and run into a classmate. Exchange greetings. The classmate invites you to a concert over the weekend. Find out when and what kind of music. Ask questions about where you can go in the town to hang out after the concert and what activities you can do after the concert.

[8]**lucha:** fight   [9]**abre el camino:** paves the way   [10]**era:** was   [11]**Falleció:** she passed away

EXPERIENCIAS

El Carnaval en Santiago de Cuba

Noticias   Información   Fotos   Amigos   Archivos

Barry Lewis / Alamy Stock Photo

Un grupo de músicos toca durante el carnaval de Santiago de Cuba.

¡Hola a todos! ¿Qué bolá, asere? Mi amigo José Antonio se prepara para las fiestas del carnaval en julio, porque va a tocar para el público en Santiago de Cuba durante esas fiestas. Es una oportunidad magnífica para él y necesita ensayar mucho. Durante las fiestas, la gente baila, canta, toma y come mucho. ¡Es increíble! En Cuba, el carnaval casi siempre ocurre durante el mes de julio. Este año celebran el carnaval entre el 21 y 27 de julio, alrededor de los días feriados del 24, 25 y 26. Es durante estos tres días cuando también celebramos aquí en Cuba la fiesta nacional revolucionaria, los festejos por el 26. Hay muchos desfiles en las calles y la gente celebra mucho. Es una semana muy, muy divertida.

4.44 Mi propio blog. In Daniel's blog, he talks about the Carnaval celebrations in Santiago de Cuba, a city on the island of Cuba. Use your Internet browser to complete the **Pasos**.

Paso 1: What kind of a city is Santiago de Cuba? Use your Internet browser to read about the city and its famous Carnaval celebration. Answer the questions that follow.

1. ¿Cuáles son tres lugares de interés en la ciudad de Santiago de Cuba?

   _____   _____   _____

2. En Santiago de Cuba hay conciertos y espectáculos de todo tipo de música. ¿Qué tipo de música o concierto te interesa? _____

Paso 2: Santiago de Cuba is not the only city that holds musical celebrations. Use the browser on your cell phone to search for a music festival in the U.S. Find out the details for the festival, such as:

Nombre:	Cuándo:	Precio:
Lugar:	Quién:	

Paso 3: In your own blog, write about the musical festival you investigated. Discuss any similarities or ways to contrast it with Carnaval in Santiago de Cuba. Will you attend the festival you investigated? Why or why not?

Te presentamos a...

Varios músicos famosos de Cuba

4.45 Músicos famosos. Learn about some contemporary Cuban musicians by reading the following descriptions and completing the tasks **Pasos**.

Note for 4.45: Remind students to scan and highlight cognates. Then scan for the words they know.

Answers for 4.45: Answers will vary.

 Antes de leer

Paso 1: Read about the Cuban musicians described in each of the following photos. Be sure to make use of cognates to aid in your comprehension.

> **Estrategia de lectura: Rereading**
>
> One very simple reading strategy is to reread a text 3 times. This simple technique can help you review the vocabulary and grammar, and you will find that you will pick up more and more information each time you read. It's like watching a movie again. You notice more of the details than you did the first time you saw it. So, if after three times you need a dictionary, go ahead and look up that word you don't know. Rereading is the most effective technique that you can apply, as it offers you the opportunity to rethink the message of the text.

Ricardo Maldonado Rozo / EFE / Alamy Live News

Haydée Milanés es una cantante cubana con una voz muy dulce. Nació en La Habana, Cuba, el 28 de septiembre de 1980. De niña, estudió piano en la Escuela Elemental de Música Manuel Saumell. Su papá es el famoso cantante Pablo Milanés, artista de la trova cubana. En 1999 forma parte del Cuarteto de Ernán López-Nussa, y canta un repertorio de *jazz* latino. Ahora trabaja regularmente en el club habanero "La Zorra y el Cuervo" con el joven músico y pianista cubano Roberto Carcassés, director del grupo Interactivo.

John Parra / Stringer / Getty Images

Descemer Bueno se graduó[12] como guitarrista clásico de la Esuela Elemental de Arte Manuel Saumell Amadeo Roldán en La Habana, Cuba. Nació el 5 de julio de 1971. En los años 90, su banda 'Estado de ánimo' toca *jazz* en los Estados Unidos, España, Bolivia, Uruguay, Argentina y Alemania. Ha participado como profesor en los Talleres de Música de la Universidad de Stanford, California, y la Universidad de Cape Town, Sudáfrica. Compone música *hip-hop* para el grupo 'Yerba Buena'. El grupo es famoso por su música para películas estadounidenses y anuncios de Pepsi. Descemer toca la guitarra y el piano, pero le gusta mucho el contrabajo eléctrico. Descemer vive ahora en la ciudad de Nueva York, pero su mamá vive en La Habana.

Erika Goldring / Getty Images

Hubert Vestil / Getty Images

Diana Fuentes, cantautora, nació el 23 de febrero de 1985. Toca la guitarra y el piano, y también aprende baile. No hay ningún músico en su familia; pues su mamá es doctora y su papá es ingeniero. Colabora con varios músicos famosos, como X Alfonso, Descemer Bueno, Roberto Carcases y Carlos Varela. En enero de 2007 comenzó su carrera en solitario bajo la producción de Descemer Bueno y con la colaboración de músicos como Carlos Varela, Kelvis Ochoa y Esteban Puebla. Ese mismo año fue la ganadora del Gran Premio del Concurso Adolfo Guzmán, por la interpretación de la obra "Decirte cosas de amor", y su videoclip "Música de fondo" recibió varios galardones en los Premios Lucas 2007.

X Alfonso nació el 13 de septiembre de 1972 en La Habana, Cuba. Alfonso es de una familia de músicos y comenzó[13] sus estudios musicales a la edad de siete años en la Escuela Elemental de Música Manuel Saumell con un enfoque en el piano. Es tecladista, compositor y arreglista del grupo musical Síntesis. Viaja a muchos países para tocar en festivales internacionales de música con Síntesis y su otra banda Rock Havana. Toca música *jazz*, fusión y *rock*. Gana el Gran Premio en el Cubadisco 2005, por su disco *Civilización*.

Anthony Pidgeon / Redferns / Getty Images

Tiempo Libre es un grupo musical de Miami, Florida. Los músicos son de varios conservatorios de Cuba. Tocan música timba, una fusión de *jazz* latino con la tradición de la música afrocubana. El grupo graba 'My Secret Radio' en 2011 y recibe tres nominaciones a los premios Grammy por su música.

Después de leer

Paso 2: Reread each photo caption as necessary in order to answer the following questions in complete sentences.

1. ¿Quién toca el piano?
2. ¿Quién canta?
3. ¿Quién compone música?
4. ¿Quiénes viven en La Habana?
5. ¿Quién es muy joven?
6. ¿Quién es mayor, Descemer Bueno o X Alfonso?
7. ¿Quién viaja mucho?
8. ¿Quién toca la música timba?
9. ¿Quién tiene una voz muy dulce?

Estrategia de escritura: Using Word Maps

Using word maps will help you to focus on the topic and to organize your ideas for writing. Start with the central idea for the task, in this case the name of the musician that you have chosen to feature. Then draw bubbles off of the center with your ideas for the type of information you wish to include. Complete the following bubbles to begin to focus on the topic for the writing task.

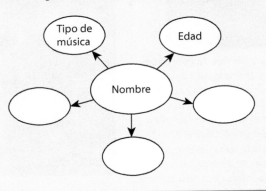

Paso 3: Investigate another famous Cuban musician, singer or dancer using your Internet browser. Write a description, featuring the famous Cuban you have chosen for a concert program. Present your description to the class, along with a photo of the musician.

Cultura y sociedad

La política de Cuba

4.46 Fidel Castro Ruz: Comandante de la Revolución cubana. So much has been written about the life of Fidel Castro and his influence on his native Cuba. Complete the **Pasos** that follow.

Antes de leer

Paso 1: Before reading the following information about Fidel Castro, skim the article and mark all of the cognates you find. Then, group the words into two categories: political versus nonpolitical terms and write them down in the table provided.

Fidel Castro, líder importante en la historia cubana

Jose GOITIA / Gamma-Rapho / Getty Images

El <u>comandante</u> Fidel Castro nace el 13 de agosto de 1926 en Birán, Cuba, y muere el 25 de noviembre de 2016 en La Habana. Fidel asiste a varias escuelas jesuitas y en 1944 se le considera el mejor atleta del año de su institución. Recibe su <u>doctorado</u> en la Facultad de Leyes de la Universidad de La Habana en el año 1950. Se dedica a trabajar en defensa de los pobres. Se divorcia de su primera esposa en el año 1955. De 1956 a 1959 lucha contra el gobierno de Fulgencio Batista y en el año 1959 asume el poder. Nacionaliza la industria y toma el control de las propiedades y de la <u>agricultura</u>. Muchos cubanos de la clase media salen[14] del país y muchos de ellos tienen una comunidad activa anticastrista en la ciudad de Miami, Florida. Fidel Castro es el líder principal de Cuba hasta el 19 de febrero de 2008, cuando pasa el poder oficialmente a su hermano menor, Raúl Castro.

Political terms	Nonpolitical terms
defensa	agricultura
nacionaliza	jesuitas
control	institución
líder	doctorado
comandante	universidad
	industria
	clase
	comunidad activa
	propiedades
	principal

¡Alerta!: Expressing Years in Spanish

When expressing the year in English we say nineteen hundred seventy-six for 1976. In Spanish it is necessary to say one thousand, nine hundred, seventy-six. To say the years below use **mil, novecientos**, and the two-digit number. For the current year, use **dos mil** and the two-digit number. For example, 1985 is **mil novecientos ochenta y cinco**; 2012 is **dos mil doce**.

Paso 2: Reread the article regarding Castro for information. Next to each year, list the events of Castro's life.

1926	1956
1944	1959
1950	2008
1955	2016

Después de leer

Paso 3: **Recycle** Refer to the photo of Fidel Castro and describe his physical appearance. Having read the article based on Fidel Castro, make inferences to describe the kind of personality you think he had. Activity 4.46 Paso 3 recycles *La descripción física* y *la personalidad* from Chapter 2.

Paso 4: **WP** Examine the following photo and read the caption concerning the relations between the United States and Cuba. Read the following statements and decide whether they are true (**cierto**) or false (**falso**).

Answers for 4.46, Paso 2:

1926 Nace Fidel Castro.
1944 Se le considera el mejor atleta del año de su institución.
1950 Recibe su título
1955 Se divorcia.
1956 Lucha contra el gobierno de Fulgencio Batista.
1959 Asume el poder.
2008 Pasa el poder a su hermano menor, Raúl Castro.
2016 Muere en La Habana.

[14]**salen:** leave

Follow-up for 4.46, Paso 4: Review the answers with the students and have them make correct statements of the false ones. For the first and the fifth statement students will have to use common knowledge, since the facts are not stated in the caption. Be sure to review correct answers with the students.

Dorling Kindersley ltd / Alamy Stock Photo

Plaza de la Cubanidad, Miami, Florida. Cuba está a solo 90 millas del estado de Florida. En las últimas[15] cuatro décadas, las relaciones diplomáticas entre Cuba y los Estados Unidos alcanzan mayores tensiones y confrontaciones. Estados Unidos establece un embargo contra Cuba en octubre del año 1960 y rompe[16] sus relaciones diplomáticas unos meses después, en enero de 1961. El 17 de diciembre de 2014 los presidentes de Cuba, Raúl Castro Ruz y Barack Obama de Estados Unidos anuncian el restablecimiento de las relaciones diplomáticas entre los dos países.

- ___C___ Cuba se alió con la Unión Soviética durante la Guerra Fría.
- ___C___ Estados Unidos y Cuba tienen diferencias filosóficas y políticas.
- ___F___ Los dos países tienen una relación positiva y beneficiosa.
- ___F___ Estados Unidos todavía mantiene un embargo contra Cuba que dura más de noventa años.
- ___C___ Los ciudadanos viajan sin restricciones entre los dos países.

Paso 5: Find evidence of two different viewpoints toward politics and life in Cuba, one of the Cubans living in Miami and one of the Cubans living in Cuba. Consult your Internet browser and complete the following chart stating the opinion of the two groups. Compare your chart with a partner.

En Miami, los cubanos opinan que...	En Cuba, los cubanos opinan que...

Cultura viva

Cubans in Miami

You may already know that at the time of Castro's rise of power, many Cuban professionals left Cuba for Mexico and Miami, because of how close these two places are to Cuba. This fact brings to mind a Reggaeton song "Gozando en La Habana". This song seems to mock the Cubans who live in Miami.

Paso 6: Use your Internet browser to find the Reggaeton song "Gozando en la Habana" or the full name, "Tú llorando en Miami y yo gozando en La Habana". Listen and watch the music video and notice the new Spanish words you learned in this chapter.

---

[15]**últimas:** last   [16]**rompe:** breaks up

Ritmos y movimientos

4.47 ¿Qué banda preferimos? You are part of the Student Government Board of Directors planning an outdoor music event at your university. You have been asked to investigate Cuban music groups as possible performers for the event.

Paso 1: Using your Internet browser, find three bands that appear interesting to you.

Paso 2: Listen to the music of each band.

Paso 3: Gather some facts to present to the board by completing the following chart.

Nombre de la banda			
Tipo de música			
Número de músicos			
Edad de los músicos			
Instrumentos			
¿De dónde son?			
Precio			

Paso 4: Create a presentation on presentational software for the student board. Be ready to answer any questions board members may have regarding the three bands.

4.48 El futuro de las relaciones políticas entre Cuba y Estados Unidos. You are an intern in your congressional representative's office. S/he happens to be on the Foreign Affairs Committe. You have been assigned as part of your work to examine the future of Cuba during your lifetime.

Paso 1: Read the following statements and check all that you believe will likely take place in the future regarding relations between Cuba and the United States.

- Raúl Castro va a vivir en Miami, Florida.
- La dictadura no va a existir.
- Estados Unidos va a terminar[17] el embargo.
- Muchos cubanos que viven en Miami van a pasar los días de vacaciones en Cuba.
- Los cubanos van a tener más libertades.

Paso 2: Choose one statement that you think is the most likely to occur. Use the Internet browser on your phone or computer to investigate and find support for that statement. Jot down your ideas.

Paso 3: Prepare to share your ideas with other classmates.

4.49 Te toca a ti. Watch the video you viewed at the beginning of the chapter: **Cómo bailar salsa**. Create your own video about your musical tastes, following the next **Pasos**:

Paso 1: Name your favorite type of music and briefly describe it so that someone who is not familiar with it can have a good idea of what it is like and whether s/he would be interested in listening to more of that type. Tell why you like this type of music.

Paso 2: Play a brief segment as an example of your favorite music or have it playing in the background as you speak.

[17]**terminar:** end

Note for 4.47: Students can submit a presentation slide deck or present to the class. You may want to design a rubic to evaluate their work.

Follow-up for 4.48: Group students according to their chosen statements. Give them a few minutes to share their ideas. Each group can present to the class. After the presentations, take a poll of how many students agree with each statement. You may use a poll polling app to illustrate class opinions.

Note for 4.49: Instruct students to complete this activity outside of class time and upload their final videos to the learning management system for viewing. You may wish to create a rubric and assign grades to their final work, or assign students to watch and comment on two or three of their classmates' videos.

Paso 3: Name your favorite singer, song writer or musical artist and tell something interesting about that person. For example, include where s/he is from, their age, what themes are carried in their music, some popular songs, etc.

Paso 4: With a partner, take turns recording yourselves on video, including the tasks in **Pasos 1-3**.

Paso 5: Upload your video to the learning management system to share with the class.

4.50 El cuaderno electrónico. There is so much to write about your discoveries in Cuba. Go to your electronic notebook and begin a new entry on Cuba, completing the following **Pasos**.

Technology tip for 4.50: Have your students use the tool of their choice to compile their electronic notebook. This is a great way to keep students organized as they create a portfolio of photos and material regarding the countries presented throughout the book.

Paso 1: Using the book, videos and your Internet browser, include the following:

1. los nombres de los amigos de Daniel
2. información básica sobre Cuba
3. mapa de Cuba
4. dos lugares que te gustaría ver en Cuba y por qué
5. información sobre los lugares que te gustaría visitar
6. fotos de Cuba
7. enlaces interesantes de Cuba

Paso 2: Compare your information with a partner or with the class.

REPASOS

Repaso de objetivos

Check off the objectives you have accomplished.

Note for Repaso de objetivos: Although this self-assessment is designed for the students to evaluate their progress, teachers might poll students informally as a group to gauge how students are feeling about the material. This could be done orally with eyes closed and hands raised or by simply asking students to leave a slip with their answers at the end of class."

I am able to...

	Well	Somewhat		Well	Somewhat
• Talk about my favorite music.	☐	☐	• Describe some famous Cuban musicians.	☐	☐
• Talk about my activities and those of others.	☐	☐	• Explain the relations between the U.S. and Cuba.	☐	☐
• Tell my upcoming plans.	☐	☐	• Compare celebrations in the U.S. and Cuba.	☐	☐
• State the date and make plans with friends.	☐	☐			
• Identify music from Cuba and the Caribbean.	☐	☐			

🎧 Repaso de vocabulario

WileyPLUS

Go to WileyPLUS to review these vocabulary words and practice their pronunciation.

La música *Music*

la bachata *bachata*
el *jazz jazz*
el merengue *merengue*
la ópera *opera*
el rap *rap*
el reguetón *reggaeton*
la salsa *salsa*
la música *music*
   popular, clásica, latina, *country, rock, alternativa, blues*
el/la bailarín/bailarina *dancer*
la banda *band*
el/la cantante *singer*
el conjunto musical *musical group*
el coro *chorus*
el/la músico/a *musician*

Las actividades *Activities*

aprender *to learn*
bailar *to dance*
cantar *to sing*
celebrar *to celebrate*
componer *to compose*
dirigir *to direct, conduct*
ensayar *to practice, rehearse*
escribir *to write*
escuchar *to listen*
grabar *to record*
ir *to go*
interpretar *to interpret*
leer *to read*
producir *to produce*

recibir *to receive*
tocar *to play (an instrument)*

Los instrumentos musicales
   Musical instruments

la batería *drum set*
el contrabajo *bass*
la flauta *flute*
la guitarra *guitar*
el piano *piano*
el tambor *drum*
la trompeta *trumpet*
el violín *violin*

Otros términos musicales
   Other musical terms

la canción *song*
la melodía *melody*
el ritmo *rhythm*
el teatro *theatre*

Los cognados

el auditorio
la melodía
la música: popular, clásica, latina, *country, rock, hip hop, alternativa, blues*
el ritmo
el teatro
interpretar
producir
recibir
tocar un instrumento: el violín, la flauta

Las descripciones *Descriptions*

aburrido/a *bored/boring*
cansado/a *tired*
contento/a *happy/glad*
enfermo/a *sick*
nervioso/a *nervous*
nuevo/a *new*

El cumpleaños *Birthday*

el globo *balloon*
los padrinos *godparents*
el pastel *cake*
la quinceañera *young woman celebrating her fifteenth birthday*
el refresco *drink*
el regalo *gift*

Los meses del año *Months of the year*

enero *January*
febrero *February*
marzo *March*
abril *April*
mayo *May*
junio *June*
julio *July*
agosto *August*
septiembre *September*
octubre *October*
noviembre *November*
diciembre *December*

Repaso de gramática

Present tense of -er and -ir verbs

Present Indicative Verbs

Subject pronouns	-ar	-er	-ir
	cantar	aprender	escribir
yo	cant**o**	aprend**o**	escrib**o**
tú	cant**as**	aprend**es**	escrib**es**
él/ella, usted	cant**a**	aprend**e**	escrib**e**
nosotros/as	cant**amos**	aprend**emos**	escrib**imos**
vosotros/as	cant**áis**	aprend**éis**	escrib**ís**
ellos/as, ustedes	cant**an**	aprend**en**	escrib**en**

Future plans: *ir* + *a* + infinitive

The verb **ir**

ir (*to go*)

yo	voy	*I go*	nosotros/as	vamos	*we go*
tú	vas	*you go*	vosotros/as	vais	*you all go*
él/ella, Ud.	va	*s/he goes, you go*	ellos/as, Uds.	van	*they/you all go*

To express the future, you can use the following formula:
A form of the verb **ir** + **a** + infinitive (dictionary form).

Making affirmative and negative statements

Affirmative		Negative	
algo	*something*	**nada**	*nothing*
todo	*all, everything*	"	"
alguien	*someone, anyone*	**nadie**	*nobody*
todos	*everybody, all*	"	"
siempre	*always*	**nunca**	*never*
a veces	*sometimes*	"	"
también	*also*	**tampoco**	*neither*
algún, alguno(s)/a(as)	*some, any several*	**ningún, ninguno/a**	*no, not any, none*

Ser and *estar* with adjectives

Ser identifies and classifies nouns according to an essential or innate quality or characteristic.
Normalmente, María **es** una mujer muy tranquila.

Estar comments on or expresses a subjective opinion regarding a condition or state, or how someone feels.
Está muy nerviosa hoy.

CAPÍTULO 5

La familia y las profesiones

Note for Capítulo 5:
World Readiness Standards addressed in this chapter include:
Communication: All three modes.
Culture: Examining the importance of ecotourism and the perspectives underlying this cultural practice.
Connections: Connecting with the disciplines of sustainability and tourism.
Comparisons: Comparing and contrasting the role of family in target cultures and home culture.

Una familia costarricense

La familia de la foto tiene cuatro miembros: un matrimonio con dos hijas. Contesta a las siguientes preguntas.

1. ¿Cuántas personas hay en tu familia?
2. ¿Quiénes son tus parientes favoritos?
3. ¿Cómo son?

OBJETIVOS COMUNICATIVOS

By the end of this chapter, you will be able to...

- identify friends, family members and their activities.
- engage in meaningful communication with others regarding activities and obligations.
- describe weather conditions.
- talk about the seasons.
- describe familiar people and places.
- state information or facts of interest.

OBJETIVOS CULTURALES

By the end of this chapter, you will be able to...

- explain the importance of family in Hispanic cultures.
- demonstrate an understanding of the use of surnames in Hispanic cultures.
- compare the relationship among family members in the United States and other Spanish speaking countries.
- identify the importance of ecotourism and the National Parks in Costa Rica and Panama.

ENCUENTROS

Video: Cómo hacer un árbol genealógico

Conozcamos a...

María Elena Álvarez Guzmán
(Ciudad de Panamá, Panamá)

Ernesto Montes Marín (San José, Costa Rica)

EXPLORACIONES

Exploremos el vocabulario

La familia

Las profesiones y los oficios

El tiempo y las estaciones del año

Exploremos la gramática

Possessive adjectives

Present tense: Stem-changing verbs

Present tense verbs: *yo* form variations

Saber and *conocer*

EXPERIENCIAS

El blog de Daniel: El Parque Ecológico Veragua

Te presentamos a... La presidenta Laura Chinchilla

Cultura y sociedad: El ecoturismo y los parques nacionales en Costa Rica y Panamá

Manos a la obra: La familia y las profesiones

ENCUENTROS

Video ▶ Cómo hacer un árbol genealógico

WileyPLUS

Go to WileyPLUS to watch this video.

5.1 Observaciones. En este video vas a aprender cómo se hace un árbol genealógico. Para empezar, mira el video y contesta las siguientes preguntas.

1. ¿Qué tecnología utiliza Carmen? *Una computadora.*
2. ¿Qué necesitas para hacer un árbol genealógico? *Fotos de los familiares, nombres y profesiones.*

> **Estrategia de estudio: Understanding Spanish in the Video**
>
> Remember, you are not expected to understand every word in this video. Instead, focus on the vocabulary and what you want to learn about the family presented.

5.2 Generaciones. **WP** Mira el video y selecciona los parientes que Carmen presenta en su árbol generalógico.

| abuelos paternos | tío | padre | hermana | sobrino | cuñado |
| nieta | hermano | hermanastra | prima | abuelos maternos | madre |

5.3 Comparaciones. Mira el video de nuevo y compara tu familia con la familia presentada en el video, contestando las siguientes preguntas.

1. ¿Cuántas personas hay en la familia de Carmen? _Hay 10 personas en su familia._
2. ¿Cuántas personas hay en tu familia? _Answers will vary._
3. ¿Cuántos hermanos y hermanas tiene Carmen? _Tiene un hermano y una hermana._
4. ¿Cuántos hermanos tienes tú? _Answers will vary._
5. ¿Dónde viven los hijos de Jorge y Ana? _Carmen vive en Estados Unidos, María vive en Panamá y Carlos vive en Costa Rica._
6. ¿Cuál es la actividad preferida de Amelia? _A Amelia le gusta viajar._
7. ¿Cuál es la profesión de Jorge? _Jorge es profesor de literatura._

WileyPLUS

Go to WileyPLUS to watch this video.

> ▶ **Estrategia de estudio: Context and Pronunciation**
>
> Why does it sound like Spanish speakers run all of their words together? Spanish speakers often seem to run their words together. "*En mi casa*" ("**In my house**"), sounds more like /emicasa/ to a beginning student. Spanish speech may sound more rapid because word boundaries are not often distinguished and all syllables tend to be the same length; unlike English, that has syllables of varying lengths. Context can help you distinguish meaning when you hear phrases such as "*La sabes*", ("**You know it**") and "*Las aves*" ("**The birds**"). Remember to listen carefully since there are no distinct pauses or separations between syllables. Be aware that word boundaries may not be obvious. Be sure to focus on keywords and phrases in order to get the gist of what is being said.

5.4 Todas las familias son diferentes. Compara y contrasta tu familia con la de tu compañero/a. Utiliza las siguientes preguntas para empezar, e inventa una o más preguntas en el apartado #6. Answers will vary.

1. ¿Cuántas personas hay en tu familia? _____
2. ¿Cuántos hermanos tienes tú? _____
3. ¿Dónde vive tu familia? _____
4. ¿Cuál es la actividad preferida de tu familia? _____
5. ¿Cuál es la profesión de tu hermano, tu hermana o tu abuelo? _____
6. _____

María Elena Álvarez Guzmán (Ciudad de Panamá, Panamá)

Antes de escuchar

5.5 La familia de María Elena. María Elena tiene una familia muy interesante. Completa los **Pasos** sobre su familia. Answers will vary.

Paso 1: Usa la siguiente lista. Marca las cosas que, en tu opinión, va a incluir María Elena en la descripción de su familia.

1. sus parientes
2. el trabajo
3. la edad
4. las actividades
5. los estudios
6. el horario
7. dónde viven
8. la personalidad
9. los planes
10. los nombres

Global_Pics / iStock /Getty Images

María Elena Álvarez Guzmán es de Ciudad de Panamá, Panamá.

Paso 2: Ahora, escucha el audio y mira la lista para verificar la descripción de María Elena.

Mientras escuchas

Estrategia de estudio: Reading Instructions

You may have noticed that the instructions for the activities are now in Spanish, but I know you'll get used to this! Look for key words and cognates and remember that you do not have to understand every word in the instructions to get the idea of what to do; read the activity title and examine the model. After a while this too will get easier as you gain more experience!

Conozcamos a...

Warm-up for 5.5: Instructor can present his/her family tree with photos. Photos can be fictitious or real. Follow-up with yes/no or incomplete sentence questions to elicit information provided in instructor input, checking for comprehension. This advanced organizer will aid in student comprehension before students listen to the passage and complete the *Encuentros* and *Exploremos el vocabulario* sections.

Follow-up for 5.5, Paso 1: Students are predicting prior to listening to the passage. They may or may not have included the following correct responses: *sus parientes*; *la edad*; *dónde viven*; *los nombres*; *las actividades*; *el trabajo*. Have them verify their responses after they listen.

5.6 El árbol genealógico de María Elena. **WP** Hay muchas personas en la familia de María Elena. Completa los **Pasos** para entender más de su familia.

Paso 1: Completa el árbol genealógico según la descripción de María Elena.

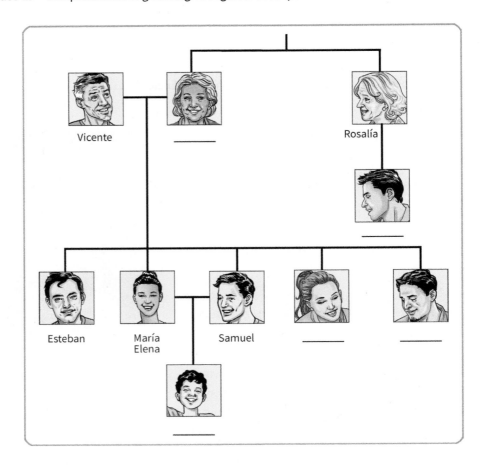

Vicente · _____ · Rosalía

Esteban · María Elena · Samuel · _____ · _____

Paso 2: Para clarificar la información, escucha el audio de nuevo y completa las siguientes oraciones.

1. María Elena tiene una hermana, Carmen. Su hermana vive con…
   a. María Elena   **b.** su esposo   **c.** sus padres   **d.** sus primos

2. María Elena tiene _____ hermanos y una hermana.
   a. tres   **b.** dos   **c.** cuatro   **d.** cinco

3. María Elena tiene cuatro sobrinas. Su único sobrino es el bebé…
   a. Alejandro   **b.** Álex   **c.** Esteban   **d.** Jaime

4. Rosalía es la _____ de María Elena.
   a. tía   **b.** abuela   **c.** prima   **d.** hermana

5. Los domingos, María Elena y su familia…
   a. van al parque por la tarde.   **b.** comen en un restaurante y van al cine.
   c. comen y conversan en la casa de sus padres.   **d.** pasean en la plaza y comen en un restaurante.

María Elena es de Panamá. ¿Qué sabes de este país centroamericano?

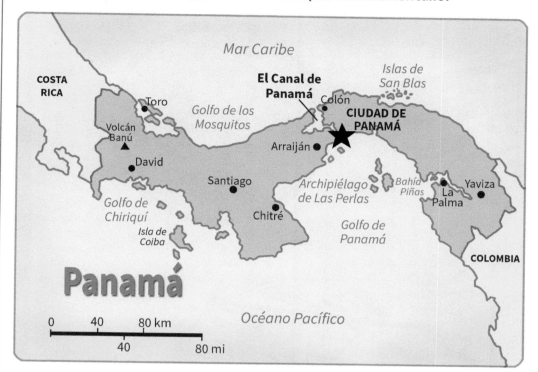

Mar Caribe

COSTA RICA

El Canal de Panamá

Islas de San Blas

Toro

Golfo de los Mosquitos

Colón

CIUDAD DE PANAMÁ

Volcán Banú

Arraiján

David

Santiago

Archipiélago de Las Perlas

Bahía Piñas

La Palma

Yaviza

Chitré

Golfo de Chiriquí

Golfo de Panamá

COLOMBIA

Isla de Coiba

Panamá

Océano Pacífico

0   40   80 km

40   80 mi

Panamá: Puente del mundo

Desde su descubrimiento en 1501, el istmo de Panamá ha unido dos regiones geográficas: Sudamérica y América Central. Panamá tiene un ecosistema muy productivo donde vive la mitad de las especies del planeta. Tiene un gran número de peces de agua dulce. También tiene una larga tradición en la investigación en medicina tropical, el comercio y las finanzas. Actualmente, Panamá ofrece muchas oportunidades de trabajo gracias a la incorporación de la zona del canal a su economía.

El Canal de Panamá es una vía de navegación entre el mar Caribe y el océano Pacífico, de 82 kilómetros (50 millas) de longitud.

Danny Lehman / Getty Images

Danielho / istock / Getty Images

Ciudad de Panamá es la capital del país.

Kerrick James / Getty Images

Las molas son una expresión artística de los indígenas Cunas que habitan las islas San Blas. Las molas son paneles de textiles tradicionales con diseños diversos.

Estadísticas interesantes de Panamá

Bandera de Panamá

Un balboa

Dólar estadounidense

Capital: Ciudad de Panamá

Tipo de gobierno: democracia constitucional

Tamaño: un poco más pequeño que Carolina del Sur

Población: 3 800 644

Lenguas: español, inglés

Moneda: balboa, dólar americano

Nivel de alfabetización: 95 %

Promedio de vida: 78 años

Expresiones y palabras típicas

Un pocotón	*muchísimo*
¿Qué es lo que es?	forma de saludar, es como decir: *Hola, ¿qué haces?*

Suggestion for 5.7: Students can be instructed to post their findings on your learning management system discussion board and to write three comments regarding a classmate's posting. Alternatively, they can create a word document or electronic poster to present briefly in class.

5.7 Investigación en Internet. Panamá tiene numerosos lugares de interés. Usa Internet para seleccionar uno y escribe una breve descripción que incluya: Answers will vary.

- el nombre del lugar turístico
- dónde está el lugar en Panamá
- una descripción del lugar
- por qué te interesa

EXPLORACIONES

🎧 La familia

Fotos de María Elena: Mis parientes

Mi **madre**, Rosa María Guzmán Reyes, 60 años, y mi **padre**, Vicente Álvarez Santiago, 65 años; Rosa María es **la abuela** y Vicente es **el abuelo** de Lola, Patricia, Ana María y Cristina, **las nietas**, y de Álex y Sami, **los nietos**. Los seis niños son **primos**.

Mi **hermana**, Carmen Álvarez Guzmán, 32 años, y su **hija**, mi **sobrina**, Lola Reyes Álvarez, 2 años.

Exploremos el vocabulario 1

WileyPLUS

Go to WileyPLUS to review these vocabulary words and practice their pronunciation.

Warm-up for Exploremos el vocabulario 1: For recycling, you may want to have students describe the physical traits of some of María Elena's family members in the photos.

Mi **hermano** mayor, Esteban Álvarez Guzmán, tiene 38 años y la **esposa** de Esteban, Ana Torres de Vigo, tiene 35 años. Mi **sobrina**, Patricia Álvarez Torres, tiene 8 años y mi otra **sobrina**, Ana María Álvarez Torres, tiene 6 años, y es **hermana** de Patricia. Patricia y Ana María son **nietas** de Rosa María y Vicente.

Mi **hermano** menor, Alejandro Álvarez Guzmán, 30 años, y su segunda **esposa**, mi **cuñada**, Juanita Mantero Hernández; ella tiene 25 años y es la **madrastra** de Cristina. Cristina Álvarez Sánchez tiene 3 años y es la **hijastra** de Juanita y la **media hermana** de Álex Álvarez Mantero, el bebé.

Mi **tía**, Rosalía Guzmán Fernández, 65 años, y
mi **primo**, Jaime González Guzmán, de 33 años.
Mi tía Rosalía es la **hermana** de mi **mamá**.

Mi **esposo**, Samuel Campos Meza, tiene 35 años, y yo, María
Elena Álvarez Guzmán, tengo 34 años. Samuel es el **yerno** de
mis padres. Estamos con Sami, nuestro **hijo** precioso de
5 años. A Sami le gusta mucho nadar en la piscina los fines de
semana. Mis **suegros** se llaman Ernesto y Teresa.

Otras personas de la familia

el/la hermanastro/a	*step-brother/step-sister*
el padrastro	*step-father*
el/la suegro/a	*father-in-law/mother-in-law*
la nuera	*daughter-in-law*
el yerno	*son-in-law*

Audioscript for 5.8: 1. María
Elena tiene una hermanastra.
2. El padre de María Elena tiene
sesenta y cinco años. 3. María
Elena y su esposo Samuel
tienen tres hijos. 4. El hermano
mayor de María Elena se llama
Alejandro. 5. La madre de María
Elena se llama Lola. 6. María
Elena tiene dos hermanos y una
hermana. 7. El primo de María
Elena es Jaime. 8. Los suegros
de María Elena se llaman Javier
y Teresa.

Suggestion for 5.8: Have
students correct the false
statements.

Answers for 5.8: 1. *Falso*; María
Elena tiene una hermana. Se
llama Carmen. 2. *Cierto*; 3. *Falso*;
Ellos tienen un hijo. Se llama
Sami. 4. *Falso*; Se llama Esteban.
5. *Falso*; Se llama Rosa María.
6. *Cierto*; 7. *Cierto* . 8. *Falso*. Se
llaman Ernesto y Teresa.

¡Alerta!: No apostrophe in Spanish

There is no apostrophe (') in Spanish. You cannot literally say "María**'s** brother". Instead you must
say ***el hermano de María***, literally "the brother of Mary".

5.8 ¿Cierto o Falso? **WP** Para repasar la información sobre la familia de María
Elena, mira otra vez las fotos en la sección **Exploremos el vocabulario 1** y decide si las
oraciones que escuchas son **ciertas** (**C**) o **falsas** (**F**).

1. _____   2. _____   3. _____   4. _____

5. _____   6. _____   7. _____   8. _____

5.9 ¿Quién es? A continuación hay varias descripciones de las personas de la familia de
María Elena. Completa los **Pasos** para determinar a quién se describe en cada una de ellas.

Paso 1: **WP** Lee las descripciones e indica la persona que corresponde a cada una.

Modelo: Esta persona es la hija de Esteban y Ana. Es la hermana de Patricia y la sobrina de
María Elena. ¿Quién es? —*Es Ana María.*

1. Esta persona es el hermano menor de María Elena. También es el padre de Cristina y Álex,
y el esposo de Juanita. Es el tío de Sami. Alejandro.

2. Esta persona es la madre de Jaime y la tía de Carmen. También es la hermana de Rosa María. Rosalía.

3. Esta persona es la hija de Esteban y Ana, y la nieta de Vicente. Es la hermana de Ana María y la prima de Cristina. Patricia.

4. Esta persona es el abuelo de Sami y padre de María Elena. También es el esposo de Rosa María. Vicente.

5. Esta persona es el hijo de Rosalía y el primo de María Elena. También es el sobrino de Vicente y Rosa María. Jaime.

6. Esta persona es la sobrina de Esteban y la hija de Carmen. También es la prima de Sami y la nieta de Vicente. Lola.

7. Esta persona es la madrastra de Cristina y la esposa de Alejandro. También es la madre de Álex. Juanita.

Paso 2: Escribe tres descripciones originales sobre la familia de María Elena y tu compañero/a tiene que decir quién es. Answers will vary.

5.10 Los apellidos hispanos. En el mundo hispano, la mayoría de las personas tienen dos apellidos, el apellido del padre y el apellido de la madre. Mira el árbol de la familia. Con tu compañero/a contesta las siguientes preguntas.

Vicente Álvarez Santiago — Rosa María *Guzmán* Reyes

|

Samuel Campos Meza — María Elena Álvarez *Guzmán*

|

Sami _____ _____

1. ¿Cuáles son los dos apellidos de Sami? Campos Álvarez.

2. El primer apellido del padre de Lola es… Reyes.

3. Los hijos de Alejandro (Cristina y Álex) tienen apellidos diferentes porque… Tienen madres diferentes.

4. ¿Cómo te llamarías tú usando este sistema de apellidos? Escribe tus dos apellidos. Answers will vary.

5. ¿Hay alguna persona en tu universidad con dos apellidos? ¿Cómo se llama? Answers will vary.

5.11 El español cerca de ti. Como sabes, algunos hispanos tradicionalmente usan dos apellidos. Toma unos minutos para investigar el sistema de apellidos del lugar donde tú vives. Contesta las preguntas y prepara tu información para la clase. Answers will vary.

1. En tu universidad, ¿hay profesores con apellidos hispanos? ¿Cómo se llaman estas personas? ¿Qué enseñan? ¿En qué departamento están?

2. ¿Hay un/a hispanohablante en tu comunidad? ¿Usa dos apellidos? ¿Cómo se llama?

3. Si en tu comunidad no hay hispanos, busca en la red y encuentra a un/a hispano/a famoso/a con dos apellidos.

Cultura viva

Las familias panameñas

As is the case in most Latin American countries, family is very important in Panama. A person's family often goes beyond the nuclear family to include grandparents, aunts, uncles, cousins, etc. It is not uncommon for family celebrations to include 30 or more people. These family celebrations or gatherings comprise much of a family member's social life. There is also a great deal of importance placed on respecting your elders and obeying family rules. It is customary in Panama for sons and daughters to live in their parents' home until they get married. It is also common in Panama to name children after their parents or grandparents out of respect and admiration.

Follow-up for 5.9: Ask students to describe the relationships of family members in María Elena's family tree, such as:
Sami: Sami es el hijo de María Elena y Samuel. También es el primo de Cristina y el nieto de Rosa María.

Note for 5.10: Note that the last names in this activity are set in bold and italics style to assist students in their understanding of the last name system in Hispanic cultures. Let students know that some married women in Latin America drop their mother's maiden name and add their husband's father's last name after their father's last name. Finally, you can also let them know that, in Spain, a new law allows parents to invert the order of the surnames, and place the mother's first surname as the first surname of the newborn.

Follow-up for 5.10: Give students other examples to practice working with the last name system, perhaps explaining your own family names or names of people you know. Another activity to practice last names is to bring to class pictures of famous people (Hispanic or other) then pretend that some are married to each other. Create odd pairs! *Sofía Vergara se casa con Bruce Springsteen. ¿Qué apellidos van a llevar sus hijos? ¿Qué apellidos va a tener ella?* Etc.

Exploremos la gramática 1

WileyPLUS

Go to WileyPLUS to review this grammar point with the help of the Animated Grammar Tutorial.

Possessive adjectives

Possessive adjectives are used to indicate possession and are placed before nouns. Study the following forms and answer the questions found in the *¿Qué observas?* box.

mi(s)	*my*
tu(s) (informal)	*your*
su(s)	*your, his, her, their*
nuestro(s), nuestra(s)	*our*
vuestro(s), vuestra(s) (informal you plural used in Spain)	*your*

- There is a singular form and a plural form for all possessive adjectives. The plural is formed by adding an **s**.

  Mi sobrina Lola vive en Ciudad de Panamá.　　*My niece Lola lives in Panama City.*

  Mis sobrinas Patricia y Ana María viven en Arraiján.　　*My nieces Patricia and Ana María live in Arraiján.*

  Tu primo trabaja en Panamá.　　*Your cousin works in Panama.*

  Tus primos trabajan en Panamá.　　*Your cousins work in Panama.*

- Possessive adjectives **nuestro/a** and **vuestro/a** reflect the gender of the noun that is possessed.

  Nuestr**o** hij**o** se llama Sami.　　*Our son's name is Sami.*

  Nuestr**a** famili**a** es muy grande.　　*Our family is very large.*

  Vuestr**o** hij**o** tiene cinco años.　　*Your son is five years old.*

  Vuestr**a** tí**a** vive en Panamá.　　*Your aunt lives in Panamá.*

Answers for ¿Qué obervas? box: 1. Nuestro, nuestra, vuestro, vuestra.

¿Qué observas?

1. Which possessive adjectives have forms that reflect gender?

¡Alerta!: *Su* y *sus*

Su and *sus* have more than one meaning: *his, her, its, your,* and *their.*

Su prima = *his, her, your,* or *their cousin*

To clarify the meaning of *su(s)* and to avoid ambiguity, use *de* + *the possessor* after the noun.

Su sobrino es panameño. = *El sobrino de María Elena/El sobrino de Samuel y María Elena es panameño.*

Sus sobrinos son panameños. = *Los sobrinos de María Elena/Los sobrinos de Samuel y María Elena son panameños.*

5.12 ¿A quién/es se refiere? **WP** Jaime, el primo de María Elena, describe a unas personas de su familia. Mira las imágenes de la familia de María Elena mientras escuchas las descripciones. Escribe el nombre de la persona que Jaime describe.

1. _Alejandro._
2. _Esteban._
3. _Carmen._
4. _María Elena._
5. _Juanita._
6. _María Elena._
7. _Vicente y Rosa María._
8. _Jaime._

Audioscript for 5.12:
1. Su bebé tiene seis meses.
2. Sus hijas tienen seis y ocho años.
3. Vive con sus padres.
4. Su hijo tiene cinco años.
5. Su esposo se llama Alejandro.
6. Su tía se llama Rosalía.
7. Su nuera se llama Juanita.
8. Su prima se llama María Elena.

5.13 Comparaciones. Cada familia es diferente. Para comparar tu familia con la familia de tu compañero/a, completa el diagrama de Venn según los siguientes **Pasos**.

Answers will vary.

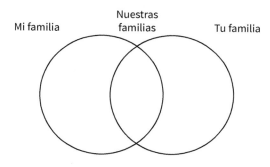

Mi familia   Nuestras familias   Tu familia

Paso 1: Escribe tu información en el círculo *Mi familia*.

- Descripción de tu familia: grande, pequeña, unida
- Nombre de tu madre/madrastra
- Nombre de tu padre/padrastro
- Número de hermanos/hermanas
- Número de tíos/tías
- Edad de los hermanos
- Estado/provincia/país donde residen tus padres
- Número de abuelos

Paso 2: Con tu compañero/a, usa las palabras interrogativas para aprender algo de su familia, y escribe su información en el círculo *Tu familia*.

¿Cómo es tu _____? ¿Cuántos _____ tienes? ¿Dónde _____? ¿Quién es tu _____?

Paso 3: En el centro del diagrama de Venn, escribe las cosas que tienen en común.

Paso 4: Comparte con la clase las similitudes y las diferencias que tienen.

Paso 5: Escribe un mínimo de cinco oraciones completas e incluye las formas de *mi, su* y *nuestro/a*.

Modelo: *Mi familia es pequeña y su familia es grande. Nuestras familias son tradicionales. Mi compañero/a y yo tenemos tres hermanos.*

Suggestion for 5.13: Students with very large families may present only some of their aunts/uncles/cousins. Since family can be a sensitive issue for some students, tell them to use their own discretion as to the information they wish to reveal to the class. Offer these alternatives: find a magazine photo to present a ficticious family, research and present the family of a famous Hispanic person, or a famous person from the countries studied in this chapter.

Cultura viva

El papel de los padrinos

Ahijado/a is a godson or goddaughter. The **madrina** and **padrino**, *los* **padrinos**, are traditionally named by the child's parents and honored during a religious ceremony. The **padrinos** assist in the raising of the child. In some cases, the **padrinos** provide financial assistance and are prepared to step in and serve as parents if needed.

5.14 Una carta a tu ahijado/a. Acabas de recibir la primera carta de tu ahijado/a desde Costa Rica, gracias a la organización internacional 'Paz y alegría'. Ahora tienes que escribirle una descripción de ti y de tu familia. ¡Quieres escribirle en español! Después de escribir la carta, mándasela con tu donación mensual. Answers will vary.

tu nombre	tu familia	la fecha de tu cumpleaños
tu edad	tus estudios	dos preguntas personales para el/la ahijado/a
dónde vives	tus pasatiempos	

Cultura viva

El uso de tú, Ud. y vos en Costa Rica

As you know, there are two ways in Spanish to address a person, by using either **tú** or **usted**. If you visit Costa Rica you will soon notice that the majority of Costa Ricans do not use **tú**; they use **vos** instead. In order not to offend those that you meet in Costa Rica, you should address people with **usted**, unless otherwise directed. The use of **vos** depends upon your relationship with the speaker. **Vos** is used when your relationship with people is less formal and more casual.

Conozcamos a...

Ernesto Montes Marín (San José, Costa Rica)

Antes de escuchar

5.15 El autorretrato de Ernesto de San José. Vas a conocer a Ernesto, un maestro joven de Costa Rica. ¿Qué tipo de información crees que va a incluir Ernesto? Escribe tres ideas. (Mira la foto de Ernesto como referencia.) Answers will vary.

1. _____
2. _____
3. _____

Mientras escuchas

5.16 Una descripción de Ernesto. Recycle Ernesto es maestro de inglés en San José. Escucha para saber más de su vida, su familia y sus actividades, y completa los dos **Pasos**. ¿A qué se refiere Ernesto con "la soda"? (Mira la foto como referencia.)

Ernesto Montes Marín es de San José, Costa Rica.

En Costa Rica una soda es un restaurante pequeño donde se vende comida casera y bebidas. En realidad, es un minicafé.

Activity 5.16 recycles pastimes and the present tense from chapters 3 and 4; and personality description from chapter 2.

Follow-up for 5.15: Review students' ideas with the class to prepare them for the audio segment.

Audioscript for 5.16: Mi nombre es Ernesto Montes Marín y soy de San José, Costa Rica, donde vivo con mis padres y mis tres hermanos. Tengo veinticuatro años. Soy un joven serio, optimista y muy trabajador. Soy maestro de inglés en el Instituto Angloamericano de Cultura. Aunque no conozco ninguna ciudad de Estados Unidos, sé hablar inglés y prefiero usarlo siempre con mis estudiantes en el instituto. Durante la semana, tomo un café en casa con mi mamá a las seis y media de la mañana y después salgo de inmediato para el trabajo. No necesito manejar porque el instituto está a quince minutos de mi casa y puedo caminar fácilmente. ¡Qué dichoso! Cuando llego a la escuela, normalmente empiezo mi primera clase a las 8:30. Vuelvo a casa a las dos y almuerzo con mis padres y mis hermanos a las 2:30. En casa preparo las clases para el próximo día. Miro las noticias en la televisión con mi familia y a veces salgo con mis hermanos a la plaza o a la soda cerca de nuestra casa. Los domingos juego al fútbol con mis amigos en el parque. Después de eso, vamos a nuestra soda preferida y siempre pedimos limonadas porque preferimos las bebidas refrescantes. Por la tarde mi hermana viene a nuestra casa con sus hijos y su esposo, y todos almorzamos juntos. Conversamos de la semana y las noticias actuales. Después de la comida, leo una novela o duermo una siesta. Mi vida no es muy complicada.

Paso 1: **WP** Lee la siguiente lista y marca las cosas que Ernesto incluye en su descripción.

Personalidad	Actividades	Lugares de interés
trabajador	leer	el instituto
optimista	escribir poemas	el gimnasio
serio	jugar al fútbol	la soda
conservador	trabajar	el parque
	salir con sus hermanos	
	conversar con su familia	
	correr 5 kilómetros	
	mirar las noticias en la televisión	

Warm-up for 5.16: Review categories with the students. Students should take a moment to read all the possibilities listed under each category before beginning the listening passage.

Paso 2: Con la información del **Paso 1**, y en oraciones completas, habla con tu compañero/a sobre Ernesto y sus actividades. Answers will vary.

Después de escuchar

5.17 Una descripción de ti mismo/a. **Recycle** En muchas situaciones personales y profesionales, es necesario escribir alguna información sobre tu vida. ¿Cómo te describes a ti mismo? Completa las siguientes tareas. Activity 5.17 recycles pastimes and present tense from chapters 3 and 4; personality and physical traits from chapter 2.

Paso 1: Completa la siguiente tabla con tu información personal. Answers will vary.

Descripción física	Personalidad	Actividades

Technology tip for 5.17: Have students post their descriptions on your learning management system discussion board, read the descriptions of the class and post their guesses. This is a great way to recycle grammar and vocabulary from previous chapters in an online format.

Paso 2: Usa la información de la tabla para escribir una descripción personal, y dásela a tu profesor/a. El/la profesor/a puede leer las descripciones de los estudiantes y luego la clase intentará adivinar quién es.

Ernesto es de Costa Rica. ¿Qué sabes de este país centroamericano?

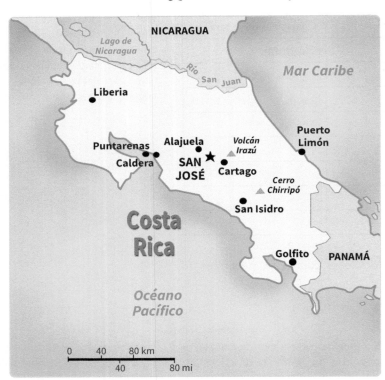

¡Costa Rica es pura vida!

Esta nación centroamericana está entre Nicaragua y Panamá. Es famosa por su dedicación a la democracia y a la paz, y por no tener un ejército militar. Tiene un alto nivel de alfabetismo y muchos programas educacionales y sociales. Su economía depende principalmente del turismo, de la agricultura y de las exportaciones de productos electrónicos. Algunos de sus productos principales son el café, el plátano y el azúcar.

San José, la capital de Costa Rica, tiene un clima idílico con temperaturas entre los 21 grados centígrados (70 grados Fahrenheit) durante el día y los 15 grados (60 grados Fahrenheit) durante la noche.

La Estación Biológica La Selva tiene dos laboratorios y 50 kilómetros (31 millas) de senderos en su bosque tropical con 400 especies de pájaros[1], 5000 especies de plantas y 700 especies de árboles[2].

El volcán Poás está a 2708 metros (8884 pies) sobre el nivel del mar. Es posible ver el espectáculo de su cráter principal, la laguna Botos y la biodiversidad del parque nacional del mismo[3] nombre.

[1]**birds:** pájaros   [2]**árboles:** trees   [3]**mismo:** same

Estadísticas interesantes de Costa Rica

Bandera de Costa Rica

Cinco colones costarricenses

Capital: San José

Tipo de gobierno: república democrática

Tamaño: un poco más pequeño que el estado de Virginia Occidental

Número de habitantes: 5 005 024

Lenguas: español (oficial); inglés cerca de Puerto Limón

Moneda: colón costarricense

Nivel de alfabetización: 97 %

Promedio de vida: 78 años

Expresiones y palabras típicas:

Mae.	*compañero/a: Hola, mae.; ¿Cómo va todo, mae?*
¡Qué dichoso/a!	*¡Qué suerte!*
Pura vida.	*Todo está muy bien; estupendo, magnífico.*

5.18 Investigación en Internet. Costa Rica tiene numerosos lugares de interés. Usa Internet para seleccionar un lugar turístico en Costa Rica que te gustaría visitar. Escribe una breve descripción que incluya: Answers will vary.

- el nombre del lugar turístico
- dónde está el lugar en Costa Rica
- una descripción del lugar
- por qué te interesa

Technology tip for 5.18: Students can be expected to use their web browser to select one of the interesting attractions in Costa Rica and post it to your learning management system discussion board. They can be instructed to write three comments regarding their own and their classmates' postings.

Technology tip for Cultura viva, Los ticos: Students can be instructed to use their web browser to search for additional examples of the *-ico/-ica* ending on words used in Costa Rica.

Cultura viva

Los ticos

People from Costa Rica are commonly called **ticos**. This is because you will hear Costa Ricans use a special word ending **-ico** or **-ica** to signify 'small' (in other countries, **-ito** and **-ita** are more commonly used). Examples are **patico** (small duck); **chiquitica** (very small); **gatico** (small cat).

Exploremos la gramática 2

WileyPLUS

Go to WileyPLUS to review this grammar point with the help of the Animated Grammar Tutorial and the Verb Conjugator.

Present tense: Stem-changing verbs

In previous chapters, you were introduced to present indicative forms of **-ar**, **-er**, and **-ir** verbs. There are other Spanish verbs that use the same endings, but have a vowel change in the root. Remember that the root is what is left of the verb after the **-ar**, **-er** or **-ir** ending has been removed. There are three categories of stem changes:

e > ie	p**e**nsar (*to think*)	p**ie**nso
o > ue	c**o**ntar (*to count*)	c**ue**nto
e > i	p**e**dir (*to ask for*)	p**i**do

Study the following charts and note the vowel changes that are highlighted.

verbs with e › *ie* stem change

-AR p**e**nsar (*to think*)				-ER qu**e**rer (*to want*)		-IR pref**e**rir (*to prefer*)	
yo	p**ie**nso	nosotros/as	**p**e**nsamos**	qu**ie**ro	**queremos**	pref**ie**ro	**preferimos**
tú	p**ie**nsas	vosotros/as	**pensáis**	qu**ie**res	**queréis**	pref**ie**res	**preferís**
él/ella, Ud.	p**ie**nsa	ellos/as, Uds.	p**ie**nsan	qu**ie**re	qu**ie**ren	pref**ie**re	pref**ie**ren

Ernesto pref**ie**re hablar inglés y qu**ie**re conversar con sus estudiantes en el instituto.
Ernesto qu**ie**re comprar un carro, pero no t**ie**ne dinero suficiente.

verbs with o › *ue* stem change

-AR alm**o**rzar (*to eat lunch*)		-ER v**o**lver (*to return*)		-IR dormir (*to sleep*)	
alm**ue**rzo	**almorzamos**	v**ue**lvo	**volvemos**	d**ue**rmo	**dormimos**
alm**ue**rzas	**almorzáis**	v**ue**lves	**volvéis**	d**ue**rmes	**dormís**
alm**ue**rza	alm**ue**rzan	v**ue**lve	v**ue**lven	d**ue**rme	d**ue**rmen

Ernesto v**ue**lve a las dos y alm**ue**rza con sus padres y sus hermanos a las dos y media.
Ernesto p**ue**de caminar fácilmente al instituto para ir a trabajar.

verbs with e › i stem change

-IR pedir (*to ask for, to order*)	
p**i**do	**pedimos**
p**i**des	**pedís**
p**i**de	p**i**den

Ernesto y sus amigos p**i**den limonadas después de jugar al fútbol porque prefieren bebidas frías.

Other common verbs with stem-vowel changes:

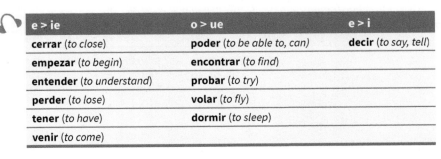

e > ie	o > ue	e > i
cerrar (*to close*)	**poder** (*to be able to, can*)	**decir** (*to say, tell*)
empezar (*to begin*)	**encontrar** (*to find*)	
entender (*to understand*)	**probar** (*to try*)	
perder (*to lose*)	**volar** (*to fly*)	
tener (*to have*)	**dormir** (*to sleep*)	
venir (*to come*)		

¡Alerta!: El verbo *jugar*

There is one verb that has a vowel change of **u** to **ue**.

Jugar u › *ue* (to play)

j<u>ue</u>go	**jugamos**
j<u>ue</u>gas	**jugáis**
j<u>ue</u>ga	j<u>ue</u>gan

Ernesto j<u>ue</u>ga al fútbol con sus amigos en el parque.
Ernesto dice: Mis amigos y yo jugamos al fútbol los domingos.

¿Qué observas?

1. What similarities do you see between the verb endings of these verbs and other present tense verbs?
2. What pattern do you find in the vowels of the root?

Note for ¿Qué observas? box: Review these questions with the students to provide scaffolding and a co-construction phase of the grammar lesson.

5.19 La página de Facebook de María Elena. María Elena tiene fotos en su página de Facebook. Escucha las descripciones y completa los dos **Pasos**.

Paso 1: **WP** Escribe el número de la descripción que escuchas debajo de la foto que le corresponde.

Paso 2: Para la foto F, escribe tu propia descripción.

Warm-up for 5.19: To recycle, break students into pairs and have students describe the people in the drawings, including physical description and age.

A. _____3_____

B. _____1_____

C. _____5_____

D. _____4_____

E. _____2_____

F. Possible answers are: El hermano menor de María Elena, Alejandro, está en la playa con su esposa Juanita y sus hijos Cristina y Álex.

Audioscript for 5.19: Número 1: Generalmente, mi esposo Samuel y nuestro hijo Sami juegan mucho fuera de la casa. Ahora Sami tiene una bicicleta nueva y prefiere ir al parque con sus amigos.
Número 2: Les cuento que mi hermana Carmen empieza un trabajo nuevo. Ella es dependienta en una tienda de ropa para mujeres, pero un día quiere ser maestra. Puede tomar dos clases en la universidad este semestre. Mis padres piensan cuidar a su hija Lola mientras Carmen estudia.
Número 3: Mis padres están jubilados y por las mañanas les gusta pasear por el parque. A veces cuidan a mi hijo, Sami. Él es muy activo. Cuando vuelven a casa, los abuelos almuerzan y duermen la siesta. Están muy felices.
Número 4: Jaime, mi primo, y yo somos abogados y trabajamos en la misma oficina. Él vive con mi tía Rosalía, su madre. Él tiene dos perros pequeños. En realidad dice que prefiere tener perros grandes. Trabaja mucho y es muy generoso.
Número 5: La hermana de mi mamá, mi tía Rosalía, viene a casa para conversar y visitar a mis padres. Muchas veces, las dos mujeres prefieren tejer y hablar sobre las noticias de la familia mientras mi papá mira la televisión o descansa.

Technology tip for 5.20: Instruct students to post their writing on your learning management system discussion board and to read and write three comments regarding a classmate's posting. Alternatively, they can create a word document or electronic poster to present briefly in class.

Cultura viva

Ticos, los más felices

Ticos are known world-wide as the happiest people in recent years, having ranked as #1 in the World Database of Happiness and the Happy Planet Index, and having abolished its army in 1949. Costa Rica fosters gender equality and invests in education and environmental preservation. **Ticos** cultivate family relationships and have positive attitudes regarding health and education. These cultural attitudes, along with incredible scenery, result in the happiest people on the planet!

5.20 Un fin de semana perfecto. Ernesto es una persona muy activa. Lee la información sobre el fin de semana de Ernesto y sigue las instrucciones en los **Pasos**.

A Ernesto le gusta practicar surf, y Costa Rica tiene las condiciones perfectas para hacerlo. Los fines de semana, Ernesto viaja a Puntarenas para visitar a su amigo Guillermo. Normalmente, su fin de semana empieza el viernes por la tarde cuando toma el autobús a la casa de su amigo. El sábado, los dos practican surf todo el día. También vuelan cometas cuando las condiciones de viento son buenas. Al mediodía, almuerzan en una soda cerca de la playa, prueban platos típicos costarricenses y duermen una siesta. Después, encuentran a sus amigos y todos juegan al vóleibol. Finalmente vuelven a la casa de Guillermo y descansan. Ernesto siempre prefiere volver a San José el domingo por la mañana.

Paso 1: Selecciona todos los verbos que tienen un cambio en la raíz* en el párrafo sobre el fin de semana de Ernesto.

Paso 2: Usa el texto del fin de semana de Ernesto como modelo y escribe un párrafo corto sobre tu fin de semana perfecto. Answers will vary.

¡Alerta!: Las obligaciones y los planes

To express an obligation or something you have to do, use a form of **tener** + **que** + infinitive:

Tengo que asistir a una reunión en el trabajo. *I have to attend a meeting at work.*

Carmen tiene que estudiar en la biblioteca para su examen de biología. *Carmen has to study in the library for her biology exam.*

To state or express your plans, use a form of **pensar** + infinitive:

Ernesto **piensa** jugar al fútbol con sus amigos cada domingo por la tarde. *Ernesto plans to play soccer with his friends every Sunday afternoon.*

To express a preference or a desire,

1. use a form of **preferir** + infinitive:
Jaime **prefiere** correr por el parque con sus perros este domingo. *Jaime prefers to run in the park with his dogs this Sunday.*

2. use a form of **querer** + infinitive:
Samuel **quiere** jugar con su hijo Sami esta tarde. *Samuel wants to play with his son Sami this afternoon.*

3. Use a form of **tener** + **ganas de** + infinitive
Tengo ganas de salir con mis amigos, pero tengo que trabajar hoy. *I feel like going out with my friends but I have to work today.*

*raíz: root

5.21 ¿Qué solución hay? En las familias siempre hay algún dilema. Completa los siguientes **Pasos**. Answers will vary.

Paso 1: Inventa una solución para cada una de las siguientes situaciones. Usa estos verbos para crear tus soluciones: *pensar, tener que, preferir, poder, querer.*

Modelo: Miguel, el hermano de Ernesto, saca malas notas (calificaciones) en matemáticas.
Miguel **piensa** *hablar con su profesor y asistir a todas las clases.*

1. Tú estás cansado hoy y es difícil trabajar. Tú…
2. La bicicleta de Sami no funciona bien. Sami y su padre…
3. Tenemos que escribir un informe para nuestra clase de historia. Nosotros…
4. Jaime tiene mucho trabajo en su oficina y no puede ir a casa para almorzar con su mamá. Jaime…
5. No puedo hacer toda la tarea para la clase de mañana porque tengo que trabajar. Yo…
6. En este momento llueve mucho y Rosalía está en el mercado sin su paraguas. Rosalía…
7. La mamá de María Elena no tiene mucha energía. La mamá…
8. Mi madre y mi padre tienen problemas en su matrimonio. Mis padres…

Paso 2: Ahora inventa un problema más para que tu compañero/a pueda ofrecer una solución.

5.22 ¿Qué excursión prefieres hacer? Tú y tu compañero/a tienen unos días de vacaciones y piensan ir a Costa Rica o Panamá. Lee las siguientes descripciones de varias excursiones y completa los siguientes **Pasos**. Answers will vary.

Paso 1: Decide qué excursión prefieres hacer desde tu hotel en la capital y por qué.

Visita el bosque nuboso de Monteverde en Costa Rica, una reserva biológica privada. Puedes caminar por los senderos y los puentes colgantes del bosque. También puedes visitar la cascada de agua de 50 pies de altura, una atracción turística muy popular, y hacer el tour de *canopy* de diez cables. Esta excursión incluye el transporte en microbús, 1 noche en un hotel, 3 comidas, el tour de *canopy* y la admisión a la reserva por sólo $230 por persona.

Kevin Schafer / Stockbyte / Getty Images

Observa la naturaleza exótica en el Parque Nacional Corcovado, en la península de Osa, Costa Rica. Puedes ver fauna variada, como monos araña, aves, mariposas[4], cocodrilos o tortugas. También puedes participar en deportes acuáticos. La excursión de dos días incluye guía turístico, transporte desde Puerto Jiménez, alojamiento y 3 comidas al día. 2 días en total por $400 por persona.

Stuart Gray / Moment Open / Getty Images

Note for 5.21: Encourage students to be creative with their recommendations. Insist on student responses in the form of a full sentence.

Technology tip for 5.21: Have students post one typical problem on your learning management system discussion board and require them to write at least one solution for another student's posting.

Note for 5.22: Be sure to push students to produce beyond the phrase level to formulate longer sentences. Encourage them to explain any reasoning upon which they base responses.

Technology tip for 5.22: Students can post their favorite excursion on your learning management system discussion board with a description of why they chose a particular excursion.

Note for 5.22: The photo descriptions will be recorded for the students to listen to and follow along in their text to aid in the pronunciation. Students can be instructed to listen and then practice reading aloud for pronunciation practice.

[4]**mariposas:** butterflies

Viaje de pesca de 3 horas. Un lugar de pesca muy popular en Panamá es Bahía Piñas, en la Provincia de Darién. Pesca excelentes especies de pez vela y pez merlín mientras disfrutas de un almuerzo típico. El precio incluye el viaje en autobús, bote con capitán, equipo de pesca y almuerzo por sólo $280.

Atraviesa el Canal de Panamá. El tour empieza a las 7:00 de la mañana. En un barco, puedes hacer el tránsito parcial por las esclusas[5] de Miraflores y escuchar todas las explicaciones sobre el funcionamiento del Canal. Incluye transporte en autobús con aire acondicionado, entrada al barco, desayuno a bordo y tránsito parcial por las esclusas por sólo $174. Todo el viaje dura 5 horas, pero tiene lugar solamente los sábados.

En Panamá existen más de 1.000 especies de aves. Para descubrirlas, el autobús de esta excursión sale de Ciudad de Panamá a las 5:30 de la mañana hasta el Parque Nacional Soberanía, cerca del Canal de Panamá y a sólo 30 minutos de la capital. En el parque se pueden observar varias especies de aves. Esta excursión dura 4 horas. Incluye transporte, guía especializado y admisión al parque por sólo $114.

Paso 2: Negocia con tu compañero/a la excursión que piensan hacer juntos. Utiliza estos verbos y otros en tu negociación: *poder, querer, preferir, tener que.*

Modelo: *Prefiero hacer la excursión a Monteverde porque quiero caminar por el bosque y visitar la caída de agua. Pienso hacer el tour de canopy, y también me gusta el precio.*

Paso 3: Compartan su respuesta con otra pareja o con toda la clase.

👥 **5.23 Situaciones.** Haz el papel de **A** o **B** con tu compañero/a para participar en la conversación. Answers will vary.

A- You are going to meet the family of your significant other for the first time. Talk to him/her in order to prepare for the visit and learn details about his/her family. You want to make a good impression. Listen to the description and ask questions about the family members.

B- You are talking with your significant other to prepare for his/her first visit to your parents' home. You give information about your family, including a physical description of relatives, their personalities, professions and activities. Then, answer any questions your partner has because you both want to make a good impression.

[5]**esclusas:** locks

Estrategia de estudio: Using Fillers

I remember doing situations in my Spanish classes in college. Sometimes your brain doesn't work fast so you need to use words like 'um' or 'uh' in English to stall a little while you think of what to say next. In Spanish, these words are:

Bueno...	*Well...*		Así que...	*It's just that...*
Este...	*Um...*		Es que...	*It's that...*

Try to use them when you need a moment to think!

Cultura viva

Dar direcciones en Costa Rica

In Costa Rica, directions and addresses are given by describing the location of a place in meters in relation to other places nearby, such as in the following example (Mira la foto):
El Parque Natural Jardines de la Catarata La Paz, Apartado Postal 68, Varablanca, Costa Rica, está a 100 metros al sur de la gasolinera Apolo.

El Parque Natural La Paz tiene 70 acres de vida silvestre con senderos para apreciar cinco cataratas, un observatorio de mariposas y unos jardines de colibríes[6].

Sonja Jordan / imageBROKER / Alamy Stock Photo

Present tense verbs: *yo* form variations

Like **tengo**, the **yo** form of the verb **tener**, the following verbs also include a **g** in the **yo** form: **decir**, **hacer**, **poner**, **salir**, **traer**, **venir**.

decir (e > i)	*to say, to tell*	digo
hacer	*to do, to make*	hago
poner	*to put, to set*	pongo
salir	*to go out*	salgo
traer	*to bring*	traigo
venir (e>ie)	*to come*	vengo

Remember that all other forms for these verbs follow the expected pattern.

Hacer

yo	ha**g**o	nosotros/as	hacemos
tú	haces	vosotros/as	hacéis
él/ella, Ud.	hace	ellos/as, Uds.	hacen

Venir is an **e** to **ie** stem-changing verb. But in the **yo** form, the root or stem does not change.

Venir

yo	ven**g**o	nosotros/as	venimos
tú	v**ie**nes	vosotros/as	venís
él/ella, Ud.	v**ie**ne	ellos/as, Uds.	v**ie**nen

Exploremos la gramática 3

WileyPLUS
Go to WileyPLUS to review this grammar point with the help of the Animated Grammar Tutorial and the Verb Conjugator.

Suggestion for Exploremos la gramática 3: Point out to the students that *decir, tener* and *venir* are also root-changing verbs and only *decir* has the root-change in the *yo* form.

---

[6]**colibríes:** hummingbirds

Decir is an **e** to **i** stem-changing verb.

Decir

yo	di**g**o	nosotros/as	decimos
tú	dices	vosotros/as	decís
él/ella, Ud.	dice	ellos/as, Uds.	dicen

¡Alerta!: *Salir +*

Salir + de = *to leave a place*
     Salgo de la clase a las 9:30.   *I leave class at 9:30.*

Salir + con = *to go out with someone, to date someone*
     Salgo con mis amigos por la tarde.   *I go out with my friends in the afternoon.*

5.24 La fiesta de cumpleaños. María Elena prepara una fiesta de cumpleaños para su hijo Sami. Mira las siguientes ilustraciones y completa los **Pasos**.

Paso 1: **WP** Escribe el número de la descripción que escuchas debajo de la ilustración que le corresponde.

A. _____ 4 _____

B. _____ 5 _____

C. _____ 1 _____

D. _____ 2 _____

E. _____ 7 _____

F. _____6_____

G. _____3_____

Paso 2: Escribe los planes para la fiesta de un/a amigo/a tuyo junto con tu compañero. Usa las fotos de María Elena como guía. Answers will vary.

Modelo: _Hacemos los preparativos para la fiesta de nuestro amigo John. Primero, vamos al supermercado…_

5.25 ¿Con qué frecuencia haces las siguientes actividades? Algunos estudiantes son más responsables que otros. Durante la clase de español, piensa en tus actividades y completa los **Pasos.** Answers will vary.

Paso 1: Completa la siguiente tabla. Indica la frecuencia con la que realizas las actividades.

Actividades	Siempre	Con frecuencia	A veces	Nunca
Llego diez minutos temprano a la clase de español.	☐	☐	☐	☐
Hago la tarea de todas las clases.	☐	☐	☐	☐
Traigo mi tarea para entregársela al profesor.	☐	☐	☐	☐
Digo muchas palabras nuevas en español.	☐	☐	☐	☐
Salgo temprano de la clase.	☐	☐	☐	☐
Traigo el libro, un cuaderno y un bolígrafo.	☐	☐	☐	☐
Pongo mis cosas en la mochila al terminar la clase.	☐	☐	☐	☐
Traigo un sándwich para almorzar después de la clase.	☐	☐	☐	☐
Tengo mi computadora portátil en la clase.	☐	☐	☐	☐

Paso 2: Comparte tus respuestas con las de un/a compañero/a.

Modelo: **Estudiante A:** _Yo siempre traigo mi tarea completa a la clase. ¿Y tú?_

Estudiante B: _No siempre, pero yo traigo mi tarea completa a la clase con frecuencia._

Paso 3: Comparte con la clase lo que tienen en común tu compañero/a y tú.

Audioscript for 5.24:
Número 1: Compro la comida en el supermercado.
Número 2: Pongo la comida en mi coche.
Número 3: Mi familia llega a las 18:00. Ellos traen regalos para mi hijo Sami.
Número 4: Hago los preparativos para la fiesta de cumpleaños de mi hijo.
Número 5: Salgo para comprar la comida.
Número 6: Pongo la mesa y preparo la comida.
Número 7: Vuelvo a casa.

Note for 5.24: Be sure to push students to produce beyond the phrase level to formulate longer sentences. Encourage them to explain and justify their responses.

Exploremos el vocabulario 2

Note for Exploremos el vocabulario 2: The nouns are shown with different notations: Nouns naming profession that have variable forms have an "**o/a**" ending as in *bibliotecari***o/a**. This shows students that they may use either "o" or "a" depending upon the gender of the person. Other nouns are shown with "**(a)**" to signify that one may add an "**a**" to the end of the word for the female as in *vendedor(a)*.

🎧 Las profesiones y los oficios

el/la abogado/a - María Elena y su primo Jaime son **abogados**.

el/la amo/a de casa - La mamá de María Elena, Rosa María, es **ama de casa**.

el/la contador(a) - Esteban, el hermano mayor de María Elena, es **contador**.

el/la dependiente/a - Carmen, la hermana de María Elena, es **dependienta en una tienda**.

el/la ingeniero/a - Vicente, el padre de María Elena, es **ingeniero**.

el/la maestro/a - Alejandro, el hermano menor de María Elena, es **maestro**.

el/la periodista - Samuel, el esposo de María Elena, es **periodista**.

el/la enfermero/a - Ana, la esposa de mi hermano mayor, es **enfermera**.

Las profesiones y los oficios		Los cognados
el/la bibliotecario/a	*librarian*	el/la arquitecto/a
el/la cajero/a	*cashier*	el/la científico/a
el/la camarero/a	*waiter/waitress*	el/la dentista
el/la cocinero/a	*chef/cook*	el/la mecánico/a
el/la consejero/a	*counselor*	el policía; la mujer policía
el/la gerente	*manager*	el/la profesor (a)
el hombre/la mujer de negocios	*business man/woman*	el/la programador (a)
el/la médico/a	*doctor*	el/la psicólogo/a
el/la peluquero/a	*hairdresser*	el/la psiquiatra
el/la vendedor (a)	*salesperson*	el/la recepcionista
		el/la secretario/a
		el/la técnico/a
		el/la veterinario/a

5.26 La feria de trabajo. **WP** Estás en una feria de trabajo. Escucha a las personas que hablan de sus profesiones y selecciona la profesión que corresponde a cada descripción.

1. abogada — mujer de negocios — dentista — recepcionista
2. cajero — psicólogo — secretario — arquitecto
3. ingeniero — técnico — artista — camarero
4. veterinaria — dependienta — psiquiatra — médica
5. consejero — programador — maestro — bibliotecario
6. cocinera — peluquera — enfermera — ama de casa

5.27 Francisco Amighetti. El arte puede representar diferentes perspectivas culturales. Busca en Internet el mural al fresco *Medicina rural* del famoso pintor costarricense Francisco Amighetti. Con dos compañeros/as, conversa sobre la pintura. Utiliza las siguientes preguntas como guía y contéstalas en oraciones completas.

1. ¿Cuántas personas hay en el mural? Cinco.
2. ¿Dónde están estas personas? En el campo.
3. ¿Cuántos años tienen? Answers will vary.
4. ¿Qué hace la mujer? Prepara un algodón.
5. ¿Cuál es la profesión de la mujer? Enfermera.
6. ¿Qué colores ves en el mural? Answers will vary.
7. ¿Qué más ves en esta obra? Answers will vary.
8. ¿Qué piensas de la pintura como arte visual? Answers will vary.

Warm-up for 5.27: Francisco Amighetti (1907–1997) is a famous artist of great importance in Costa Rica. Amighetti is famous in Costa Rica for his talent in the visual arts. He was well-known for his technique and artistic quality applied to oil, water color and acrylic paintings.

Note for Las profesiones y los oficios: los cognados box: Have students try to figure out the meaning of the cognates by the similarities in the way the words are written.

Audioscript for 5.26: 1. Para mi profesión, es necesario completar más o menos ocho años de estudios universitarios. Trabajo en una oficina y hablo con mis clientes. Escribo muchos documentos y leo muchos libros para conseguir información sobre leyes.
2. Cada día trabajo en una computadora en mi escritorio y contesto el teléfono. Escribo cartas y preparo documentos para mi jefe. Trabajo desde las nueve de la mañana hasta las cinco de la tarde.
3. Sirvo comida en un restaurante. No gano un sueldo muy bueno, pero recibo propinas de los clientes en el restaurante.
4. Estudio en una escuela de medicina y prefiero cuidar a gatos, perros y otros animales en vez de trabajar con personas. Tengo la oportunidad de ganar mucho dinero, pero trabajo muchas horas en una clínica.
5. Me gusta mucho leer y trabajar con libros. Tengo la oportunidad de recibir revistas y libros nuevos cada día. Ayudo a las personas a encontrar libros, artículos u otra información. Tengo que organizar los libros y trabajar en la computadora.
6. Muchas personas dicen que yo no trabajo, pero, en realidad, trabajo mucho en casa. Yo pongo todo en orden y cuido a los hijos. Voy de compras al supermercado o al mercado. Preparo la comida cada día y lavo los platos. Tengo un horario flexible, pero esta profesión tiene poco prestigio.

5.28 Rubén Blades. ⟨Recycle⟩ Rubén Blades es un hombre de muchas profesiones. Para aprender más sobre este hombre famoso, lee la información y sigue las instrucciones.

Rubén Blades nace en Ciudad de Panamá el 16 de julio de 1948. Su mamá, Anoland Bellido de Luna, nace en Cuba. Ella es cantante y pianista. Su papá, Rubén Darío Blades, nace en Colombia, pero se muda a Panamá durante sus primeros meses de vida. Rubén tiene un hermano, Roberto. Su apellido es curioso y muchas personas lo pronuncian como "Bla-des". En realidad, su abuelo paterno es de origen inglés y de él viene el apellido inglés, *Blades*. Su nombre completo es Rubén Blades y es nativo de Santa Lucía. Su abuela paterna, Emma Bosques Blades, es colombiana. Su abuelo materno es de New Orleans, y la madre de su mamá es de Galicia, España.

Rubén Blades, cantante, actor y político de Panamá.

Elizabeth Goodenough / Everett Collection / Alamy Live News

Rubén Blades es un panameño famoso con muchas profesiones. Es guitarrista, compositor y cantante de música salsa. Es un líder del movimiento de la Nueva Canción y compone canciones con poesía, espíritu de protesta y ritmo latino. Es abogado y tiene una maestría en derecho internacional de la Universidad de Harvard. También es actor en las siguientes películas: *Crossover Dream* (1985), *Milagro Beanfield War* (1986), *Fatal Beauty* (1987), *Predator II* (1990), *Color of Night* (1994). Empezó su propio partido político y fue candidato para la presidencia en Panamá en el año 1984. Es Ministro de Turismo de Panamá de 2004 a 2009. Rubén Blades tiene muchos talentos.

Paso 1: Completa el árbol de la familia Blades con el nombre de sus familiares.

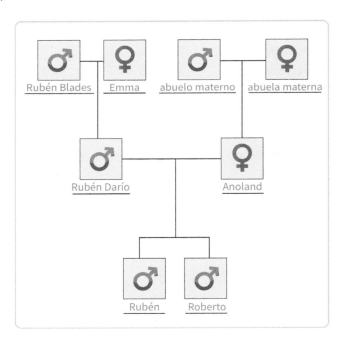

Paso 2: Contesta las siguientes preguntas sobre Rubén Blades.

1. ¿Cómo se llama su padre? Rubén Darío Blades.
2. ¿Cuál es la nacionalidad de su abuelo paterno? ¿Y la de su abuela materna?
   Inglesa. Española.
3. ¿Cuántos hermanos tiene? Sólo tiene un hermano, Roberto.

Paso 3: Rubén Blades tiene muchos talentos. Selecciona las profesiones de Rubén Blades en el texto. Después, contesta las siguientes preguntas.

1. ¿Qué profesiones tiene? Es guitarrista, compositor, cantante, abogado, político y actor.

2. ¿Qué profesión tiene su madre? Ella es cantante y pianista.

Paso 4: Para escuchar la música de Rubén Blades consulta Internet. ¿Qué piensas de sus canciones? ¿Cómo se llama su último disco compacto? Answers will vary.

5.29 Jugamos veinte preguntas. Hay que inventar preguntas para ganar el juego de las veinte preguntas. En un grupo de tres, una persona selecciona en secreto un dibujo de una profesión. Los demás le hacen preguntas de tipo sí/no para adivinar qué profesión es. La persona que adivine la profesión continúa con el juego y selecciona otro dibujo. GAME

Modelo: ¿Trabajas en un hospital?

¡No!

¿Trabajas en una escuela?

¡Sí! Ahora te toca a ti.

Estrategia de estudio: Using Opportunities to Speak Spanish

Many activities in *Experiencias* encourage you to speak Spanish. You definitely need to push yourself to become a risktaker if that is not natural for you. Try some of my suggestions: take risks in class by volunteering even though you're not sure if your answer is correct or that you can pronounce it perfectly; try to talk to your classmates, your professor and native speakers in Spanish, and ask questions in Spanish if you don't understand; quietly formulate your response to all teacher questions even if it is not your turn to speak and then compare your answer to the students' and the teacher's response; at home practice out loud the kinds of activities you did in class.

5.30 Busco empleo. Necesitas un trabajo para ayudar con los gastos⁷ de los estudios en la universidad. Usa los anuncios del siguiente periódico panameño para completar las siguientes tareas. Answers will vary.

Paso 1: Lee los anuncios y decide qué puesto⁸ puedes solicitar.

Paso 2: Explica por qué prefieres solicitar ese puesto.

Paso 3: Explica por qué no quieres solicitar los otros puestos.

Paso 4: Compara tu selección y tu explicación con la selección y explicación de tu compañero/a y contesta las siguientes preguntas con él/ella.

- ¿Estos anuncios panameños son iguales o diferentes a los norteamericanos?
- ¿Piensas que el periódico es una buena forma de buscar trabajo?
- ¿Qué otras formas hay de encontrar⁹ trabajo hoy día?
- En tu experiencia, ¿qué tipo de trabajo prefieren los estudiantes universitarios?

Recepcionista

Requisitos:

Manejo de equipo
de oficina
Conocimientos
de programas
de computación
(Word, Excel)
Nivel intermedio
de inglés
Atención al cliente

Busco niñera
Tiempo completo

Cuidar y atender
a niña de un año

**Lunes a sábado
8:00-19:00**

Caballero Joven
de buena presencia

Conocimientos en
la preparación de:
sándwiches,
hamburguesas,
comida rápida

**Para trabajar diferentes
horarios**

Promotor de ventas[10]

Requisitos:

Atención al cliente
Experiencia en
ventas
Dinámico
Buena presencia

Enviar currículum y foto

Asistente de
importación bilingüe

Personal bilingüe para
departamento de tráfico,
área de importación

Estudios universitarios
en operaciones
marítimas

**Con experiencia o
sin ella**

Servicio al cliente,
bilingüe

Puesto en un banco
a nivel mundial
Trabajar para un
proyecto temporal
Sin experiencia
Buen dominio del idioma
inglés
Orientación al cliente y
estudios secundarios
Salario en balboas

Suggestion for 5.31:
Encourage students to attempt
spontaneous interaction, using
fillers and language chunks
acquired in previous chapters to
hold a conversation in Spanish.

Suggestion for 5.31: You might
consider students to prepare
situations outside of class and
then present during the next
class session.

5.31 Situaciones. Haz el papel de **A** o **B** con tu compañero/a para participar en la conversación. Answers will vary.

A- You live in Panama and you need to find work in order to make some money. You applied for one of the positions in the want ads and have been called in for an interview. During the interview, answer the supervisor's questions. You should ask questions to find information about salary, schedule and vacation days.

B- You are the supervisor for one of the positions in the want ads and you interview a candidate. You need to find out if this is the right person for the job. Ask for the person's age and about his/her experience, studies, talents, activities, interests and personality. Answer any questions the candidate has during the interview.

---

[10]**ventas:** sales

🎧 El tiempo y las estaciones del año

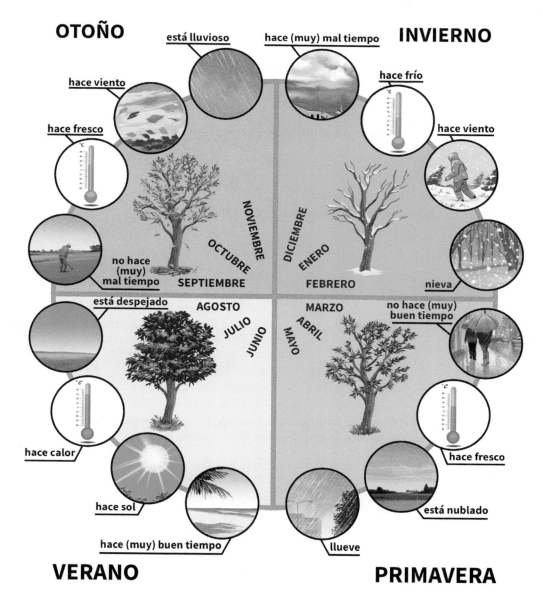

OTOÑO — está lluvioso — hace (muy) mal tiempo — INVIERNO — hace frío — hace viento — hace fresco — hace viento — NOVIEMBRE — DICIEMBRE — OCTUBRE — ENERO — no hace (muy) mal tiempo — SEPTIEMBRE — FEBRERO — nieva — está despejado — AGOSTO — MARZO — no hace (muy) buen tiempo — JULIO — ABRIL — JUNIO — MAYO — hace calor — hace fresco — hace sol — está nublado — hace (muy) buen tiempo — llueve — VERANO — PRIMAVERA

Hacer expressions

Use ***hace*** with nouns:

- to describe weather conditions that can be felt, such as wind, temperature;

  Hace (mucho) frío en invierno.

  Hace (mucho) calor/sol en verano.

  Hace fresco en otoño.

  Hace (mucho) viento en primavera.

- to make a general comment about the weather, such as good or bad weather.

  Hace (muy) buen tiempo.

  Hace (muy) mal tiempo.

- **Estar**: Use *está* with **adjectives** to comment about a weather condition that can usually be seen.

  (El cielo) está…

  nublado.

  despejado.

  El día está lluvioso.

- **Verbs** for weather actions:

  llover (ue): llueve

  nevar (ie): nieva

- **Tener**: Use a form of *tener* to describe the temperature a person feels physically.

  Tengo…

  frío.

  calor.

- **Nouns** can state a weather concept, such as rain, snow or sun.

  la lluvia

  la nieve

  el sol

5.32 ¿Qué tiempo hace? Recycle Cada persona tiene una reacción diferente, según la temperatura y el tiempo. Escucha y escribe qué tiempo hace, según la situación que escuchas.

Activity 5.32 recycles pastimes and present tense from chapters 3 and 4; *ir* + *a* from chapter 4.

1. _____   2. _____   3. _____   4. _____

5. _____   6. _____   7. _____   8. _____

5.33 Las actividades y el tiempo. Las personas hacen diferentes actividades según el tiempo. Describe las siguientes ilustraciones con tu compañero/a.

Paso 1: Explica dónde están las personas y qué tiempo hace.

Modelo: *La pareja está buscando un taxi. El cielo está nublado y llueve.*

A.

B. La chica está practicando windsurf. El cielo está despejado y hace calor/sol.

C. La chica está paseando a su perro. El cielo está nublado y hace viento.

D. El chico está esquiando. Hace frío y hay nieve.

E. Los niños están volando una cometa. El cielo está un poco cubierto, y hace mucho viento.

Paso 2: Contesta la pregunta: ¿A ti te gusta hacer las actividades que aparecen en las ilustraciones? ¿Por qué? Answers will vary.

Modelo: *A mí me gusta ir a las montañas, pero no en invierno. No me gusta el frío.*

5.34 ¿Qué prefieres hacer cuando...? Recycle A veces el tiempo determina las actividades que decides hacer. Explícale a tu compañero/a qué prefieres hacer en cada una de las siguientes situaciones. Answers will vary.

Activity 5.34 recycles *Los pasatiempos y los deportes* from chapter 3 and 4.

1. Cuando hace sol y no hace mucho calor...
2. Cuando hace mal tiempo y llueve...
3. Cuando hace mucho calor...
4. Cuando nieva...
5. Cuando hace buen tiempo y hace fresco...
6. Cuando hace mucho frío...

Cultura viva

Temperatura y estaciones en Costa Rica y Panamá

In many countries, including Panama and Costa Rica, a Celsius scale is utilized. Convert the Celsius temperature to Fahrenheit, using this formula: ___°C x 9/5 + 32 = ___. Costa Rica has a moderate subtropical climate with only two seasons: the dry season, which runs from November to April, and the wet season from May to October. Panama has a rainy season from May to December, and a dry season from December through May. The school calendar has school vacations from mid-December through February.

Exploremos la gramática 4

WileyPLUS

Go to WileyPLUS to review this grammar point with the help of the Animated Grammar Tutorial and the Verb Conjugator.

Saber and *conocer*

- You need to remember the **yo** form of these two **-er** verbs in the present tense:

  saber = yo sé; conocer = yo conozco

- **Saber** and **conocer** are translated as 'to know' in English, but have different meanings in Spanish.

Saber = *to know (facts, information) and to know how to (do something)*

yo	**sé**	nosotros	sabemos
tú	sabes	vosotros	sabéis
él	sabe	ellos	saben

Conocer = *to know (someone) and to be acquainted or familiar with (a person or place)*

yo	cono**z**co	nosotros	conocemos
tú	conoces	vosotros	conocéis
él	conoce	ellos	conocen

¡Alerta!: *A* before a person

Notice the small word **a** in the following examples:
*Mi amiga Silvia conoce **a** la profesora de biología.*
*Yo conozco **a** muchos estudiantes en mi clase de español.*

In Spanish you need to include the word **a** before a person when using *conocer*.
This **a** does not translate into English.
Generally this **a** does not occur with the verb **saber**.

5.35 ¿Saber o conocer? **WP** Estos verbos te confunden un poco. Para clarificar las dudas, decide si debes usar *saber* o *conocer* en las siguientes situaciones.

1. Saber.   2. Saber.   3. Conocer.   4. Saber.
5. Conocer.   6. Saber.   7. Saber.   8. Conocer.

5.36 Preguntas y respuestas. Trabaja con dos compañeros/as para averiguar las respuestas a las siguientes preguntas. Una persona sirve como secretario/a y toma apuntes, otra hace las preguntas y la tercera persona las contesta en oraciones completas. Después, el/la secretario/a comparte la información con la clase. Answers will vary.

1. ¿Conoces la capital de Costa Rica?
2. ¿A qué persona de la clase conoces bien?
3. ¿Sabes tocar un instrumento musical?
4. ¿Qué lugar turístico conoces bien?
5. ¿Sabes jugar bien a algún deporte?
6. ¿Sabes quién es el/la presidente de la universidad?
7. ¿Sabes qué colores tiene la bandera de Panamá?

5.37 Situaciones. Haz el papel de **A** o **B** con tu compañero/a para participar en la conversación. Answers will vary.

A- A student from Panama will study at your university next semester. You have a big family and want to offer your home to the student. You need to explain why you think your home is perfect. Tell about your family members, their professions and activities.

B- Your partner has offered his/her home for a foreign exchange student from Panama for next semester. This student will study at your university. Your small family has offered your home for the student. Explain why you think your small home is perfect.

Audioscript for 5.35:
1. El número de la oficina de tu profesor/a.
2. Bailar un baile folklórico de Costa Rica.
3. Panamá.
4. Si tenemos un examen mañana.
5. Los primos de Ernesto.
6. Preparar gallo pinto.
7. Qué hora es.
8. El presidente de Costa Rica.

Technology tip for 5.37: For hybrid courses, students can prepare and practice both roles. During the next class session, they can practice with a partner and present their situation to the class.

EXPERIENCIAS

El Parque Ecológico Veragua

Noticias   Información   Fotos   Amigos   Archivos

En el Parque Ecológico Veragua se puede disfrutar de la naturaleza de muchas formas.

Si piensan hacer un viaje a Costa Rica, conozco un buen lugar que les puedo recomendar. Hay un parque en Costa Rica que se llama Veragua y está cerca de Limón y el Parque Internacional La Amistad. Me gusta parar en Veragua para pasar un día estupendo cuando voy de ruta a Puerto Escondido, una playa al sur de Limón. El parque Veragua es mi parque preferido porque hay muchas actividades y puedo disfrutar de la naturaleza con mis amigos. Tiene un tour de *canopy* estupendo, senderos, una estación biológica, un jardín de mariposas, una exposición de ranas, góndolas para el trayecto aéreo, un jardín de colibríes, un insectario y también un vivero de reptiles. Es increíblemente bonito.

Answers for 5.38: Answers will vary.

Technology tip for 5.38: Assign students to create a blog using any web application. Students will utilize this blog and post items to it for every chapter of *Experiencias*. You may ask your students to share the link to that blog on your learning management system discussion board. Then in class, ask students to compare their information.

5.38 Mi propio blog. Piensas visitar el Parque Ecológico Veragua con tus amigos y decides investigar las actividades y los paquetes especiales. Completa los **Pasos** para planificar el viaje.

Paso 1: Usa Internet y haz una búsqueda de mapas para encontrar la capital, San José, la ciudad de Limón y el Parque Ecológico Veragua.

Paso 2: Investiga en Internet qué excursiones existen para llegar allí, cuánto cuestan y qué actividades y paquetes especiales ofrece el parque. Organiza tu excursión por transporte público o con una agencia.

1. Cómo llegar:

2. Precio:

3. Actividades:

4. Paquetes especiales:

Paso 3: En tu propio blog, escribe todos los detalles para tu excursión al Parque Ecológico Veragua. Explica tus preferencias y qué te interesa hacer allí.

La presidenta Laura Chinchilla

5.39 La primera mujer presidenta de Costa Rica. La siguiente lectura describe la vida de Laura Chinchilla. Antes de leer la selección, lee la estrategia. Answers will vary.

Laura Chinchilla, presidenta de Costa Rica de 2010 a 2014.

John Berry / WireImage / Getty Images

Te presentamos a...

Note for 5.39: Students can practice the strategies of skimming and scanning to assist in successful reading comprehension. Remind them to scan and highlight cognates. Then scan for words they know. Finally they can skim for the main idea of the passage.

Estrategia de lectura: Scanning

Scanning is a reading technique that involves reading quickly to locate specific information, such as the main idea of a passage, cognates and familiar vocabulary. Utilizing this strategy prior to completing a thorough read through of the selection will assist with your reading comprehension of any reading passage.

Antes de leer

Paso 1: Revisa la selección y selecciona todos los cognados.

Paso 2: Lee la selección con cuidado. Recuerda que no tienes que entender cada palabra, sino que puedes enfocarte en la descripción de la mujer y el hogar[11].

Follow-up for 5.39, Paso 1: Review the cognates that students highlighted before instructing them to read the selection.

Laura Chinchilla Miranda nace el 28 de marzo de 1959, al sur de San José, en una familia de clase media. Es la única hija y la mayor de cuatro hermanos. Al cumplir sus 18 años, viaja por Centroamérica, y comprende así el privilegio de nacer en un país sin ejército. También descubre su vocación por la política. Ella decide estudiar ciencias políticas en la Universidad de Costa Rica. Posteriormente, obtiene una maestría en Políticas Públicas de la Universidad de Georgetown, en Estados Unidos.

Doña Laura dedica gran parte de su vida profesional al servicio público en Costa Rica. Fue la primera Ministra de Seguridad Pública en la historia del país. Desde mayo de 2006 y hasta octubre del 2008, doña Laura fue la Primera Vicepresidenta de la República durante el gobierno de don Oscar Arias Sánchez, así como Ministra de Justicia. En el proceso electoral del año 2010, como candidata del Partido Liberación Nacional, doña Laura Chinchilla se convierte en la primera mujer en alcanzar la Presidencia en la historia de Costa Rica el 8 de mayo de 2010. Sesenta años después de que las mujeres votan por primera vez en Costa Rica, la primera mujer Presidenta de la República sueña con[12] un país más próspero, más solidario y ecológicamente sostenible. Laura forma su hogar junto a José María Rico Cueto, con quien se casa en el año 2000 y con quien tiene un hijo, José María Rico Chinchilla. Es bien reconocida la cercana relación que tiene con sus padres, don Rafael Ángel y doña Emilce, pues doña Laura dice que la familia, junto con el trabajo, son las dos grandes pasiones de su vida.

[11]**hogar:** home   [12]**sueña con:** dreams of

Después de leer

Paso 3: **WP** Contesta las siguientes preguntas sobre la lectura.

1. ¿Cuál es la idea central de la lectura?
   a. la familia de doña Laura
   b. el gobierno de Costa Rica
   c. la mujer en Costa Rica
   d. la vida de doña Laura

2. ¿Cuál es el mejor título para la selección?
   a. La familia de Laura
   b. El amor de Laura
   c. Mujeres elegantes
   d. La presidenta de Costa Rica

3. En la opinión de Chinchilla, ¿cuáles son las principales pasiones de su vida?
   Su familia y su trabajo.

Paso 4: Escribe una lista de las actividades que hacen las mujeres de tu vida.

Paso 5: Lee la descripción que Ernesto escribe de la mujer más importante de su vida: su madre. Completa la tabla con la información que Ernesto incluye en su descripción.

> Mi madre se llama María Cristina Sánchez de Montes. Es de Alajuela y tiene cincuenta y siete años. Ella es baja, delgada y morena. Tiene el pelo castaño y los ojos color café. Le gusta mucho hablar con sus amigas y con su familia. También le gusta cuidar a su nieto, el hijo de mi hermana María. Prefiere no ir al supermercado con frecuencia, porque generalmente le gusta comprar la comida en el mercado al aire libre. En su tiempo libre visita a sus padres y, cuando hace buen tiempo, sale con sus amigas al parque. Yo sé que es una mujer muy trabajadora, simpática y dedicada a su familia. Ella es una persona muy importante en mi vida.

Nombre:	María Cristina Sánchez de Montes
Edad:	57 años
Descripción física (pelo, ojos) y de personalidad:	Es baja, delgada y morena. Tiene el pelo castaño y los ojos color café. Trabajadora, simpática y dedicada a su familia
Actividades favoritas:	Hablar con sus amigas y con su familia, cuidar a su nieto
Actividades en su tiempo libre:	Visita a sus padres y, cuando hace buen tiempo, sale con sus amigas al parque
La importancia de la madre en su vida:	Ella es muy importante para él

Paso 6: Compara la información de tu tabla con la de un compañero/a.

Estrategia de lectura: Organizing Your Ideas for Writing

Use the following chart to organize your ideas. Getting your thoughts and main vocabulary that you want to express down on paper is the first step to writing the paragraph. Be sure to use the correct gender for the adjectives that you write in the chart for the female in your life.

Características físicas	Personalidad	Actividades

Experiencias | ciento setenta y uno **171**

Estrategia de estudio: Writing the Spanish You Know How to Say

As you begin the writing task in activity 5.39, Paso 7, remind yourself to write the Spanish you know how to say. Don't be tempted to write like you do in English, since your Spanish isn't that sophisticated yet. Try to avoid using an online translator for your work. Your brain needs lots of practice thinking of the words that you want to write.

Answers will vary.

Paso 7: Utiliza la información de la tabla de organización para describir, en tu opinión, una mujer importante en tu familia, por ejemplo, tu madre, tu madrastra, tu hermana, tu tía o tu abuela. Incluye una descripción física, su personalidad y las actividades que le gustan. Prepara tu trabajo para presentarlo a la clase. Incluye una foto de la mujer seleccionada.

Technology tip for 5.39, Paso 7: Require students to post their paragraphs on your learning management system discussion board. Next, students must read and post follow-up questions for two of their classmates to be answered prior to the next class session.

El ecoturismo y los parques nacionales en Costa Rica y Panamá

Jak Wonderly / National Geographic Image Collection / Alamy Stock Photo

El mono tití es una especie que habita en Costa Rica y Panamá. Hoy día no hay muchos monos tití en estos países y están en peligro de extinción si no respetamos su ecosistema.

5.40 ¿Qué es el ecoturismo? El ecoturismo es muy popular hoy día en Costa Rica y Panamá. Para aprender más, completa los siguientes **Pasos**. Answers will vary.

Antes de leer

Paso 1: Lee el siguiente párrafo y decide cuál es el mejor título para la selección.

(**a.**) Los países pequeños

b. El turismo en Panamá y Costa Rica

c. La diversidad ambiental de Latinoamérica

El ecoturismo es la actividad que nace de la conexión entre el turismo y la naturaleza. Los ecoturistas conocen la gran diversidad de la naturaleza. Cuando pensamos en la palabra ecoturismo es fácil pensar inmediatamente en Panamá y Costa Rica. Estos países son famosos por tener el ecoturismo más desarrollado de Latinoamérica. Aunque son unos países pequeños, tienen una gran diversidad ambiental. En cada uno existe un sistema de parques nacionales. También hay muchas reservas privadas en los dos países: Panamá tiene once y Costa Rica tiene veintidós. Los gobiernos de Costa Rica y Panamá tienen leyes para proteger la flora y la fauna de su país.

Suggestion for 5.39, Paso 7: Have students prepare their paragraphs before coming to class. Then have them peer edit each other's work by taking turns to read their work aloud to a partner. The partner looks at the paper and searches the first time for content (Is all the required information present?) and mechanics the second time (accents, spelling, gender, adjective agreement).

Cultura y sociedad

Note for Cultura y sociedad: This text will be recorded for the students to listen to and follow along in their text to aid in the pronunciation of the new vocabulary.

Después de leer

Paso 2: Contesta las siguientes preguntas en oraciones completas. Answers will vary.

- ¿Qué es el ecoturismo?
- ¿Cuáles son algunas ventajas de conocer Costa Rica y Panamá?
- ¿Por qué a los ecoturistas les gusta visitar Costa Rica y Panamá?
- ¿Te gustaría hacer ecoturismo? ¿Por qué? ¿Adónde te gustaría ir?

Paso 3: **¡Una aventura!** Con tu compañero/a, investiga en Internet cuáles son los parques nacionales de Costa Rica y Panamá y escoge uno que quieran visitar. Utilizando una foto, explica por qué quieren visitar ese lugar. Answers will vary.

Estrategia de estudio: Presenting in Class

As you begin to investigate and prepare to present in class, remember that if you feel anxious, it could be caused by fear of making mistakes and feeling embarrassed. If you allow the tension to take over, it may be really hard to speak or understand Spanish. Here are some suggestions to think about when experiencing this anxiety:

- be patient with yourself. You won't be fluent after one or two semesters, but keep working hard and you'll be able to communicate with native speakers;
- avoid comparing yourself to other students in the class because everyone is at a different level and learns at a different pace;
- relax and be amazed that you are communicating in another language!

Manos a la obra

La familia y las profesiones

5.41 Planea tu viaje a Costa Rica o Panamá. Tu familia piensa pasar las próximas vacaciones en un país centroamericano para apreciar la naturaleza y hacer ecoturismo. Estudias español, así que tus padres te piden que los ayudes con los planes. Answers will vary.

Paso 1: Tienes que decidir cuál es el mejor país para pasar dos semanas: Costa Rica o Panamá. Ya que los dos tienen una biodiversidad increíble, te toca investigar en Internet sobre los dos países, tomar apuntes en español y decidir:

a. el país que prefieres visitar y por qué;

b. la mejor región para viajar dentro del país: norte, sur, oeste o este, y por qué;

c. el clima de la región que escoges y la mejor época para viajar allí;

d. los lugares de interés que recomiendas;

e. las actividades según los intereses de cada miembro de tu familia y una explicación de cada una de ellas;

f. el precio total de las vacaciones.

Paso 2: Ahora, conversa con un/a compañero/a. Te va a decir su opinión y también te va a ofrecer sugerencias para tu proyecto.

Paso 3: Finalmente, prepara y presenta tu plan para las vacaciones a tu compañero de cuarto, a tus amigos, a tu familia o a tus padres. Incluye fotos y explica la información de tu investigación.

5.42 Presentación con tecnología. Quieres ganar una beca[13] de la organización Rotario Internacional para estudiar en Costa Rica. Para solicitar[14] la beca, tienes que hacer una introducción personal en español con tu información básica, y enviarla a través de un programa con audio y fotos. Answers will vary.

Paso 1: Busca tres o cuatro fotos de ti y de tus familiares. Guarda las fotos en un programa para hacer presentaciones.

Paso 2: Organiza una narración sobre cada foto. Incluye información básica, como: tu nombre, tu edad, tu nacionalidad, tu personalidad, tus estudios, el nombre de tu universidad, una descripción de tu familia, y por qué quieres estudiar en Costa Rica.

Paso 3: Graba las narraciones describiendo las fotos y añade el audio a cada una de las fotos.

Paso 4: Muéstrale tu presentación a un compañero/a de clase. Tu compañero/a te va hacer preguntas para clarificar la información que incluyes en tu presentación. Esta es una oportunidad increíble y quieres preparar una buena presentación para ganar la beca. ¡Buena suerte!

Suggestion for 5.42: You can ask students to share one or two photos with audio with the class. Students can be instructed to ask the presenter follow-up questions.

5.43 Te toca a ti. Mira de nuevo el video del comienzo del capítulo 5: **Cómo hacer un árbol genealógico.** Ahora te toca a ti crear tu propio video con tu árbol genealógico. Para hacerlo, sigue los próximos **Pasos.** Answers will vary.

Paso 1: Haz un dibujo del árbol genealógico de tu familia. Escribe el nombre y una descripción corta de cada persona.

Paso 2: Practica tu descripción en voz alta, sin leer tus apuntes.

Paso 3: Practica tu descripción con tu compañero/a. Tu compañero/a te dará sugerencias sobre tu trabajo.

Paso 4: Finalmente, graba un video con tu compañero/a, turnándose para incluir las tareas de los **Pasos 1-3** en cada uno de sus videos.

Paso 5: Sube tu video al foro de la clase para compartirlo con tus compañeros.

Note for 5.43: Instruct students to complete this activity outside of class time and upload their final videos to your learning management system discussion board for viewing. You may wish to create a rubric and assign grades to their final work, or assign students to watch and comment on two or three of their classmates' family trees.

5.44 El cuaderno electrónico. Ahora te toca organizar otra página en tu cuaderno electrónico para anotar la información interesante que encuentras sobre Costa Rica y Panamá. Abre tu cuaderno y completa los **Pasos.** Answers will vary.

Paso 1: Utilizando tu libro de texto, los videos de Daniel e Internet, escribe la siguiente información:

1. Estadísticas interesantes de Panamá y Costa Rica
2. Información básica sobre Costa Rica y Panamá
3. Mapa de los dos países
4. Un lugar que quieres ver en cada país y por qué
5. Información sobre los lugares que quieres visitar
6. Fotos de cada país
7. Enlaces interesantes sobre los dos países
8. Observaciones culturales

Paso 2: Comparte tu información con la de un/a compañero/a o con la clase.

Technology tip for 5.44: Have your students use the tool of their choice to compile their electronic notebook. This is a great way to keep students organized as they create a portfolio of photos and material regarding the countries presented throughout the book.

[13]**beca:** scholarship   [14]**solicitar:** apply

REPASOS

Repaso de objetivos

Check off the objectives you have accomplished.

Teaching note for Repaso de objetivos: Although this self-assessment is designed for the students to evaluate their progress, teachers might poll students informally as a group to gauge how students are feeling about the material. This could be done orally with eyes closed and hands raised or by simply asking students to leave a slip with their answers at the end of class.

I am able to...

	Well	Somewhat
• talk about friends, family members and their activities.	☐	☐
• talk about activities and obligations with others.	☐	☐
• describe weather conditions.	☐	☐
• talk about the seasons.	☐	☐
• describe familiar people and places.	☐	☐

	Well	Somewhat
• state information and facts.	☐	☐
• explain the importance of family in Hispanic cultures.	☐	☐
• explain the use of last names in Hispanic cultures.	☐	☐
• compare family relationships in my own country and Spanish speaking countries.	☐	☐

🎧 Repaso de vocabulario

WileyPLUS

Go to WileyPLUS to review these vocabulary words and practice their pronunciation.

La familia *Family*

el/la abuelo/a *grandfather/grandmother*
el/la cuñado/a *brother-in-law/sister-in-law*
el/la esposo/a *husband/wife*
el/la hermanastro/a *stepbrother/sister*
el/la hermano/a *brother/sister*
el/la hijo/a *son/daughter*
la madrastra *stepmother*
la madre *mother*
el/la medio/a hermano/a *half brother/sister*
el/la nieto/a *grandson/granddaughter*
la nuera *daughter-in-law*
el padrastro *stepfather*
el padre *father*
los padres *parents*
los parientes *relatives*
el/la primo/a *cousin male/female*
el/la sobrino/a *nephew/niece*
el/la tío/a *uncle/aunt*
el yerno *son-in-law*

Las profesiones *Professions*
y los oficios   *and work*

abogado/a *lawyer*
amo/a de casa *housewife, househusband, home manager*
bibliotecario/a *librarian*
cajero/a *cashier*
camarero/a *waiter/waitress*
cocinero/a *chef/cook*
consejero/a *counselor*
contador/a *accountant*
dependiente/a *sales clerk*
enfermero/a *nurse*
gerente *manager*
hombre/mujer *business*

de negocios   *man/woman*
ingeniero/a *engineer*
maestro/a *teacher*
médico/a *doctor*
peluquero/a *hairdresser*
periodista *journalist*
vendedor/a *salesperson*

Los cognados

el/la arquitecto/a
el/la científico/a
el/la dentista
el/la mecánico/a
el policía; la mujer policía
el/la profesor (a)
el/la programador (a)
el/la psicólogo/a
el/la psiquiatra
el/la recepcionista
el/la secretario/a
el/la técnico/a
el/la veterinario/a

Las actividades *Activities*

almorzar (ue) *to eat lunch*
cerrar (ie) *to close*
contar (ue) *to count*
decir (i) *to say, tell*
dormir (ue) *to sleep*
empezar (ie) *to begin*
hacer *to do, to make*
pedir (i) *to ask for, request*
pensar (ie) *to think, to intend to do something*
perder (i) *to lose*
poder (ue) *can, to be able to do something*
poner *to put, set*
preferir (ie) *to prefer*

probar (ue) *to try*
querer (ie) *to want*
salir *to leave, to go out*
traer *to bring*
venir (ie) *to come*
volar (ue) *to fly*
volver (ue) *to return*

Las estaciones del año *Seasons*

la primavera *spring*
el verano *summer*
el otoño *fall*
el invierno *winter*

El tiempo *Weather*

despejado *clear skies*
el sol *sun*
hace fresco *it's cool*
hace (mucho) calor *it's (very) hot*
hace (mucho) frío *it's (very) cold*
hace (mucho) viento *it's (very) windy*
hace (muy) buen tiempo *it's (very) nice weather*
hace (muy) mal tiempo *it's (very) bad weather*
hace sol *it's sunny*
la lluvia *rain*
la nieve *snow*
llover *to rain*
llueve *it's raining*
lluvioso *rainy*
nevar *to snow*
nieva *it's snowing*
nublado *cloudy*
tener frío *to be cold*
tener calor *to be hot*

Repaso de gramática

Possessive adjectives

Possessive adjectives are placed before nouns and are used to indicate ownership.

mi(s)	*my*
tu(s) (informal)	*your (informal)*
su(s)	*his/her/their/your (formal)*
nuestro(s), nuestra(s)	*our*
vuestro(s), vuestra(s) (informal you plural used in Spain)	*your*

Present tense: Stem-changing verbs

Subject pronouns	pensar	volver	pedir
yo	**pie**nso	**vue**lvo	**pi**do
tú	**pie**nsas	**vue**lves	**pi**des
él/ella, usted	**pie**nsa	**vue**lve	**pi**de
nosotros/as	pensamos	volvemos	pedimos
vosotros/as	pensáis	volvéis	pedís
ellos/ellas, ustedes	**pie**nsan	**vue**lven	**pi**den

Present tense verbs: *yo* form variations

The following verbs also include a **g** in the **'yo'** form: *decir (di**g**o), hacer (ha**g**o), poner (pon**g**o), salir (sal**g**o), traer (trai**g**o), tener (ten**g**o), venir (ven**g**o).*

Saber and *conocer*

You need to remember the **yo** form of these two **-er** verbs in the present tense:
saber = yo sé; conocer = yo conozco

Saber = *to know a fact, to know how to do something*
Conocer = *to know a person, to be acquainted with a place*

CAPÍTULO 6

Una casa en Quetzaltenango, Guatemala

La vida cotidiana

Note for Chapter 6:
World Readiness Standards addressed in this chapter include:
Communication: All three modes.
Culture: Examining housing in Guatemala and El Salvador and the perspectives underlying this cultural product.
Connections: Connecting with the disciplines of archeology and literature.
Comparisons: Comparing and contrasting daily chores, routines and obligations in target cultures and home culture.

Contesta las siguientes preguntas basadas en la foto.

1. ¿Cómo es la casa?
2. ¿Piensas que esta casa es común en Guatemala?
3. ¿Cuántas personas crees que viven en esta casa?
4. ¿Por qué no tenemos este tipo de casa donde vivimos?

OBJETIVOS COMUNICATIVOS

By the end of this chapter, you will be able to...

- describe your house or dwelling place.
- count into the millions.
- compare persons, places and things.
- explain what activities you and others do to maintain your home.
- report your obligations.
- talk about daily activities.

OBJETIVOS CULTURALES

By the end of this chapter, you will be able to...

- describe daily life in some Spanish-speaking countries.
- compare housing in Guatemala, El Salvador, and the United States.
- acquire information about the archeological sites of Tazumal and Tikal.

ENCUENTROS

Video: Cómo preparar un video de tu casa

Conozcamos a...
Roberta Morales Amado (Chimaltenango, Guatemala)
Nohemí Castro Amaya (Cuscatlán, El Salvador)

EXPLORACIONES

Exploremos el vocabulario
La casa, los muebles y los electrodomésticos
Los números hasta 900 000 000
Los quehaceres de la casa

Exploremos la gramática
Comparisons
Expressing obligations: *deber, necesitar, tener que* + infinitive
Reflexive constructions
Present progressive

EXPERIENCIAS

El blog de Daniel: El lago Ilopango en El Salvador

Te presentamos a... Rigoberta Menchú Tum y Manlio Argueta

Cultura y sociedad: Las ruinas arqueológicas de Guatemala y El Salvador

Manos a la obra: La vida cotidiana

ENCUENTROS

Cómo preparar un video de tu casa

◀ Video

6.1 Mi casa. Vas a preparar un video de tu casa para mandárselo a un/a amigo/a de Guatemala o El Salvador. Para planificar tu video, indica qué cuartos quieres incluir en tu proyecto. Answers will vary.

WileyPLUS
Go to WileyPLUS to watch this video.

6.2 Los cuartos de la casa. En el video, Jorge nos explica qué hay en cada cuarto. Mira el video y escribe el nombre de un mueble o un objeto que Jorge mencione en cada cuarto de su casa. Después, escribe las palabras descriptivas que él usa para describir cada cuarto.

Casa de Jorge	La sala	La cocina	El baño	La habitación
Los muebles y los objetos	El sofá. Televisor.	Microondas, fregadero, refrigerador, estufa, lavaplatos.	Bañera.	Cama.
Descripción	Espacio muy grande. Hay mucha luz.	Todo es nuevo y moderno.	Afeitarse, cepillarse los dientes, peinarse, bañarse. Lleno de luz natural.	Le encanta leer en su cuarto.

6.3 Las actividades y los cuartos de la casa. En la casa, tenemos cuartos favoritos para diferentes actividades. Piensa en las actividades que haces en cada cuarto de tu casa. Después, comparte la información con tu compañero/a. Answers will vary.

Conozcamos a...

Roberta Morales Amado (Chimaltenango, Guatemala)

Roberta Morales Amado de Chimaltenango, Guatemala

Antes de escuchar

Follow-up for 6.4: Review students' ideas with the class to prepare them for the audio segment.

6.4 ¿Dónde vive Roberta? Roberta nos habla de su casa en Guatemala. Antes de escuchar la descripción, adivina la información para contestar las siguientes preguntas.

Answers will vary.

1. ¿Cuántos cuartos en total piensas que hay en la casa donde vive Roberta?

2. ¿Piensas que Roberta es la dueña[1] de la casa?

3. En la vida de Roberta, ¿quién es Claudia?

Mientras escuchas

Audioscript for 6.5: Me llamo Roberta Morales Amado, pero mi familia y mis amigos me llaman Tita. Soy de la ciudad de Chimaltenango, aunque ahora vivo en la Ciudad de Guatemala, la capital del país. La casa de la familia donde trabajo y vivo es muy grande. Tiene dos pisos. Hay cinco habitaciones, una sala, una cocina, un comedor, dos baños y, por supuesto, un patio. Los cuartos de arriba tienen balcones. En la parte de atrás, también hay un jardín bastante grande. No hay sótano. Esta casa pertenece a la familia Pérez y tiene una habitación para gente como yo que viene de provincia a trabajar para una familia en la capital. Parte de mi trabajo es mantener limpia la casa durante la semana. También cuido a la hija de los señores Pérez. Claudia solo tiene cinco años y le gusta jugar en el jardín de la casa. También le gusta leer libros y mirar videos. Sus padres me dan los domingos libres para hacer mis propias actividades o para visitar a mi familia en Chimaltenango. Me gusta vivir con esta familia porque la casa es cómoda y ellos son simpáticos. No tengo que pagar alquiler mensual, ya que mi trabajo incluye el alojamiento y tres comidas cada día.

🎧 **6.5 La casa donde vive Tita.** **WP** Escucha a Tita mientras ella describe la casa donde vive, y completa los dos **Pasos**.

Paso 1: Mientras escuchas, marca los cuartos que hay en la casa en donde vive Tita.

- ☑ baño
- ☐ medio baño
- ☐ desván
- ☑ cocina
- ☑ balcón
- ☑ patio
- ☑ sala
- ☑ habitación
- ☑ jardín
- ☐ sótano
- ☑ comedor

Paso 2: Selecciona la respuesta más adecuada para cada pregunta.

1. ¿De dónde es Tita?
   - **a.** de la Ciudad de Guatemala
   - **b.** de Antigua
   - **c.** de Chichicastenango
   - **(d.)** de Chimaltenango

2. ¿Dónde está la casa donde vive Tita? Está en...
   - **(a.)** la Ciudad de Guatemala
   - **b.** Antigua
   - **c.** Chichicastenango
   - **d.** Chimaltenango

3. ¿Cómo es la casa?
   - **(a.)** Es muy grande con cinco habitaciones.
   - **b.** Es mediana con una piscina.
   - **c.** Es grande, pero sólo tiene un baño.
   - **d.** Es pequeña, pero tiene un jardín grande.

4. ¿Quién es Claudia?
   - **a.** Es su amiga.
   - **b.** Es la señora de la casa.
   - **(c.)** Es una niña de cinco años.
   - **d.** Es su hermana.

5. ¿Por qué no paga el alquiler para vivir en la casa?
   - **a.** Tita vive con su familia.
   - **(b.)** Tita trabaja para la familia.
   - **c.** Ella paga la luz y el agua.
   - **d.** Sólo paga por las tres comidas cada día.

[1]**dueña:** owner

Después de escuchar

👥 **6.6 Tu experiencia personal.** [Recycle] Tu compañero/a busca un apartamento o residencia y quiere conversar sobre el lugar donde vives. Con tu compañero/a, contesta las siguientes preguntas sobre tu situación personal. Activity 6.6 recycles activities and present tense from Chapters 3 and 4.

1. ¿Vives en un apartamento, una casa o una residencia estudiantil? Answers will vary.
2. ¿Cuántas personas viven en tu apartamento o casa?
3. ¿Cuánto pagas cada mes o cada semestre?
4. ¿Pagas la electricidad? ¿y el agua?

▶ **Estrategia de estudio: Expressions to Interact in Spanish**

What's the best way to interact with classmates during class? Your instructor may assign a number of interactive tasks during each class session. The purpose of these tasks is to offer you more speaking practice. In order to use these opportunities to your advantage, you should always focus on the task at hand and use only Spanish. Here is a list of expressions for interacting with your classmates. It's a great idea to put these expressions on a notecard and have them ready to use when needed. They will help you keep the interaction in Spanish.

Interactions with your partner

¿Qué tenemos que hacer?	*What do we have to do?*
Te toca a ti.	*It's your turn.*
(No) tienes razón.	*You are (are not) correct.*
No recuerdo.	*I don't remember.*
No sé (la respuesta).	*I don't know (the answer).*

Starting a conversation

Yo pienso que...	*I think that...*
En mi opinión (personal)...	*In my opinion...*

Stalling to think

Bueno...	*Well...*
Este...	*Um...*

Getting your partner involved

¿Qué piensas?	*What do you think?*
¿Cómo lo ves?	*How do you see it?*

Reactions

Claro que sí.	*But of course.*
(No) estoy de acuerdo.	*I (do not) agree.*
¿De verdad?	*Really?*
¡Qué lástima!	*What a pity!*

WileyPLUS

Go to WileyPLUS to watch this video.

Roberta es de Guatemala. ¿Qué sabes de este país centroamericano?

Guatemala: un país de cultura indígena notable

Este país multilingüe tiene una herencia indígena muy importante. Su cultura maya representa casi el 50 por ciento de la población. De casi 15 millones de personas, sólo el 69 por ciento de sus habitantes habla español. Hoy día, la gente todavía habla más de 20 lenguas indígenas, como el quiché, y practica muchas de sus tradiciones mayas. La belleza natural de Guatemala y su identidad poderosa contrastan con su pasado turbulento de una guerra civil de 36 años. Además, un 90 por ciento de los guatemaltecos vive en la pobreza. Entre sus principales productos agrícolas de exportación son el café, el azúcar y el plátano.

Vista panorámica, Ciudad de Guatemala

Al Argueta / Alamy Stock Photo

Un grupo de señoras usan los telares tradicionales de Guatemala.

Courtesy of Diane Ceo-DiFrancesco

El lago Atitlán, Guatemala

Courtesy of Diane Ceo-DiFrancesco

Estadísticas interesantes de Guatemala

Bandera de Guatemala

Un quetzal guatemalteco

Capital: Guatemala

Tipo de gobierno: república constitucional democrática

Tamaño: un poco más pequeño que Tennessee

Número de habitantes: 16 581 273

Lenguas oficiales: español 69 %, lenguas amerindias 31 %
(23 reconocidas oficialmente: quiché, cakchiquel, kekchi,
mam, garifuna, xinca, etc.)

Moneda: el quetzal

Alfabetismo: 81 %

Promedio de vida: 72 años

Expresiones y palabras típicas

patojo/a	*niño/a*
pisto	*dinero*
arrecho/a	*una persona trabajadora*
cachibaches o chunches o chivas	*cosas personales que no tienen mucho valor*
¡Fíjese!	*¿Sabes que...?*
cuajarse	*tomar una siesta*

6.7 Investigación en Internet. Usa Internet para seleccionar un lugar turístico en Guatemala. Escribe una breve descripción e incluye: Answers will vary.

- el nombre del lugar turístico
- dónde está el lugar en Guatemala
- una descripción del lugar
- por qué te interesa

Estrategia de estudio: Acquiring Key Vocabulary

To learn the house vocabulary, you could write each word on a sticky note and post it on the actual object in your room, apartment or house. Start by saying each word aloud, then write the word on the note and post it. Over several days, as you see each note, read the word and say it aloud. You could even make up a sentence in Spanish with the word. It just might help you remember the vocabulary better and acquire it faster!

EXPLORACIONES

🎧 La casa, los muebles y los electrodomésticos

WileyPLUS

Go to WileyPLUS Resources to access an interactive version of this illustration to review these vocabulary words and practice their pronunciation.

Suggestion for Exploremos el vocabulario 1: Draw the cross-section outline of a house on the board or iPad and project it on the screen. Include: *la habitación, el baño, la cocina, el comedor, la sala, el desván, el sótano, el garaje, el patio*. Number each room and provide colored chalk or stylus for the students. Room by room explain first the name of the room and using TPR give commands to students to draw the furnishings for each room. You may have students working on two to three rooms at once to save time. While some students are drawing, provide input to the rest of the class by describing some of the furniture and appliances in each room. When completed, ask students questions concerning the rooms and their furnishings using indirect elicitors: *Descríbanme la sala, ¿Y el sofá?*

Suggestion for Exploremos el vocabulario 1: You can present photos of your own home or a home where you stayed while traveling or studying in a Spanish-speaking country. Photos can be fictitious or real. Follow-up with yes/no or incomplete sentence questions to elicit information provided in instructor input, checking for comprehension. This advanced organizer will aid in student comprehension before students listen to the passage and complete the *Encuentros...* and *Exploración del vocabulario* sections.

Note for Exploremos el vocabulario 1: Although basement is included in the vocabulary, it is not often included as a room in homes in El Salvador and Guatemala.

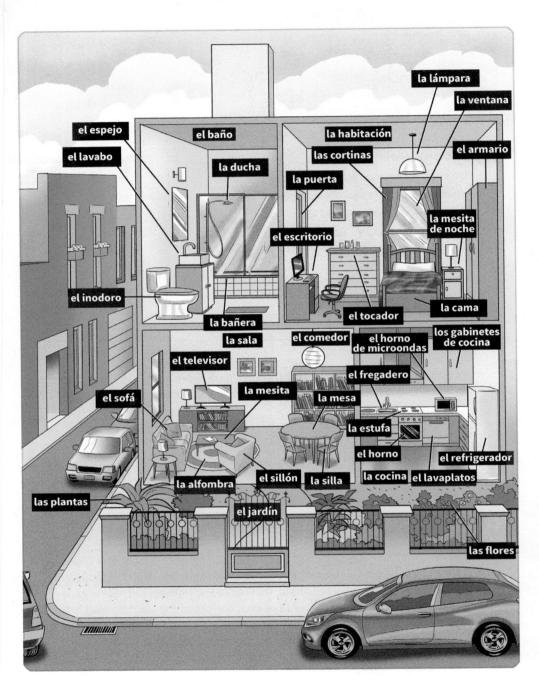

Vocabulario adicional	
el desván	*attic*
el patio	*patio*
el sótano	*basement*

6.8 ¿Lógico o ilógico? **WP** Escucha las descripciones de una casa y decide si cada oración es lógica (L) o ilógica (I).

1. _Ilógica_
2. _Ilógica_
3. _Lógica_
4. _Lógica_
5. _Lógica_
6. _Ilógica_
7. _Lógica_

Suggestion for 6.8: For hybrid or flipped classes, you may want to assign students to listen to the audio and complete this activity prior to the class session.

Audioscript for 6.8:
1. Normalmente el inodoro está en la sala.
2. Generalmente dormimos en el comedor.
3. Generalmente hay flores y plantas en el jardín.
4. A veces el desván funciona como una habitación adicional.
5. Muchas veces encontramos una mesa grande y varias sillas en el comedor.
6. Cuando necesitamos comer, muchas veces vamos a la habitación para preparar la comida.
7. Casi siempre hay una ducha en el baño, con cortinas en las ventanas.

6.9 La casa y los muebles. Tus amigos y tú piensan alquilar una casa muy cerca de la universidad, pero la casa no tiene todos los muebles y aparatos eléctricos necesarios. Completa los siguientes **Pasos** para decidir si la casa realmente es adecuada. Answers will vary.

Paso 1: Lee esta descripción de tu amigo y haz una lista de las cosas que tus amigos y tú necesitan comprar.

> La casa es bastante grande. Tiene una cocina con un fregadero y un lavaplatos. También hay gabinetes, pero nada más. En la sala hay una alfombra y una luz en el techo. La casa tiene tres habitaciones. Cada habitación tiene una alfombra y unas cortinas en las ventanas, pero ninguna tiene una luz en el techo. Hay un cuarto de baño con una ducha, una bañera, un inodoro y un lavabo.

Paso 2: **Recycle** Ahora habla con dos compañeros de clase. Decidan quién puede obtener cada mueble y aparato necesario. ¿Hay algo que tienen que comprar? ¿Tienen suficiente dinero? Decidan si realmente es una buena idea alquilar esta casa.

Activity 6.9 Paso 2 recycles stem-changing verbs in Chapter 5.

6.10 Vamos a mudarnos. Para el próximo semestre tus compañeros y tú deciden cambiar de casa. A ti te toca escribir una lista de todos los muebles y aparatos que tienen en cada cuarto de la casa en donde viven ahora antes de mudarse. ¿De quién es cada mueble y electrodoméstico? Usa la tabla y completa los siguientes **Pasos**. Answers will vary.

Follow-up for 6.10: Ask students what activities they do in each room to elicit and recycle activities in the Present indicative. Then ask them to identify their favorite room and to explain why it's their favorite.

Paso 1: Escribe las cosas que hay en cada cuarto de tu casa/apartamento/residencia. También escribe de quién es cada cosa.

Los cuartos	Los muebles	Los electrodomésticos	¿De quién es?
La sala			
El comedor			
La habitación #1			
La habitación #2			
El baño			
El desván			
El sótano			

Paso 2: Ahora, después de mudarse, tienes que trabajar con tu compañero/a para verificar que todos los muebles y aparatos están en la nueva casa. Explícale tu lista y tu compañero/a debe verificar qué hay y qué no hay en la casa.

6.11 Un/a compañero/a nuevo/a. Recycle El próximo semestre te quedas sin un/a compañero/a de cuarto/apartamento/casa. Toma una foto de tu habitación. Después, describe la foto a tu nuevo/a compañero/a, a ver si quiere compartir el cuarto contigo. Incluye los muebles, los electrodomésticos y donde está cada cosa en la habitación. Answers will vary.

Activity 6.11 recycles *Expresiones que indican lugar* from Chapter 3.

Modelo: *Tengo una cama en mi habitación. Está entre dos ventanas al lado de la mesita de noche. También tengo un tocador. Está al lado de la puerta.*

6.12 Veinte preguntas. Es hora de jugar al juego de veinte preguntas. Haz preguntas de sí o no para poder adivinar el mueble que tu compañero/a tiene. Aquí tienes ejemplos de preguntas que te ayudan a jugar: GAME

¿Está en la cocina?

¿Se usa para cocinar?

¿Es un mueble?

¿Generalmente hay más de uno en la casa?

¿Tiene agua?

¿Está dentro / afuera de la casa?

¿Es necesario lavar o limpiar este aparato?

¿…?

Cultura viva

Utensilios tradicionales

In both Guatemala and El Salvador, a **hamaca** (See photo in **Después de escuchar**, section **Te presentamos a…**) is a traditional piece of furniture used for sleeping or resting. In the countryside, it was often woven by hand using natural fibers like cotton or henequen and natural dyes to make colorful designs. Today most hammocks are made from synthetic fibers. A **comal** is a large stone that serves as a griddle or stove top to cook the **tortillas** when placed on top of a fire or hot coals. A **petate** is a bedroll woven of dried palm leaves. It is unrolled for sleeping on the floor or on warm evenings, outside. It can also be used to dry seeds or beans. A **metate** or mortar is a traditional stone used for grinding corn or other grains.

Brent Hofacker / 123RF

A great way to learn numbers in Spanish is by using your environment. As you go about your day, when you see a number on a sign, billboard, online advertisement or while reading, try to say the number aloud in Spanish. In no time at all, you will have learned the numbers and you will be able to understand when you hear them in Spanish.

Los números hasta 900 000 000

100	cien	5	cinco
101	ciento uno	15	quince
200	doscientos	50	cincuenta
300	trescientos	500	quinientos
400	cuatrocientos	5000	cinco mil
500	**quin**ientos	50 000	cincuenta mil
600	seiscientos	500 000	quinientos mil
700	**sete**cientos	5 000 000	cinco millones
800	ochocientos	50 000 000	cincuenta millones
900	**nove**cientos	500 000 000	quinientos millones
1000	mil		
1 000 000	un millón		
2 000 000	dos millones		

¡Alerta!: *Cien y ciento*

Se usa **ciento** antes de los números entre el 101 y el 199.
ciento quince = 115
Se usa **cien** ante mil y millones.
cien mil = 100 000
cien millones = 100 000 000

6.13 ¿Qué sabes del siglo XX? **WP** Tienes un examen en la clase de historia y quieres repasar. Escucha la descripción e indica en qué año ocurre cada evento.

Fecha	Evento
1956 E.	**A.** El primer televisor
1951 G.	**B.** El primer dibujo animado de Mickey Mouse
1939 F.	**C.** El primer estadounidense en el espacio
1908 H.	**D.** El primer perrito caliente
1928 B.	**E.** El nacimiento de la música *rock-n-roll*
1961 C.	**F.** El desarrollo de la penicilina
1925 A.	**G.** El primer televisor en color
1900 D.	**H.** El primer carro

6.14 Tienda de electrodomésticos. Tu mejor amiga se casa con un muchacho salvadoreño que conoció en la universidad. Decides revisar una página web de una tienda de El Salvador para ver qué puedes regalarle. Completa los dos **Pasos**. Answers will vary.

Paso 1: Con un/a compañero/a comenta en voz alta cuánto cuestan los electrodomésticos que ves. ¿Cuéstan más que en tu ciudad?

Paso 2: Decide qué piensas comprarle a tu amiga y explícale a tu compañero/a por qué.

Suggestion for 6.15: For flipped or hybrid courses, students can prepare this activity outside of class. During the next class session, they can compare their information with a partner.

6.15 ¿Cuáles son los gastos en tu Universidad? Recycle Tu escuela secundaria te invita a participar en un programa informativo sobre la vida universitaria. Para preparar tu presentación, completa los siguientes **Pasos**. Answers will vary.

Paso 1: Para organizar tu presentación, escribe tu información en el siguiente guion.

Activity 6.15 recycles the university, classes, activities and student life vocabulary from Chapter 3 and Present indicative from Chapters 3, 4 and 5.

   I. Mis estudios y mi especialización:

   II. La vida estudiantil:

   III. Los gastos:

    A. Precio de la matrícula:

      1. por semestre

      2. por año

    B. Precio de la vivienda:

      1. la residencia estudiantil

      2. un apartamento

    C. Precio de la comida:

      1. la cafetería

      2. otras opciones

    D. Precio de los libros:

      1. por semestre

      2. por año

    E. Costos adicionales:

      1. las actividades y los clubes

      2. los servicios tecnológicos de la universidad

Note for 6.15, Paso 2: Be sure to push students to produce beyond the phrase level and to formulate longer sentences. Encourage them to explain any reasoning upon which they base their responses.

Paso 2: Comparte tu información con un/a compañero/a o con la clase.

Comparisons

There are several different types of comparisons and the ways to express them vary in Spanish.

WileyPLUS

Go to WileyPLUS to review this grammar point with the help of the Animated Grammar Tutorial.

Comparisons of inequality

1. When comparing qualities (adjectives) and subjects (nouns) use:

   más/menos + (adjective) + **que**   more/less _____ than

   Mi casa es **más <u>bonita</u> que** tu casa, pero mi casa es **menos <u>moderna</u> que** tu casa.

   más/menos + (noun) + **que**   more/less _____ than

   Mi casa tiene cuatro habitaciones y tu casa tiene solamente tres. Mi casa tiene **más <u>habitaciones</u> que** tu casa.

2. When comparing actions (verbs) OR how actions are done use:

   (verb) + **más/menos que** + other person's name   more/less than

   Roberta trabaja ocho horas o más en casa cada día. Ella **<u>trabaja</u> más que** la señora Pérez.

   (verb) + **más/menos** + (adverb) + **que** + other person's name   more/less _____ than

   A veces Claudia trata de limpiar la mesa, pero Claudia la **<u>limpia</u> más <u>despacio</u> que** Roberta. (Claudia es una niña de cinco años).

Comparisons of equality

1. When comparing equal qualities (adjectives) use:

   tan + (adjective) + **como**   as _____ as

   La casa blanca es **tan <u>bonita</u> como** la casa azul.

   La habitación es **tan <u>grande</u> como** tu habitación.

2. When comparing number of people or items (nouns) use:

   (verb) + **tanto/tanta/tantos/tantas** + (noun) + **como**   as much/as many as

   La casa azul **<u>tiene</u> tantas <u>ventanas</u> como** la casa blanca.

   Elisa **<u>gana</u> tanto <u>dinero</u> como** Ricardo.

¿Qué observas?

1. In the example #1 found in **Comparisons of equality** for comparing adjectives, how does the adjective of comparison *bonita* end and why is the ending this way?

2. In the second example #2 found in **Comparisons of equality** for comparing nouns, what are the last two letters of 'tantas' and why must the word end this way?

Answers for ¿Qué observas? box: 1. It ends in –a so that the ending agrees or matches with the end of the word casa, the object that it is describing. 2. The last two letters are –as. It ends this way to match with the end of the word ventanas, which also ends in –as.

3. When comparing quantity of actions (verbs) OR how actions are done use:

   (verb) + **tanto como** + person's name   as much as

   Roberta trabaja ocho horas y su amiga Elena trabaja ocho horas también. Roberta **<u>trabaja</u> tanto como** Elena.

   (verb) + **tan** + (adverb) + **como**   as _____ as

   A los señores Pérez les gusta estar en buena condición física, así que corren cinco días a la semana. El señor Pérez corre cada mañana y la señora Pérez corre cada tarde. Él **<u>corre</u> tan <u>frecuentemente</u> como** ella.

Comparisons of inequality that do not follow the format presented previously

1. with nouns when comparing the quality of two things (better/worse) use:

   subject 1 + es + **mejor/peor** + **que** + subject 2   *better/worse than*

   Este televisor **es mejor que** tu televisor.

   Este sofá **es peor que** el sofá de mi amigo.

2. When comparing how actions are done with verbs use:

   subject 1 + action/verb **+ mejor/peor** + **que** + subject 2   *better/worse than*

   Mi mamá **plancha** la ropa **mejor que** yo porque ella tiene más experiencia.

   Así que yo **cocino peor que** mi mamá porque yo no tengo mucha experiencia y no me gusta cocinar.

3. When comparing the ages of two people, use:

   person 1 + es + **mayor/menor** + **que** + person 2   *older than/younger than*

   a. Mi mamá tiene <u>75 años</u> y yo tengo <u>30</u>; por lo tanto, ella **es mayor que** yo.

   b. Mi hija tiene <u>6 años</u> así que ella **es menor que** yo.

   c. Óscar y Olga **son mayores que** Daniel.

   d. Daniel y Lolita **son menores que** Óscar.

¿Qué observas?

1. In example c, why is *mayores* plural?   Porque el sujeto son dos personas.
2. In example b, why is *menor* singular?   Porque el sujeto es una persona.

Suggestion for 6.16: For hybrid or flipped classes, you may want to assign students to listen to the audio and complete this activity prior to the class session.

Audioscript for 6.16: 1. En la casa de Marta hay tres habitaciones. En la casa de María hay tres habitaciones también.
2. En la casa de María hay dos baños. En la casa de Marta hay tres.
3. Marta tiene una cocina grande. María tiene una cocina pequeña.
4. Marta tiene tres mesitas en su sala. María tiene solo dos mesitas.
5. La casa de María está muy limpia. La casa de Marta no está muy limpia.
6. La casa de Marta tiene cinco televisores. La casa de María tiene tres.
7. La casa de María tiene tres años. La casa de Marta tiene 20 años.

6.16 Comparamos nuestras casas.   **WP** Escucha la información acerca de las casas de Marta y María y escoge la comparación correcta.

1. a. La casa de Marta es mejor que la casa de María.
   b. La casa de María tiene tantas habitaciones como la casa de Marta.
   c. La casa de Marta tiene más habitaciones que la casa de María.

2. a. La casa de Marta tiene más baños que la casa de María.
   b. La casa de Marta tiene menos baños que la casa de María.
   c. La casa de María es mejor que la casa de Marta.

3. a. La cocina de María es más grande que la cocina de Marta.
   b. La cocina de Marta es más grande que la cocina de María.
   c. La cocina de Marta es tan grande como la cocina de María.

4. a. La sala de Marta tiene menos mesitas que la sala de María.
   b. La sala de Marta tiene tantas mesitas como la sala de María.
   c. La sala de Marta tiene más mesitas que la sala de María.

5. a. María limpia más que Marta.   b. Marta limpia más que María.
   c. María limpia tanto como Marta.

6. a. Hay más televisores en la casa de Marta.
   b. Hay menos televisores en la casa de Marta.
   c. En la casa de Marta hay tantos televisores como en la casa de María.

7. a. La casa de María tiene tantos años como la casa de Marta.
   b. La casa de María es mejor que la casa de Marta.
   c. La casa de Marta tiene más años que la casa de María.

6.17 Las comparaciones. Los señores Mendoza viven en Guatemala y buscan una casa nueva con todas las conveniencias para su familia, pero es difícil decidir. Lee su conversación y completa los **Pasos**.

Paso 1: Identifica un ejemplo de cada tipo de comparación en la conversación. Compara tu información con la de tu compañero/a.

Él: La casa roja es <u>más elegante que</u> la casa azul y está <u>más lejos</u> de la ciudad y del tráfico <u>que</u> la casa azul.

Ella: Sí, pero la casa azul es <u>más moderna que</u> la casa roja y está <u>más cerca</u> de la casa de mamá y de los centros comerciales <u>que</u> la casa roja.

Él: De acuerdo, pero en el campo, con el aire fresco, podemos respirar <u>mejor que</u> en la ciudad.

Ella: Pues, mi amor, el sistema de transporte público es <u>peor que</u> el sistema de la ciudad y también en el campo hay <u>menos tiendas que</u> en la ciudad en donde podemos comprar.

Él: Sí, de acuerdo, pero existen <u>más lugares</u> donde nuestros hijos pueden jugar y correr.

Ella: En mi opinión, nuestros hijos deben estudiar <u>más</u> y jugar <u>menos</u>. Y, además, las <u>mejores</u> escuelas están en la ciudad. Ay, ¿cómo puedo convencerte? Y la casa azul <u>cuesta menos que</u> la casa roja.

Él: Posiblemente debemos quedarnos aquí en la misma casa de siempre y pensarlo bien.

Paso 2: Explícale a tu compañero/a qué casa es mejor para los Mendoza y por qué.

6.18 La vivienda maya. `Recycle` Tu vecino tiene mucho interés en el arte y en su casa hay una colección de pinturas de todo el mundo. Quiere comprar una obra de arte maya y te pide tu opinión sobre el artista José Antonio González Escobar, un pintor de arte maya tzutuhil. Busca en Internet su pintura *Actividades en la orilla del lago* y completa los **Pasos** para darle recomendaciones a tu vecino. *Activity 6.18 recycles activities and present tense from Chapters 3 and 4; Hay from Chapter 1.*

Paso 1: Con tu compañero/a, describe la pintura y contesta las siguientes preguntas:

1. ¿Qué hay en la pintura?
2. ¿Dónde tiene lugar la pintura?
3. ¿Qué actividades hacen las personas?
4. ¿Cómo son las casas?
5. ¿Qué opinas de la pintura?
6. ¿Cuánto cuesta la pintura?
7. ¿Qué piensas del arte de José Antonio González Escobar?
8. ¿Qué observas de la cultura maya tzutuhil?

Paso 2: Con tu compañero/a compara las casas de la pintura con otra de la capital de Guatemala que encuentres en Internet. Puedes usar palabras descriptivas como: **grande o pequeña, cara o barata, elegante o tradicional, moderna o antigua**. ¿En qué casa prefieres vivir? ¿Por qué? ¿Qué saben ahora de los diferentes tipos de viviendas de Guatemala? *Answers will vary.*

Paso 3: Ahora escríbele un correo electrónico a tu vecino. Cuéntale sobre tu investigación y lo que sabes de la pintura, del pintor y la cultura maya tzutuhil. *Answers will vary.*

Suggestion for 6.17: Have students work in pairs to locate the comparisons. Project the dialogue on the screen or electronic whiteboard to quickly review.

Note for 6.17, Paso 2: Be sure to push students to produce beyond the phrase level to formulate longer sentences. Encourage them to explain and justify their responses.

Suggestion for 6.18: When students complete the description of the painting, you may have them compare it with another by the same or different Maya painter that they find online.

Answers for 6.18, Paso 1: 1. Casas, personas, montañas, lago; 2. En algún lugar de Guatemala; 3. Caminan, hablan, juegan, lavan; 4. Pequeñas, de ladrillo y tejas o paja; 5–8. Answers will vary.

Cultura viva

Housing in rural Guatemala

Many of the more humble houses in rural Guatemala are made from mud or clay block and have a flat tile or a grass roof. They have an earthen floor and the house is basically one large room in which the family locates the kitchen, bedrooms and living room area. The very poor who move to the capital city to find work often live in make-shift homes in areas called *asentamientos*, located on the outskirts of Guatemala City. These areas may or may not have running water and electricity. Household chores are done almost 100% by women. If you are visiting a friend or acquaintance in his/her village home, you will be received with open arms since, although very humble, many people generously share what they have with you. It is customary to offer the visitor a cup of coffee during his/her visit.

Suggestion for 6.19: This activity is broken down into two steps for students to complete. For hybrid or flipped classes, you may want to assign **Paso 1** for students to prepare prior to the class session.

Suggestion for 6.19: Remind students that since 2011, El Salvador uses U.S. dollars as its official currency. For this activity check to be sure students are asking and answering the questions instead of just exchanging papers and filling in the chart.

Note for 6.19: Be sure to remind students to make use of all of the cognates in the real estate ads to assist them with comprehension. You can direct them to mark all cognates before beginning the activity.

6.19 Se busca casa. Tu amigo/a se muda a San Salvador con su familia. No habla español y te pide ayuda. Completa los **Pasos** para comprar una casa.

Paso 1: **WP** Lee los anuncios de casas en El Salvador y organiza la información en la siguiente tabla.

Anuncio	Dirección	Número de teléfono	Número de habitaciones	Número de baños	¿Tiene garaje?	Número de cuartos en total	Tamaño	Precio
1	2a. Avenida Norte, San Salvador.	(503) 7564-2739	5	3	Sí. Para 6 coches.	14	780 varas².	$175.000
2	Boulevard Constitución.	72101694	4	3	Sí. Para un coche.	6	175 varas².	$125.000
3	Colonia Miguel Palacios.	7092-3196	4	2	Sí. Para 2 coches.	10	181 varas².	$57.000

1. Venta de Casa en 2a. Avenida Norte, San Salvador

Casa grande tipo colonial rodeada de jardines y árboles frutales (2a. Avenida Norte, San Salvador) 5 habitaciones completas, 3 baños, 2 salas, 2 comedores, cocina grande completa, área de servicio, jardín con barbacoa, cochera para 6 vehículos, etc. Zona fresca, tranquila y segura. Precio $175,000.00 (negociable). Detalles específicos: Área de construcción: 280 m². Área del terreno: 780 varas². Habitaciones: 5. Baños: 3. Precio: U.S. $175,000.00. Más información en el teléfono: (503) 7564-2739.

2. Venta de casa en Boulevard Constitución, San Salvador

Casa grande en Boulevard Constitución, en urbanización privada con vigilancia 24 horas, consta de dos plantas. Primera planta: sala, comedor, cocina, cuarto para juegos, terraza, patio con piso cerámico, área de servicio completa, baño social, cochera techada para un vehículo, cisterna. Segunda planta: habitación principal con un armario grande, baño y jacuzzi, tres habitaciones con armarios, sala familiar, baño compartido. Precio $125,000.00 (negociable). Detalles específicos: Área de construcción: 220 m². Área del terreno: 175 varas². Habitaciones: 4. Baños: 2. Teléfono: 72101694.

3. Venta de casa en Colonia Miguel Palacios, San Salvador

Casa de una planta. Colonia Miguel Palacios, San Salvador, con las siguientes características: una sola planta con sala, comedor, cocina independiente; cochera cerrada para 2 vehículos, 2 baños completos, área de lavandería y lavadora, 4 habitaciones (con clósets de madera), tragaluz para mayor claridad, patio interior con sus muros. Acabados y extras: cielo falso, parque recreativo en colonia con canchas de básquetbol y papi fútbol, bonito ambiente natural y fresco. Zona de gran plusvalía, cercano al transporte público, colegios, clínicas, centros comerciales, supermercados, etc. Detalles específicos: Área de construcción: 181 m². Área del terreno: 215 varas². Habitaciones: 4. Baños: 2. Precio: U.S. $57,000.00. Mayor información en los teléfonos: 7092-3196 (también pueden ver más fotos buscándonos en Facebook como: alproventa1 bienes raíces).

Paso 2: Después, comenta la situación con tu compañero/a, haz comparaciones entre las tres opciones y decide cuál es la mejor opción para él/ella y su familia.

6.20 Tour de mi casa. Al final, a tu amigo/a no le gusta ninguna de las casas que examinaron en 6.19. Decides buscar un video en Internet de una casa en San Salvador para ayudarle con su situación. Answers will vary.

Paso 1: Mira el video, toma apuntes y escribe qué cuartos hay en la casa.

Paso 2: Preséntale la casa a tu compañero/a.

Paso 3: Haz comparaciones entre la casa del video y tu casa.

6.21 Los países. Completa los siguientes **Pasos** para comparar los países de Guatemala, El Salvador y Estados Unidos. Answers will vary.

Paso 1: Escribe cinco comparaciones, utilizando las estadísticas sobre El Salvador, Guatemala y Estados Unidos. Después, comparte tu información con un/a compañero/a.

Paso 2: Consulta Internet para encontrar información sobre una ciudad de Guatemala o El Salvador. Después, haz comparaciones entre la ciudad o pueblo de Guatemala y la ciudad o pueblo en donde tú vives en EE. UU. Comparte tu información con un/a compañero/a y con la clase.

6.22 Situaciones. Recycle Haz el papel de **A** o **B** con tu compañero/a para participar en la conversación. Answers will vary.

A- Your younger sibling is trying to decide where to go to college. You have all the right reasons that s/he should attend where you are currently studying, but your sibling has another university in mind. In order to convince him/her, compare your university to another that s/he thinks is better. Discuss tuition, number of students, distance, clubs, number of majors, study abroad, and other topics that you think are important.

B- Your older sibling is trying to convince you to attend college where s/he does, but you have a different university in mind. Listen to his/her comments and explain why you think the other university is a better fit for you.

6.23 Situaciones. Haz el papel de **A** o **B** con tu compañero/a para participar en la conversación. Answers will vary.

A- You are shopping for new electronics: a tablet, laptop or cell phone. You ask the salesperson five or more questions about the different options at the store.

B- Look up online some different options for the electronic device that your partner seeks, in order to answer his/her questions. You wish to convince him/her to buy a certain model by making comparison with the other options.

Estrategia de estudio: Becoming Proficient in Spanish

You may have already noticed that you can study grammar rules all you want, but that alone will not help you to become conversational and eventually proficient in Spanish. Grammar is your roadmap or GPS and it gives you the tools you need to say what you want to say. But knowing about grammar is not the same thing as using it in live/real conversations. The only way to increase your proficiency is by speaking. So make sure you spend time speaking every day!

🎧 Los quehaceres de la casa

WileyPLUS
Go to WileyPLUS Resources to access an interactive version of this illustration to review these vocabulary words and practice their pronunciation.

Exploremos el vocabulario 3

En la casa de los Recino, cada persona hace algo para mantener limpia la casa. La abuelita María Dolores **hace la cama** en la habitación. En el sótano, la mamá Ángela **lava**, **seca** y **plancha la ropa**. En el baño, la mamá Ángela **limpia el baño** y Victoria **barre el suelo**. En la cocina, Nelson **saca la basura**, Carlos **lava los platos** y Jennifer los **seca**. Nelson también **corta el césped** en el jardín. En la sala, el papá David **pasa la aspiradora** y Jennifer **sacude los muebles**. Victoria **prepara la mesa** en el comedor para la próxima comida.

👤 **6.24 Tareas domésticas.** ⟨Recycle⟩ Todos tenemos que ayudar en la casa o en el apartamento donde vivimos. Consulta la lista de los quehaceres. Escribe los que no te gusta hacer y explica por qué. También escribe los quehaceres que prefieres hacer. Después, comparte tu información con tu compañero/a. *Activity 6.24 recycles the verb* gustar *from Chapter 3 and stem-changing verbs from Chapter 5.*

Modelo: *No me gusta planchar la ropa porque es aburrido. Prefiero cortar el césped.*

Answers will vary.

Los quehaceres que no me gusta hacer	Los quehaceres que prefiero hacer	Por qué

Suggestion for Exploremos el vocabulario 3: Provide comprehensible input by describing this visual to students as you narrate and introduce vocabulary. For instance, tell students: *Jennifer seca los platos en la cocina. No me gusta lavar los platos, pero es necesario. Tengo un lavaplatos, así que puedo limpiar la cocina muy rápido.*

Warm-up for Exploremos el vocabulario 3: To recycle, you may wish to break students into pairs and have them describe the people in the drawings and include physical description and age.

6.25 ¿Cuándo haces los quehaceres? Recycle Habla con tu compañero/a para completar el siguiente formulario sobre cuándo hacen los quehaceres de casa. Después, haz una comparación de la frecuencia con la que hacen los quehaceres.   Answers will vary.

Activity 6.25 recycles Present indicative from Chapters 3, 4 and 5.

Los quehaceres	Todos los días	Una vez a la semana	Una vez al mes	Nunca
lavar el coche				
limpiar el baño				
pasar la aspiradora				
sacudir los muebles				
preparar la mesa				
lavar los platos				
hacer la cama				
sacar la basura				
cortar el césped				

Technology tip for 6.26: Use a Web 2.0 polling software to create an instant bar graph of class results. You can prompt the students to comment on the results.

6.26 El español cerca de ti. Tu clase investiga el papel del género relacionado con los quehaceres domésticos. En tu universidad o en Internet, busca a un/a latino/a para preguntarle quién de su casa hace generalmente cada quehacer de la lista que estudiamos. Después, tu clase hará una tabla para ver cuántas mujeres y cuántos hombres hacen cada quehacer doméstico. Pueden comparar estos números con las experiencias de los estudiantes en la clase.

Answers will vary.

Exploremos la gramática 2

WileyPLUS

Go to WileyPLUS to review this grammar point with the help of the Animated Grammar Tutorial.

Audioscript for 6.27: 1. La mesa y las sillas del comedor tienen polvo y no se pueden usar ahora.
2. Los platos y vasos de esta elegante colección están sucios.
3. El césped del patio está bastante alto.
4. Hay mucha basura y papeles en la cocina.
5. Alguien se lava las manos sucias en el baño.
6. La cama de Claudia está desordenada.
7. Ya está listo el pastel en la pastelería.
8. Después de lavar los platos y los vasos alguien va a preparar la mesa para comer.

Expressing obligations: *deber, necesitar, tener que* + infinitive

To maintain an orderly home environment it is helpful to have a plan for getting things done. The following are some ways to express obligations.

deber + infinitive	*(should)*	Miguel **debe** limpiar el garaje porque hay mucha basura allí.
necesitar + infinitive	*(need/s to)*	Mónica y Alicia **necesitan** preparar la mesa.
tener que + infinitive	*(has/have to)*	Yo **tengo que** arreglar la cama y sacudir los muebles en mi habitación.

6.27 Situaciones y obligaciones. En casa de los Pérez se están haciendo muchos preparativos para una fiesta de aniversario para sus padres. Escucha las siguientes situaciones y escribe lo que Tita necesita hacer.

Suggestion for 6.27: For hybrid or flipped classes, you may want to assign students to listen to the audio and complete this activity prior to the class session.

1. Tita tiene que sacudir el polvo de la mesa y las sillas.
2. Tita tiene que lavar los platos y los vasos.
3. Tita necesita cortar el césped.
4. Tita debe recoger los papeles y tirar la basura de la cocina.
5. Tita debe limpiar el baño.
6. Tita tiene que arreglar la cama de Claudia.
7. Tita debe recoger un pastel de la pastelería.
8. Tita tiene que preparar la mesa.

Cultura viva

The Guatemalan household

In many traditional Guatemalan families, it is still common to see a distinction between the role of the husband and that of the wife regarding the administration of a household. It also depends on the socio-economic level of each family as well as their professional education. Traditionally, it is the man who is expected to go to school and get a degree in order to become a successful professional. This will allow him to support his family and to cover all the expenses of a house or apartment. The wife is mainly expected to stay home and to run the house, especially raising their children. In cases when the wife has a profession, they hire a woman who helps them around the house if they are able to afford one. These women are called **sirvientas** and most of them come from rural areas. When houses are built, some people include in the construction design a small room for the maid called **cuarto** *de* **servicio** near the kitchen and the patio with a bedroom and its own full bathroom. These women become almost like family members, are paid the minimum wage, and receive three meals of the day. Some of these maids go to school in the afternoons and do not have to work on Sundays.

Note for Cultura viva, The Guatemalan household: Explain that unlike in the United States where one must be fairly wealthy to have household help every day or live-in help, middle class families in many Central and South American countries have traditionally hired a teenaged girl or young woman from a family of humble means from the countryside to help them.

6.28 ¡La amiga de Tita necesita hacer algo! La amiga de Tita se llama Rosa. Rosa vive con otra familia en la Ciudad de Guatemala, pero su habitación está muy desorganizada. Completa los siguientes **Pasos** sobre el dibujo.

Suggestion for 6.28 and 6.29: These activities are broken down into two steps for students to complete. For hybrid or flipped classes, you may want to assign **Paso 1** for students to prepare prior to the class session.

Paso 1: Mira el dibujo de la habitación de Rosa. Para arreglar su habitación, ¿qué tiene que hacer Rosa? ¿Qué necesita hacer? ¿Qué debe hacer? Completa la tabla con instrucciones para Rosa.

Possible answers for 6.28, Paso 1: arreglar la cama, sacudir el polvo, colgar la ropa.

Tiene que...	Necesita...	Debe...

Paso 2: Comparte tu lista con un/a compañero/a. Señala las obligaciones que Uds. tienen en común. Answers will vary.

Paso 3: Piensa en tu habitación, tu casa o tu apartamento y comenta las siguientes preguntas con tu compañero/a. Answers will vary.

¿Cuáles son tus obligaciones?

¿Cuáles son las obligaciones de tus compañeros/as?

¿Cuáles son las obligaciones que comparten[2]?

6.29 Nos quedamos sin ayuda. Una familia guatemalteca se queda sin la muchacha que normalmente los ayuda con los quehaceres, porque ella ya no vive con ellos. La familia decide ahorrar dinero y no contratar a otra muchacha. Ahora le toca a cada miembro de la familia hacer algunos de los quehaceres para mantener limpia la casa. Answers will vary.

Paso 1: Asigna dos quehaceres a cada persona, según su situación.

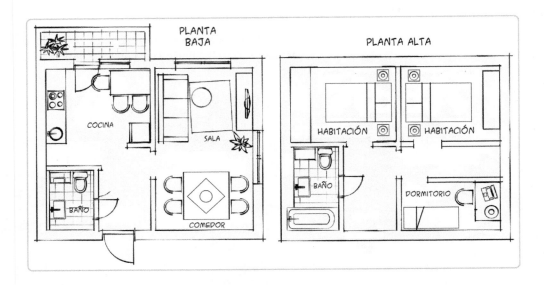

Esteban (el padre): Es profesor en la Universidad del Valle de Guatemala. Trabaja todos los días de 8 a 16. Le gusta hacer las compras, pero no le gusta limpiar los baños.

Elisa (la madre): Es periodista y trabaja para Prensa Libre. Trabaja todos los días de 9 a 15. Prefiere cocinar. No le gusta sacudir los muebles.

Enrique (el hijo): Es estudiante de 9 años. Puede barrer, tender su cama y pasar la aspiradora, pero no le gusta hacer los quehaceres.

Elena (la hija): Es estudiante de 6 años. Le gusta jugar después de la escuela.

Cuartos de la casa	Quehaceres en cada cuarto	Miembro de la familia

Paso 2: Ahora, comparte tu tabla con un/a compañero/a para conversar sobre las obligaciones de cada miembro de la familia.

[2]**comparten:** share

Reflexive constructions

Exploremos la gramática 3

Some common verbs may be used *reflexively* in Spanish to discuss daily routines. They often appear in the dictionary ending in –**se**, like lavar**se**.

In Spanish reflexive verb forms are stated with their accompanying *reflexive pronouns*:

yo	**me** lavo	nosotros/as	**nos** lavamos
tú	**te** lavas	vosotros/as	**os** laváis
él/ella	**se** lava	ellos/as	**se** lavan
usted	**se** lava	ustedes	**se** lavan

WileyPLUS

Go to WileyPLUS to review this grammar point with the help of the Animated Grammar Tutorial.

These are some other verbs in Spanish that can be used reflexively – often referred to as "reflexive verbs".

La rutina diaria		*Daily routine*
ac**o**star**se**	(o › ue)	*to go to bed (to put oneself to bed)*
afeitar**se**		*to shave (oneself)*
arreglar**se**		*to get (oneself) ready*
bañar**se**		*to bathe (oneself)*
cepillar**se** el pelo/los dientes		*to brush one's (hair, teeth)*
desp**e**rtar**se**	(e › ie)	*to wake oneself up*
d**o**rmir**se**	(o › ue)	*to fall asleep*
lavar**se**		*to wash, to bathe (oneself)*
levantar**se**		*to get (oneself) up*
peinar**se**		*to comb one's hair*
poner**se**		*to put on (as in clothing)*
quitar**se**		*to take off of oneself*
s**e**ntar**se**	(e › ie)	*to sit oneself down*
v**e**stir**se**	(e › i)	*to get (oneself) dressed*

¡Alerta!: Reflexive Verbs with Stem Changes

Notice that some of these verbs also include a stem-change. The stem change is noted in the previous table in parentheses. Don't forget to make the change in all forms except **nosotros** and **vosotros**.

Question/Answer **examples**:

A: Normalmente, ¿a qué hora **te** despiert**as** en la mañana?

B: Pues, normalmente **me** despiert**o** a las 6:15.

A: Generalmente, ¿a qué hora **te** levant**as**?

B: **Me** levant**o** a las 6:30.

A: ¿**Te** lav**as** el pelo en la mañana o en la noche?

B: **Me** lav**o** el pelo en la mañana.

A: ¿Qué ropa³ **te** pon**es** cuando hace frío?

B: Cuando hace frío, **me** pong**o** pantalones largos, un suéter y un abrigo.

A: ¿Cuándo **se** levant**a** tu familia los fines de semana?

B: Mis padres **se** levant**an** temprano en la mañana, pero yo **me** levant**o** más tarde.

Note for 6.30: This activity is broken down into three steps for students to complete. For hybrid or flipped classes, you may want to assign **Paso 1** for students to prepare prior to the class session.

6.30 La rutina por la mañana. Busca en Internet un video de la rutina diaria de una persona hispana y completa los **Pasos**. Answers will vary.

Paso 1: Mira el video y escribe una lista de las actividades que hace la persona.

Paso 2: Comparte tu video con un/a compañero/a. Compara la rutina de la persona del video con tu rutina.

Paso 3: Explícale a tu compañero/a las perspectivas culturales que observaste en tu video.

6.31 ¿Qué tenemos en común? Recycle Habla con un/a compañero/a para investigar a qué hora hace las siguientes actividades. Después, decide qué tienen en común.

Activity 6.31 recycles Present indicative from Chapters 3, 4 and 5.

1. Normalmente, ¿a qué hora **te** despiert**as** en la mañana?
2. Y ¿a qué hora **te** levant**as**?
3. ¿**Te** lav**as** el pelo en la mañana o en la noche? Answers will vary.
4. ¿Qué ropa **te** pon**es** cuando hace frío?
5. ¿Cuándo **se** acuest**an** tus amigos/as los fines de semana?
6. Y ¿cuándo **te** acuest**as** tú los fines de semana?
7. ¿_____?

³**ropa:** clothing

Nohemí Castro Amaya (Cuscatlán, El Salvador)

José Enrique Molina / Age fotostock / Alamy Stock Photo

Nohemí Castro Amaya es de Cuscatlán, El Salvador.

Antes de escuchar

6.32 Mi rutina diaria. Tu amigo/a de El Salvador te pregunta sobre un día típico en la universidad. Escribe una lista de tus actividades diarias en un mensaje de texto. Answers will vary.

Mientras escuchas

🎧 **6.33 La rutina de Nohemí.** [WP] Escucha a Nohemí mientras describe su rutina diaria. Pon las siguientes actividades en el orden en que las hace.

9 Se acuesta a las 22:00 normalmente.

7 Desayuna café con su mamá en la cocina.

2 Se ducha.

4 Se cepilla los dientes.

5 Se maquilla.

6 Se pone la ropa.

10 Se duerme en seguida.

1 Se despierta a las 6:30.

8 En la cena, lava y seca los platos.

3 Se lava el pelo.

Después de escuchar

6.34 Comparaciones. [Recycle] Sigue los **Pasos** para comparar tu rutina diaria con la de Nohemí. Answers will vary.

Activity 6.34 recycles Present indicative from Chapters 3, 4 and 5.

Paso 1: Usa el diagrama de Venn para escribir tus actividades y las de Nohemí.

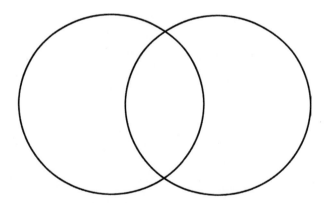

👥 **Paso 2:** Comenta con tu compañero/a las diferencias y similitudes entre tu rutina diaria y la de Nohemí.

Paso 3: Escribe un párrafo y explica cuáles son las diferencias y similitudes.

Conozcamos a...

Audioscript for 6.33: Me llamo Nohemí Castro Amaya y soy de Cuscatlán, cerca de San Salvador, la capital de El Salvador. Soy la mayor de tres hermanos y tengo 25 años. Mis hermanos se llaman Margarita, Yolanda y Javier. Mis abuelos maternos, Pablo y Julia, viven en la casa de mi familia. El resto de mi familia vive en otra calle cerca de nosotros, inclusive mis abuelos paternos, César y Marta. Mi padre, Pedro, es muy responsable y trabaja mucho durante casi toda la semana. Él es alto y gordito, pero mi madre, Dolores, es de estatura mediana y bastante delgada. Mi madre es una buena ama de casa y se preocupa mucho por el bienestar de todos. La rutina diaria de mi familia es un poco complicada porque la familia es grande y la casa solo tiene un baño. Mi mamá se levanta primero, a las 5:15 y se arregla y va a la cocina para preparar el café y el desayuno. Mi padre se levanta después, a las 5:30, se ducha, se afeita y se pone la ropa para el trabajo. Él desayuna rápidamente y sale para tomar el autobús. Yo me levanto a las 6:30, me ducho, me lavo el pelo y me cepillo los dientes. Después me maquillo, me peino y me pongo la ropa y los zapatos. Me siento en la cocina para tomar un café con mi mamá y ella y yo hablamos de las actividades del día. No sé qué pasa con mis hermanos porque nunca se despiertan temprano. Salgo para el trabajo inmediatamente después de tomar el café. Vuelvo a casa a las 18:00 y ayudo a mi mamá a preparar la cena. Comemos todos juntos y después lavo y seco los platos. Ayudo a mi hermanito con sus deberes para la escuela, miramos la tele y me acuesto a las 22:00. Pronto me duermo porque siempre tengo mucho sueño.

Nohemí es de El Salvador. ¿Qué sabes de este país centroamericano?

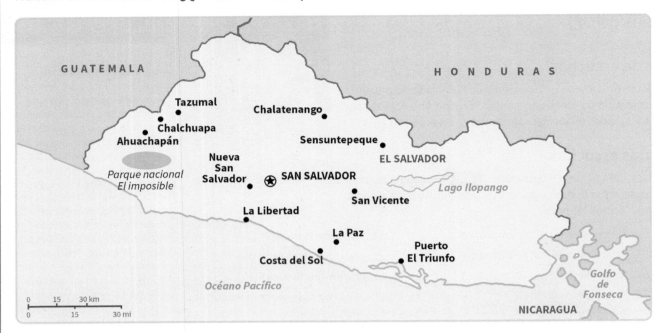

El Salvador es el país más pequeño de Centroamérica

El Salvador está entre Guatemala y Honduras y es el país más pequeño de América Central. Es el único país de la región sin costas en el Mar Caribe y tiene una larga historia de terremotos y erupciones volcánicas. También, tiene una gran concentración demográfica con aproximadamente seis millones de habitantes. La desigualdad social, una guerra civil de doce años y la actividad sísmica definen gran parte de El Salvador contemporáneo.

En el Parque Nacional El Imposible se encuentra uno de los últimos bosques tropicales de El Salvador.

Elmer Guevara, https://commons.wikimedia.org/wiki/File: Mirador_Reserva_Natural_El_Imposible.JPG. Licensed under CC BY-SA 3.0

Joey Villaflor / Alamy Stock Photo

Vista de la ciudad de San Salvador y el volcán San Vicente

Daniel Andis / Shutterstock

La Costa del Sol, en La Paz, es la playa más extensa del país, con 15 kilómetros (9 millas) de longitud.

Estadísticas interesantes de El Salvador

Bandera de El Salvador

Cinco colones salvadoreños

Capital: San Salvador

Tipo de gobierno: república

Tamaño: un poco más pequeño que el estado de Massachusetts

Población: 6 187 271

Lenguas: español (oficial), náhuatl

Monedas: el dólar americano y el colón salvadoreño (en menor medida)

Nivel de alfabetización: 88 %

Promedio de vida: 75 años

Expresiones y palabras típicas

cipotes	*hijos*
guanacos	*salvadoreños*
mis tatas	*mis padres*
Candil de la calle, obscuridad de la casa	Una persona que trabaja fuera de la casa, pero no ayuda con los quehaceres en su propia casa.

6.35 Investigación en Internet. Usa Internet para seleccionar un lugar turístico en El Salvador. Escribe una breve descripción e incluye: Answers will vary.

- el nombre del lugar turístico
- dónde está el lugar en El Salvador
- una descripción del lugar
- por qué te interesa

Technology tip for 6.35: Students can be instructed to post their findings on your learning management system discussion board and to write three comments regarding a classmate's posting. Alternatively, they can create a word document or electronic poster to present briefly in class.

Cultura viva

Las familias salvadoreñas

Traditionally, many Salvadoran parents have strict rules for their children. They are especially concerned with their schedules. A Salvadoran mother makes sure she knows every detail of her child's schedule and it is important for family members to let each other know these details as well. Children are expected to know when lunch and dinner are going to be served and punctuality is very important. Dinnertime is sacred. Sundays are set aside for family time with most Salvadorans meeting for lunch at the oldest relative's home. Everyone enjoys a meal together with conversations about family matters and family news. This tradition shows the great importance of family in Salvadoran society.

6.36 Situaciones. **Recycle** Haz el papel de **A** o **B** con tu compañero/a para participar en la conversación. Activity 6.36 recycles Present indicative and activities from Chapters 3, 4 and 5.

A- You and a classmate need to get together to practice Spanish for an oral interview evaluation. It's a bit complicated to find the best time to study together between work obligations and other activities. Your partner suggests morning times, but you have a complicated schedule. Mention some specific times that you do things and any conflicts that you may have.

B- You are talking with your classmate regarding a time that you can practice together for the next oral interview evaluation. Explore morning, afternoon and evening possibilities with your partner and any conflicts you may have. You need to be flexible because you really want to find a time you can get together so that you can get an A on the interview. Answers will vary.

Suggestion for 6.36: For flipped or hybrid courses, students can prepare this activity outside of class. During the next class session, they can practice and present their situation to the class.

Suggestion for 6.36: Encourage students to attempt spontaneous interaction, using fillers and language chunks acquired in previous chapters to hold a conversation in Spanish.

Estrategia de estudio: Talk to Yourself in Spanish

Have you ever talked to yourself? Maybe not, but if you start now your Spanish will improve even faster. When you are alone, you can narrate what you are doing at that moment, say what you are planning to do or talk about your daily routine. You can talk about your classes and your obligations and what you want to do later in the day. Talk to yourself in Spanish as much as possible and you will find that you can more easily talk to others and participate in class!

Exploremos la gramática 4

Present progressive

To tell an activity that is in progress at the same moment that you are talking, the present progressive can be used. Here is the formula:

| A form of **estar** | + verb stem | + | **-ando** (for –ar verbs) |
| | | + | **-iendo** (for –er and –ir verbs) |

¡Alerta!: Gerund Endings

-ndo = -ing; the form of **estar** will indicate the doer of the action; the verb with the ending **-ando/-iendo** will indicate that an action is in progress.

Examples:

¿Qué **estás haciendo**?

Estoy lavando los platos.
Estoy poniendo la mesa.

¿Qué **está haciendo** el profesor?

Está escribiendo en la computadora.
Está leyendo una novela.

Hijos, su habitación está muy sucia. ¿Qué **están haciendo**?

Estamos limpiando, mamá.

Some spelling changes:
Creer = changes its spelling to **creyendo**
Leer = changes its spelling to **leyendo**

Note for ¡Alerta!: Reflexive Pronouns: Students are only presented with the pronoun attaching to the end of the participle. This form is acquired more easily for beginning students.

¡Alerta!: Reflexive Pronouns

When a reflexive pronoun is needed, the pronoun can be attached to the **-ndo** form. In this case a written accent must be placed on the **-a** of **-ando,** or the **-e** of **-iendo**.
Estoy **lavándome** la cara.
Estamos **levantándonos** porque vamos a otra clase.
Hola, Rosa, tú estás **arreglándote** para ir a la fiesta, ¿no?

6.37 ¿Dónde estamos? **WP** Los miembros de la familia de Nohemí hacen muchas actividades durante el día. Escucha la descripción de la rutina de por la mañana y escribe en qué cuarto está cada persona.

1. _____ Cocina.
2. _____ Baño.
3. _____ Habitación.

4. _____ Sala.
5. _____ Sala o habitación.
6. _____ Baño o habitación.

Audioscript for 6.37: 1. El señor y la señora están tomándose un café antes de salir a trabajar. 2. El pequeño Javier está lavándose la cara y cepillándose los dientes. 3. Yolanda está poniéndose la ropa para ir a la escuela. 4. El abuelito está mirando las noticias en la televisión. 5. Margarita está trabajando en la computadora. Necesita terminar un informe para su clase de historia antes de las 9:00. 6. Nohemí tiene una entrevista a las 10:00 y quiere estar preparada. En este momento está maquillándose.

Suggestion for 6.37: For hybrid or flipped classes, you may want to assign students to listen to the audio and complete this activity prior to the class session.

6.38 ¿Qué están haciendo? Examina los siguientes dibujos y escribe qué está haciendo cada persona.

Modelo: *El papá está barriendo el suelo.*

A.

B. La mamá está pasando la aspiradora.

C. Los niños están lavando los platos.

D. La abuelita está sacudiendo el polvo de la mesa.

E. El muchacho está cortando el césped.

F. La muchacha está limpiando el carro.

6.39 Un mensaje de texto. Tu compañero/a te escribe un mensaje de texto para ver si puede pasar por tu casa. Contesta su mensaje y explícale si puede visitarte o no y por qué. En tu mensaje, menciona por lo menos cinco actividades que están haciendo las otras personas en tu casa. Answers will vary.

6.40 Situaciones. Haz el papel de **A** o **B** con tu compañero/a para participar en la conversación. Answers will vary.

A- You are watching a movie or video when your friend calls you. S/he asks you to tell him/her what is going on right now in the film because the power went off in his/her apartment.

B- You are watching a movie and the power goes out. You're curious to know what is happening in the movie so you call your friend who is watching it also. You ask him/her to explain. You ask some clarification questions so you can find out if you want to see the rest of the movie yourself later.

EXPERIENCIAS

El lago Ilopango en El Salvador

Noticias　　　Información　　　Fotos　　　Amigos　　　Archivos

Giles Clarke / Getty Images

Preciosa vista del lago Ilopango.

Si piensas viajar a El Salvador, no puedes perder la oportunidad de bucear en el lago de Ilopango, un lago de origen volcánico. Este lago tiene varias islas con aves endémicas y migratorias. Hay viajes en canoa o lancha durante los cuales se puede observar la naturaleza. También hay un centro de turismo llamado Apulo con piscinas, restaurantes y una torre. Desde la parte superior de la torre se puede apreciar la vista del lago. Hay varios deportes acuáticos, pero para mí bucear en el lago es la actividad más aventurera y espectacular. El agua del lago tiene una temperatura de 77 °F o 26 °C, una temperatura perfecta para algunos, pero si no te gusta el frío, se recomienda un traje isotérmico. Hay varios cerros hundidos para ver durante el buceo, como el "Cerro la Caldera", de donde sale agua caliente a más de 120 °F. Algo bonito del bueco también son los habitantes del lago: una especie de cangrejo[4], cerca de 10 especies de peces, varias especies de algas y esponjas de agua dulce.

Technology tip for 6.41: Assign students to create a blog using any web application. Students will utilize this blog and post items to it for every chapter of *Experiencias*. You may ask your students to share the link to that blog on your learning management system discussion board. Then in class, ask students to compare their information.

6.41 Mi propio blog.　Quieres planear una excursión al turicentro Apulo y al lago de Ilopango para viajar a San Salvador, capital de El Salvador. Completa los **Pasos** para planificar el viaje.　Answers will vary.

Paso 1:　Usa Internet y haz una búsqueda de mapas para encontrar el volcán Ilopango, el lago y el turicentro Apulo.

Suggestion for 6.41: For hybrid or flipped classes, you may want to assign students to complete this activity prior to the class session.

....
[4]**cangrejo:** crab

Paso 2: Investiga en Internet qué excursiones existen para llegar allí, cuánto cuestan y qué actividades y paquetes especiales ofrece el centro. Organiza tu excursión por transporte público o con una agencia. Incluye la siguiente información:

Cómo llegar:

1. Precio:
2. Actividades:
3. Paquetes especiales:

Paso 3: En tu propio blog, escribe todos los detalles para tu excursión al turicentro Apulo y el lago Ilopango. Explica tus preferencias y qué te interesa hacer allí.

Rigoberta Menchú Tum y Manlio Argueta

Te presentamos a...

Rigoberta Menchú Tum, mujer indígena, maya quiché

Tony Barson / FilmMagic / Getty Images

Un día en la vida, escrito por el novelista salvadoreño Manlio Argueta

© Courtesy of Txalaparta & Monti diseinu grafikoa

Antes de leer

6.42 Dos autores famosos. Antes de leer la selección sobre Rigoberta Menchú Tum y Manlio Argueta, lee la estrategia y responde las preguntas. La lectura sobre los dos autores describe su vida y sus circunstancias.

Paso 1: Revisa la selección y selecciona todos los cognados.

Answers can be found in the reading.

> **Estrategia de lectura: Using the Structure of the Text to Aid in Comprehension**
>
> A helpful way to approach a reading task is to take notice of what you see just by looking at the structure of the passage. Observe whether it is written in paragraph form and, if so, observe the number of paragraphs and their length. Remember that a text usually adds a new paragraph whenever ideas change. Observe whether the paragraph contains dialogue or if the entire text is a monologue. The title, of course, can suggest the theme or even content that you may anticipate. Next, let your eyes skim though the passage and look for words that may be suggested by the title, words that specifically support what you read in the title. Does anything specific catch your eye? Take note of these ideas to prepare for the reading. It will help you comprehend better.

Suggestion for 6.42: This activity has numerous steps attached to it; some are specifically designed for students to do independently in flipped, hybrid and online classes, and to support students through the reading process. For instance, you can have students complete **Pasos 1** through **5** prior to class.

Note for 6.42: Students can practice the strategies of skimming and scanning to assist in successful reading comprehension. Remind them to scan and highlight cognates. Then scan for words they know. Finally, they can skim for the main idea of the passage.

Follow-up for 6.42, Paso 1: Review the cognates that students highlighted and ask students to identify the focus of the selection:
las familias de Rigoberta y Manlio
las obras de los dos autores
la gente humilde de Guatemala y El Salvador
la vida de Rigoberta y Manlio

Paso 2: Contesta las siguientes preguntas: Answers will vary.

- ¿Cuál es el formato del texto?
- ¿Qué sugiere el título?
- ¿Cuáles son algunas palabras importantes del título de las obras literarias de los dos autores?
- ¿Qué información aprendes de las fotos?

Paso 3: Lee el siguiente texto con cuidado. Recuerda que no tienes que entender cada palabra.

 ## Dos escritores centroamericanos de gran importancia

Rigoberta Menchú Tum, activista guatemalteca, líder de las comunidades indígenas y defensora de los derechos humanos nació el 9 de enero de 1959 en Chimel, un pequeño pueblo en la provincia de Quiché, Guatemala. Su familia forma parte de la tribu indígena quiché, que es uno de los grupos étnicos de los mayas.

Aprende a hablar español cuando tiene veinte años sin tener acceso a libros ni a maestros en la escuela. Lo aprende porque quiere romper[5] el silencio sobre la vida de los pobres y trabajar por la justicia y los derechos de los indígenas. Así que en 1983, gracias a la antropóloga Elizabeth Burgos, Rigoberta publica su primera novela autobiográfica, *Me llamo Rigoberta Menchú y así me nació la conciencia*. Su libro se publica en doce lenguas, incluyendo el inglés, *I, Rigoberta Menchú*, en 1985. En 1992 gana el Premio Nobel de la Paz, y con este premio, su causa llega a la conciencia del público en general.

Ella crece en una comunidad que entreteje[6] las tradiciones y el desarrollo de los mayas del pasado con el desarrollo que introduce la Iglesia Católica. Durante su juventud, experimenta los efectos de la guerra civil guatemalteca que se intensifica entre los años 1980 y 1990. Esta guerra termina en 1996, en mayor parte, debido a los esfuerzos de Rigoberta Menchú.

Hoy día Rigoberta Menchú continúa luchando en contra de la violencia y la injusticia social.

El poeta y novelista Manlio Argueta nació en San Miguel, El Salvador, en 1935, hijo de Adelina Argueta y Julio Cañas. Después de siete años de estudios recibe el doctorado en Jurisprudencia y Ciencias Sociales en la Universidad de El Salvador, donde es fundador del Círculo Literario Universitario en 1956. El Círculo es una de las promociones literarias más significativas en su país que forma parte de la Generación Comprometida, de gran importancia literaria. Tiene varios puestos[7] importantes como editor y profesor universitario en Costa Rica, Estados Unidos y El Salvador. A causa de su crítica del gobierno de su país, se exilia en Costa Rica en 1972 y no puede volver a El Salvador hasta la década de 1990.

Argueta es novelista y poeta. Produce su tercera obra literaria en 1983, *Un día en la vida*, traducida a diez lenguas diferentes. La novela describe un pueblo pequeño y pobre donde la gente no entiende sus derechos como seres humanos. Es la primera obra en la que trata las condiciones sociales en El Salvador y la opresión que sufre la gente pobre durante los doce años de guerra civil. En esta obra, Argueta escribe que ser pobre no es una desgracia. La gente vive en condiciones humildes, pero él la describe como gente alegre a la que le gusta cantar y reírse por nada. A través de los ojos de Lupe, el personaje principal de la novela, Argueta crea una imagen muy clara de la casita donde vive Lupe y su familia. Su casa es un símbolo de la pobreza.

Después de leer

Paso 4: Escribe una lista de cuatro hechos importantes sobre cada autor.

Rigoberta Menchú Tum: Possible answers:
1. Aprende a hablar español a los 20 años sin acceso a libros ni maestros.
2. Su novela autobiográfica se traduce a doce lenguas diferentes.
3. En 1992 gana el Premio Nobel de la Paz.
4. Continúa luchando en contra de la violencia y la injusticia social.

Manlio Argueta:
1. Recibe un doctorado en Jurisprudencia y Ciencias Sociales.
2. Funda el Círculo Literario Universitario.
3. Trabaja como editor y profesor universitario en Costa Rica.
4. En 1972 se exilia de Costa Rica y vuelve a El Salvador en la década de los 1990.

---

[5]**romper:** break   [6]**entreteje:** interweaves   [7]**puestos:** positions

Paso 5: [Recycle] Completa la tabla con la información de Rigoberta Menchú.

Nombre:	Rigoberta Menchú Tum
Edad:	Nació en 1959
Descripción física:	Tiene rasgos indígenas, es morena de pelo y piel.
Profesión:	Activista defensora de derechos humanos y escritora
Títulos de sus obras literarias:	*Me llamo Rigoberta Menchú y así me nació la conciencia*
¿De qué escriben?	De su vida; de la pobreza
Honores y premios:	Premio Nobel de la Paz en 1992
......	

Paso 6: Con un compañero/a, compara los dos autores, utilizando la información de la tabla. Answers will vary.

> **Estrategia de escritura: Be Realistic and Write What You Know How to Say in Spanish**
>
> This is likely your first semester of Spanish studies. It is not realistic for you to expect that you can write long, involved academic essays on Spanish history or Latin American literature. Although this may be frustrating, your writing is often basically a matter of writing down what you are learning how to say. The important thing here is to limit what you are writing to what you know how to say in Spanish, and not attempting to translate from English a more complex form of writing that you have yet to learn. This may not seem very adult-like, but there are many things you can write at a very early stage of language learning that pertain to everyday life, like lists, schedules and emails to your instructor and classmates. Writing will become easier the more you practice.

Paso 7: [Recycle] Como preparación para el programa de intercambio, la oficina de estudios internacionales de la Universidad de las Américas en San Salvador te pide un ensayo sobre tu vida. Piensa en las ideas que presentan los dos autores sobre sus vidas y escribe un ensayo autobiográfico. Utiliza el título: Un día en la vida de _____ (tu nombre). Answers will vary.

Incluye por lo menos la siguiente información en tu autobiografía:

- tu nombre y una descripción personal
- una descripción de tu ciudad natal o pueblo donde vives ahora
- una descripción de tu familia y tu casa
- una descripción de tu rutina diaria y tus actividades
- tus planes futuros y específicamente los planes profesionales

Technology tip for 6.42, Paso 7: You could have students post their paragraphs on your learning management system discussion board. Next, students must read and post follow-up questions for two of their classmates to be answered prior to the next class session.

Activity 6.42, Paso 5 recycles the verbs **ser** and **tener** and physical description from Chapter 2, Present indicative and activities from Chapters 3, 4 and 5.

Activity 6.42 Paso 7 recycles the verbs **ser** and **tener** along with physical description from Chapter 2, Present indicative and activities from Chapters 3, 4 and 5 and family and profession vocabulary from Chapter 5.

Follow-up for 6.42, Paso 7: Have students work together to peer-edit their partner's work. Give them a list of specific items to look for, such as spelling, accent marks, noun/adjective agreement and subject/verb agreement. Also, they should make content suggestions and ask questions if they do not understand something their partner has written. Asking students to read aloud their work to their partner is a great suggestion for the editing process.

Cultura y sociedad

Las ruinas arqueológicas de Guatemala y El Salvador

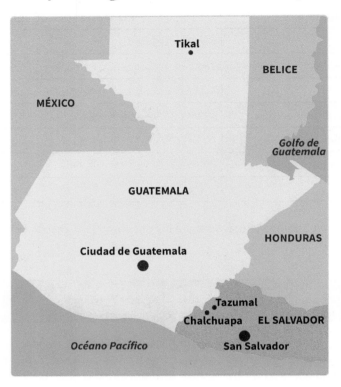

6.43 Tikal y Tazumal. En Centroamérica hay muchos sitios arqueológicos de civilizaciones antiguas que puedes explorar. Sigue los **Pasos** para aprender sobre dos de ellos.

Answers will vary.

Antes de leer

 Paso 1: Como preparación para la lectura, prepara los siguientes puntos y comparte tus ideas con la clase.

- ¿Sabes el nombre de alguna civilización antigua del mundo? ¿Dónde están sus ruinas?
- ¿Hay ruinas arqueológicas en Estados Unidos? ¿Dónde están?
- Hay dos ruinas arqueológicas muy importantes en Centroamérica. Mira el mapa y busca el nombre de esos dos sitios antiguos.

Paso 2: Ahora lee la información sobre estas dos grandes ciudades antiguas.

🔊 Las ruinas arqueológicas de Guatemala y El Salvador

Existen ruinas de las civilizaciones antiguas y sitios arqueológicos en El Salvador y Guatemala. Tazumal, un rincón[8] maya en El Salvador, está cerca de la ciudad de Chalchuapa a unos 80 kilómetros de la capital, San Salvador. Es un sitio histórico de gran interés. Es posible ver las influencias de diferentes culturas antiguas, como la teotihuacana de México, la de Copán de Honduras y la tolteca de México, entre otras. Esta región es un territorio notablemente rico en expresiones artísticas y arquitectónicas, gracias a la mezcla de las diferentes culturas antiguas. Stanley Boggs es el primer arqueólogo en llegar a Tazumal en 1942. Tazumal tiene ruinas de la fase más antigua de El Salvador, de 1500 a. C. Dentro de esta estructura de 24 metros de altura, hay tumbas con vasijas, joyería de jade, espejos de pirita de hierro, artefactos del juego de pelota y cerámicas con forma de lagartos. Gracias también a los estudios arqueológicos sabemos que el juego de pelota apareció entre el 600 d. C y el 900 d. C. Gracias al trabajo de los arqueólogos, hoy en día es posible imaginar cómo vivían los antiguos pobladores que hicieron de Tazumal un maravilloso y mítico lugar.

---

[8]**rincón:** corner

(continuación)

(continuación)

La población maya de Guatemala es más grande que la de cualquier otro país y hoy en día es el grupo étnico predominante. Las ruinas mayas más importantes de Guatemala se encuentran en Tikal. Entre las estructuras que se excavan hay templos, palacios, complejos residenciales, canchas de juego[9] y mercados. Se considera la zona arqueológica más grande y tiene sólo 10.000 habitantes. Este lugar arqueológico es, sin duda, el centro cultural y natural más famoso de Guatemala. La civilización maya es una civilización intelectual muy avanzada con su propio calendario, su sistema de letras y sus estudios astronómicos. Además, los mayas demuestran su habilidad práctica como tejedores[10], alfareros[11] y especialistas agrícolas. En conjunto, estos dos lugares arqueológicos conservan la historia de una civilización avanzada y muy importante.

El templo del Gran Jaguar, Tikal, Guatemala

Wolfgang Kaehler / LightRocket / Getty Images

La estructura principal en Tazumal, El Salvador

John Coletti / AWL Images / Getty Images

Después de leer

Paso 3: **WP** Lee las frases o características que siguen e indica si cada una pertenece a Tazumal o Tikal o a ambos (A). Después, comenta tus respuestas con un/a compañero/a de clase.

1. El sitio se considera muy importante en la historia de los mayas. ___Ambos.___
2. Es la zona arqueológica más famosa de Guatemala. ___Tikal.___
3. Este sitio es conocido por su estructura principal con tumbas adentro. ___Tazumal.___
4. Es un sitio muy grande con una población de sólo 10.000 habitantes. ___Tikal.___
5. Este sitio tiene influencias de diferentes culturas antiguas, como la teotihuacana de México, la de Copán de Honduras y la tolteca de México, entre otras. ___Tazumal.___
6. Hay templos, palacios y canchas de juego. ___Ambos.___
7. Tiene ruinas del año 1500 a. C. ___Tazumal.___

Paso 4: Escribe tus respuestas a las siguientes preguntas: *Answers will vary.*

¿Qué información sabes ahora de los mayas?

¿Cuál de los dos sitios te gustaría visitar? ¿Por qué?

Paso 5: Consulta Internet y busca otra foto de las ruinas de Tikal o Tazumal. Prepara una pequeña presentación sobre la foto, y escribe un pequeño párrafo de descripción. En el párrafo, indica qué es, dónde está y por qué es importante. *Answers will vary.*

Suggestion for 6.43, Paso 5:
Using a WiFi connection and projector, call on students to share the description of the building from Tazumal or Tikal that they have investigated.

---

[9]**canchas de juego:** ball courts   [10]**tejedores:** weavers   [11]**alfareros:** potters

Manos a la obra

La vida cotidiana

6.44 Intercambio por un semestre. Te han aceptado en un programa de intercambio en la Universidad Centroamericana José Simeón Cañas en San Salvador. Ahora te toca investigar dónde vivir en la ciudad y cuánto te va a costar. Completa los **Pasos.** Answers will vary.

Paso 1: Accede al sitio en Internet de la universidad para investigar qué viviendas se ofrecen para los estudiantes internacionales. Si no hay residencias estudiantiles, ¿cuáles son tus próximos pasos para encontrar un lugar para vivir durante un semestre?

Paso 2: ¿Qué muebles o electrodomésticos vas a necesitar en San Salvador? ¿Qué puedes llevar contigo? ¿Qué tienes que comprar allá? Escribe un mensaje por correo electrónico al consejero de estudios internacionales de tu universidad para informarle sobre las opciones que has encontrado en San Salvador para vivir y cuánto cuestan. Pídele consejos para ayudarte con tus decisiones.

6.45 Las casas en la Ciudad de Guatemala. Completa los **Pasos** para investigar qué tipo de casa puedes comprar en la capital de Guatemala por $200,000 dólares estadounidenses. Answers will vary.

Paso 1: En Internet, busca una página de inmuebles/bienes raíces con fotos de casas en venta. Selecciona una casa que te guste. ¿Cómo es la casa? ¿Cuánto te va a costar en quetzales? Prepara una tabla con la información específica de la casa e incluye una foto. Busca en Internet una casa en venta en tu propia ciudad por el mismo precio. Incluye esta casa en tu tabla junto con una foto.

Paso 2: Con un/a compañero/a de clase, compara las casas que encontraron.

6.46 Te toca a ti. Vas a grabar un video de tu casa para mandárselo a tus amigos que viven en otros estados/países. Mira el video del comienzo del capítulo 6: **Cómo preparar un video de tu casa.** Sigue los **Pasos** para preparar tu propio video. Answers will vary.

Paso 1: Decide qué vas a incluir en la descripción de tu casa y escribe un guion. Practica tu descripción en voz alta, sin leer tus apuntes.

Paso 2: Practica tu descripción con tu compañero/a. Tu compañero/a te dará sugerencias sobre tu trabajo. Finalmente, graba tu video con tu compañero/a, turnándose para incluir las tareas de los **Pasos** anteriores en sus respectivos videos.

Paso 3: Sube tu video al foro de la clase para compartirlo con tus compañeros de clase.

6.47 El cuaderno electrónico. Ahora te toca organizar otra página en tu cuaderno electrónico para anotar la información interesante que encuentras sobre Guatemala y El Salvador. Abre tu cuaderno y completa los **Pasos.** Answers will vary.

Paso 1: Utilizando tu libro de texto, los videos de Daniel e Internet, incluye la siguiente información:

1. Estadísticas interesantes de Guatemala y El Salvador
2. Información básica sobre Guatemala y El Salvador
3. Mapa de los dos países
4. Dos lugares que quieres ver en esos países y por qué
5. Información sobre los lugares que quieres visitar
6. Fotos de cada país
7. Enlaces interesantes sobre los dos países
8. Observaciones culturales

Paso 2: Comparte tu información con la de un/a compañero/a o con la clase.

REPASOS

Repaso de objetivos

Check off the objectives you have accomplished.

I am able to...

Teaching tip for Repaso de objetivos: Although this self-assessment is designed for the students to evaluate their progress, teachers might poll students informally as a group to gauge how students are feeling about the material. This could be done orally with eyes closed and hands raised or by simply asking students to leave a slip with their answers at the end of class.

	Well	Somewhat
• describe my house or dwelling place.	☐	☐
• count into the millions.	☐	☐
• compare persons, places and things.	☐	☐
• explain what activities I do and others do to maintain my home.	☐	☐
• report my obligations.	☐	☐
• talk about daily activities.	☐	☐

	Well	Somewhat
• describe daily life in some Spanish-speaking countries.	☐	☐
• compare housing in Guatemala, El Salvador, and the United States.	☐	☐
• explain information about the archeological sites Tikal and Tazumal.	☐	☐

Repaso de vocabulario

WileyPLUS
Go to WileyPLUS to review these vocabulary words and practice their pronunciation.

La casa   *The house*

el baño   *bathroom*
el balcón   *balcony*
la cocina   *kitchen*
el comedor   *dining room*
el desván   *attic*
las flores   *flowers*
el garaje   *garage*
la habitación   *bedroom*
el jardín   *garden*
el patio   *patio*
las plantas   *plants*
la sala   *living room*
el sótano   *basement*

Los muebles y los electrodomésticos
Furniture and appliances

la alfombra   *rug*
el armario   *closet*
la bañera   *bathtub*
la cama   *bed*
las cortinas   *curtains*
la ducha   *shower*
el escritorio   *desk*
el espejo   *mirror*
la estufa   *stove*
el fregadero   *sink*
los gabinetes de cocina   *kitchen' cabinets*
el horno   *oven*
el horno de microondas   *microwave*
el inodoro   *toilet*
la lámpara   *lamp*
el lavabo   *bathroom sink*
el lavaplatos   *dishwasher*
la mesa   *table*

la mesita   *end table*
la mesita de noche   *night table*
la puerta   *door*
el/la refrigerador/a   *refrigerator*
la silla   *chair*
el sillón   *overstuffed/easy chair*
el sofá   *sofa*
el televisor   *television set*
el tocador   *dresser*
la ventana   *window*

Los números hasta 900 000 000

100	cien
101	ciento uno
200	doscientos
300	trescientos
400	cuatrocientos
500	quinientos
600	seiscientos
700	setecientos
800	ochocientos
900	novecientos
1000	mil
1 000 000	un millón
2 000 000	dos millones
5	cinco
15	quince
50	cincuenta
500	quinientos
5000	cinco mil
50 000	cincuenta mil
500 000	quinientos mil
5 000 000	cinco millones
50 000 000	cincuenta millones
500 000 000	quinientos millones
900 000 000	novecientos millones

Los quehaceres de la casa
Household chores

barrer el suelo   *sweep the floor*
cortar el césped   *cut the grass*
hacer/tender la cama   *make the bed*
lavar la ropa/los platos
   wash the clothes/the dishes
limpiar el baño   *clean the bathroom*
pasar la aspiradora   *vaccum*
planchar la ropa   *iron the clothes*
preparar la mesa   *set the table*
ordenar la casa   *organize the house*
sacar la basura   *take out the trash*
sacudir los muebles   *dust the furniture*
secar la ropa   *dry the clothes*

La rutina diaria   *Daily routine*

acostarse (o › ue)   *to go to bed (to put oneself to bed)*
afeitarse   *to shave (oneself)*
arreglarse   *to get (oneself) ready*
bañarse   *to bathe (oneself)*
cepillarse el pelo/los dientes
   to brush one's (hair, teeth)
despertarse (e › ie)   *to wake oneself up*
dormirse (o › ue)   *to fall asleep*
lavarse   *to wash, to bathe (oneself)*
levantarse   *to get (oneself) up*
peinarse   *to comb one's hair*
ponerse   *to put on (as in clothing)*
quitarse   *to take off of oneself*
sentarse (e › ie)   *to sit oneself down*
vestirse (e › i)   *to get (oneself) dressed*

Repaso de gramática

Comparisons

Comparisons of equality

1. When comparing qualities (adjectives) use:

   tan _____ **como**   *as _____ as*

2. When comparing number of people or items (nouns) use:

   tanto/tanta/tantos/tantas _____ **como**   *as much/as many as*

3. When comparing quantity of actions (verbs) OR how actions are done use:

   verb + **tanto como** + person's name   *as much as*
   verb + **tan** (adverb) **como**   *as _____ as*

Comparisons of inequality that do not follow the format presented previously

1. with nouns when comparing the quality of two things (better/worse) use:

   subject 1 + es + **mejor/peor** + **que** + subject 2   *better than/worse than*

2. with verbs, when comparing how actions are done use:

   subject 1 + action/verb + **mejor/peor** + **que** + subject 2   *better than/worse than*

3. When comparing the ages of two people, use:

   person 1 + es + **mayor/menor** + **que** + person 2   *older than/younger than*

Expressing obligations: *deber, necesitar, tener que* + infinitive

deber + infinitive (*should*)   **tener que** + infinitive (*has/have to*)
necesitar + infinitive (*need/s to*)

Reflexive constructions

Some common verbs may be used *reflexively* in Spanish to talk and ask about daily routines. They often appear in the dictionary ending in –**se**, like lavar**se**.

In Spanish reflexive verb forms are stated with their accompanying *reflexive pronouns*:

yo	**me** lavo	nosotros/as	**nos** lavamos
tú	**te** lavas	vosotros/as	**os** laváis
él/ella	**se** lava	ellos/as	**se** lavan
usted	**se** lava	ustedes	**se** lavan

Present progressive

To tell an activity that is in progress at the same **moment** that you are talking, the Present progressive can be used. Here is the formula:

A form of **estar**	+ verb stem	+	-**ando** (for –ar verbs)
		+	-**iendo** (for –er and –ir verbs)

Examples:

¿Qué **estás haciendo**?   **Estoy lavando** los platos.
                                                Estoy poniendo la mesa.
                                                Estoy lavándome la cara.
¿Qué **está haciendo** el profesor?   **Está escribiendo** en la computadora.
                                                Está leyendo una novela.
Hijos, su habitación está muy sucia.   **Estamos limpiando,** mamá.
   ¿Qué **están haciendo**?

CAPÍTULO 7

Necesidades básicas

Note for Chapter 7: World Readiness Standards addressed in this chapter include:
Communication: All three modes.
Culture: Examining clothing in Honduras and Nicaragua and the perspectives underlying this cultural product.
Connections: Connecting with the disciplines of social work, archeology, anthropology and sociology.
Comparisons: Comparing shopping for clothing in target cultures and home culture.

Courtesy of Diane Ceo-DiFrancesco

Un mercado al aire libre en Managua, Nicaragua

Contesta las siguientes preguntas basadas en la foto.

1. ¿Qué diferencia hay entre este mercado y una tienda de ropa?
2. ¿Por qué hay personas que compran la ropa aquí y no en el centro comercial?
3. ¿Hay mercados en tu ciudad?
4. ¿Cómo son los precios en los mercados?

OBJETIVOS COMUNICATIVOS

By the end of this chapter, you will be able to…

- identify and describe articles of clothing.
- list objects and articles you need and want to purchase.
- identify parts of the body and relate them to activities you do.
- describe items you are looking for and where you will purchase them.

OBJETIVOS CULTURALES

By the end of this chapter, you will be able to…

- examine the various types of shopping.
- investigate important places of interest in Nicaragua and its capital city, Managua.
- contrast what people typically wear in Honduras and at your university.
- examine some of the social issues and difficulties facing Nicaraguan and Honduran children today.

ENCUENTROS

Video: Cómo comprar ropa en el mercado
Conozcamos a…
Kenia Fuentes Rivera (Managua, Nicaragua)
Carlos Marlón García (Tegucigalpa, Honduras)

EXPLORACIONES

Exploremos el vocabulario
La ropa y los colores
Las partes del cuerpo
Exploremos la gramática
Demonstrative adjectives and demonstrative pronouns
Por and *para* (parte 1)

EXPERIENCIAS

El blog de Daniel: Esperanza en acción
Te presentamos a… Keren Duanaway-González
Cultura y sociedad: ¿Cómo se visten en Honduras?
Manos a la obra: Necesidades básicas

ENCUENTROS

Cómo comprar ropa en el mercado

7.1 ¿Cuándo negocias? En este video vas a aprender cómo regatear o negociar el precio de varias prendas de ropa, una costumbre en muchos mercados de Latinoamérica. Indica en qué lugares de los que aparecen en la lista normalmente es aceptable negociar el precio.

_____ el centro comercial

___X___ el mercado de pulgas

_____ el supermercado

_____ la librería de la universidad

___X___ el mercado de verduras y frutas al aire libre

_____ la venta de coches

7.2 El arte de regatear. [Recycle] Saber cómo regatear en otra cultura es un arte. Para observar y aprender cómo hacerlo, completa los siguientes **Pasos**.

Activity 7.2 recycles numbers from Chapters 1, 2, 6.

Paso 1: [WP] En el mercado es importante manejar bien los números. Indica los números que escuchas en el video.

<u>150</u>	235	<u>500</u>	760
<u>200</u>	340	299	<u>800</u>
75	<u>400</u>	535	35
<u>615</u>	<u>955</u>	210	<u>40</u>

Paso 2: ¿Cuántas ofertas escuchas en el video antes de la compra de cada artículo de ropa?

las sandalias ___0___   el vestido ___0___

la blusa ___4___   el suéter ___4___

 7.3 Los precios justos. Estás en un mercado de pulgas en Nicaragua y quieres regatear. Primero, decide con tu compañero/a cuál es el precio, en dólares, más lógico y justo para los siguientes artículos. Después, convierte los precios en córdobas asumiendo que un dólar estadounidense son 33 córdobas nicaragüenses. Possible answers:

<u>C$ 980</u> las sandalias   <u>C$ 650</u> la blusa   <u>C$ 1650</u> la chaqueta   <u>C$ 3600</u> la hamaca

<u>C$ 330</u> el sombrero   <u>C$ 820</u> el suéter   <u>C$ 2000</u> las botas   <u>C$ 1300</u> el vestido

▶ **Estrategia de estudio: Benefits of Taking Risks**

Did you know that taking risks in class can help you to become more proficient? Taking risks in class means that you volunteer to participate even though you may be unsure that you have the correct answer or that what you are about to say will be pronounced perfectly. When you take risks, you realize that it is not necessary to hold off speaking in Spanish until your grammar and pronunciation are totally correct. You could quietly formulate your response to all teacher questions even if it is not your turn to speak and then compare your answer to the students' and the teacher's response. This could help prepare you when it is your turn to talk.

Be sure to use every opportunity to speak Spanish, especially when doing pair or small group activities in class and have a list of questions at hand, ready to ask your partner in case you finish your assignment earlier than other groups.

Kenia Fuentes Rivera (Managua, Nicaragua)

Antes de escuchar

7.4 El mercado de artesanía. El mercado de artesanía más grande de Nicaragua se encuentra en la ciudad de Masaya. Piensa en un mercado al aire libre en tu ciudad y contesta las siguientes preguntas antes de escuchar.

Answers for 7.4: Answers will vary.

1. ¿Cuándo hay mucha o poca gente en el mercado?

2. ¿Cuál es el horario del mercado?

3. ¿Qué productos venden en el mercado?

4. ¿Te gusta ir de compras al mercado? ¿Por qué sí o por qué no?

Kenia Fuentes Rivera es de Managua, Nicaragua.

Courtesy of Diane Ceo-DiFrancesco

Follow-up for 7.4: Review students' ideas with the class to prepare them for the audio segment.

Mientras escuchas

7.5 El mercado de Masaya. **WP** El mercado de Masaya en Nicaragua es conocido por sus artículos de artesanía. Escucha a Kenia mientras ella nombra lo que se vende allí, e identifica los artículos que escuchas.

- ☑ vestidos
- ☑ cinturones
- ☑ hamacas
- ☑ cerámica
- ☑ sombreros
- ☐ CD
- ☐ flores
- ☑ zapatos
- ☑ blusas
- ☐ bolsas
- ☑ camisetas
- ☐ libros
- ☑ botas
- ☐ videos

Después de escuchar

7.6 Un diagrama de Venn. Usa el diagrama de Venn y completa los **Pasos.**

Answers for 7.6: Answers will vary.

Paso 1: Completa un círculo con la información del mercado de Masaya, y el otro, con la de un mercado de tu pueblo o ciudad. Compara el mercado de Masaya con un mercado que conozcas.

Paso 2: Compara tus respuestas con las de un/a compañero/a.

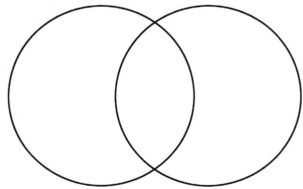

Technology tip for 7.6: Students can post their work on your learning management system discussion board.

Suggestion for 7.6: If your students say they have never been to a market, they could compare the market to a supermarket, a farmer's market or a favorite store in their hometown.

Conozcamos a...

Audioscript for 7.5: Mi nombre es Kenia Fuentes Rivera. Nací y vivo en Managua, Nicaragua. Todos los días vendo ropa en el mercado de artesanía de Masaya. El mercado de artesanía de Masaya es un sitio interesante para comprar recuerdos artesanales nicaragüenses y ver espectáculos folclóricos. Acá se encuentran artesanías de cerámica de Masaya y también de diferentes partes de Nicaragua. Vendo mucha ropa para mujeres. Tengo vestidos, faldas de diferentes colores y blusas con flores. También tengo sandalias, zapatos y botas, sombreros y cinturones. Para los turistas tengo camisetas y gorras. Mi amiga vende objetos decorativos, juguetes y otras cosas como hamacas y mantas. Hay algunos kioscos, cafeterías, un bar y un restaurante donde se puede encontrar bebidas y comida. ¡No deje de probar los raspados!, hechos de hielo con sabores de frutas tropicales. Parte del edificio es antiguo, con muros restaurados de la época neocolonial, que dan un toque especial a este lugar. En este mercado histórico cada jueves por la tarde hay un espectáculo cultural con danzas, música y gastronomía tradicional nicaragüense. El evento empieza a las 7:30 de la noche y termina a la medianoche. La entrada cuesta 10 córdobas por persona, pero a veces cuesta más, según el tipo de espectáculo. En el centro se presentan grupos de danza folclórica nacional de todas las regiones del país. Los grupos se visten siempre en los trajes típicos. Además del baile, hay música tradicional de las danzas folclóricas, y restaurantes que ofrecen platos típicos nicaragüenses.

Kenia es de Nicaragua. ¿Qué sabes de este país centroamericano?

El mirador de Catarina es una de las colinas más altas que rodea la Laguna de Apoyo.

Courtesy of Diane Ceo-DiFrancesco

Nicaragua: tierra de lagos y volcanes

Nicaragua es el país más grande de América Central. Tiene costas en el océano Pacífico y el mar Caribe, y limita con Costa Rica y Honduras. Nicaragua puede dividirse en tres zonas: la zona del Pacífico, la zona Central y la zona del Caribe. En la del Pacífico hay varios volcanes y dos lagos. En ella se localizan las principales ciudades, Granada, León y la capital, Managua. La región Central es montañosa y se caracteriza por el nacimiento de grandes ríos. La zona del Caribe tiene una biodiversidad extensa. Nicaragua ofrece muchas oportunidades para practicar actividades al aire libre. Se puede practicar senderismo y natación, escalar un volcán, pescar, observar los animales, hacer un tour de *canopy*, en lancha o en kayak, o hacer cabalgatas con caballos. Aunque muchos nicaragüenses tienen la esperanza de una vida mejor, el país todavía sufre los efectos de la guerra civil. Los principales productos de exportación son el café, la carne y el azúcar, y su economía depende en buena parte del dinero que envían muchos de los ciudadanos nicaragüenses que residen en Estados Unidos.

El volcán Maderas en la isla Ometepe es un volcán inactivo. Tiene una selva tropical con animales como monos, jaguares y serpientes, y en el cráter hay una misteriosa laguna fría.

JORDI BUSQUE / National Geographic Image Collection / Alamy Stock Photo

La ciudad de Managua no tiene centro porque fue destruido[1] durante el terremoto de 1972. La ciudad se reconstruye en varias zonas, pero todavía son evidentes las consecuencias del terremoto.

Courtesy of Diane Ceo-DiFrancesco

[1]**fue destruido:** was destroyed

Estadísticas interesantes de Nicaragua

La bandera de Nicaragua

Cinco córdobas

Capital: Managua

Tipo de gobierno: república

Tamaño: un poco más pequeño que el estado de Nueva York

Población: 6 085 213

Lenguas: español; inglés y lenguas amerindias en la costa atlántica

Moneda: córdoba

Alfabetismo: 82 %

Promedio de vida: 73 años

Expresiones y palabras típicas

¿Idiay, vos?	*¿Qué tal?*
Dale pues	*Sí*
un maje	*una persona*
un nica	*una persona nicaragüense*

7.7 Investigación en Internet. Usa Internet para seleccionar un lugar turístico en Nicaragua. Escribe un breve texto que incluya: *Answers will vary.*

- el nombre del lugar turístico
- dónde está el lugar en Nicaragua
- una descripción del lugar
- por qué te interesa

Technology tip for 7.7:
Students can be instructed to post their findings on your learning management system discussion board and to write three comments regarding a classmate's posting. Alternatively, they can create a Word document or electronic poster to present briefly in class.

Cultura viva

Los raspados

Give yourself a refreshing break from the heat when you visit Nicaragua by trying a **raspado**. The snow cone like treats are made of shaved ice with choices of tropical fruit juices to pour on top. A popular item among Nicaraguans, they are often sold by walking street vendors who push or ride a cart on wheels.

Un niño vende raspados en la ciudad de Granada, Nicaragua.

EXPLORACIONES

La ropa y los colores

La ropa

Note for Exploremos el vocabulario 1: La ropa y los colores: If you live in cold weather climates, you may choose to add appropriate vocabulary items, such as **la bufanda** and **los guantes**.

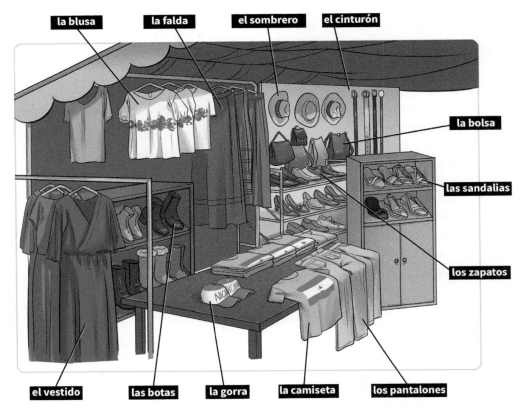

la blusa • la falda • el sombrero • el cinturón • la bolsa • las sandalias • los zapatos • el vestido • las botas • la gorra • la camiseta • los pantalones

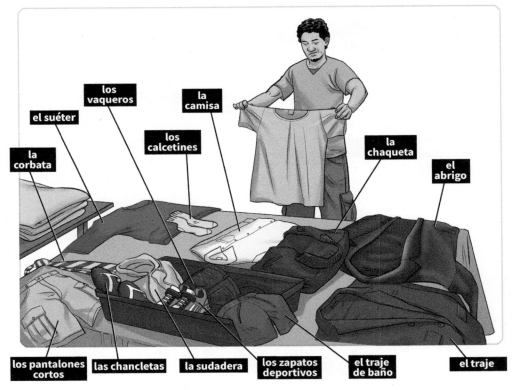

los vaqueros • el suéter • la camisa • la corbata • los calcetines • la chaqueta • el abrigo • los pantalones cortos • las chancletas • la sudadera • los zapatos deportivos • el traje de baño • el traje

¡Alerta!: Verbs to Talk About Clothing

Here are some verbs you will use to talk about wearing and trying on clothing as well as selling it.

llevar	*to wear*
ponerse	*to put on*
probar (ue)	*to try (on)*
quedar (me, te, le) bien/mal	*to fit*, i.e. Me queda bien; No me queda.
vender	*to sell*
vestirse	*to dress oneself*

Los colores

7.8 Escucha e identifica. **WP** Kenia tiene un grupo de amigos muy buenos y le gusta pasear con ellos los fines de semana. Escucha su descripción de una foto del grupo, y guíate por ella para identificar a cada persona.

1. María José. _____
2. Carla. _____
3. Kenia. _____
4. Stephanie. _____
5. Antonio. _____

Suggestion for 7.8: For hybrid or flipped classes, you may want to assign students to listen to the audio and complete this activity prior to the class session.

Suggestion for 7.8: Remind students that they may well have to listen more than one time to complete listening activities. This is normal.

Estrategia de estudio: Learning Colors and Clothing in Spanish

One way to learn the colors and clothing much faster in Spanish is to identify the clothing aloud as you take it out of your closet to get dressed in the morning, or as you put it away after you do the laundry. If you are like some of my friends, they spend a lot of time looking through their closet to decide what to wear. This would be a great time to practice the vocabulary aloud also!

WileyPLUS

Go to WileyPLUS Resources to access an interactive version of this illustration to review these vocabulary words and practice their pronunciation.

Audioscript for 7.8: En esta foto estamos mis tres amigos y yo. Mi amiga María José es alta y muy simpática. Ella es la chica con el vestido anaranjado y sandalias. Mi otra amiga es Carla. A Carla le encanta bailar y siempre lleva blusas y faldas, así que en la foto lleva una falda azul con una blusa blanca. La tercera amiga en esta foto es la chica que lleva pantalones amarillos y una blusa rosada. Se llama Stephanie. Ella es de Ohio, pero ahora estudia conmigo en la universidad. Stephanie habla español bastante bien. Antonio está al lado de Stephanie. Lleva vaqueros, una camiseta y zapatos deportivos.

Follow-up for 7.8: To recycle the descriptions and the verb *ser*, ask students to describe Kenia and her friends.

Answers for Follow-up 7.8: 1. María José lleva un vestido anaranjado y sandalias. 2. Carla lleva una blusa blanca y una falda azul. 3. Yo llevo vaqueros y una blusa verde. 4. Stephanie lleva pantalones amarillos y una blusa rosada. 5. Antonio lleva vaqueros, una camiseta y zapatos deportivos.

7.9 ¿Qué llevan mis compañeros? Recycle Como estudias la ropa, ahora observas más la forma de vestir de los demás. Con otro/a estudiante prepara descripciones de tres compañeros/as de clase. Incluye la ropa que lleva cada uno/a, de qué color es y su descripción física. Lee las descripciones al grupo para que adivinen de qué persona se trata.

Activity 7.9 recycles **ser** and physical characteristics from Chapter 2.

Modelo: *Esta persona lleva vaqueros, una camiseta gris, zapatos de tenis azules y calcetines blancos. Tiene el pelo rubio y corto. Es una persona alta.*

7.10 ¿Cuánto cuesta la ropa en Nicaragua? Recycle La amiga de Kenia, Carla, busca ropa nueva para ir a clases en la universidad. Va al centro comercial en Managua con sus amigas y encuentra algunas cosas que le gustan. Ella hace una lista con los precios para calcular qué puede comprar.

Activity 7.10 recycles numbers from Chapters 1, 2 and 6.

Paso 1: Identifica los precios de cada artículo de ropa en la siguiente lista. ¿Cuánto cuesta la ropa en dólares americanos?

Paso 2: Con un compañero/a, compara los precios de la ropa en Nicaragua con los de Estados Unidos.

Paso 3: Si Carla solo tiene 1000 córdobas, ¿Qué debe comprar? ¿Por qué?

Vestido negro para la fiesta de Stephanie	*320 córdobas*
Blusa rosada	*245 córdobas*
Camiseta para mi amiga Stephanie	*40 córdobas*
Traje de baño	*300 córdobas*
Falda nueva, color azul	*275 córdobas*
Vaqueros	*530 córdobas*
Zapatos deportivos	*765 córdobas*
Pantalones azules para papá	*295 córdobas*

Estrategia de estudio: Describe Clothing Wherever You Go

Do you like to people watch? You can practice your Spanish at the same time! The next time you are at the cafeteria, mall, park or wherever you like to people watch, when someone walks by, think of describing their clothing and even a physical description of the person. You can do this aloud or just in your head. You'll be surprised how much this helps you speak!

Cultura viva

Los mercados al aire libre

In a city of 1,800,000 inhabitants, Managua has many markets. The **Mercado Oriental** is the largest, taking up approximately 70 city blocks, selling everything from food, flowers, clothing, shoes and hardware at low prices. The **Mercado Roberto Huembes** is large, colorful, tourist-friendly and the most accessible of all the big markets in Managua. You'll find everything from food to hardware items here. There is also an extensive section of arts and crafts stalls. In total, Managuan markets have over 35,000 merchants and more than 350,000 Nicaraguans who shop there daily.

El mercado de artesanía en Masaya, Nicaragua

RosalreneBetancourt 7 / Alamy Stock Photo

7.11 ¿Qué ropa debo llevar? Carla va a Estados Unidos para estudiar inglés y quiere tus consejos. Prepara un mensaje de correo electrónico con una lista de ropa que debe llevar según la situación.

1. Piensas ir al parque con tus amigos. Hace sol y mucho calor. Van a tener un picnic.

2. Recuerda, en abril hace viento, hace fresco y llueve. Tienes que caminar para ir a las clases.

3. Cada invierno nieva y hace mucho frío. Necesitas caminar para tomar el autobús.

4. Vas a la playa con tu amigo y su familia. Hace mucho calor.

5. Hay un gimnasio en la universidad que ofrece clases de ejercicios. Piensas tomar una.

6. Trabajas en el laboratorio de química. Hace calor, pero en el laboratorio hay aire acondicionado.

7. Un amigo te invita a pasar las vacaciones en las montañas. Puedes aprender a esquiar.

8. Piensas ir de compras con tus amigas al centro comercial. No está muy lejos de la universidad.

9. Tienes una entrevista para trabajar en la oficina del departamento de inglés.

10. Tus amigos van a un partido de fútbol americano en la universidad. Es por la tarde. Hay sol, pero hace fresco.

La amiga de Kenia se llama Carla.

Courtesy of Diane Ceo-DiFrancesco

Possible answers for 7.11:

1. unos pantalones cortos, una camiseta, unos zapatos deportivos
2. unas botas, una chaqueta, un suéter, pantalones largos
3. unas botas, una gorra, un abrigo, un suéter
4. un traje de baño, una camiseta, una falda
5. unos pantalones cortos, una camiseta, unos zapatos deportivos
6. un suéter, pantalones, una sudadera
7. un abrigo, una gorra, un suéter, unas botas
8. unos vaqueros, una blusa, unas sandalias o unos zapatos
9. una falda y una blusa, o un vestido/un traje
10. una blusa/una camisa, unos vaqueros, un suéter, unos zapatos deportivos

Suggestion for 7.11: For flipped or hybrid courses, students can prepare this activity outside of class. During the next class session, they can compare their responses in pairs.

Cultura viva

Las ventas en Nicaragua

In working class neighborhoods, some families establish what are referred to as **ventas**, or family run stores right in their homes. If you have a need for clothing, food items, school supplies, or snacks, it is more convenient and customary to go to a neighborhood **venta** than to travel across the city. This is also a way for families to make income right out of their own homes.

Estrategia de estudio: Retrieving Old Information

Having trouble remembering the Spanish you learned in the past? Whether it was from last semester or high school, your brain can retrieve old information with a little refreshing. Try spending some time working with online audio and visual flashcards of basic vocabulary. Review common verbs and present tense verb endings. Then, get together with a friend or classmate and tell that person about yourself in Spanish. Be sure to include all of the basic information from an introductory course, like name, age, likes and dislikes, classes, activities, family and obligations. Later, write down the information you learned about your practice partner. Once you've written one or two paragraphs, have your partner peer edit or schedule a session with your instructor to review. Don't worry! This effort will help you!

Demonstrative adjectives and demonstrative pronouns

Demonstrative adjectives

A demonstrative adjective is a word that can be placed before a noun. It indicates the relative position of the noun in terms of the distance from the speaker. Demonstratives in English are: *this, that, these, those*. Because demonstratives are adjectives, their endings must show agreement in number (singular or plural) and gender (masculine or feminine) with the noun they precede.

Near to the person speaking – *aquí* (here)

Singular		Plural	
este vestido	*this dress*	**estos** zapatos	*these shoes*
esta corbata	*this tie*	**estas** faldas	*these skirts*

A short distance from the person speaking –

Singular		Plural	
ese vestido	*that dress over there*	**esos** zapatos	*those shoes over there*
esa corbata	*that tie over there*	**esas** faldas	*those skirts over there*

A far distance from the person speaking – *allá* or *allí* (over there)

Singular		Plural	
aquel vestido	*that dress over there*	**aquellos** zapatos	*those shoes over there*
aquella corbata	*that tie over there*	**aquellas** faldas	*those skirts over there*

Demonstrative pronouns

Demonstrative pronouns are used to avoid repetition so the noun being referred to doesn't have to be repeated. Demonstrative pronouns are identical in form to demonstrative adjectives and reflect the gender and number of the noun they replace. Look at the following example and note the use of the demonstrative pronoun.

María: ¿Quieres comprar **estos** zapatos azules?
Isidora: No, prefiero **estos** que están aquí.

Study the following chart:

este	*this one*	ese	*that one*	aquel	*that one over there*
esta		esa		aquella	
estos	*these ones*	esos	*those ones*	aquellos	*those ones over there*
estas		esas		aquellas	

7.12 ¿Qué puesto? **WP** Kenia describe la ropa que vende en su puesto en el mercado de Masaya y también habla de la ropa en otros dos puestos. Indica qué puesto describe Kenia según el siguiente dibujo.

Audio 1: ___A___.
Audio 2: ___C___.
Audio 3: ___B___.
Audio 4: ___B___.
Audio 5: ___C___.
Audio 6: ___A___.

Audioscript for 7.12: 1. Este vestido azul es muy elegante. 2. Me gustan mucho aquellas blusas amarillas. 3. Esos zapatos son muy bonitos. 4. Ese cinturón es perfecto para mi papá. 5. Aquellos pantalones blancos son muy pequeños para mí. 6. Este bolso de cuero es muy práctico.

Suggestion for 7.12: For hybrid or flipped classes, you may want to assign students to listen to the audio and complete this activity prior to the class session.

Cultura viva

El gesto "allá"

In Latin America, some native speakers in countries such as Chile, Colombia and Nicaragua do not point with their finger to indicate someone or something across the room. Instead, they purse their lips and move their head upward in the direction of what they would like to indicate.

Courtesy of Kristin Piljay

Una mujer indicando "allá" con los labios.

7.13 Kenia va de compras.   Kenia está en su tienda de ropa favorita y busca un vestido nuevo para la fiesta de cumpleaños de su abuelo. Su amiga Stephanie intenta ayudarla con su compra. Lee la conversación y selecciona los adjetivos y pronombres demostrativos que encuentres.

Kenia: ¿Te gusta esta blusa verde?

Stephanie: Sí, me gusta, pero no me gusta el color para ti. ¿Por qué no pruebas esa de color azul?

Kenia: Esa es muy fea. Creo que me gusta más aquella, cerca de la colección de pantalones. También necesito comprar un vestido. ¿Te gusta este?

Stephanie: No, realmente prefiero este. Es muy lindo y no cuesta mucho.

Kenia: Aquellos vestidos son muy caros.

Stephanie: Sí, y no son muy bonitos. ¿Por qué no pruebas aquel que tienes allá?

Kenia: Está bien. Y después vamos a tomar un café en aquel restaurante de la esquina.

Stephanie: De acuerdo. Buena idea.

7.14 Necesito zapatos.   **WP**   Kenia va a la zapatería para comprarse unos zapatos. Necesita ayuda para decidir qué zapatos o botas debe comprar. Stephanie tiene clase ahora, así que llama a su amiga María José y le manda fotos de los zapatos. Completa el siguiente diálogo con pronombres demostrativos.

Kenia: ___Estas___ botas rosadas son muy bonitas. ¿Qué te parecen? ¿Te gustan?

María José: No sé. ___Ese___ color rosado es muy brillante. Prefiero las botas rojas que están al lado de las rosadas. ___Esas___ son mejores en mi opinión.

Kenia: Pues, creo que tienes razón. Quiero mirar ___aquellas___ botas negras allí arriba. Son más altas y más elegantes, ¿no crees?

María José: Mira, hay otros zapatos allá, al otro lado de la tienda. Son de muchos colores bonitos y tienen un buen precio.

Kenia: Sí. Voy a ver ___aquellos___. Me gusta mucho el estilo.

Cultura viva

Las compras en Nicaragua

In terms of shopping, there are several malls concentrated in Managua, and they are similar to malls in the U.S. They also have food courts with the typical fast food restaurants, like McDonald's, Burger King and Pizza Hut. However, a lot of people, due to the economic situation, cannot afford to eat or shop at these places. Instead, they buy second hand clothing from the U.S. that is sold at second hand shops or **pacas**. Some stores have nicely arranged name brand used clothing. This clothing is more expensive than the **pacas** where you need to sort through clothing on tables and in bins to find what you like.

Metrocentro es un centro comercial de Managua con diversas tiendas, incluyendo algunas de tus favoritas.

Una 'paca' o tienda de ropa de segunda mano en Managua, Nicaragua

7.15 El español cerca de ti. Mucha ropa está hecha en maquiladoras[2] en Honduras y Nicaragua. Completa los siguientes **Pasos** para entender la situación.

Paso 1: Toma diez minutos para investigar dónde está hecha tu ropa. ¿Tienes piezas hechas en estos dos países? ¿Cuántas?

Paso 2: Investiga en Internet en qué país hacen la ropa de tu marca favorita. Después investiga dónde hay fábricas en ese país y cuántas hay en total. Comparte tu información con un/a compañero/a o con la clase.

7.16 En el mercado de Masaya: las artesanías nicaragüenses. Recycle Piensas comprar varios regalos para tu familia durante tu viaje a Nicaragua. Mira el dibujo de los tres puestos del mercado en la **actividad 7.12** para completar los **Pasos** y hacer tus compras.

Activity 7.16 recycles stem changing verbs from Chapter 5.

Paso 1: Mira los tres puestos y escribe una lista de las cosas que te gustan.

Paso 2: Mira el mercado desde la misma perspectiva que Kenia. Con tu compañero/a, describe qué artículos prefieres comprar.

Paso 3: Hazle preguntas a tu compañero/a para aclarar dudas sobre el artículo exacto y para saber por qué quiere comprarlo.

Modelo: *Voy a comprar este vestido azul en el puesto de Kenia. Me gusta el color y es muy folclórico.*

7.17 Situaciones. Haz el papel de **A** o **B** con tu compañero/a para participar en la conversación. Answers will vary.

A- You have decided to travel to Nicaragua to meet up with your virtual conversation partner from the Universidad Centroamericana in Managua. You both have to describe yourselves and what you'll be wearing at the airport so that you can recognize each other. Ask your new friend some questions about Nicaragua and the activities s/he has planned so that you know what clothes to pack. You don't want to take a big suitcase so be sure to clarify what items you really need.

B- Your virtual conversation partner from the United States has decided to visit you in Managua. Be sure to tell him/her what you'll be wearing when you travel to the airport so that s/he can recognize you in the crowd. Also, tell your friend about some of the activities and places you have planned to visit, so that s/he will know what to pack and will be prepared for the trip.

Estrategia de estudio: Practicing as Much as You Can

Have you thought of Spanish class like a math class? In math, every concept seems to build on the previous one. You have to stay on top of the assignments or you will get behind because you did not practice. You continue to use what you have already learned. It all ties together. Unlike a class where you read and memorize facts, you can't cram for your Spanish course (or your math course)!

---

[2]**maquiladoras:** sweat shops

Exploremos el vocabulario 2

Las partes del cuerpo

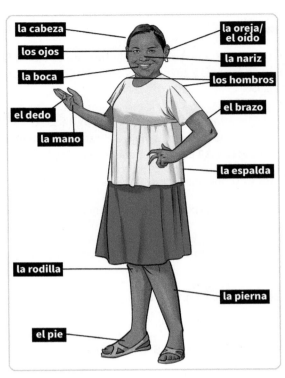

Warm-up for 7.18: Students can learn a large list of vocabulary quickly through TPR activities. Try having students respond to commands to identify or touch the parts of the body by first following you as you give the model, then following the command without your model. The combination of hearing the word aloud, seeing the visual body part and associating both with a movement assists students in remembering the vocabulary.

Suggestion for 7.18: For hybrid or flipped classes, you may want to assign students to listen to the audio and complete this activity prior to the class session.

Audioscript for 7.18: 1. Uso estas dos partes del cuerpo para correr y caminar.
2. Como un sándwich con esta parte del cuerpo.
3. Uso estas dos partes del cuerpo para ver los colores de la ropa.
4. Uso estos dos para escuchar al profesor.
5. Uso esta parte del cuerpo para oler el perfume.
6. Usamos estas partes para tocar la ropa.
7. Usamos estas dos partes del cuerpo para llevar las bolsas con las compras del mercado.

7.18 ¿Qué parte del cuerpo? **WP** Escucha las descripciones que hace Carla durante un juego con su hermanita Catalina. Escribe el número de la descripción en la parte del cuerpo que describe Carla.

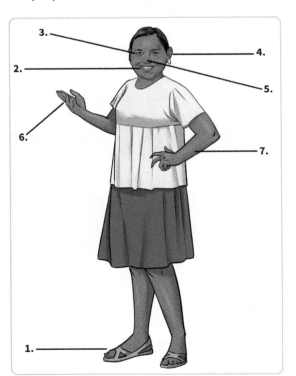

Answers for 7.18:
1. Los pies (o las piernas);
2. La boca; 3. Los ojos;
4. Los oídos; 5. La nariz;
6. Los dedos (o las manos);
7. Los brazos (o las manos)

1. _____
2. _____
3. _____
4. _____
5. _____
6. _____
7. _____

7.19 Comprando ropa en Internet. Kenia decide comprar ropa nueva en Internet. Como no puede probarse la ropa, tiene que tomarse las medidas en casa. Anota las partes del cuerpo que asocias con cada artículo de ropa.

Ropa	Talla	Partes del cuerpo
El sombrero	pequeño	la cabeza
La blusa	mediana	los brazos, la espalda y los hombros
Los pantalones	76 cm	las piernas
Los zapatos	37	los pies

7.20 Las adivinanzas. **WP** Carla y Catalina juegan a las adivinanzas. Trabaja con tu compañero/a. ¿Puedes adivinar qué parte del cuerpo describe cada una?

1. Uno larguito,   Los dedos
Dos más bajitos
Otro chico y flaco
Y otro gordo

2. Con ella vives,   La boca
Con ella hablas,
Con ella comes,
Y hasta bostezas.

3. Unas son redondas,   La cabeza
Otras ovaladas
Unas piensan mucho,
Otras no.

4. Puedes tocarlo,   El pelo
Puedes cortarlo,
Pero no puedes contarlo.

5. Juntos vienen,   Los pies
Juntos van
Uno va adelante,
otro va detrás.

6. Si los abro, veo.   Los ojos
Si los cierro, sueño.

7. Laterales parapetos   Las orejas
Que van siempre por parejas
Les encantan los secretos.

Carlos Marlón García (Tegucigalpa, Honduras)

Antes de escuchar

7.21 El trabajo de Carlos. Carlos realiza un trabajo de servicio en las comunidades rurales de Honduras. ¿Qué piensas que nos va a explicar sobre su trabajo? Escribe tres ideas para compartir con tu compañero/a.

Answers will vary.
1. _____
2. _____
3. _____

Carlos Marlón García es de Tegucigalpa, Honduras.

Juanmonino / iStock / Getty Images

Conozcamos a...

Mientras escuchas

🎧 **7.22 ¿Entendiste bien?** **WP** Escucha a Carlos y decide si las oraciones son ciertas o falsas.

_____C_____ **1.** Carlos tiene dos trabajos, pero cuando trabaja en las áreas rurales, no recibe un sueldo.

_____F_____ **2.** Carlos es médico y trabaja en el hospital de Tegucigalpa.

_____F_____ **3.** Carlos sale los miércoles por la mañana para viajar a un área rural.

_____C_____ **4.** Su trabajo consiste en enseñarles a madres y niños cómo cuidarse bien.

_____C_____ **5.** Una de sus clases es sobre cómo lavarse el cuerpo.

_____C_____ **6.** Carlos prefiere hacer su parte para mejorar la vida de los hondureños.

Después de escuchar

7.23 Trabajo en la comunidad. Te interesan varios programas de servicio en Centroamérica. Completa los **Pasos** de tu investigación. Answers will vary.

Paso 1: Busca en Internet programas de servicio en Honduras para tu próximo viaje. Anota la siguiente información importante sobre dos programas:

1. la duración
2. el precio
3. el trabajo
4. número de créditos por el trabajo
5. los requisitos para inscribirte

👥 **Paso 2:** Comparte la información con tu compañero/a. Compara y contrasta los programas para escoger uno.

Technology tip for 7.23: Students can be instructed to post their findings on your learning management system discussion board and to write three comments regarding a classmate's posting. Alternatively, they can create a word document or electronic poster to present briefly in class.

Cultura viva

Los niños: la esperanza del mundo

Nicaragua and Honduras are societies of young people, with 53 % of the population under the age of 18. However, many children live in unacceptable conditions without the basic necessities of life. Only 62 % of children have access to clean water and 31 % to sanitary services. Many children have to work to live, and for this reason only 73 % attend elementary school. 35 % finish the 5th grade. 21 % of children are born to adolescent mothers. Organizations such as the one for which Carlos volunteers are very important to improve the lives of children today.

Carlos es de Honduras. ¿Qué sabes de este país centroamericano?

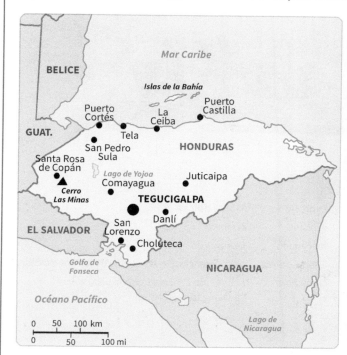

Vista panorámica de Tegucigalpa

Honduras: socio comercial importante de Estados Unidos

Este país centroamericano tiene el menor desarrollo económico de América Latina. Su economía depende fuertemente del estatus económico de EE. UU. En 1998, Honduras fue devastada por el huracán Mitch que también provocó la muerte de 5600 personas. Su lengua oficial es el español, pero algunos hondureños también hablan varias lenguas indígenas como el garífuna, una lengua de origen afrocaribeño. Sus productos industriales de mayor importancia son el azúcar, el café, los textiles y los productos de madera.

La playa en la isla de Roatan, Honduras

El pueblo de San Juancito, cerca del parque nacional La Tigra, en Honduras

Estadísticas interesantes de Honduras

Bandera de Honduras

Cinco lempiras

Capital: Tegucigalpa

Tipo de gobierno: república constitucional democrática

Tamaño: un poco más grande que Tennessee

Número de habitantes: 9 182 766

Lenguas oficiales: español

Moneda: lempiras

Alfabetismo: 89 %

Promedio de vida: 71 años

Expresiones y palabras típicas

el pisto	*el dinero*
macanudo	*maravilloso*
Cheque, pues	*bien, entonces*. Se usa al final de la conversación.
catracho/a	*hondureño/a, paisa/paisano* used when speaking to each other

Technology tip for 7.24: Students can be instructed to post their findings on your learning management system discussion board and to write three comments regarding a classmate's posting. Alternatively, they can create a word document or electronic poster to present briefly in class.

7.24 Investigación en Internet. Usa Internet para seleccionar un lugar turístico en Honduras que te gustaría visitar. Escribe una breve descripción e incluye la siguiente información: **Answers for 7.24:** Answers will vary.

- el nombre del lugar turístico
- dónde está el lugar en Honduras
- una descripción del lugar
- por qué te interesa

Exploremos la gramática 2

WileyPLUS

Go to WileyPLUS to review this grammar point with the help of the Animated Grammar Tutorial.

Por and *para* (parte 1)

By now you have already seen and used **por** and **para** in some earlier expressions.

- Fixed expressions with **por**:

por ahora	*for now*	por fin	*finally*
por casualidad	*by chance*	por lo menos	*at least*
por cierto	*by the way*	por supuesto	*of course*
por ejemplo	*for example*	por todas partes	*everywhere*
por eso	*therefore*	por la mañana/	*in the morning/*
por favor	*please*	la tarde/la noche	*afternoon/night*

- ixed expressions with **para**:

para bien/mal	*for better/worse*
para siempre	*always*
para nada	*for nothing*

¿Qué observas?

1. Which of the fixed expressions with **por** and **para** have you seen or used before?
2. Which expressions are new to you?

Usually, a Spanish-English dictionary gives the meaning of both **por** and **para** as *for* and this works in some cases.

Focus on the following examples where both **por** and **para** = *for*.

1. Compro un suéter azul **para** mi hija.	*I'm buying a blue sweater <u>for</u> my daughter.*	*for the recipient/receiver*
2. Compro este vestido elegante **para** la fiesta.	*I'm buying the elegant dress <u>for</u> the party.*	*intended for/used for*
3. Tengo que pagar $80 **por** el vestido.	*I have to pay $80 <u>for</u> the dress.*	*in exchange for*
4. Voy a estar ocupado/a **por** tres horas.	*I'll be busy <u>for</u> three hours.*	*for a certain amount of time/duration of time*

Focus on the following examples where both **por** and **para** ≠ *for*.

5. Vamos **para** el centro comercial porque necesitamos comprar ropa nueva.	*We're going <u>to</u> the mall because we need to buy some new clothes.*	*para = to/toward a destination*
6. Vamos **por** el centro comercial y buscamos zapatos de tenis.	*We're going <u>throughout</u> the mall looking for some tennis shoes.*	*por = through/throughout a place*
7. Vamos a Honduras y Nicaragua **para** aprender más de los dos países.	*We're going to Honduras and Nicaragua <u>in order to</u> learn more about these two countries.*	*para = in order to/purpose*
8. Gracias **por** tu ayuda con mis compras.	*Thanks <u>for</u> your help with my shopping.*	*por = reason/because of*

Although you may feel that you have not totally grasped the meanings of the uses of **por** and **para**, with review and practice you'll become more confident in your choices.

Suggestion for 7.25: For hybrid or flipped classes, you may want to assign students to listen to the audio and complete this activity prior to the class session.

Audioscript for 7.25: 1. Vamos a estar en Nicaragua por…
2. Queremos viajar por…
3. Y conocemos a muchas familias rurales que tienen trabajos agrícolas para…
4. Si tenemos tiempo podemos pasar la frontera y entrar a Nicaragua para…
5. Es importante visitar las capitales de los dos países para…
6. Y si comemos en restaurantes rurales que sirven platos tradicionales, podemos comer por…
7. Estoy seguro de que tendremos buenos recuerdos de nuestro viaje para…
8. Antes de salir de Nicaragua quiero ir al mercado de Masaya para…

7.25 Haciendo planes para viajar. **WP** Tu amigo te llama por teléfono para contarte sus ideas sobre el viaje a Honduras, pero su teléfono no funciona bien y tú no puedes oír todo lo que dice. Escucha sus ideas e intenta determinar la parte que no puedes oír.

1. a. bicicleta.
   b. comer comida tradicional de Honduras.
   c. (c.) uno o dos meses.
2. a. diez córdobas.
   b. (b.) todo el país.
   c. casualidad.
3. a. (a.) ganarse la vida.
   b. comprar ropa hecha en Estados Unidos.
   c. ir de vacaciones.
4. a. (a.) visitar también ese país centroamericano.
   b. mi hermana que vive en Nicaragua.
   c. volver a Estados Unidos.
5. a. cambiar la situación política.
   b. vender ropa en los mercados al aire libre.
   c. (c.) conocer algo de su historia.
6. a. (a.) poco dinero.
   b. la noche.
   c. las montañas.
7. a. bien.
   b. (b.) siempre.
   c. nada.
8. a. el invierno.
   b. (b.) comprar regalos para mi familia.
   c. bien o para mal.

Suggestion for 7.26: For hybrid or flipped classes, you may want to assign students to complete this activity prior to the class session.

7.26 ¿Qué debes usar: _por_ o _para_? **WP** Dos amigos de Daniel tienen planes para visitar Honduras y trabajar allá el próximo verano si pueden ahorrar suficiente dinero. No quieren parecer maleducados o irrespetuosos en aquella cultura. Daniel les ofrece estos comentarios sobre la manera en que los hondureños se visten.

Paso 1: Ahora debes completar los espacios en blanco con la forma apropiada de _por_ o _para_.

_____h_____ 1. En Honduras mucha gente lleva ropa de segunda mano o ropa apropiada _para_ trabajar en el campo.

_____f_____ 2. No es _por_ el estilo que compran su ropa porque el estilo no les importa.

_____h_____ 3. La ropa que compran tiene que ser muy práctica y apropiada _para_ su trabajo en las áreas agrícolas.

_____c_____ 4. Las personas de las zonas rurales no pagan mucho dinero _por_ su ropa.

_____g_____ 5. Los vaqueros _para_ hombres son muy populares también, en las ciudades y otros lugares.

_____a_____ 6. En la parte rural y agrícola los hombres por lo general usan botas porque son muy útiles cuando van _para_ los campos a trabajar.

_____f_____ 7. En Honduras hay muchas fábricas que hacen ropa, pero esa ropa es _para_ la exportación y no _para_ los ciudadanos del país.

_e, b, a_ 8. _Por_ eso, la ropa que se hace pasa _por_ las manos de estos hondureños y va _para_ otros países.

Paso 2: Por y para: Un análisis. Mira otra vez el **Paso 1** y decide por qué utilizas **por** o **para**. Escribe la letra en el espacio en blanco antes del número de cada frase. Luego, comparte tus respuestas con un/a compañero/a. Answers can be found in **Paso 1**.

a. toward a destination
b. through
c. in exchange for
d. duration of time

e. fixed expression
f. reason, motive, means for action
g. recipient of an action
h. intention or purpose

7.27 Preguntas con *por* o *para*. Tus compañeros/as y tú necesitan solicitar información para planear bien sus actividades para el fin de semana. Completa los **Pasos**.

Paso 1: **WP** Usa la información de cada columna para formar y escribir cinco preguntas interesantes y creativas.

I	II	III	IV
¿Necesitas	estudiar en la biblioteca	para	Managua?
¿Prefieres	viajar	por	tus exámenes?
¿Quieres	ir de compras		la tarde?
¿Te gusta	comprar ropa nueva/regalos		el centro comercial?
¿Vas a	llevar zapatos de tenis		nuestras vacaciones?
	llevar lempiras o córdobas		ir de compras en Nicaragua?
	caminar		la calidad o el estilo?
	descansar		la fiesta?
			tu mamá?

1. ¿Necesitas descansar por la tarde?
2. ¿Prefieres comprar ropa nueva/regalos por la calidad o el estilo?
3. ¿Quieres caminar por Managua?
4. ¿Te gusta estudiar en la biblioteca para tus exámenes?
5. ¿Vas a llevar zapatos de tenis para la fiesta?

Answers for 7.27, Paso 1:
Possible answers are:

Paso 2: Usa tus preguntas para obtener información de cinco compañeros/as de clase diferentes y comparte la información con la clase.

7.28 El arte de Celia Lacayo. Celia Lacayo es de Bluefields, Nicaragua, y empieza a pintar en el año 1979, sin tomar ninguna clase de arte. Por medio de la pintura ella quiere expresar sus ideas, sus sueños y sus sentimientos. Completa los **Pasos** para investigar su arte.

Follow-up for 7.28, Paso 1:
Review the students' responses before assigning the writing task in **Paso 2.**

Answers for 7.28, Paso 1:
1. Unos vestidos; 2. morado y rojo; 3. Se va a probar los vestidos; 4. En una boutique, Answers will vary; 5. Alto, answers will vary; 6. Zapatos; 7. Answers will vary; 8. Answers will vary.

Suggestion for 7.28, Paso 2:
You can assign the writing task for homework. The next class session, students can work on the peer editing tasks.

Technology tip for 7.28, Paso 3: Require students to post their stories on your learning management system discussion board. Next, students must read and post follow-up questions for two of their classmates to be answered prior to the next class session.

Paso 1: Busca en Internet la pintura *La vida sigue igual* de Celia Lacayo en donde se ven a dos mujeres probándose ropa y contesta las siguientes preguntas con tu compañero/a.

1. ¿Qué ropa quiere probarse la señorita?
2. ¿De qué color son las prendas de ropa?
3. ¿Por qué no lleva un vestido ahora?
4. ¿Dónde crees que compra la ropa? En tu opinión, ¿qué vestido le queda mejor? ¿Por qué?
5. ¿Cuál es su nivel socioeconómico? ¿Cómo lo sabes?
6. Además de los vestidos, ¿qué más se prueba?
7. ¿Cómo se siente la señorita que le ayuda?
8. ¿Por qué se prueba dos vestidos?

Paso 2: Ahora utiliza la información de las respuestas para inventar un cuento sobre la pintura. *Answers will vary.*

Paso 3: Con tu compañero/a, lee tu cuento en voz alta. Tu compañero/a te hace preguntas de aclaración y te ofrece recomendaciones sobre el contenido. Cuando termines tu cuento, escucha el de tu compañero/a y hazle preguntas y recomendaciones. *Answers will vary.*

Cultura viva

La costa atlántica

Bluefields is the city of origin of the painter Celia Lacayo. It's located on the Atlantic coast, a part of Nicaragua very different and more isolated from the rest of the country. The atmosphere is very much like the Caribbean, the people speak English or indigenous languages, and Afro-Caribbean music is popular. The area is less populated than the rest of Nicaragua and for many, the only form of transportation is by waterways. To travel to Bluefields, you have to leave your car in Rama and proceed by boat along río Escondido.

Suggestion for 7.29: For flipped or hybrid courses, students can prepare this activity outside of class. During the next class session, they can practice and present their situation to the class.

Suggestion for 7.29:
Encourage students to attempt spontaneous interaction, using fillers and language chunks acquired in previous chapters to hold a conversation in Spanish.

7.29 Situaciones. Haz el papel de **A** o **B** con tu compañero/a para participar en la conversación. *Answers will vary.*

A- You just received some birthday money from your family, and you would like to get some new clothes for the colder weather. You have asked a friend to go shopping with you. You'd like to go to the large mall about 30 minutes from campus, because it has the most choices of stores. Agree on the mall where you will go with your friend, how much time you'll spend shopping. Tell your friend the clothing items you'd like to buy.

B- Your friend has asked you to tag along as s/he wants to go shopping at the mall this weekend. You don't really have anything in particular to buy and don't have money to spend right now on clothes. You agree to go along to be nice, but you don't want to be gone too long because you have a lot of work for your classes. You'd rather go somewhere close to the university. Negotiate where you'll shop and how long you'll stay with your friend.

EXPERIENCIAS

Esperanza en acción

Noticias　　Información　　Fotos　　Amigos　　Archivos

Courtesy of Diane Ceo-DiFrancesco

Yamileth Pérez es la directora del programa de artesanía.

Conozco una organización en Managua donde trabaja Yamileth Pérez. Yamileth es directora del programa de artesanía para la organización *Esperanza en acción*. Esta organización sin fines de lucro establece programas para los artesanos de pueblos aislados en Nicaragua. Su misión es el comercio justo y la educación de los artesanos. Con estos dos objetivos quiere mejorar la vida de los nicaragüenses y contribuir a la eliminación de la pobreza extrema, educarnos a todos en cuanto al efecto de nuestras acciones y transformar el sistema económico a uno más justo para todos. En la pequeña tienda de *Esperanza en acción*, hay mucha mercancía hecha a mano de muy buena calidad, toda a un precio justo por las horas que requiere producir cada objeto. Allí venden cerámica, bolsas tejidas a mano, pinturas, mochilas y canastas. La próxima vez que viaje a Nicaragua, voy a visitar de nuevo a Yamileth y su organización porque su trabajo es muy interesante y valioso.

7.30 Mi propio blog. Quieres planear una excursión a *Esperanza en acción* durante tu próximo viaje a Managua. Completa los **Pasos** para planificar el viaje.

Paso 1: Usa Internet y haz una búsqueda para encontrar la página de *Esperanza en acción*. Mira el video sobre la organización y los artesanos y anota tres obstáculos que enfrentan los artesanos.

1. _____

2. _____

3. _____

Paso 2: Investiga en Internet qué posibilidades existen para visitar *Esperanza en acción*. Contesta las siguientes preguntas.

1. ¿Existe una excursión especial?
2. ¿Cuánto cuesta?
3. ¿Qué actividades y paquetes especiales ofrece la organización?
4. Planifica tu excursión por transporte público o con *Esperanza en acción*. Incluye la siguiente información:

   Descripción del viaje:

   Costo:

   Transporte:

   Actividades:

Paso 3: En tu propio blog, escribe todos los detalles para tu excursión a *Esperanza en acción*. ¿Qué te interesa aprender y comprar allí?

Keren Duanaway-González

Antes de leer

7.31 Una muchacha muy valiente. Antes de leer la selección sobre Keren Dunaway González, lee la estrategia (mira la foto de Keren González). Esta lectura describe la vida y las circunstancias de Keren.

Estrategia de lectura: Using a Bilingual Dictionary

When you read in Spanish, remember to focus on understanding the gist of what you are reading. You don't want to get bogged down in looking up every other word in a bilingual dictionary. This will take a long time and will be very frustrating. Instead, focus on cognates, context, and the main idea. You may find that an unknown word is preventing you from understanding a sentence. In this case, first try to understand the gist of the entire paragraph to determine if you really need to look up the individual word. When you do look up the word in a bilingual dictionary, be sure you look at all possible definitions and synonyms to make the best choice of the meaning in the reading at hand. It can also be helpful to read any example sentences given. Finally, to be certain you have the correct definition, turn to the English side of the dictionary and check the translation back to Spanish. You will want to check that the part of speech (verb, noun, adjective, etc.) is the same in both the Spanish and the English sections of the dictionary. This is the best approach to tackle unknown words.

Paso 1: Revisa la selección y selecciona todos los cognados.

Paso 2: Contesta las siguientes preguntas:

Answers for 7.31, Paso 2: Answers will vary.

- ¿Cuál es el formato del texto?
- ¿Qué sugiere el título?
- ¿Cuáles son algunas palabras importantes en cada párrafo?
- ¿Qué información aprendes de la lista de cognados?

Alexandre Meneghini / AP Images

Keren Dunaway-González

Paso 3: Lee la lectura con cuidado. Recuerda que no tienes que entender cada palabra.

 ### Una joven activista de Honduras

Keren Dunaway-González, una joven activista de Honduras, ha participado en varias conferencias sobre el SIDA, la primera vez, con tan sólo 13 años. Enfrente de 25 000 participantes, entre ellos líderes políticos, oficiales de la salud pública y jóvenes afectados por el SIDA, tiene el honor de inaugurar la XVII Conferencia Internacional sobre el SIDA en México el 3 de agosto de 2008. Esta conferencia sobre SIDA es la más grande del mundo. Su presentación produce un silencio total en el enorme auditorio y sobresale de todos los participantes importantes que comparten escenario con ella. Antes de hablar, Keren practica mucho su discurso de tres páginas. Admite que está nerviosa. Pero ante tanta gente y todas las cámaras de la televisión mexicana, proclama su mensaje con una voz muy fuerte y sin temor. Al final, la línea más importante que quiere trasmitir a todos los políticos es que necesitan "más medicamentos y más investigación" y que "hay que hacer todo lo posible para que no nos discriminen". Seis años después, ella participa en un panel de la Conferencia de 2014, en Melbourne, Australia.

   Keren empieza como activista a los ocho años de edad, pero ha vivido con el virus de inmunodeficiencia humana (VIH) toda su vida. Su familia le relata los detalles de su condición cuando tiene cinco años y crea dibujos para ayudarla a comprender su enfermedad. Ahora ella vive como una joven normal, con los mismos gustos e intereses que tienen sus compañeros. La única diferencia es que ella tiene VIH y es hija de padres afectados por esta enfermedad. Sabe más de este virus que muchos adultos.

   Ella publica una revista para niños, *Llavecitas*. Establece esta revista para ofrecerles a los niños información sobre el VIH y para convertirlos en jóvenes informados en vez de jóvenes que discriminan a los niños afectados con VIH.

Después de leer

Paso 4: Escribe una lista de cuatro hechos importantes sobre Keren.   Possible answers:

1. Ha participado en varias conferencias sobre el SIDA.
2. Participa en un panel de la Conferencia de 2014, en Melbourne, Australia.
3. Tiene VIH y es hija de padres afectados por el mismo virus.
4. Publica una revista para niños.

Paso 5: **Recycle** Para saber más de esta joven activista hondureña, contesta las siguientes preguntas sobre Keren González con la información que busques en Internet. Answers may vary.

1. ¿Cuál es el estado de su vida hoy en día?
2. ¿Dónde vive?
3. ¿En qué año nació Keren?
4. ¿Cómo es su apariencia física?
5. ¿Cuáles son sus intereses?
6. ¿Tiene una página de Facebook?
7. ¿Tiene un blog?
8. ¿Qué efecto produce Keren Dunaway-González en la asamblea de la XVII Conferencia Internacional del SIDA, de 2008, en México?
9. ¿Cuáles son sus esperanzas para el futuro?

Activity 7.31, Paso 5, recycles the verbs **ser** and **tener** and physical description from Chapter 2, Present indicative and activities from Chapters 3, 4 and 5.

Cultura y sociedad

¿Cómo se visten en Honduras?

7.32 La ropa típica en Honduras. En Honduras, las costumbres de cómo vestirse pueden ser diferentes a las costumbres de Estados Unidos. Sigue los **Pasos** para aprender sobre ellas.

Courtesy of Kim Diehl de Yanes

Una familia hondureña pasa la tarde de domingo en el parque.

Antes de leer

Paso 1: Como preparación para la lectura, responde las siguientes preguntas y comparte tus ideas con la clase. Answers will vary.

- ¿Cómo describes la ropa que llevan los estudiantes en tu universidad?
- ¿Cómo describes la ropa que llevan los profesores? ¿Y la de los administradores?
- ¿Te gusta vestirte a la moda?

Paso 2: Ahora lee la información sobre la ropa hondureña.

🎧 ¿Qué tipo de ropa llevan los hondureños?

En Honduras viven aproximadamente ocho millones de personas. Este país es uno de los más pobres del hemisferio occidental y, por eso, muchas de las personas que viven en esa pobreza llevan ropa de segunda mano, ropa tradicional o solo ropa apropiada para trabajar en la agricultura. A causa de la pobreza, especialmente en las zonas rurales, muchas veces es necesario reparar la ropa de segunda mano, como sea necesario. No les importa el estilo porque la ropa tiene que ser muy práctica y apropiada para su trabajo en las áreas agrícolas. No pagan mucho dinero por su ropa.

En cambio, en las ciudades se visten con ropa similar a la ropa de la gente que ves en Norteamérica. Es muy común que los hombres lleven trajes y las mujeres lleven vestidos. También los vaqueros para hombres son muy populares. La mayoría de esta ropa es importada de otros países. Generalmente, el trabajo que hace una persona en Honduras determina los zapatos que lleva. En las zonas rurales y agrícolas, los hombres, por lo general, usan botas para su labor en los campos, y las mujeres usan chancletas. Por otro lado, los profesionales llevan zapatos de cuero[3] o zapatos más formales.

Cuando salen a la calle, se visten de forma más formal que en Estados Unidos, incluso si solo van a la tiendita. A los niños les bañan y les ponen su mejor ropa solo para salir a la calle. Mucha gente lleva ropa de segunda mano de Estados Unidos. Como no saben inglés, no entienden las palabras en las camisetas que llevan, así que puede ser cómico ver cómo esas palabras no concuerdan con la persona que lleva la camiseta.

En Honduras hay muchas fábricas[4] que hacen ropa, pero es para la exportación y no para los ciudadanos del país.

---

[3]**cuero:** leather   [4]**fábricas:** factories

Suggestion for 7.32: This activity is broken down into small steps for students to complete. For hybrid or flipped classes, you may want to assign **Pasos 1-3** for students to prepare prior to the class session. **Paso 4** extends the activity and encourages students to interact with their partner.

Suggestion for 7.32: Review students' answers to these questions as pre-reading activities and advanced organizers.

Después de leer

Paso 3: Escribe tus respuestas a las siguientes preguntas.

1. ¿Qué determina el tipo de ropa que llevan los hondureños?
2. En las zonas rurales, ¿qué tipo de ropa lleva la gente?
3. ¿En qué se diferencia la ropa que lleva la gente en las ciudades?
4. ¿Cómo se visten cuando salen a la calle?
5. ¿Dónde producen la ropa que llevan los hondureños?

Estrategia de escritura: Identifying Your Target Audience

While you are organizing your thoughts for this writing task, be sure to consider who will read your final product. Identifying your reader will help you to establish the format, tone and the content of your writing piece. Think about the difference in your writing by comparing two different audiences: your friends and classmates vs. a general public audience of those you have never met. Will your writing have a different overall tone for each intended audience? Think carefully about your audience to help you plan and organize your writing project.

Paso 4: Recycle Hay un grupo de estudiantes internacionales que llegan la semana próxima. La oficina de estudios internacionales te pide que prepares una descripción de la ropa que normalmente llevan los estudiantes en Estados Unidos. Piensa también en la persona que quiere leer tu información, y decide si debes escribirle de una manera formal o informal.

- Piensa en tus respuestas para el **Paso 1** para ayudarte a organizar tus ideas.
- Haz una lista de las diferentes situaciones durante la semana, las actividades habituales de un/a estudiante y la ropa necesaria para cada actividad. Después, organiza tus ideas en dos párrafos para los estudiantes extranjeros. Answers will vary.

Necesidades básicas

7.33 ¿Qué ropa necesito para mi viaje? Eres presidente del club de servicio. Los miembros quieren organizar un viaje a Honduras. Van a viajar a Tegucigalpa y después a un área rural para hacer su trabajo en la comunidad. Como presidente, te toca investigar qué deben llevar consigo, porque no quieren llevar ropa inapropiada para trabajar con la gente en los pueblos. Completa los **Pasos** para preparar la información que te piden. Answers will vary.

Paso 1: Utiliza la información de este capítulo e Internet para preparar una lista de ropa y accesorios que son apropiados en Honduras.

Paso 2: Prepara una presentación electrónica con fotos para los miembros del club con tus consejos para el viaje.

7.34 Un viaje virtual por Managua. Tu amiga piensa participar este verano en un programa de servicio a la comunidad en Managua. Completa los **Pasos** para ayudarla con sus preparativos.

Paso 1: Busca en Internet información en español para contestar las siguientes preguntas sobre la capital de Nicaragua, Managua.

1. ¿Tiene una catedral?
2. ¿Tiene un centro comercial?

3. ¿Tiene un parque?

4. ¿Tiene una plaza?

5. ¿Tiene un mercado al aire libre?

6. ¿Tiene una universidad?

7. ¿Tiene un teatro?

8. ¿Tiene un lago?

9. ¿Tiene un monumento famoso?

10. ¿Tiene un edificio alto?

Paso 2: Incluye alguna información adicional sobre cada lugar, dónde se encuentra, cómo es, cómo se llama, etc. para ayudar a tu amiga con los preparativos para su viaje.

Paso 3: Con un/a compañero/a de clase, compara Managua con la ciudad donde tú vives.

El malecón, Managua.

Courtesy of Diane Ceo-DiFrancesco

7.35 Te toca a ti. Vas a grabar un video de un día de compras para comprar ropa. Mira el video del comienzo del capítulo 7: **Cómo comprar ropa en el mercado**. Sigue los **Pasos** para preparar tu propio video. Answers will vary.

Paso 1: Decide a qué tienda quieres ir para comprar la ropa y escribe un guion.

Paso 2: Practica tu guion en voz alta, sin leer tus apuntes.

Paso 3: Practica tu guion con tu compañero/a. Tu compañero/a te dará sugerencias sobre tu trabajo.

Paso 4: Finalmente, graba tu video con tu compañero/a, turnándose para incluir las tareas de los **Pasos 1-3** en sus respectivos videos.

Paso 5: Sube tu video al foro de la clase para compartirlo con tus compañeros.

7.36 El cuaderno electrónico. Ahora te toca organizar otra página en tu cuaderno electrónico para anotar la información interesante que encuentres sobre Nicaragua y Honduras. Abre tu cuaderno y sigue los siguientes **Pasos**. Answers will vary.

Paso 1: Con ayuda de tu libro de texto, los videos de Daniel e Internet, incluye la siguiente información:

1. Estadísticas interesantes de Nicaragua y Honduras

2. Información básica sobre Nicaragua y Honduras

3. Mapa de los dos países

4. Dos lugares que quieres ver en esos países y por qué

5. Información sobre los lugares que quieres visitar

6. Fotos de cada país

7. Enlaces interesantes sobre los dos países

8. Observaciones culturales

Paso 2: Comparte tu información con un/a compañero/a o con la clase.

REPASOS

Repaso de objetivos

Check off the objectives you have accomplished.

Teaching tip for Repaso de objetivos: Although this self-assessment is designed for the students to evaluate their progress, teachers might poll students informally as a group to gauge how students are feeling about the material. This could be done orally with eyes closed and hands raised or by simply asking students to leave a slip with their answers at the end of class.

I am able to...

	Well	Somewhat		Well	Somewhat
• identify and describe articles of clothing.	☐	☐	• examine the various types of shopping.	☐	☐
• list objects and articles you need and want to purchase.	☐	☐	• investigate important places of interest in Nicaragua and its capital city, Managua.	☐	☐
• identify parts of the body and relate them to activities we do.	☐	☐	• contrast what people typically wear in Honduras and at your university.	☐	☐
• describe items you are looking for and where you will purchase them.	☐	☐	• examine some of the social issues and difficulties facing Nicaraguan and Honduran children today.	☐	☐

Repaso de vocabulario

WileyPLUS

Go to WileyPLUS to review these vocabulary words and practice their pronunciation.

Los colores   *Colors*

amarillo   *yellow*
anaranjado   *orange*
azul   *blue*
blanco   *white*
café   *brown*
gris   *gray*
morado   *purple*
negro   *black*
rojo   *red*
rosado   *pink*
verde   *green*

La ropa   *Clothing*

el abrigo   *coat*
la blusa   *blouse*
la bolsa   *purse*
las botas   *boots*
los calcetines   *socks*
la camisa   *shirt*
la camiseta   *t-shirt*
las chancletas   *flip flops*

la chaqueta   *jacket*
el cinturón   *belt*
la corbata   *tie*
la falda   *skirt*
la gorra   *cap*
los pantalones (cortos)   *pants/shorts*
las sandalias   *sandals*
el sombrero   *hat*
la sudadera   *sweatshirt*
el suéter   *sweater*
el traje   *suit*
el traje de baño   *bathing suit*
los vaqueros   *jeans*
el vestido   *dress*
los zapatos   *shoes*
los zapatos deportivos   *athletic shoes*
los zapatos de tenis   *tennis shoes, sneakers*

Verbos para hablar de ropa
   Verbs to talk about clothing

llevar   *to wear*
ponerse   *to put on*

probarse (ue)   *to try (on)*
quedar (me, te, le) bien/mal
   to fit, i.e. Me queda bien;
   No me queda
vender   *to sell*
vestirse   *to dress oneself*

Las partes del cuerpo   *Parts of the body*

la boca   *mouth*
el brazo   *arm*
la cabeza   *head*
el dedo   *finger*
la espalda   *back*
los hombros   *shoulders*
la mano   *hand*
la nariz   *nose*
los ojos   *eyes*
las orejas/los oídos   *ears/inner ears*
la pierna   *leg*
el pie   *foot*
la rodilla   *knee*

Repaso de gramática

Demonstrative adjectives and pronouns

this	these
este	**estos**
esta	**estas**
that	those (next to you)
ese	**esos**
esa	**esas**
that	those (way over there)
aquel	**aquellos**
aquella	**aquellas**

Por and *para*

Examples where both **por** and **para** = *for*.

Compro un suéter azul **para** mi hija.	*For a recipient/receiver of*
Compro este vestido elegante **para** la fiesta.	*intended for/used for*
Tengo que pagar $80 **por** el vestido.	*in exchange for*
Voy a estar ocupado/a **por** tres horas.	*for a certain amount of time/duration of time*

Examples where both **por** and **para** ≠ *for*.

Vamos **para** el centro.	para = *to/toward a destination*	Vamos **por** el centro.	por = *through/throughout a place*
Vamos a Honduras y Nicaragua **para** aprender.	para = *in order to/purpose*	Compramos ropa nueva **por** su calidad.	por = *reason/because of*

CAPÍTULO 8

El arte del buen comer

Note for Capítulo 8: World Readiness Standards addressed in this chapter include:

Communication: All three modes.

Culture: Examining food preparation and meals in Spain and the perspectives underlying the cultural practices and products.

Connections: Connecting with the disciplines of nutrition, biology, sociology.

Comparisons: Comparing shopping for food in target cultures and home culture.

Stefano Politi Markovina / AWL Images / Getty Images

Hay una variedad de platos deliciosos que se comen en España.

Contesta las siguientes preguntas basadas en la foto.

1. ¿Cuál es tu plato preferido? ¿Cuándo lo comes: en la mañana, tarde o noche?
2. En España, la comida principal es a las 2:00 o 3:00 p. m. ¿Y tú? ¿Cuándo comes la comida principal? ¿En qué consiste?

OBJETIVOS COMUNICATIVOS

By the end of this chapter, you will be able to...

- identify types of food and typical foods for each meal.
- engage in meaningful communication with others regarding proper nutrition.
- describe your diet and compare it with the typical Spanish diet.
- state your food preferences.
- talk about good nutrition.
- order food in a restaurant.

OBJETIVOS CULTURALES

By the end of this chapter, you will be able to...

- describe the typical Spanish diet.
- explain the significance of *tapas*.
- list typical ingredients and meal times in Spain.
- describe regional dishes in Spain.

ENCUENTROS

Video: Cómo hacer una tortilla española

Conozcamos a... Irene Iturriaga (Bilbao, España)

EXPLORACIONES

Exploremos el vocabulario

Los alimentos y la nutrición

El restaurante

Las pequeñas tiendas tradicionales

Exploremos la gramática

Describing food using *ser* and *estar*

Se construction

Avoiding redundancies: Direct object pronouns

EXPERIENCIAS

El blog de Daniel: El concurso de pinchos en San Sebastián

Te presentamos a... Ferran Adrià Acosta

Cultura y sociedad: La dieta española

Manos a la obra: El arte del buen comer

ENCUENTROS

Cómo hacer una tortilla española

8.1 Imágenes. En este video vas a ver cómo se prepara una tortilla española. Antes de ver el video, contesta las preguntas con un/a compañero/a. *Answers will vary.*

1. Para ti, ¿cómo es una tortilla?
2. ¿Comes tortillas con frecuencia?
3. ¿En qué país piensas cuando escuchas la palabra 'tortilla'?
4. ¿Es común comer tortillas en tu casa?
5. ¿Compras las tortillas en el supermercado o las haces en casa?

WileyPLUS
Go to WileyPLUS to watch this video.

8.2 ¿Cómo se prepara? **WP** Mira el video y completa los siguientes **Pasos**.

Paso 1: Selecciona los ingredientes que utilizan para preparar la tortilla española.

_____ el arroz	_____ el agua
✓ el aceite de oliva	✓ las patatas
_____ los huevos	✓ la sal
_____ el ajo	_____ la harina
✓ la cebolla	

Paso 2: Pon los pasos de preparación en el orden correcto.

_5_ Se ponen las patatas y la cebolla en la sartén.

_4_ Se calienta aceite de oliva en una sartén.

_6_ Se fríen las patatas y la cebolla durante veinte minutos a fuego lento.

_1_ Se pelan y se cortan las patatas en láminas o en cuadritos.

_7_ Se baten los huevos en un bol grande.

_10_ Se da la vuelta a la tortilla y se cocina ocho minutos más.

_3_ Se añade sal al gusto.

_9_ Se coloca la mezcla en la sartén y se cocina durante ocho minutos.

_8_ Se mezclan las patatas, la cebolla y los huevos en el bol y se deja reposar quince minutos.

_2_ Se pica una cebolla en pedazos muy pequeños.

Answers for 8.3: 1. Sí son muy diferentes; 2. La tortilla española lleva huevos y patatas, las tortillas mexicanas llevan harina de maíz o trigo y agua; 3. Answers will vary.

8.3 Comparaciones. ¿Conoces la tortilla mexicana? Con tu compañero/a contesta las siguientes preguntas para compararla con la tortilla española.

1. ¿Es diferente la tortilla española de las tortillas mexicanas?
2. ¿Qué tiene la tortilla española que no tiene la tortilla mexicana?
3. ¿Te gustaría probar los dos tipos de tortillas? ¿Por qué sí/no?

▶ **Estrategia de estudio: Gestures: Another Form of Communication**

Have you wondered what typical gestures native speakers use in Spanish? A large part of communication is non-verbal. In most cultures, speech is often accompanied by gestures and physical movements. Be aware that nonverbal language differs from one culture to another, so the gestures you use in English may not apply in the same way or at all in Spanish. Watch native speakers in real-life and on video to learn gestures to incorporate into your speech patterns.

Here are a few gestures used in Spain. Note that gestures may be different for each country you visit.

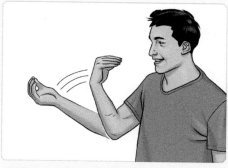

The first gesture means "*Quiero comer*, o *Vamos a comer*".

Spaniards use this gesture to show "*Mucho*".

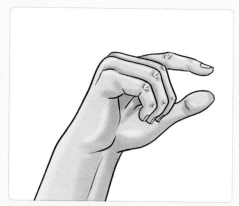

In Spain, you can make this gesture for "*Un poco*".

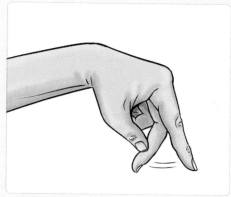

This gesture means "*Caminar*".

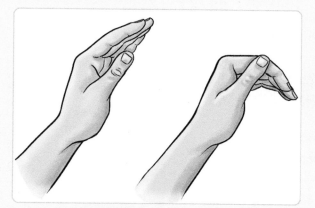

And finally, to motion to someone to come here, "*Ven acá*" you do this.

Now you are ready to incorporate these gestures when you speak.

WileyPLUS
Go to WileyPLUS to watch this video.

Audioscript for 8.5 and 8.6: Hola. Mi nombre es Irene Iturriaga y soy de Bilbao, España. Vivo en el mismo centro de la ciudad, lo cual me gusta mucho porque todo me queda muy cerca. Vivo con mis padres y trabajo como dietista. Tengo un hermano que es profesor en Estados Unidos. Paso todo el año en Bilbao, menos cuando veraneo en la Rioja con mi familia. Me gusta mucho pasar el verano en el campo y disfrutar de todas las verduras y frutas frescas de esa región española. También viajo a EE. UU. todos los años para visitar a mi hermano. Me gusta mucho el tema de la comida y me encanta cocinar. En el desayuno normalmente tomo tostadas con mantequilla y café con leche, a las 7:30. Hay gente que también desayuna cereales. Los niños toman leche con Cola Cao porque no se les da café. A las 11:00 tomo de aperitivo un café con leche y un pincho de tortilla o un bocadito de jamón. Los niños llevan fruta, galletas o sándwiches a la escuela. A las 3:00 es la hora de la comida. En invierno suelo tomar más cocidos y sopas, mientras que en el verano prefiero comer más ensaladas y verduras frescas. Una comida típica para mí empieza con el primer plato de sopa de garbanzos. De segundo plato suelo comer carne de ternera con tomates o pimientos asados. Para terminar como fruta, arroz con leche, un flan o una manzana asada. Luego hay otra merienda a las 6:00 para los niños. Los mayores toman un café o una infusión y, tal vez, una tostada. Ceno a eso de las 9:00 de la noche. La cena es más ligera y consiste generalmente en una ensalada, una tortilla francesa, un pescado y fruta de postre. En el invierno tomo sopa o crema con frecuencia.

Conozcamos a...

Irene Iturriaga (Bilbao, España)

Alvarez / E+ / Getty Images

Irene Iturriaga es de Bilbao, España.

Antes de escuchar

8.4 ¿Qué comes? ¿Qué tomas? Después de ir a la nutricionista se te pide hacer una lista de los alimentos que comes cada día. Utiliza los siguientes alimentos para ayudarte a escribir tu lista. Answers will vary.

la limonada	la hamburguesa	el cereal	el bistec
la ensalada	el café	la sopa	la fruta
la mayonesa	el sándwich	el yogur	el tomate
el brócoli	la coliflor	el chocolate	la banana

Suggestion for 8.4: Read and pronounce the list of cognates as the students check off what they eat and drink.

Mientras escuchas

🎧 **8.5 La dieta de Irene Iturriaga, de Bilbao, España.** Escucha y selecciona los alimentos que Irene come.

El desayuno	El aperitivo	La comida	La merienda	La cena
El café con leche	El sándwich	La sopa	El sándwich	La crema
El cereal	La tortilla de patatas	Las verduras	El bocadillo	La tortilla francesa
La tostada	El café con leche	La ensalada	La leche	La ensalada
Los huevos	La infusión	La carne de ternera	El yogur	El sándwich
El tocino	La fruta	El pollo	La tostada	La carne
	El sándwich	El pescado	El café	El flan
	Las galletas	Las patatas		El pescado
		El arroz		La fruta
		La manzana asada		

🎧 **8.6 Los datos básicos de Irene.** **Recycle** Escucha una vez más para completar la siguiente información sobre la descripción de Irene.

Nombre: _____Irene Iturriaga_____

Familia: _Padres y un hermano que vive en EE. UU._

Ciudad donde vive: _Bilbao, veranos en la Rioja_

Pasatiempos: _cocinar, pasar el verano en el campo, disfrutar de las verduras y frutas frescas_

Horario de comidas:

El desayuno: ___7:30___

El aperitivo: ___11:00___

La comida: ___3:00___

La merienda: ___6:00___

La cena: ___9:00___

Warm-up for 8.4: Ask students to describe the photo of Irene and make predictions concerning basic information about her, such as age, personality, profession. Have them predict what Irene will discuss on the listening segment. Tell students to read the list of foods in order to prepare themselves for the task at hand. Review their answers, grouping foods into categories. You may also introduce vocabulary in this section with photos.

Suggestion for 8.5 and 8.6: For hybrid or flipped classes, you may want to assign students to listen to the audio and complete this activity prior to the class session.

Note for Audioscript 8.5: Explain to students that *almuerzo* or *aperitivo* in Spain is a mid-morning snack and *comida* is the main meal of the day. Times and names of meals may vary in Latin America. This chapter focuses specifically on Spain and thus meal names, food vocabulary and meal times pertain to that country.

Warm-up for 8.5: Review categories with the students. Students should take a moment to read all the possibilities listed under each category before beginning the listening passage.

Activity 8.6 recycles *pasatiempos* and activities from chapters 3 and 4, and family vocabulary from chapter 5.

Irene es de España. ¿Qué sabes de este país europeo?

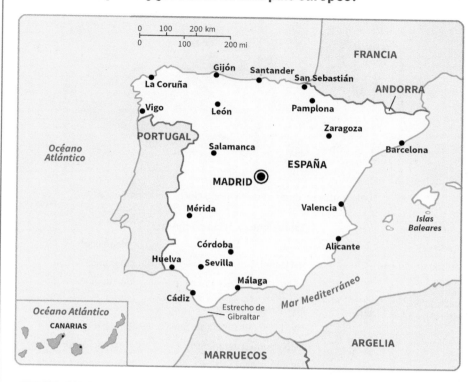

España: un país de unión y diversidad cultural

España representa un puente geográfico entre Europa y África, entre América y Europa, entre el norte y el sur, y entre el occidente y el oriente. Uno de los monumentos históricos más representativos de la cultura española es la Alhambra. Este monumento posee un sentido muy representativo de España porque, a nivel histórico, ilustra claramente el mestizaje de culturas que se produce en este país hasta 1492. Muestra una mezcla profunda de tres culturas: la judía, la cristiana y la árabe, y evidencia, al mismo tiempo, la manera en que estas tres culturas convivieron durante muchos siglos en la península. Autonomía y diversidad regional significan que las distintas regiones pueden hablar su propio idioma, preservar su cultura, su literatura y sus tradiciones. Este es un tema muy importante para España, desde el punto de vista político.

Barry Winiker / Photolibrary / Getty Images

La Playa Mayor de Madrid, la capital de España, ha tenido varios nombres a lo largo de la historia. Desde "Plaza de Arrabal", "Plaza de la Constitución", "Plaza Real", hasta "Plaza de la República". Hoy día, es un punto de referencia para muchas personas en la ciudad de Madrid.

Courtesy of Miriam Olesiejuk Ayuso

El Parque Nacional de los Picos de Europa se encuentra en la Cordillera Cantábrica, al norte del país. Este parque se desarrolla a través de tres comunidades autónomas: provincia de León, el Principado de Asturias y Cantabria. Uno de los lugares más visitados por los turistas son los Lagos de Covadonga debido a su belleza.

Tanatat pongphibool thailand / Getty Images

El conjunto monumental formado por la Catedral y la Giralda de Sevilla fue declarado Patrimonio de la Humanidad en 1987. Se construyó durante la Andalucía católica, del año 1401 al 1433, y representa el templo gótico con mayor superficie del mundo.

Estadísticas interesantes de España

Barrie Harwood / Alamy Stock Photo

Bandera de España

PaulPaladin / Alamy Stock Photo

Seiscientos sesenta y nueve euros y cinco céntimos

Capital: Madrid

Tipo de gobierno: monarquía parlamentaria

Tamaño: un poco más que el doble del estado de Oregón

Población: 49 331 076

Lenguas: español o castellano 74 %, catalán 17 %, gallego 7 %, vasco (euskera) 2 %

Moneda: euro (EUR)

Nivel de alfabetización: 98 %

Promedio de vida: 81 años

Expresiones y palabras típicas:

¡Guay!	*¡Magnífico!*
¡La leche!	*¡Dios mío!*
¡Buen provecho!	*Bon apetit!*

Modísmos típicos:

Más largo que un día sin pan.	*Un día muy largo*
Esto es una patata/churro.	*Un trabajo mal hecho*
Me importa un pepino.	*No me importa nada.*

Suggestion for 8.7: Students can be instructed to post their findings on your learning management system discussion board and to write three comments regarding a classmate's posting. Alternatively, they can create a word document or electronic poster to present briefly in class.

8.7 Investigación en Internet. España tiene numerosos lugares de interés. Usa Internet para seleccionar uno y escribe un breve párrafo que incluya: Answers will vary.

- el nombre del lugar turístico
- dónde está el lugar en España
- una descripción del lugar
- por qué te interesa

Estrategia de estudio: Acquiring Additional Vocabulary

This chapter on food and nutrition, restaurants and eating in Spain is filled with food vocabulary. Food is a great topic to study, and learning about traditional dishes can be interesting. How do you tackle acquiring the additional vocabulary? Try practicing with the audio flashcards on WileyPLUS. The combination of the picture, the written word, and the recorded pronunciation helps many people. You can practice by using the words you are studying in written sentences that you create. You can apply the words to real life by identifying aloud what you see in the store. Try breaking down the list and learning it by categories (fruits, meats, or breakfast vs. dinner foods.) Keep track of the ways that you learn new words best. It may be different from your classmates since everyone uses different learning strategies.

EXPLORACIONES

🎧 Los alimentos y la nutrición

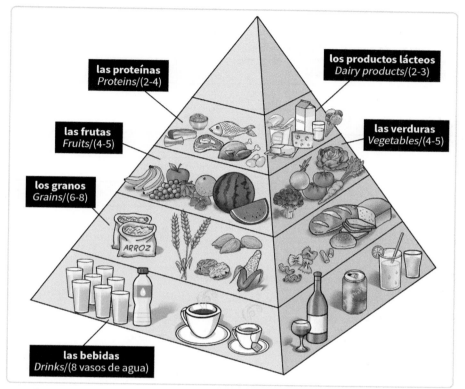

La pirámide nutricional presenta los alimentos divididos en cinco grupos e indica las raciones recomendables de cada uno. Una ración corresponde a media taza.

🎧 **8.8 ¿Cierto o falso?** **WP** Para repasar la información sobre la pirámide nutricional, decide si las oraciones que escuchas son **ciertas (C)** o **falsas (F)**.

1. __F__   2. __F__   3. __F__   4. __C__
5. __F__   6. __C__   7. __F__

8.9 Las asociaciones. **Recycle** ¿Qué alimentos asocias con los siguientes colores? Completa la tabla para calcular el color más frecuente. Activity 8.9 recycles colors from Chapter 7.

Color	Frutas	Verduras	Bebidas	Otros alimentos
rojo	las fresas, la manzana, la sandía	el tomate	el vino tinto	el jamón
verde	las uvas	el brócoli la lechuga		
anaranjado		la zanahoria	el zumo de naranja	
amarillo	la banana/el plátano	la cebolla	la limonada	el queso
morado	las uvas	la cebolla		
blanco		la cebolla	la leche, el vino blanco	el yogur, el queso, el arroz, los fideos, el pan
café			el café	el pan

WileyPLUS

Go to WileyPLUS Resources to access an interactive version of this illustration to review these vocabulary words and practice their pronunciation.

Audioscript for 8.8: 1. Para preparar la tortilla francesa, se necesitan dos tomates.
2. Es recomendable tomar nueve vasos de agua cada día.
3. Para preparar un sándwich se necesitan los fideos.
4. Para preparar una ensalada de verduras, se puede incluir la lechuga, el tomate, la zanahoria y el brócoli.
5. Unas bebidas típicas son la limonada, el vino tinto, el pollo, el jamón y el queso.
6. Si eres vegetariano/a, puedes comer las lentejas como proteína.
7. En el grupo lácteo se incluyen el yogur, el queso, la leche y el pescado.

Suggestion for 8.8: For hybrid or flipped classes, you may want to assign students to listen to the audio and complete this activity prior to the class session.

Suggestion for 8.8: Have students correct the false statements.

Suggestion for 8.9: For hybrid or flipped classes, you may want to assign students to complete this activity prior to the class session.

Suggestion for 8.10: This
activity is broken down into two
steps for students to complete.
For hybrid or flipped classes,
you may want to assign **Paso 1**
for students to prepare prior to
the class session.

Follow-up for 8.10: To further
reinforce food vocabulary,
have students describe what
they usually put in their
favorite green salad, fruit salad,
sandwich and soup. Be sure to
elicit full-sentence responses
from students: Me gusta poner...
or Siempre pongo... for example.

8.10 Mi dieta. Decides mejorar tu dieta. Completa los siguientes **Pasos** para cambiar tus malas costumbres. Answers will vary.

Paso 1: Te inscribes en un programa para perder peso y es necesario escribir todo lo que comes de cada grupo de alimentos de la pirámide nutricional.

Grupo de comida de la pirámide	Lo que comes cada día
la leche y sus derivados/productos lácteos	
las proteínas: carnes y legumbres	
las verduras	
las frutas	
los granos y sus derivados	
las bebidas	

Paso 2: Analiza tu dieta. Habla de tu dieta con tu compañero/a y juntos contesten las preguntas que siguen.

1. ¿Cuál es la comida que más te gusta? ¿Y tu bebida favorita?
2. ¿Crees que es difícil seguir una dieta equilibrada? ¿Por qué?
3. ¿Qué comida te gusta más de cada grupo nutricional?
4. ¿Qué comes con mucha frecuencia? ¿Qué alimento no comes nunca?

8.11 Comparaciones culturales. En cada país las normas son distintas. Aun dentro de un solo país hay variaciones en cuanto a las prácticas de los individuos. Completa los **Pasos** para examinar esas prácticas. Answers will vary.

Suggestion for 8.11: This
activity is broken down into two
steps for students to complete.
For hybrid or flipped classes,
you may want to assign **Paso 1**
for students to prepare prior to
the class session.

Paso 1: Lee las prácticas de Irene y escribe las tuyas en la segunda columna.

Irene	Yo
Desayuna normalmente a las 7:30.	
Generalmente desayuna café con leche.	
A las 11:00 toma un pincho de tortilla sin cebollas en un bar del centro de Bilbao.	
La comida es a las 3:00 en la casa.	
Le encanta cocinar y generalmente prepara su propia comida en casa.	
Los sábados por la tarde le gusta ir de tapas con sus amigos.	
Cena a eso de las 9:00 de la noche.	
Le gusta el pescado.	
Su plato favorito es la merluza (tipo de pescado) al horno.	

Paso 2: Con tu compañero/a, compara las similitudes y diferencias en cuanto a las prácticas de los tres: Irene, tu compañero/a y tú.

8.12 Una merienda en el parque. Recycle El arte puede representar diferentes perspectivas culturales. Busca en Internet el primer tapiz pintado por Francisco de Goya, *La merienda a orillas del Manzanares*. Después, completa los siguientes **Pasos**. Answers will vary.

Activity 8.12 recycles physical descriptions from Chapter 2, and activities from Chapters 3 and 4.

Paso 1: Con tu compañero/a, comenta sobre la pintura. Incluye una descripción de las personas, la comida y las actividades que ven en ella.

Paso 2: Investiga en Internet sobre otra pintura de Goya. Escribe una descripción de la pintura y explica por qué te gusta o no te gusta.

Paso 3: Ahora te toca a ti merendar en el parque. Planea una comida especial para compartir con un grupo de amigos. Con tu compañero/a, describe:

- adónde van
- a quiénes vas a invitar
- qué menú puedes llevar al parque
- dónde encuentras los ingredientes

8.13 Un menú para ocasiones especiales. Te gusta planear menús para ocasiones especiales. Lee las siguientes situaciones y negocia con tu compañero/a para crear un menú especial según cada situación. Answers will vary.

1. Tus mejores amigos y tú van a encontrarse en el estacionamiento antes del primer partido de fútbol del año de su universidad. Tienen que traer comida y bebidas para esta pequeña reunión.
2. Quieres impresionar a la familia de tu mejor amigo/a. Vas a invitarla a tu casa a cenar.
3. Es el banquete de la boda de tu hermana. La comida cuesta mucho, pero quieres servir una comida muy elegante para esta celebración.

Note for 8.12: Here is some background on Francisco Goya to share with students. He began his career at the age of 14 and received a scholarship to study in Madrid. He began painting for the royal court, first designing tapestries, like the one discussed in this activity. He painted 73 designs in all. Goya also painted portraits of the royal family and religious paintings. Other paintings are part of his dark period, a difficult time in his life reflected in his work.

Technology tip for 8.12, Paso 2: Have students post their painting and description on your learning management system discussion board and require them to write at least one question or comment for another student's posting.

Suggestion for 8.13: Have the students explain their menu without naming the situation. The rest of the class should listen and then guess to which situation their menu corresponds.

Cultura viva

La tortilla

Cio18 / iStock / Getty Images Plus
La tortilla española

Brent Hofacker / Shutterstock
Las tortillas de maíz

You may have noticed in the video that the Spanish tortilla is nothing like tortillas eaten in various countries in Latin America. It is a very versatile dish in Spanish cooking, and since there are only a few common ingredients, it is also very economical. A **tortilla** can be served as a first course, the main course, as an appetizer or **tapa** or as a small portion appetizer or **pincho**. As a **pincho** it is the most popular.

Exploremos la gramática 1

WileyPLUS

Go to WileyPLUS to review this grammar point with the help of the Animated Grammar Tutorial.

Audioscript for 8.14: 1. Es algo que muchas personas usan en su comida, pero no deben usar en abundancia porque mucha cantidad no es saludable. Es salada.

2. De este vegetal existen diferentes tamaños, y algunas personas no pueden tolerarlos porque son picantes.

3. Es algo blanco que se pone en el café o el té. Se usa también para preparar pasteles o galletitas porque es dulce. La dentista recomienda no comer mucho de esto porque no es bueno para los dientes.

4. Es una bebida que se hace de uvas. El resultado es una bebida alcohólica, que puede ser dulce o seca, y sus tipos son el blanco o el tinto.

5. Es una fruta amarilla. Se usa para hacer una bebida que se toma en verano. Es necesario ponerle azúcar porque esta fruta es muy agria.

6. Muchas personas las comen en su forma natural, crudas, sin cocinarlas.

7. Es carne y es preferible comerlo cuando está tierno y no seco. A veces se prepara con cebollas.

Suggestion for 8.14: For hybrid or flipped classes, you may want to assign students to listen to the audio and complete this activity prior to the class session.

Suggestion for 8.16: For flipped or hybrid courses, students can prepare this activity outside of class. During the next class session, they can practice and present their situation to the class.

Describing food using *ser* and *estar*

Ser and **estar** can both be used with adjectives to describe foods or food items and food dishes.

Ser is used to describe what a particular food item is like, and specifically the properties they possess that make them what they are.

Estar is used when making a subjective comment about a food item or a food dish. They are subjective comments because these adjectives describe a person's reaction or how they perceive a food or a prepared dish.

¿Cómo es el alimento?	¿Cómo está el alimento?
agrio/a - *sour*	crudo/a - *raw*
amargo - *bitter*	delicioso/a - *delicious*
amarillo/a - *yellow*	fresco/a - *fresh*
dulce - *sweet*	maduro/a - *ripe*
frito/a - *fried*	rico/a - *rich, delicious*
picante - *hot, spicy*	sabroso/a - *tasty*
rojo/a - *red*	salado/a - *salty*
verde - *green*	seco/a - *dry*
	tierno/a - *tender*
	verde - *green; unripe*
	viejo - *old, stale*

8.14 ¿Qué comida o plato es? **WP** Escucha las descripciones sobre varios tipos de comidas y platos. Escoge la respuesta que describe cada una.

1. **a.** el azúcar   (**b.**) la sal   **c.** la crema
2. (**a.**) los pimientos   **b.** la pimienta   **c.** los tomates
3. **a.** la leche   (**b.**) el azúcar   **c.** la harina
4. **a.** el refresco   **b.** el té   (**c.**) el vino
5. **a.** la banana   **b.** las uvas   (**c.**) el limón
6. (**a.**) las verduras   **b.** los huevos   **c.** los frijoles
7. **a.** el pollo   (**b.**) el bistec   **c.** los camarones

8.15 ¿Cómo es? ¿Cómo son? Tu primo de ocho años es estudiante de segundo grado de primaria. Él te pide ayuda con los cuatro sabores que se relacionan con el sentido del gusto: agrio, amargo, dulce o salado. Prepara para él una lista de comidas con las cuatro categorías, y compara tu lista con la de un/a compañero/a de clase para dársela a tu primo. Answers will vary.

   agrio   amargo   dulce   salado

8.16 Situaciones. Haz el papel de **A** o **B** con tu compañero/a para participar en la conversación.   Answers will vary.

A- You have invited a friend to go out to dinner at a restaurant in town. In order to decide where to go, ask your friend about his/her preferences regarding food. Talk about the menu at different restaurants and come to a decision. Decide on a time to meet.

B- Your friend has invited you out to dinner, but you are not in the mood to eat a lot and you are very particular about taste. Discuss several possible restaurants and the food they serve. Share your likes and dislikes and then together decide on a place to eat.

Se construction

One way to tell what is being done without naming the person is to use the *se* construction. The equivalent in English is 'one,' 'someone,' 'they,' 'people' or 'you.' The pronoun **se** can be used with verbs, signifying that the doer of the action is either unknown, unimportant, and/or is not necessary to name.

> En España **se come** mucho pescado. *In Spain 'people' eat a lot of fish.*
> En Estados Unidos **se comen** muchos postres dulces. *In the U. S. 'people' eat a lot of sweet desserts.*
> **Se habla** español aquí. *Spanish is spoken here.* (It is not necessary to know by whom.)
> **Se ofrecen** muchos platos típicos en este restaurante. *Many typical dishes are offered at this restaurant.*

Notice in the examples that if the item spoken of in the sentence is plural, the verb must be plural and end in an **–n**.

Recipes are sometimes written using the '**se**' construction as in the following example.

Receta de Chocolate a la taza

Descripción
Una deliciosa receta para hacer chocolate a la taza con leche, chocolate, canela y huevo.

Ingredientes
• 2 tazas de leche
• 2 onzas de chocolate dulce
• 1/2 cucharadita de canela
• 2 yemas de huevo batido

Método
• Se mezcla la leche con el chocolate y la canela a fuego lento hasta que el chocolate se disuelva.
• Se agregan los huevos y se bate la mezcla hasta que espese, con cuidado para que no llegue a hervir.
• Se sirve en una taza de café.

Exploremos la gramática 2

WileyPLUS
Go to WileyPLUS to review this grammar point with the help of the Animated Grammar Tutorial.

¿Qué observas?

1. Is the 'se' always used in the recipe? Sí.
2. What do you notice about the placement of 'se'? Se coloca antes del verbo.
3. What do you notice about the verb forms with 'n'? Están en plural.
4. What follows the verb? El objeto directo.

8.17 La longevidad en España. **WP** Se dice que los españoles disfrutan de una vida larga debido a su dieta mediterránea. Escucha las siguientes oraciones y decide si contribuyen a la longevidad (**Sí**) o no (**No**).

1. _____ Sí
2. _____ Sí
3. _____ No
4. _____ Sí

5. _____ No
6. _____ No
7. _____ No
8. _____ Sí

8.18 La dieta mediterránea. La periodista Carmen está entrevistando al doctor nutricionista Moisés Alonso. Carmen quiere enseñar a sus oyentes lo más importante sobre la dieta mediterránea porque es muy sana. Completa los **Pasos** para aprender más. Answers will vary.

Note for ¿Qué observas? box: Review these questions with the students to provide scaffolding and a co-construction phase of the grammar lesson.

Audioscript for 8.17: 1. Se consume aceite de oliva. 2. Se bebe mucha agua. 3. Se bebe mucho vino. 4. Se camina mucho. 5. Se usa mucho el coche. 6. Se mira mucho la televisión. 7. Se consume mucho alcohol. 8. Se hace mucho ejercicio en el gimnasio.

Suggestion for 8.17: For hybrid or flipped classes, you may want to assign students to listen to the audio and complete this activity prior to the class session.

Los dos ingredientes básicos de la comida española son el aceite de oliva y el ajo.

España produce algunos de los mejores vinos del mundo en Jerez de la Frontera, Galicia, La Rioja y otras regiones.

Suggestion for 8.18: This activity is broken down into two steps for students to complete. For hybrid or flipped classes, you may want to assign **Paso 1** for students to prepare prior to the class session.

Paso 1: Escucha el diálogo sobre una dieta muy sana y marca las construcciones con 'se'.

Carmen: Moisés, ¿cómo defines tú a la gente de España?

Moisés: Bueno, te diré que la gente de España está muy orgullosa de su vida social. El componente emblemático de España es vivir en la calle y trabajar para vivir.

Carmen: Y no vivir para trabajar, ¿verdad? La gente vive bien, la vida es sana y, sobre todo, se come bien.

Moisés: Se consume aceite de oliva, que reduce mucho el colesterol.

Carmen: Y también, como se vive en la calle, se camina mucho más que en otros países, como Estados Unidos.

Moisés: A nivel nacional se lleva una dieta muy importante, que es la dieta mediterránea; esta dieta se basa fundamentalmente en el aceite de oliva, en el bajo consumo de grasas saturadas y de hidratos de carbono.

Carmen: ¿Qué significa eso?

Moisés: Eso significa que una buena comida mediterránea equilibrada consiste en buenas porciones de pescado azul y blanco, muchas verduras y, sobre todo, muchas semillas o cereales.

Carmen: Coméntame más detalles sobre la dieta mediterránea.

Moisés: En toda España se consume mucho pescado. Es muy común que un español consuma dos o tres piezas de pescado por semana.

Carmen: También se consumen frutas y verduras.

Moisés: ¿Qué me dices del postre?

Carmen: Después del plato principal tienes el postre, pero normalmente se come una fruta. También, a diferencia de la comida norteamericana, donde un postre significa una tarta, un dulce o un helado, es decir, muchas calorías, en España significa fruta, la cual contiene muchas vitaminas.

Answers for 8.18, Paso 2:
1. El aceite de oliva.
2. Se consume mucho pescado, así como muchas frutas y verduras.
3. En España se come una fruta como postre, mientras que en Estados Unidos, se come un helado, un dulce, una tarta.
4-8 Answers will vary.

Paso 2: Contesta las siguientes preguntas con tu compañero/a.

1. ¿Cuál es el ingrediente principal de la dieta mediterránea?
2. ¿Qué comida se consume en España con frecuencia?
3. Según Moisés y Carmen, ¿cuál es la diferencia entre el postre en España y el que se come en Estados Unidos?
4. ¿Cuál es la dieta típica de Estados Unidos?
5. ¿Cuáles son los ingredientes básicos de la comida de tu estado o tu propia cocina?
6. ¿Qué diferencias hay entre la dieta norteamericana y la dieta española?
7. ¿Cuál sería, en tu opinión, el componente principal de una dieta sana?
8. ¿Cuál de los alimentos mencionados te ayudaría a tener una dieta más equilibrada?

8.19 El menú del día. En los restaurantes de España es común ofrecer el menú del día, que incluye una comida o una cena completa. Muchas veces resulta más económico pedir el menú del día que pedir de la carta platos por separado. Lee el siguiente menú del día y completa los **Pasos**.

PRIMER PLATO:
Ensalada mixta
Gazpacho
Sopa de pescado
Tortilla española
Lentejas

SEGUNDO PLATO:
Filete de pescado con arroz blanco
Pollo con patatas
Carne de cerdo con pimientos rojos
Conejo al horno con patatas

POSTRE:
Fruta fresca con nata
Helado
Yogur

BEBIDAS:
Vino
Agua mineral
Café

Suggestion for 8.19: Explain to the students that the *menú del día* changes daily and is very typical in Spain. Ask students if they think these menus are a good idea and if there is something similar in the restaurants they know in the U.S.

Paso 1: **WP** Escucha la descripción de un plato principal y mira las siguientes fotos. ¿Qué plato describe? ¿Cómo lo sabes?

Courtesy of Diane Ceo-DiFrancesco

A. This is the photo described in the audio.

Courtesy of Diane Ceo-DiFrancesco

B.

Courtesy of Vincent DiFrancesco

C.

Courtesy of Elena Casillas

D.

Audioscript for 8.19, Paso 1: Este plato es exquisito y muy fácil de preparar. Se prepara el pescado a la parrilla con un poco de aceite de oliva. Se cortan los tomates en rebanadas y se añade un poco de sal, aceite de oliva y vinagre.

Suggestion for 8.19: For hybrid or flipped classes, you may want to assign students to listen to the audio for **Paso 1** and complete the activity prior to the class session.

Note for 8.19, Paso 1: Suggest the students to work in pairs to identify photos B, C and D.

Paso 2: Contesta con tu compañero/a las siguientes preguntas basadas en el menú del día ilustrado.

1. ¿Cuántas ensaladas se sirven?   Se sirve una ensalada mixta.
2. ¿Qué bebidas calientes se sirven?   Se sirve café.
3. ¿Se sirve sopa de primer plato?   Se sirven sopa de pescado y gazpacho.
4. ¿Qué platos se sirven con patatas?   Se sirve con patatas el pollo y el conejo.
5. ¿Qué se sirve con la fruta fresca?   Se sirve con nata.   Una ensalada mixta, la tortilla española
6. ¿Qué platos puede pedir una persona vegetariana?   o el gazpacho.

7. ¿Qué ingredientes tiene la tortilla? Patatas, huevos, aceite de oliva y sal.

8. ¿Qué comida pides de primer plato? ¿De segundo plato? ¿Y de postre? Answers will vary.

9. ¿Quieres comer en este restaurante? ¿Por qué sí o no? Answers will vary.

Suggestion for 8.20: This activity is broken down into three steps for students to complete. For hybrid or flipped classes, you may want to assign **Paso 1** for students to prepare prior to the class session.

Technology tip for 8.20: Consider having students post their recipe on your learning management system discussion board. They can vote for their favorite posting.

Suggestion for 8.21: This activity has numerous steps attached to it; some are specifically designed for students to do independently in flipped, hybrid and online clases. For instance, you can have students complete **Pasos 1 and 2** prior to class.

8.20 Un plato típico. Piensa en un plato o en una receta que preparas en tu casa o que comes a menudo y sigue los **Pasos**. Answers will vary.

Paso 1: Escribe la receta, pero no escribas el nombre del plato. Trata de usar el vocabulario que ya sabes en vez de consultar un diccionario.

Paso 2: Comparte tu receta con tus compañeros en grupos pequeños para ver si pueden adivinar lo que describes.

Paso 3: Escoge una de las recetas para compartirla con los demás estudiantes de la clase.

8.21 Receta de un plato típico español. Existen tantas recetas de un mismo plato como gente que lo prepara y en el caso del gazpacho, una sopa fría muy popular en Andalucía, las recetas son infinitas. Investiga una receta típica y sigue los **Pasos**. Answers will vary.

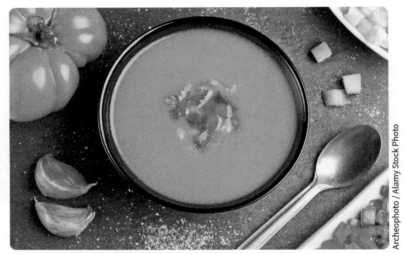

Hay muchas recetas diferentes para preparar gazpacho.

Paso 1: Busca en Internet un video con instrucciones para preparar gazpacho.

Paso 2: Escribe los pasos, y utiliza el 'se' pasivo.

Paso 3: Compara tus pasos con los de tu compañero/a. ¿Cuáles son las diferentes maneras de preparar gazpacho? ¿Cuáles son las variaciones en cuanto a ingredientes?

Suggestion for 8.22: Assign students to prepare and practice their situations before class. Then you can have the students present their situations during the next class session.

8.22 Situaciones. Haz el papel de **A** o **B** con tu compañero/a para participar en la conversación. Answers will vary.

A- You are going to study abroad in Spain next semester, and your host family wants to know your food preferences. Describe what you typically eat for breakfast, lunch, and dinner. Include beverages and desserts, if relevant.

B- You are talking with the student who will stay in your home next semester and want to know what foods s/he typically eats for meals. This will help you plan a menu that is agreeable to the student. Be sure to find out what beverages s/he usually drinks.

Archeophoto / Alamy Stock Photo

El restaurante

el vaso · el camarero · el vino tinto · el agua
el pimentero
los clientes
la cuenta · la propina
el menú
la copa
el tazón
la cuchara
el cuchillo
la cucharilla
el tenedor
la taza · el platillo · la azucarera · el salero · la servilleta · el plato

Exploremos el vocabulario 2

WileyPLUS
Go to WileyPLUS Resources to access an interactive version of this illustration to review these vocabulary words and practice their pronunciation.

Warm-up for Exploremos el vocabulario 2: Bring in place settings and give students instructions to set the table. Give directions that don't follow their expectations, like placing the napkin under the plate.

Expresiones adicionales	
¡Buen provecho!	*Enjoy your meal!*
con/sin hielo	*with or without ice*
Me gustaría…	*I would like…*
Quiero tomar…	*I want to drink…*
Quisiera…	*I would like…*
tener alergia a…	*to be allergic to…*
tener hambre	*to be hungry*
tener sed	*to be thirsty*

8.23 Los utensilios y el restaurante. **WP** Escucha las descripciones de los utensilios y la mesa en el restaurante y decide cómo terminar cada descripción.

1. **a.** el vaso **b.** la copa **c.** la taza **d.** la cuchara
2. **a.** el tenedor **b.** la cuchara **c.** la cucharilla **d.** el cuchillo
3. **a.** la cucharilla **b.** el tazón **c.** el tenedor **d.** el cuchillo
4. **a.** el menú **b.** la cuenta **c.** la servilleta **d.** el platillo
5. **a.** la cuchara **b.** la propina **c.** el tenedor **d.** la taza
6. **a.** el plato **b.** el tenedor **c.** el vaso **d.** el tazón
7. **a.** la propina **b.** el menú **c.** la taza **d.** el plato
8. **a.** la cuenta **b.** la propina **c.** el menú **d.** el tenedor
9. **a.** la copa **b.** el vaso **c.** el tazón **d.** el plato

Audioscript for 8.23:
1. La sopa se come con…
2. Para cortar la carne se necesita…
3. Se pone el azúcar en el café con…
4. Para limpiarse la boca se usa…
5. Para comer pollo se necesita…
6. Los cereales se comen en…
7. En el restaurante se lee…
8. Antes de salir del restaurante se pide…
9. La leche se toma en…

Suggestion for 8.23: For hybrid or flipped classes, you may want to assign students to listen to the audio and complete this activity prior to the class session.

Estrategia de estudio: Challenging Stereotypes

Have you ever noticed what stereotypes can consciously or unconsciously do to the way we view groups of people from our own or other cultures? Whether you like it or not, you have fixed ideas and prejudices about others. This is normal. When learning a language, it can be a great idea to bring these out in the open and to challenge them. Keep in mind that language and culture are inextricably connected. Even very simple words and expressions can have specific cultural meanings.

Cultura viva

Comportamiento en la mesa

In Spain, the knife and fork are held differently, and both utilized while you eat. The knife remains in the right hand and the fork in the left. When finished, place knife and fork parallel across the plate. Get in the habit of eating this way before you travel to Spain. Other things to remember when eating in Spain are to keep your hands visible and your elbows off the table. Do not dip your bread in your soup. Also, be sure not to cut up all food items on your plate prior to eating. Just cut one bite at a time. Do not cut salad. Instead, fold the leaves over with your knife and fork.

Bogdan Kurylo / Getty Images

Answers for 8.24, Paso 1:
1. Se comen la sopa y el cereal con una cuchara.
2. Se cortan el pollo y la carne de cerdo con un cuchillo.
3. Se comen la carne, la tortilla, las patatas, las verduras y la fruta con el tenedor.
4. Se comen en un plato la carne, el pollo, el pescado y el postre.
5. Se comen la sopa y el cereal en un tazón.
6. Se toman la leche y el agua en un vaso. Se toman el té y el café en una taza.

8.24 La cena formal. Tomas una clase de negocios y aprendes cómo portarte en una cena formal. Lo interesante es que puedes practicar durante una cena de verdad. Tu profesor te hace preguntas y también te invita a clarificar tus dudas.

Paso 1: Contéstale a tu compañero/a. En cada respuesta debes mencionar varios alimentos.

¿Qué alimentos...

1. ... se comen con una cuchara?
2. ... se cortan con un cuchillo?
3. ... se comen con un tenedor?
4. ... se comen en un plato?
5. ... se comen en un tazón?
6. ... se toman en un vaso o en una taza?

Paso 2: Ahora, hazle tres o cuatro preguntas adicionales a tu compañero/a sobre el comportamiento durante una cena formal. Answers will vary.

Cultura viva

El concepto del bar en España

A bar in Spain is more like a restaurant than the concept of a bar in the U.S. Although there is a bar counter that serves liquor as well as other beverages and food items, people of all ages go to the bar to socialize with friends and family. They may order coffee, drinks, sandwiches, or a variety of **tapas**. When you eat **tapas**, you don't serve yourself a bunch of pieces on your plate. Instead, you pick one piece at a time from a common plate. People may stand at the bar instead of sitting down.

👥 **8.25 ¿Qué son las tapas?** Las tapas consisten en pequeñas porciones de distintos platos de productos tradicionales de España. Es costumbre en España "ir de tapas": ir a los bares con los amigos a tomar varios de estos platos pequeños. Es muy común ir de tapas entre el desayuno y la comida, o por la tarde después del trabajo con los amigos. Completa los **Pasos** sobre las tapas con tu compañero/a.

Paso 1: Contesta las siguientes preguntas sobre las tapas que aparecen en el menú ilustrado.

1. ¿Qué son las tapas?
2. ¿Qué tapa se sirve con más frecuencia en España?
3. ¿Cuál es la tapa más barata? ¿La más cara?
4. ¿Qué tapas son fritas?
5. ¿Hay un restaurante o bar en tu pueblo o ciudad que sirva tapas?

Answers for 8.25, Paso 1:
1. Las tapas son pequeñas porciones de distintos platos que se comen en España.
2. La tapa que se sirve con más frecuencia en España es la tortilla española.
3. La tapa más barata son las aceitunas rellenas. La tapa más cara son los calamares fritos.
4. Las tapas fritas son los calamares, las croquetas, las patatas y los boquerones.
5. Answers will vary.

1. Jerónimo Alba / Alamy Stock Photo
2. Dulce Rubia / Shutterstock
3. Salvo massara / Alamy Stock Photo
4. Courtesy of Diane Ceo-DiFrancesco
5. Studioimagen73 / Shutterstock
6. Xavi Talleda Photo collection / Getty Images
7. Victority / Shutterstock
8. Courtesy of Diane Ceo-DiFrancesco
9. Deepblue4you / iStock / Getty Images
10. Courtesy of Diane Ceo-DiFrancesco

Paso 2: Lee el menú. Con un/a compañero/a, comenta los precios de las tapas. También cuéntale lo que te gustaría tomar en el Bar Canario y por qué. Answers will vary.

Paso 3: Lee las situaciones y decide qué tapa debes pedir para cada una.

1. Detestas la carne, te gustan los mariscos y los dulces.
2. Estás a dieta para perder peso.
3. Eres vegano/a, pero, a veces, comes huevos.
4. Te gusta comer de todo y siempre pides algo muy pesado.
5. Te gustaría comer bien, pero no tienes mucho dinero.

Answers for 8.25, Paso 3:
1. No pides jamón serrano, ni chorizo, ni croquetas.
2. Pides jamón serrano y berenjenas.
3. Pides tortilla española, pimientos, patatas, aceitunas y champiñones.
4. Pides jamón serrano, calamares y croquetas.
5. Pides aceitunas.

8.26 Situaciones inesperadas en un restaurante. Estás en el restaurante y ocurren las siguientes situaciones. Analízalas y con tu compañero/a decide cómo puedes reaccionar a cada una de ellas.

Modelo: *Cuando no te llevan el menú para ver los platos.*

Camarero, ¿podemos ver el menú, por favor?

1. Cuando te sirven la sopa, pero no tienes ningún utensilio.
2. Cuando el camarero no les sirve ni a ti ni a tus amigos.
3. Cuando terminas la comida y tienes clase en diez minutos.
4. Cuando entras al restaurante con tres amigos.
5. Cuando tienes mucha sed.
6. Cuando no sabes qué plato quieres pedir.

Exploremos el vocabulario 3

Las pequeñas tiendas tradicionales

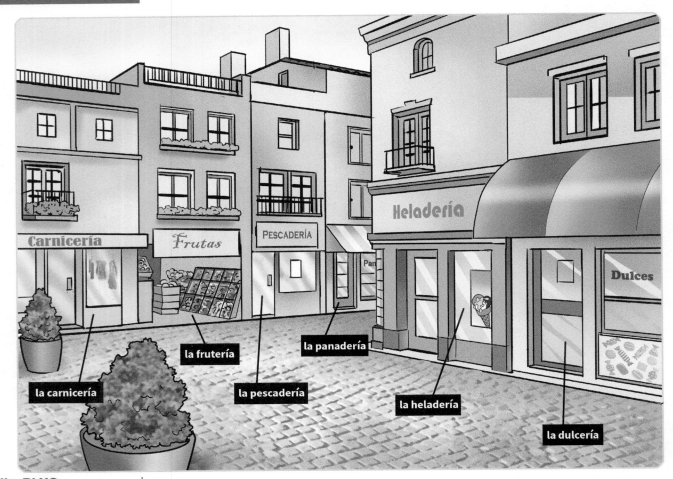

Warm-up for Exploremos el vocabulario 3: Have students recall places in the city from chapter 3.

la lechería • la pollería • el supermercado • la verdulería • la pastelería

Estrategia de estudio: Noticing Patterns

Notice the pattern for the words that represent different stores. They typically end in **–ía**. This is the same pattern with words like **la cafetería** and **la librería**. There are others, like **la zapatería**, **la papelería** and **la cervecería**. Can you guess what is sold in each? There are some place names that do not follow this pattern, like **la farmacia**, **la iglesia**, **el supermercado,** and **el cine**.

Cultura viva

El pequeño comercio tradicional

A traditional practice among older generations that continues today in neighborhoods and small towns, is to go daily to the market and specialty stores to buy fresh ingredients in order to prepare meals for that day. There are also numerous large *supermercados* in cities and larger towns.

8.27 De compras. **WP** A ti y a tu primo les toca comprar los ingredientes para una cena familiar. Escucha los ingredientes de la lista de tu primo y escribe en dónde se compra cada alimento.

1. _____ Pollería. _____
2. _____ Heladería. _____
3. _____ Pescadería. _____
4. _____ Verdulería. _____
5. _____ Lechería. _____
6. _____ Frutería. _____
7. _____ Pastelería. _____

8.28 Una comida en casa el domingo. Este domingo piensas preparar una comida en casa con tu familia. Con un compañero/a de clase, decides preparar un menú típico de España. Sigue los **Pasos** para organizar la comida. Answers will vary.

Paso 1: Busca en Internet algunos platos típicos y compáralos con tu compañero/a.

Audioscript for 8.27:
1. ¿Dónde se compra el pollo?
2. ¿Dónde se puede encontrar helado de chocolate?
3. Necesito un buen pescado.
4. ¿Dónde puedo conseguir lechuga?
5. ¿Dónde se puede comprar leche y yogures?
6. ¿Dónde se compran las uvas?
7. Necesito encontrar un postre delicioso.

Suggestion for 8.27: For hybrid or flipped classes, you may want to assign students to listen to the audio and complete this activity prior to the class session.

Suggestion for 8.28: This activity is broken down into several steps for students to complete. For hybrid or flipped classes, you may want to assign **Paso 1** for students to prepare prior to the class session.

Paso 2: Negocia con tu compañero/a para crear el menú que van a servir.

Paso 3: Haz una lista de ingredientes para hacer las compras. Utiliza la tabla para organizar todo.

Paso 4: Escriban el nombre de las tiendas en donde pueden encontrar cada ingrediente.

Paso 5: Compartan su menú con la clase.

El menú	Los ingredientes	Las tiendas

Estrategia de estudio: Paying Attention to Word Order

Languages get the message across in different ways. One way is by the order of the words in a sentence. Pay close attention to word order in Spanish because it might not be what you expect. In other words, it's not always the same as in English.

Exploremos la gramática 3

Avoiding redundancies: Direct object pronouns

Read over the phone conversation between Raquel and Marisa. Mark the item that they are discussing and keep repeating.

WileyPLUS

Go to WileyPLUS to review this grammar point with the help of the Animated Grammar Tutorial.

El salmorejo es un plato típico de Andalucía y Extremadura. Es una sopa fría hecha de tomates, pan, aceite de oliva, ajo y vinagre.

Dalaifood / Shutterstock

Raquel: Hola, Marisa. ¿Qué tal? ¿Cómo estás? Pues, yo estoy bien, pero un poco nerviosa. Busco mi receta para el salmorejo y no puedo encontrar mi receta. Roberto viene a cenar a mi casa esta noche y necesito la receta ahora. ¿Tienes la receta, Marisa?

Marisa: Sí, tengo la receta, pero está en la casa de mi mamá. Voy a su casa y te llamo a las siete. ¿Está bien?

Raquel: Pues, no. Necesito la receta esta tarde porque Roberto viene esta noche a cenar. Vamos a cenar a las nueve. Así que necesito tiempo para leer la receta y, entonces, hacer las compras. En realidad, necesito la receta ya.

Marisa: Bien. Llamo a mi mamá ahora y te llevo la receta a las cuatro a tu casa. ¿Está bien?

Raquel: Sí, está bien. Pero también me puedes llamar por teléfono si quieres. No hace falta venir a mi casa.

Marisa: Entiendo, pero si quieres te puedo ayudar con los preparativos.

Raquel: ¡Genial! Muchas gracias por tu ayuda. Hasta luego.

Marisa: Hasta pronto.

Note for **Exploremos la gramática 3:** Students should mark "la receta" throughout this text.

¿Qué observas?

1. What are Marisa and Raquel discussing?
2. What word is repeated numerous times in their conversation?

Answers for ¿Qué observas? box: 1. About a recipe Raquel needs; 2. receta

Let's "replay" a portion of their conversation, substituting a direct object <u>pronoun</u> for the direct object noun that is repeated over and over in their conversation.

In the "replay" notice the direct object <u>pronoun</u> and where it appears in the sentence.

Raquel: Hola, Marisa. ¿Qué tal? ¿Cómo estás?

Marisa: Pues, yo estoy bien, pero un poco nerviosa. Busco mi receta para el salmorejo y no puedo encontrarla ~~receta~~. Roberto viene a cenar a mi casa esta noche y la necesito ~~la receta~~ ahora. ¿La tienes ~~mi receta~~, Marisa?

Marisa: Sí, la tengo, ~~tu receta~~ pero está en la casa de mi mamá.

To avoid repeating the same vocabulary item (**la receta**) in the conversation, Raquel and Marisa used the direct object pronoun **la**.

This is a chart of the direct object pronouns in Spanish. These pronouns are used in place of nouns to avoid repetition. The same is done in English when we replace vocabulary items with *it* or *them*, *him* or *her*.

Direct object pronouns

	Spanish	English
Singular forms	me	*me*
	te	*you*
	lo	*him, it, you (sing. formal)*
	la	*her, it, you (sing. formal)*
Plural forms	nos	*us*
	os	*you*
	los	*them, you (pl. formal)*
	las	*them, you (pl. formal)*

A direct object answers the question Who/Whom? Or What?

(What?) Preparo el pan. ⟶ **Lo** preparo.
I prepare bread. *I prepare it.*

(Who/Whom?) Invito a Natalia. ⟶ **La** invito.
I invite Natalia. *I invite her.*

These examples show that bread and Natalia are direct objects. To avoid redundancy, we don't repeat these nouns over and over again in our conversation. Once we have mentioned them, we normally use a direct object pronoun instead. When the direct object is a person, in Spanish, we use the personal **a**. Notice the use of the personal **a** before Natalia.

¡Alerta!: The Word *a*

The word **a** is used in front of the direct object, when it refers to a human or animate object like a pet, either singular or plural. There is no equivalent in English for this, so it's best not to translate it. Try to remember to use the personal **a** in Spanish before people or pets that are direct objects. Busco **a** mis amigos en la cafetería.

Escuchar, visitar, esperar, ver, mirar, buscar, soñar are some verbs that commonly take a direct object pronoun:

Voy a esperar **a mi amiga** en el mercado; siempre **la** espero allí.

The direct object pronoun that is substituted to avoid redundancy depends on the gender of the noun it is replacing and whether or not the noun is singular or plural. **Lo, la, los** and **las** can refer to people as well as objects.

- En el mercado, ¿compras **las frutas** para la ensalada?
- Sí, **las** compro.
- ¿Invitas **a tu amigo** a cenar en tu casa?
- Sí, **lo** invito.

Examples of direct object pronouns in use

Read each numbered example and then observe the direct object pronoun that is used and where it is placed in the sentence.

1. Compramos **el pescado** en la pescadería.

   Lo <u>compramos</u> en la pescadería.

2. Ellos buscan **las lentejas** en el mercado.

   Ellos **las** <u>buscan</u> en el mercado.

3. Vemos a **María** en el mercado.

   La <u>vemos</u> en el mercado.

4. Llamo a **mis amigos** los domingos.

   Los <u>llamo</u> los domingos.

Notice that the direct objects answer the question What? (**¿qué?**) or Who (**¿quién/quiénes?**) as in the following examples:

- <u>Las frutas frescas</u> son muy saludables. Tú puedes comer**las** cada día y **las** puedes comprar en un mercado al aire libre.

(¿Qué puedes comer? ¿Qué puedes comprar en el mercado?)

Placement of direct object pronouns

In English the direct object pronoun is placed after the verb.

I have <u>it</u>. We buy <u>them</u>.

In Spanish, there are two positions for the direct object pronoun in a sentence.

1. Direct object pronouns precede the (conjugated) verb.

   Cuando necesito fruta fresca, siempre **la compro** en el mercado.

   *When I need fresh fruit, I always **buy it** at the market.*

2. When an <u>infinitive</u> or <u>verb ending in -ndo</u> is included in the sentence, the direct object pronoun may be placed in one of two positions:

- <u>before</u> the conjugated verb

  Necesito fruta fresca. **La** voy a comprar en el mercado.

- <u>after and attached to…</u>

  - the infinitive

    Necesito fruta fresca. Voy a comprar**la** en el mercado.

  - verb ending in **–ndo**. Note that a written accent is used on **comprándola** in order to keep the stress on the correct syllable.

    Necesito fruta fresca. Estoy comprándo**la** en el mercado.

8.29 La lista de compras.   Estás en el supermercado para hacer las compras de la semana. Tus compañeros/as necesitan algunos alimentos y te llaman para pedir tu ayuda. Completa los **Pasos** para ayudarles.

Paso 1:   Escucha e identifica el alimento que quieren tus compañeros en cada oración. Escríbelos en la primera columna de la siguiente tabla.

Paso 2:   Escucha de nuevo. Entre las otras columnas, selecciona la respuesta más lógica.

Audioscript for 8.29: 1.María quiere unos tomates para una ensalada.
2.José pide queso y jamón para preparar sándwiches.
3.María dice que también quiere patatas para preparar una tortilla.
4.Ramón dice que quiere unas uvas.
5.José dice que no hay pan para su sándwich.

Suggestion for 8.29: For hybrid or flipped classes, you may want to assign students to listen to the audio and complete this activity prior to the class session.

1. unos tomates	Sí, lo voy a buscar.	Sí, la tengo en el carrito.	<u>No, no los puedo encontrar.</u>	No, no lo tienen.	No, no las tienen.
2. el queso y el jamón	Sí, la venden en el supermercado.	No, no las puedo encontrar.	<u>Sí, los tengo en el carrito ya.</u>	No, no la tienen.	No, no las puedo encontrar.
3. las patatas	No, no lo puedo encontrar.	No la puedo comprar. No tengo bastante dinero. Disculpa.	<u>No, no las tienen.</u>	Sí, los tengo en el carrito.	Sí, los voy a buscar ahora.
4. unas uvas	Sí, lo tengo ahora en el carrito.	No, no lo puedo encontrar.	No, no los puedo conseguir porque cuestan diez euros y solo tengo siete.	Sí, la tengo en el carrito ahora.	<u>Sí, las puedo buscar ahora.</u>
5. el pan	<u>No, no lo puedo conseguir.</u>	Sí, estoy comprándolas ahora mismo.	Sí, los tengo en el carrito.	No, no los puedo encontrar.	Sí, las encontré, pero cuestan veinte euros.

8.30 En el restaurante.   Tu amigo/a y tú están cenando en un restaurante. Completa los **Pasos** para aprender cómo pedir comida.

Paso 1:   Lee la conversación. Selecciona todos los complementos de objecto directo y los sustantivos que los sustituyen.

Camarero: Buenas tardes. ¿Están listos?

Tú: Pues, sí, pero primero tengo unas preguntas. ¿<u>La ensalada</u> tiene <u>tomates</u>?

Camarero: No, no <u>los</u> trae.

Tú: Bien. <u>La</u> voy a pedir para el primer plato.

Camarero: ¿Y para el segundo?

Tú: Quiero <u>carne de cerdo.</u>

Camarero: Lo siento, no <u>la</u> tenemos ahora.

Tú: Bueno, entonces, me gustaría la tortilla francesa.

Camarero: Vale. ¿Y para tomar?

Suggestion for 8.30: This activity is broken down into two steps for students to complete. For hybrid or flipped classes, you may want to assign **Paso 1** for students to prepare prior to the class session.

Tú:	Vino tinto.
Camarero:	¿Y para Ud., señorita?
Tu amiga:	¿Qué sirven con <u>el filete de pescado</u>?
Camarero:	<u>Lo</u> servimos con brócoli, ajo y aceite de oliva.
Tú:	Pues, no me gusta <u>el brócoli</u>.
Camarero:	No <u>lo</u> ponemos entonces. Se puede preparar con zanahorias, si quiere.
Tu amiga:	Bien. Entonces, quiero el gazpacho y el filete de pescado con zanahorias.
Camarero:	¿Y parar tomar?
Tu amiga:	<u>Agua mineral sin gas.</u>
Camarero:	Se <u>lo</u> traigo enseguida.

Answers for 8.30, Paso 2:
Answers will vary.

Paso 2: [**Recycle**] Contesta las preguntas sobre tus gustos y los restaurantes.

Activity 8.30 Paso 2 recycles *gustar* from chapter 3, stem changing verbs from chapter 5.

1. ¿Qué te gusta comer en una ensalada?
2. ¿Qué plato no pides con frecuencia en un restaurante?
3. ¿Qué vegetal no te gusta?
4. ¿Qué pides normalmente cuando cenas en un restaurante con tu amigo/a?
5. ¿Qué pides para tomar en un restaurante?
6. ¿Cuántas veces por semana comes en un restaurante?
7. ¿Cuál es tu restaurante favorito? ¿Qué pides allí normalmente?

Answers for 8.31: ¿La tortilla? Mi amigo la va a comprar. ¿El vino? Mi amiga lo va a comprar. ¿El helado? Mi amigo lo va a comprar. ¿Los refrescos? Mi amigo los va a comprar. ¿La limonada? Mi amiga la va a comprar. ¿Las decoraciones? Mi amigo las va a comprar. ¿Los bocadillos? Mi amiga los va a traer. ¿La ensalada? Mi amigo la va a comprar. ¿Las botellas de agua? Mi amiga las va a comprar. ¿Eñ pastel? Mi amiga lo va a comprar. ¿El jamón? Mi amigo lo va a traer. ¿Las galletas? Mi amigo las va a comprar.

8.31 Fiesta en nuestra casa. Con un amigo/a preparas una 'fiesta sorpresa' para otro/a de tus mejores amigos. Todos los amigos piensan traer algo para ayudarte. Revisa la lista de las cosas que necesitas para la fiesta y decide quién consigue cada cosa.

Modelo: *¿Los sándwiches?*

Mi amigo Marcelino los va a traer.

o

Mi amigo Marcelino va a comprarlos en el supermercado.

¿La tortilla?	¿Los refrescos?	¿Los bocadillos?	¿El pastel?
¿El vino?	¿La limonada?	¿La ensalada?	¿El jamón?
¿El helado?	¿Las decoraciones?	¿Las botellas de agua?	¿Las galletas?

Answers for 8.32: ¿Tienes…? el azúcar: lo tengo; las patatas: las tengo; los huevos: los tengo; el queso: lo tengo; el pan: lo tengo; la leche: la tengo; las manzanas: las tengo; el yogur: lo tengo; el cereal: lo tengo; el bistec: lo tengo; la lechuga: la tengo; la cebolla: la tengo; el café: lo tengo; la sal: la tengo

8.32 Las compras. Vuelves del supermercado con tu compañero/a. Nombra cada cosa que sacas de las bolsas, cómo la utilizas, y si te gusta o no. Pueden seguir el modelo.

Modelo: Estudiante A: *¿Tienes naranjas?*

Estudiante B: *Sí, las tengo. En el desayuno, siempre me como una. Me gustan mucho.*

O

Estudiante B: *No, no las tengo. ¿Dónde están? No las veo.*

el azúcar	los huevos	el pan	las manzanas	el cereal	la lechuga	el café
las patatas	el queso	la leche	el yogur	el bistec	la cebolla	la sal

8.33 El supermercado. `Recycle` Cada día es más común ir a un supermercado para hacer las compras, en vez de ir a las tiendas especializadas. Piensa en el supermercado adonde sueles ir de compras y contesta las siguientes preguntas. Intenta utilizar el pronombre de complemento directo donde sea apropiado. Haz la entrevista a alguna persona hispana para comparar culturas. Answers will vary. Activity 8.33 recycles activities and present tense verbs from Chapters 3, 4 and 5.

Note for 8.33: Follow-up with students after their interview and have them share the information gained with the class.

1. ¿Cómo se llama el supermercado?
2. ¿Cuándo compras los alimentos allí?
3. ¿Conoces a las personas que trabajan allí?
3. ¿Ves a tus amigos en el supermercado con frecuencia?
4. ¿Usas un carrito para poner los productos cuando vas de compras?
5. ¿Llamas a tus amigos mientras caminas por el supermercado?
6. ¿Tienes dinero en efectivo para pagar la cuenta?
7. ¿Debes usar una tarjeta de crédito?
8. ¿Pides bolsas de plástico?
9. ¿Llevas tus propias bolsas al supermercado?

Ken Welsh / Photolibrary / Getty Images

En España hay supermercados grandes, igual que en EE. UU. Tienen una amplia selección de productos con diversos precios.

8.34 El español cerca de ti. La próxima vez que vayas de compras, en la sección de productos internacionales, busca algunos productos con etiquetas en español y completa los siguientes **Pasos**. Answers will vary.

Suggestion for 8.34: This activity is broken down into two steps for students to complete. For hybrid or flipped classes, you may want to assign **Paso 1** for students to prepare prior to the class session.

Paso 1: Anota el vocabulario del capítulo que encuentres en las etiquetas.

Paso 2: Escribe cinco palabras nuevas que consideras útiles, relacionadas con la cocina, la nutrición o la preparación de comida. Comparte tu lista con un/a compañero/a y explícale el significado de cada palabra sin traducirla al inglés.

8.35 Situaciones. Haz el papel de **A** o **B** con tu compañero/a para participar en la conversación. Answers will vary.

Suggestion for 8.35: Require students to prepare and practice their situations outside of class. Then you can have the students present their situations during the next class session.

A- Do you eat any of the dishes from Spain featured in this chapter? Make a list of typical dishes in the U.S. in your town, community, or university, like for instance, wings. Now, with a new student on campus from Spain, explain the names of the dishes, the ingredients and then answer any questions your new friend has about food in the U.S.

B- You are talking with your new friend on campus about eating in the United States S/he explains some typical dishes and their ingredients. Ask questions about where to find the best versions of each of these food items around campus within walking distance, since you don't have a car. Ask if your new friend might help you prepare one of the dishes that you find intriguing.

EXPERIENCIAS

El concurso de pinchos en San Sebastián

Noticias   Información   Fotos   Amigos   Archivos

Variedad de pinchos (tapas) en un bar de San Sebastián.

Hay un concurso de pinchos en San Sebastián (Donostia), España, organizado por la Asociación de Bármanes, entre otras entidades públicas y privadas, que se llama Campeonato de Pinchos. Unos 33 establecimientos se presentan al campeonato. Durante nueve días, el público puede probar las 33 opciones de pinchos, por un precio máximo de 3 euros, más la bebida. Como sabes, ir de pinchos es algo muy español. "Pinchos" (pintxos) es la palabra que se usa en el País Vasco. Es la palabra para "tapas" en euskera, el idioma que se habla en esa comunidad autónoma. Tienen pinchos o tapas tradicionales, como por ejemplo la tortilla de patatas, y pinchos más elaborados, como el langostino relleno.

Para el concurso, el pincho que se presente debe ser original y creativo. Un jurado profesional los prueba y decide cuáles son los doce que participan en la final, que se celebra el día 17 de junio en la discoteca Bataplán de San Sebastián. En el futuro, se apuntan más establecimientos al concurso porque es una forma de promocionar su bar.

Technology tip for 8.36:
Assign students to create a blog using any web application. Students will utilize this blog and post items to it for every chapter of *Experiencias*. You may ask your students to share the link to that blog on your learning management system discussion board. Then in class, ask students to compare their information.

8.36 Mi propio blog. Una nueva iniciativa de los hosteleros de San Sebastián es *La ruta de pinchos*. Para tu próximo viaje puedes seleccionar tu ruta. Completa los **Pasos** para planificar el viaje. Answers will vary.

Paso 1: Usa Internet y haz una búsqueda de mapas para encontrar la ciudad de San Sebastián en el País Vasco. Escribe tres lugares cerca de la ciudad.

1. _____

2. _____

3. _____

Paso 2: Investiga en Internet las diferentes rutas de pinchos en San Sebastián que se sugieren. Contesta las siguientes preguntas.

1. ¿Cuántas rutas se ofrecen?

2. ¿Cuáles son los precios?

3. ¿Qué ruta prefieres? ¿Por qué?

Paso 3: Para organizar tu ruta, consulta un mapa de la ciudad. Escribe en la siguiente tabla el nombre de cada bar de la ruta y el pincho especial que se prepara en cada uno de ellos.

Nombre de la ruta: _____

Nombre del bar	Dirección: Nombre de la calle	Nombre del pincho	Precio aproximado	Ingredientes/ descripción

Paso 4: En tu propio blog, describe la ruta detallada que quieres seguir y explica por qué la prefieres. Puedes incluir fotos de los pinchos que quieres probar.

Ferran Adrià Acosta

Antes de leer

8.37 El mejor cocinero del mundo. Recycle Antes de leer la selección sobre Ferran Adrià Acosta, lee la estrategia y responde a las preguntas. La lectura sobre Ferran describe su vida y sus talentos (Mira la foto).
Activity 8.37 recycles **Las palabras interrogativas** from Chapter 2.

Ferran Adrià Acosta.

Pablo Cuadra / Getty Images

Estrategia de lectura: Writing Questions

Writing questions before you read a passage is an effective strategy for reading comprehension and study. There are several simple steps. First, survey the title, photos, and tasks for the reading. Then, read the first sentence of each paragraph in the text. Next, create and write one or two questions you have about the topic for each paragraph. Finally, read each paragraph to find the answers to your questions.

Paso 1: Revisa la selección y marca todos los cognados.

Paso 2: Contesta las siguientes preguntas: Answers will vary.

- ¿Cuál es el formato del texto?
- ¿Qué sugiere el título?
- ¿Cuáles son algunas de las palabras importantes en cada párrafo?
- ¿Qué información obtienes de la lista de cognados?

Paso 3: Lee la selección con cuidado. Recuerda que no tienes que entender cada palabra.

Un cocinero español de gran importancia

Para mucha gente, Ferran Adrià Acosta es considerado el cocinero más creativo y revolucionario y, el mejor del mundo. Nació en 1962 y es un hombre de estatura baja, con pelo rizado y barba gris. Siempre viste de negro, porque se cansó de llevar el blanco de cocinero durante tantos años. Nació en Hospitalet de Llobregat, una ciudad al sureste de Barcelona, en Cataluña. Nunca asistió a la universidad ni tampoco a la escuela de cocina. Su carrera como cocinero empezó a los 17 años durante su servicio militar, cuando aceptó la idea de un amigo para empezar el restaurante El Bulli, uno de los restaurantes más prestigiosos del mundo. El Bulli se abre solo siete meses al año.

Ferran es un hombre sencillo y un poco tímido y obsesivo con el trabajo. Sus recetas mezclan sabores, texturas y sensaciones, y juegan con las combinaciones: crudo-cocido, dulce-salado, duro-blando, frío-caliente, para crear nuevos platos. Los ingredientes de sus platos cambian de color, forma y consistencia para producir platos únicos. El resultado es una experiencia inolvidable. Durante los cinco meses en los que El Bulli está cerrado, Ferran pasa horas en su cocina creando nuevos platos. Experimenta con los alimentos para transformar los ingredientes en una obra de arte. Las épocas creativas de su vida y la evolución de su trabajo son como la historia de las obras de arte de un artista que incluye recetas, notas, dietas, cartas, dibujos, fotos y modelos.

Este cocinero nunca duerme. Con una imaginación sin límites, siempre inventa delicias nuevas en su laboratorio. Prepara un nuevo menú para su restaurante El Bulli todos los años. También tiene una empresa de *Catering*, y junto con su socio, Juli Soler, ofrecen banquetes y recepciones. Trabaja como asesor de restaurantes en Madrid y Sevilla, y siempre inicia algún proyecto nuevo, como *Fast-good*, comida rápida de calidad. Ferran parece ser un superhombre: un hombre de inmensa creatividad y energía. Ahora deja de cocinar y abre el laboratorio el Bulli para estimular la innovación, el desarrollo y la transmisión de nuevas ideas. Ferran es un innovador incansable.

Después de leer

Paso 4: Escribe tus ideas sobre la lectura y compártelas con tu compañero/a.

1. Escribe una lista de las palabras que describen a Ferran.

   cocinero creativo   de estatura baja   pelo rizado   barba gris

2. Escribe cuatro datos interesantes de sus actividades. Trabaja como asesor de restaurantes

   a. Su restaurante solo abre 7 meses al año.   **c.** en Madrid y Sevilla.

   Tiene una empresa de catering con su socio Jull Soler.

   b. Prepara un menú distinto cada año.   **d.** _____

3. Crea otro título para la lectura y escríbelo aquí: Answers will vary.

4. Escribe cuatro preguntas para una entrevista con Ferran: Answers will vary.

   a. _____   **c.** _____

   b. _____   **d.** _____

Suggestion for 8.37, Paso 5: Have students write answers to the questions regarding creativity in the interview.

Paso 5: Busca en Internet una entrevista con Ferran sobre la creatividad. Escúchala y comprueba si durante la entrevista contesta tus preguntas. Anota sus respuestas y compártelas con tu compañero/a.

Paso 6: Para saber más sobre este famoso innovador, busca en Internet su página de Facebook. Encuentra una foto de un plato creado por él y descríbelo, contestando las siguientes preguntas.

1. ¿Cómo se llama el plato? Si no tiene nombre, inventa uno.

2. ¿Qué colores tiene?

3. ¿Cuáles son los ingredientes?

4. ¿Es un plato típico de algún lugar?

5. ¿Es parecido a algún plato que comas en tu casa?

6. ¿Con qué comparas este plato?

7. ¿En qué tipo de evento prefieres servir este plato?

8. ¿Te gustaría probarlo? ¿Por qué?

Paso 7: Comenta el plato con tu compañero/a. ¿Son parecidos los dos platos que describen?

La dieta española

8.38 Dietas variadas. En España hay dietas diferentes y variadas. El siguiente artículo caracteriza las dietas de algunos españoles con varias generalizaciones. Sigue los **Pasos** para aprender sobre ellas.

Platos típicos de España.

Antes de leer

 Paso 1: En preparación para la lectura, contesta las siguientes preguntas y comparte tus ideas con la clase.

1. ¿Sigues una dieta especial?
2. ¿Cómo caracterizas la dieta que sigues?
3. ¿Qué tipo de comida comes con mucha frecuencia?

Suggestion for 8.38: Review students' answers to these questions as pre-reading activities and advanced organizers.

Answers for 8.38, Paso 1: Answers will vary.

🎧 Dietas típicas de España

¿Cuáles son las diferentes categorías de dietas? ¿En qué consisten? ¿Quiénes siguen estas dietas? Aquí te presentamos toda la información.

1. Una dieta abundante que produce un exceso de calorías.
   - Los alimentos básicos: cocidos, lentejas y otras legumbres guisadas; asados, carnes grasas (cerdo, cordero), y productos que incluyen queso y carne para bocadillos y sándwiches; pan y vino.
   - ¿Quiénes siguen esta dieta? Generalmente, habitantes de regiones rurales, sobre todo del interior, norte y noroeste de España, y también la población urbana que no se preocupa por la buena salud. Otras personas que siguen esta dieta son las que practican una vida de actividad física intensa.

(continuación)

(continuación)

2. Una dieta infantil que sirve para producir adultos con un buen futuro.
   - Los alimentos básicos: pastas alimenticias, patatas cocidas, filetes de carne y pescado, frutas, verduras, leche y derivados lácteos, yogures y, con moderación, preparados para untar en el pan (cremas de cacao con nueces), postres dulces, helados, caramelos, productos de confitería, zumos y bebidas refrescantes.
   - ¿Quiénes la siguen? La población infantil e incluso adolescente, especialmente en el centro urbano. En este segmento de la población es esencial una educación nutritiva en casa igual que en la escuela, donde el comedor escolar puede desempeñar un gran papel.
3. La dieta mediterránea es una dieta sana.
   - Los alimentos básicos: ensaladas, frutas, verduras, alimentos fritos con aceite de oliva, más pescado que carne, arroz, pan y pastas nutritivas, legumbres secas, algunos productos lácteos y cantidades moderadas de vino.
   - ¿Quiénes la siguen? Personas que comen preferentemente en el hogar, cuya actividad no presupone gran esfuerzo físico y con cierto conocimiento de que la alimentación debe ser variada y no excesiva.
4. Una dieta ligera que es la más equilibrada.
   - Los alimentos básicos: ensaladas, carne o pescado a la plancha, leche desnatada, yogures, productos ligeros[1] preparados hipocalóricos (batidos, barritas), té y abudante agua.
   - ¿Quiénes la siguen? Personas jóvenes y de todas las edades que, por razones estéticas y/o de salud, están preocupadas o incluso obsesionadas por su sobrepeso. Esta persona generalmente es del nivel social medio-alto o alto, con una vida profesional o una vida social activa.
5. Una dieta rápida que también se llama 'comida básica' o comida urbana:
   - Los alimentos básicos: hamburguesas, pizzas, bocadillos, pinchos, patatas fritas, productos fritos, platos preparados y precocinados, productos de pastelería y bollería industrial, helados, cerveza, bebidas refrescantes y café.
   - ¿Quiénes la siguen? Jóvenes y profesionales que no tienen mucho tiempo para comer mientras trabajan, los que no comen en casa. También, hay personas que viven solas o familias y no tienen tiempo para cocinar mucho. Por eso, desean una preparación rápida.

Después de leer

Paso 2: Completa la tabla para organizar la información de la lectura.

Nombre de la dieta	Personas que la siguen	Ejemplos de la comida
Dieta abundante	Personas de regiones rurales, población urbana no preocupada por la salud, o quienes practican una actividad física intensa.	Cocidos, lentejas y legumbres; asados, carnes grasas (cerdo, cordero), y productos que incluyen queso y carne; pan y vino.
Dieta infantil	Población infantil y adolescente, especialmente en las ciudades.	Pastas alimenticias, patatas cocidas, filetes de carne y pescado, frutas, verduras, leche y derivados lácteos, yogures, y con moderación: preparados para untar en el pan (cremas de cacao con nueces), postres dulces, helados, caramelos, productos de confitería, zumos y refrescos.
Dieta mediterránea	Personas que comen en el hogar, cuya actividad no supone gran esfuerzo físico.	Ensaladas, frutas, verduras, alimentos fritos con aceite de oliva, más pescado que carne, arroz, pan y pastas nutritivas, legumbres secas, algunos productos lácteos y cantidades moderadas de vino.

[1]**productos ligeros:** light products

Nombre de la dieta	Personas que la siguen	Ejemplos de la comida
Dieta ligera	Personas de todas las edades por razones estéticas y/o de salud; nivel social medio-alto o alto, con una vida profesional o social activas.	Ensaladas, carne o pescado a la plancha, leche desnatada, yogures, productos ligeros, preparados hipocalóricos (batidos, barritas), té, agua.
Dieta rápida ('comida básica' o comida urbana)	Jóvenes y profesionales que no tienen mucho tiempo para comer; quienes viven solos o familias que no tienen tiempo para cocinar.	Hamburguesas, pizzas, bocadillos, pinchos, patatas fritas, productos fritos, ensaladas, platos preparados y precocinados, productos de pastelería y bollería industrial, helados, cerveza, refrescos y café.

Paso 3: Explica qué dieta siguen tus amigos y los miembros de tu familia. Da ejemplos de lo que comen. ¿Y tú? ¿Con qué dieta estás de acuerdo?

Paso 4: Consulta Internet e investiga dos platos regionales de España. Haz una lista de los ingredientes de cada uno. Después, decide a qué dieta corresponden.

Estrategia de escritura: Writing Effective Introductions and Conclusions

Introductions and conclusions are important components of your writing because they both focus the reader's attention on the topic you are writing about. The introduction previews the topic and explains the important elements that you will be addressing in your writing. The conclusion revisits those elements and summarizes the information you presented. An interesting fact, a statistic or a question are effective approaches to writing an introduction or a conclusion.

Paso 5: **Recycle** Después de hablar con varios estudiantes internacionales te das cuenta de que la mayoría piensa que todos los estadounidenses tienen una dieta basada en comida rápida, por ejemplo, hamburguesas y patatas fritas. Quieres convencerlos de que no es verdad y decides preparar un blog con tus ideas. Enfoca tu presentación en cuatro dietas típicas, siguiendo el modelo del artículo que acabas de leer. Incluye una introducción. Escribe un párrafo para cada dieta e incluye una foto. Preséntale tu producto final a tu compañero/a.

El arte del buen comer

8.39 El concurso: ¿Qué tienes en tu nevera (refrigeradora)? Encuentras en Internet un *podcast* sobre un concurso en el cual la locutora tiene que crear una comida con los cinco ingredientes que tiene el/la participante en su nevera. Sigue los **Pasos** para participar en tu propio concurso. Answers will vary.

Paso 1: Llama a un/a amigo/a para preguntarle qué ingredientes tiene en su nevera. También puedes preguntarle a un/a compañero/a de clase.

Paso 2: Con cinco ingredientes, inventa una comida que tú puedas cocinar, servir y comer en tu casa. Piensa en la creatividad de Ferran Adrià.

Paso 3: Escribe los ingredientes y los pasos para preparar el nuevo plato.

Paso 4: Comparte tu nuevo plato con tu compañero/a.

Suggestion for 8.38, Paso 5: Have students prepare their writing assignment before coming to class. Then have them peer-edit each other's work by having them take turns reading their work aloud to a partner. The partner looks at the paper and searches the first time for content (Is all the required information present?) and mechanics the second time through (accents, spelling, etc.)

Technology tip for 8.38, Paso 5: Require students to post their paragraphs on your learning management system discussion board. Next, students must read and post follow-up questions for two of their classmates to be answered prior to the next class session.

Activity 8.38 Paso 5 recycles the verbs **ser** and **tener** along with a physical description from Chapter 2, present indicative and activities from Chapters 3, 4 and 5 and family and profession vocabulary from Chapter 5.

Answers for 8.38, Pasos 3-5: Answers will vary.

Manos a la obra

Technology tip for 8.39: Consider having students post their creations on your learning management system discussion board. Next, students must read and post follow-up questions for two of their classmates to be answered prior to the next class session.

8.40 Crear un cuestionario. Para tu curso de sociología, tienes que escribir sobre los hábitos de las generaciones jóvenes. Decides escribir primero un cuestionario para analizar los hábitos de tus compañeros en cuanto a la gastronomía y los alimentos. Sigue los **Pasos** para hacer tu proyecto. Answers will vary.

Paso 1: Escribe 10 preguntas con respuestas de opción múltiple. Puedes preguntar sobre las comidas preferidas, qué se come en cada comida, los restaurantes preferidos, si la persona es vegetariana, etcétera.

Paso 2: En Internet, busca una aplicación para crear un cuestionario en línea. Copia tus preguntas en la aplicación y crea tu cuestionario.

Paso 3: Mándaselo a un mínimo de siete estudiantes de español. En cuanto recibas las respuestas, analízalas.

Paso 4: Presenta los resultados y tu análisis a un/a compañero/a o a la clase.

8.41 Te toca a ti. Vas a grabar un video de ti preparando tu plato preferido en tu cocina. Mira el video del comienzo del capítulo 8: **Cómo preparar una tortilla española.** Sigue los **Pasos** para preparar tu propio video. Answers will vary.

Paso 1: Decide qué plato quieres preparar y escribe los ingredientes y los pasos para hacerlo.

Paso 2: Practica tu explicación y tus instrucciones en voz alta, sin leer tus apuntes.

Paso 3: Practica tus instrucciones con tu compañero/a. Tu compañero/a te dará sugerencias sobre tu trabajo.

Paso 4: Finalmente, graba tu video con tu compañero/a, deberán turnarse para incluir las tareas de los **Pasos 1-3** en cada uno de sus videos.

Paso 5: Sube tu video al foro de la clase para compartirlo con tus compañeros.

8.42 Mi cuaderno electrónico. Ahora te toca organizar otra página en tu cuaderno electrónico para anotar la información interesante que encuentres sobre España. Abre tu cuaderno y observa las instrucciones siguientes. Answers will vary.

Paso 1: Con ayuda de tu libro de texto, los videos de Daniel e Internet, escribe la siguiente información:

1. Estadísticas interesantes de España
2. Información básica sobre España
3. Mapa del país
4. Un lugar que quieras visitar y por qué
5. Fotos del país
6. Enlaces interesantes sobre España
7. Observaciones culturales

Paso 2: Comparte tu información con un/a compañero/a o con la clase.

REPASOS

Repaso de objetivos

Check off the objectives you have accomplished.

I am able to...

Teaching tip for Repaso de objetivos: Although this self-assessment is designed for the students to evaluate their progress, teachers might poll students informally as a group to gauge how students are feeling about the material. This could be done orally with eyes closed and hands raised or by simply asking students to leave a slip with their answers at the end of class.

	Well	Somewhat		Well	Somewhat
• identify types of food and describe typical foods for each meal.	☐	☐	• state my food preferences.	☐	☐
• engage in meaningful communication with others regarding proper nutrition.	☐	☐	• talk about good nutrition.	☐	☐
			• order food in a restaurant.	☐	☐
• describe my diet and compare it with the typical Spanish diet.	☐	☐	• list some dishes common to Spain and their ingredients.	☐	☐
			• explain some basic information about eating and dining out in Spain.	☐	☐

Repaso de vocabulario

WileyPLUS
Go to WileyPLUS to review these vocabulary words and practice their pronunciation.

Las comidas *Meals*

el desayuno *breakfast*
el almuerzo *snack between breakfast and large meal in Spain*
la comida *main meal*
la merienda *snack*
la cena *dinner*

Los alimentos *Food*

Las bebidas *drinks*

el agua *water*
la infusión *herbal tea*
la leche *milk*
el refresco *soft drink*
el vino tinto/blanco *red wine/white wine*
el zumo de naranja *orange juice*

Las frutas *fruit*

la banana/el plátano *banana*
la fresa *strawberry*
la manzana *apple*
la naranja *orange*
la sandía *watermelon*
las uvas *grapes*

Los granos *grains*

el arroz *rice*
los fideos *noodles*
el pan *bread*
la tostada *toast*

Los productos lácteos *Dairy products*

el helado *ice cream*
la mantequilla *butter*
el queso *cheese*

Las proteínas: la carne y las legumbres
Protein: meat and legumes

el bistec *steak*
la carne *meat*

la carne de cerdo *pork*
los huevos *eggs*
el jamón *ham*
las lentejas *lentils*
el pescado *fish*
el pollo *chicken*
el tocino *bacon*

Las verduras *Vegetables*

el ajo *garlic*
la cebolla *onion*
la ensalada *salad*
la lechuga *lettuce*
los pimientos *peppers*
la zanahoria *carrot*

Los postres *desserts*

el arroz con leche *rice with milk dessert*
el flan *carmel custard dessert*
el helado *ice cream*
la manzana asada *baked apple*
el pastel *cake*

Vocabulario de la comida típica de España

el aceite de oliva *olive oil*
las aceitunas rellenas *stuffed olives*
las berenjenas *eggplants*
el bocadillo (de queso, de jamón) *sandwich (with cheese, with ham)*
los boquerones *anchovies*
los calamares *squid*
los champiñones *mushrooms*
el chorizo *sausage*
el cocido *stew*
el conejo *rabbit*
la crema *creme based soup*
las croquetas *croquettes*
la ensaladilla rusa *Russian salad*
el gazpacho *cold tomato and vegetable pureed soup*

el jamón serrano *mountain-cured ham*
los mariscos *shellfish*
la merluza *hake, a white fish*
el salmorejo *cold soup*
la sopa *soup*
la tapa o el pincho *small portions of food to try, like hors d'oeuvres*
la tortilla francesa *plain omelette*
la tortilla española *potato omelette*

Las tiendas *Stores*

la carnicería *butcher shop*
la dulcería *candy shop*
la frutería *produce store (fruits)*
la heladería *ice cream parlor*
la lechería *diary shop*
la panadería *bakery*
la pastelería *pastry shop*
la pescadería *seafood store*
la pollería *poutry shop*
el supermercado *supermarket*
la verdulería *produce shop (vegetables)*

El restaurante *Restaurant*

el agua *water*
¡Buen provecho! *Enjoy your meal!*
el/la camarero/a *waiter*
los clientes *customers*
con/sin hielo *with or without ice*
la cuenta *check*
el menú *menu*
Me gustaría... *I would like...*
la propina *tip*
Quisiera... *I would like...*
Quiero tomar... *I want to drink...*
tener alergia a... *to be allergic to...*
tener hambre *to be hungry*
tener sed *to be thirsty*
el vino tinto *red wine*

Los utensilios   *Utensils*

la azucarera   *sugarbowl*
la copa   *wine glass*
la cuchara   *spoon*
la cucharilla   *small spoon*
el cuchillo   *knife*

el platillo   *saucer*
el plato   *plate*
el pimentero   *pepper shaker*
el primer plato   *first course*
el salero   *saltshaker*
el segundo plato   *second course*

la servilleta   *napkin*
la taza   *cup*
el tazón   *bowl*
el tenedor   *fork*
el vaso   *glass*

Repaso de gramática

Describing food using *ser* and *estar*

- **Ser** and **estar** can both be used with adjectives to describe foods or food items and food dishes.

- **Ser** is used to describe what a particular food item is like, and properties they possess that make them what they are.

  El azúcar **es** dulce.

  (Identifying or naming a natural characteristic of sugar.)

- **Estar** is used when making a subjective comment about a food item or a food dish. They are subjective comments because these adjectives describe a person's reaction or how they perceive a food or a prepared dish.

  El pan **está** seco.

  (The condition of the bread because it is not fresh; a comment made about a particular slice of bread.)

Se construction

The equivalent in English is 'one', 'someone' or 'you.'
En España **se come** mucho pescado.
En Estados Unidos **se comen** muchos postres dulces.

Avoiding redundancies: Direct object pronouns

A direct object answers the question Who/Whom? Or What?

(What?)	Preparo el pan. ⟶	**Lo** preparo.
	I prepare bread.	*I prepare it.*
(Who/Whom?)	Invito a Natalia. ⟶	**La** invito.
	I invite Natalia.	*I invite her.*

Remember, these are words (pronouns) are used in place of the words that function as direct object nouns that you would otherwise repeat. The same is done in English when we replace vocabulary items with *it* or *them*, *him* or *her*.

Direct object pronouns

	Spanish	English
Singular forms	me	*me*
	te	*you*
	lo	*him, it, you (sing. formal)*
	la	*her, it, you (sing. formal)*
Plural forms	nos	*us*
	(os	*you)*
	los	*them, you (pl. formal)*
	las	*them, you (pl. formal)*

Lo, la, los and **las** can refer to people as well as objects and show the gender and number of the direct object noun they replace.

CAPÍTULO 9

El entorno personal

Note for Capítulo 9:
World Readiness Standards addressed in this chapter include:
Communication: All three modes.
Culture: Examining indigenous cultures in Peru, Bolivia and Ecuador and the perspectives underlying their cultural practices and products.
Connections: Connecting with the disciplines of archeology and anthropology.
Comparisons: Comparing geographical wonders in target cultures and home culture.

Courtesy of Diane Ceo-DiFrancesco

En el Valle Sagrado de Perú se puede conocer el Camino Inca, y recorrer cerros, valles y bosques hasta llegar a la Puerta del Sol. Se observa, desde allí, uno de los ecosistemas más particulares del mundo, en donde se encuentra la ciudadela de Machu Picchu.

Contesta las siguientes preguntas basadas en la foto.

1. ¿Te gusta conocer nuevos lugares?
2. ¿Piensas hacer un viaje al extranjero en el futuro?
3. ¿Aprecias la naturaleza?
4. ¿Qué lugares naturales existen cerca de tu ciudad?

OBJETIVOS COMUNICATIVOS

By the end of this chapter, you will be able to...

- report your past activities.
- talk about the past activities of others.
- tell how long ago certain activities occurred.
- describe complex weather conditions and phenomenon that occur in your area and in the Spanish-speaking world.

OBJETIVOS CULTURALES

By the end of this chapter, you will be able to...

- describe the geographical wonders of Bolivia, Ecuador and Peru.
- list the recommended clothing and equipment for travel to these three countries.
- comment on the importance of indigenous cultures in Bolivia, Ecuador and Peru.
- summarize travel advice to Andean regions.

ENCUENTROS

Video: Cómo preparar una mochila para viajar a los Andes

Conozcamos a...

Rodrigo Sánchez Zambrano (Quito, Ecuador)

Mariluz Valdez Romero (La Paz, Bolivia)

María Elena (Lima, Perú)

EXPLORACIONES

Exploremos el vocabulario

Recomendaciones: Qué llevar

La geografía de Perú y Bolivia: Los puntos cardinales y los accidentes geográficos

Fenómenos del tiempo y desastres naturales

Exploremos la gramática

The preterit: Narrating and reporting events in the past

How long ago did an event occur? *Hace* + *que* + preterit

More with *por* and *para*

EXPERIENCIAS

El blog de Daniel: Las islas Galápagos

Te presentamos a... Sofía Mulanovich

Cultura y sociedad: La ciudad perdida de Machu Picchu

Manos a la obra: El entorno personal

ENCUENTROS

Cómo preparar una mochila para viajar a los Andes

WileyPLUS

Go to WileyPLUS to watch this video.

9.1 Cómo preparar tu mochila. ⬛Recycle El primer paso para preparar una mochila de viaje es seleccionar la ropa. Selecciona la ropa que, en su presentación, incluye Roberto para el viaje a los Andes. *Activity 9.1 recycles* **La ropa** *from Chapter 7.*

impermeable resistente al agua o un
  poncho de lluvia

abrigo empacable

zapatos cerrados o botas

medias de lana

sombrero

gorra de explorador/a

protector solar

lentes de sol

pantalones largos

el traje de baño

botiquín de primeros auxilios

ropa resistente al agua y al viento

9.2 El arte de hacer la mochila. ⬛WP ¿Cuáles son los trucos del amigo de Daniel para preparar la mochila? Decide si las oraciones son **ciertas** (**C**) o **falsas** (**F**).

_____ C _____ **1.** Es mejor envolver toda la ropa en una mochila.

_____ F _____ **2.** Se puede meter botellas grandes de líquido en el equipaje de mano.

_____ C _____ **3.** Es necesario llevar un botiquín de primeros auxilios.

_____ F _____ **4.** Es muy importante incluir una linterna.

_____ F _____ **5.** Se puede llevar mucha ropa en un viaje a los Andes.

_____ C _____ **6.** Las botas son muy importantes.

_____ F _____ **7.** En este viaje no es necesario llevar protector solar.

👥 **9.3 Comparaciones.** Este fin de semana vas de viaje para disfrutar de la naturaleza en el mismo estado donde está tu universidad. Tomando en cuenta las actividades que te gustan, escribe una lista de las cosas que vas a llevar contigo. Después compara tu lista con tu compañero/a. ¿Qué tienen en común? Answers will vary.

WileyPLUS

Go to WileyPLUS to watch this video.

Suggestion for Estrategia de estudio: Speaking and Writing Errors: Discuss students' experiences regarding errors and error correction. It is good for students to hear one another share strategies they employ and realize that they are not alone in grappling with issues of making mistakes. Give specific examples of frequently made errors and how to recognize them.

▶ **Estrategia de estudio: Speaking and Writing Errors**

Do you make some mistakes when you speak Spanish? Everyone makes mistakes when they are trying to speak a new language, so don't be inhibited by your errors. Some students say that they focus on making corrections only after they have spoken. Other students think of an idea and rehearse the sentence in their heads before saying it aloud. What should you do about the errors you make?

1. Make sure you know the correct verb endings so that you will be understood.

2. Pay attention to errors that you make in class. Make note of them in your journal and try to discover any patterns that exist.

3. Notice any consistent errors in your writing assignments. If you continue to repeat the same errors, consult textbook explanations or ask your instructor for help.

Rodrigo Sánchez Zambrano (Quito, Ecuador)

Antes de escuchar

9.4 Recomendaciones para viajar. Tu amigo/a te llama de Sudamérica porque piensa visitarte en tu universidad. Te pregunta qué ropa necesita llevar en su maleta. Escribe cinco artículos de ropa u otros objetos que son necesarios para pasarlo bien donde vives. (Mira la foto de Rodrigo como referencia.) Answers will vary.

1. _____
2. _____
3. _____
4. _____
5. _____

Spani Arnaud / hemis.fr / Alamy Stock Photo

Rodrigo es de Quito y estudia inglés y turismo en la Pontificia Universidad Católica de Ecuador.

Mientras escuchas

9.5 Las recomendaciones de Rodrigo. Como Rodrigo estudia turismo, tiene algunas recomendaciones para preparar la maleta si viajas a Ecuador. Escucha y completa los **Pasos**.

Paso 1: Escribe tres prendas necesarias para viajar a cada región de Ecuador, según las recomendaciones de Rodrigo.

La sierra	La costa y las islas Galápagos	El oriente o la Amazonía
chompa gruesa o suéter	suéteres para las noches	ropa liviana
abrigo empacable o impermeable	trajes de baño y protector solar	pantalones ligeros
Botas	zapatos deportivos o sandalias	botas de caucho

Paso 2: Escucha y anota dos cosas que Rodrigo recomienda para cualquier viaje internacional y dos cosas que no recomienda.

Es recomendable llevar...	No es recomendable llevar...
1. pasaporte	**1.** joyas
2. tarjeta de crédito y efectivo	**2.** aparatos electrónicos costosos

Después de escuchar

9.6 Mi viaje a Ecuador. Con tu compañero/a, conversa sobre la ropa necesaria para ir a Ecuador. Dile cuáles son las prendas que ya tienes, las que tienes que comprar y dónde piensas comprarlas.

Audioscript for 9.5: Hola a todos. Me llamo Rodrigo y soy estudiante de turismo en la Pontificia Universidad Católica de Ecuador en Quito. También tomo clases de inglés, porque hablar inglés en mi carrera es muy importante. Los invito a visitar mi país, un lugar maravilloso y lleno de belleza natural. Para prepararse para un viaje a Ecuador, hay que tener en cuenta los diferentes climas y traer ropa adecuada según la región que quieras visitar: la sierra, la costa y el oriente. Trae ropa cómoda y fácil de lavar. En la sierra, la región andina de nuestro país, se recomienda usar ropa de algodón delgado, una prenda sobre otra, y solo una chompa gruesa como decimos aquí o suéter, o un abrigo empacable, de preferencia impermeable, especialmente en las noches cuando hace más frío. Ropa ligera, botas e impermeables, también son importantes. Si viajas a las regiones cálidas, como las provincias de la costa o a las islas Galápagos, lleva ropa ligera y suéteres para las noches, zapatos deportivos, sandalias, trajes de baño, protector solar, gorras y lentes de sol. Recuerda también que debes utilizar la ropa para protegerte del sol fuerte de nuestra región. También, es mejor cubrir los brazos y las piernas para protegerlos de los mosquitos. Si tu destino es la Amazonía, debes llevar botas de caucho que puedes comprar en Ecuador por un precio módico. Además, es mejor llevar ropa liviana que seque rápido, pantalones ligeros, pero no jeans, y un impermeable . Para cualquier viaje internacional, es importante recordar tu pasaporte y una fotocopia del pasaporte, una cámara, medicinas comunes, sandalias de baño, alguna tarjeta de crédito y dinero en efectivo, una mochila mediana para el uso diario, y una billetera canguro para llevar el dinero dentro de la ropa. No debes llevar objetos de lujo o muy costosos y frágiles, en especial, joyas o aparatos eléctricos costosos. Espero que te ayuden mis consejos y que visites mi país pronto.

Rodrigo es de Ecuador. ¿Qué sabes de este país sudamericano?

El pueblo de Baños es un destino muy popular de los ecuatorianos y los turistas extranjeros por sus baños naturales y su clima agradable. En sus alrededores están ubicados los volcanes de Tungurahua, Chimborazo, Altar y Carihuairazo. El pueblo sirve como punto de partida para explorar la selva vía Puyo y Misahuallí.

Ecuador: País de grandes riquezas

La República de Ecuador, junto con Colombia y Venezuela, formó parte de la Gran Colombia hasta 1830. Su independencia de España ocurrió en 1809 y se celebra cada 10 de agosto. A este país pertenece un archipiélago de islas volcánicas en el océano Pacífico, las islas Galápagos. Sus principales productos de exportación son el petróleo, los plátanos, las flores y los camarones; de hecho, Ecuador es el mayor exportador de plátanos de todo el mundo. Desde el 13 de marzo de 2000 su moneda es el dólar estadounidense, y desde el 30 de abril del año 2003 todas las transacciones se hacen en dólares.

Quito está ubicado en los Andes, a 2850 metros (9350 pies de altura) sobre el nivel del mar, cerca del volcán Pichincha y el río Machángara, y a unos pocos kilómetros al sur del ecuador terrestre o la línea ecuatorial. Es una de las ciudades históricas más importantes de América Latina.

"La mitad del mundo" es un monumento que está a 22 kilómetros (13 millas) al norte de la capital. Allí se encuentra también un excelente planetario y una maqueta perfecta de la ciudad de Quito en miniatura.

Estadísticas interesantes de Ecuador

Bandera de Ecuador

Ochenta y cinco dólares estadounidenses

Capital: Quito

Tipo de gobierno: república

Tamaño: un poco más pequeño que el estado de Nevada

Número de habitantes: 16 498 502

Lengua: español 93 %, quechua 4,1 %, otras lenguas indígenas 0,7 %

Moneda: dólar americano

Nivel de alfabetismo: 94 %

Promedio de vida: 77 años

Expresiones y palabras típicas:

bacán, chévere	*estupendo, excelente*
chompa	prenda de ropa como una chaqueta ligera o un suéter pero con capucha
chiro	*sin dinero*
dele nomás	*Anda pues*

9.7 Investigación en Internet. Ecuador tiene numerosos lugares de interés. Usa Internet para seleccionar uno y escribe una breve descripción que incluya: Answes will vary.

- el nombre del lugar turístico
- dónde está el lugar en Ecuador
- una descripción del lugar
- por qué te interesa

Suggestion for 9.7: Tell students to post their findings on your learning management system discussion board and to write three comments regarding a classmate's posting. Alternatively, they can create a word document or electronic poster to present briefly in class.

Estrategia de estudio: Pronunciation Matters

Have you ever noticed when you talk to a non-native English speaker that pronunciation is important to understanding their English? Some people can speak fairly well, but they are very hard to understand because of pronunciation. It's the same for Spanish. This idea should help you to understand how important your continued work on pronunciation is to your overall ability to communicate your ideas to native speakers. Use the resources on WileyPLUS to listen and practice new vocabulary. Pay close attention to cognates, since, although they look like English words, they are pronounced differently. Listen to native speakers on the Internet and try to imitate what you hear. Record yourself and listen to the recording. Ask your instructor for advice to improve your pronunciation.

EXPLORACIONES

🎧 Recomendaciones: Qué llevar

WileyPLUS

Go to WileyPLUS Resources to access an interactive version of this illustration to review these vocabulary words and practice their pronunciation.

el suéter | la mochila | la gorra | el impermeable | el abrigo empacable

las botas | los pantalones largos | el protector solar | la billetera canguro

Recomendaciones: Qué llevar	Recommendations: What to wear?
el algodón	*cotton*
la prenda	*article of clothing*
la ropa (ligera/liviana)	*(light-weight) clothing*
el traje de baño	*swimsuit*

Activity 9.8 recycles **La ropa** from Chapter 7.

9.8 ¿Cuántos necesitas? Recycle Completa la lista con la cantidad de prendas que necesitas para un viaje de siete días. Ten en cuenta que no quieres llevar una maleta pesada.

Answers will vary.

_____ chompa(s)   _____ sandalia(s)

_____ pantalones largos   _____ traje(s) de baño

_____ pantalones cortos   _____ mochila(s)

_____ bota(s)   _____ zapato(s) deportivo(s)

_____ camiseta(s)/blusa(s)   _____ calcetines

_____ gorra(s)   _____ impermeable(s)

9.9 El tiempo y la ropa. Normalmente hacemos la maleta basándonos en el tiempo que anticipamos en nuestro destino. Busca en Internet el pronóstico del tiempo para los siguientes lugares en Perú, Bolivia y Ecuador, y decide qué ropa debes llevar. Answers will vary.

Lugares	Pronóstico	Ropa
Lima		
Cusco		
Cochabamba		
Cuenca		
Arequipa		

Cultura viva

El sombrero bombín

The use of the felt hat, called a **bombín**, by the indigenous women of Bolivia represents honor and authority in their community, as it is frequently worn by groups of elderly to demonstrate wisdom, ability to lead, and to make important decisions. This hat, known in Great Britain as the *bowler hat*, was introduced in Bolivia at the beginning of the 20th century by British rail workers. The hat is produced locally and can be found in various colors, heights and qualities. A similar hat is also worn by the indigenous women of Ecuador and Peru.

Mujeres bolivianas con bombín.

Ashley Cooper pics / Alamy Stock Photo

Mariluz Valdez Romero (La Paz, Bolivia)

Antes de escuchar

9.10 En contacto con la naturaleza. Comenta con tu compañero/a las actividades que en otro país pueden hacer en contacto con la naturaleza. Answers will vary.

Mariluz es de La Paz, Bolivia.

Hero Images / Getty Images

Conozcamos a...

Follow-up for 9.10: Discuss with students their ideas for activities. If they need help in generating a list, the instructor can provide some alternatives for them.

Suggestion for 9.11: For hybrid or flipped classes, you may want to assign students to listen to the audio and complete this activity prior to the class session.

Answers for 9.11, Paso 1: Tiahuanaco, Copacabana, lago Titicaca, Puno, Isla de Sol, Cusco, Pisac.

Audioscript for 9.11: ¡Qué tal! Mi nombre es Mariluz Valdez y nací en la ciudad de La Paz, Bolivia. Tengo cuatro hermanos y yo soy la única chica. De niña, me gustaba mucho jugar con mis hermanos a todo tipo de deportes, pero ahora me interesa más estar en contacto con la naturaleza. El mes pasado recibí la información sobre un recorrido turístico en Bolivia y Perú. Realmente fue muy difícil tomar una decisión a causa de la gran variedad de opciones interesantísimas que hay. Después de tanto pensarlo, por fin decidí hacer un recorrido turístico de dos semanas por varias zonas de estos países con mi amiga María Elena. Ella es de Perú, así que decidimos conocer mejor nuestros propios países. Primero, pasamos un día completo en las ruinas de Tiahuanaco

Mientras escuchas

🎧 **9.11 El viaje de Mariluz.** Para planificar tu propio viaje, sigue el itinerario de Mariluz y completa los **Pasos**.

Paso 1: Utiliza los mapas de Bolivia y Perú de las siguientes páginas y selecciona los lugares que Mariluz visitó en su viaje.

Paso 2: **WP** Analiza las opciones siguientes y decide cuál es la más exacta.

1. Mariluz era una niña muy:

  a. intelectual   **(b.)** competitiva   **c.** inquieta   **d.** introvertida

2. Su decisión de hacer este recorrido fue:

  a. muy fácil   **b.** muy cara   **c.** muy rápida   **(d.)** muy complicada

3. El primer sitio que visitó fue:

  a. El lago Titicaca   **(c.)** Las ruinas de Tiahuanaco

  b. El santuario de Copacabana   **d.** Las ruinas de Machu Picchu

4. ¿En qué tipo de ceremonia participó durante el recorrido turístico?

  (a.) religiosa   **b.** deportiva   **c.** académica   **d.** política

5. Para Mariluz, fue un viaje…

  a. muy divertido.   **b.** muy complicado   **c.** muy completo   **(d.)** inolvidable.

Paso 3: En Internet, utiliza tu sitio favorito de mapas para encontrar los lugares que visitó Mariluz durante su viaje.

e inmediatamente después salimos rumbo a Copacabana. De camino hacia Puno, pasamos horas en varios sitios arqueológicos, llenos de espiritualidad y misticismo, a las orillas del lago Titicaca. Posteriormente, tuve la suerte de visitar el santuario de Copacabana y sus alrededores. Asimismo, participamos en una ceremonia de purificación conocida como Yatiri. Al día siguiente, cruzamos el lago Titicaca en un bote de pesca con un guía nativo. Luego, pasamos medio día explorando la Isla del Sol en Copacabana. En este lugar conocimos a varios fabricantes nativos de botes de totora. Eso no fue todo, porque al día siguiente visitamos la antigua ciudad de Cusco, Perú, y sus ruinas cercanas. Finalmente, nos dieron un día entero para explorar el Valle Sagrado de los Incas y el mercado tradicional Pisac. Apenas regresé a casa la semana pasada de esta experiencia tan profunda e inolvidable.

Mariluz Valdez es de Bolivia. ¿Qué sabes de este país sudamericano?

Bolivia: País de población indígena numerosa

Bolivia es la ciudad con más altitud con respecto al nivel del mar de las repúblicas latinoamericanas. Es también el país de mayor componente indígena del continente con más del 50 % de la población que, hasta la fecha, mantiene valores y creencias tradicionales. Es uno de los países más pobres de América del Sur, aunque, para los viajeros aventureros, es el más rico y más emocionante por su cultura, sus paisajes andinos y los restos de una antigua civilización misteriosa. Se encuentra en América del Sur y su invierno comienza en mayo y termina en octubre, mientras que su verano se inicia en noviembre y concluye en abril. Entre sus festividades principales se encuentra la fiesta de la Virgen de la Candelaria que dura una semana completa en honor a ella. Esta fiesta se aprecia más en Copacabana, a orillas del lago Titicaca, a principios de febrero. Otra festividad es el carnaval, un evento nacional que se celebra en Oruro. Finalmente, el Día de la Independencia se celebra cada 6 de agosto con gran algarabía a nivel nacional.

La impresionante ciudad de La Paz se eleva a 3600 metros (unos 11 800 pies de altura) sobre el nivel del mar en una cuenca en el Altiplano boliviano. Hoy en día es la capital económica y el lugar principal del gobierno central.

La ciudad de Cochabamba se ubica en un valle verde con un clima templado y agradable. Se puede conocer la ciudad en bicicleta, ya que cuenta con una ciclovía de buen tamaño. Uno de los principales atractivos de la ciudad es la calle El Prado con sus tiendas, restaurantes, centros de diversión y hoteles.

Sucre, capital de la República de Bolivia, es una ciudad de torres y edificios coloniales conocida también como "la ciudad blanca". Se encuentra rodeada de un gran número de comunidades indígenas.

Estadísticas interesantes de Bolivia

Bandera de Bolivia

Diez pesos bolivianos

Capital: La Paz (capital administrativa) Sucre (capital constitucional)

Tipo de gobierno: estado unitario social

Tamaño: dos veces mayor que Texas

Número de habitantes: 11 306 341

Lenguas oficiales: español (60,7 %), quechua (21,2 %), aymara (14,6 %)

Moneda: boliviano

Nivel de alfabetismo: 92 %

Promedio de vida: 69 años

Expresiones y palabras típicas:

chompa	*suéter*
quena	instrumento tradicional semejante a una flauta
soroche	mal de altura/montaña

Technology tip for 9.12: Tell students to post their findings on your learning management system discussion board and to write three comments regarding a classmate's posting. Alternatively, they can create a Word document or electronic poster to present briefly in class.

9.12 Investigación en Internet. Usa Internet para seleccionar un lugar turístico en Bolivia. Escribe un breve texto que incluya: Answers will vary.

- el nombre del lugar turístico
- dónde está el lugar en Bolivia
- una descripción del lugar
- por qué te interesa

María Elena, la amiga de Mariluz, es de Perú. ¿Qué sabes de este país sudamericano?

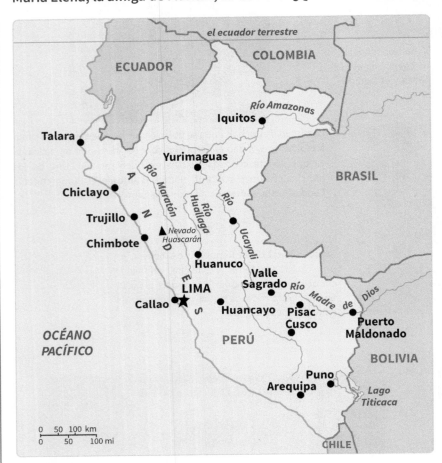

Perú: país de innumerables riquezas naturales

Perú, tierra mágica con diversas culturas y ricas tradiciones, constituye uno de los más importantes mercados de la región para la inversión. Además, tiene una de las mayores biodiversidades del planeta, en las que conviven numerosas especies de flora y fauna. Es el tercer país de mayor extensión en América del Sur, después de Brasil y Argentina, y está entre los veinte países más grandes del planeta. Su capital es la ciudad de Lima. De manera general, el Perú cuenta con tres grandes regiones naturales: la zona costera del océano Pacífico, en la que existen hermosas playas de paisajes magníficos y aguas cristalinas, fértiles valles y llanuras desérticas; la zona de montaña que es una parte de la Cordillera de los Andes que alcanza, en territorio peruano, los 6.768 metros sobre el nivel del mar en el nevado Huascarán; finalmente, la zona de bosque o selva tropical situada en la cuenca del río Amazonas, que incluye abundante vegetación. Perú contiene una gran variedad de zonas naturales, con ecosistemas únicos, que hacen estos hábitats incomparables.

Courtesy of Diane Ceo-Difrancesco

Lima es una de las ciudades más grandes de Sudamérica, con doce millones de habitantes. Está situada en el desierto junto a la costa del océano Pacífico y cuenta con una de las mayores y más hermosas plazas de Latinoamérica, la Plaza Mayor.

Plaza Mayor, Lima

Adwo / Alamy Stock Photo

La capital arqueológica de las Américas y la ciudad más antigua del continente, Cusco fue en su día la capital del Imperio inca.

Cris Bouroncle / AFP / Getty Images

Tercera ciudad más grande de Perú, Trujillo fue fundada por Pizarro en 1536. Es una ciudad colonial con edificios diversos pintados de varios colores como el azul, el amarillo y el blanco. Trujillo es famosa por su agradable clima y se le conoce como la capital de la primavera eterna.

Estadísticas interesantes de Perú

LN.Vector pattern / Shutterstock

Bandera de Perú

DeAgostini / Getty Images

Diez nuevos soles

Capital: Lima

Tipo de gobierno: república constitucional

Tamaño: un poco menor que Alaska

Número de habitantes: 31 331 228

Lenguas oficiales: español (82,9 %) quechua (13,6 %), aymara (1,6 %)

Moneda: nuevo sol

Nivel de alfabetismo: 94 %

Promedio de vida: 74 años

Expresiones y palabras típicas:

bacán, chévere	*estupendo, excelente*
manya	*mira, observa.* Expresión para mostrar algo en especial.
chacra	*granja, finca,* patio grande de casas de campo
parado	tener buenas condiciones económicas

9.13 Investigación en Internet. Usa Internet para seleccionar un lugar turístico en Perú. Escribe un breve texto que incluya: Answers will vary.

- el nombre del lugar turístico
- dónde está el lugar en Perú
- una descripción del lugar
- por qué te interesa

Exploremos el vocabulario 2

WileyPLUS

Go to WileyPLUS Resources to access an interactive version of these illustrations to review these vocabulary words and practice their pronunciation.

Suggestion for Exploremos el vocabulario 2: Choose from the numerous country maps included in **Experiencias** to reenter country information from previous chapters. The maps of Bolivia and Peru included in this chapter can be used to practice the cardinal direction terminology. Use the website and a projector to show photos of the examples of the geographical phenomenon to prompt identification. Provide input as you describe and define these geographical wonders.

La geografía de Perú y Bolivia: Los puntos cardinales y los accidentes geográficos

Los puntos cardinales

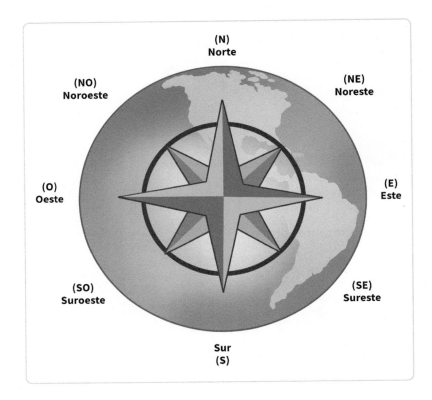

(N)
Norte

(NO)
Noroeste

(NE)
Noreste

(O)
Oeste

(E)
Este

(SO)
Suroeste

(SE)
Sureste

Sur
(S)

Estrategia de estudio: Leveraging Virtual Resources

Try looking up some of the geographical wonders in Bolivia and Peru found in **Exploremos el vocabulario 2: Los accidentes geográficos** using your favorite Internet mapping tool. Listen to each term pronounced for you on WileyPLUS and state each aloud so that you can remember how to say it in Spanish. You might be able to 'visit' the places from different angles and visual perspectives. Connecting with each location will help you remember the vocabulary.

Los accidentes geográficos

(Mira el *Vocabulario adicional*.)

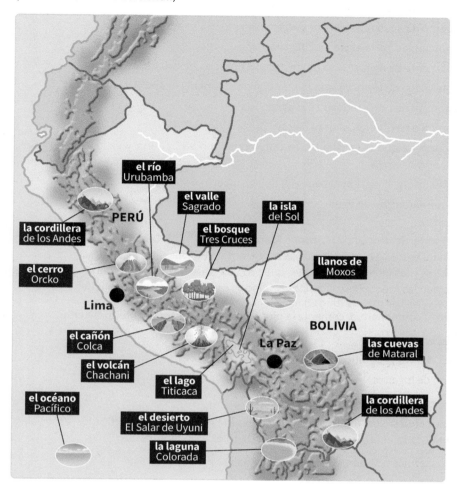

Vocabulario adicional

el mar	sea
las montañas	mountains
la pradera	meadow, grassland
la selva	jungle
la sierra	mountain

9.14 ¿Cierto o Falso? **WP** Para repasar la información sobre los accidentes geográficos, decide si las oraciones que escuchas son **ciertas** (**C**) o **falsas** (**F**).

1. ___C___ 2. ___C___ 3. ___F___ 4. ___C___ 5. ___F___ 6. ___F___ 7. ___F___ 8. ___F___

9.15 Perú y Bolivia. **WP** Utiliza las fotos, el mapa y el vocabulario de la geografía de Perú y Bolivia para ayudarte a escribir los accidentes geográficos en el siguiente párrafo.

Hay tres principales regiones naturales en Perú: __la costa__, la selva y la sierra. En Bolivia también hay tres regiones naturales: __las montañas__, los llanos y los valles. Sin embargo, como se puede ver en el mapa, existe una gran diferencia entre los países. Es que Bolivia no tiene __costa__. Algo que comparten ambos países es __el lago Titicaca__, el cual se encuentra sobre la frontera entre los dos países.

9.16 ¿Qué no corresponde? Trabaja con tu compañero/a para decidir qué palabras no corresponden a la lista.

1. (**a.**) las cuevas **b.** el mar **c.** el río **d.** el lago
2. **a.** la costa **b.** la isla **c.** la península (**d.**) el lago
3. **a.** las montañas **b.** el cerro **c.** el volcán (**d.**) la selva
4. **a.** el lago **b.** la laguna (**c.**) el cañón **d.** el río
5. **a.** el llano (**b.**) el lago **c.** el desierto **d.** el valle

Audioscript for 9.14: 1. Al noreste de la ciudad de Lima en Perú se encuentra el cerro Orcko.
2. La laguna Colorada está al oeste de la cordillera de los Andes.
3. La isla del Sol está al noroeste de la ciudad La Paz en Bolivia.
4. Bolivia no tiene costa.
5. La isla del Sol está situada en el océano Pacífico.
6. La laguna Colorada está al norte de La Paz.
7. El cañón Colca está al noroeste del río Urubamba.
8. El bosque Tres Cruces está al sureste de las cuevas de Mataral.

Suggestion for 9.14: For hybrid or flipped classes, you may want to assign students to listen to the audio and complete this activity prior to the class session.

Follow-up for 9.14: Provide further input by describing the location of additional items on the map and then have students name the geographical wonder.

Suggestion for 9.15: For hybrid or flipped classes, you may want to assign students to complete this activity prior to the class session.

Follow-up for 9.17: Assign a 20 questions game in groups of four or conduct the activity as a whole class.

9.17 Las definiciones. Con tu compañero/a, lee las definiciones y decide qué accidente geográfico describe. GAME

1. Es una extensión de tierra con muchos árboles y plantas. bosque
2. Es un cuerpo de agua rodeado por tierra. lago
3. Es una porción de tierra entre muchas montañas. valle
4. Es una corriente de agua que se dirige hacia el océano. río
5. Es una elevación de tierra aislada menor que una montaña. cerro
6. Es una porción de tierra rodeada por agua. isla
7. Es un campo o terreno sin altos ni bajos. llano
8. Es una apertura que se encuentra en una montaña o en la tierra y expulsa lava, gases, cenizas y humo. volcán
9. Es una extensión de agua más pequeña que un lago. laguna
10. Es una gran extensión de agua. océano

Suggestion for 9.18 and 9.19: This activity is broken down into two steps for students to complete. For hybrid or flipped classes, you may want to assign **Paso 1** for students to prepare prior to the class session.

9.18 El arte de Roberto Mamani Mamani. Recycle De origen aymara, Roberto Mamani Mamani es uno de los artistas más conocidos de Bolivia. Su arte se caracteriza por los vibrantes colores y las intensas emociones que produce. Busca en Internet una de sus pinturas donde se recrean las montañas y el mundo andino y completa los **Pasos** siguientes.

Activity 9.18 recycles **Los colores** from Chapter 7.   Answers will vary.

Paso 1: Con tu compañero/a, comenta la pintura y contesta las siguientes preguntas.

- ¿Qué ves en la pintura?
- ¿Qué accidentes geográficos hay en la pintura?
- ¿Qué tipo de lugar es?
- ¿Qué más hay en la pintura?

Paso 2: Los colores que utiliza Roberto Mamani Mamani tienen significados especiales. Comenta con tu compañero/a qué representa cada color en la pintura.

    rojo   azul   amarillo   anaranjado   negro

Follow-up for 9.19: Have students present their information to the class, including a visual of the place they have chosen to visit. Encourage classmates to ask follow-up questions during each presentation.

9.19 Una excursión. Es bueno conocer la geografía de tu estado. Piensa en el estado en donde vives, y completa los **Pasos**. Answers will vary.

Paso 1: Completa la siguiente tabla con los nombres de algunos lugares interesantes de tu estado y las actividades al aire libre que puedes hacer en cada lugar.

Accidentes geográficos	Nombre del lugar	Distancia de la universidad o de tu casa	Actividades
Bosque			
Cañón			
Laguna			
Río			
Montaña			
Llano			

Paso 2: Comparte la información con tu compañero/a. Juntos van a hacer una excursión durante el fin de semana. Decidan adónde van, cómo van a llegar, dónde se van a quedar y cuánto dinero necesitan para hacer el viaje.

9.20 Situaciones. Haz el papel de **A** o **B** con tu compañero/a para participar en la conversación. *Answers will vary.*

A- You have decided to travel to Peru, Ecuador or Bolivia during the summer break and need to purchase some clothing and other travel items for your trip. You go to the local travel gear store in your area and need some assistance from the sales staff. Ask questions regarding the clothing you need, colors that are available, price and other information you need to know to make your purchases.

B- You work at a local travel and outdoor gear store in your area. A student has come in to purchase some items for an upcoming trip to Peru, Ecuador or Bolivia. Ask him/her questions regarding the trip, where s/he plans to go and what type of outdoor activities are planned before making recommendations for the best travel clothing and gear. Answer any questions the student may have regarding quality and price.

The preterit: Narrating and reporting events in the past

Exploremos la gramática 1

WileyPLUS

Go to WileyPLUS to review this grammar point with the help of the Animated Grammar Tutorial and the Verb Conjugator.

The preterit tense is used to record, narrate and report events or a sequence of events whose beginning and/or end are focused on or even referenced explicitly. The preterit is used to report the fact that the event did occur at a specific time or for a specific length of time and is now completed. The preterit can be used with adverbs of time. These adverbs indicate more precisely when an event occurred.

Suggestions for Exploremos la gramática 1: Introduce this section by having students listen to the audio for 9.11. Ask them to listen first for what Mariluz reports about herself. Then tell students to listen for what Mariluz and others did. Create a chart with two columns. Label one Mariluz and the other Mariluz y su amiga. Ask students to write down the events under each column. Have the class share results.

 Los adverbios de tiempo/*Adverbs of time*

anoche	*last night*
anteanoche	*the night before last*
anteayer/antes de ayer	*the day before yesterday*
ayer	*yesterday*
el mes/año pasado	*last month/year*
el sábado (u otro día de la semana) pasado	*last saturday (or other day of week)*
la semana pasada	*last week*
primero	*first*
finalmente	*finally*

Earlier you listened to Mariluz Valdez as she told about some past events in her life.

- **Nací** en la ciudad de La Paz.

  I was born in the city of La Paz.

- El mes pasado **recibí** la información sobre un recorrido en Bolivia.

  Last month I received information about a trip in Bolivia.

- **Pasamos** un día completo en las ruinas de Tiahuanaco.

  We spent the whole day at the ruins of Tiahuanaco.

- Finalmente **salimos** rumbo a Copacabana.

  Finally, we left for Copacabana.

- **Regresé** la semana pasada.

  I returned last week.

- **Participamos** en una ceremonia de purificación.

  We participated in a purification ritual.

- **Cruzamos** el lago Titicaca.

  We crossed Lake Titicaca.

Suggestion for 9.20: For flipped or hybrid courses, students can prepare this activity outside of class. During the next class session, they can practice and present their situation to the class.

> **¿Qué observas?**
>
> 1. What letters at the end of the verb indicate that Mariluz was reporting her past activities and events? -í, -é
> 2. What letters at the end of the verb does she use to talk about what she <u>did</u> with others? -amos, -imos

Preterit verb endings

Subject pronouns	-ar	-er	-ir
yo	-é	-í	-í
tú	-aste	-iste	-iste
él/ella, usted	-ó	-ió	-ió
nosotros/as	-a**mos**	-i**mos**	-i**mos**
vosotros/as	-aste**is**	-iste**is**	-iste**is**
ellos/as, ustedes	-aro**n**	-iero**n**	-iero**n**

Some important reminders about the preterit

- The endings indicated in the chart are added to the **stem** of the verb.
- **-er** and **-ir** verbs share the same set of endings.
- the preterit endings for **ellos, ellas, ustedes** have a slight spelling change for the verbs **creer** and **leer**. Instead of using **–ieron**, that ending becomes **-yeron** (**creyeron, leyeron**), that is, the **i** in the ending changes to a **y**.

> ### ¡Alerta!: Verb Stress in the Preterit
>
> Regarding pronunciation, the stress (or emphasis and strength of the voice) falls on the ending of all regular preterit forms, not on the stem.
>
>   In the present tense (with the exception of **nosotros** and **vosotros** forms) the stress falls on the stem. Stress has the potential to change meaning and it is very important to keep this in mind when distinguishing between present tense, **yo hablo**, for example, and preterit, **él habló**.

Ser and *Ir* in the preterit

Suggestion for chart Ser and Ir Preterit Endings: Explain to students that even although **ir** and **ser** are called irregular verbs by most textbooks there are consistencies within the forms. Ask students to note the patterns that they see. Point out that there is a stem that occurs in each form: *fu*. The endings for the **tú, nosotros/as, vosotros/as, ellos/as, ustedes** forms are what we would expect.

These three high frequency verbs are classified as having irregular forms.

- Notice the preterit forms for **Ser** and **Ir**. They share the same form. Context will tell you whether **ser** or **ir** is being used in a sentence or conversation.

Subject pronouns	Verb forms
yo	fui
tú	fuiste
él/ella, usted	fue
nosotros/as	fuimos
vosotros/as	fuisteis
ellos/ellas, ustedes	fueron

¿Qué observas?

Look at the following comments on Mariluz' trip to Bolivia and decide if **ir** or **ser** is being used.

- Realmente fue muy difícil tomar una decisión. ser
- Fuimos a la isla del Sol en Copacabana. ir
- Los bolivianos del grupo fueron a comer al mercado Pisac. ir
- Eso no fue todo, porque recibimos una invitación para ir a Cusco. ser

Hacer in the preterit

Notice the preterit forms of **hacer**. What change occurs? Note that in addition to the altered stem for **hizo**, the change from **c** to **z** is a required spelling change because **c** before **o** would not be consistent with the pronunciation pattern for **hacer**.

Subject pronouns	hacer
yo	hice
tú	hiciste
él/ella, usted	hizo
nosotros/as	hicimos
vosotros/as	hicisteis
ellos/as, ustedes	hicieron

Note that **hacer** is often used in the preterit to ask a question to find out what someone did.

¿Qué **hiciste** tú anteayer?   *What did you do the day before yesterday?*

¿Qué **hizo** Mariluz durante su viaje?   *What did Mariluz do during her trip?*

Estrategia de estudio: Reflecting on Your Day's Activities

One great way to practice the preterit and the new verb endings is to reflect on what activities you did at the end of your day. Write down the events in Spanish, using the preterit. If you do this for several days in a row, the verb endings should become more automatic for you and easier to remember.

9.21 Mi profesor/a y su fin de semana. A veces los fines de semana están llenos de actividades. Escucha a tu instructor/a y completa los **Pasos**.   Answers will vary.

Paso 1: Selecciona las actividades que hizo tu instructor/a el fin de semana pasado.

trabajó en la biblioteca

miró la televisión

habló por teléfono con sus amigos/as

escribió un reporte

corrigió la tarea

visitó a un/a amigo/a

fue de compras a un centro comercial

limpió su casa

viajó a otra ciudad

escribió mensajes en su computadora

Suggestion for 9.21: Narrate a list of activities that you did each day of last weekend. Students will listen to you and circle the activities you list for activity 9.21. Make this as personal as you desire. Add activities to the list that pertain to you.

Follow-up for 9.21: Review the chart with the students. Ask individual students to tell one or two activities that they did on each day of their weekend.

Paso 2: Ahora escribe en cada columna las actividades que mejor correspondan, según tu instructor/a.

el viernes	el sábado	el domingo

Suggestion for 9.22: For hybrid or flipped classes, you may want to assign students to complete this activity prior to the class session.

9.22 Mi excursión a Perú. Una estudiante universitaria viajó a Perú durante las vacaciones de la primavera (Mira la foto de Sara como referencia). Le encantó el programa de su universidad. Luego, completa los **Pasos**.

Paso 1: Lee la descripción de su viaje y marca todos los verbos en el pretérito.

Courtesy of Diane Ceo-DiFrancesco

Sara visitó la comunidad de Cuyuni, ubicada en la provincia de Quispicanchis. Esta comunidad ofrece al visitante una auténtica experiencia de aprendizaje intercultural.

Me llamo Sara y quiero contarles cómo <u>fue</u> el viaje que hice el año pasado a Perú con mis compañeras. <u>Fue</u> una experiencia superdivertida. Primero, <u>tomamos</u> un avión de Miami a Lima. En Lima nos <u>quedamos</u> con familias locales, <u>visitamos</u> el centro histórico y <u>trabajamos</u> con niños en una escuela a las afueras de la ciudad. Mis compañeras y yo <u>leímos</u> libros con ellos y <u>jugamos</u> en el patio de recreo. También, <u>cantamos</u> canciones en español que <u>preparamos</u> antes del viaje. <u>Escribimos</u> libros y <u>dibujamos</u> con ellos. Este trabajo en la comunidad me <u>ayudó</u> a entender un poco más sobre la cultura peruana. Después, con mis compañeras, <u>tomé</u> un vuelo a Cusco, la antigua capital del Imperio inca. A causa de la altura de la ciudad, primero <u>tomé</u> té de coca y <u>descansé</u> un rato. <u>Visité</u> dos sitios arqueológicos en Cusco: Saksayhuamann y Koricancha. <u>Aprendí</u> mucho sobre la civilización avanzada de los incas. En Cusco <u>comí</u> en varios restaurantes y <u>probé</u> el famoso cuy, una carne típica y tradicional. Mi amiga Rebecca es vegetariana así que no <u>la probó</u>. Después de nuestra estancia en Cusco, <u>recorrimos</u> el Valle Sagrado, donde <u>conocimos</u> el sitio arqueológico y el mercado de Pisac. <u>Tomé</u> muchas fotos del paisaje del Valle Sagrado, la arquitectura orgánica de los incas, y de las llamas y alpacas que <u>encontramos</u> en el camino. En el mercado <u>compré</u> artesanías, especialmente tejidos peruanos. <u>Viajamos</u> a Ollantaytambo, <u>subimos</u> más de 200 escaleras y <u>escuchamos</u> la explicación de nuestro guía turístico. Desde allí, el grupo <u>tomó</u> el tren hasta Aguas Calientes, el pueblo más cercano a la ciudad de Machu Picchu. En Aguas Calientes, nos <u>quedamos</u> en el hotel Presidente y <u>compartí</u> una habitación con Rebecca. A la mañana siguiente me <u>levanté</u> a las 5:00, <u>tomé</u> un café y <u>fui</u> con el grupo para tomar el autobús hasta Machu Picchu. El viaje <u>duró</u> aproximadamente treinta minutos. Cuando <u>llegamos</u>, <u>caminamos</u> y <u>conocimos</u> la historia del lugar. <u>Decidimos</u> subir hasta la Puerta del Sol, una caminata difícil, pero que <u>valió</u> la pena porque la vista desde arriba es impresionante. ¡Este viaje <u>fue</u> una experiencia inolvidable!

Answers for 9.22, Paso 2: 1. Se quedó con una familia local, visitó el centro histórico y trabajó con niños en una escuela a las afueras de la ciudad; 2. En Cusco: Saksayhuamann y Koricancha; 3. Cuy, porque es vegetariana; 4. Conoció el sitio arqueológico y el mercado de Pisac y tomó muchas fotos del paisaje; 5. En autobús y caminando; 6. Sí, fue una experiencia inolvidable.

Note for 9.22, Paso 3: You can provide some scaffolding if students use irregular verbs with this activity. These verbs are presented later in the chapter.

Paso 2: Con tu compañero/a, contesta las siguientes preguntas sobre el viaje de Sara.

1. ¿Qué hizo Sara en Lima?
2. ¿Qué sitios arqueológicos visitó con el grupo?
3. ¿Qué comida mencionó Sara? ¿Por qué no la probó su compañera?
4. ¿Qué actividades hizo Sara en el Valle Sagrado?
5. ¿Cómo llegó a Machu Picchu?
6. ¿Le gustó su viaje a Perú?

Paso 3: Piensa en un viaje que hiciste tú el año pasado y escribe una lista de tus actividades principales. Después comenta tus actividades con tu compañero/a. Answers will vary.

Cultura viva

Las lengua indígenas

If you travel to Bolivia, Ecuador or Peru don't be surprised to find that there are languages you will not understand. In Ecuador, there are 24 different languages and in Peru there are over 50, with higher estimates of languages that are yet to be 'discovered.' In Bolivia, there are over 30 indigenous languages and dialects spoken throughout the country. The most common are aymara, quechua and guaraní. Other indigenous languages of Bolivia are araona, baure, bésiro, canichana, cavineño, cayubaba, chácobo, chimán, ese ejja, guarasuawe, guarayu, itonama, leco, machajuyai-kallawaya, machineri, maropa, mojeño-trinitario, mojeño-ignaciano, moré, mosetén, movima, pacawara, puquina, sirionó, tacana, tapiete, toromona, uruchipaya, weenhayek, yaminawa, yuki, yuracaré and zamuco. These indigenous languages do not sound like Spanish, as they are unrelated.

9.23 El fin de semana de Gustavo. Gustavo utiliza Instagram para mandarles estas fotos a sus amigos sobre su fin de semana pasado. Completa los **Pasos** para aprender más sobre un fin de semana común en su vida.

Suggestion for 9.23: Be sure to remind students of the instructions for this activity: they must include as many details as possible concerning the activities describe.

A.

B.

C.

D.

E.

F.

G.

Answers for 9.23, Paso 1:
Primero, Gustavo desayunó y miró su teléfono. Luego, fue al gimnasio. Después, jugó al golf. Posteriormente, habló por teléfono con una amiga. Más tarde, tomó café con ella. Finalmente, vio televisión con unos amigos y comió pizza con ellos.

Paso 1: Utiliza la serie de dibujos para contarle a tu compañero/a lo que hizo Gustavo el fin de semana pasado. Para aclarar el orden de las actividades, no te olvides de incluir estas expresiones de tiempo:

primero	luego/entonces	después
posteriormente	más tarde	finalmente

Paso 2: Ahora utiliza las mismas expresiones de tiempo para contarle a tu compañero/a lo que hiciste el fin de semana pasado. Toma apuntes cuando él/ella te hable de sus actividades.

Answers will vary.

Exploremos la gramática 2

WileyPLUS

Go to WileyPLUS to review this grammar point with the help of the Animated Grammar Tutorial.

How long ago did an event occur?
Hace + *que* + preterit

During her trip to Peru, Sara learned that the Incan civilization existed many centuries ago:

Hace muchos siglos que existió la civilización inca.
Hace mucho tiempo que los incas vivieron aquí.

In English we use *ago* to indicate that time has passed since an event or action was completed. There is no individual word to express *ago* in Spanish. Instead, use this formula:

Hace + length of time + **que** + verb in preterit
Hace + dos horas + **que** + hablaron por teléfono.
Hace dos horas que hablaron por teléfono.   *They spoke on the phone two hours ago.*

Or you can use this formula in which **que** is not needed:

Verb in preterit + **hace** + length of time
Hablaron por teléfono hace dos horas.   *They spoke on the phone two hours ago.*

To <u>ask</u> how long ago a particular activity took place or ended:

¿Cuánto tiempo hace que hablaron por teléfono?   Hace dos horas que hablaron por teléfono.

Or, more specifically:

Cuántos/as + length of time + **hace que** + verb in the preterit?
¿Cuántos días hace que…?/¿Cuántos años hace que…?

9.24 La historia de la región. Recycle En tu clase de historia, estás estudiando sobre Sudamérica. Mira los hechos sobresalientes e indica cuánto tiempo hace que ocurrieron estos sucesos históricos. Activity 9.24 recycles **Los números hasta 900 000 000** from Chapter 6.

Note for 9.24: Be aware that answers are based on the year 2019.

Modelo: El guerrillero argentino Ernesto 'Che' Guevara fue capturado en Bolivia el 8 de octubre de 1967. _Hace 52 años._

1. El presidente de Perú, Martín Vizcarra, fue nombrado por sucesión constitucional el 23 de marzo de 2018. ___Hace 1 año.___

2. Evo Morales accedió a la presidencia de la República de Bolivia, como el primer presidente indígena del país, el 22 de enero de 2006. ___Hace 13 años.___

3. Las tropas del libertador José de San Martín entraron en Lima y San Martín proclamó la independencia de Perú el 28 de julio de 1821. ___Hace 198 años.___

4. Ecuador tomó posesión legal de las islas Galápagos el 12 de enero de 1832. ___Hace 187 años.___

5. El arqueólogo norteamericano Hiram Bingham descubrió la bella ciudad inca de Machu Picchu, en una remota parte de los Andes peruanos el 24 de julio de 1911. ___Hace 108 años.___

6. La ciudad de San Francisco de Quito, actual capital de la República de Ecuador, se fundó el 6 de diciembre de 1534. ___Hace 485 años.___

7. Los conquistadores españoles, al mando de Francisco Pizarro, entraron en Perú el 15 de noviembre de 1532 y un año después tomaron Cusco, capital sagrada del Imperio inca. ___Hace 487 años y 486 años.___

8. Ecuador cambió su moneda, el sucre, por el dólar estadounidense el 10 de septiembre de 2000. ___Hace 19 años.___

9. El 10 de agosto de 2010 Ecuador celebró el Bicentenario de su primer grito de independencia. ___Hace 9 años.___

9.25 Encuesta. Completa la tabla para indicar cuándo fue la última vez que hiciste las siguientes actividades. Después, entrevista a un/a compañero/a para comparar sus respuestas con las tuyas. Answers will vary.

Actividades	Ayer	Anoche	Hace 2 días	Hace 3 semanas	Hace 2 años	El fin de semana pasado	¿...?
Ir a la clase de…							
Estudiar en la biblioteca							
Ir al cine							
Lavar los platos							
Escribir una carta							
Escribir un mensaje de texto							
Visitar a tu familia							
Asistir a un concierto							
Comer algo saludable							

9.26 Situaciones: Entrevista para estudiar en el extranjero. Haz el papel de **A** o **B** con tu compañero/a para participar en la conversación. Answes will vary.

A- You applied for a study abroad program to Peru at your university and are being interviewed for acceptance into the program. Answer the professor's questions about your academic background and experiences. Think of a few questions to ask about the program.

B- You are a professor organizing a study abroad program to Peru at your university. You are interviewing a student for acceptance into the program. Ask the student questions regarding his/her academic background, personality and past experiences to decide if s/he is a good candidate for the program.

Suggestion for 9.26: For flipped or hybrid courses, students can prepare this activity outside of class. During the next class session, they can practice and present their situation to the class.

Cultura viva

Las flores de Ecuador

Ecuador is a huge exporter of roses. Many flowers that are sold in the United States are from Ecuador. You can see the large greenhouses from the highway while driving out of Quito. The right combination of equatorial sun and the cool evenings of the Andes make a perfect rose. Ecuadorians keep abreast of news and politics, since decisions made in the United States can affect the market, price and sale of flowers and the livelihood of those who produce them.

John and Lisa Merrill / Danita Delimont / Alamy Stock Photo

La floricultura en Ecuador se inició hace más de treinta años y es una fuente de empleo muy importante para muchas personas en este país.

Exploremos el vocabulario 3

WileyPLUS

Go to WileyPLUS Resources to access an interactive version of these illustrations to review these vocabulary words and practice their pronunciation.

Suggestion for Exploremos el vocabulario 3: The instructor can present several occasions in history when these weather phenomena occurred with severity, making headline news and affecting the lives and homes of many people. Input can be provided in the form of dates, places, and verbs in the preterit.

Fenómenos del tiempo y desastres naturales

el ciclón

truenos y relámpagos

la inundación

la tormenta

el terremoto

Fenómenos del tiempo y desastres naturales	*Weather and natural disasters*	Los cognados
el incendio forestal	*forest fire*	la avalancha de nieve
el maremoto	*tsunami*	el huracán
		la erupción volcánica

9.27 ¿Qué fenómenos ocurren en estas regiones? A veces es buena idea repasar la geografía de vez en cuando. Completa los **Pasos** con tu compañero/a. Answers will vary.

Follow-up for 9.27, Paso 1: Ask students to describe a weather phenomenon or natural disaster that they have experienced.

Paso 1: Comenta con tu compañero/a qué fenómenos del tiempo y desastres naturales ocurren en las siguientes regiones geográficas.

Europa   Asia   Australia   Norteamérica   Sudamérica   Centroamérica

Paso 2: Busca en Internet un desastre natural que ocurrió en un país que hayas estudiado en este capítulo. Explícale los detalles a tu compañero/a.

9.28 ¿Hace cuánto tiempo…? Te pusiste a investigar los desastres naturales en Bolivia, Perú y Ecuador. ¿Cuándo fue la última vez que ocurrieron los siguientes desastres?

Note for 9-28: Be aware that answers are based on the year 2019.

Desastre natural	Ciudad	País	Fecha	¿Hace cuánto tiempo?
1. Terremoto	Huanuco	Perú	2 de febrero de 1970	49 años.
2. Incendio forestal	Guayaquil	Ecuador	13 de octubre de 1998	21 años.
3. Erupción volcánica	Sangay	Ecuador	2010	9 años.
4. Erupción volcánica	Fernandina, Islas Galápagos	Ecuador	2009	10 años.
5. Inundación	Piura	Perú	marzo de 2017	2 años.
6. Avalancha	Llanganuco	Perú	31 de mayo de 1970	49 años.
7. Terremoto	Lima	Perú	1940	79 años.
8. Erupción volcánica	Irruputuncu	Bolivia	1995	25 años.
9. Terremoto	Pedernales	Ecuador	16 de abril de 2016	3 años.

9.29 El español cerca de ti. Busca a una persona en tu comunidad que sea de un país hispanohablante y hazle una entrevista. Puedes tomar apuntes de sus respuestas o grabar la entrevista para escucharla más tarde. Debes preguntarle en español la información que sigue.

Answers will vary.

- su información básica: nombre, país, nacionalidad, descripción, profesión, familia, etc.
- la geografía de su país
- el clima de su país
- los desastres naturales y fenómenos del tiempo que ocurren en su país, como un ciclón, un huracán, una tormenta
- Con la información que consigas, escribe una composición y preséntasela al grupo.

Cultura viva

El cambio de hora

Unlike some parts of the United States, Ecuador does not observe Daylight Saving Time. Most northern countries in South America do not. As Ecuador is at the Equator, there are 12-hour days and 12-hour nights every day, so there is really no need to change clocks twice a year.

Exploremos la gramática 3

More with *por* and *para*

Remember – **por** and **para** both function as prepositions and have different uses.

More fixed expressions with *por*

por ciento	Más del 21 **por ciento** de la población indígena de Bolivia habla quechua.	*More than 21 percent of the indigenous population of Bolivia speaks Quechua.*	percent (%)
por hora	En la ciudad de Quito está prohibido manejar a más de 48 kilómetros **por hora**.	*In the city of Quito it is prohibited to drive more than 48 kilometers per hour.*	per hour
¡Por Dios!	—Visité Bolivia, Ecuador y Perú en una semana. —**¡Por Dios!** ¡Qué viaje tan rápido!	*"I visited Bolivia, Ecuador and Peru in one week." "For heaven's sake! That was a fast trip!"*	For heaven's sake!

More *por* and *para* contrasts

Viajamos a Perú **por** avión.	*We traveled to Peru by plane.*	by, means of
Si queremos viajar a Ecuador este verano debemos hacer nuestras reservaciones **para** fines de mayo.	*If we want to visit Ecuador this summer we should make our reservations by the end of May.*	by a future deadline; a time or date by which a task must be completed

PARA + infinitive	POR + infinitivo
intention/purpose Fueron al mercado **para** comprar sombreros. *They went to the market in order to buy hats.*	in light of, because of, due to **Por** ser baratos, vendieron muchos sombreros. *Because they are inexpensive, they sold a lot of hats.*

¿Qué observas?

1. What do you notice about the examples written in Spanish displayed in the following chart?

2. How is the difference in meaning of the corresponding examples conveyed?

In the following chart, **por** and **para** have specific meanings and *may not be* interchanged without misconstruing meaning. However, there are instances where **por** and **para** *may be* directly interchanged with identical information <u>but</u> the exchange will result in a change of meaning.

Por or *para* differences

PARA	POR
to, toward Vamos **para** La Paz. *We're going <u>to</u> La Paz.* *(La Paz is our destination.)*	through, along Vamos a viajar **por** La Paz. *We're going to travel <u>through</u> La Paz* *(On our way to some other place.)*
for (under the authority of; employed by) Hace seis meses que trabajé **para** mi amigo. *I worked <u>for</u> my friend six months ago.* *(My friend was boss or supervisor.)*	for (instead of, in place of) Hace seis meses que trabajé **por** mi amigo. *I worked <u>for</u> my friend six months ago.* *(I worked in place of or substituted for my friend six months ago.)*
for (beneficiary, receiver implied) Voy a comprar un regalo **para** él. *I'm going to buy a gift <u>for</u> him.* *(He's the receiver.)*	for (in place of) Voy a comprar un regalo **por** él. *I'm going to buy a gift <u>for</u> him.* *(I'm shopping for him. He isn't able to go out and shop.)*

9.30 Información turística de Bolivia. Piensas ir a Bolivia y encontraste un artículo en Internet con información para el viajero. Completa los **Pasos** para aprender más.

Paso 1: Lee el artículo y marca todos los casos de **por** y **para**.

¿<u>Por</u> qué debemos pensar en visitar Bolivia? Pues, <u>para</u> los turistas "Todo está en Bolivia". Hay cultura y tradiciones, sobre todo entre la población indígena, en sus pueblos originarios. Es un país lleno de costumbres y arquitectura colonial. Y ¡qué geografía más diversa! Bolivia tiene selvas y desiertos, un altiplano y la región amazónica, volcanes y minas, el lago Titicaca y la Isla del Sol. Además de esta variedad de paisajes, los mercados y restaurantes muestran una gastronomía excepcional. Con todo lo que ofrece Bolivia, lo más importante, al final, es la gente de Bolivia. Y, <u>por</u> eso, se puede decir que Bolivia es un excelente lugar <u>para</u> las vacaciones. ¡Bolivia nos espera con los brazos abiertos!

Consejos <u>para</u> viajar a Bolivia
La Paz es una ciudad del altiplano a 3.600 metros y es necesario cuidarse antes de ascender a esta altitud, especialmente si uno llega <u>por</u> avión desde un lugar que se encuentra al nivel del mar. Es aconsejable descansar <u>por</u> lo menos 24 horas, comer liviano y tomar mucha agua <u>para</u> evitar la deshidratación porque La Paz tiene un clima seco.

Vacunas <u>para</u> viajar a Bolivia
<u>Para</u> entrar a Bolivia, es obligatorio recibir vacunas contra la fiebre amarilla y otras enfermedades. También, <u>para</u> los turistas que van a las áreas tropicales, se recomienda medicina contra la malaria. No pagas nada <u>por</u> las vacunas <u>para</u> viajar al interior del país. Son gratuitas. Y es buena idea traer repelentes <u>para</u> evitar contacto con insectos trasmisores de enfermedades tropicales.

Si deseas más información y quieres hacer una llamada <u>por</u> teléfono, el código telefónico internacional <u>para</u> llamar a Bolivia es el 591.

Answers for ¿Qué observas? box: 1. They are completely different. They are different sentences that convey different meanings.
2. In the first example, the translation is the word 'by' in English. The difference is the translation of the meaning of por, 'by means of,' versus para, 'by a future deadline'.

Suggestion for ¿Qué observas? box: After students have answered the questions, call attention to the fact that, in certain instances, **por** and **para** may be interchanged but not without a change in meaning as shown in the following chart.

Suggestion for 9.30: For hybrid or flipped classes, you may want to assign students to complete this activity prior to the class session.

Pablo Caridad / Alamy Stock Photo

La geografía de Bolivia es muy variada y diversa. Es un lugar perfecto para las aventuras turísticas.

Paso 2: Cuenta el número de veces que aparece **por** y **para**. ¿Cuántas veces aparece cada una? ¿Cuál de las dos es la más frecuente?

Número total de "para" __10__   Número total de "por" __6__

Paso 3: Completa las siguientes tablas con ejemplos diferentes de **por** y **para** y la razón para utilizar una palabra u otra.

Ejemplos de la lectura con *para*	Razón para utilizar *para*
1. Para los turistas, "Todo Está en Bolivia".	beneficiary
2. ...excelente lugar **para** las vacaciones.	for
3. Consejos **para** viajar a Bolivia	for
4. Para entrar a Bolivia,	in order to

Ejemplos de la lectura con *por*	Razón para utilizar *por*
1. Si uno llega **por** avión.	by means of
2. Y, **por** eso, se puede decir que...	reason why
3. Descansar **por** lo menos 24 horas	at least
4. No pagas nada **por** las vacunas	because of

9.31 Preguntas personales. El profesor que organiza el viaje a Bolivia en el que vas a participar te mandó varias preguntas sobre el programa. Escribe tus respuestas en un correo electrónico. Answers will vary.

1. ¿Qué cosas vas a comprar para el viaje a Bolivia?
2. ¿Cuánto pagaste por tus botas? ¿Sabes para qué las necesitas?
3. Necesitamos organizar una reunión antes del viaje. ¿Cuándo es mejor para ti? ¿Qué día? ¿Por la mañana o por la tarde?
4. ¿Por cuánto tiempo estás disponible los martes por la tarde?
5. ¿Para cuándo vas a recibir tu pasaporte?
6. ¿Cuánto pagaste por una tarjeta de identificación estudiantil? ¿Y por los seguros médicos?
7. ¿Qué puedes hacer para ayudar al grupo durante el viaje? ¿Organizar las fotos? ¿Contar las personas antes de salir de cada lugar?

EXPERIENCIAS

Las islas Galápagos

Noticias   Información   Fotos   Amigos   Archivos

Un piquero de patas azules en las islas Galápagos.

Hace tres años tuve la oportunidad de viajar a Ecuador y conocer las Islas Galápagos. Pocas islas en el mundo poseen una riqueza natural tan completa como este archipiélago, pues su flora y su fauna hace que haya especies de animales únicas en el mundo. Estas islas se encuentran en la línea ecuatorial y en la ruta de corrientes frías ricas en nutrientes, lo cual las diferencia de otras islas en el mundo. Las islas Galápagos sirven de hogar a una serie de animales de la región y presentan un asombroso número de especies propias, incluyendo la iguana marina—única en el mundo—que puede estar bajo el agua por casi una hora. Estas playas también representan los principales sitios de cría de la tortuga verde. En los trópicos, el mar abierto es por lo general poco productivo; sin embargo, en Galápagos sucede lo contrario. Esto se debe a que corrientes profundas ricas en nutrientes del Pacífico Oeste chocan con las islas y se elevan hasta la superficie generando zonas de alimentación para los mamíferos marinos. En la Reserva Marina de Galápagos podemos encontrar corales, mantarrayas, además de especies de plantas y animales tropicales, junto a otras especies de aguas frías. Aquí se encuentran más de 20 especies de cetáceos como delfines y ballenas, entre otros, que vienen a nutrirse y a aparearse[1].

Suggestion for 9.32: Assign students to create a blog using any web application. Students will utilize this blog and post items to it for every chapter of Experiencias. You may ask your students to share the link to that blog on your learning management system discussion board. Then in class, ask students to compare their information.

9.32 Mi propio blog. Te fascina la naturaleza y piensas viajar para conocer las islas Galápagos. Completa los **Pasos** para planificar el viaje. Answes will vary.

Paso 1: Busca en Internet la siguiente información sobre las islas:

- el número total de islas
- los nombres de las islas pobladas
- otros animales que pertenecen a las islas
- tipo de turismo en las islas

- algunas de las normas de visita para los turistas
- la historia de Charles Darwin en las islas

[1]**aparearse:** mate

Paso 2: Investiga en Internet dos agencias especializadas en hacer excursiones a las islas Galápagos. Contesta las siguientes preguntas.

1. ¿Cuántas islas incluyen en la excursión?
2. ¿Cuáles son los precios?
3. ¿Qué ruta prefieres? ¿Por qué?
4. Consulta un mapa de las islas para organizar tu viaje. Escribe en la siguiente tabla el nombre de cada agencia y los detalles de cada itinerario.

Agencias	Número de días	Número de islas incluidas	Precio	Nombre del barco
Agencia #1				
Agencia #2				

Paso 3: En tu propio blog, describe el itinerario detallado para tu viaje a las islas Galápagos y explica por qué prefieres las opciones que seleccionaste.

Sofía Mulanovich

Antes de leer

9.33 La surfista más destacada de Perú. Antes de leer la selección sobre Sofía Mulanovich, lee la estrategia y responde a las preguntas. La lectura sobre Mulanovich describe su vida y sus talentos.

> **Estrategia de lectura: Identifying Chronological Order**
>
> Identifying the chronological order of events in an informational or fictional narrative is key to assisting with comprehension of the text. When you can distinguish and order the chain of events, you will more easily put together the pieces of the comprehension puzzle, gaining insights into the person's life, an historical overview, or the plot of a story. In order to be more aware of the order of events of the text, you should consider numbering the events as you read them.

Suggestion for 9.33: This activity has numerous steps attached to it; some are specifically designed for students to do independently in flipped, hybrid and online clases, and to support students through the reading process. For instance, you can have students complete **Pasos 1-4** prior to class. You can follow-up with them and have them complete **Pasos 5-6** in pairs.

Note for 9.33: Students can practice the strategies of skimming and scanning to assist in successful reading comprehension. Remind them to scan and highlight cognates. Then scan for words they know. Finally they can skim for the main idea of the passage.

Follow-up for 9.33, Paso 1: Review the cognates that students selected and ask them to identify the focus of the selection.

Paso 1: Revisa la selección y selecciona todos los cognados.

Paso 2: Contesta las siguientes preguntas: Answers will vary.

- ¿Qué sugiere el título?
- ¿Cuáles son algunas palabras importantes en cada párrafo?
- ¿Qué información aprendes de la lista de cognados?
- ¿Cuáles son los sucesos principales en la vida de Sofía?

Sofía Mulanovich.

Martin Bernetti / AFP / Getty Images

Paso 3: Lee la selección con cuidado. Recuerda que no tienes que entender cada palabra.

La surfista más destacada de Perú

Sofia Mulanovich Aljovín nació el 24 de junio de 1983 en Punta Hermosa, Lima. Desde muy joven y, debido al[2] entusiasmo de sus padres y sus dos hermanos, a Sofía también le comenzó a entusiasmar el surf. Más tarde como adulta, Sofía afirma la importancia del apoyo familiar en su habilidad y su éxito en el deporte. A los 9 años empezó a practicar surf e inició su entrenamiento. En 1996, cuando apenas tenía 13 años, Sofía tomó en serio su amor por el deporte. Debido a su entusiasmo y dedicación, ganó muchísimos campeonatos. En 1998 ganó el Campeonato Panamericano en Brasil. Al año siguiente participó en el *World Qualifying Series* cuando ya había ganado cinco campeonatos nacionales peruanos.

Mulanovich llegó a ser la primera surfista en ganar tres eventos de la Asociación de Surfistas Profesionales en 2004 y, entonces, fue la primera peruana, es más, la primera sudamericana, en ganar el título de Campeona Mundial de Surf de la Asociación de Surfistas Profesionales. En 2005, ya conocida a nivel mundial, obtuvo el segundo lugar en la misma competición. Su gran talento y su enorme perseverancia contribuyeron a que se convirtiera en campeona mundial.

En 2006 Sofía ganó otro título cuando resultó campeona del *Honda Women's US Open of Surfing* en Huntington Beach, California. Su gran impacto en el deporte en Latinoamérica y sus éxitos sobresalientes[3] la llevaron a ser incluida en el *Surfers Hall of Fame* en 2007.

En 2013 "La Gringa," como la llaman en su Perú, anunció su retiro del surf profesional para finales de ese año y, en noviembre de 2014, cerró su participación en el circuito de las competiciones mundiales después de participar durante 13 años. A sus 31 años empezó a hacer otras cosas en su vida. Sin embargo, no piensa abandonar el deporte que le regaló tantos títulos y no se conforma con descansar en los éxitos. Ella continúa usando su talento en otros lugares y de otras maneras. Estableció la Asociación Sofía Mulanovich y, en 2013 con la Embajada de los Estados Unidos, presentó un programa educativo: "El arte del surf", principalmente para niños de recursos limitados y jóvenes en riesgo de Lima y otros lugares. Este programa intenta promover una vida sana y libre de drogas y contaminación a través del deporte del surf y la expresión artística. Sofía Mulanovich es un verdadero ejemplo para la juventud de Perú y es una esperanza para todos los aficionados del surf.

Después de leer

Paso 4: **Recycle** Escribe tus ideas sobre la lectura con tu compañero/a.

Activity 9.33, Paso 4 recycles **Las palabras interrogativas** *from Chapter 2.*

1. Escribe una lista de las palabras que describen a Sofía.
   Entusiasta   Dedicada   _____   _____

2. Escribe cuatro datos interesantes de sus actividades.
   a. Ganó el Campeonato de Brasil en 1998.
   b. Fue la primera surfista sudamericana en ser Campeona Mundial de Surf.
   c. Se retira del surf profesional en 2013.
   d. En 2013 crea la Asociación Sofía Mulanovich.

3. Crea otro título para la lectura: _____ Answers will vary. _____

4. Escribe cuatro preguntas para una entrevista con Sofía:
   Answers will vary.
   a. _____
   b. _____
   c. _____
   d. _____

[2]**debido a:** due to   [3]**sobresalientes:** outstanding

👥 **Paso 5:** Busca en Internet una entrevista de Sofía Mulanovich Aljovín en la que hable sobre su vida. Comprueba si durante la entrevista contesta tus preguntas hechas en el **Paso 4**. Anota sus respuestas y compártelas con tu compañero/a.

Paso 6: Para saber más de esta surfista inspiradora, busca en Internet su página personal que describe su asociación y el proyecto 'El arte del surf'. Este proyecto intenta ayudar a los niños de bajos recursos en Perú. Contesta las siguientes preguntas sobre Sofía y su proyecto.

1. ¿Cuál es el objetivo de su proyecto?
2. ¿En qué localidades se ofrece el programa?
3. ¿Cuáles son las partes del programa?
4. ¿Quiénes colaboran con Sofía en este proyecto?
5. ¿Qué hacen los niños que participan en el programa?
6. ¿Por qué es importante este proyecto?
7. ¿A ti te interesa empezar un proyecto en la comunidad?

> ### Estrategia de escritura: Organizing Information Logically
>
> Organizing and planning your writing will assist you with the task and will help make your message clearer to your reader.
>
> - You can organize information chronologically, like events in history, sequentially, like steps to complete a task or in order of importance.
> - If you are writing a piece about your life, you may want to begin with your birthdate.
> - Then, jot down significant events in your life and the dates that they occurred.
> - Place all events in chronological order before you begin writing.
> - You can also use connecting words to place events in order, such as *primero, después, además, entonces, finalmente, por último.*

Paso 7: Vas a escribir los sucesos principales de tu vida en un tipo de autobiografía para poner en tu página personal en Internet. Primero, haz una lista con algunos eventos del pasado y las fechas en que ocurrieron. Escribe los eventos en el pretérito. Puedes incluir, por ejemplo, el mejor día de tu vida, el día más triste o el día más extraño. Incluye tus objetivos para el futuro. Diseña tu página web con tu foto y tu autobiografía. Answers will vary.

Cultura y sociedad

La ciudad perdida de Machu Picchu

Courtesy of Diane Ceo-Difrancesco

La ciudadela inca de Machu Picchu es uno de los lugares arqueológicos más importantes del mundo.

9.34 La famosa ruta de los incas. La caminata por los Andes para llegar a Machu Picchu es bastante famosa por los asombrosos paisajes naturales que la rodean. El siguiente artículo describe uno de los viajes para llegar allí a pie. Sigue los **Pasos** para aprender más.

Suggestion for 9.34: Tell students to scan the article to answer the questions. Then, review students' answers as pre-reading activities and advanced organizers.

Antes de leer

 Paso 1: Como preparación para la lectura, contesta las preguntas que siguen y comparte tus ideas con la clase.

- ¿De qué trata el artículo?
- ¿Cuáles son tres de las enseñanzas que ofrece el artículo?
- ¿A qué tipo de persona le podría interesar este artículo?
- ¿Cuáles son los lugares que menciona el autor?

La ciudad perdida de Machu Picchu

El Camino del Inca se hace a pie para conocer la ciudad sagrada de los incas, Machu Picchu, en Perú. A través de esta ruta, el turista se pone en contacto directo con la historia y la naturaleza que existen en la zona, los sitios arqueológicos y la cultura. Este viaje es una experiencia sin comparación. El punto de partida para esta aventura es Korihuayrachina, mejor conocido como Kilómetro 88. El sendero está rodeado de bosques, caminos de piedra y cientos de escalones.[4] Se puede hacer el viaje en cuatro días, superando los 4200 metros de altitud.

Día 1: Al llegar en autobús o tren al famoso Kilómetro 88, se sigue el curso del río Urubamba y se comienza a ascender, durante unas tres horas, hasta un lugar en un cerro llamado Llactapata (a 2600 metros de altura), donde se encuentra un extenso sitio de maravillas arqueológicas rodeado de belleza natural. Se sigue por el río Kusichaca, en medio de paisajes de montaña, hasta llegar a la pequeña población campesina de Huayllamamba, a unos 3000 metros de altura, en donde se acampa para pasar la noche.

Día 2: El recorrido se pone un poco más difícil. Se llega a unos 4200 metros de altura, pasando por un área de selva tropical. La vista es cada vez más preciosa, hasta llegar al punto más alto, a unos 4200 metros, donde se encuentra el paso de Warmiwausco. El paisaje es indescriptible por su belleza natural. Al rato comienza el descenso, aproximadamente de siete kilómetros hasta el hermoso Valle de Pakaymayo, el próximo lugar para acampar.

Día 3: Todavía sigue el reto[5] y la caminata se hace un poco larga. Ahora toca llegar hasta el paso de Runkuracay, a una altura de 3800 metros. A medida que se desciende, la vegetación va cambiando, se llega hasta Yanacocha (Laguna Negra), para luego subir por un sendero hasta encontrar el complejo Sayaqmarka. El viaje sigue por la selva y continúa con el cruce de un túnel inca para luego llegar hasta el grupo arqueológico de Pyuyupatamarca (a unos 3530 metros), la construcción inca más alta, y punto para acampar, donde se hacen los preparativos para llegar a la ciudad de Machu Picchu al día siguiente.

Día 4: Ya lo más duro ha pasado y llega la hora de empezar la última caminata hacia la ciudadela más famosa, Machu Picchu. El primer objetivo es llegar a la Puerta del Sol Inca, el Inti Punku, donde existen pequeñas construcciones. De ahí, se desciende durante 30 minutos hasta llegar a Machu Picchu, para hacer el tour con un guía oficial. Al terminar, se toma el autobús a Aguas Calientes y el tren para llegar al anochecer a Cusco. Se pasa la última noche allí en un hotel donde se descansa después de unos días largos y duros, de mucho esfuerzo físico.

[4]**escalones:** stairs [5]**reto:** challenge

Después de leer

Paso 2: Con tus palabras, completa la siguiente tabla con algunos detalles de lo que se hace durante cada día del viaje. Possible answers:

El primer día	El segundo día	El tercer día	El cuarto día
Seguir el curso del río Urubamba durante 3 horas.	Pasar por un área de selva tropical.	Ir hasta el paso de Runkuracay.	Llegar a la Puerta del Sol Inca, el Inti Punku.
Seguir por el río Kusichaca.	Llegar al paso de Warmiwausco, a unos 4200 metros de altura.	Subir hasta el complejo Sayaqmarka.	Descender durante 30 minutos hasta legar a Machu Picchu.
Llegar a Huayllamamba.	Descender 7 kilómetros hasta el Valle de Pakaymayo.	Llegar hasta el grupo arqueológico de Pyuyupatamarca	Tomar el autobús a Aguas Calientes y el tren para llegar al anochecer a Cusco.
Se acampa para pasar la noche.	Acampar en el Valle de Pakaymayo.	Acampar y hacer los preparativos para llegar a la ciudad de Machu Picchu.	Descansar en Cusco.

Paso 3: Contesta con tu compañero/a las siguientes preguntas sobre el viaje a Machu Picchu.

1. ¿Qué medios de transporte mencionan en el artículo?
2. ¿Cómo llegan los turistas a Machu Picchu?
3. ¿Cómo se vuelve a Cusco?
4. ¿Qué cosas se observan durante el recorrido?
5. ¿Qué tipo de lugar es Machu Picchu? Descríbelo con tus propias palabras.
6. ¿Por qué crees que los turistas quieren caminar tanto para llegar a Machu Picchu?
7. En tu opinión, ¿vale la pena caminar y acampar durante cuatro días para llegar a Machu Picchu? ¿Por qué?

Paso 4: En Internet investiga la historia de Machu Picchu. Después, escribe un informe e incluye la siguiente información: Answers will vary.

- Una descripción corta de quiénes eran los incas.
- Una descripción general de Machu Picchu.
- Una descripción de dos opciones que incluyan la manera de hacer un viaje a Machu Picchu.
- Una explicación personal de tu preferencia sobre un viaje a Machu Picchu.

Answers for 9.34, Paso 3:
1. Autobús, tren; 2. Caminando; 3. En autobús; 4. Paisajes y lugares arqueológicos; 5–7. Answers will vary.

Manos a la obra

El entorno personal

9.35 La naturaleza en los Estados Unidos. Te pidieron hacer una presentación sobre los lugares naturales y parques nacionales que les recomiendas a los estudiantes extranjeros de tu universidad. Completa los **Pasos** para preparar tu presentación. Answers will vary.

Paso 1: Piensa en lugares naturales y escribe una lista de recomendaciones.

Paso 2: Busca fotos u otro tipo de información visual para poner en una presentación PowerPoint o Prezi.

Suggestion for 9.35: This activity has numerous steps attached to it; some are specifically designed for students to do independently in flipped, hybrid and online clases. For instance, you can have students complete the **Pasos 1-3** prior to class.

Technology tip for 9.35: Require students to record audio in their PowerPoint presentation.

Paso 3: Prepara una explicación de cada lugar, incluyendo cuándo viajaste allí, qué viste y por qué se lo recomiendas al grupo.

Paso 4: Practica tu presentación con tu compañero/a.

9.36 Crear un itinerario. Te toca organizar un viaje para estudiantes de tu universidad durante las vacaciones de primavera. Van a trabajar con una comunidad indígena y a viajar a varios sitios de interés. Sigue los **Pasos** para preparar el itinerario. Answers will vary.

Paso 1: Decide a qué país quieres viajar: Bolivia, Ecuador o Perú.

Paso 2: En Internet, investiga los lugares que quieres visitar.

Paso 3: En Internet, investiga los detalles del transporte que puedes utilizar y los hoteles que piensas incluir en el itinerario. ¿Cuánto les va a costar?

Paso 4: Escribe el itinerario y una lista de lo que necesitan llevar en la maleta.

Paso 5: Preséntale los resultados al grupo de viajeros.

Suggestion for 9.36: This activity is broken down into small steps for students to complete. For hybrid or flipped classes, you may want to assign **Paso 1–4** for students to prepare prior to the class session. Students can arrive to class prepared to present for **Paso 5**.

9.37 Te toca a ti. Vas a grabar un video de ti, preparando tu maleta para un viaje. Mira el video del comienzo del capítulo 9: **Cómo preparar la mochila para un viaje a los Andes**. Sigue los **Pasos** para preparar tu propio video. Answers will vary.

Paso 1: Decide qué prendas de ropa quieres incluir en la maleta y escribe una lista.

Paso 2: Practica tu explicación y tus instrucciones en voz alta, sin leer tus apuntes.

Paso 3: Practica tus instrucciones con tu compañero/a. Tu compañero/a te dará sugerencias sobre tu trabajo.

Paso 4: Finalmente, graba tu video con tu compañero/a, turnándose para incluir las tareas de los **Pasos 1–3** en cada uno de sus videos.

Paso 5: Sube tu video al foro de la clase para compartirlo con tus otros compañeros.

Suggestion for 9.37: Students should be instructed to complete this activity outside of class time and upload their final videos to your learning management system for viewing. You may wish to create a rubric and assign grades to their final work, or assign students to watch and comment on two or three of their classmates' videos.

9.38 Mi cuaderno electrónico. Ahora te toca organizar otra página en tu cuaderno electrónico para anotar la información interesante que encuentras sobre Bolivia, Ecuador y Perú. Abre tu cuaderno y sigue las siguientes instrucciones. Answers will vary.

Paso 1: Utilizando tu libro de texto, los videos de Daniel e Internet, escribe la siguiente información:

1. Estadísticas interesantes de los tres países: Perú, Ecuador y Bolivia
2. Información básica sobre los tres países
3. Mapa de cada país
4. Un lugar que quieres ver y por qué
5. Información sobre los lugares que quieres visitar
6. Fotos de cada país
7. Enlaces interesantes sobre los tres países
8. Observaciones culturales

Paso 2: Comparte tu información con un/a compañero/a o con la clase.

Technology tip for 9.38: Have your students use the tool of their choice to compile their electronic notebook. This is a great way to keep students organized as they create a portfolio of photos and material regarding the countries presented throughout the book.

REPASOS

Repaso de objetivos

Check off the objectives you have accomplished.

Teaching tip for Repaso de objetivos: Although this self-assessment is designed for the students to evaluate their progress, teachers might poll students informally as a group to gauge how students are feeling about the material. This could be done orally with eyes closed and hands raised or by simply asking students to leave a slip with their answers at the end of class.

I am able to...

	Well	Somewhat
• report my past activities.	☐	☐
• talk about the past activities of others.	☐	☐
• tell how long ago certain activities occurred.	☐	☐
• describe complex weather conditions and phenomenon that occur in my area and in the Spanish-speaking world.	☐	☐

	Well	Somewhat
• describe the geographical wonders of Bolivia, Ecuador and Peru.	☐	☐
• list the recommended clothing and equipment for travel to these three countries.	☐	☐
• comment on the importance of indigenous cultures in Bolivia, Ecuador and Peru.	☐	☐
• summarize travel advice to Andean regions.	☐	☐

Repaso de vocabulario

> **WileyPLUS**
> Go to WileyPLUS to review these vocabulary words and practice their pronunciation.

Recomendaciones: Qué llevar *Recommendations: What to wear?*

el abrigo empacable   *packable coat*
el algodón   *cotton*
la billetera canguro   *money belt*
las botas   *hiking boots*
la gorra   *cap*
el impermeable   *raincoat*
la mochila   *backpack*
los pantalones largos   *long pants*
la prenda   *article of clothing*
el protector solar   *sunscreen*
la ropa (ligera/liviana)   *(light-weight) clothing*
el suéter   *sweater*
el traje de baño   *swimsuit*

Los adverbios de tiempo   *Adverbs of time/time expressions*

anoche   *last night*
anteanoche   *the night before last*
anteayer/antes de ayer   *the day before yesterday*
ayer   *yesterday*
el mes/año pasado   *last month/year*
el sábado (u otro día de la semana) pasado   *last saturday (or other day of week)*
la semana pasada   *last week*
primero   *first*
finalmente   *finally*

Los puntos cardinales   *Cardinal points*

el norte   *north*
el sur   *south*
el este   *east*
el oeste   *west*
el noroeste   *northwest*
el suroeste   *southwest*
el noreste   *northeast*
el sureste   *southeast*

Los accidentes geográficos   *Geographical features*

el bosque   *forest*
el cañón   *canyon*
el cerro   *hill*
la cordillera   *mountain range*
las cuevas   *caves*
el desierto   *desert*
la isla   *island*
el lago   *lake*
la laguna   *lagoon*
los llanos   *plains*
el mar   *sea*
las montañas   *mountains*
el océano   *ocean*
la pradera   *meadow, grossland*
el río   *river*
la selva   *jungle*
la sierra   *mountain*
el valle   *valley*
el volcán   *volcano*

Fenómenos del tiempo y desastres naturales
   Weather and natural disasters

la avalancha de nieve   *avalanche*
el ciclón   *cyclon, tornado*
la erupción volcánica   *volcanic eruption*
el huracán   *hurricane*
el incendio forestal   *forest fire*
la inundación   *flood*
el maremoto   *tsunami*
el terremoto   *earthquake*
la tormenta   *storm*
los relámpagos   *lightning*
los truenos   *thunder*

Repaso de gramática

The preterit: Narrating and reporting events in the past

Preterit verb endings

Subject pronouns	-ar	-er	-ir
yo	-é	-í	-í
tú	-aste	-iste	-iste
él/ella, usted	-ó	-ió	-ió
nosotros/as	-a**mos**	-i**mos**	-i**mos**
vosotros/as	-ast**eis**	-ist**eis**	-ist**eis**
ellos/as, ustedes	-ar**on**	-ier**on**	-ier**on**

Ser and *Ir* in the preterit

Subject pronouns	Verb forms
yo	fui
tú	fuiste
él/ella, usted	fue
nosotros/as	fuimos
vosotros/as	fuisteis
ellos/as, ustedes	fueron

Hacer in the preterit

Subject pronouns	hacer
yo	hice
tú	hiciste
él/ella, usted	hizo
nosotros/as	hicimos
vosotros/as	hicisteis
ellos/ellas, ustedes	hicieron

How long ago did an event occur? *Hace + que + preterit*

Telling how long ago an activity or event occurred:

> **Hace** + length of time + **que** + verb in preterit
> OR
> Verb in preterit + **hace** + length of time (**que** is not needed here)

Asking how long ago an activity or event occurred:

> ¿**Cuánto tiempo hace que** + verb in preterit?
> OR
> Replace "**tiempo**" with a specific amount of time

¿**Cuánto(s) (as)** _____ **hace que** + verb in the preterit?

More with *por* and *para*

More fixed expressions with *por*

por ciento	percent (%)
por hora	per hour
¡Por Dios!	For heaven's sake!

More *por* and *para* contrasts

por + medio de transporte o comunicación	by, means of
para + fecha en el futuro	by a future deadline; a time or date by which a task must be completed

Por or *para* differences

PARA	POR
to, toward a destination	through, along
for, under the authority of; employed by	for, instead of, in place of
for, a beneficiary, receiver	for, in place of

PARA + infinitive	POR + infinitive
intention/purpose of an action	motive, in search of, object of an action

CAPÍTULO 10

La vida social

La Plaza de la Independencia, en Uruguay, es un lugar de encuentro para muchas personas.

Note for Chapter 10:
World Readiness Standards addressed in this chapter include:
Communication: All three modes.
Culture: Examining social norms and the perspectives underlying these cultural practices.
Connections: Connecting with the disciplines of sociology, politics and linguistics.
Comparisons: Comparing and contrasting popular drinks and social events in target cultures and home culture.

Contesta las siguientes preguntas basadas en la foto.

1. ¿Qué hacen las personas en la plaza?
2. ¿Qué haces tú normalmente con tus amigos?
3. ¿Adónde vas en tu tiempo libre?

OBJETIVOS COMUNICATIVOS

By the end of this chapter, you will be able to...

- talk about past activities.
- tell what items you gave or lent to others.

OBJETIVOS CULTURALES

By the end of this chapter, you will be able to...

- determine why the tereré drink is considered a social event in Paraguay.
- discuss activities available in Montevideo, Uruguay which require little cost.
- examine the significance of the Guarani language and people in Paraguay.

ENCUENTROS

Video: Cómo preparar una fiesta

Conozcamos a...

Rodrigo Cardoza Medina (Montevideo, Uruguay)

Sofía Cásares Acuña (Asunción, Paraguay)

EXPLORACIONES

Exploremos el vocabulario

Las etapas de la vida y las relaciones sentimentales/personales

Las fiestas

Las cualidades de una persona

Exploremos la gramática

Verbs with altered stems in the preterit

Verbs with vowel changes in the preterit

Indirect object pronouns

EXPERIENCIAS

El blog de Daniel: Sinfónica de basura: La orquesta de instrumentos reciclados

Te presentamos a... José Mujica

Cultura y sociedad: El guaraní en Paraguay

Manos a la obra: La vida social

Wolfgang Kaehler / LightRocket / Getty Images

ENCUENTROS

Cómo preparar una fiesta

WileyPLUS

Go to WileyPLUS to watch this video.

10.1 Comparación de las culturas.   En el programa *Experiencias*, Daniel y Julia conversan sobre las fiestas en Estados Unidos y México. Completa los **Pasos** para comparar y contrastar este aspecto de las dos culturas.

Paso 1:   Mira el video y completa la tabla con la información que Julia explica sobre las fiestas en México.

Categoría	EE. UU.	México
Invitaciones	Facebook, de amigo/a	Facebook, de amigo/a
Lugar	Casa o apartamento de un amigo/a	Casa de un amigo/a
Horario	Después de las 8	Después de las 9
Comida	Chips y bebidas	Chips y bebidas
Vestimenta	Un poco arreglado	Libre
Baile y música	Hip-hop, música bailable	Electrónica, reguetón

 Paso 2:   Con tu compañero/a, compara la información que escribiste en la tabla. ¿Hay algo más que puedas añadir a la lista sobre EE. UU.? ¿Coincide la tabla con las fiestas que conoces?   Answers will vary.

10.2 ¿Cómo celebraste?   Piensa en la última fiesta que tuviste en tu casa o la última a la que fuiste. Puede ser una fiesta para celebrar una boda, el cumpleaños de un familiar u otro día especial. Contesta las siguientes preguntas y describe la fiesta a tu compañero/a.

Answers will vary.

1. ¿Cuándo fue la fiesta?
2. ¿Dónde fue?
3. ¿A qué hora empezó?
4. ¿Cuándo llegaste?

5. ¿Quién te invitó?
6. ¿Qué ropa llevaste?
7. ¿Qué comiste?

WileyPLUS

Go to WileyPLUS to watch this video.

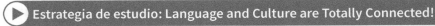

▶ **Estrategia de estudio: Language and Culture are Totally Connected!**

Have you wondered why you are learning about culture? Learning a language is more than simply memorizing vocabulary, grammar and putting it all together. Language is communicating with others while practicing acceptable social and cultural norms. Learning about other cultures includes examining many practices and products that are different from your own. These differences do not imply better or worse, but simply different ways of looking at reality; different perspectives. Try to observe, be flexible and open to new ways of thinking and being. Learning about other cultures also gives us a chance to examine and reflect upon our own cultural values. Increasing your culture understanding is an advantage of learning another language.

Rodrigo Cardoza Medina (Montevideo, Uruguay)

Rodrigo es de Montevideo.

Antes de escuchar

👥 **10.3 El autorretrato de Rodrigo Cardoza Medina.** Antes de escuchar, trabaja con un/a compañero/a y ambos respondan espontáneamente a las siguientes preguntas: Answers will vary.

1. ¿Qué haces en tu tiempo libre?
2. ¿Qué puedes hacer en tu ciudad para divertirte que no requiera mucho dinero?
3. ¿Participas en algunas de esas actividades? ¿En cuáles?
4. ¿Hay algún museo en tu ciudad? ¿Cómo es?
5. ¿Qué deportes son populares en tu ciudad?

Mientras escuchas

🎧 **10.4 Las actividades gratis en Montevideo.** **WP** Decide qué lugares y actividades menciona Rodrigo donde uno no tiene que gastar mucho dinero.

1. bailar en un club
2. (●) jugar al golf los lunes
3. (●) tomar mate en el parque con amigos
4. (●) ir a un concierto de la sinfónica
5. (●) caminar por el parque
6. (●) ir a un museo, teatro o galería de arte
7. (●) tomar el sol y nadar en la playa
8. tomar el teleférico

Después de escuchar

10.5 A escribir. Un estudiante uruguayo viene a tu universidad a estudiar inglés. Sigue los siguientes **Pasos** para darle una buena impresión de tu ciudad. Answers will vary.

Paso 1: Escribe un mensaje a este estudiante uruguayo y dile las oportunidades para divertirse que hay en tu ciudad. Luego, compara y contrasta Montevideo con tu ciudad.

👥 **Paso 2:** Lee tu mensaje a un/a compañero/a y comparte tus comparaciones y contrastes con él/ella. Después, decide si tu mensaje debe aparecer en la página web de la universidad.

Conozcamos a...

Follow-up for 10.3: Review students' responses regarding their hometowns.

Audioscript for 10.4: Mi nombre es Rodrigo Cardoza Medina y, tengo 20 años. Vivo con mi familia en Montevideo, Uruguay. Me encanta mi ciudad, porque hay muchos espacios públicos, celebraciones y oportunidades para interactuar con los amigos. Siempre hay algo que hacer y uno puede divertirse sin tener que gastar mucho dinero. Todos los años celebramos el Día del Patrimonio, un día feriado en Montevideo. Todos los edificios gubernamentales, museos, instituciones educativas, iglesias, edificios y hasta casas particulares que tengan interés histórico o arquitectónico están abiertos gratuitamente al público. Esto significa que puedes ir a los museos, teatros y galerías de arte sin tener que pagar ni un centavo. La última vez que celebramos este día, subí al faro, fui al teatro y viajé en tren por toda la costa, y no pagué nada. La mayoría de las playas de Uruguay están abiertas al público, así que durante el verano, la gente nada y toma el sol en ellas. El verano en Uruguay va de diciembre a febrero. Mi playa favorita es la playa Ramírez. Al oeste de la playa hay una pista de patinaje gratis. Al este, hay clubes de pesca. Enfrente, está el parque Rodó con árboles, fuentes, avenidas y un estanque. Al lado

de la costa está la Rambla, por donde la gente camina, corre, anda en bicicleta o en patín. Hay bancos para sentarse a descansar frente al mar y ver pasar a la gente. Es muy común ir a la Rambla, a una plaza o a un parque, para conversar y tomar mate con tus amigos. El mate es una infusión hecha con hojas de yerba mate, que se asocia con la amistad, así que generalmente se toma con amigos. Al sur de la playa Ramírez hay un campo de golf. Se puede ir a jugar gratis todos los lunes. Hace un mes fui a un concierto de la sinfónica nacional. Fue un concierto gratis, enfrente del ayuntamiento. Me encanta la música clásica. Como puedes ver, si me visitas en Montevideo, ¡no tienes que tener mucho dinero para divertirte!

PeopleImages / Getty Images

Rodrigo es de Uruguay. ¿Qué sabes de este país sudamericano?

[Mapa de Uruguay con las ciudades: Artigas, Rivera, Salto, Tacuarembó, Paysandú, Melo, Fray Bentos, Mercedes, Dolores, Trinidad, Colonia, San José, Treinta y tres, Rocha, Maldonado, Montevideo. Países vecinos: Argentina, Brasil. Ríos: Río Uruguay, Río Negro. Lagos: Lago del Río Negro, Laguna Merín. Cuchilla Grande. Río de la Plata, Océano Atlántico.]

Uruguay: País de gran estabilidad

La gente uruguaya comparte una profunda herencia lingüística y cultural hispana, a pesar de que el 25 % de su población es de origen italiano. Uruguay se distingue por su nivel alto de alfabetización y por tener una clase media grande y urbana. La metrópolis de Montevideo es la única ciudad grande con casi un millón y medio de habitantes. Los españoles fundaron esta ciudad a principios del siglo XVIII como una fortaleza militar. Su puerto natural pronto se convirtió en un centro comercial que competía con Buenos Aires, la capital de Argentina. La economía de esta nación depende de su agricultura, a tal grado que los productos agrícolas representan más de la mitad de sus productos de exportación. Sus sectores económicos principales incluyen el procesamiento de carne, el cuero, los textiles y los productos químicos. La problemática social más preocupante en la actualidad es el desempleo, la delincuencia y los cambios demográficos.

La capital de Uruguay, Montevideo, es un puerto natural situado a orillas del Río de la Plata con acceso a los ríos interiores: Uruguay, Paraná y Paraguay.

El Parque Santa Teresa es un parque espectacular, limpio y muy bien cuidado. Tiene más de dos millones de árboles, más de 330 especies de rosas y más de 60 kilómetros (37 millas) de senderos.

Uruguay posee muchas costas y playas. Algunas tienen arena blanca y fina, y otras están rodeadas de pinos y eucaliptos.

Estadísticas interesantes de Uruguay

La bandera de Uruguay

Cien pesos uruguayos

Capital: Montevideo

Tipo de gobierno: república constitucional

Tamaño: un poco más pequeño que el estado de Washington

Población: 3 369 299

Lenguas: español, portuñol (una mezcla de portugués y español que se habla en la frontera con Brasil)

Moneda: peso uruguayo (UYU)

Nivel de alfabetización: 98 %

Promedio de vida: 77 años

Expresiones y palabras típicas:

¡Ta!	*Bien. De acuerdo. ¿Ta? ¡Ta!*
¡Dale!	*Por supuesto, de acuerdo.*
¡De más!	*fabuloso*
Yorugua	*uruguayo*
botija	*niño*
A todo trapo	*rápidamente*
Barajarla más despacio	*Explicarlo con más detalles*

Cultura viva

Fanáticos del fútbol en Uruguay

En Uruguay, el fútbol es un fenómeno social y cultural. El entusiasmo que los uruguayos tienen por este deporte es único en el planeta y famoso en el mundo entero. Es un deporte tan popular que forma parte de la identidad colectiva de sus ciudadanos. Este país, con una población de aproximadamente 3,5 millones de habitantes, ha sido reconocido en todo el continente y el mundo, por sus logros a nivel de clubes y de su

Leandro Cabrera y Paulo Henrique Ganso juegan al fútbol.

selección. Uruguay es uno de los países con el mayor número de equipos de fútbol en todo su territorio. También es un país exportador de futbolistas, ya que estos juegan en todas las ligas del mundo.

10.6 Investigación en Internet. Uruguay tiene numerosos lugares de interés. Usa Internet para seleccionar uno y escribe una breve descripción que incluya: Answers will vary.

- el nombre del lugar turístico
- dónde está el lugar en Uruguay
- una descripción del lugar
- por qué te interesa

Suggestion for 10.6: Tell students to post their findings on your learning management system discussion board and to write three comments regarding a classmate's posting. Alternatively, they can create a word document or electronic poster to present briefly in class.

EXPLORACIONES

Las etapas de la vida y las relaciones sentimentales/personales

Las etapas de la vida

Suggestion for Exploramos el vocabulario 1: Instructors can provide input for this vocabulary section by showing photos of people they know. The instructor should then present each person, describing some basic information about the person and explaining the marital status, and relationship to others, i.e. is married to another or divorced and remarried, etc.

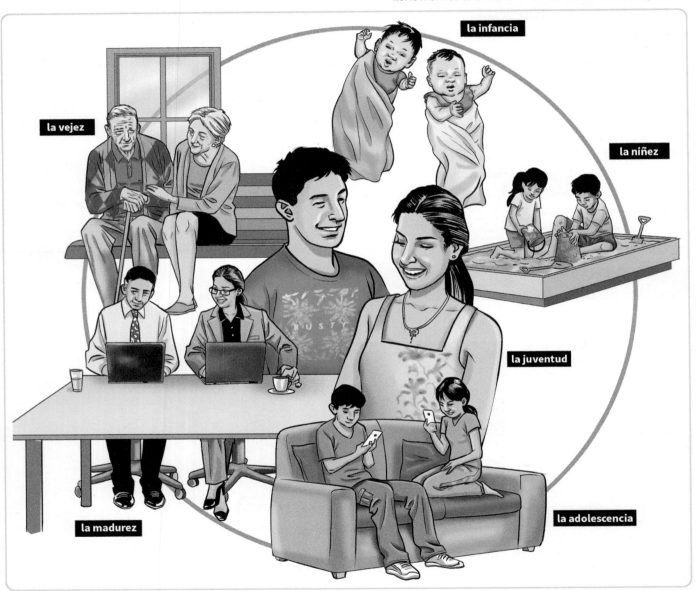

la infancia

la vejez

la niñez

la juventud

la madurez

la adolescencia

WileyPLUS

Go to WileyPLUS Resources to access an interactive version of these illustrations to review these vocabulary words and practice their pronunciation.

Las relaciones sentimentales/personales

la amistad, conocerse

A.

la cita, salir con

B.

el amor, el/la amigo/a íntimo/a, enamorarse de

C.

el noviazgo, la pareja, el novio, la novia

D.

comprometerse con

E.

la boda, casarse con

F.

la luna de miel

G.

el matrimonio feliz, llevarse bien con

H.

la separación, el divorcio, romper con, llevarse mal con, separarse de, divorciarse de

I.

El estado civil	*Marital status*
casado/a	*married*
comprometido/a	*engaged*
divorciado/a	*divorced*
separado/a	*separated*
soltero/a	*single*
viudo/a	*widowed*

Suggestion for 10.7: For hybrid or flipped classes, you may want to assign students to listen to the audio and complete **Paso 1** prior to the class session.

Audioscript for 10.7: 1. Esta es una foto del compromiso de mis padres. Ellos se casaron hace 25 años y todavía están enamorados.
2. Mi abuela es viuda. Mi abuelo se murió hace 15 años. Mi abuela vive con nosotros porque tiene 84 años. Ella es la madre de mi mamá.
3. Cecilia y yo somos amigos íntimos. Conversamos todos los días y siempre nos llevamos muy bien.
4. Antonio es mi sobrino, el hijo de mi hermano mayor. Tiene ocho años y le gusta andar en bicicleta en el parque con mi hermano.
5. Sofía es la nueva bebé de mi hermano mayor. A veces llora. Solo tiene unos meses. Le gusta dormir mucho.

Possible answers for 10.8:
La infancia dura desde el nacimiento hasta los 24 meses.
La niñez dura desde los 2 años hasta los 10 años.
La adolescencia dura desde los 11 años hasta los 17 años.
La juventud dura desde los 18 años hasta los 24 años.
La madurez dura desde los 25 años hasta los 75 años.
La vejez dura desde los 75 años hasta la muerte.

Suggestion for 10.9: Suggest adjectives that could be used or let students come up with their own ideas.

10.7 Las etapas de la vida. **Recycle** Rodrigo describe a su familia y amigos. Escucha y completa los **Pasos**. Activity 10.7 recycles family vocabulary from Chapter 5.

Paso 1: **WP** Escribe el nombre de la etapa que corresponde a cada descripción.

1. ___la madurez___
2. ___la vejez___
3. ___la juventud___
4. ___la niñez___
5. ___la infancia___

Paso 2: Con tu compañero/a, contesta las siguientes preguntas sobre las etapas de la vida. Answers will vary.

1. ¿Cuál es la fecha de tu nacimiento? ¿Dónde naciste?
2. En tu opinión, ¿cuál es la mejor etapa de la vida? ¿Por qué?
3. ¿En qué etapa estás ahora? ¿Cómo lo sabes?
4. Piensa en diferentes personas que conozcas de cada una de las etapas de la vida. ¿Puedes describir las personalidades de estas personas?
5. ¿Hay alguien en tu familia que sea viudo/a? ¿Quién es?
6. Durante la juventud, ¿cuáles son las actividades más populares?

10.8 ¿Cuánto tiempo dura la etapa? Anota la duración (semanas, meses, años) de las siguientes etapas de la vida. Comparte tus ideas con tu compañero/a y trata de llegar a un acuerdo con él/ella.

La infancia dura desde _____ hasta _____.

La niñez dura desde _____ hasta _____.

La adolescencia dura _____.

La juventud _____.

La madurez _____.

La vejez _____.

10.9 Características de las edades. ¿Qué características asocias con las diferentes etapas de la vida? Completa la siguiente tabla y comparte tus ideas con la clase. Answers will vary.

La infancia	La niñez	La adolescencia	La juventud	La madurez	La vejez

10.10 La clase de Sociología. Tomas un curso de Sociología este semestre y tienes que justificar tus opiniones para un proyecto. Habla con un/a compañero/a para preparar un debate sobre estos temas. Answers will vary.

1. ¿Cuál es la edad ideal para casarse?
2. ¿Cuál es la mejor edad para tener una cita por primera vez?
3. ¿Es una buena idea tener amistades con hombres y mujeres?
4. ¿Es necesario comprar un anillo muy caro para comprometerse con tu novia/novio?
5. ¿Cuál es la mejor edad para tener el primer hijo?
6. ¿Estás a favor del divorcio? ¿Piensas que es bueno para los hijos?
7. ¿Cuál es el mejor momento para separarse o divorciarse?
8. ¿Piensas que es bueno conocer a tu pareja por Internet? ¿Por qué sí/no?

10.11 El español cerca de ti. En Estados Unidos hay muchas residencias para ancianos. Contesta las preguntas siguientes sobre el tema. Answers will vary.

1. ¿Cuántas residencias para ancianos hay en tu ciudad? ¿Y en tu estado?
2. ¿Cuál es la actitud de la sociedad hacia los ancianos en la comunidad en donde vives?
3. ¿Cómo se les trata en la sociedad?
4. ¿Existen residencias para ancianos en Uruguay? ¿Y en Paraguay?
5. Compara el número de estas residencias en tu estado con el de Uruguay y Paraguay.
6. Si hay alguna diferencia, ¿por qué crees que existe esta diferencia?

Suggestion for 10.11: Suggest that students use the internet to find the data needed for this activity. For flipped or hybrid courses, students can prepare this activity outside of class. During the next class session, they can present their findings to the class.

Verbs with altered stems in the preterit

Review the chart of preterit endings. Do you recall that this past tense is formed by adding a set of endings to the verb stem for **–ar** verbs and another set of endings to **-er /-ir** verbs which share identical endings? A third set of endings is used for verbs that have an altered stem in the preterit.

Subject pronouns	-ar	-er/-ir	for altered stems
yo	-é	-í	-e
tú	-aste	-iste	-iste
él/ella, usted	-ó	-ió	-o
nosotros/as	-amos	-imos	-imos
vosotros/as	-asteis	-isteis	-isteis
ellos/as, ustedes	-aron	-ieron	-ieron / -eron

Remember, the stress falls on the ending, not the stem, of all "regular" preterit forms.

These verb stems are different from what is expected. Their stems change or alter before adding the special set of verb endings. Refer to column "for altered stems" in the chart for this set of endings. These verbs may be **-ar, -er,** or **–ir** verbs. The same set of endings is used for all altered stems.

Exploremos la gramática 1

WileyPLUS

Go to WileyPLUS to review this grammar point with the help of the Animated Grammar Tutorial and the Verb Conjugator.

Note for Exploremos la gramática 1: Altered stems are usually referred to in most textbooks as "irregular verbs in the preterit."

It may be helpful to think of categories of altered stems as follows:

_____r (infinitive)	I group querer (qui̱s-)	U group estar (estu̱v-)	J group traer (traj-)
yo	quise	estuve	traje
tú	quisiste	estuviste	trajiste
él/ella, usted	quiso	estuvo	trajo
nosotros/as	quisimos	estuvimos	trajimos
vosotros/as	quisisteis	estuvisteis	trajisteis
ellos/as, ustedes	quisieron	estuvieron	trajeron

Some more verbs with altered stems in each group:

I group:	hacer*	hic-
	venir	vin-
U group:	poder	pud-
	poner	pus-
	saber	sup-
	tener	tuv-
J group:	decir	dij-
	traducir	traduj-

Ser/Ir, dar and ver in the preterit

Subject pronouns	ser/ir	dar	ver
yo	fui	di	vi
tú	fuiste	diste	viste
él/ella, usted	fue	dio	vio
nosotros/as	fuimos	dimos	vimos
vosotros/as	fuisteis	disteis	visteis
ellos/as ustedes	fueron	dieron	vieron

Suggestion for ¿Qué observas? box: After students have been given some time to consider the questions in the **¿Qué observas?** box point out the definite patterns that exist with each verb: **ser/ir** have the stem fu-; **dar** has the stem d and has –er/-ir endings without accents marks instead of the expected –ar endings; **ver** has the stem v and the expected-er/-ir endings but no accents marks.

Note for ¿Qué observas?: Review these questions with the students to provide scaffolding and a co-construction phase of the grammar lesson.

¿Qué observas?

Look at the forms of **ser**, **ir**, **dar** and **ver**.

1. Why do you think they are sometimes called irregular?
2. Do you see patterns that might qualify them as regular?

Observe the following examples and focus on the forms.

— ¿Qué **hiciste** durante tu visita a Montevideo?

— **Fui** con mi familia al Mercado del Puerto de Montevideo. Es un antiguo mercado con más de 130 años de historia.

— ¿**Fuiste** a un partido de fútbol?

— No, no **tuve** tiempo porque mi familia y yo **fuimos** al Museo del fútbol y aprendimos mucho sobre el deporte favorito de los uruguayos.

— ¿**Supieron** Uds. contestar todas las preguntas del guía?

— Sí, **supimos** contestar a muchas, aunque el guía que **vino** con nosotros nos explicó todo. **Fue** una experiencia muy interesante.

....

*The stem for **él, ella, usted** becomes **hiz-** for pronunciation purposes.

Estrategia de estudio: Using Verbs in the Preterit

In order to be able to use the preterit irregular verbs in conversation, I had to memorize the stems and remember them next to the infinitives. Then, when I wanted to use these verbs to talk I was able to remember the stem much faster so I could begin speaking. Memorization often helps to make the grammar more automatically remembered so you can say what you want to say with less frustration. Try making flashcards with the infinitive on one side and the altered stem on the other. Memorize the set of endings that go with this group of verbs.

10.12 El bautizo. **WP** La familia de la abuela se reúne en la casa del tío Arturo y la tía Eugenia para celebrar el bautizo de su nuevo nieto, hijo de su hija Beatriz y su esposo Ronaldo. Mira el dibujo mientras escuchas e indica quién es la persona que se describe. Escribe el nombre de la persona.

1. Eugenia
2. Tomás
3. Isabel
4. Anita
5. Susana
6. Rosita
7. Arturo
8. el bebé
9. Mauricio e Inés

Audioscript for 10.12:
1. ¿Quién trajo un regalo a la fiesta?
2. ¿Quién no pudo ir a fiesta?
3. ¿Quién estuvo hablando por teléfono?
4. ¿Cómo se llama la persona que hizo mucho ruido?
5. ¿Quién quiso mirar al bebé?
6. ¿Quién puso un regalo en la mesa?
7. ¿Quién vino con Eugenia?
8. ¿Quién no pudo hablar?
9. ¿Quiénes dijeron "¡Felicidades!"?

Suggestion for 10.12: For hybrid or flipped classes, you may want to assign students to listen to the audio and complete this activity prior to the class session.

👥 **10.13 El acto de compromiso.** Con un/a compañero/a describe lo que pasó el día del compromiso entre Roberto y Rosalía. Añade más información que sea apropiada según los dibujos. Answers will vary.

proponer matrimonio

A.

ver un anillo muy hermoso

B.

comprar el anillo especial

C.

traer el anillo

D.

tener que pedirles permiso

E.

ponerle el anillo

F.

decirle...

G.

10.14 ¿Qué pasó? Dana y su hermana Stephanie son de Virginia, Estados Unidos, pero estudian en Montevideo y tienen unos nuevos amigos uruguayos. Completa los siguientes **Pasos** para aprender más.

Paso 1: Con tu compañero/a lee la situación, anota y selecciona todos los verbos en presente.

Voy a estudiar en Montevideo, Uruguay, y tengo la oportunidad de visitar a Andrea, una nueva amiga uruguaya y a su familia. Llego a su casa para saber más de su país y de su cultura. Mi hermana Stephanie viene conmigo. Llegamos a las ocho de la noche. Conocemos a los padres y a los hermanos de Andrea y nos saludamos. Entonces, Andrea va a la cocina y trae un plato de empanadas recién preparadas para nosotras. Su hermana Angelina nos ofrece una taza de mate bien caliente. ¡Qué rico! Nos sentamos en el sofá y hablamos un rato y entonces, vemos un programa en la televisión sobre el expresidente de Uruguay, José Mujica. Con esto, aprendemos cosas interesantes de su vida y sabemos que muchos lo llaman el presidente más pobre del mundo. ¡Qué interesante! Después de media hora, el programa termina y no podemos ver el próximo, porque Stephanie y yo tenemos otra obligación en el centro. Les decimos "Muchas gracias por su hospitalidad" a Andrea y a su familia, y le damos un abrazo a Andrea.

Paso 2: Escribe de nuevo el cuento en tiempo pasado, en pretérito.

Paso 3: Túrnate con tu compañero/a para leer nuevamente el cuento y contar lo que pasó con Dana y Stephanie. Answers will vary.

Paso 4: Ahora, escribe la escena final para terminar el cuento. ¿Qué más hicieron Dana y Stephanie o qué más les pasó? Answers will vary.

Answers for 10.14, Paso 2: fui, tuve, Llegué, vino, Llegamos, Conocimos, saludamos, fue, trajo, ofreció, sentamos, hablamos, vimos, aprendimos, supimos, llamaron, terminó, pudimos, tuvimos, dijimos, dimos

Suggestion for 10.14, Paso 4: Students can post their story conclusions on your learning management system discussion board.

Verbs with vowel changes in the preterit

Exploremos la gramática 2

WileyPLUS
Go to WileyPLUS to review this grammar point with the help of the Animated Grammar Tutorial and the Verb Conjugator.

It is important to remember the different patterns involved in of the following **-ir** verbs.

Subject pronouns	e→i (first stem vowel changes)	o→u	e→i (second stem vowel changes)
	mentir (*to lie*)	**dormir** (*to sleep*)	**conseguir** (*to obtain*)
yo	mentí	dormí	conseguí
tú	mentiste	dormiste	conseguiste
él/ella/usted	mintió	durmió	consiguió
nosotros/as	mentimos	dormimos	conseguimos
vosotros/as	mentisteis	dormisteis	conseguisteis
ellos/ellas/ustedes	mintieron	durmieron	consiguieron

¿Qué observas?

1. What do you notice about all the infinitives that appear in the chart? Answers will vary.
2. In which person (1st, 2nd, or 3rd persons) does the stem vowel change?
   In 3rd person both singular and plural.

Some other verbs with e→i stem vowel changes

Infinitive	él/ella/Ud	ellos/ellas/Uds
p**e**dir (*to ask for*)	pidió	pidieron
re**í**rse (*to laugh*)	se rió	se rieron
s**e**ntir (*to feel*)	sintió	sintieron
s**e**rvir (*to serve*)	sirvió	sirvieron
v**e**stirse (*to get dressed*)	se vistió	se vistieron

Another verb with o→u

Infinitive	él/ella/Ud	ellos/ellas/Uds
morir (*to die*)	murió	murieron

Some other verbs with e→i stem vowel changes in the second syllable

Infinitive	él/ella/Ud	ellos/ellas/Uds
divertirse (*to have fun*)	se divirtió	se divirtieron
preferir (*to prefer*)	prefirió	prefirieron
sugerir (*to suggest*)	sugirió	sugirieron

Verb stems with spelling changes in the preterit

Some consonants have a change in sound in the preterit depending upon the vowel that follows. The following table shows these changes. These spelling changes are important because they maintain the sound of the original consonant in the infinitive.

	Sounds like English	Spanish example
g before e, i	"h" - hello	*general*
g before a, o, u	"g" - game	*gato*
c before e, i	"s" sound - seven ["th" sound in Spain]	*cinco*
c before a, o, u	"k" sound - kind	*casa*
z before e, i	"s" sound exists in some borrowed words (zípper, zeppelin, zen) ["th" sound in Spain]	*zigzag*
z before a, o, u	"s" sound - seven ["th" sound in Spain]	*zapatos*

- verbs ending in **–car**: change the **c** to **qu** before **e** to maintain the original **c** sound in the infinitive.

  indicar - (yo) indi**qué**

- verbs ending in **-gar**: add **u** before **e** to maintain the original **g** sound of the infinitive.

  llegar - (yo) lle**gué**

- verbs ending in **-zar**: change the **z** to **c** to maintain the original **z** sound in the infinitive.

  cruzar - (yo) cru**cé**

If the infinitive ends in **-car, -gar**, or -**zar**, a change in spelling takes place in the '**yo**' form of the verb in the preterit to maintain the original consonant sound.

Examples of verbs with a spelling change in the preterit:

Infinitive	jugar	buscar	empezar
yo	jugué	busqué	empecé
tú	jugaste	buscaste	empezaste
él/ella, usted	jugó	buscó	empezó
nosotros/as	jugamos	buscamos	empezamos
vosotros/as	jugasteis	buscasteis	empezasteis
ellos/as, ustedes	jugaron	buscaron	empezaron

Another spelling change occurs when the stem of **-er** or **-ir** verbs ends in a vowel in the forms for **él/ella/usted** and **ellos/ellas/ustedes**. The ending **–ió** becomes **–yó**.

leer (*to read*):	le**y**ó	le**y**eron
caer (*to fall*):	ca**y**ó	ca**y**eron
oír (*to listen*):	o**y**ó	o**y**eron

Estrategia de estudio: Dealing with Spelling Changes

The verb spelling changes in the preterit are very important in your writing. In order to get a handle on them, at the end of your day, try writing down in complete sentences what you did and/or accomplished during your day. See if you can include some of the spelling change verbs in your list. At first, you will probably need your textbook nearby to help you. Eventually, you should try to do this activity without looking at verb charts. Challenge yourself to remember!

10.15 Actividades en Montevideo. **WP** Tu amiga te llama por teléfono para contarte sobre el viaje que hizo a Uruguay, pero hay interferencia telefónica y no puedes oír todo lo que dice. Escucha lo que dice e intenta determinar la parte que no puedes oír.

1. **a.** no hicieron nada.
   b. se divirtieron mucho con poco dinero.
   c. fueron al océano Atlántico.

2. **a.** no pagué nada por las entradas a los museos en Montevideo.
   b. las filas de entrada fueron muy largas.
   c. jugué al fútbol en el estadio Centenario con la liga nacional.

3. **a.** me invitaron a tomar mate en un café.
   b. compré ropa nueva de Estados Unidos.
   c. pesqué con amigos en el océano.

4. **a.** visité la ciudad de Buenos Aires.
   b. busqué un buen restaurante para comer pescado.
   c. volví a Estados Unidos.

5. **a.** no me mintieron.
   b. no murieron de hambre.
   c. no pidieron la dirección.

6. **a.** el menú y nos sirvió empanadas.
   b. agua caliente y nos dijo adiós.
   c. entradas para los edificios públicos.

7. **a.** empecé a reírme.
   b. me trajo un plato especial.
   c. viajé en tren por toda la costa.

8. **a.** los músicos no hicieron nada.
   b. conseguí las entradas a un buen precio.
   c. me sirvió el plato del día.

Audioscript for 10.15: 1. En Uruguay descubrí que los uruguayos celebran el Día del Patrimonio abriendo al público todos los edificios gubernamentales y museos, y las entradas son gratis. Ese día los uruguayos…
2. Yo me puse contenta porque no tenía mucho dinero pero…
3. Conocí a algunos nuevos amigos cuando llegué a la playa Ramírez donde hay clubes de pesca. Vi muchos peces grandes cuando…
4. Había muchas actividades que hacer en playa Ramírez. Anduve en bicicleta, compré regalos para mi familia y…
5. Mis amigos uruguayos me dieron más información sobre actividades en Montevideo y me di cuenta de que ellos…
6. Al volver a la ciudad de Montevideo mis amigos y yo fuimos a comer a un restaurante famoso. El mesero nos trajo…
7. El mesero era muy amable y…
8. La última noche en Montevideo fui a un concierto de la sinfónica nacional. Lo mejor es que…

Suggestion for 10.15: For hybrid or flipped classes, you may want to assign students to listen to the audio and complete this activity prior to the class session.

Suggestion for 10.16: Encourage students to ask each other questions to prompt their partners for more details concerning the activities they did.

Suggestion for 10.16: For hybrid or flipped classes, you may want to assign students to complete Paso 1 prior to the class session.

10.16 ¿Reciclar la yerba mate? Lee la información sobre la experiencia que tuvo Vicente con la yerba mate y las lecciones que aprendió sobre el reciclaje de esta hierba. Sigue los siguientes **Pasos**.

Paso 1: Selecciona todos los verbos en pretérito.

El año pasado mi hermano Vicente <u>fue</u> a estudiar en la Universidad Católica de Uruguay. <u>Vivió</u> con la familia Vivaldi por un semestre y ellos le <u>presentaron</u> una bebida muy popular y frecuentemente tomada en su familia y en todo el país. Se llama yerba mate. Santiago, el hijo mayor de la familia, le <u>sirvió</u> a Vicente su primera taza de mate y Vicente <u>empezó</u> a tener un gran interés en ella. Por eso, <u>buscó</u> información y <u>leyó</u> muchos artículos para aprender más. Por fin, <u>consiguió</u> unos datos interesantes que <u>publicó</u> La Asociación Civil Centro Uruguayo Independiente (CIU) sobre esta bebida el año pasado.

- Los uruguayos <u>consumieron</u> aproximadamente 24 millones de kilos de yerba.
- Lo <u>tomaron</u> entre el 84 % y el 90 % de los habitantes del país.
- La yerba <u>era</u> (y es) fácil de reciclar por medio de un proceso natural. Se pone la yerba mojada en un recipiente con un poco de tierra y se remueve. En pocos días se usa como abono[1] para las plantas en los jardines.

Vicente <u>indicó</u> en su página de Facebook que <u>se sintió</u> relajado y <u>durmió</u> bien cada noche después de tomar su mate. Cuando <u>volvió</u> a casa, me <u>trajo</u> un mate y una bombilla como recuerdo de Uruguay. Un día, <u>preparé</u> mate para probarlo por primera vez. <u>Tuve</u> curiosidad. Primero, <u>puse</u> la yerba en el mate. Después Vicente me <u>sirvió</u> agua caliente y yo <u>metí</u> la bombilla. Lo <u>dejamos</u> unos minutos y <u>probé</u> el mate con la bombilla. Se lo <u>pasé</u> a Vicente como lo hacen en Uruguay. <u>Compartimos</u> el mate juntos.

👥 **Paso 2:** Piensa en las bebidas que tomas y contesta las siguientes preguntas con tu compañero/a. Answers will vary.

1. ¿Cuál es tu bebida preferida?
2. ¿Cuándo usas una bombilla con tus bebidas?
3. ¿Qué piensas de la costumbre de compartir la misma bombilla con otras personas?
4. ¿Tomas alguna bebida caliente en verano? ¿Cuál es?
5. ¿A dónde vas para tomar tu bebida preferida?

Suggestion for 10.17: Encourage students to ask each other questions to prompt their partners for more details concerning the activities they did.

10.17 ¿Qué hiciste anoche? Tu compañero/a te llama para saber por qué no fuiste a la fiesta anoche. ¿Hiciste algunas de estas actividades en vez de ir a la fiesta? Completa los siguientes **Pasos**. Answers will vary.

Paso 1: Selecciona las actividades de la siguiente lista que sí hiciste anoche.

_____ empezar a estudiar a las diez de la noche

_____ leer una novela

_____ buscar algo que perdí

_____ dormir hasta muy tarde

_____ llegar tarde a mi casa o dormitorio

_____ cruzar una calle peligrosa

_____ jugar a un deporte o un videojuego

_____ pedir información a otro/a estudiante

_____ escuchar música en la biblioteca

_____ caerme cuando bajaba las escaleras

_____ sugerir a alguien un libro para leer

Suggestion for 10.17, Paso 2: Have students report back their partner's answers. Ask follow-up questions to elicit more details.

👥 **Paso 2:** Pregúntale a tu compañero/a si hizo o no las actividades de la lista la noche anterior. Espera su respuesta y anota las actividades que ustedes tienen en común.

---

[1]**abono:** compost, fertilizer

10.18 El primer día de clases en la universidad. El primer día en la universidad siempre es muy importante porque aprendes mucha información sobre los requisitos de las clases.

Answers will vary.

Paso 1: Prepara un párrafo con cinco actividades o eventos que ocurrieron en tu primer día de clases. Incluye la siguiente información:

¿A qué hora empezó tu primer día de clases?

¿Cuándo llegaste a la universidad?

¿A qué hora fue tu primera clase?

¿Qué tuviste que hacer después de la primera clase?

¿Qué supiste sobre el/la profesor/a de tu primera clase?

Paso 2: En grupos de tres estudiantes lee tu párrafo y escucha los de los otros estudiantes. Escribe lo que tienen en común. Haz preguntas a cada compañero/a sobre lo que dijo cada uno/a.

Las fiestas

Exploremos el vocabulario 2

WileyPLUS
Go to WileyPLUS Resources to access an interactive version of this illustration to review these vocabulary words and practice their pronunciation.

Audioscript for 10.19: 1. En el escenario hay globos y se nota que es una fiesta para celebrar la boda de una pareja.
2. Marisol recibe muchos regalos y pronto va a soplar las velas de su pastel de cumpleaños.
3. Las chicas se ríen mucho y lo pasan muy bien en esta fiesta.
4. La anfitriona habla con María y Jaime.
5. Mario toma una bebida alcohólica y fuma un cigarrillo.
6. Esta fiesta tiene lugar en la casa de Marisol.
7. Samuel y Jacobo acaban de llegar a la fiesta.
8. No se sabe quién cumple años.

10.19 ¿Cierto o falso? **WP** Para repasar la información sobre las fiestas, mira el dibujo de la fiesta y decide si las oraciones que escuchas son **ciertas (C)** o **falsas (F)**.

1. ___F___   2. ___F___   3. ___C___   4. ___F___
5. ___F___   6. ___F___   7. ___C___   8. ___C___

Suggestion for 10.19: Have students correct the false statements.

Suggestion for 10.19: For hybrid or flipped classes, you may want to assign students to listen to the audio and complete this activity prior to the class session.

10.20 Una fiesta divertida. Piensa en la última fiesta a la que fuiste y descríbela a tu compañero/a. Puede ser una fiesta familiar o entre amigos. Contesten las preguntas para comparar sus experiencias. Answers will vary.

1. ¿Dónde fue la fiesta?
2. ¿Quién fue la anfitriona/el anfitrión?
3. ¿Qué se sirvió de comer y de beber?
4. ¿Celebraron algo en especial?
5. ¿Qué tipo de música tocaron?
6. ¿Qué hiciste en la fiesta?
7. ¿Te quedaste mucho tiempo?

Suggestion for 10.18: For hybrid or flipped classes, you may want to assign students to complete **Paso 1** prior to the class session.

10.21 La fiesta ideal.   Hay fiestas de todo tipo: unas muy aburridas y otras muy divertidas. En tu opinión, ¿cuáles son los elementos necesarios de una fiesta para pasarlo bien? Por ejemplo: cien invitados, globos u otras decoraciones.   Answers will vary.

Paso 1:   Escribe una lista de por lo menos cinco elementos esenciales para una fiesta magnífica.

1. _____   4. _____

2. _____   5. _____

3. _____

Suggestion for 10.22: For hybrid or flipped classes, you may want to assign students to complete **Paso 1** prior to the class session.

Paso 2:   Comparte tu información con tu compañero/a y combinen las dos listas. Después, hablen con otras dos parejas para descubrir sus ideas.

10.22 El arte de Rubén Galloza.   Este pintor autodidacta nació el 22 de junio de 1926 y falleció el 29 de abril de 2002. Estuvo más de 50 años dedicado al arte. Sus obras están enfocadas principalmente en el tema de la cultura del candombe en Uruguay y la cultura afro-uruguaya, especialmente con relación a la vida cotidiana. Sigue los siguientes **Pasos** para aprender más sobre su arte.   Answers will vary.

Paso 1:   Examina en Internet las obras pintadas por Rubén Galloza y contesta las siguientes preguntas.

1. ¿Qué ves en la pintura?
2. ¿Qué colores usó el pintor?
3. ¿Dónde están los personajes?
4. ¿En qué se parecen las mujeres?

5. ¿Qué tienen en común sus pinturas?
6. ¿Por qué hay un músico en cada pintura? ¿Qué papel tiene?
7. ¿Cuál es el estado civil de los personajes? ¿Qué relación tienen?

Paso 2:   Ahora tu compañero/a escoge una pintura y te toca adivinar qué pintura eligió. Usa las siguientes palabras como ayuda para redactar las preguntas:

¿Quiénes...?   ¿Dónde...?   ¿Qué...?   ¿Cuál...?   ¿Por qué...?

¿Cómo...?   ¿Cuáles...?   ¿Cuándo...?   ¿Cuánto/s?   En tu opinión, ¿...?

Cultura viva

¿Qué es el candombe?

El candombe es un ritmo africano que ha formado parte de la cultura uruguaya por más de 200 años. Este ritmo llegó a Uruguay desde África por medio de los esclavos de raza negra que se acomodaron en la región del Río de la Plata. La población africana era multiétnica y culturalmente variada. El candombe es un término genérico para todos los bailes africanos: sinónimo pues, de danza negra, evocación del ritual de la raza. Es un ritmo que todavía tiene una presencia importante en el país: palpita en las calles, en los corredores y en los carnavales. El ritmo del candombe se crea al combinar tres tambores, llamados piano, chico y repique. Juntos, estos tres tambores se llaman "*La cuerda de tambores*". El sonido producido es algo único, que probablemente nunca hayas escuchado antes.

Daniel Ferreira-Leites / Alamy Stock Photo

Las cualidades de una persona

Las cualidades de una persona	Qualities of a person
confiable	reliable
considerado/a	
cumplido/a	responsible
divertido/a	
honesto/a	
leal	loyal
puntual	
respetuoso/a	
seguro/a de sí mismo/a	confident, sure of oneself
sensible	
tener un buen sentido del humor	to have a good sense of humor

Exploremos el vocabulario 3

WileyPLUS
Go to WileyPLUS to review these vocabulary words and practice their pronunciation.

10.23 Las cualidades de un buen amigo. **Recycle** ¿En qué consiste un/a buen/a amigo/a? Answers will vary. Activity 10.23 recycles present tense from Chapters 3 and 4; personality and physical description from Chapter 2.

Paso 1: Marca las cualidades que más te importan en la lista de vocabulario de **Exploremos el vocabulario 3**. Después, analiza tu lista y compárala con la de un/a compañero/a de clase.

Paso 2: ¿Cuáles son las tres cualidades más importantes de un/a buen/a amigo/a? Intenta explicarle a tu compañero/a por qué piensas que esas cualidades son importantes para ti.

10.24 Mi mejor amigo/a. Descríbele tu mejor amigo/a a tu compañero/a. No te olvides de incluir la siguiente información. Answers will vary.

- su nombre
- su descripción física
- su personalidad
- su edad

- su familia
- las actividades que hacen juntos/as
- cómo se conocieron
- por qué lo/la consideras tu mejor amigo/a

10.25 Los anuncios personales. Lee los siguientes anuncios del periódico de Uruguay y sigue los siguientes **Pasos**. Answers will vary.

Paso 1: Descríbele a tu compañero/a a quién quieres conocer y por qué.

- Me gusta mucho hacer amigos de otros países y, especialmente, que hablen español. Soy una persona divertida y tengo un buen sentido de humor. No me interesa entrar en una relación seria, sino informal y sin compromisos. Espero tu mensaje.

  Nombre: Liliana López   Edad: 22 años

  Lugar: Montevideo   Correo electrónico: llopez@yahoo.com.uy

- Me interesa mucho charlar de problemas del medio ambiente y de cuál es la mejor manera de solucionarlos. Soy una persona confiable y respetuosa. Si tú eres como yo, no dudes en escribirme.

  Nombre: Arnulfo Meza   Edad: 19 años

  Lugar: Salto   Correo electrónico: ameza@hotmail.com.uy

(continuación)

(continuación)

> • Me agradan las personas con buen sentido del humor y una actitud positiva hacia la vida. Soy una persona honesta y leal. Si te interesa comenzar una relación informal conmigo, llámame para conocernos lo antes posible. No esperes más.
>
> Nombre: Patricia Benavides Edad: 26 años
>
> Lugar: Paysandú Correo electrónico: pbenavides@yahoo.com.uy

Paso 2: Ahora utiliza los anuncios anteriores como modelo y escribe tu propio anuncio.

10.26 Un matrimonio en peligro[2]. Muchos matrimonios fracasan[3] por diferentes razones. Sigue las instrucciones para completar los siguientes **Pasos**. Answers will vary.

Paso 1: Haz una lista de las razones que ponen en peligro la estabilidad de una pareja. Después, comparte tu lista con un/a compañero/a.

Paso 2: Investiga las estadísticas de divorcio en Estados Unidos, Uruguay y Paraguay. ¿Cuáles son las razones por las cuales la gente se divorcia en cada país?

<table>
<tr><td>

Conozcamos a...

</td><td>

Sofía Cásares Acuña (Asunción, Paraguay)

</td></tr>
</table>

Antes de escuchar

10.27 Una bebida nacional. En muchos países, hay una bebida especial o nacional. Piensa en tu ciudad, estado, región y país, y escribe una bebida típica para cada lugar.

Answers will vary.

1. Ciudad: _____
2. Estado: _____
3. Región: _____
4. País: _____

Thomas Cockrem / Alamy Stock Photo

Sofía es de Paraguay.

Mientras escuchas

🎧 **10.28 El tereré paraguayo es un evento social.** En Paraguay tienen una bebida nacional de gran importancia social. Escucha a Sofía describir qué es y completa los **Pasos**.

Paso 1: Identifica los materiales necesarios para tomar el tereré en el dibujo, según la descripción de **Sofía.** Un termo, y una guampa o vaso de madera. Y una bombilla para beber.

Suggestion for 10.28: For hybrid or flipped classes, you may want to assign students to listen to the audio and complete **Pasos 1, 2** and **3** prior to the class session.

---

[2]**peligro:** danger [3]**fracasan:** fail

Paso 2: **WP** Para clarificar la información, escucha el audio de nuevo y completa las oraciones.

1. Las palabras que mejor describen el tereré son…
   a. la bebida nacional de Paraguay.
   b. la identidad paraguaya.
   c. parte integral de la sociedad paraguaya.
   d. todas las respuestas.

2. Los ingredientes del tereré incluyen…
   a. el té, el agua y la menta.
   b. el mate, el agua y el hielo.
   c. el café, el mate, y el hielo.
   d. la menta, el agua y el hielo.

3. El tereré se toma en…
   a. la casa.
   b. la oficina y el parque.
   c. la universidad.
   d. todas partes.

4. El sonido de la bombilla significa…
   a. que le toca a la siguiente persona.
   b. que la persona es mal educada.
   c. que no hay más tereré.
   d. que hay demasiado hielo.

5. El rito tradicional de tomar el tereré es…
   a. solo por la noche en el parque.
   b. un rito de los mayores.
   c. un evento social.
   d. muy popular solo entre los jóvenes.

6. A Sofía le gusta el tereré porque…
   a. tiene un efecto medicinal.
   b. le quita el hambre.
   c. tiene muy buen sabor.
   d. es refrescante.

Paso 3: En Internet, busca un video con imágenes del tereré y su preparación. Comparte la información con un/a compañero/a. Answers will vary.

Audioscript for 10.28: Hola, soy Sofía Cásares Acuña, estudiante universitaria de Asunción, Paraguay. Voy a hablarles de la costumbre social más popular en mi país: el tereré. El tereré es una bebida que representa la mejor excusa para reunirse con los amigos. En realidad es un evento social. Esta es la bebida nacional, ya que se toma en todas partes, sin distinción de clase social. Es la costumbre que más identifica a los paraguayos. La preparación es fácil y variada: solo se necesita agua, yerba mate y hielo, aunque a veces se le puede añadir otras hierbas, como la menta, para darle otro sabor. Es una bebida deliciosa y refrescante, especialmente cuando hace mucho calor. Normalmente no contiene azúcar, así que también es buena para hidratarse. Tradicionalmente, el tereré se prepara en una guampa o vaso de madera. Se utiliza una bombilla para tomarlo. El rito famoso es tomar el tereré en una ronda junto con tus amigos, pasándose la guampa entre todos. La palabra tereré es cómica porque es una palabra onomatopéyica, es decir, se refiere al sonido que produces al sorber de la bombilla. Este sonido es casi obligatorio en la ceremonia del tereré, pues así se sabe que le toca beber a la próxima persona en tu grupo. Como la mayoría de los paraguayos, cuando salgo de casa para empezar mi día, siempre llevo mi termo de tereré y la guampa con una bombilla. Hoy día el tereré no tiene un horario de consumo especial, se bebe todo el año, a todas horas. Pero además de ser una tradición paraguaya, y parte integral de la sociedad, es también un evento social.

Sofía es de Paraguay. ¿Qué sabes de este país sudamericano?

Paraguay: País de grandes riquezas

Como Bolivia, Paraguay es un país sin salida al mar. Está limitado por Bolivia al norte y el noroeste, por Brasil al este, y por Argentina al sur y suroeste. El río Paraguay divide esta nación en dos regiones naturales y de contraste: El Gran Chaco o el Paraguay occidental en el oeste y, en el este, Paraguay mismo o el Paraguay oriental. El país tiene un clima subtropical, muchos recursos naturales y una gran variedad de plantas y animales.

Se dice que Paraguay es la nación social, étnica y culturalmente más homogénea de Sudamérica. En la actualidad, la población paraguaya es aproximadamente 95 % mestiza. También está compuesta de descendientes de españoles y guaraníes, así como inmigrantes de origen europeo. Otro aspecto interesante de la población de este país es que tiene un grupo de menonitas, un grupo religioso de habla alemana que salió de su país para evitar las persecuciones políticas.

Aunque gran parte de la población de Paraguay vive cerca de la capital, Asunción, la ciudad más grande del país, más de la mitad de sus habitantes vive en zonas rurales.

Paraguay es un país bilingüe y sus dos lenguas oficiales son el español y el guaraní. Aunque quedan pocos rasgos de la cultura guaraní original, la lengua sobrevive. Es hablada por el 75 % de la población y entendida por el 90 %. El guaraní se preserva en la música y en los poemas folclóricos.

Asunción, capital de Paraguay, está ubicada a las orillas del río Paraguay. Es el puerto principal del país y el mayor centro cultural e industrial.

El Chaco es una gran planicie[5] que ocupa 60,71 % del territorio nacional (246 952 kilómetros cuadrados), con apenas 2 % del total de habitantes del país. La región alberga[6] una gran diversidad biológica, con más de 100 especies de mamíferos y más de 250 especies de pájaros.

La represa[4] de Itaipú es el proyecto hidroeléctrico más grande del mundo. Mide 1350 kilómetros cuadrados o 526 millas cuadradas.

---

[4]**represa:** dam   [5]**planicie:** plain   [6]**alberga:** contains

Estadísticas interesantes de Paraguay

La bandera de Paraguay

PhotoRoman / Shutterstock

Cien mil guaraníes paraguayos

H.S. Photos / Alamy Stock Photo

Capital: Asunción

Tipo de gobierno: república constitucional

Tamaño: un poco más pequeño que el estado de California

Población: 7 025 763

Lenguas oficiales: español, guaraní

Moneda: guaraní (PYG)

Nivel de alfabetización: 94 %

Promedio de vida: 77 años

Expresiones y palabras típicas

¡Amén!	*Sí, de acuerdo*
¡Chaké!	*¡Cuidado!*
¡Neiké!	*Vámonos*
¡Voí!	*Rápido*
chamigo	*Hola, amigo*
tereré	*mate frío*

10.29 Investigación en Internet. Paraguay tiene numerosos lugares de interés. Usa Internet para seleccionar uno y escribe una breve descripción que incluya: Answers will vary.

- el nombre del lugar turístico
- dónde está el lugar en Paraguay
- una descripción del lugar
- por qué te interesa

Suggestion for 10.29: Tell students to post their findings on your learning management system discussion board and to write three comments regarding a classmate's posting. Alternatively, they can create a Word document or electronic poster to present briefly in class.

Indirect object pronouns

Exploremos la gramática 3

WileyPLUS

Go to WileyPLUS to review this grammar point with the help of the Animated Grammar Tutorial.

In Chapter 8 you were introduced to direct object pronouns used to avoid repetition. Here we focus on indirect object pronouns.

<u>Indirect object</u> (I.O.) nouns and pronouns are used to indicate **to whom** or **for whom** an action is done. In other words, they indicate the person or object affected in some way by the verb and the direct object.

Pepe **le** compró un regalo **a su madre.**　　*Pepe bought a gift for his mother.*

In the previous example, "a gift" is what *Pepe* bought and "his mother" is the person for whom he bought the gift.

Note for Exploremos la gramática 3: The direct object pronouns have been included in the chart in the explanation for contrast only. Double object pronouns are not the focus of this grammar point, but instead the focus is solely on indirect object pronouns. Double object pronouns will be practiced in volumen 2 of *Experiencias*: Intermediate level.

Indirect object pronouns		Direct object pronouns	
me	*to/for me*	me	*me*
te	*to/for you*	te	*you*
le	*to/for him, her, you, it*	lo, la	*him, her, it, you*
nos	*to/for us*	nos	*us*
os	*to/ for you*	os	*you*
les	*to/for them you*	los, las	*them, you*

Pepe **me** escribió la carta.	*Pepe wrote **me** the **letter**. / Pepe wrote the letter **to me**.*
Te pedí el número de teléfono de Silvia, la estudiante de Paraguay.	*I asked **you** for the phone number of Silvia, the student from Paraguay.*
La profesora **nos** explicó la tarea.	*The professor explained the homework **to us**.*
Le dije **a Susana** que no tuve tiempo para estudiar anoche.	*I told **her** (Susana) that I didn't have time to study last night.*
Carmen y Olga no **les** dijeron la verdad a sus padres.	*Carmen and Olga didn't tell **them** (their parents) the truth.*

Answers for ¿Qué observas? box: 1. The only pronoun that differs is 3rd person singular and plural "le", "lo/la" and "les", "los/las". 2. Before the verb. 3. It does not change.

¿Qué observas?

1. In the previous chart, how do the two lists of object pronouns, indirect and direct, differ?
2. In the previous example sentences, where is the indirect object pronoun placed with respect to the verb?
3. How does the position of the pronoun change when the sentence is written in the negative?

Indirect object pronouns are commonly used with the following verbs:

comprar	*to buy*	**decir**	*to tell*
entregar	*to deliver*	**explicar**	*to explain*
pedir	*to ask for (something)*	**quitar**	*take away from*
dar	*to give*	**enseñar**	*to teach*
escribir	*to write*	**mandar**	*to send*
preguntar	*to ask (a question)*	**robar**	*to rob*

Unless indicated previously, the indirect object pronouns **le** and **les** are ambiguous.

No **le** hablo.	*I don't speak **to him/her**.*
Le escribo.	*I write **to her/him**.*
Les explico.	*I explain **to them/you** (pl.).*

- Pronoun Ambiguity

  In the previous examples it is unclear to whom the **le** or **les** refers.

  Le = him, her, you (formal) or it.   **Les** = them, you (formal, plural)

  Therefore, the indirect object pronouns **le** and **les** must be clarified in order to know who is being referred to. Clarification is made by adding **a +** the person or receiver.

No **le** hablo **a Roberto**.	**Le** refers to **Roberto**.
*I don't speak (to him) to **Roberto**.*	
Le escribo **a la señora Martínez**.	**Le** refers to **la señora Martínez**.
*I write (to her) to **Señora Martinez**.*	
Les explico **a los estudiantes**.	**Les** refers to **los estudiantes**.
*I explain (to them) to the **students**.*	

Unlike English, the indirect object pronoun may stand alone in the sentence but the clarifier may not.

~~Vendo la bicicleta a Mario.~~	**Le** vendo la bicicleta **a Mario**.

- Pronoun Placement

What is the position of the indirect object pronoun if there are two verbs in the sentence?

Le voy a comprar un suéter a José.	OR	Voy a comprar**le** un suéter **a José**.
Te tengo que decir la verdad.	OR	Tengo que decir**te** la verdad.
Os preferimos llamar por teléfono.	OR	Preferimos llamar**os** por teléfono.

Estrategia de estudio: Indirect Object Pronouns

Something that I had to get used to in Spanish is the use of the indirect object pronoun. In Spanish, it is always used. It was difficult for me at first because it's not like English. This took a while to get used to because it is actually redundant for English speakers. Try to remember to use the indirect object pronoun when you are talking and writing.

10.30 La artesanía paraguaya. Las artesanías de Paraguay son excepcionales. Sigue los **Pasos** para aprender más sobre los distintos productos.

Paso 1: Lee el mensaje que una estudiante le escribió a su profesor de español sobre las descripciones de unos productos de artesanía de Paraguay.

Paso 2: Selecciona los pronombres de objeto indirecto en el mensaje.

Paso 3: Marca la aclaración en cada ejemplo del **Paso 2**, si es parte del texto.

Un ejemplo del encaje elegante paraguayo que se llama ñandutí.

Suggestion for 10.30: For hybrid or flipped classes, you may want to assign students to complete **Pasos 1, 2** and **3** prior to the class session.

Estimado profesor Méndez:

Tengo que decirle que ayer fui a un mercado con un compañero de la universidad y es exactamente como usted nos lo enseñó en clase. Sí, la artesanía de Paraguay es única y diversa. Muestra cómo las nuevas generaciones continúan con las tradiciones de sus antepasados[7]. Tuve la oportunidad de comprarles regalos a mi familia y amigos de Cincinnati. Usted sabe que Paraguay es muy famoso por sus tejidos, especialmente el ñandutí, un encaje[8] delicado. Aprendí que la palabra guaraní *ñandutí* significa telaraña[9]. Así que le compré una blusa adornada con ñandutí a mi mamá y un mantel para dárselo a mi abuelita. A mi papá le compré una cartera de cuero fino y le voy a meter unos guaraníes en vez de dólares. Como era difícil comprarle algo a mi hermana, decidí llevarle una manta[10] para su cama y un bolso para llevar sus libros a la escuela. A mi hermanito, que estoy segura de que al llegar al aeropuerto me va a preguntar qué le traje a él, voy a decirle: "Es algo muy especial para ti. Te muestro el regalo en casa con la familia". Después de ver tantas cosas increíbles de madera, el vendedor me dio un buen precio por una caja para mi abuelito.

(continuación)

---

[7]**antepasados:** ancestors   [8]**encaje:** lace   [9]**telaraña:** spider web   [10]**manta:** blanket

(continuación)

> También, profesor, le compré un regalo para su oficina, pero tiene que esperar. Mi compañero aquí en Paraguay me dijo que debo mirar otras artesanías como sillas, bancos, puertas, figuras, máscaras e instrumentos musicales como arpas, guitarras y violines. Son excepcionales. Y ni hablar de los productos de lana de oveja[11]. ¡Qué hermosos son! Después de las compras, mi amigo y yo nos tomamos un tereré antes de irnos a casa. A fin del mes vuelvo a Estados Unidos y espero hablar con usted sobre mis experiencias en Paraguay.
>
> Saludos cordiales,
> Jennifer Martin

Paso 4: Comparte con un/una compañero/a tu opinión sobre las artesanías que se pueden comprar en este mercado. *Answers will vary.*

Suggestion for 10.31: For hybrid or flipped classes, you may want to assign students to complete this activity prior to the class session.

10.31 Una conversación. **WP** José y Marta, dos estudiantes de Paraguay, van a hacer un viaje a Uruguay para pasar sus vacaciones con los tíos de Marta.

Paso 1: Usa los pronombres de objeto indirecto para completar la conversación.

Punta Rubia, Uruguay, es una playa excelente para la recreación. Se considera un lugar maravilloso para nadar, tomar el sol, pasear y pescar.

JopsStock / Shutterstock

Marta: Vamos a terminar los planes para nuestro viaje.

José: Está bien. ¿__Me__ puedes enseñar los folletos sobre Punta Rubia?

Marta: Aquí los tienes. __Te__ quiero decir que el balneario Punta Rubia es un paraíso ecológico y tiene dos mil metros de playa dorada con buenas olas para surfear.

José: Sí. Y dice aquí en el folleto que la pesca es una de las actividades clásicas de Punta Rubia. ¿__Les__ mandas un correo electrónico a los hoteles para hacer las reservas?

Marta: Pues, ¿no __te__ dije que podemos quedarnos en la casa de mis tíos? Viven en La Pedrera muy cerca de la playa.

José: ¡Magnífico! Así, no tengo que vender__le__ mi colección de videojuegos a Marcos para pagar el vuelo y mis padres no necesitan dar__me__ dinero.

Marta: Y, a tío Carlos le encanta la pesca. Ustedes pueden ir a pescar y yo puedo pasar un rato sola con tía Carolina.

José: ¡Bien! Quiero explicar__le__ los detalles del viaje a mi mamá. ¿Cuándo piensas hacer__nos__ las reservas del vuelo?

Marta: Mañana por la tarde __te__ voy a pedir ayuda con los planes de las excursiones. Y, estoy segura de que mis tíos __nos__ ofrecen ayuda a ti y a mí también.

---

[11]**lana de oveja:** sheep's wool

José: Está bien. Voy a leer estos folletos y despúes ___te___ digo los lugares más interesantes. (a ti).

Marta: Muy bien. Entonces, nos vemos más tarde.

José: Hasta luego.

Marta: Chau, chau.

Paso 2: ¿Qué regalos compraron Marta y José? ¿Para quién? Marta y José vuelven a casa después de sus vacaciones en Punta Rubia. Hablan de los regalos que compraron en Uruguay. Escucha su conversación y decide si cada oración es **Cierta** (**C**) o **Falsa** (**F**).

_____F_____**1.** José le compró un suéter muy lindo a su mamá.

_____F_____**2.** Marta compró unas camisetas en el centro comercial.

_____F_____**3.** Marta les compró unas camisetas a sus hermanos menores.

_____C_____**4.** José le compró un libro a su profesor de Antropología.

_____C_____**5.** José le compró algo a Marta para su cumpleaños.

10.32 ¿A quién le prestas…? Durante el programa de estudios en Uruguay, los otros estudiantes te piden cosas de vez en cuando. Explícale a un/a compañero/a a quién normalmente le prestas las siguientes cosas. Answers will vary.

1. tu móvil
2. tu cepillo de dientes
3. tu coche
4. tu tarjeta de crédito
5. tus apuntes de la clase

6. tu ropa
7. una botella de agua
8. cinco dólares
9. un bolígrafo
10. el protector solar/bloqueador

10.33 Situaciones. Haz el papel de **A** o **B** con tu compañero/a para participar en la conversación. Answers will vary.

A- Unfortunately you cannot find your cell phone. You've looked everywhere to no avail! Your good friend is talking you through what you did yesterday to try to jog your memory as to where you may have lost it. Answer his/her questions as you tell where you went and what you did at various times during the day.

B- Your good friend has looked everywhere, but cannot find his/her cell phone. You know what it is like to lose things and decide to help. You walk your friend through his/her day yesterday, asking about what s/he did and where s/he went at different points and times, hopeful that by talking it through, s/he will remember where s/he left the phone. Ask clarifying questions whenever possible.

10.34 Situaciones. Haz el papel de **A** o **B** con tu compañero/a para participar en la conversación. Answers will vary.

A- You feel like you can't last another day with your current dorm roommate. S/he has caused too many problems to keep rooming with him/her, so you decide to meet with the Director of Housing to make the case for a room switch. List the things that your roommate did to make you want to get out of the room. Make a good case, since it's not typical that the director allows changes during the year.

B- You receive a student for an appointment to discuss roommate issues. Listen as the student explains what the roommate did that warrants making a room change. Ask clarifying questions and make comments whenever possible. Do you think the past actions of the roommate warrant a room change?

Audioscript for 10.31, Paso 2:
Marta: ¿Qué le compraste a tu mamá?
José: A mi mamá le compré una blusa rosada. Y ¿qué le compraste a tu hermana Claudia?
Marta: Pues, a mis dos hermanas, Claudia y Alejandra, les compré unas camisetas aquel día que llovió tanto, cuando tú y yo fuimos al mercado. Y, ¿para nuestro profesor de Antropología? ¿Encontraste algo especial para él?
José: No pude encontrar nada para el salón de clases, y por eso le compré un libro sobre el candombe.
Marta: Oye, José, ¿me vas a regalar algo de lo que compraste durante la excursión con el tío Carlos?
José: Sí, pero es una sorpresa para tu cumpleaños. Tienes que esperar hasta la semana que viene.
Marta: Es verdad. Cumplo años el jueves. Pues, me encantan las sorpresas.
José: Me alegro.

Suggestion for 10.31, Paso 2: Have students correct the false statements.

Technology tip for 10.33 and 10.34: For flipped or hybrid courses, students can prepare this activity outside of class. During the next class session, they can practice and present their situation to the class.

EXPERIENCIAS

Sinfónica de basura: La orquesta de instrumentos reciclados

| Noticias | Información | Fotos | Amigos | Archivos |

El otro día vi un nuevo documental que me puso la piel de gallina. Está basado en la historia del vertedero de Cateura, en Paraguay, y de un profesor de música, Flavio Chávez. Chávez inició una orquesta de instrumentos reciclados en 2006, cuando vio que los padres gancheros, o recolectores de basura, habían creado instrumentos de la misma basura, para que sus hijos pudieran empezar a estudiar música. Ahora Chávez tiene una orquesta de más de 30 niños que aprenden a tocar piezas de Bach, Mozart, Beethoven y también canciones de *pop*, *rock*, cumbia colombiana y *bossa-nova* brasileño. Chávez cree que la música puede ayudarles a salir de la pobreza y tener un mejor futuro. La orquesta de Chávez ha tocado en Panamá, Brasil, Colombia y en ciudades de Estados Unidos y Europa.

Suggestion for 10.35: For flipped or hybrid courses, students can prepare this activity outside of class. During the next class session, they can present their work to the class.

Technology tip for 10.35: Assign students to create a blog using any web application. Students will utilize this blog and post items to it for every chapter of Experiencias. You may ask your students to share the link to that blog on your learning management system discussion board. Then in class, ask students to compare their information.

10.35 Mi propio blog. No importa si estudias música o no. ¿Qué piensas de una orquesta de este tipo? Completa los siguientes **Pasos** para explorar el tema.

Paso 1: Usa Internet y busca los instrumentos reciclados de la basura en Cateura. Escribe los nombres de tres o cuatro instrumentos creados con la basura qe recogieron y reciclaron.

Possible answers:
1. la flauta
2. el violín
3. el saxofón
4. la guitarra

Paso 2: Investiga en Internet diferentes sentimientos que expresaron los miembros de la orquesta sobre sus instrumentos y por qué tienen tanto valor para estos jóvenes. Answers will vary.

Paso 3: En tu propio blog, escribe sobre la basura. Utiliza las siguientes preguntas como guía.

- ¿Sabes cuánta basura produces en una semana?
- ¿Hay otras cosas que se pueden recoger y reciclar de la basura si fuera posible o necesario?
- ¿Reciclas mucho?
- ¿Qué opinas del reciclaje?

José Mujica

Antes de leer

10.36 El presidente más pobre del mundo. Antes de leer la selección sobre José Mujica, lee la estrategia y responde las preguntas. La lectura sobre Mujica describe su vida y sus talentos.

Estrategia de lectura: Paraphrasing

Paraphrasing is stating in your own words the meaning of a text or passage. When you read in a second language, paraphrasing is an especially helpful tool to assist in reading comprehension. Try this tool by stopping at the end of each section or at the end of each paragraph to paraphrase. Restate the information and ideas in the text in your own words in Spanish. Write your restatement in the margin next to each paragraph. Use the Spanish you know how to say so that you are not struggling to look up words for your paraphrasing.

Paso 1: Revisa la selección y selecciona todos los cognados.

Paso 2: Contesta las siguientes preguntas: Answers will vary.

- ¿Cuál es el formato del texto?
- ¿Qué sugiere el título?
- ¿Cuáles son algunas de las palabras importantes en cada párrafo?
- ¿Qué información aprendes de la lista de cognados?

Paso 3: Lee la lectura con atención. Recuerda que no tienes que entender cada palabra.

José Mujica, expresidente de Uruguay.

John Berry / WireImage / Getty Images

José Mujica

José Mujica, expresidente de Uruguay, no vivió en un palacio presidencial, sino en su pequeña granja a las afueras de Montevideo. Vive con su esposa, la senadora Lucía Topolansky y su perra Manuela, mestiza y con una pata amputada. Se viste con ropa sencilla: pantalón, polo y jersey deportivo. No es rico porque dona 90 % de su sueldo a la ayuda social. Maneja un pequeño Chevrolet Corsa como su vehículo de transporte oficial. Su otro auto es un Volkswagen celeste con un valor de unos $1,945 dólares.

Mujica vive una vida muy simple. El expresidente quiere tener tiempo para disfrutar de las actividades que más le gustan, así que piensa que tener muchas cosas en su casa pone un obstáculo grande a su deseo de vivir una vida simple. Según él, si uno tiene muchas cosas, necesita mucho tiempo para dedicarse a ellas. Él cree que consumir poco es la verdadera libertad. Así que vive una vida sencilla sin Twitter ni correo electrónico, y utiliza un teléfono plegable atado con una banda elástica. En su tiempo libre cultiva flores y otras plantas en su jardín.

(continuación)

(continuación)

Durante su juventud fue guerrillero opositor a su gobierno, y fue encarcelado por catorce años. Durante los primeros siete años de cárcel no tuvo la oportunidad de leer ningún libro. Al salir de prisión, gracias a su retorno a las elecciones, fue elegido diputado del Congreso, luego senador, y finalmente presidente en 2009. Ha sido criticado por su falta de atención al sistema de educación y a los problemas de la salud y de obras públicas. Se le consideraba un expresidente *informal* por usar malas palabras y palabras ordinarias. Ordinario, pero extraordinario para un expresidente, se puede describir el hecho de que José Mujica, durante un viaje por una carretera, decidió llevar en su coche a un hombre que estaba haciendo autostop. El hombre se sorprendió al ver a la mujer del expresidente y su perra Manuela en el coche, y decidió tomarse unas fotos en el coche con ellos. Todo el mundo se enteró de este suceso cuando el hombre subió a Facebook las fotos de sus nuevos amigos y la descripción de su experiencia.

Mujica fue sin duda un presidente liberal, con algunas leyes polémicas. Su gobierno de centro izquierda tocó varios temas considerados como un tabú en la conservadora América Latina. Durante la presidencia de Mujica, el aborto fue legalizado, las parejas del mismo sexo comenzaron a casarse gracias a una nueva ley y el Senado aprobó las leyes de consumo de la marihuana más liberales del mundo. La ley legalizó 40 gramos de marihuana por mes. Además, el país aprobó más de 40 leyes para aumentar los derechos de los trabajadores.

El gobierno de Mujica, que se considera controversial por las necesidades y problemas sociales que todavía existen, terminó el 15 de marzo de 2015, con su nominación como candidato al Premio Nobel.

Después de leer

Paso 4: Escribe tus ideas sobre la lectura y compártelas con tu compañero/a.

1. Escribe una lista de las palabras que describen a Mujica.

   <u>sencillo</u>   <u>modesto</u>   <u>considerado</u>   <u>honesto</u>

2. Escribe cuatro acciones que hizo José Mujica durante su presidencia.

   a. <u>Legalizó el aborto.</u>

   b. <u>Legalizó el matrimonio homosexual.</u>

   c. <u>Cambió la ley sobre la marihuana.</u>

   d. <u>Aprobó 40 leyes para los trabajadores.</u>

3. Crea otro título para la lectura y escríbelo aquí: <u>Answers will vary.</u>

4. **Recycle** Escribe cuatro preguntas para una entrevista a Mujica: Answers will vary.

   Activity 10.36, Paso 4 recycles interrogatives from Chapter 2.

   a. _____   **c.** _____

   b. _____   **d.** _____

Suggestion for 10.36, Paso 5: Have students write answers to the questions regarding creativity in the interview.

Paso 5: Busca en Internet una entrevista a Mujica sobre el consumismo. Escúchala a ver si la entrevista contesta tus preguntas. ¿Qué dice sobre el consumismo? Anota sus respuestas y compártelas con tu compañero/a. Answers will vary.

Paso 6: Para saber más sobre este famoso expresidente busca en Internet su página de Facebook. Explora la página, escoge una foto suya y descríbela, contestando las siguientes preguntas. Answers will vary.

1. ¿Quién/es están en la foto?

2. ¿Dónde están?

3. Describe el lugar.

4. Piensa en tres adjetivos que describan las cualidades personales de Mujica.

5. ¿Por qué te interesa la foto?

6. ¿Cómo se compara Mujica con el presidente de tu país?

Paso 7: Comenta la foto con tu compañero/a. ¿Son parecidas las dos fotos?

Answers will vary.

Estrategia de escritura: Utilizing Transition Words

In a text, phrases and sentences are linked with connectors or linking words to provide a smooth transition from one idea to another. Furthermore, they establish relationships between parts of a text. For example, in the sentence "I went to the movies. Next, I had dinner", the sequence is established by the word *next*. The following list contains common Spanish linking words. Try to use some of them in your next writing task.

primero	*first*
después/luego/entonces	*then*
finalmente	*finally*
como resultado/consecuencia	*as a result/consequence*
así que	*so/therefore*
a diferencia de	*unlike*
pero	*but*
por otro lado	*on the other hand*

Paso 8: Piensa en una figura histórica que admiras: un político, científico, profesor, orador, jugador de un deporte, etc. Tienes una buena impresión de esta persona. Escribe sobre los eventos más importantes de su pasado. Haz una lista de los logros de la persona durante su vida. Después, escríbelos en un parráfo y conéctalos con las palabras de enlace que has aprendido en la **Estrategia de escritura: Utilizing Transition Words**.

Suggestion for 10.36, Paso 8: Have students prepare their writing assignment before coming to class. Then have them peer-edit each other's work by having them take turns reading their work aloud to a partner. The partner looks at the paper and searches the first time for content (Is all the required information present?) and mechanics the second time (accents, spelling, etc.).

Technology tip for Paso 8: Require students to post their paragraphs on your learning management system discussion board. Next, students must read and post follow-up questions for two of their classmates to be answered prior to the next class session.

El guaraní en Paraguay

10.37 El guaraní. El guaraní es la lengua indígena que habla la mayoría de los habitantes de Paraguay. Para saber más completa los siguientes **Pasos**.

Antes de leer

Paso 1: En preparación para la lectura, contesta las preguntas siguientes y comparte tus ideas con la clase. Answers will vary.

Michele Molinari / Alamy Stock Photo

Un salón de clase en Paraguay donde los niños aprenden en guaraní.

1. Mencionen otros lugares en el mundo en donde haya dos (o tres) lenguas oficiales.

2. ¿Cuáles son las ventajas de ser bilingüe?

3. ¿Conoces a alguien que haya crecido aprendiendo dos idiomas simultáneamente?

Paso 2: ¿Qué influencia tiene la lengua guaraní en la sociedad paraguaya? Mientras lees sobre la lengua guaraní en Paraguay, anota las frases y los hechos que tienen que ver con esta pregunta.

Cultura y sociedad

Suggestion for 10.37: Review students' answers to these questions as pre-reading activities and advanced organizers.

Suggestion for 10.37: This activity has numerous steps attached to it; some are specifically designed for students to do independently in flipped, hybrid and online classes, and to support students through the reading process. For instance, you can have students complete **Pasos 1** and **2** prior to class. **Paso 5** can be assigned for follow-up work outside of class and students can post their work to your learning management system discussion board.

🎧 El guaraní en Paraguay

Paraguay es el único país en América Latina en donde la mayoría de la población habla una sola lengua indígena: el guaraní. El guaraní es hablado por todas las clases y los grupos de la sociedad paraguaya. En otros países, solo los grupos indígenas hablan su propio idioma y el resto de la población habla español. Así que Paraguay es único en este sentido. La lengua guaraní es un elemento clave de la identidad cultural, la base de la auténtica cultura paraguaya. El guaraní se escucha en las calles y es un curso obligatorio en las escuelas. Aunque los indígenas constituyen solo 5 % de la población, 90 %, o más de seis millones de paraguayos siguen usando la lengua guaraní en sus conversaciones diarias. En las áreas rurales, se habla exclusivamente el guaraní.

Desde 1967, ha sido considerado idioma nacional y en 1992, fue declarado lengua oficial del país, junto con el español. El guaraní es la única lengua indígena oficial en toda Latinoamérica y es algo de lo que los paraguayos están orgullosos. Hoy en día todavía se usa el guaraní como la lengua del sistema jurídico y para los negocios, mientras que los gobiernos democráticos en los últimos 20 años se han dedicado a apoyar la influencia del guaraní en la sociedad.

Algunos ejemplos de la lengua guaraní son:

Mba'éichapa (mbaa-ei-sha-pa):	¿Cómo estás?
Cheko'ê porâ, ha nde?	Amanecí bien, ¿y tú?
Cheka'aru porâ, ha nde?	Estoy bien, ¿y tú?
iporâ (i-por-rah):	Bonito, agradable, bueno
karai (ka-rah-í):	Señor
kuñataî (ku-ña-ta-í):	Señorita
Maitei nde sýpe:	Envía mis saludos a tu mamá.
Che maitei nde rúpe:	Envía mis saludos a tu papá.

Los guaraníes son parte del grupo de los indígenas tupi de Sudamérica. En la actualidad viven en Paraguay, Brasil, Bolivia y Argentina, con una población de casi 80,000 individuos. Este grupo de indígenas existía en Sudamérica cuando llegaron los españoles hace más de 500 años. En Paraguay, hay casi 40,000 guaraníes.

La lengua guaraní tiene sonidos diferentes, algunos que no existen en español, y la formación de palabras es distinta. En el pensamiento religioso guaraní, las palabras son un regalo que viene del cielo.

Después de leer

👥 **Paso 3:**   Contesta las siguientes preguntas con tu compañero/a.

1. ¿Cuántas personas hablan guaraní hoy en día?   Más de 6 millones
2. ¿Por qué hay tantas personas que hablan esta lengua?   Porque es lengua oficial en Paraguay
3. ¿Dónde se habla exclusivamente el guaraní?   En las áreas rurales de Paraguay
4. En tu opinión, ¿qué lengua es más importante en Paraguay? ¿Por qué?   Answers will vary.
5. ¿Cómo hablan los paraguayos?   Answers will vary.
6. Según los guaraníes, ¿qué significan las palabras?   Son un regalo del cielo.

Paso 4:   En Internet, busca un sitio con un audio de la lengua guaraní y escucha algunas expresiones útiles, como: **¿Cómo estás?** o **Buenos días**. ¿Suena como el español?

Paso 5:   En Internet, busca información sobre la gente y la cultura guaraní, y contesta las siguientes preguntas.   Answers will vary.

1. ¿Qué problemas enfrentan los guaraníes de Paraguay hoy en día?
2. ¿Dónde viven las diferentes tribus? ¿Cómo se llaman?
3. ¿Cuál es un mito o leyenda de los guaraníes?
4. ¿Cómo viven los guaraníes?

La vida social

10.38 Una postal. Consulta en Internet cómo hacer una tarjeta a tu mejor amigo/a o un/a amigo/a íntimo/a para celebrar su cumpleaños u otro día importante. Sigue los siguientes **Pasos** para hacer la tarjeta. Answers will vary.

Paso 1: Busca un sitio en español y sigue las instrucciones para escoger el dibujo y la tarjeta.

Paso 2: Escribe tu propio mensaje en la tarjeta.

Paso 3: Mándaselo a tu amigo/a.

Paso 4: Imprime una copia para llevarla a clase y compártela con tu compañero/a.

10.39 Las normas de una generación. Para tu curso de Sociología, tienes que escribir sobre los hábitos de las distintas generaciones de un país hispanohablante. Decides escribir sobre Uruguay o Paraguay. Sigue los siguientes **Pasos** para completar la tarea. Answers will vary.

Paso 1: Investiga en Internet las normas de una generación. Escribe un resumen en tus propias palabras.

Paso 2: Escribe cinco preguntas sobre las normas de la misma generación en Estados Unidos.

Paso 3: Busca a dos o tres personas de esa generación para preguntarles sobre las normas.

Paso 4: Escribe un análisis de las normas, con una comparación y un contraste entre los dos países.

Paso 5: Presenta los resultados a un/a compañero/a o a la clase.

10.40 Te toca a ti. Vas a grabar un video de ti preparando tu fiesta. Mira el video del comienzo del capítulo 10: **Cómo preparar una fiesta**. Sigue los **Pasos** para preparar tu propio video. Answers will vary.

Paso 1: Decide qué plato quieres preparar para tu fiesta y escribe los pasos para prepararlo.

Paso 2: Practica tu explicación y tus instrucciones en voz alta, sin leer tus apuntes.

Suggestion for 10.38: For flipped or hybrid classes, **Pasos 1-3** can be assigned to be completed prior to class.

Technology tip for 10.38: Require students to post their creations on your learning management system discussion board. Next, students must read and post follow-up questions for two of their classmates to be answered prior to the next class session.

Suggestion for 10.39: For flipped or hybrid classes, **Pasos 1-4** can be assigned to be completed prior to class.

Paso 3: Practica tus instrucciones con tu compañero/a. Tu compañero/a te dará sugerencias sobre tu trabajo.

Paso 4: Finalmente, graba tu video con tu compañero/a, deberán turnarse para incluir las tareas de los **Pasos 1-3** en cada uno de sus videos.

Paso 5: Sube tu video al foro de la clase para compartirlo con tus compañeros.

Technology tip for 10.41:
Have your students use the tool of their choice to compile their electronic notebook. This is a great way to keep students organized as they create a portfolio of photos and material regarding the countries presented throughout the book.

10.41 Mi cuaderno electrónico. Ahora te toca organizar otra página en tu cuaderno electrónico para anotar la información interesante que encuentres sobre Uruguay y Paraguay. Abre tu cuaderno y sigue estas instrucciones. Answers will vary.

Paso 1: Con ayuda de tu libro de texto, los videos de Daniel e Internet, escribe la siguiente información:

1. Estadísticas interesantes de Uruguay y Paraguay
2. Información básica sobre Uruguay y Paraguay
3. Mapa de los dos países
4. Un lugar que quieres visitar y por qué
5. Fotos de los dos países
6. Enlaces interesantes sobre los dos países
7. Observaciones culturales

Paso 2: Comparte tu información con un/a compañero/a o con la clase.

REPASOS

Repaso de objetivos

Check off the objectives you have accomplished.

I am able to...

	Well	Somewhat
• talk about past activities.	☐	☐
• tell what items you gave or lent to others.	☐	☐
• determine why the tereré drink is considered a social event in Paraguay.	☐	☐

	Well	Somewhat
• discuss activities available in Montevideo, Uruguay which require little cost.	☐	☐
• examine the significance of the Guarani language and people in Paraguay.	☐	☐

Repaso de vocabulario

Las etapas de la vida   *Stages of life*

la adolescencia   *adolescence*
la infancia   *infancy*
la juventud   *youth*
la madurez   *maturity*
la niñez   *childhood*
la vejez   *old age*

Las relaciones sentimentales/personales
   Sentimental/Personal relations

el amor   *love*
el/la amigo/a íntimo/a   *intimate, very good friend*
la amistad   *friendship*
la boda   *wedding*
la cita   *date*
el divorcio   *divorce*
la luna de miel   *honeymoon*
el matrimonio (feliz)   *(happy) marriage*
el noviazgo   *engagement*
el/la novio/a   *boyfriend/girlfriend*
los novios   *couple*
la pareja   *couple*
la separación   *separation*

El estado civil   *Marital status*

casado/a   *married*
comprometido/a   *engaged*
divorciado/a   *divorced*
separado/a   *separated*
soltero/a   *single*
viudo/a   *widow*

Verbos

casarse con   *to marry someone*
comprometerse con   *to become engaged to*

conocerse   *to meet each other/to get to know each other*
divorciarse de   *to divorce someone*
enamorarse de   *to fall in love with*
llevarse bien/mal con   *to get along well/poorly with someone*
proponer matrimonio   *to propose to someone*
romper con   *to break up with*
salir con   *to go out with*
separarse de   *separate from*
tener una cita   *to have a date*

Las fiestas   *Parties*

el/la anfitrión/a   *host/hostess*
los globos   *balloons*
el humo   *smoke*
los invitados   *guests*
el pastel de cumpleaños   *birthday cake*
los regalos   *gifts*
las velas   *candles*

Las cualidades de una persona   *Qualities of a person*

confiable   *reliable*
considerado/a   *considerate*
cumplido/a   *responsable*
divertido/a   *fun*
honesto/a   *honest*
leal   *loyal*
puntual   *punctual*
respetuoso/a   *respectful*
seguro/a de sí mismo/a   *self confident*
sensible   *sensitive*
tener un buen sentido del humor   *to have a good sense of humor*

Repaso de gramática

Verbs with altered stems in the preterit

Verbs with altered stems

Subject pronouns	-ar	-er/-ir	For altered stems
yo	-é	-í	**-e**
tú	-aste	-iste	**-iste**
él, ella, usted	-ó	-ió	**-o**
nosotros/as	-amos	-imos	**-imos**
vosotros/as	-asteis	-isteis	**-isteis**
ellos/as, ustedes	-aron	-ieron	**-ieron/-eron**

_____r (infinitive)	I group querer (quis-)	U group estar (est**u**v-)	J group traer (traj-)
yo	quise	estuve	traje
tú	quisiste	estuviste	trajiste
él/alla, usted	quiso	estuvo	trajo
nosotros/as	quisimos	estuvimos	trajimos
vosotros/as	quisisteis	estuvisteis	trajisteis
ellos/as, ustedes	quisieron	estuvieron	trajeron

Some more verbs with altered stems in each group:

I group:	hacer	hic-
	venir	vin-
U group:	poder	pud-
	poner	pus-
	saber	sup-
	tener	tuv-
J group:	decir	dij-
	traducir	traduj-

Ser, dar and *ver* in the preterit

Subject pronouns	ser/ir	dar	ver
yo	fui	di	vi
tú	fuiste	diste	viste
él/ella, usted	fue	dio	vio
nosotros/as	fuimos	dimos	vimos
vosotros/as	fuisteis	disteis	visteis
ellos/as ustedes	fueron	dieron	vieron

Verbs with vowel changes in the preterit

Verb stems with vowel changes: three groups

Subject pronouns	e→i (first stem vowel changes)	o→u	e→i (second stem vowel changes)
	mentir (*to lie*)	**dormir** (*to sleep*)	**conseguir** (*to obtain*)
yo	mentí	dormí	conseguí
tú	mentiste	dormiste	conseguiste
él/ella, usted	mintió	durmió	consiguió
nosotros/as	mentimos	dormimos	conseguimos
vosotros/as	mentisteis	dormisteis	conseguisteis
ellos/as, ustedes	mintieron	durmieron	consiguieron

Verb stems with spelling changes

If the infinitive ends in **–car, -gar**, or **–zar**, a change in spelling takes place in the '**yo**' form of the verb in the preterit to maintain the original consonant sound.

Examples of verbs with a spelling change in the preterit are:

- Infinitives ending in **–car**: **buscar**   bus**qué**
- Infinitives ending in **–gar**: **jugar**   ju**gué**
- Infinitives ending in **–zar**: **empezar**   empe**cé**

Another spelling change occurs with the stem of **–er** or **–ir** verbs that end in a vowel. The **i** changes to a **y** only in the Ud./él/ella form and the Uds/ellos/elllas form as in the verbs:

leer: le**y**ó   le**y**eron

Indirect object pronouns

Indirect object pronouns		Direct object pronouns	
me	*to/for me*	me	*me*
te	*to/for you*	te	*you*
le	*to/for him, her, you, it*	lo, la	*him, her, it, you*
nos	*to/for us*	nos	*us*
os	*to/ for you*	os	*you*
les	*to/for them you*	los, las	*them, you*

CAPÍTULO 11

Alvaro Fuente / NurPhoto / Getty Images

Unos hermanos venezolanos juegan en la calle.

Momentos inolvidables

Note for Capítulo 11:
World Readiness Standards addressed in this chapter include:
Communication: All three modes.
Culture: Examining childhood games and activities in Colombia and Venezuela and the perspectives underlying these cultural practices.
Connections: Connecting with the disciplines of sociology, education and anthropology.
Comparisons: Comparing common celebrations in target cultures and home culture.

Contesta a las siguientes preguntas basadas en la foto.

1. ¿Cuántos hermanos hay en la foto? ¿Y en tu familia?
2. La familia es muy importante en las sociedades de Colombia y Venezuela. ¿Y en tu comunidad?
3. ¿A qué juegan los niños? ¿Cuántos años tendrán? ¿A qué jugabas tú de niño/a con frecuencia?

OBJETIVOS COMUNICATIVOS

By the end of this chapter, you will be able to...

- share information concerning your childhood.
- identify and talk about childhood activities.
- explain how you celebrated holidays when you were young.

OBJETIVOS CULTURALES

By the end of this chapter, you will be able to...

- describe childhood games and activities that are popular in Colombia, Venezuela and the United States.
- identify major holidays in Colombia and Venezuela.
- compare holidays in the United States with those of Colombia and Venezuela.

ENCUENTROS

Video: Cómo crear tu propio juego de mesa
Conozcamos a...
Alicia Ferrara de Peraza (Barquisimeto, Venezuela)
Sandra Santiago Ruiz (Barranquilla, Colombia)

EXPLORACIONES

Exploremos el vocabulario
Las actividades de la niñez
Los días feriados y las celebraciones

Exploremos la gramática
The imperfect: describing past events and situations
Diminutives

EXPERIENCIAS

El blog de Daniel: El parque nacional Amacayacu
Te presentamos a... Gustavo Dudamel
Cultura y sociedad: La música y el baile colombianos
Manos a la obra: Momentos inolvidables

ENCUENTROS

Cómo crear tu propio juego de mesa

◀ Video

WileyPLUS

Go to WileyPLUS to watch this video.

11.1 Juegos preferidos de tu niñez. Muchas personas tienen juegos preferidos de la niñez. Piensa en los tuyos y contesta las siguientes preguntas. Answers will vary.

1. ¿A qué juegos de mesa jugabas de niño/a?

_____ *Monopoly*　　_____ Dominó　　_____ Operación

_____ Coloca cuatro　　_____ El juego de la vida　　_____ Manzanas con manzanas

_____ Cluedo original　　_____ ¿Quién es quién?　　_____ Uno

2. ¿Con quién jugabas con frecuencia?

3. ¿Cuándo jugabas los juegos de mesa?

4. ¿Cuál era tu juego de mesa preferido?

Note for 11.1: Students will see and hear imperfect forms in this video and in the **Encuentros** section prior to a formal introduction later in the chapter.

11.2 Las normas del juego. **WP** El amigo de Daniel describe un juego de mesa. Mira el video y pon en el orden más lógico las normas del juego.

___6___ Si el/la compañero/a adivina correctamente, gana la tarjeta.

___3___ En cada tarjeta hay una pregunta. El/La jugador/a hace esa pregunta a su compañero/a.

___1___ Se mueve la ficha por el tablero después de tirar el dado.

___2___ Cuando se llega a una casilla en el tablero, se toma una tarjeta.

___5___ El/La compañero/a intenta adivinar la respuesta de su pareja.

___7___ La pareja que consigue más tarjetas al final del juego es la ganadora.

___4___ El/La compañero/a escribe su respuesta en un papel.

11.3 *Preferencias*. Mira el video de nuevo y sigue las instrucciones para jugar a *Preferencias* con unos/as compañeros/as. Cada uno/a debe crear y escribir dos preguntas en tarjetas. Después jueguen con sus preguntas. ¿Quién va a ganar? GAME

WileyPLUS

Go to WileyPLUS to watch this video.

▶ **Estrategia de estudio: Writing Suggestions to Improve your Oral and Written Proficiency in Spanish**

How can writing improve your oral and written proficiency in Spanish? Writing practice can help you to improve your fluency in speaking and can boost your confidence. As you compose sentences in paragraphs, you will become more comfortable with creating sentences when you have opportunities to write and speak. Here are some ideas for you to gain more practice in writing:

- Keep a diary or journal in Spanish.

  Write just four or five sentences about your day or your thoughts on the theme from class each day. Don't worry about the accuracy of your grammar.

- Write e-mail messages in Spanish to your instructor and to classmates.

  You can contact your instructor using "**Usted**", the formal way of addressing:

  "*Estimado/a profesor/a _____,*"

  (Write your email in here.)

  "*Cordialmente,*

  (your name)"

- You can also send messages to classmates who can be addressed informally, using "**Tú**":

  "*Hola, Karen. ¿Qué tal?*"

  (Write your email in here.)

  "*¡Nos vemos pronto!*"

Conozcamos a...

Follow-up for 11.4: Review students' responses prior to audio.

Alicia Ferrara de Peraza (Barquisimeto, Venezuela)

Alicia Ferrara de Peraza es de Barquisimeto, Venezuela.

Antes de escuchar

🎧 **11.4 La familia de Alicia.** Alicia habla de cuando sus hijos eran pequeños. Completa los siguientes **Pasos** para aprender más.

Paso 1: Usa la siguiente lista y marca las cosas que, en tu opinión, va a incluir Alicia en la descripción de su familia.

1.	los pasatiempos de Alicia	☐
2.	el trabajo	☑
3.	la edad	☐
4.	las actividades de sus hijos	☑
5.	los estudios	☐
6.	el horario	☐
7.	dónde viven	☑
8.	la personalidad	☐
9.	los planes	☑
10.	los nombres	☑

Paso 2: Ahora, escucha el audio y mira la lista del **Paso 1** para verificar la descripción de la familia de Alicia. Answers will vary.

Audioscript for 11.4, and 11.5: Me llamo Alicia y soy de Barquisimeto, la capital del estado Lara, en Venezuela. Tengo tres hijos. Javier, el mayor, toca el violonchelo y enseña música en un colegio. Julieta toca el saxofón y el clarinete para la sinfónica del Estado. La pequeña de la familia, Marion Alicia, es violinista y actualmente trabaja y vive en EE. UU. Marion empezó a estudiar el violín cuando solo tenía ocho años. Tomaba clases en la escuela y tocaba en una orquesta. Siempre practicaba mucho, pues era una niña muy seria y responsable. Desde entonces sabía que quería dedicarse a la música. Fundó un cuarteto que viajó a Canadá y posteriormente a EE. UU., en donde consiguió trabajo. Marion siguió trabajando allí y sacó su maestría en música. Cuando mis hijos eran pequeños, vivíamos en la ciudad de Barquisimeto. Para divertirnos, íbamos con frecuencia a algunos parques en donde ellos se subían a los árboles, corrían y volaban papagayos. Los fines de semana viajábamos a la playa de Puerto Cabello. Nuestros hijos disfrutaban mucho del mar, nadaban y jugaban en la arena. Vivíamos a dos horas de la playa y podíamos ir y volver el mismo día. O íbamos a casa de mi cuñado en Maracaibo y pasábamos el fin de semana allí. Era una época muy linda cuando los tres eran pequeños.

Mientras escuchas

🎧 **11.5 Alicia Ferrara de Peraza: Cuando mis hijos eran pequeños.** Escucha y marca las actividades que hacían los hijos de Alicia durante su niñez.

Tocaban instrumentos musicales.	Iban a la playa.
Iban a los parques.	Miraban mucho la televisión.
Andaban en bicicleta.	Jugaban en la arena.
Volaban papagayos/cometas.	Jugaban a las muñecas.
Leían muchas tiras cómicas.	Pintaban.
Montaban a caballo.	Nadaban en el mar.
Jugaban al fútbol.	

Después de escuchar

11.6 Los datos de Alicia. **Recycle** Escribe la información de Alicia, según lo que notaste en el audio.

Activity 11.06 recycles **pasatiempos** and activities from Chapters 3 and 4, family vocabulary from Chapter 5, and origin from Chapter 1.

Ciudad: _Barquisimeto_

Estado: _Lara_

Familia: _Javier, Julieta y Marion Alicia_

Actividades en el parque: _Los niños se subían a los árboles, corrían y volaban papagayos._

Actividades durante los fines de semana: _Viajaban a la playa o iban a casa de su cuñado._

11.7 Marion Alicia: maestra de música. **WP** Contesta las preguntas sobre Marion, la hija de Alicia, según la presentación de Alicia.

1. ¿Cuándo empezó a tomar clases de violín? Empezó cuando tenía _____ años.

   a. 18   **b.** 10   **c.** 8 ✓

2. ¿Por qué practicaba tanto?

   a. Quería tocar en la orquesta de la escuela.

   b. Le gustaba mucho tocar el violín.

   c. ✓ Quería dedicarse a la música algún día.

3. ¿Cómo era[1] de niña?

   a. ✓ Era responsable y seria.

   b. Era divertida y seria.

   c. Era talentosa y artística.

   d. Era muy introvertida.

[1]**cómo era:** was she like

Warm-up for 11.5: Students should be told to focus on the meaning of the sentences and not on the morphology at this point. They should get a sense from the introductory activities that this audio passage is about the speaker and her children when they were younger.

Note and Suggestion for 11.5: This interview, like the others in previous chapters, are based on live interviews with native speakers. The information is real, but the names have been changed. Make students aware that these are real people and not fictitious characters. Allow students to look over the list of activities and review the vocabulary. Also, tell them to look up or ask for a definition in Spanish of any activities they do not recognize. When they have listened at least two times in class or at home, review the correct responses.

Suggestion for 11.5, 11.6, and 11.7: For hybrid or flipped classes, you may want to assign students to listen to the audio and complete this activity prior to the class session.

Alicia es de Venezuela. ¿Qué sabes de este país sudamericano?

Venezuela: Territorio de contrastes

Venezuela es el sexto país más grande de Latinoamérica, y está considerado como uno de los países menos poblados del hemisferio occidental. Aproximadamente, el 85 % de sus habitantes vive en áreas urbanas en el norte del país, aunque casi la mitad del territorio de Venezuela se encuentra al sur del río Orinoco, en el cual vive solo el 5 % de la población.

Este país, junto con lo que ahora son Colombia, Panamá y Ecuador, formaba parte de la Gran Colombia hasta 1830 cuando Venezuela se separó y se hizo un país soberano[2]. Su economía cambió después de la Primera Guerra Mundial, pasando de ser principalmente agrícola a ser una economía centrada en la producción y exportación de petróleo. Venezuela se independizó de España en 1821 bajo el liderazgo de su hijo más famoso, Simón Bolívar.

Caracas, la capital del país, es la ciudad más importante y tiene dos millones de habitantes. Es, sin duda alguna, el centro cultural, económico y político de Venezuela.

La isla Margarita se encuentra al noreste de Venezuela, a unos 38 kilómetros (24 millas) de la costa. Es un lugar turístico muy divertido. Tiene paisajes increíblemente bellos, un folclore interesante y un clima tropical muy agradable. Los turistas disfrutan de 168 kilómetros (104 millas) de playas y, por eso, la isla lleva el nombre de la Perla del Caribe.

El Salto Ángel, un majestuoso salto de casi 1000 metros de altura, es la cascada más alta del mundo.

[2]**soberano:** sovereign

Estadísticas interesantes de Venezuela

La bandera de Venezuela

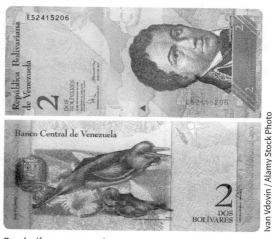

Dos bolívares venezolanos

Capital: Caracas

Tipo de gobierno: república federal

Tamaño: un poco más pequeño que Carolina del Sur

Población: 31 689 176

Lenguas: español, dialectos amerindios

Moneda: bolívar soberano

Nivel de alfabetización: 97 %

Promedio de vida: 76 años

Expresiones y palabras típicas

chévere	*¡Qué maravilloso/a!*
¡Epa!	(admiración)
un guaro/a	una persona de Barquisimeto
un/a pana	*buen/a amigo/a*

11.8 Investigación en Internet. Venezuela tiene numerosos lugares de interés. Usa Internet para seleccionar uno y escribe una breve descripción que incluya: Answers will vary.

- el nombre del lugar turístico
- dónde está el lugar en Venezuela
- una descripción del lugar
- por qué te interesa

Suggestion for 11.8: Students can be instructed to post their findings on your learning management system discussion board and to write three comments regarding a classmate's posting. Alternatively, they can create a word document or electronic poster to present briefly in class.

Estrategia de estudio: Talking to Yourself in Spanish

Whenever I have to study, especially for languages, it helps me to talk to myself because I hear the words and it makes it easier for me to remember the vocabulary. I do a lot of repeating also. Try it! It just might work for you.

EXPLORACIONES

Las actividades de la niñez

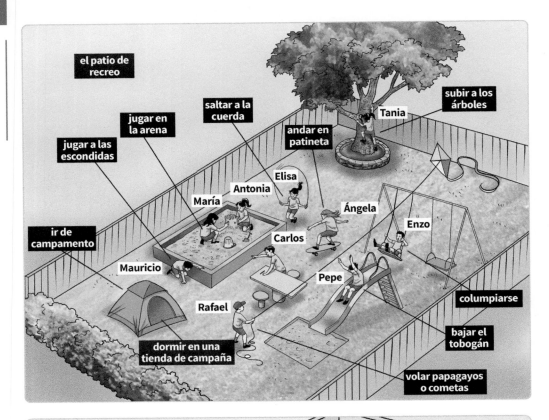

el patio de recreo

saltar a la cuerda

jugar en la arena

jugar a las escondidas

andar en patineta

Tania

subir a los árboles

Elisa

Antonia

María

Ángela

Enzo

ir de campamento

Carlos

Mauricio

Pepe

columpiarse

Rafael

bajar el tobogán

dormir en una tienda de campaña

volar papagayos o cometas

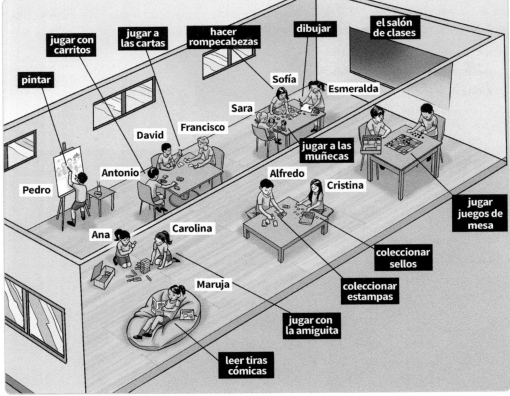

jugar con carritos

jugar a las cartas

hacer rompecabezas

dibujar

el salón de clases

pintar

Sofía

Esmeralda

Sara

David

Francisco

jugar a las muñecas

Antonio

Alfredo

Cristina

Pedro

jugar juegos de mesa

Ana

Carolina

coleccionar sellos

Maruja

coleccionar estampas

jugar con la amiguita

leer tiras cómicas

11.9 Las actividades de la niñez. **WP** Mira los dibujos mientras escuchas una descripción de las actividades. Decide si lo que escuchas es **cierto (C)** o **falso (F)** según lo que ves en los dibujos.

1. _Falso_
2. _Cierto_
3. _Falso_
4. _Cierto_
5. _Cierto_
6. _Falso_
7. _Falso_

11.10 Las asociaciones. ¿Qué palabras asocias con las siguientes actividades? Con tu compañero/a, haz una gráfica o red de ideas para tres de los siguientes conceptos.

Answers will vary.

| el patio de recreo | los juegos tradicionales | coleccionar sellos |
| los juegos de mesa | los cuentos | las tiras cómicas |

11.11 Las categorías. A veces los/as maestros/as crean actividades en diferentes partes del salón de clases. Clasifica las siguientes actividades para los/as niños/as en la escuela preescolar de tu comunidad.

Paso 1: Organiza las actividades en categorías, según la tabla. Possible answers:

Actividades adentro	Actividades afuera	Actividades de arte	Actividades para divertirse
jugar a las cartas	subir a los árboles	dibujar	jugar juegos de mesa
hacer rompecabezas	andar en patineta	pintar	coleccionar estampas / sellos
jugar a las muñecas	columpiarse		saltar a la cuerda
leer tiras cómicas	bajar por el tobogán		ir de campamento
	volar papagayos		

Paso 2: A muchos adultos todavía les gusta hacer actividades que hacían de niño. Escribe sobre tu actividad preferida de la niñez que todavía te gusta hacer. ¿Cuál es la actividad? ¿Por qué te gusta hoy día? ¿Cuándo la practicas? ¿Con quién? Answers will vary.

11.12 Las adivinanzas. Los juegos de adivinanzas son muy divertidos. Describe una de las actividades u objetos en la siguiente lista. Tu compañero/a debe adivinar qué es según tu descripción. Answers will vary.

| el patio de recreo | las tiras cómicas | la patineta | coleccionar estampas |
| las muñecas | el papagayo | jugar a las escondidas | los carritos |

11.13 ¿Qué hacía mi profesor/a? Con tu compañero/a prepara una lista de preguntas para saber lo que tu profesor/a hacía durante su niñez. Luego haz preguntas a tu profesor/a para saber si lo/la conoces bien. Answers will vary.

1. Primero adivina en voz alta lo que hacía tu profesor/a en su niñez.
2. Ahora escucha a tu profesor/a y selecciona de la lista anterior las actividades que hacía él/ella de niño/a.

Suggestion for 11.9: Provide additional input for students by sharing your own childhood activities and/or those of family members and friends. You can bring in old photos to amuse your students. This information may be totally invented or be only partially true.

Audioscript for 11.9: 1. María baja el tobogán.
2. Sofía hace un rompecabezas.
3. José y Fernando leen las tiras cómicas con su amiga Carolina.
4. Tania sube a un árbol en el patio de recreo.
5. Pedro pinta en el salón de clases.
6. María y Antonia saltan a la cuerda en el patio.
7. Eugenia vuela un papagayo en el árbol.

Technology tip for 11.9: For hybrid or flipped classes, you may want to assign students to listen to the audio and complete this activity prior to the class session.

Suggestion for 11.11: Students may ask for additional vocabulary for childhood activities: **jugar a las cartas, jugar ajedrez, ir al zoológico, ir al parque de atracciones**.

The imperfect: describing past events and situations

In Chapter 9 you were introduced to one of the past tenses – the **preterit** – which is used to tell about events that began and ended in the past. The **imperfect** is also a past tense but, unlike the preterit, use it to:

- describe past events without reference to a beginning or an ending point or whose beginning or ending points are not known or not important regarding the details of a narrative.
- describe the background for the events of a story.
- describe actions that were continuing or were repeated without reference to their beginning or ending and with no definite time or duration indicated. (English "used to")
- describe actions that were in progress and interrupted by another action (English "_____ing").
- tell the time and a person's age in the past.

The present and the preterit each have a different set of verb endings that distinguish each tense. The **imperfect** also has its own set of endings.

Just like you have done with the present and preterit, add imperfect endings to the stem of the verb.

Observe the imperfect set of endings in the following chart.

Subject pronouns	-ar	-er	-ir
yo	-aba	-ía	-ía
tú	-abas	-ías	-ías
él/ella, usted	-aba	-ía	-ía
nosotros/as	-ábamos	-íamos	-íamos
vosotros/as	-ábais	-íais	-íais
ellos/as, ustedes	-aban	-ían	-ían

¿Qué observas?

1. What overall observation can you make about the imperfect endings?
2. What patterns do you notice for the imperfect verb endings?

Exceptions: *ser, ir, ver*

These verbs have a different stem formation, i.e., the stem for these verbs is not formed in the usual manner by removing the 'r'. Instead, you must be familiar with these "different" or "changed" stems. **Ver** is actually consistent with the way all verbs form in the imperfect, except that it keeps the vowel 'e' as part of the stem.

Subject pronouns	Ser	Ir	Ver
yo	era	iba	veía
tú	eras	ibas	veías
él/ella, usted	era	iba	veía
nosotros/as	éramos	íbamos	veíamos
vosotros/as	érais	íbais	veíais
ellos/as, ustedes	eran	iban	veían

¿Qué observas?

1. According to what you see in the chart, what is the stem for **ser**? The stem for **ser** is "er".

2. What is the stem for **ir**? And for **ver**? The stems for ir and **ver** are "i" and "ve", respectively.

3. How do these endings compare to the endings presented previously for other imperfect verbs? They are the same.

Estrategia de estudio: The Imperfect

The imperfect is pretty simple if you think about it. All you have to remember for the endings is 'aba' and 'ía.' Remembering just 'aba' and 'ía' will help you help you recall the verb endings quickly and will get you talking faster!

11.14 Una conversación con dos venezolanos. Escucha la conversación entre Rebeca y Mateo, y pon atención a las actividades que hacían cuando eran niños. Luego, completa los siguientes **Pasos**.

Paso 1: Escribe algunas de las actividades de Rebeca y de su familia. ¿Qué dice Rebeca?

1. Dormíamos en tiendas de campaña.
2. Cocinábamos al aire libre
3. Encendíamos fogatas
4. Montábamos a caballo
5. Escalábamos montañas

Paso 2: Responde a las preguntas sobre la conversación entre Rebeca y Mateo, y comparte tus respuestas con la clase.

1. ¿Qué le gustaba hacer a Mateo con su familia? Le encantaba…
   - **a.** ir a la playa.
   - **b.** ir de campamento a las montañas.
   - **c.** nadar en la piscina del hotel.
   - **d.** visitar otras ciudades.

2. ¿Quién de los dos se arriesgaba en sus vacaciones? ¿Por qué?
   - **a.** Mateo, porque jugaba en la arena.
   - **b.** Rebeca, porque escalaba montañas.

3. ¿Qué le gustaba hacer a Rebeca al aire libre? (Hay varias respuestas correctas.)
   - **a.** montar a caballo
   - **b.** ir de campamento
   - **c.** nadar en el mar
   - **d.** cocinar
   - **e.** dormir en tiendas de campaña

4. ¿Cómo le parecían a Mateo los lugares que visitaba de niño? Le parecían…
   - **a.** aburridos.
   - **b.** famosos.
   - **c.** agradables.
   - **d.** interesantes.

5. ¿Qué soñaba con hacer Rebeca cuando era pequeña? Soñaba con…
   - **a.** escalar las montañas más altas del mundo.
   - **b.** viajar por todo el mundo.
   - **c.** conocer a personas muy famosas.

6. ¿Qué soñaba con hacer Mateo cuando era pequeño? Soñaba con…
   - **a.** ser independiente.
   - **b.** ser famoso.
   - **c.** tener muchos amigos de todos los países.
   - **d.** sacar buenas notas en la escuela.

7. ¿Qué quería ser Rebeca desde que era niña?
   - **a.** ingeniera
   - **b.** maestra de inglés
   - **c.** maestra de Geografía e Historia
   - **d.** médica

Suggestion for 11.14: For hybrid or flipped classes, you may want to assign students to listen to the audio and complete this activity prior to the class session.

Follow-up for 11.14: When students have finished, ask **¿Quién en la clase …** (choose one of the options). Students will reply in the s/he form. Provide additional opportunities for student output by asking related questions: **¿Dónde …? ¿Qué deporte …?, ¿Qué leías?**, etc.

Audioscript for 11.14: Mateo: Oye, Rebeca, ¿cuáles eran las vacaciones de tu niñez que más te gustaban?
Rebeca: No estoy segura, déjame pensarlo un poco.
Mateo: Pues, a mí me encantaba ir a la playa con mi familia y nadar en el mar.
Rebeca: Ya recuerdo, a mí me fascinaba ir de campamento con mis tíos y mis primos porque dormíamos en tiendas de campaña. Además, cocinábamos al aire libre y encendíamos fogatas. También, montábamos a caballo y escalábamos montañas.
Mateo: ¡Qué recuerdos tan agradables! ¡Esos eran tiempos divertidos! ¿No?
Rebeca: Sí, Mateo, todo se veía distinto cuando éramos niños.
Mateo: Tienes razón. Ahora que somos adultos las cosas parecen distintas.
Rebeca: A mí me emociona mucho recordar lo que hacía cuando era una niña, pues no veía la vida como la veo ahora.
Mateo: Efectivamente. De niños teníamos muchos sueños para el futuro.
Rebeca: Sí, es cierto, yo siempre soñaba con viajar por todo el mundo y quería conocer todos los países del mundo y a sus habitantes.
Mateo: Yo deseaba ser grande e independiente para no depender de mi familia para tomar mis propias decisiones.
Rebeca: Pues, ahora eres autosuficiente y puedes tomar tus decisiones.
Mateo: Y tú, Rebeca, ¿qué querías hacer cuando eras niña?
Rebeca: Me entusiasmaba mucho la idea de llegar a ser grande para ser maestra de secundaria y dar clases de Geografía e Historia.
Mateo: Pues ahora estudias para esta profesión.
Rebeca: Es verdad. Bueno, Mateo, me voy porque tengo que preparar una lección de Historia para practicar en mi clase.
Mateo: Sí, Rebeca. ¡Que te vaya bien!
Rebeca: Gracias, igualmente a ti.
Mateo: Hasta luego.
Rebeca: Sí, hasta mañana.

11.15 Los cuentos infantiles. WP Todos tenemos un cuento infantil preferido. Lee la primera parte de estos cinco cuentos infantiles tradicionales y busca la ilustración que corresponde a cada dibujo.

__C__ **1.** Había una vez una niña que se llamaba Caperucita Roja. Siempre visitaba a su abuelita en el bosque.

__E__ **2.** Había una vez una niña muy curiosa. Se llamaba Ricitos de Oro por su pelo rubio y rizado.

__B__ **3.** Había una vez una muchacha muy dulce que vivía con su madrasta y sus tres hermanastras. Ella siempre trabajaba mucho en casa, y tenía que limpiar y lavar la ropa de sus hermanastras.

__A__ **4.** Había una vez tres cerditos que vivían tranquilos y felices.

__D__ **5.** En el fondo del mar, vivía un rey con sus seis bellas hijas. La menor tenía una voz maravillosa y a todos los animales del mar les gustaba oírla cantar.

A.

B.

C.

D.

E.

11.16 Actividades preferidas de tu niñez. ¿Cómo pasabas tus días de niño/a? Selecciona las respuestas que te corresponden. Comparte tu información con tu compañero/a.

Answers will vary.

1. ¿Qué hacías en tu tiempo libre?

_____ Jugaba a las muñecas.   _____ Jugaba con mis amigos.

_____ Jugaba en los parques.   _____ Nadaba en la piscina.

_____ Comía en restaurantes.

2. ¿Cuál era tu lugar favorito?

_____ Me gustaba ir al parque.   _____ Me gustaba ir a la casa de mis abuelitos.

_____ Me gustaba mi casa.

_____ Me gustaba mi escuela.   _____ Me gustaba el zoológico.

3. ¿Con quién/quiénes jugabas?

_____ Jugaba con mis primos.   _____ Jugaba con mis abuelos.

_____ Jugaba con mi mamá y mis   _____ Jugaba con mi papá.
hermanos.

4. ¿Qué diferencia hay entre tu vida ahora y la de cuando eras pequeño/a?

_____ Ahora trabajo mucho todos los días. Antes pasaba tiempo con mi familia.

_____ Ahora tengo que pagar todo yo. Antes pagaba mi mamá.

_____ Ahora no tengo mucho tiempo libre porque necesito trabajar. Antes tenía toda la
tarde libre.

_____ Ahora me gusta descansar de día y salir de noche. Antes jugaba de día y dormía
mucho de noche.

11.17 En la escuela secundaria. Habla con varios compañeros de tu grupo para saber quién hacía estas actividades. Sigue el modelo y no le hagas más de una pregunta a la misma persona. Es importante que todos usen oraciones completas. Answers will vary.

Modelo: E1: *Josefa, ¿estudiabas todas las noches en la escuela secundaria?*

E2: *Sí, estudiaba mucho en la escuela secundaria.*

E1: *Firma aquí, por favor.*

En la escuela secundaria, ¿quién en la clase…

- estudiaba todas las noches?
- practicaba un deporte?
- iba de compras todos los fines de semana?
- hablaba mucho por teléfono?
- bailaba en las fiestas?
- tenía un programa de televisión favorito?
- veía muchas películas?
- trabajaba todos los fines de semana?
- se peleaba mucho con sus hermanos?
- quería asistir a la universidad?
- andaba en motocicleta?
- leía mucho?
- participaba en obras de teatro?
- era miembro de varios clubes?

Suggestion for 11.17: You may choose to design your own and distribute a sheet to each student. In this manner, they will not have to carry their textbooks around the room when making their inquiries. Give students a limited amount of time to complete the activity. They should not be expected to fill in the entire chart. Call time and ask a question to stimulate discussion using **¿Quién en la clase…?** Or, **¿Qué hacía… durante los años de la escuela secundaria?** These questions should generate more questions and students themselves should be encouraged to ask follow up questions.

11.18 Mis sueños de niño/a. Como Mateo y Rebeca, de niños todos soñamos con llegar a ser muchas cosas diferentes. ¿Con qué soñabas tú de niño/a? o ¿Qué querías para tu futuro? Cuéntale tus respuestas a tu compañero/a. Answers will vary.

ser muy famoso/a

ser maestra/o en una escuela primaria   ser médico/a

ser un actor/una actriz famoso/a   ser un/a deportista famoso/a

tener una familia grande   vivir en una casa grande

ser rico/a   vivir en una ciudad grande

_____ (tu idea) _____   _____ (tu idea) _____

Suggestion for 11.18: Have students bring in any photos they have to share with the class as they discuss childhood activities dreams and aspirations. They can also comment on their personality and their likes/dislikes if they have not done so already.

Variation for 11.19: Ask students to write a list of eight to ten activities that they used to do when they were young and then place students in groups of two or three. As each shares his/her activities the other group members check off the activity if it appears on their list. Bring the groups together and ask them to share with the class activities they have in common. They will practice using the **nosotros** forms of the imperfect.

Note for 11.20: Have students describe games and toys they used when they were a child. **¿Los juguetes que tú usabas de pequeño/a eran tradicionales o de la última moda? ¿Cuál era tu juguete favorito? ¿Te gustaba jugar a juegos de mesa? ¿Cuáles eran los juguetes favoritos de tus hermanos/primos/amigos?**

11.19 Una encuesta. Pregunta a varios compañeros/as de tu grupo qué hacían de niños/as. Después compara esta información con tus experiencias y comparte la información con el grupo. Answers will vary.

Modelo: E1: *¿Qué hacías de niño/a?*

E2: *Jugaba con frecuencia al béisbol con mis amiguitos. También andaba en bicicleta todas las tardes después de la escuela.*

Comparación: Larry jugaba al béisbol y también andaba en bicicleta. En cambio, yo tomaba clases de baile y jugaba al golf.

11.20 Juegos que todos jugábamos de niños. En todas partes los/as niños/as tienen sus juguetes favoritos.

Paso 1: Lee la información de estos cinco juegos infantiles de Venezuela (y otros países hispanos) y trata de hacer una imagen mental de cada juguete mientras lees. Al final, menciona cuál de estos jugabas tú de niño/a en tu propio país y si te gustaba jugarlo o no.

1. **Metras (o Canicas)***

   Es un juego tradicional en donde se lanzan[3] con los dedos bolitas de vidrios[4] de colores, hasta pegarles[5] a las de los otros niños. Para decidir quién comenzará, se marca una línea distante, que sirve de referencia. Cada jugador lanza su metra y quien se aproxime más a dicha línea será el primero en empezar a jugar.

2. **Papagayo (o Cometa)**

   El papagayo es un juguete compuesto por un armazón[6] poligonal hecho con maderas ligeras cubiertas de papel de seda[7]. Se hace volar con una cuerda larga y se estabiliza con una cola de trapos[8]. En Venezuela, se practica cuando hay fuertes vientos y generalmente durante la Semana Santa.

3. **Perinola (o Balero)**

   Este juego está compuesto por dos partes: la cabeza y el mango[9], ambos unidos por una cuerda. Este juego consiste en tratar de meter la parte superior en la base, de forma lenta o rápida (depende de la preferencia del jugador).

***metras/canicas:** marbles [3]**se lanzan:** fling [4]**vidrios:** glass [5]**pegarles:** Knock [6]**armazón:** frame
[7]**papel de seda:** tissue paper [8]**cola de trapos:** rag tail [9]**mango:** handle

4. **Trompo**

Es un juguete elaborado en madera de forma semicircular y con una punta metálica que, al ser lanzado por medio de un cordel[10], gira sobre su propio eje, logrando un movimiento ondular de alta velocidad.

5. **Gurrufío**

Es un juego tradicional que se hace con dos tapas[11] de botellas aplastadas[12], en la versión actual, metidas en un cordel. Se ejerce tensión con las manos, para ejecutar un movimiento giratorio rápido. Se organizan competencias para cortar las cuerdas del oponente con las láminas metálicas.

Paso 2: **WP** Ahora, adivina a qué dibujo corresponde cada juego.

Paso 3: Con un/a compañero/a menciona cuál de estos jugabas tú de niño/a y si te gustaba jugar o no.

Answers for 11.20, Paso 2:
1. Metras (o canicas): A.
2. Papagayo (o cometa): C.
3. Perinola (o balero): F.
4. Trompo: B. 5. Garrufío: D.

Suggestion for 11.20, Pasos 1, 2:
For hybrid or flipped classes, you may want to assign students to complete this activity prior to the class session.

11.21 La adolescencia. La vida cambia un poco cuando los/as niños/as crecen.

Paso 1: Piensa en las actividades de tu niñez y las actividades que haces hoy en día. Usa el diagrama de Venn para indicar los cambios y las similitudes. Answers will vary.

Actividades de mi niñez **Antes y hoy** **Actividades de hoy**

Paso 2: Comparte tus actividades de la parte central de tu diagrama de Venn con un/a compañero/a. Answers will vary.

Paso 3: Escribe un párrafo sobre la información de tu diagrama de Venn. Prepárate para leerlo a la clase. Answers will vary.

11.22 Situaciones. Haz el papel de **A** o **B** con tu compañero/a para participar en la conversación. Answers will vary.

A- Because you need the extra cash, you have decided to interview with a family for a babysitting job close to the university. Explain why you want this job and tell about the experiences you have had with children. Tell what games and activities you played as a child. Answer any questions the parents may have for you. Ask questions regarding the ages of the children, their likes and dislikes and the schedule.

B- You work at a local office not far from the university and are looking for a student to provide childcare for your children. A student has come for an interview. Ask him/her questions regarding childcare experience and what type of indoor and outdoor activities are best for children. Answer any questions the student may have regarding the children and the work hours.

Suggestion for 11.22: For flipped or hybrid courses, students can prepare this activity outside of class. During the next class session, they can practice and present their situation to the class.

[10]**cordel:** string   [11]**tapas:** lids   [12]**aplastadas:** flattened

<table>
<tr><td>

Conozcamos a...

</td><td>

Sandra Santiago Ruiz (Barranquilla, Colombia)

</td></tr>
</table>

Suggestion for 11.24: Follow up the listening passage asking students to tell some of the activities they heard in the dialogue. You may want to ask the general question, **¿Qué hacía Sandra?** Or you may wish to provide students with a copy of the script or a portion of the script and have them mark the activities that they also enjoyed.

Technology tip for 11.24 and 11.25: For hybrid or flipped classes, you may want to assign students to listen to the audio and complete this activity prior to the class session.

Audioscript for 11.24 and 11.25:
Hola. Mi nombre es Sandra. Soy de Barranquilla, Colombia. Voy a hablarles de la festividad de mi pueblo que más disfrutaba de niña. Se trata del carnaval de Barranquilla que se celebraba y se sigue celebrando cada año en mi ciudad natal. De niña, siempre iba al carnaval con mis padres, ya que mis tíos vivían allí. Esta celebración dura 96 horas: comienza el sábado y termina el martes, antes del inicio de la Cuaresma. El Miércoles de Ceniza, la ciudad siempre amanecía muy tranquila. La gente estaba muy cansada, pero satisfecha de haber disfrutado de esta gran festividad. Cada día de carnaval tiene un significado diferente. El sábado se conoce como la Batalla de Flores, el domingo como la Gran Parada, el lunes como el Festival de Orquestas y el martes como la Muerte de Joselito. Este último día se celebra la despedida del carnaval. Recuerdo bien que la gente lloraba sinceramente por el fin de la celebración. Generalmente, iba con mis padres y hermanos. Era un evento que esperábamos con ansiedad cada año para disfrutarlo en compañía no solo de la familia, sino también de nuestros mejores amigos y vecinos.

Antes de escuchar

11.23 Festividades importantes. Sandra es una joven colombiana que habla sobre una festividad que disfrutaba durante su niñez. Antes de escuchar a Sandra, contesta estas preguntas sobre tus experiencias en relación con las festividades de tu niñez. Answers will vary.

1. ¿En qué festividades de tu niñez participabas?

2. ¿Cuál era el evento cultural más importante de tu lugar de origen?

3. En tu lugar de origen, ¿hay alguna tradición de carnaval?

Sandra habla de la festividad del carnaval en Barranquilla, Colombia.

Follow-up for 11.23: Review students' responses prior to audio.

Mientras escuchas

🎧 **11.24 El carnaval de Barranquilla.** **WP** Escucha a Sandra y decide si las siguientes oraciones son **ciertas (C)** o **falsas (F)**. **Follow-up for 11.24:** Have students correct the false statements to make them true in order to increase their production.

1. __C__ Sandra es de Barranquilla, Colombia.

2. __C__ El carnaval de su ciudad era su festival favorito cuando era niña.

3. __F__ La fiesta dura 86 horas.

4. __F__ El festival empieza el sábado y termina el miércoles.

5. __C__ Hay un desfile durante este carnaval.

6. __F__ El Miércoles de Ceniza* la ciudad está llena de sorpresas, música, comida y decoraciones.

7. __F__ Cada año se escoge a una reina que debe tener entre 15-18 años.

8. __C__ También es tradición nombrar a un hombre como el rey Momo.

9. __C__ Se considera el Carnaval de Barranquilla como uno de los mejores del mundo.

10. __F__ Generalmente Sandra iba al festival con sus mejores amigos.

11. __C__ Cada año Sandra esperaba con ansias el carnaval.

🎧 **11.25 El significado de cada día.** **WP** Escucha la conversación en el audio una vez más y combina cada día de la semana del carnaval con su significado.

1. sábado C.
2. domingo B.
3. lunes D.
4. martes A.

A. la Muerte de Joselito
B. la Gran Parada
C. la Batalla de las Flores
D. el Festival de Orquestas

Algunas personas alquilaban palcos para no perderse detalle alguno de las comparsas y de las carrozas tan coloridas que desfilaban por las calles principales de Barranquilla. Una tradición interesante que recuerdo de este carnaval era la selección de una reina. Las participantes debían tener entre 18 y 23 años, ser solteras y tener mucha popularidad. También seleccionaban a otro personaje importante: el rey Momo. Esta figura tenía que tener buena reputación dentro de la comunidad, haber participado en el carnaval desde que era niño y que, sobre todo, contara con un gran espíritu y respeto por el carnaval. Todavía se considera al carnaval de Barranquilla como uno de los mejores del mundo, pues cuenta con una riqueza folclórica y cultural de gran valor. Estoy orgullosa de esta importante celebración de mi país.

*****ceniza:** ash

Jan Sochor / Alamy Stock Photo

Sandra es de Colombia. ¿Qué sabes de este país sudamericano?

Bogotá, la capital de Colombia, tiene una gran variedad de lugares turísticos donde se aprecian los edificios modernos y también los de la época colonial.

Colombia: Una economía de libre mercado

Colombia es el tercer país más poblado de Latinoamérica después de Brasil y México. Se caracteriza por su fuerte migración de las áreas rurales a las áreas urbanas. Su diversidad étnica resulta de la mezcla de indígenas, colonizadores españoles y africanos. En la actualidad, solo el 1 % de su población se identifica como totalmente indígena por su lengua y sus costumbres. Los productos principales de exportación son el petróleo y el café. Colombia cuenta con recursos minerales y energía. Además de poseer las reservas de carbón más grandes de América Latina, le sigue a Brasil en cuanto a potencial hidroeléctrico. Asimismo[13], posee cantidades significativas de oro, plata, platino y esmeraldas. Sus mayores socios comerciales son Estados Unidos y Japón.

Popayán, la ciudad blanca de Colombia, es una de las ciudades más bellas del país. Es muy tranquila y cuenta con una arquitectura colonial y muchos edificios históricos.

El archipiélago de San Andrés está a 770 kilómetros (480 millas) al noroeste del territorio continental de Colombia, sobre el mar Caribe. San Andrés es muy exótico y bello; es un paraíso tropical submarino del Caribe.

[13]**asimismo:** also

Estadísticas interesantes de Colombia

La bandera de Colombia

Fenton / Shutterstock

Pesos colombianos

Juan Camilo Bernal / Moment Mobile / Getty Images

Capital: Bogotá

Tipo de gobierno: república

Tamaño: casi dos veces más grande que el estado de Texas

Población: 48 168 996

Lengua oficial: español

Moneda: peso colombiano

Alfabetismo: 94 %

Promedio de vida: 76 años

Expresiones y palabras típicas:

¿Qué más?	*¿Cómo estás?*
¡Qué pena!	*Lo siento.*
parce	*amigo*
a la orden	*bienvenido/a a mi tienda; muchas gracias*
rumba	*fiesta*
rumbear	*tener una fiesta, ir de fiestas*

Suggestion for 11.26: Students post their findings on your learning management system discussion board and then write three comments regarding a classmate's posting. Alternatively, they can create a Word document or electronic poster to present briefly in class.

11.26 Investigación en Internet. Colombia tiene numerosos lugares de interés. Usa Internet para seleccionar uno y escribe una breve descripción que incluya: Answers will vary.

- el nombre del lugar turístico
- dónde está el lugar en Colombia
- una descripción del lugar
- por qué te interesa

Exploremos el vocabulario 2

Los días feriados y las celebraciones

El carnaval

Note for Exploramos el vocabulario 2: Explain to students that they may have other holidays that they celebrate that do not appear here. Encourage them to add those holidays to the list and to talk about how they celebrate.

Días feriados en Colombia

Enero						
Lunes	Martes	Miércoles	Jueves	Viernes	Sábado	Domingo
	(1)	2	3	4	5	6
7	8	9	10	11	12	13
14	15	16	17	18	19	20
21	22	23	24	25	26	27
28	29	30	31			

el Día del Año Nuevo

Enero						
Lunes	Martes	Miércoles	Jueves	Viernes	Sábado	Domingo
	1	2	3	4	5	(6)
7	8	9	10	11	12	13
14	15	16	17	18	19	20
21	22	23	24	25	26	27
28	29	30	31			

el Día de los Reyes Magos

Mayo						
Lunes	Martes	Miércoles	Jueves	Viernes	Sábado	Domingo
			(1)	2	3	4
5	6	7	8	9	10	11
12	13	14	15	16	17	18
19	20	21	22	23	24	25
26	27	28	29	30	31	

el Día del Trabajador

Mayo						
Lunes	Martes	Miércoles	Jueves	Viernes	Sábado	Domingo
			1	2	3	4
5	6	7	8	9	10	(11)
12	13	14	15	16	17	18
19	20	21	22	23	24	25
26	27	28	29	30	31	

el Día de la Madre

Junio						
Lunes	Martes	Miércoles	Jueves	Viernes	Sábado	Domingo
					1	2
3	4	5	6	7	8	9
10	11	12	13	14	15	(16)
17	18	19	20	21	22	23
24	25	26	27	28	29	30

el Día del Padre

Julio						
Lunes	Martes	Miércoles	Jueves	Viernes	Sábado	Domingo
1	2	3	4	5	6	7
8	9	10	11	12	13	14
15	16	17	18	19	(20)	21
22	23	24	25	26	27	28
29	30	30	31			

el Día de la Independencia

Octubre						
Lunes	Martes	Miércoles	Jueves	Viernes	Sábado	Domingo
	1	2	3	4	5	6
7	8	9	10	11	(12)	13
14	15	16	17	18	19	20
21	22	23	24	25	26	27
28	29	30	31			

el Día de la Resistencia

Noviembre						
Lunes	Martes	Miércoles	Jueves	Viernes	Sábado	Domingo
				(1)	2	3
4	5	6	7	8	9	10
11	12	13	14	15	16	17
18	19	20	21	22	23	24
25	26	27	28	29	30	

el Día de Todos los Santos

Diciembre						
Lunes	Martes	Miércoles	Jueves	Viernes	Sábado	Domingo
						1
2	3	4	5	6	7	8
9	10	11	12	13	14	15
16	17	18	19	20	21	22
23	24	(25)	26	27	28	29
30	31					

la Navidad

Días feriados en Estados Unidos

Febrero						
Lunes	Martes	Miércoles	Jueves	Viernes	Sábado	Domingo
			1	2	3	
4	5	6	7	8	9	10
11	12	13	(14)	15	16	17
18	19	20	21	22	23	24
25	26	27	28			

el Día de San Valentín/El Día de los Enamorados

Marzo						
Lunes	Martes	Miércoles	Jueves	Viernes	Sábado	Domingo
				1	2	3
4	5	6	7	8	9	10
11	12	13	14	15	16	(17)
18	19	20	21	22	23	24
25	26	27	28	29	30	31

el Día de San Patricio

Octubre						
Lunes	Martes	Miércoles	Jueves	Viernes	Sábado	Domingo
	1	2	3	4	5	6
7	8	9	10	11	12	13
14	15	16	17	18	19	20
21	22	23	24	25	26	27
28	29	30	(31)			

el Día de las Brujas (Halloween)

Noviembre						
Lunes	Martes	Miércoles	Jueves	Viernes	Sábado	Domingo
				1	2	3
4	5	6	7	8	9	10
11	12	13	14	15	16	17
18	19	20	(21)	22	23	24
25	26	27	28	29	30	

el Día de Acción de Gracias

Vocabulario adicional	
el Día de la Resistencia Indígena	*Indigenous Resistence or Columbus Day*

Note for Días feriados en Colombia: Most Spanish-speaking countries celebrate Valentine's day on February 14th, but in Colombia it is celebrated on September 14. In many Central American countries this holiday is called **el Día del Amor y la Amistad** or **el Día del Cariño** and people celebrate love, family and friendships.

11.27 Las asociaciones. Nombra un mínimo de tres cosas que asocias con los siguientes días feriados/festivos. Answers will vary.

El Día de la Madre	El Día de la Independencia	El Día del Año Nuevo
El Día de Acción de Gracias	El Día de San Valentín	El Día de San Patricio
El Día de las Brujas (Halloween)	Carnaval	El Día del Trabajador

11.28 Mis celebraciones. Tienes curiosidad por saber cómo eran las celebraciones de otros estudiantes. Habla con tu compañero/a para completar los siguientes **Pasos**. Answers will vary.

Courtesy of Billy Ray

Paso 1: Conversa con tu compañero/a sobre los días festivos.

1. ¿Cómo te gustaba celebrar tu cumpleaños cuando eras niño/a?
2. ¿Qué hacía tu familia para el Día de Acción de Gracias?
3. ¿Celebrabas el Año Nuevo con tu familia? ¿Qué actividades hacían?
4. ¿Qué te gustaba más del Día de la Independencia?
5. ¿Qué hacías para el Día de la Madre o el Día del Padre?
6. ¿Qué otros días festivos celebrabas con tu familia?
7. ¿Cuándo mirabas fuegos artificiales cuando eras niño/a? ¿Cómo eran?

Paso 2: Explica a tu compañero/a cómo celebras ahora tu día festivo preferido. ¿Tienen algo en común?

Simón Bolivar, militar y político venezolano, es conocido como el Libertador de Sudamérica, y uno de los hombres más importantes en la lucha independentista de Bolivia, Colombia, Ecuador, Panamá, Perú y Venezuela.

Suggestion for 11.29: For hybrid or flipped classes, you may want to assign students to complete this activity prior to the class session.

11.29 Las celebraciones venezolanas. Lee la lista de días festivos que se celebran en Venezuela. Después completa los siguientes **Pasos**. Answers will vary.

1. El primero de enero   El Año Nuevo

Se celebra este día con una cena grande para toda la familia y se brinda con champán. Este día la gente lleva ropa interior de color amarillo para tener buena suerte. Los venezolanos escriben cartas con sus deseos para el año nuevo y después las queman para que nadie las pueda leer.

2. 6 de enero   Día de los Reyes Magos

Es una celebración religiosa en la que los niños escriben cartas a los Reyes Magos para pedirles que les traigan regalos. La noche del 5 de enero, los niños colocan un par de zapatos en las puertas de sus habitaciones para que los Reyes Magos les depositen regalos de dulces y juguetes allí. En algunas ciudades los tres Reyes Magos caminan por las plazas centrales y les regalan caramelos a los niños.

3. El primero de mayo   Día del Trabajador

Los bancos, negocios y oficinas cierran este día para celebrarlo con desfiles, marchas y otros símbolos de la solidaridad del trabajador.

4. El 5 de julio   Día de la Independencia

Nadie trabaja este día. Se cuelga la bandera de Venezuela afuera de las casas.

5. el 24 de julio   Día del Libertador Simón Bolívar

Una celebración muy grande en Venezuela. Todos intentan reunirse enfrente de la casa de Simón Bolivar en la Plaza Bolívar en Caracas para estar cerca del lugar en donde él nació. Si no viven en Caracas, ponen flores en su estatua.

6. el 12 de octubre   Día de la Resistencia Indígena

No es una celebración grande. El presidente venezolano Hugo Chávez cambió el nombre de este día. Antes se llamaba el Día de la Raza.

7. el 25 de diciembre   Navidad

Es una fiesta religiosa que celebra el nacimiento de Cristo. La celebración principal es el 24 de diciembre, la Nochebuena. La familia prepara una comida tradicional. En muchas casas ponen árboles de navidad, pero lo más tradicional es el nacimiento*. El 25 de diciembre, los niños se despiertan temprano para descubrir sus regalos debajo de los árboles o en los nacimientos. La tradición en Venezuela es que el Niño Jesús les trae los regalos.

Paso 1: Compara esta lista de días feriados típicos de Venezuela con una lista de los días festivos que tú celebras. ¿Cuáles tienen en común? ¿Cuáles son diferentes? ¿Hay prácticas que tengan en común? Escribe tus respuestas en un informe de 75 palabras.

Paso 2: Investiga en Internet otra celebración de Colombia o Venezuela. Prepara la siguiente información, junto con una foto para mostrársela a tus compañeros/as en clase.

el lugar   la duración y las fechas   las características   las tradiciones

> ## Cultura viva
>
> ### Semana Santa
>
> La Semana Santa tradicionalmente es una semana llena de actividades religiosas que se celebra en muchos países hispanohablantes. En Colombia y Venezuela siguen muchas tradiciones durante la semana, como ver películas religiosas, no comer carne roja, visitar lugares sagrados y pasar tiempo en familia. No hay clases en las escuelas, así que muchas familias salen de excursión o de vacaciones a un lugar turístico, a la playa o a las montañas.

11.30 El año nuevo. Lee las supersticiones del año nuevo en Venezuela. Después, decide si hay diferencia con lo que tú haces todos los años en tu pueblo, ciudad o comunidad. ¿Qué haces tú? Compara tus respuestas con las de tu compañero/a. Answers will vary.

- Encontrar dinero dentro de los zapatos en año nuevo significa muchísima prosperidad.
- Para tener mucha ropa nueva, usted debe ponerse la ropa interior al revés la noche del treinta y uno.
- Utilizar ropa interior roja para encontrar al amor de su vida.
- Utilizar ropa interior amarilla para mucha felicidad y alegría.
- Comer una uva con cada campanada[14] a la vez que se pide un deseo.
- Salir corriendo de casa con las maletas, para asegurar los viajes en el nuevo año.
- Comer una cucharadita de lentejas, para tener prosperidad durante todo el año entrante.

11.31 La fotografía de Milton Ramírez. `Recycle` El arte es un medio a través del que podemos representar nuestra cultura. Busca en Instagram una fotografía del fotógrafo Milton Ramírez donde aparezcan personas. Después, completa los siguientes **Pasos.** Answers will vary.
Activity 11.31 recycles physical descriptions from Chapter 2 and pastimes from Chapters 3 and 4.

Paso 1: Con dos compañeros, comenta sobre la foto. ¿Las personas que aparecen en ella celebran algún evento importante? Incluye una descripción de las personas, su ropa, el lugar y las actividades que ven en la foto.

Paso 2: Ahora, escribe una descripción de la foto y explica por qué te gusta o no te gusta.

Technology tip for 11.29, Paso 2: Have students post their photo and description on your learning management system discussion board and then write at least one question or comment for another student's posting.

Follow-up for 11.30: Have students explain some superstitions common to their hometown or community.

Technology tip for 11.31, Paso 2: Have students post their photo and description on your learning management system discussion board and require them to write at least one question or comment for another student's posting.

*nacimiento: nativity scene   [14] con cada campanada: with every stroke of the clock

Paso 3: Milton Ramírez toma fotografías que muestran la naturaleza y la gente de su país. Sus imágenes en Instagram representan momentos de la vida diaria. Escribe tres preguntas para una entrevista con él. Comparte y practica tus preguntas con tu compañero/a. ¿Por qué crees que sus fotos son populares en Instagram?

Cultura viva

Las arepas

La arepa es una comida muy típica de Venezuela y Colombia. Es un alimento hecho de masa de maíz en forma de círculo. No es plana como la tortilla mexicana, sino semiaplanada. En Venezuela se sirve con varios tipos de rellenos que incluyen carne, queso, arroz, frijoles, plátanos, pescado, mariscos, vegetales, entre otros. En Colombia hay más de 75 variedades de arepas, unas que se rellenan y otras que no. Estas últimas se sirven con alimentos encima, como queso, huevos,

nehopelon / Alamy Stock Photo

Arepa venezolana, rellena de pabellón criollo, que consiste de carne, arroz y plátanos.

plátanos. Las arepas son el plato nacional de Venezuela. En ese país hay restaurantes, llamados areperas, que se especializan en prepararlas. El Día Mundial de la Arepa es el 13 de septiembre.

Suggestion for 11.31: For flipped or hybrid courses, students can prepare this activity outside of class. During the next class session, they can present their findings to the class.

11.32 El español cerca de ti. ¿Cómo son las celebraciones y días festivos en otros países? Busca a un/a latino/a en tu comunidad o en línea para entrevistar. Pregúntale sobre los días festivos más importantes y cómo los celebra. Después, compara su descripción con tu vida. ¿Hay semejanzas? ¿Cuáles son las diferencias? Comparte tu investigación con la clase en un informe, contrastando y comparando tus prácticas con las del/de la nativo/a.

Answers will vary.

Exploremos la gramática 2

WileyPLUS

Go to WileyPLUS to review this grammar point with the help of the Animated Grammar Tutorial.

Diminutives

A diminutive is a suffix, a syllable added to the end of a word to alter its meaning. You may be able to guess that the following are related to the vocabulary with which you have already come in contact: **Jugar con los amiguitos o con carritos**.

Amiguitos and **carritos** are adjusted by the use of a suffix added to the end of the original word.

The most common suffix used to create a diminutive is **-ito**. This suffix must reflect the gender and number of the original noun. Therefore, there are four forms of the diminutive: **-ito**, **-ita**, **-itos**, **-itas**.

Diminutives denote size or smallness: **Cuando era muy joven me gustaba jugar con carritos**. They also can denote endearment and affection: **Siempre visitaba a mis amiguitos**. You can create diminutives in two ways:

1. Nouns ending in a vowel other than 'e': the vowel (or vowel + 's') is removed and the diminutive form (**-ito,-ita, -itos, -itas**) is added to what remains of the noun.

carros	carr~~os~~	carr- + itos	carr**itos**
amigos	amig~~os~~	amigu- + itos	amigu**itos** ('u' is added for pronunciation purposes, so that the 'g' can sound as it originally sounds in **amigo**.)

2. Nouns ending in 'e': the diminutive form becomes **–cito**, etc.

café	cafe**cito**	padre	padre**cito**
té	te**cito**	madre	madre**cita**

Note that **amiguitos** can convey the idea that someone is referring to their little friends in size and age and/or may express affection toward that person. With adults, the meaning conveyed would not necessarily express the size of the person, but the feeling toward that person.

Me gusta mucho la comida que prepara mi abuel**ita**.

I really like the food that my (dear: affectionate reference) grandmother prepares.

Mi hij**ita** estudia en la Universidad Central de Venezuela, en Caracas.

My (darling: affectionate reference) daughter studies at the Central University of Venezuela, in Caracas.

A variation of the diminutive that you may hear in some varieties of Spanish is the use of **–ico** or **–ica**, such as in the following examples:

¿Puedes esperarme un moment**ico**?

Can you wait for me a moment?

Cuando María era chiqui**tica**, le gustaba leer cuentos infantiles.

When Maria was little, she liked to read children's stories.

11.33 Canción infantil. Algunas personas tienen una canción que recuerdan de su niñez. Examina las siguientes canciones infantiles y sigue los **Pasos**.

Paso 1: Identifica y marca los diminutivos en las siguientes canciones.

Paso 2: Escribe la palabra original al lado de cada diminutivo.

Un pececito

Un pececito en el fondo del mar, pez
Movió su colita y se puso a nadar. cola
Con otro amiguito se fue a pasear, amigo
Pero su mamita lo fue a buscar. madre

Caracol

Caracol, col, col, sal de tu casita, casa
Que es de mañanita y ha salido el sol. mañana
Caracol, col, col, vuelve a tu casita, casa
Que es de nochecita y se ha puesto el sol. noche

Editorial Trillas, S.A. 1995 © Cantos para jugar 1

Paso 3: Contesta las preguntas con un compañero/a.

1. ¿Para qué sirven estas canciones?
2. ¿Cuál es el mejor lugar para cantar esta canción a un/a niño/a?
3. ¿Por qué crees que hay diminutivos en estas canciones?
4. ¿Recuerdas alguna canción de tu niñez?

Paso 4: En Internet, busca y escucha una grabación de una canción infantil en español con diminutivos. ¿Es similar a alguna canción que cantabas de niño/a? Answers will vary.

Answers for 11.33, Paso 3:
1. Estas canciones sirven para jugar con los niños. 2. El mejor lugar para cantar esta canción es en la escuela o en la casa. 3. Hay diminutivos para jugar con las palabras de las canciones. 4. Answers may vary.

11.34 Cuando era más joven. Revisa las actividades de la siguiente lista y cambia cada una para expresar la idea de tamaño[15] o de cariño[16]. Escribe las formas al lado de cada una.

Modelo: *Leer **cuentos** con mi mamá.*

Cuando era niño/a siempre me gustaba leer cuentitos con mi mamá.

1. visitar **animales** en el zoológico.
2. hablar con mis **amigas** por teléfono.
3. jugar a las **muñecas**. ('c' changes to 'qu')
4. caminar con mi **perro**.
5. jugar con mis **gatos**.
6. conversar con mi **abuelo**.
7. comer en restaurantes con mis **hermanas**.

11.35 ¿Es el tamaño o el cariño? Escribe cuatro frases para relatar lo que te gustaba hacer de niño/a. Usa un diminutivo en cada frase para expresar el tamaño de las cosas o personas o el cariño que sentías hacia la cosa o la persona. Después, compara tus oraciones con un/a compañero/a, quien tiene que decirte si tu oración denota tamaño, cariño o ambos[17].

Answers will vary.

Modelo: E1: *Cuando tenía diez años, mi familia y yo vivíamos en una casita cerca de mis abuelos.*

E2: *Puede denotar el tamaño de la casa.*

E1: *Señora Rosales, ¿podría servirme un cafecito, por favor?*

E2: *Denota afecto o respeto.*

11.36 El español cerca de ti. En Estados Unidos hay muchos centros y escuelas preescolares para cuidar a los/as niños/as mientras sus padres trabajan durante el día. Sigue los siguientes **Pasos** para hacer una investigación. *Answers will vary.*

Paso 1: Contesta las siguientes preguntas sobre el tema.

1. ¿Cuántos centros para niños hay en tu ciudad?
2. ¿Hay escuelas preescolares de inmersión en español en la comunidad en la que vives?
3. ¿Asistías a un centro o escuela preescolar de niño/a? ¿Cómo era?
4. ¿Existen estos lugares en Colombia? ¿Y en Venezuela?
5. Compara el número de estos centros en tu estado con el número de centros en Colombia y Venezuela.
6. ¿Hay escuelas preescolares de inmersión en inglés en Colombia o Venezuela?

Paso 2: Haz una entrevista con una persona latina en tu comunidad o en línea sobre el cuidado de los niños/as mientras los padres trabajan. ¿Cómo es en su comunidad? ¿Cuál es su perspectiva? Prepara un resumen del tema para la clase.

Estrategia de estudio: Clear Your Mind of English

Have you ever noticed in class how some students still insist on translating word for word? If this happens to you, try to clear your mind of English before stepping into the classroom. This will help you to learn faster in many ways.

---

[15]**tamaño:** size [16]**cariño:** affection [17]**ambos:** both

EXPERIENCIAS

El parque nacional Amacayacu

Noticias   Información   Fotos   Amigos   Archivos

Ger Bosma / Alamy Stock Photo

El tití leoncito, el primate más pequeño de las Américas,
vive en el parque nacional Amacayacu en Colombia.

El año pasado viajé por primera vez a Colombia con
mi amigo Roberto para visitar a su familia. Ellos viven
en Cali, una ciudad al suroeste del país. Viajamos
a varios parques naturales, porque me encanta la
naturaleza. Colombia es uno de los países con mayor
biodiversidad del mundo. Sus áreas protegidas
representan el 11,27 % del área nacional. Veintiséis
(26) de las áreas protegidas tienen presencia de comunidades indígenas
y afrodescendientes. El parque nacional natural Amacayacu es uno de los
parques nacionales que comparte frontera con Brasil en la Amazonia. Ahí se
encuentra la diversidad más grande de primates del mundo, 468 especies de
aves, el defín rosado, manatíes, caimanes, boas y las tortugas más grandes
del mundo.

Roberto y yo pasamos cuatro días explorando el parque. Primero, tomamos
un avión hasta la ciudad de Leticia. La única manera de llegar al parque es
por barco, así que alquilamos un barco con guía. Fuimos a la isla Mocagua
donde vimos la flor de loto[18] más grande del mundo. También vimos un
jaguar y un tapir. Después, paramos en la isla Mico solo para ver los cientos
de monos que juegan en los árboles. Me tomé un montón de fotos con
ellos. Como la gente indígena Ticuna vive en el parque y sus alredededores,
decidimos ir a uno de sus pueblos para conocer su estilo de vida. La verdad
es que nuestra excursión a Amacayacu fue mi favorita porque sobreviví[19] a
los elementos más extremos, como la humedad, los insectos y las serpientes.
Tengo miedo de las serpientes, especialmente de las boas.

[18]**loto:** lotus   [19]**sobreviví:** survived

11.37 Mi propio blog. Por un mínimo de un mes y un máximo de seis meses, puedes ser guardaparques voluntario en un parque nacional en Colombia. Para tu próximo viaje, puedes solicitar el puesto. Completa los siguientes **Pasos** para planificar el viaje. Answers will vary.

Paso 1: Usa Internet y haz una búsqueda de mapas para encontrar el parque nacional Amacayacu. Escribe tres lugares que están cerca del parque.

1. _____ **2.** _____ **3.** _____

Paso 2: Investiga en Internet las ventajas de ser guardaparques. Contesta las preguntas.

1. ¿Qué está incluido en la experiencia?

2. ¿Qué actividades hay que hacer?

3. ¿Cuáles son los requisitos para ser guardaparques?

Paso 3: Para organizar tu viaje, consulta un mapa del área. Escribe en la tabla los detalles necesarios para planificar tu excursión.

Parque nacional Amacayacu					
Cómo llegar	**Mejor época para visitarlo**	**Alojamiento recomendado**	**Precios aproximados**	**Qué llevar**	**Qué visitar**

Paso 4: Comenta tus planes con tu compañero/a y explícale cuánto tiempo quieres trabajar y por qué.

Paso 5: En tu propio blog, escribe sobre un parque interesante que conozcas. Puede ser un parque local, estatal o nacional. En tu descripción, incluye la siguiente información:

¿Por qué es interesante? ¿Cuánto cuesta la visita?

¿Cómo llegas allí? ¿Qué animales hay?

¿Qué tipo de alojamiento hay? ¿Hay guardaparques que trabajan allí?

Note for 11.37, Paso 5: Assign students to create a blog using any web application. Students will utilize this blog and post items to it for every chapter of *Experiencias*. You may ask your students to share the link to that blog on your learning management system discussion board. Then in class, ask students to compare their information.

Te presentamos a…

Gustavo Dudamel

Antes de leer

11.38 Músico apasionado. Antes de leer la selección sobre Gustavo Dudamel, lee la estrategia. La lectura sobre Dudamel describe su vida y sus talentos.

Gustavo Dudamel.

Pablo Cuadra / Getty Images

Note for 11.38: Students can practice the strategies of skimming and scanning to assist in successful reading comprehension. Remind them to scan and select cognates. Then scan for words they know. Finally, they can skim for the main idea of the passage.

Estrategia de lectura: SQ3R

SQ3R stands for several reading strategies combined together: Survey, Question, Read, Recite and Review. Applying all of these strategies to a reading text can be extremely helpful to assist in comprehension. Try following these steps to apply SQ3R to your reading.

Survey: Survey the organization of the text and guess what it is about. You can do this by reading headings and subheadings, reading the introduction and any comprehension questions that follow the reading.

Question: After your survey, write down a few questions about the text that you will answer.

Read: Read the text selectively, looking for the answers to your questions.

Recite: Write down the answers to your questions in your own words.

Review: Read the text again and review what information you have learned from reading the text. Review again after taking a break in your studies or the next day. This delayed review will also help to solidify your reading comprehension.

Paso 1: Revisa la selección y selecciona todos los cognados. Después, aplica la estrategia de *SQ3R*.

Paso 2: Contesta las siguientes preguntas: Answers will vary.

- ¿Cuál es el formato del texto?
- ¿Qué sugiere el título?
- ¿Cuáles son algunas de las palabras importantes en cada párrafo?
- ¿Qué información obtienes de la lista de cognados?

Paso 3: Lee la lectura con cuidado. Recuerda que no tienes que entender cada palabra.

Follow-up for 11.38, Paso 1: Review the cognates that students highlighted and ask them to identify the focus of the selection.

 ## Gustavo Dudamel, orgullo de Venezuela para el mundo

¿Quién es este "orgullo de Venezuela"? Gustavo Adolfo Dudamel Ramírez nació en Barquisimeto, el 26 de enero de 1981 y es considerado uno de los directores de orquesta más fascinantes y carismáticos de hoy en día. Calificado como un genio musical, se refieren a él como "el hombre que rejuvenece la música clásica". Tiene la capacidad de correr riesgos y de aprender de sus errores, capacidades necesarias para ser un genio. Dudamel no duda en arriesgarse en cuanto a la música. Gustavo Dudamel ha dejado huella en las más variadas audiencias del mundo. Aunque es el director más buscado, limita sus presentaciones a pocas orquestas en el extranjero. La mayor parte de su atención se centra en las filarmónicas de Viena y Berlín. En 2019 llegó a ser Director Musical de la Filarmónica de Los Ángeles.

¿Cómo alcanzó Dudamel esta posición? Gustavo comenzó los estudios de música a la edad de cuatro años bajo la instrucción (tutela) de su padre. Sus padres, Oscar Dudamel Vásquez y Solange Ramírez Viloria, también son músicos formados, al igual que Gustavo, en el Sistema Nacional de Orquestas Juveniles e Infantiles de Venezuela. Fue así como creció rodeado de música. Ya a los diez años tocaba el violín (estudió en la Academia Latinoamericana de Violín). A esa edad también se destacaba en los deportes. A "the Dude", como lo llamaban cariñosamente, le fascinaban los conciertos y las orquestas. Tocaba sinfonías mientras sus amiguitos se interesaban en juegos infantiles. Leía partituras[20] mientras otros niños leían novelas juveniles. Así relata Dudamel momentos de su juventud: "Recuerdo que tenía un juego favorito. Tomaba mis soldaditos de plástico sin armas, los ponía en posición de orquesta, tocaba algún tipo de música y yo era el director".

En Barquisimeto, su ciudad natal, las drogas y los crímenes eran parte de la sociedad y una amenaza para muchos de los jóvenes. Dudamel se libró de esa amenaza gracias a su educación musical. Cuando Gustavo Dudamel fue nombrado director de música de la filarmónica de Los Ángeles en el año 2009, llegó al podio con su cabeza de cabello espeso y una presencia magnética, con las que logró electrizar al mundo de música clásica.

¿Por qué se dice que es uno de los directores más galardonados de su generación? Dudamel es un director dinámico, con una gran pasión que se nota en la manera en que dirige una orquesta. Por sus movimientos y su animación en el podio se le reconoce como "*the hottest conductor on the planet*". En 2009 fue nombrado por *Time Magazine* como una de las 100 personas más influyentes del mundo. Tiene numerosas grabaciones. En

[20]**partituras:** muscial scores

(continuación)

(continuación)

el año 2012, ganó el Premio Grammy por la mejor interpretación orquestal, junto a la Orquesta Filarmónica de Los Ángeles, y más reciente fue nombrado *Musical America's 2013 Musician of the Year,* uno de los honores más estimados en la industria de la música clásica. En la actualidad (2019), es Director Musical de la Orquesta Sinfónica Simón Bolívar de Venezuela y de la Filarmónica de Los Ángeles. Su liderazgo musical se siente en varios continentes.

¿Qué hace para promover el interés en la música entre los jóvenes y otros? Dudamel cree que la música es un derecho humano. Su filosofía personal se expresa en que todos tengan acceso a la música. Por esta razón, estableció La Fundación Gustavo Dudamel con el objetivo de dar tantas oportunidades como sea posible a niños, jóvenes, adultos mayores y comunidades. Esta es la misión de su vida.

Después de leer

Answers for 11.38, Paso 4:
3. F "La mayor parte de su atención se centra en las filarmónicas de Viena y Berlín."
5. F Lo llamaban cariñosamente "the Dude."
6. F "…Tocaba sinfonías mientras sus amigos se interesaban en juegos infantiles. Leía partituras mientras otros niños leían novelas juveniles."
7. F. "Recuerdo que tenía un juego favorito. Tomaba mis soldaditos de plástico sin armas, los ponía en posición de orquesta, tocaba algún tipo de música y yo era el director."

👥 **Paso 4:** ¿Cuánto sabes de la vida de Gustavo Dudamel ahora? Trabaja con un/a compañero/a. Los dos deben leer las oraciones a continuación y decir si son **ciertas (C)** o **falsas (F)**. Si una oración es falsa, deben indicar en la lectura dónde encontrar la información correcta.

1. "El orgullo de Venezuela" significa que Dudamel representa bien a su país natal. C
2. Dudamel, aprende de los errores que comete en su trabajo. C
3. Dudamel es director de la filarmónica de Viena y, también, de la filarmónica de Berlín. F
4. Cuando era joven, Dudamel estudió en el Sistema Nacional de Orquestas Juveniles e Infantiles de Venezuela. C
5. Se referían negativamente a Dudamel como "The Dude." F
6. Cuando eran jóvenes Dudamel y sus amigos tenían intereses similares. F
7. De niño, Dudamel jugaba juegos de guerra con sus soldados de plástico. F
8. Dudamel nunca tuvo interés en las drogas porque le fascinaba la música. C
9. Durante su primera vez como director en el podio de Los Ángeles logró cautivar al público. C
10. Gracias al trabajo de Dudamel, muchos jóvenes tienen un gran interés en la música y aprenden a tocar varios instrumentos musicales. C

Paso 5: Para saber más de este famoso músico, busca en Internet su página de Facebook. Encuentra una foto de él y descríbela, contestando las siguientes preguntas.

Answers for 11.38, Pasos 5 and 6:
Answers will vary.

1. ¿Dónde está Dudamel en esta foto?
2. ¿Por qué está allí?
3. ¿Qué está haciendo?
4. ¿Cómo se siente, probablemente, en este lugar?
5. ¿Qué tipo de ropa lleva?
6. ¿Qué otra información puedes ver en la foto?
7. Si tuvieras la oportunidad de entrevistar a Dudamel, ¿qué información le pedirías?

👥 **Paso 6:** Comenta la foto con tu compañero/a. ¿Son parecidas las dos fotos que describen?

Estrategia de escritura: Proper Editing

Editing your writing is an important step in the writing process. You shouldn't expect to do an adequate job of editing by just rereading your work one time. Go through your draft first to check for mechanical details such as spelling and punctuation. The next step is to check for grammar errors like adjective/noun agreement and verb forms. After the grammar check, read your work aloud to test it for smooth flow. Decide if sentences are too long or too short and choppy. Be sure you can follow the point of your writing. Finally, make certain that you create a neat presentation and follow your instructor's guidelines for font size, margins and number of words.

👥 **11.39 Una carta.**   Cada mes donas dinero para ayudar con las necesidades básicas de un/a niño/a de un país hispanohablante. De vez en cuando le escribes cartas para animarlo/la. En tus cartas, siempre le preguntas sobre su vida, pero resulta que a la vez sueles contarle mucho de ti mismo/a. Escríbele una carta para averiguar qué hace en su tiempo libre para entretenerse, y cuéntale de tu vida cuando eras niño/a. Incluye la siguiente información en tu carta, usando las siguientes preguntas como guía para escribir algunos párrafos en los que describas tu vida cuando tenías ocho años. Answers will vary.

1. ¿Dónde y con quién vivías cuando eras niño/a?
2. ¿Cómo era tu vida cuando tenías ocho años?
3. ¿Qué actividades hacías?
4. ¿Tenías una mascota?
5. ¿Cuáles eran tus juguetes favoritos?, ¿tu cuento infantil preferido?, ¿tu programa de televisión preferido?
6. Incluye el nombre y la descripción de tu escuela. ¿Te acuerdas de tu maestro/a favorito/a?
7. Incluye los nombres y descripciones de tus amigos/as.
8. Cuando eras niño/a, ¿qué querías ser?

No te olvides de usar el formato de carta y de preguntarle sobre su vida, su rutina y lo que hace para divertirse.

La música y el baile colombianos

11.40 El deseo de bailar es incansable.   En Colombia, la costumbre de disfrutar del baile en cualquier circunstancia es típica de muchos ciudadanos. El siguiente artículo describe esta costumbre como práctica importante de varias generaciones. Sigue los siguientes **Pasos** para aprender más sobre el tema.

Antes de leer

👥 **Paso 1:** En preparación para la lectura, contesta las preguntas que siguen y comparte tus ideas con la clase.

1. ¿Tomas o tomabas clases de baile?
2. En las fiestas, ¿sueles bailar con tus amigos?
3. ¿Qué tipo de bailes son populares en Estados Unidos? Answers will vary.

A muchos colombianos les gusta bailar salsa y cumbia.

LUIS ROBAYO / AFP / Getty Images

🎧 **La música y el baile colombianos**

Si hay algo que pueda ocuparte durante las noches en Colombia, es el baile y la salsa. La salsa es una de las pasiones más grandes de los colombianos, y esta pasión se nota en su entusiasmo para bailar en todo tipo de eventos y celebraciones típicos de su vida privada y profesional. La salsa es un baile y una música que tuvo sus orígenes en Cuba en los años 30, 40 y 50, influenciada por el son y la cumbia. Luego llegó a Nueva York. La comunidad de puertorriqueños de esa ciudad desarrolló el estilo hasta lo que se llama hoy en día *la salsa*. Colombia tiene su propio estilo de salsa, con influencias de la cumbia, un ritmo africano.

(continuación)

(continuación)

> Cali, la tercera ciudad más grande de Colombia, es conocida como el mejor lugar para aprender a bailar salsa, ya que tiene más de cien escuelas de baile. El festival mundial de salsa de Cali es un evento de competición que atrae escuelas, academias, compañías y bailarines de salsa que pueden participar en seis categorías: grupos infantiles, grupos cabaret, ensamble, parejas cabaret, bailando ON y estilo caleño (infantil y juvenil-adulto). Cada septiembre, durante seis días, toda la ciudad vive el festival de la salsa. Los eventos, clases, exhibiciones y competiciones tienen lugar por toda la ciudad, incluso en la plaza de toros, el centro cultural y el teatro municipal de Cali. El objetivo es fortalecer la expresión artística de la ciudad y, a través de concursos y presentaciones, transcender las fronteras, uniendo a los participantes de todas partes del mundo a través de la música.
>
> La salsa de Cali es más rápida e incluye muchas vueltas. Suele añadir un paso adicional, llamado 'el pique'. Si se está interesado en aprender a bailar salsa en Cali, es recomendable tomar una lección privada en lugar de una clase con otras personas, especialmente si se es principiante. Para los hombres en particular, es especialmente importante aprender los pasos básicos antes de bailar con una compañera, ya que a él le toca dirigir la experiencia.
>
> Son de Luz es una de las escuelas de baile de Cali. Es una organización sin fines de lucro, cuyo principal objetivo es ser una embajadora cultural a través de los bailes famosos de su ciudad. Esta escuela de baile ofrece clases para niños, jóvenes, adultos y jubilados todos los días de la semana. Para la gente de Cali, la pasión que se pone al bailar al ritmo rápido de la música, promueve los valores, el optimismo, la ética de trabajar duro y el orgullo de la cultura colombiana.

Después de leer

Suggestion for 11.40, Paso 2: Have students correct the false statements.

Paso 2: **WP** Después de leer la información sobre la importancia del baile salsa en Colombia, marca si las oraciones son **ciertas (C)** o **falsas (F)**.

    _C_ **1.** La salsa se desarolló en la ciudad de Nueva York.

    _C_ **2.** En Cali, es notable el tremendo interés por la salsa.

    _F_ **3.** La salsa de Cali es igual a la salsa que se baila en otras partes del mundo. *Es más rápida e incluye vueltas.*

    _F_ **4.** El festival mundial de salsa en Cali tiene lugar en febrero. *En septiembre.*

    _C_ **5.** Para el hombre en particular, es especialmente importante aprender bien los pasos básicos de la salsa. *Ofrece clases todos los días de la semana.*

    _F_ **6.** La escuela Son de Luz se especializa en clases para el festival.

    _C_ **7.** En Cali la gente se siente orgullosa de su pasión por el ritmo y el baile.

Answers for 11.40, Pasos 3 and 4: Answers will vary.

Paso 3: Consulta Internet e investiga sobre alguna escuela de baile en Cali. ¿Existe alguna escuela donde puedas aprender a bailar salsa? ¿Cuánto cuestan las clases? ¿Dónde está? ¿Hay algún lugar en tu ciudad donde puedas aprender a bailar salsa? ¿Hay algún club en tu ciudad donde bailen salsa? Comparte las ideas con tu compañero/a.

Paso 4: Consulta Internet para ver un video de salsa en Colombia. Escribe una lista de adjetivos para describir el baile. Después, comparte tu lista con tu compañero/a.

Manos a la obra

Momentos inolvidables

Suggestion for 11.41: This activity is broken down into small steps for students to complete. For hybrid or flipped classes, you may want to assign **Paso 1-3** for students to prepare prior to the class session. **Paso 4** extends the activity and encourages students to practice with their partner.

11.41 El trabajo en la comunidad. Te aceptaron en un programa de estudios en el extranjero en Cali, Colombia. El plan es trabajar con niños en una escuela rural durante las mañanas y tomar clases en la universidad por las tardes. Completa los **Pasos** para preparar tu experiencia. *Answers will vary.*

Paso 1: Tienes que planificar un programa de actividades para los niños de tres horas para cada mañana. Escribe una lista de actividades, juegos, y materiales que vas a necesitar para el trabajo.

Paso 2: Busca fotos u otros recursos visuales para incluir en una presentación PowerPoint o Prezi.

Paso 3: Prepara una explicación de la agenda de actividades que creaste, incluyendo las actividades de grandes movimientos, de motricidad finas[21], actividades de arte, actividades académicas y actividades de inglés.

Paso 4: Practica tu presentación con tu compañero/a.

11.42 El club de español. Te toca organizar un evento para el club de español como vicepresidente del club. Tienes que escoger un día feriado para celebrar. Sigue los **Pasos** para planificar la celebración. Answers will vary.

Paso 1: Decide qué día feriado quieres celebrar.

Paso 2: En Internet, busca información sobre el día feriado y cómo se celebra en Colombia o Venezuela.

Paso 3: Investiga en Internet los detalles del día. Decide qué decoraciones necesitas para que sea una experiencia auténtica. ¿Qué comida vas a servir? ¿Cuánto les va a costar?

Paso 4: Crea un volante sobre el evento para invitar a todos los estudiantes.

Paso 5: Preséntale tus ideas a tu compañero/a.

Suggestion for 11.42: This activity is broken down into small steps for students to complete. For hybrid or flipped classes, you may want to assign **Paso 1-4** for students to prepare prior to the class session. **Paso 5** extends the activity and encourages students to present to their partner.

11.43 Te toca a ti. Vas a grabar un video de ti. Mira el video del comienzo del capítulo 11: **Cómo crear tu propio juego de mesa**. Sigue los siguientes **Pasos** para preparar tu propio video. Answers will vary.

Paso 1: Piensa en un juego de cartas o de mesa que quieras presentar en el video. Escribe las normas necesarias para poder jugar.

Paso 2: Practica tu explicación y tus instrucciones en voz alta, sin leer tus apuntes.

Paso 3: Practica tus instrucciones con tu compañero/a. Tu compañero/a te dará sugerencias sobre tu trabajo.

Paso 4: Finalmente, graba tu video con tu compañero/a, turnándose para incluir las tareas de los **Pasos 1-3** en cada uno de sus videos.

Paso 5: Sube tu video al foro para compartirlo con tus otros compañeros de clase.

11.44 Mi cuaderno electrónico. Ahora te toca organizar otra página en tu cuaderno electrónico para anotar la información interesante que encuentres sobre Colombia y Venezuela. Abre tu cuaderno y sigue las siguientes instrucciones. Answers will vary.

Paso 1: Utilizando tu libro de texto, los videos de Daniel e Internet, escribe la siguiente información:

1. Estadísticas interesantes de Venezuela y Colombia
2. Información básica sobre los dos países
3. Mapa de cada país
4. Un lugar que quieres ver y por qué
5. Información sobre los lugares que quieres visitar
6. Fotos de cada país
7. Enlaces interesantes sobre los tres países
8. Observaciones culturales

Paso 2: Comparte tu información con un/a compañero/a o con la clase.

Technology tip for 11.44: Have your students use the tool of their choice to compile their electronic notebook. This is a great way to keep students organized as they create a portfolio of photos and material regarding the countries presented throughout the book.

---

[21]**motricidad fina:** fine motor skills

REPASOS

Repaso de objetivos

Check off the objectives you have accomplished.

Teaching tip for Repaso de objetivos: Although this self-assessment is designed for the students to evaluate their progress, teachers might poll students informally as a group to gauge how students are feeling about the material. This could be done orally with eyes closed and hands raised or by simply asking students to leave a slip with their answers at the end of class.

I am able to...

	Well	Somewhat
• explain how I celebrated holidays when I was younger.	☐	☐
• talk about activities that I did as a child.	☐	☐
• describe childhood games and activities popular in Colombia, Venezuela and the United States.	☐	☐

	Well	Somewhat
• tell about the celebrations and festivals in Colombia and Venezuela.	☐	☐
• compare celebrations and holidays in the United States with those in Colombia and Venezuela.	☐	☐

🎧 Repaso de vocabulario

WileyPLUS
Go to WileyPLUS to review these vocabulary words and practice their pronunciation.

Las actividades de la niñez
   Childhood activities

andar en patineta   *skateboard*
bajar el tobogán   *to go down the slide*
coleccionar   *to collect*
   estampas   *trading cards*
   sellos   *stamps*
columpiar(se)   *to swing*
dibujar   *to draw or sketch*
dormir en una tienda de campaña   *to sleep in a tent*
hacer rompecabezas   *to do puzzles*
ir de campamento   *to go camping*
jugar   *to play*
   a las cartas   *cards*
   a las escondidas   *hide and seek*
   a las muñecas   *with dolls*
   con el/la amiguito/a/ los amiguitos   *with your friend/friends*
   con carritos   *with toy cars*
   juegos de mesa   *board games*
   en la arena   *in the sand*
leer tiras cómicas   *to read the comics*
el patio de recreo   *the playground*
pintar   *to paint*
el salón de clases   *classroom*
saltar a la cuerda   *to jump rope*
subir a los árboles   *to climb trees*
volar papagayos/cometas   *to fly kites*

Los días feriados y las celebraciones   *Holidays and celebrations*

la carroza   *float*
el desfile   *parade*
el disfraz   *costume*
los fuegos artificiales   *fireworks*
las máscaras   *masks*
el traje tradicional   *traditional outfit*
Carnaval   *Carnaval*
el Día del Año Nuevo   *New Year's Day*
el Día de Acción de Gracias   *Thanksgiving*
el Día de las Brujas   *Halloween*
el Día de la Independencia
   Independence Day
el Día de la Madre   *Mother's Day*
el Día del Padre   *Father's Day*
el Día de la Resistencia Indígena
   Indigenous Resistence or Columbus Day
el Día de los Reyes Magos   *Three Kings Day*
el Día de San Patricio   *Saint Patrick's Day*
el Día de San Valentín/el Día de los Enamorados   *Valentine's Day*
el Día de Todos los Santos   *All Saints Day*
el Día del Trabajador   *Labor Day*
la Navidad   *Christmas*

Repaso de gramática

The imperfect: describing past events and situations

The **imperfect** is also a past tense but, unlike the preterit, it is used to tell time, a person's age, the background for a story, events with no reference to beginning or ending or events in progress and interrupted by another action.

Subject pronouns	-ar	-er	-ir
yo	-aba	-ía	-ía
tú	-aba**s**	-ía**s**	-ía**s**
él/ella, usted	-aba	-ía	-ía
nosotros/as	-ába**mos**	-ía**mos**	-ía**mos**
vosotros/as	-ába**is**	-ía**is**	-ía**is**
ellos/as, ustedes	-aba**n**	-ía**n**	-ía**n**

Subject pronouns	Ser	Ir	Ver
yo	era	iba	veía
tú	era**ss**	iba**s**	veía**s**
él/ella, usted	era	iba	veía
nosotros/as	éra**mos**	íba**mos**	veía**mos**
vosotros/as	éra**is**	íba**is**	veía**is**
ellos/as, ustedes	era**n**	iba**n**	veía**n**

Diminutives

Diminutives denote size or smallness: **Cuando era muy joven me gustaba jugar con carritos.** They also can denote endearment and affection: **Siempre visitaba a mis amiguitos.**

You can create diminutives in two ways:

1. Nouns ending in a vowel other than **-e:** the vowel (or vowel + 's') is removed and the diminutive form (**-ito,-ita, -itos, -itas**) is added to what remains of the noun

   carros   carr~~os~~   carr- + itos   carr**itos**

   amigos   amig~~os~~   amigu- + itos   amigu**itos** ('u' is added for pronunciation purposes so that the 'g' can sound as it originally sounds in **amigo.**)

2. Nouns ending in **-e:** the diminutive form becomes **–cito**, etc.

   café   cafe**cito**

   madre   madre**cita**

   A variation of the diminutive that you may hear in some varieties of Spanish is the use of **–ico** or **–ica**, such as in the following examples:

   ¿Puedes esperarme un moment**ico**?

   Can you wait for me a moment?

A muchas personas les gusta pasar momentos libres con la familia o con amigos compartiendo una buena comida.

David R. Frazier Photolibrary, Inc. / Alamy Stock Photo

Según cuenta la historia

Note for Chapter 12:
World Readiness Standards addressed in this chapter include:
Communication: All three modes.
Culture: Examining the ritual of drinking mate and the perspectives underlying this cultural practice.
Connections: Connecting with the disciplines of political science, literature and environmental science.
Comparisons: Comparing and contrasting political activism in target cultures and home culture.

Contesta a las siguientes preguntas basadas en la foto.

1. ¿Dónde está el grupo de familiares y amigos?
2. ¿Qué hacen?
3. ¿Cuál es la relación entre las personas?
4. ¿Qué haces tú normalmente con tus amigos?
5. ¿Adónde vas en tu tiempo libre?

ENCUENTROS

Video: Cómo preparar mate

Conozcamos a...

Cecilia Márquez Videla (San Nicolás, Argentina)

Mariana Paz Jiménez (Santiago, Chile)

EXPLORACIONES

Exploremos el vocabulario

Los estados de ánimo

Exploremos la gramática

Narrating and describing in the past with preterit and imperfect

Preterit and imperfect with mental states and emotions

EXPERIENCIAS

El blog de Daniel: Los pingüinos de Magallanes

Te presentamos a... Camila Vallejo

Cultura y sociedad: Las arpilleras: Arte folclórico de Chile

Manos a la obra: Según cuenta la historia

OBJETIVOS COMUNICATIVOS

By the end of this chapter, you will be able to...

- talk about past events.
- describe how you and others are feeling.
- share your own experiences by telling a story in the past.

OBJETIVOS CULTURALES

By the end of this chapter, you will be able to...

- examine common legends and traditional stories from Argentina and Chile.
- investigate some of the political difficulties that have affected everyday life in Chile and Argentina.
- investigate an everyday citizen in Chile who is making her mark on society.

ENCUENTROS

Cómo preparar mate

12.1 Imágenes. A veces una foto puede generar muchas ideas. Escribe qué ves en la foto y para qué se usa. Después, comparte tus ideas con tu compañero/a. *Answers will vary.*

12.2 Los pasos más lógicos. **WP** El amigo de Daniel describe cómo se prepara el mate. Mira el video y pon en el orden más lógico los pasos de la preparación de la bebida.

El recipiente donde se sirve la yerba mate también se llama mate.

PhotoAlto / Alamy Stock Photo

____6____ Se echa agua caliente en el espacio vacío.

____2____ Se toma el mate y se llena de yerba hasta la mitad.

____4____ Se hace un hueco en la yerba y se introduce la bombilla.

____5____ Se echa un poco de agua fría y se espera un poco.

____3____ Se cubre el mate con la palma de la mano y se agita.

____1____ Se utiliza un recipiente, una bombilla, la yerba mate, un recipiente con agua caliente y otro con agua fría.

____7____ La persona que lo prepara debe beber primero y debe tomarlo todo. Después, se echa más agua y se comparte con el resto del grupo.

12.3 Perspectivas culturales. Conversa con tu compañero/a para compartir tus perspectivas sobre los siguientes temas. *Answers will vary.*

- las bebidas más saludables
- las bebidas típicas
- cómo se prepara tu bebida preferida sin alcohol
- una norma o práctica cultural asociada con una bebida en tu cultura

▶ **Estrategia de estudio: Self-Confidence Matters**

 Have you reflected on your growth and progress so far? Motivation and a positive attitude can help you to gain confidence in your progress as a language learner. Be sure to pat yourself on the back for all the progress you have made so far. Take a moment to compare where you have come from. What was it like when you first started learning Spanish? Find a composition that you wrote or a recording of you speaking from the beginning of the course and compare it to what you can do now. I bet you can see a difference!

To keep boosting your confidence in Spanish, try to have conversations on a regular basis with native speakers or classmates. Listen to music in Spanish and try to learn the words in the songs. Watch videos and learn new words by reading the closed captions. Most importantly, be confident and keep communicating.

Conozcamos a...

Cecilia Márquez Videla (San Nicolás, Argentina)

Cecilia Márquez Videla.

Warm-up for 12.4: Ask students to describe the photo of Cecilia and make predictions concerning basic information about her, such as age, personality, profession. Tell them to predict what Cecilia will discuss on the listening segment.

Audioscript for 12.5 and 12.6: Hola a todos. Me llamo Cecilia Márquez Videla y soy de Argentina. Tengo 25 años y trabajo como profesora de inglés en San Nicolás, una ciudad pequeña que está como a dos horas de la capital, Buenos Aires. Trabajo en dos escuelas: una escuela secundaria en donde doy clases tradicionales de inglés, y en un instituto de inglés privado. Creo que me gusta más mi trabajo en el instituto privado, ya que es más personalizado. Doy cursos de conversación y cursos de preparación para los exámenes de Cambridge. En el instituto, los chicos quieren aprender, están muy motivados. Lo malo es que tengo que trabajar muchas horas, a veces hasta las nueve de la noche, porque el sueldo no es muy bueno. Y al aumentar el número de horas también aumenta el volumen de trabajo.

En la escuela secundaria, aprender inglés no es una prioridad para los chicos, así que no tienen tanta motivación como los chicos que toman clases privadas en el instituto. Los estudiantes de la escuela secundaria no tienen muchas oportunidades de hablar inglés en la vida cotidiana, no tienen necesidad de hablar inglés en la vida real. Y aunque tienen Internet, videojuegos y otras formas de tecnología para interactuar en inglés, para ellos el inglés solo existe en las películas y no en la vida diaria. Tal vez a sus familias no les interese. No es parte de su realidad y no ven la utilidad del inglés en su futuro cercano. Creo que puede ser igual en otros países porque los jóvenes son iguales en todas partes. Una vez, tuve un estudiante que fue a Disneyland con su familia. Era el regalo de quinceañera de su hermana, o sea, en vez de la fiesta, la muchacha había elegido un viaje allí. Entonces ese estudiante volvió a San Nicolás feliz porque en Florida descubrió que podía comunicarse en inglés en varias situaciones, mientras que su familia no pudo. Él fue el único. Como profesora de jóvenes de una ciudad pequeña, casos como el de ese estudiante me animan a seguir adelante con mi trabajo.

Antes de escuchar

👥 **12.4 Cecilia Márquez Videla: profesora de inglés.** Cecilia habla de sus experiencias como profesora de inglés en una ciudad pequeña en Argentina. Antes de escucharla, contesta las siguientes preguntas. Después, comparte tus respuestas con tu compañero/a.

Answers will vary.

1. ¿Conoces a alguien que aprenda inglés como segunda lengua?
2. ¿Crees que es más fácil aprender inglés o español? ¿Por qué?
3. En las ciudades pequeñas, ¿crees que los estudiantes tienen mucha motivación para aprender a hablar inglés? ¿Por qué?

Mientras escuchas

🎧 **12.5 El trabajo de Cecilia.** **WP** Escucha a Cecilia, analiza las siguientes oraciones y decide si son ciertas (**C**) o falsas (**F**).

___F___ 1. Cecilia trabaja muchas horas en dos lugares enseñando español a adolescentes.

___C___ 2. Cecilia es de San Nicolás, una ciudad pequeña que está a dos horas de Buenos Aires.

___F___ 3. A Cecilia le gusta su trabajo en la escuela secundaria porque los estudiantes son más motivados.

___C___ 4. Los sueldos de maestros en Argentina no son buenos y por eso Cecilia trabaja muchas horas, a veces hasta las nueve de la noche.

___C___ 5. En la ciudad pequeña de San Nicolás, no hay muchas oportunidades para hablar inglés en la vida real.

___F___ 6. Una vez, un estudiante de Cecilia viajó a Nueva York con su familia y pudo comunicarse en inglés.

___F___ 7. Cecilia se queda en San Nicolás porque hay buenas oportunidades de trabajo allí.

🎧 **12.6 El instituto privado de inglés versus la escuela secundaria.** Ahora escucha a Cecilia y utiliza la tabla para comparar sus ideas sobre el instituto privado y la escuela secundaria.

El instituto privado	La escuela secundaria
1. Le gusta más.	**1.** Le gusta menos.
2. Es más personalizado el trabajo.	**2.** Los estudiantes no tienen tanta motivación.
3. Los estudiantes quieren aprender.	**3.** Trabaja el horario de una escuela secundaria.
4. Tiene que trabajar muchas horas.	**4.**
5. El sueldo no es muy bueno.	**5.**

Y aunque San Nicolás es una ciudad muy pequeña, con un centro de cuatro cuadras, creo que no tengo planes para mudarme a Buenos Aires en busca de trabajo. Aquí en Argentina no es tan común mudarse lejos de la familia. Los lazos familiares son muy fuertes y un factor muy importante cuando uno piensa en oportunidades en otros lugares. Además se piensa que es mala idea separar a los nietos de los abuelos. Como mujer, considero muy difícil tener hijos en una ciudad lejana, sin familia y sin padres para ayudarme. Estaría sola. Aunque la región de Mendoza me atrae por sus montañas, su hermoso paisaje, sus turistas y sus oportunidades, por ahora me toca quedarme en San Nicolás. Lo ideal sería tener un trabajo flexible en San Nicolás y poder viajar con frecuencia para conocer el mundo.

Después de escuchar

12.7 ¿Cómo es el instituto de inglés en San Nicolás?   En Internet, haz una búsqueda para investigar un instituto de inglés en San Nicolás, Argentina. Después, contesta las siguientes preguntas. Answers will vary.

- ¿Cómo se llama?
- ¿Qué cursos ofrecen?
- ¿Cuál es el horario de los cursos?
- ¿Cuáles son los objetivos de sus programas de inglés?
- ¿Qué tecnología utilizan?
- En tu opinión, ¿es un buen lugar para aprender inglés? ¿Por qué sí/no?

Cecilia es de Argentina. ¿Qué sabes de este país sudamericano?

Argentina: País de inmigrantes

Argentina es un país con una notable herencia europea. A diferencia de otros países latinoamericanos, el 85 % de su población es de origen europeo, y existen relativamente pocos mestizos o de herencia indígena. Entre 1850 y 1940, unos 6 608 700 europeos inmigraron a Argentina y se establecieron allí. Aunque los grupos dominantes estaban compuestos por españoles e italianos, hubo también un número significativo de franceses, británicos, alemanes y rusos.

El país tiene cuatro áreas geográficamente bien diferenciadas: el Norte, la Pampa, los Andes y la Patagonia. En cuanto a la geografía, hay varios lugares destacados. Aconcagua es la montaña más alta de Sudamérica, con una altura de 7000 metros. Las Cataratas de Iguazú tienen una caída de 70 metros sobre el río Paraná. Argentina comparte las cataratas con Paraguay y Brasil, ubicadas en la selva Amazónica. El Nahuel Huapi es un lago de origen glaciar que se encuentra en Patagonia. Gracias a su intenso color azul y el paisaje a sus alrededores, es conocido como uno de los lugares más atractivos del sur de Argentina.

Argentina cuenta con cincuenta y tres universidades nacionales y el país tiene un 97 % de alfabetismo, uno de los niveles más altos en Latinoamérica. Un 30 % de la población total de Argentina vive muy cerca de la ciudad o en la capital, Buenos Aires, una gran ciudad cosmopolita. Por las características particulares y únicas de su país, los argentinos siempre están orgullosos de su tierra y de su cultura.

La capital de Argentina, Buenos Aires, es el centro de actividades culturales, financieras, industriales y comerciales del país.

Ushuaia, la capital de Tierra del Fuego y las islas del Atlántico Sur, es la ciudad más austral[1] del mundo. Este puerto, ubicado al sur de Isla Grande, debe su nombre a los aborígenes de ese lugar. Su nombre significa "bahía hermosa" en español.

El parque y la reserva nacional Iguazú están ubicados en el noroeste de la provincia de Misiones. Ambos constituyen dos de los lugares más hermosos de Argentina.

Estadísticas interesantes de Argentina

La bandera de Argentina

Cinco pesos argentinos

Capital: Buenos Aires

Tipo de gobierno: república

Tamaño: siete veces más grande que California

Número de habitantes: 45 089 492

Lenguas: español

Moneda: peso argentino

Nivel de alfabetización: 99 %

Promedio de vida: 77 años

Expresiones y palabras típicas

¡Dále!	*está bien, de acuerdo, apúrate*
¡Guarda!	*¡Cuidado!*
¡No tengo un mango!	*¡No tengo dinero!*
pibe	*joven*
che	*oye*
¿Cómo va?	*¿Qué tal?*
relindo	*muy bonito*

---

[1]**austral:** southernmost

12.8 Investigación en Internet. Argentina tiene numerosos lugares de interés. Selecciona uno en Internet y escribe un breve párrafo que incluya: Answers will vary.

- el nombre del lugar turístico
- dónde está el lugar en Argentina
- una descripción del lugar
- por qué te interesa

Suggestion for 12.8: Instruct students to post their findings on your learning management system discussion board and to write three comments regarding a classmate's posting. Alternatively, they can create a Word document or electronic poster to present briefly in class.

Cultura viva

El mate

Tomar mate es un ritual personal. No se sirve mate en los cafés donde se toma té o café. Muchas veces el rito de tomar mate se comparte con otras personas (una mateada), normalmente con miembros de la familia o amigos íntimos, compartiendo la misma bombilla.

Si un grupo de amigos te invita a tomar mate, debes tomártelo con el más alto honor y debes aceptar la invitación con aprecio. Para evitar ofender a las personas que te invitan a tomarlo, necesitas seguir ciertas normas:

© chrisstockphoto / Alamy Stock Photo

El mate es una bebida típica de Argentina. Más que una bebida, es parte de la vida diaria, un acto social y un rito cultural.

- No digas que el mate está demasiado caliente.
- Toma un poco antes de pasarlo a otra persona.
- No mezcles el mate con la bombilla.
- No cambies el orden del círculo.
- No lo tomes demasiado lento.
- Espérate hasta escuchar un ruido al final cuando te termines el mate.
- No digas que el mate es 'antihigiénico', estás con amigos.
- El/La anfitrión/anfitriona siempre toma la primera infusión.

EXPLORACIONES

Exploremos el vocabulario 1

WileyPLUS

Go to WileyPLUS Resources to access an interactive version of these illustrations to review these vocabulary words and practice their pronunciation.

Los estados de ánimo

Las expresiones con *estar* (¿Cómo estás/te sientes?)

enfermo · triste · cansado · contentos · alegre · feliz · aburrido · de buen humor

Daniela y Mario

Héctor

los padres de Daniela

Lola

Maya

estresada, nerviosa, preocupada · ocupada · de mal humor, enojado

Las expresiones con *tener*

tiene sueño · tiene prisa · tiene sed

tiene hambre · tiene miedo · tiene suerte

tener calor	to be hot
tener frío	to be cold

12.9 ¿Cómo se siente? `Recycle` `WP` Tu amiga Daniela te describe el día de su boda hace dos meses. Ya tiene sus fotos. Mira el dibujo al comienzo de la sección de vocabulario y decide si las siguientes oraciones son ciertas **(C)** o falsas **(F)**. Activity 12.9 recycles the family vocabulary from Chapter 5.

1. Mi mamá: _____C_____
2. Mario y yo: _____C_____
3. Mi papá: _____C_____

4. Mi sobrino: _____F_____
5. Mi hermana: _____C_____
6. Mi amiga Maya: _____F_____

12.10 ¿Lógica o ilógica? `WP` Tu vecino tiene 75 años y tomas un café con él porque no le gusta estar solo. Él te explica sobre su familia. Con base en el audio, indica si sus explicaciones son lógicas o ilógicas.

1. Clara: _____ilógica_____
2. Javier: _____lógica_____
3. Mario: _____ilógica_____

4. Isabel: _____lógica_____
5. Ana: _____lógica_____

Suggestion for 12.9 and 12.10: For hybrid or flipped classes, you may want to assign students to listen to the audio and complete this activity prior to the class session.

Cultura viva

El asado

En Argentina, sin duda, la actividad familiar más importante es reunirse los domingos a comer juntos, y típicamente se prepara pasta o un asado. El asado más común es el que se hace con fuego de verdad, con leña y carbón. Se cocina la carne más típica de la región: en los alrededores de Buenos Aires el asado consiste en carne de vaca; en el norte se incluye carne de cabra y en otras regiones se incluyen también pollo y lechón. El asado puede ser para el almuerzo, entre las 12:00 y las 2:00 de la tarde, o para la cena, a partir de las 9:00 de la noche.

Un hombre preparando un asado en Argentina.

Grafissimo / Getty Images

Estrategia de estudio: Active Learning

You can get more out of what you are doing in class if you take an active task approach. I think it's a great idea to be mindful and invest yourself more fully in the language learning process. You can do this by first practicing aloud before class. This way, you can be more prepared, active and engaged in class. Second, look for opportunities to practice actively outside of class: find someone to talk to, find someone who needs help and explain what you know, find a native speaker online or in person who would like to practice speaking with you. Third, write down your thoughts in Spanish every day. Be an active learner!

Audioscript for 12.9: Tú sabes que pasamos más de un año preparando nuestra boda, ¿verdad? Pero valió la pena porque fue un día muy, muy especial. Mi mamá estaba muy nerviosa, estresada y preocupada, pero al final todo salió perfecto. Mario y yo llegamos temprano a la iglesia y pasamos un rato conversando. Ninguno de los dos estábamos nerviosos, sino que estábamos muy, muy felices. Mi papá estaba muy cansado, porque no durmió bien la noche anterior. Supongo que estaba preocupado, pero no estoy segura. Mi sobrino Héctor nos ayudó con los anillos, pero estaba enojado. Mi hermana Lola lloraba mucho, no sé por qué estaba tan triste el día de mi boda. Mi amiga Maya nos ayudó con las flores aunque ella estaba muy enferma ese día. De todos modos, todos lo pasamos muy bien ese día y lo voy a recordar por siempre.

Audioscript for 12.10: Mis nietos son interesantes, aunque a veces tienen unas costumbres extrañas. No entiendo a los jóvenes de hoy en día. Por ejemplo, el otro día mi nieta Clara tenía tanta hambre que empezó a tomarse un galón de agua. Su hermano Javier también es un poco raro porque nunca llega a tiempo a sus citas, siempre anda muy despacio y nunca tiene prisa. A mi hija eso le molesta mucho. Mi otro nieto, Mario, tiene cinco años y tiene miedo de los dinosaurios porque piensa que todavía existen. Isabel tiene dieciocho años y tiene mucha suerte. Ganó dos mil dólares para tomar clases en la universidad. ¿Y mi hija Ana? Ella nunca duerme porque tiene mucho trabajo y con cuatro hijos en casa, siempre hay algo que hacer. Ella siempre tiene sueño.

👥 **12.11 Clasificaciones.** ¿Cuáles son tus preferencias cuando sientes diferentes emociones? Completa la siguiente tabla con tus preferencias. Después, comparte tus ideas con tu compañero/a. Answers will vary.

Emociones	¿Qué te gusta hacer?	¿En qué lugar te gusta estar?
Contento/a		
Triste		
Nervioso/a		
Preocupado/a		
Feliz		

Suggestion for 12.12: For flipped or hybrid courses, students can prepare this activity outside of class. During the next class session, they can practice and present their situation to the class.

👥 **12.12 Las situaciones.** ¿Cómo te sientes en cada situación? Con tu compañero/a expresa tus reacciones ante las siguientes situaciones. Answers will vary.

1. Es la una y la boda de tu hermano empieza en diez minutos. La iglesia está cerca pero no estás vestido/a porque tu despertador no funcionó.

2. Tu perro mordió una hoja del trabajo que tienes que entregarle ahora al profesor de economía. La clase empieza en quince minutos lo cual no es suficiente tiempo para rehacer el trabajo.

3. Tu mejor amigo/a acaba de tener un accidente de coche y está en el hospital.

4. Ayer compraste un billete de lotería y esta mañana anunciaron tu número.

5. Anoche viste a tu novio/a con otra persona.

6. Hoy es tu cumpleaños y tus amigos te prepararon una fiesta sorpresa.

7. Tienes un examen importante en la clase de química en una hora y anoche no estudiaste mucho porque pasaste varias horas en el bar enfrente de tu apartamento.

👥 **12.13 ¿Qué haces cuando...?** Recycle Pregúntale a un/a compañero/a qué hace cuando se siente de una manera en particular. Debes usar las siguientes tablas. Answers will vary.

Activity 12.13 recycles present tense verbs from Chapters 3, 4, 5.

Tener	
1. frío/calor	
2. sed/hambre	
3. sueño/prisa	
4. miedo/suerte	

Estar	
1. aburrido/a/nervioso/a	
2. contento/a/triste	
3. ocupado/a/enfermo/a	
4. deprimido/a/feliz	

Cultura viva

El voseo en Argentina y la formalidad en Chile

El voseo es un fenómeno lingüístico de la lengua española en el que se utiliza el pronombre **vos** con formas verbales distintas. **Vos** se usa en situaciones informales y en Argentina se utiliza **vos** en vez de **tú**. Ejemplos del voseo son:

- ¿De dónde sos?
- ¿Cuántos años tenés?

Los chilenos son bastante formales y utilizan **usted** en vez de **tú** en muchas situaciones. Normalmente utilizan **usted** para hablar con los ancianos, desconocidos y personas con poder.

Póster de la película *No sos vos soy yo*.

12.14 El arte de Antonio Tenés y *Las Madres de la Plaza de Mayo*. En Internet, haz una búsqueda y encuentra el óleo de Antonio Tenés titulado '*Las Madres de la Plaza de Mayo*'. Completa los **Pasos** que siguen.

Paso 1: Con tu compañero/a, completa la siguiente actividad sobre el óleo.

Answers will vary.

- Describe el óleo.
- Haz una comparación con tu vecindario.
- ¿Qué tipo de lugar es?
- ¿Por qué están en la calle?
- Describe el traje de las mujeres. ¿Llevan algo distinto?
- ¿Adónde van?
- ¿Qué tienen?
- ¿Qué representan las fotos que llevan? ¿Por qué las llevan?
- ¿Te gustaría ser parte de este grupo? ¿Por qué?

Paso 2: Haz una investigación del significado del grupo Madres de Plaza de Mayo. Consulta Internet y encuentra la información siguiente:

- el año en que fue establecida esta organización 1977
- el nombre de su fundadora Azucena Villaflor
- la actividad que hacen los jueves Caminar alrededor de la Plaza de Mayo, Buenos Aires
- hora y lugar de la actividad de los jueves La Plaza de Mayo de 3:30 a 4:00 de la tarde
- el objetivo de las actividades Llamar la atención y encontrar a sus hijos desaparecidos

Paso 3: En Internet, mira un video de la actividad de las Madres. Escribe una explicación y reflexión de 200 palabras sobre su actividad y tu opinión de sus objetivos. Answers will vary.

Technology tip for 12.14, Paso 3: Have students post their writing and reflection on your learning management system discussion board and require them to write at least one question or comment for another student's posting.

Conozcamos a...

Audioscript for 12.16: Hola, soy Mariana Paz Jiménez y vivo en Santiago de Chile. Tengo 26 años y trabajo como organizadora de eventos. Me encanta mi trabajo porque soy una persona organizada y creativa. Te quiero hablar de algunas cosas típicas de mi ciudad para que, cuando vengas, entiendas cómo hacer las cosas al estilo chileno. Santiago tiene un buen sistema de transporte, con microbuses y cinco líneas de metro. Pero también existe la opción de andar en bicicleta que es una opción mucho más barata. Un ejemplo de comida rápida de Santiago es lo que se conoce como un "completo", que es un *hot dog* chileno con aguacate o palta, como lo llaman aquí, tomate y mayonesa. El sector Bío Bío en el Barrio Franklin, es una excelente opción para visitar durante el fin de semana. Ahí puedes comprar diferentes artículos como libros, ropa, maquillaje y objetos deportivos. Puedes llegar allí en metro y bajarte en la parada de Franklin, en bicicleta o en el micro 301.

También puedes ir a Yungay, el segundo barrio más antiguo de Santiago, que forma parte del casco antiguo de la ciudad. Ahí puedes visitar el Museo de la Memoria, el Galpón Víctor Jara, que es un centro cultural, y la Biblioteca Nacional.

La feria del domingo es una de las actividades más divertidas de Santiago. La Vega es el mercado donde se puede comprar verduras y frutas de mejor calidad que las del supermercado.

Como Santiago está a una hora y media tanto del mar como de la nieve en el invierno, el mejor lugar para hospedarte es Santiago Centro, donde además se permite andar en bicicleta.

Si tienes más días de vacaciones y quieres conocer otros puntos de interés cerca de Santiago sin gastar mucho dinero, puedes visitar el Cajón de Maipo, en donde puedes hacer *rafting*, Pomaire, donde puedes conseguir mucha artesanía, o Valparaíso, una ciudad preciosa en donde puedes comer un buen pescado, ver el puerto, salir de excursión en una lancha y ver la casa de Pablo Neruda. Así que, si quieres pasar las vacaciones en Santiago, comunícate conmigo. Es posible que podamos tomarnos un café juntos y conocer la ciudad.

Mariana Paz Jiménez (Santiago, Chile)

Warm-up for 12.15: Ask students to describe the photo of Mariana and make predictions concerning basic information about her, such as age, personality, profession. Have them predict what Mariana will discuss on the listening segment.

Antes de escuchar

👥 **12.15 ¿Qué sabes de tu propia ciudad?** Trabajas en el Centro de Estudios Internacionales y te pidieron preparar una agenda para dos personas que vienen de visita a la universidad: un profesor de biología de Argentina y una economista de Chile. La agenda tiene que incluir restaurantes, lugares de interés y eventos para conocer la ciudad. Haz una red de ideas con tu compañero/a sobre qué incluir en la agenda para los dos visitantes. Ten en cuenta también el enfoque académico de cada uno. Answers will vary.

Larry Dale Gordon / Alamy Stock Photo

Mariana Paz Jiménez es de Santiago de Chile.

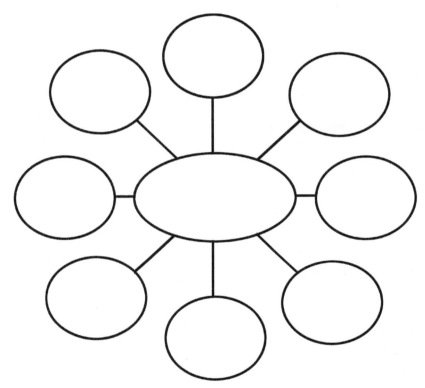

Mientras escuchas

🎧 **12.16 Las recomendaciones de Mariana.** **WP** Mariana trabaja como organizadora de eventos en Santiago. Escucha sus recomendaciones para una visita a Santiago y selecciona los lugares que menciona.

Mendoza	el Parque Forestal	Pomaire
Valparaíso	la Biblioteca Nacional	el Museo de Bellas Artes
La Plaza de Armas	el Museo de la Memoria	el Barrio Yungay

Después de escuchar

12.17 Investigación de los lugares de interés. Piensas ir de vacaciones con tu familia a Santiago. Es una ciudad grande y muy interesante. Busca en Internet uno de los lugares de interés que menciona Mariana. Con una aplicación de mapas, busca la mejor manera de llegar al sitio que escogiste. Answers will vary.

Mariana es de Chile. ¿Qué sabes de este país sudamericano?

Chile: El país más largo y angosto del continente de Sudamérica

Chile, una república ubicada al suroeste de América del Sur, es única en su tamaño y forma. Tiene una longitud extrema de norte a sur de aproximadamente 4270 kilómetros (más o menos 2650 millas) y 180 km (menos de 110 millas) de ancho. Su aspecto geográfico dominante son los Andes que se extienden por todo el país, desde la altiplanicie boliviana en el norte hasta Tierra del Fuego en el sur. A causa de su extensión longitudinal, Chile tiene una diversidad de climas. La región del norte tiene un clima desértico y semiárido, y es una de las áreas más secas del mundo. Por su posición geográfica, en este país tan estrecho es posible esquiar en las montañas por la mañana y nadar en la playa por la tarde del mismo día. En comparación con otros países sudamericanos, Chile tiene una población relativamente homogénea. Menos del 6 % de la población es indígena, constituida principalmente por los araucanos.

En cuanto a la cultura de Chile, hay dos facetas diferentes: la cultura cosmopolita de los centros urbanos opulentos y la cultura popular de los campesinos. Chile tiene una gran tradición literaria y ha producido dos ganadores del Premio Nobel de Literatura: los poetas Gabriela Mistral y Pablo Neruda.

Los vinos chilenos, que se producen en su mayoría en el Valle Central, son conocidos en todo el mundo. Este valle se extiende desde 80 km (50 millas) al norte de Santiago hasta 400 km (250 millas) al sur de esa ciudad.

Santiago, la capital y la ciudad más grande de Chile, es una ciudad moderna en donde se pueden encontrar muchos rascacielos, tiendas, galerías y restaurantes. La belleza de la ciudad se ve en la conservación de su arquitectura colonial.

La Isla de Pascua se encuentra en el medio del océano Pacífico. Es uno de los lugares más remotos y de difíciles condiciones ambientales que hay en el mundo. Fue anexada en 1888 a Chile y aunque hay una presencia chilena, todavía queda una gran influencia polinesia.

Estadísticas interesantes de Chile

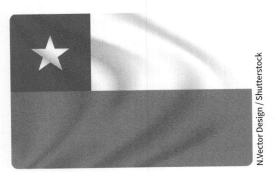

La bandera de Chile

Pesos chilenos

Capital: Santiago

Tipo de gobierno: república

Tamaño: casi dos veces el tamaño de Montana

Número de habitantes: 18 310 243

Lenguas oficiales: español

Moneda: peso chileno

Nivel de alfabetización: 97 %

Promedio de vida: 79 años

Expresiones y palabras típicas

¡Esa onda!	*De acuerdo*
¡Quihubo!	*¿Qué pasa?*
¡Pucha! ¡Puchacay!	*¡Ay!*
¡Sepa moya!	*¡No tengo idea!*
¡Al tiro!	*¡Inmediatamente*
pachocha	*dinero*
chivas	*mentiras*

Suggestion for 12.18: Instruct students to post their findings on your learning management system discussion board and to write three comments regarding a classmate's posting. Alternatively, they can create a Word document or electronic poster to present briefly in class.

12.18 Investigación en Internet. Chile tiene numerosos lugares de interés. Usa Internet para seleccionar uno y escribe un breve párrafo que incluya: Answers will vary.

- el nombre del lugar turístico
- dónde está ese lugar en Chile
- una descripción del lugar
- por qué te interesa

Estrategia de estudio: Power Learning

You can get more out of a reading if you engage more than just looking at the words on the page. I personally find it helpful to combine different modalities as I read. I do this by looking at the words, saying them aloud, listening to them as I say them and then creating a mental image of the words in my brain. I call this power learning because I use four different ways at once to get my brain used to new words or forms instead of just one.

Narrating and describing in the past with preterit and imperfect

In Spanish, when telling a story or describing events that occurred in the past, the preterit and the imperfect, both past tenses, will be used but in different ways. Although a native speaker does not have to make a conscious choice between the preterit and the imperfect, you will probably need to think about the choices as you narrate and describe in the past. The choice is based on the point of view of the speaker/writer.

The **IMPERFECT** is used to describe past events without reference to their having a beginning or an ending point. The imperfect is used to…

- set the background for the events of a story.
- describe past actions that were continuing, ongoing, or repeated; actions without reference to their beginning or ending.
- describe actions that <u>used to</u> take place, actions with no definite time or duration.
- tell clock time in the past.
- to tell someone's age in the past.

> Había una vez un niño que se **llamaba** Antonio.
> Mientras **caminaba**, **silbaba** (*whistled*) muy alegre.
> El hombre **era** un ladrón (*thief*).
> **Era** bastante grande para ayudarle a su mamá en casa.
> Él **jugaba** en la cocina.
> **Eran** las diez de la noche cuando llegó a casa.
> **Tenía** ocho años.

The **PRETERIT** is used to indicate that an event had a beginning and an ending point, that is, the event concluded, it came to an end in the past even though the exact time and date may not be expressed. The preterit is used to…

- view a singular action or a series of actions that may have continued in the past but are now viewed as a completed whole.
- view an action from the point of view of its beginning or end.
- narrate a sequence of completed events or actions in the past.
- focus on the event itself or specify an important event in the story line itself.

> Antonio **miró** para atrás y **vio** al mismo hombre.
> Cuando **llegó** detrás de una curva del camino, se **sacó** el sombrero.
> Cuando **terminó** de atarlo se **fue** al pueblo, **compró** la harina y la manteca y **volvió** por el mismo camino.
> Le **sacó** el sombrero y la manta al bandido, se los **puso** y se **fue** a su casa.

WileyPLUS
Go to WileyPLUS to review this grammar point with the help of the Animated Grammar Tutorial and the Verb Conjugator.

Suggestion for Exploremos la gramática 1: Briefly explain to students that you will be retelling a traditional story from Chile. You can elicit names of common traditional stories from our culture, including traditional children's stories and give the names of these in Spanish, i.e., **La Cenicienta**. This grammar point follows a story-based grammar approach. Grammar is not the initial focus until after the teacher is satisfied that students comprehend the story. Utilize the activities to aid in this comprehension process. Students may also be required to listen to the story outside of class. If you choose to play the audio in class, do the comprehension exercises with the students, be sure to play the passage several times for the students and/or retell it yourself using visuals to work on comprehension with the students.

12.19 Vamos a leer y analizar. Cada país tiene sus propios cuentos de tradición oral que se narran de generación en generación. Vas a leer y a investigar sobre *Antonio y el ladrón*, un cuento infantil tradicional de Chile.

Paso 1: En el siguiente fragmento de *Antonio y el ladrón* todos los verbos en el imperfecto están subrayados y los del pretérito están sombreados en gris. Lee el primero y el segundo fragmento. Presta atención a los usos del pretérito y el imperfecto. Luego, haz la primera actividad.

Primera parte: [© Saúl Schkolnik / Editorial Zig-Zag, 1993]

Había una vez un niño que se llamaba Antonio. Antonio tenía ocho años pues era bastante grande para ayudarle a su mamá con los quehaceres de la casa. Un día mientras él jugaba en la cocina, su mamá lo llamó y le dijo:

—¡Oye, Toño!, anda al pueblo a comprar harina y manteca que se me han acabado²—y le pasó un montón de monedas. —¡Y cuidadito, que no se te vayan a perder!

Antonio se las guardó bien guardadas en el bolsillo, se puso su manta y su sombrero y salió para Toconce, que quedaba al otro lado del cerro.

Segunda parte:

Mientras caminaba, silbaba muy alegre, cuando de repente miró para atrás y ahí venía un hombre quien lo seguía. Nadita bien le pareció al niño, así que cuando llegó detrás de una curva del camino, se sacó el sombrero, lo puso en el suelo debajo de una piedra y lo sujetó bien firme. Llegó el hombre, que era un ladrón³, hasta donde estaba Antonio y le preguntó:

—Dime, ¿qué tienes en el sombrero?

—Una gallina, pero es tan inteligente que si la suelto⁴ de inmediato se me vuela⁵. ¿Por qué no la sujetas⁶ un rato? Voy a buscar una jaula⁷ —le pidió Antonio.

---

²**han acabado:** I've run out of ³**ladrón:** robber, thief ⁴**si la suelto:** if I let it loose
⁵**se me vuela:** she will fly away ⁶**la sujetas:** hold her ⁷**jaula:** cage

👥 **Paso 2:** Trabaja con un/a compañero/a para examinar las dos partes del cuento en lo que se refiere al uso del imperfecto y del pretérito. Utiliza las palabras o expresiones del cuento que sirven para indicar el uso del imperfecto o pretérito y completa la siguiente tabla.

Palabra o expresión	Verbo	¿Imperfecto o pretérito?
mientras	jugaba	imperfecto
mientras	caminaba, silbaba	imperfecto
de repente	miró	pretérito
cuando	llegó	pretérito

Paso 3: Ahora, haz un pequeño análisis del uso del pretérito y el imperfecto.

1. ¿Qué hizo Antonio en la primera y la segunda parte?
2. ¿En qué casos se usa el pretérito: para narrar eventos y relatar información de las acciones que terminaron o para describir lo que pasaba?
3. ¿Qué hacía Antonio en la primera y la segunda parte?
4. ¿En qué casos se usa el imperfecto: para describir eventos o acciones que terminaron o para describir eventos o acciones sin un comienzo o fin concreto?

Paso 4: Antes de leer la tercera y la cuarta parte, echa un vistazo a las dos. ¿Cuál de los dos aspectos del pasado se destaca, el pretérito o el imperfecto? ¿Por qué crees que es así?

👥 **Paso 5:** Ahora, lee la tercera y la cuarta parte y marca los verbos en el pretérito y el imperfecto. Después, escribe una lista de las acciones del ladrón y comparte tu lista con tu compañero/a. Después, contesta esta pregunta: ¿Cómo se sentía el ladrón?

El ladrón tenía miedo.

Tercera parte:

"Cuando este niño se vaya yo me quedo con la gallina en vez de robarle otra cosa", pensó el bandido, "ese no tiene nada que valga tanto". Agarró bien el sombrero. Antonio aprovechó para alejarse del ladrón. El ladrón esperó a que se perdiera de vista[8], levantó con cuidado una puntita del sombrero, puso la mano de golpe y ¡zas! le dio un agarrón[9] a la piedra. —¡Auch! —gritó. No estaba la gallina.

—¡Reflautas! —exclamó muy enojado—. Este niño me engañó[10]. Tomó el sombrero y siguió apurado al niño.

Cuarta parte:

Al ratito, Antonio miró de nuevo para atrás y vio al mismo hombre que lo iba a alcanzar. Subió el cerro hasta donde había una piedra grande, se sacó la manta, la puso en la piedra y apoyó[11] el hombro contra ella como si estuviera haciendo mucha fuerza para atajarla[12]. Llegó el ladrón y le preguntó:

—Dime, ¿qué haces con esa piedra?

—¡Cuidado! —le advirtió el muchacho—. Esta piedra se va a caer y nos va a aplastar a los dos y a toda la gente de Toconce. ¿Por qué no la sostienes[13] un ratito? Voy a buscar ayuda.

[8]**a que se perdiera de vista:** until he was out of sight   [9]**agarrón:** tug   [10]**me engañó:** tricked me   [11]**apoyó:** leaned
[12]**como si estuviera haciendo mucha fuerza para atajarla:** as if he were pushing hard to stop its falling
[13]**sostienes:** hold or support

Answers for 12.19, Paso 3:
1. Guardó las monedas; se puso su manta y su sombrero; salió para Toconce; llegó detrás de una curva del camino; se sacó el sombrero; lo puso en el suelo; lo sujetó bien firme; le pidió Antonio. 2. Se usa el pretérito para narrar eventos y relatar información de las acciones que empezaron y terminaron en el pasado. 3. Jugaba en la cocina; caminaba y silbaba muy alegre. 4. Se usa el imperfecto para describir lo que estaba pasando o para describir el fondo.

Answers for 12.19, Paso 4: Se destaca el pretérito porque … (answers to this part of the question may vary).

Teaching tip for 12.19, Paso 5: Students can work in pairs with each reading the part of *Antonio y el ladrón* and then change roles. Alternatively, you can read the text aloud while your students follow along.

Suggestion for 12.19, Paso 5: Ask students, **¿Por qué se usa el imperfecto para esta pregunta y la respuesta sobre el ladrón?**

El ladrón tenía miedo, y por eso apoyó su hombro contra la manta y sujetó la piedra. Esperó mucho rato y el niño no llegaba. Al rato el bandido pensó, "¡Uf, qué cansado estoy! Largaré la piedra, no importa que me aplaste a mí y a todo el pueblo".

Soltó[14] el hombre la piedra y esta no se movió nada.

—¡Reflautas! —exclamó muy enojado—. Este niño me engañó otra vez. Ahora lo voy a alcanzar[15], le voy a robar todo lo que tiene y además le daré una paliza[16] fuerte—. Y corrió tras el muchacho.

Paso 6: Con dos compañeros/as lean en voz alta la última parte del cuento. Una persona del grupo es el narrador, otra es Antonio y otra es el ladrón. Presta atención a lo que dicen los dos personajes y a cómo lo dicen.

Parte final

Al llegar a Toconce, Antonio podía ver las casas del pueblo. Miró hacia atrás y vio que el hombre corría hacia él. Rápidamente se arrimó a un algarrobo[17] y empezó a trenzar una cuerda. El ladrón llegó hasta donde él estaba:

—Dime, ¿qué haces con esa cuerda?— le preguntó.

—La trenzo para que quede más resistente —le dijo—. La tierra va a darse vuelta y toditos nos vamos a caer, menos los algarrobos, por eso me voy a amarrar[18] bien amarrado a este árbol.

—¿De veras? —se alarmó el hombre, y pensó, "si ha de darse vuelta, no seré yo quien se caiga".

Entonces le dijo al niño:

—A mí me atas primero, y después te amarras tú si quieres.

Antonio hizo como que lo pensaba y luego aceptó:

—¡Está bien —dijo—. A ti te voy a amarrar primero. Abrázate fuerte al algarrobo.

Así lo hizo el ladrón y Antonio lo amarró bien apretado. Cuando terminó de atarlo se fue al pueblo, compró la harina, la manteca y volvió por el mismo camino. Llegó al lugar donde estaba el ladrón y este le preguntó:

—¡Oye!, ¿cuándo me dijiste que iba a pasar eso?

—Lueguito —le contestó el niño—, pero como empieza la helada me voy a llevar mi manta y mi sombrero para abrigarme. Le quitó el sombrero y la manta al ladrón, se los puso y se fue silbando contento a su casa.

---

[14]**soltó:** released   [15]**alcanzar:** catch up to him   [16]**paliza:** beating   [17]**se arrimó a un algarrobo:** leaned against a locust tree
[18]**me voy a amarrar:** to tie myself

12.20 Reacciones. ¿Cierto o Falso? **WP** Reacciona a las siguientes oraciones, escribiendo una **C** si la oración es **cierta** y una **F** si la oración es **falsa**. Si es falsa, cámbiala para que diga la verdad.

1. _F_ Antonio tenía diez años cuando ocurrió el cuento. Antonio tenía ocho años.
2. _C_ Antonio le ayudaba a su madre con los quehaceres de la casa.
3. _F_ Su madre lo mandó al pueblo a comprar harina y patatas. Su madre lo mandó al pueblo a comprar harina y manteca.
4. _F_ Antonio llevó su sombrero y su perro al pueblo Toconce. Antonio llevó su sombrero y su manta al Pueblo Toconce.
5. _F_ Mientras caminaba, se sentía muy alegre y cantaba. Mientras caminaba silbaba muy alegre.
6. _C_ El hombre en el cuento era un ladrón.
7. _F_ Antonio engañó al ladrón dos veces. Antonio lo engañó tres veces.

12.21 Preguntas sobre el cuento. **WP** Contesta las preguntas a continuación con las frases y la información que siguen.

1. ¿Por qué tuvo que ir el niño al pueblo?

   El niño tuvo que ir al pueblo porque su mamá necesitaba…

   a. dinero.   **b.** huevos y monedas.

   c. manteca y harina.

2. ¿Qué le dio su madre a Antonio?

   La madre le dio…

   a. harina y manteca.   **b.** monedas.

   c. dos gallinas.

3. ¿Dónde puso las monedas Antonio?

   Antonio las puso en…

   a. una gallina.   **b.** un sombrero.

   c. un bolsillo.

4. ¿Qué hacía Antonio mientras caminaba al mercado?

   Mientras caminaba al mercado, Antonio…

   a. silbaba muy alegre.   **b.** corría mucho.

   c. caminaba rápidamente.

5. ¿Qué vio detrás de él?

   Antonio vio…

   a. a otro niño.   **b.** a un hombre.

   c. una curva.

6. ¿Qué hizo con la piedra?

   Antonio…

   a. la tiró hacia la curva.   **b.** la puso en su bolsillo.

   c. la puso en el camino debajo de su sombrero.

7. ¿Qué pensaba el ladrón que Antonio tenía debajo del sombrero?

   El hombre pensaba que tenía… debajo del sombrero.

   a. una gallina   **b.** una piedra

   c. una jaula

8. ¿Por qué se apoyó el ladrón en la piedra?

El ladrón se apoyó porque…

(**a.**) tenía miedo.

b. quería ayudar al niño.

c. quería tomar una siesta.

9. ¿Por qué trenzó el niño una cuerda?

El niño trenzó una cuerda porque…

(**a.**) quería una cuerda más fuerte.

b. le gustaba trenzar cuerdas.

c. necesitaba una cuerda para capturar la gallina.

10. ¿Qué hizo el muchacho al final del cuento?

Al final del cuento el muchacho…

a. se llevó la gallina.

b. le dio al ladrón todas sus monedas.

(**c.**) amarró al ladrón con la cuerda y se fue.

Suggestion for 12.22 and 12.23: For hybrid or flipped classes, you may want to assign students to complete this activity prior to the class session.

12.22 ¿Quién lo dijo? **WP** Marca las afirmaciones que se refieran a Antonio con una **A** y aquellas que solo se refieran al ladrón con una **L**, según sea el caso.

1. —Dime, ¿qué tienes en el sombrero? __L__

2. —Voy a buscar una jaula. __A__

3. —¡Cuidado! Esta piedra se va a caer y nos va a aplastar a los dos. __A__

4. —¡Reflautas! Este chiquillo me engañó. __L__

5. —Dime, ¿qué haces con esa piedra? __L__

6. —¡Oye! ¿Cuándo me dijiste que iba a pasar eso? __L__

7. —A mí me atas primero, y después te amarras tú si quieres. __L__

8. —Ahora lo voy a alcanzar, le voy a robar todo lo que tiene… __L__

9. —¿Por qué no la sostienes un ratito? Voy a buscar ayuda. __A__

10. —¡Uf, qué cansado estoy! Largaré la piedra, no importa que me aplaste a mí y a todo el pueblo. __L__

12.23 En orden cronológico. **WP** Pon las siguientes oraciones en orden cronológico según lo que sucedió en el cuento.

__1__ Antonio guardó las monedas en su bolsillo, se puso su manta y su sombrero y salió para el pueblo.

__6__ El ladrón tomó el sombrero y siguió apurado al niño.

__4__ Antonio se quitó el sombrero y lo puso en el suelo con una piedra.

__2__ Antonio caminaba a Toconce, el pueblo, y silbaba muy alegre.

__3__ Miró hacía atrás y vio a un hombre que lo seguía.

__8__ El ladrón tenía miedo y apoyó su hombro contra la manta y sujetó la piedra.

__10__ Cuando acabó de atarlo se fue al pueblo, compró la harina y la manteca y volvió por el camino.

__5__ El ladrón esperó un rato y después levantó una puntita del sombrero, metió la mano de golpe y le dio un agarrón a la piedra. No estaba la gallina.

__7__ Antonio se quitó la manta, la dobló, la puso en la piedra y apoyó el hombro contra ella.

__9__ Antonio trenzó una cuerda para engañar al ladrón y atarlo a un algarrobo.

__11__ Le quitó el sombrero y la manta al ladrón, se los puso y se fue contento a su casa.

12.24 Antonio y el ladrón. **WP** Con dos compañeros/as, pon los dibujos en el orden correcto, luego cada uno describe lo que sucedió en el cuento según los dibujos. Para justificar las respuestas, añade información para contar cómo te sentías y por qué. Escribe una narración corta para cada dibujo.

Teaching tip for 12.24: Have students form groups of three and assign two drawings to each student for him/her to describe.

1. _____C._____   4. _____A._____
2. _____E._____   5. _____F._____
3. _____D._____   6. _____B._____

A.

B.

C.

D.

E.

F.

12.25 Cómo organizar los datos del cuento. Con un/a compañero/a completa el siguiente esquema con la información importante del cuento y haz una lista con los eventos principales. Answers will vary.

Título: _____

Personajes: _____

Lugar: _____

Problema: _____

Eventos principales del cuento:

1. _____

2. _____

3. _____

4. _____

5. _____

Meta:

Solución:

12.26 Otra versión del cuento. En tres ocasiones Antonio engañó al ladrón.

Answers will vary.

Paso 1: Escribe un resumen corto de dos de los engaños.

1. _____

2. _____

Paso 2: Ahora, crea una escena en la que ocurra un cuarto engaño. Usa estas preguntas para escribir un párrafo final: ¿Dónde estaba Antonio? ¿Qué hacía Antonio cuando llegó el ladrón? ¿Qué pasó después? ¿Cómo engañó Antonio al ladrón la cuarta vez?

Suggestion for 12.27: For flipped or hybrid courses, students can investigate and prepare this activity outside of class. During the next class session, they can present their findings to the class.

12.27 El español cerca de ti. El alfabetismo ayuda a que las personas contribuyan a la sociedad de una manera significativa. Antes de hablar más en clase sobre los cuentos, investiga en la biblioteca pública de tu ciudad y en la de tu universidad la siguiente información para compartir en clase: Answers will vary.

La biblioteca de la Universidad Centroamericana en Managua, Nicaragua, es amplia y cuenta con una variedad de recursos para la investigación.

1. ¿Cuántos libros para adultos hay en español?

2. ¿Cuántos libros infantiles hay en español?

3. ¿Cuántos libros electrónicos hay en español?

4. ¿Qué otros materiales hay en español?

5. ¿Qué otros recursos y servicios ofrecen en español?

Estrategia de estudio: Write it Down!

You can get the idea of how to narrate in the past in Spanish a lot faster if you practice this technique. Take the time in the evening to sit and think of one situation that happened during your day. Write it down in Spanish as if you were telling a friend what happened to you. Then read it aloud. Underline all of your verbs. If you are unsure of your use of preterit and imperfect, take your writing to your professor to discuss your choices in context. These active attempts to narrate in the past will pay off for you.

12.28 Tu propio cuento. Escribe un cuento sobre una experiencia inolvidable en tu vida. Incluye los detalles de la situación, tales como: Answers will vary.

- cuántos años tenías
- qué hacías
- dónde estabas
- qué pasó
- quiénes estaban contigo

Technology tip for 12.28: Require students to post their stories on your learning management system discussion board, along with a drawing or photo to illustrate it. They can vote for their favorite posting.

Preterit and imperfect with mental states and emotions

Exploremos la gramática 2

WileyPLUS

Go to WileyPLUS to review this grammar point with the help of the Animated Grammar Tutorial and the Verb Conjugator.

So far you have learned that the preterit and the imperfect is used to express past actions. The preterit is used to express new or completed actions and to introduce a new action to move a storyline forward. The imperfect is used to set the stage or describe what was happening or what people were feeling. The same idea can be used to express mental and emotional states in the past.

Cecilia **se sentía feliz** el día de la boda de su hermana.

Cecilia felt happy the day of her sister's wedding.

Cecilia **quería** ver a su hermana muy feliz en su matrimonio.

Cecilia wanted to see her sister happy in her marriage.

Cuando Cecilia perdió su trabajo en el instituto, **se puso muy preocupada y triste**.

When Cecilia lost her job at the institute, she became worried and sad.

- You can use the following verbs to express a change in a feeling or emotion:

aburrirse	to become bored
alegrarse	to become happy
asustarse	to become scared
enojarse	to become angry
sorprenderse	to become surprised

- For instance, note the use of the preterit to express a change in feeling or emotion:

    Me **enojé** mucho cuando mi compañero de cuarto se copió mi tarea.

    I got really angry when my roommate copied my homework.

- You can also use the verb **ponerse** (*to become*) to express a change in emotion.

    Cecilia **se puso muy feliz** cuando encontró otro puesto como instructora de inglés.

    Cecilia became very happy when she found another English instructor position.

- You have already learned the verb **sentirse** with the emotions earlier in this chapter.

    Los estudiantes **se sintieron felices** cuando terminaron el examen.

    The students felt happy when they finished the exam.

- There are other verbs that can be used with mental and physical states: **conocer**, **saber**, **haber**, **poder**, **querer**. If you use these verbs in the imperfect, you are talking about an ongoing feeling in the past. If you use the preterit for these verbs you are specifying the beginning or ending of the mental or emotional state.

Verb	Preterit	Imperfect
conocer	to meet for the first time	to know
haber	there was/were (implies something occurred)	there was/were (general description, past description of a scene, setting the stage for the story)
poder	succeeded (or did not succeed)	was able (or not able) to
querer	tried to (or refused)	wanted/didn't want to do something
saber	to find out	to know something

12.29 Las experiencias de Carlos. **WP** Escucha a Carlos mientras te describe algunas de las experiencias de su vida. Decide si utiliza el pretérito (**P**) o el imperfecto (**I**) en cada oración.

1. ___P___   2. ___P___   3. ___P___
4. ___I___   5. ___P___   6. ___P___

12.30 Mi blog en Internet. Lee la información sobre el pasatiempo de Cecilia. Observa el uso de los verbos y marca las ocurrencias del pretérito y del imperfecto. Después, contesta las preguntas.

Cuando era niña, siempre me fascinaba la fotografía. Recibí mi primera cámara digital cuando tenía 12 años y desde ese momento empecé a desarollar un nuevo pasatiempo. Todos los veranos mi familia y yo íbamos de vacaciones a un lugar nuevo en nuestro propio país, para conocerlo mejor. Siempre llevaba la cámara conmigo y tomaba muchas fotos. Mi amor por la fotografía se convirtió en una pasión por los videos. Así que aprendí a filmar y a editar. Al principio hacía videos cortos y añadía una narración de cada lugar. Me sentía satisfecha con mi nuevo pasatiempo y mi creatividad. Más tarde, durante mis años de estudios universitarios, transformé mis videos de turismo en blogs en mi propio canal en Internet. ¡Qué maravilloso!

Answers will vary.

1. ¿Qué hacía Cecilia cuando era niña?
2. ¿Cuándo empezó a tomar fotos?
3. ¿Cómo se sentía Cecilia acerca de su nuevo pasatiempo?
4. ¿Qué hizo Cecilia con sus videos? ¿Por qué?

Cecilia viajó con su familia hace cinco años a Jujuy, la provincia más al norte de Argentina en la frontera con Chile y Bolivia. Allí viven los descendientes de los incas.

BODY Philippe / Hemis / Alamy Stock Photo

12.31 ¿Cuándo fue la última vez que...? En tu curso de Psicología tienes que completar varios cuestionarios en Internet sobre los sentimientos y las emociones. Trabaja con tu compañero/a para terminar las oraciones. Answers will vary.

1. La última vez que me enojé fue cuando…
2. Estaba caminando a mi clase de español cuando de repente…
3. Me puse muy nervioso/a cuando…
4. Me sorprendí al ver…
5. Me sentía muy feliz…
6. Un día me asusté mucho cuando…
7. Siempre me ponía contento/a al ver…

12.32 Un cuento interesante. Te toca crear un cuento para tu clase de español y le pides ayuda a tu compañero/a. Escoge una foto e inventa un cuento. Usa las preguntas para ayudarte con la narración. GAME   Answers will vary.

1. ¿Dónde estaban?
2. ¿Quiénes estaban?
3. ¿Qué hacían?
4. ¿Cuál fue el problema?
5. ¿Qué pasó?

Nicholas Prior / Getty Images

A.

JGI / Tom Grill / Getty Images

B.

AP Photo / The Jonesboro Sun, Saundra Sovick

C.

12.33 Situaciones. Haz el papel de **A** o **B** con tu compañero/a para participar en la conversación. Answers will vary.

A- You have been assigned a project for your psychology class to interview several students regarding the best or worst thing that ever happened to them. You are to take notes on the experience that they describe, ask questions for more details, and then later you will analyze the content of the story according to the psychology principles. Ask your partner to tell his/her story. Be sure to ask follow-up questions for your project.

B- Your classmate has asked you to participate in an interview for his/her psychology project. You are to narrate a story about the best/worst thing that ever happened to you in your life. Think for a minute about what situation you can describe. Then tell your story, answering any questions your friend has regarding the details of the incident.

12.34 Situaciones. Haz el papel de **A** o **B** con tu compañero/a para participar en la conversación. Answers will vary.

A- As a staff writer, you have been assigned a news story topic for the university newspaper. Your assignment is to write an article regarding cool trips to take for the next holiday or vacation. Interview a student to ask him/her to describe at least one vacation spot s/he has been to in recent years. Ask about things like length of stay, time of year when the trip was taken, the means of transportation, where s/he stayed, events that occurred during the travels and some of the highlights of the travels.

B- You are being interviewed for the university newspaper for an article regarding cool trips for winter or summer break. Answer your partner's questions regarding a recent vacation that you took. Tell about things like how you traveled, how long and where you stayed and highlights of your experience.

Technology tip for 12.33 and 12.34: Require students to practice their situations before class. Then you can have the students present their situations in class or record them.

Suggestion for 12.33 and 12.34: For flipped or hybrid courses, students can prepare this activity outside of class. During the next class session, they can practice and present their situation to the class.

EXPERIENCIAS

Los pingüinos de Magallanes

Noticias   Información   Fotos   Amigos   Archivos

Los pingüinos de Magallanes son aves marinas migratorias.

¿Has visto alguna vez a un pingüino de cerca? Pues, si algún día viajas a Patagonia, Argentina, podrás ver muy de cerca los pingüinos de Magallanes, con su traje blanco y negro. Es una experiencia inolvidable. Y aunque vas a querer tocarlos y alimentarlos, eso está prohibido. Los pinguinos de Magallanes son aves migratorias que pasan las primaveras en las costas patagónicas y los inviernos en las costas de Brasil. El macho llega a Punto Tombo, Argentina, a principios de septiembre para preparar el nido debajo de un arbusto y allí espera a su pareja, que normalmente llega dos semanas después. Por lo general, la pareja vuelve al mismo nido todos los años porque son fieles y monógamos. Generalmente la hembra pone dos huevos y la incubación dura 40 días. Las crías nacen en noviembre y sus padres las alimentan con peces pequeños. La pareja comparte las tareas de la familia, calentando los huevos y buscando comida para las crías. El turismo a Punta Tomba aumenta año tras año por la accesibilidad de los pingüinos. De noviembre a marzo se puede ver nacer a las crías, cómo sus padres las alimentan y cómo aprenden a nadar. Qué divertido, ¿no? Me encanta la naturaleza.

Suggestion for 12.35: For flipped or hybrid classes, **Pasos 1-3** can be assigned to be completed prior to class.

12.35 Un viaje a Patagonia. Te fascina la naturaleza y piensas viajar para conocer los pingüinos. Completa los **Pasos** para planificar el viaje. Answers will vary.

Paso 1: Busca en Internet la siguiente información sobre Patagonia:

1. cómo llegar a Puerto Madryn
2. qué empacar
3. otros animales que pertenecen a Patagonia
4. tipo de turismo en Patagonia

5. algunas de las normas de visita para los turistas

6. otras excursiones cerca de Punta Tombo y Puerto Madryn

Paso 2: Investiga en Internet dos agencias que ofrezcan excursiones a Patagonia. Contesta las preguntas.

1. ¿Qué incluyen en la excursión?

2. ¿Cuáles son los precios?

3. ¿Qué ruta prefieres? ¿Por qué?

4. Organiza tu viaje consultando un mapa de Patagonia. Escribe en la siguiente tabla el nombre de cada agencia y los detalles de cada itinerario.

Agencias	Número de días	Comidas incluidas	Lugares	Precio
Agencia #1				
Agencia #2				

Paso 3: Mi propio blog. En este blog, escribe sobre una experiencia tuya de ver un animal de cerca. ¿Cuándo ocurrió? ¿Dónde lo viste? ¿Cómo era? ¿Cuáles eran sus características? ¿Qué hiciste?

Technology tip for 12.35, Paso 3: Assign students to create a blog using any web application. Students will utilize this blog and post items to it for every chapter of **Experiencias**. You may ask your students to share the link to that blog on your learning management system discussion board. Then in class, ask students to compare their information.

Camila Vallejo

Antes de leer

12.36 La joven chilena más famosa. Antes de leer la selección sobre Camila Vallejo, lee la estrategia y responde a las preguntas. La lectura sobre Camila describe su vida y sus talentos.

Camila Vallejo.

Stéphanie Cadel / AFP / Getty Images

Te presentamos a…

Suggestion for 12.36: Some steps are specifically designed for students to do independently in flipped, hybrid and online clases, and to support students through the reading process. For instance, you can have students complete **Pasos 1** and **2** prior to class. **Paso 6** can be assigned for follow-up work outside of class and students can post their work to your learning management system discussion board.

Note for 12.36: Students can practice the strategies of skimming and scanning to assist in successful reading comprehension. Remind them to scan and highlight cognates. Then scan for words they know. Finally, they can skim for the main idea of the passage.

Estrategia de lectura: Reading to Learn the Language

By reading a variety of materials in Spanish, you can absorb vocabulary, grammar, sentence structures and gain a more complete picture of the ways in which the elements of the language work together to convey meaning. Follow these basic steps when you read:

1. Figure out the purpose for the reading and then think about what you already know about the topic.

2. Identify the parts of the text that relate to the purpose and focus on those specific items.

3. Apply the strategies that you have learned, like skimming and scanning, and use them flexibly and interactively.

4. Try writing a brief summary of what you read. Include only important information, leaving out less important details.

Follow-up for 12.36, Paso 1:
Review the cognates that students highlighted and ask students to identify the focus of the selection.

Paso 1: Revisa la selección y selecciona todos los cognados. Después, aplica la estrategia.

Paso 2: Contesta las siguientes preguntas: Answers will vary.

- ¿Cuál es el formato del texto?
- ¿Qué sugiere el título?
- ¿Cuáles son algunas de las palabras importantes en cada párrafo?
- ¿Qué información aprendes de la lista de cognados?

Paso 3: Lee la lectura con cuidado. Recuerda que no tienes que entender cada palabra.

 ## Joven activista y política se hace diputada en Chile

La joven activista Camila Vallejo nació el 28 de abril de 1988 en Santiago de Chile y es hija de Reinaldo Vallejo Navarro y Mariela Dowling Leal. Su pareja se llama Julio Sarmiento Machado y juntos tienen una hija. En 2013 Camila fue elegida diputada por el Distrito No. 26 La Florida, Santiago, y es considerada una de las jóvenes más destacadas de la sociedad chilena. Recientemente publicó una colección de sus discursos y ensayos, y ha hecho una gira de conferencias por Europa. Durante su niñez asistió a la escuela alternativa Colegio Raimapu, en donde desarrolló su pensamiento crítico. El director del colegio la recuerda como una joven reflexiva y responsable. Inicialmente Camila quería estudiar teatro, pero posteriormente se decidió por geografía, carrera en la que obtuvo un título universitario en 2013.

Su actividad política empezó desde el año 2007 cuando se inscribió en las Juventudes Comunistas de Chile. En el 2008, durante sus años de estudios universitarios, fue elegida consejera de la Federación de Estudiantes de la Universidad de Chile (FECH) y fue presidenta de la misma organización entre 2010 y 2011. Durante esa época, su liderazgo[19] fue reconocido a nivel nacional e internacional. Camila organizó múltiples y multitudinarias protestas y movilizaciones sociales, exigiendo una educación más accesible, gratuita y de calidad para todos los jóvenes chilenos. En ese entonces la educación universitaria en Chile era la más costosa del mundo proporcionalmente, costando $3400 al año en comparación a un sueldo promedio de $8500. Las demandas de su organización (FECH) consistían en exigir el financiamiento de la educación pública al nivel secundario y universitario.

Durante esa etapa, Camila demostró una mezcla de inteligencia, carisma y claridad en la exigencia de sus demandas. Sus discursos se centraban en la recuperación de la educación pública. Paralelamente, fue ganando reconocimiento y seguidores tanto en su página de Facebook, como en Twitter, donde alcanzó 480 000 seguidores.

Su trabajo de movilización de los jóvenes llamó la atención mundial, y por esta razón recibió varios premios, entre los que se destacan:

- "10 personas del año", por la agencia Agence France Presse (AFP) en diciembre de 2013
- "Miembro honorífico" por la Universidad Nacional de La Plata, Argentina, en junio de 2013
- "Líder Estudiantil Mundial en la Defensa de los Derechos Humanos 2011", por Amnistía Internacional (Noruega), en marzo de 2012
- "Persona del año 2011", por el periódico inglés *The Guardian*

Como diputada ha sido miembro de las comisiones permanentes de Medio Ambiente y Recursos Naturales; Ciencias y Tecnología; y Educación. Fue elegida presidenta de la comisión de Educación en marzo de 2015.

Además de eso se conoce su gusto por el baile y la música de todo tipo, que va desde el rock a la cumbia. Con su *piercing* en la nariz y el pelo largo, mantiene una imagen muy juvenil, que al mismo tiempo transmite orgullo y determinación.

Su trabajo ha despertado el interés de los jóvenes en la política. Su mayor contribución ha sido que la gente tenga esperanza en el sistema político de su país y mostrar que la política puede responder de manera positiva a las demandas de sus ciudadanos. ¿Siempre estará tan metida en la política? Parece que sí, ya que tiene mucho talento e interés.

---

[19]**liderazgo:** leadership

Después de leer

Paso 4: Escribe cinco hechos que recuerdes sin consultar la lectura que acabas de leer. Después, con tu compañero/a intercambia tu trabajo con el suyo y comenta sobre los hechos que él/ella recuerda. Answers will vary.

Paso 5: Escribe preguntas que contengan las palabras interrogativas de la siguiente tabla. Entonces, muéstrale tu tabla a tu compañero/a. Él/ella debe escribir respuestas a tus preguntas. Answers will vary.

Palabras Interrogativas	Preguntas	Respuestas
¿Quién?		
¿Qué?		
¿Dónde?		
¿Cuándo?		
¿Por qué?		

Paso 6: Para saber más sobre esta joven política, busca en Internet la página de Facebook de Camila Vallejo. Encuentra una foto de ella y descríbela, contestando las siguientes preguntas. Answers will vary.

1. ¿Dónde está Camila en la foto?
2. ¿Por qué está allí?
3. ¿Qué está haciendo?
4. ¿Cómo se siente, probablemente, en este lugar?
5. ¿Qué tipo de ropa lleva?
6. ¿Qué otra información puedes obtener de la foto?
7. ¿Qué más te gustaría saber de Camila?

Paso 7: Comenta la foto con tu compañero/a. ¿Son parecidas las dos fotos que describen? Answers will vary.

Las arpilleras: Arte folclórico de Chile

12.37 Las arpilleras: medio feminista de expresión y protesta. En Chile hay una rica tradición de arpilleras. El siguiente artículo describe esta tradición como práctica importante de varias generaciones. Sigue los siguientes **Pasos** para aprender más del tema. Answers will vary.

Antes de leer

Paso 1: En preparación para la lectura, contesta las preguntas que siguen y comparte tus ideas con tu compañero/a.

1. ¿Tomas o tomabas clases de arte? ¿Qué haces o hacías en las clases?

Courtesy of Vincent DiFrancesco

Arpillera de la Vicaría de la Solidaridad.

2. ¿Sabes coser? ¿Conoces a alguien que sepa coser?

3. ¿Qué tipo de arte folclórico es popular en Estados Unidos?

 Las arpilleras: arte folclórico de Chile

Las arpilleras bordadas son tapices hechos a mano por grupos de mujeres en América Latina, principalmente de Chile y Perú. Las mujeres utilizan un material humilde, de aspecto áspero y grueso, también usado para fabricar sacos. Las arpilleras son textiles que llevan la técnica de apliqué y representan escenas de la vida diaria con hombres, mujeres, niños y animales. Normalmente el uso expresivo de colores da un significado a los temas principales de las costumbres representadas. Cada una de las arpilleras es una obra de arte con una historia, un recuerdo o una representación significativa en la vida de la mujer que la diseñó. En Chile, el primer taller de arpilleras empezó en Isla Negra, y en 1966 se hizo una exposición de 80 piezas. Las telas contenían colores vivos que representaban la alegría y las tradiciones.

En los años 70, durante el gobierno del dictador Augusto Pinochet, las arpilleras representaban la voz femenina de protesta contra un gobierno represivo. El primer taller de arpilleras en Santiago se creó en la Vicaría de la Solidaridad en 1974. También las mujeres de la Asociación de Familiares de Detenidos Desaparecidos fundaron otro taller de arpilleras. Muchas mujeres fueron a los dos centros para buscar ayuda y protección contra el encarcelamiento y la desaparición de sus familiares. Las mujeres llegaron a los centros buscando refugio y encontraron un lugar donde podían compartir sus experiencias con otras mujeres. Los dos talleres les enseñaron un oficio que las ayudaba psicológica y económicamente. Allí podían olvidar momentáneamente el dolor por la pérdida de sus seres queridos al mismo tiempo que obtenían un ingreso para ayudar a sus familias. Sus arpilleras representaban el dolor y la tristeza que sentían al no poder ver ni saber nada sobre sus parientes desaparecidos[20]. Muchas veces, bordaban un mensaje en la parte de atrás de la arpilleras con los datos de la persona desaparecida y un deseo o sentimiento. Por eso, durante esa época, las arpilleras se convirtieron en un vehículo de resistencia y en un medio de expresión de historias, con temas políticos, sobre los actos violentos del gobierno. Así, la fabricación de las arpilleras se transformaba en un tipo de terapia psicológica, pero a la vez protesta política, representación de la voz de la persona desaparecida, testimonio personal y arma de lucha.

Durante la dictadura, las mujeres empezaron a protestar en la calle todos los jueves enfrente de la Corte Suprema en Santiago, igual que todavía hacen las mujeres en Buenos Aires, Argentina, cada jueves en la plaza de Mayo. En sus pechos llevaban fotos de sus desaparecidos y eso las hacía sentir más poderosas. Hoy día las mujeres siguen haciendo sus arpilleras en muchos talleres de Chile. En el área metropolitana de Santiago existen más de cinco talleres. Gracias a estos textiles, las mujeres expresan sus emociones en las imágenes coloridas de escenas cotidianas, como parques, ferias, iglesias, fiestas y otras tradiciones. Otras siguen representando temas más controversiales, como los derechos de las mujeres, la pobreza y en contra de la violencia de género.

Después de leer

Paso 2: Después de leer la información sobre las arpilleras en Chile, termina las siguientes oraciones con tus propias palabras. Comparte tus ideas con tu compañero/a.

1. Las arpilleras…

2. En los años setenta…

3. Durante la dictadura…

4. En los talleres, las mujeres…

5. Las arpilleras se transformaron en…

6. Enfrente de la Corte Suprema…

7. Hoy día…

---

[20]**desaparecidos:** disappeared

Paso 3: Mira las dos temáticas reflejadas por las arpilleras que se describen en la siguiente foto y la que aparece en el **Paso 1**, y contesta las preguntas. Comparte tus ideas con tu compañero/a.

1. ¿En qué son diferentes?
2. ¿En qué se parecen?
3. ¿Cuál te gusta más y por qué?
4. ¿Te gustaría comprar una arpillera? ¿Por qué sí/no?
5. Consulta en Internet los precios, tamaños y algunos ejemplos de arpilleras.
6. ¿Existe en EE. UU. un producto de artesanía semejante a las arpilleras? ¿En qué se parece? ¿En qué es diferente?

Courtesy of Vincent DiFrancesco

Las arpilleras son una manifestación de artesanía feminista con mensajes políticos.

Estrategia de escritura: Writing can be Inventive and Creative

Creative writing is a fun way to practice writing in another language. In order to create a story, you need to think of the purpose of your story, the audience, and the context. Are you planning to teach a lesson in your story or is its purpose to entertain? Are you writing for children, young adults or adults? What is the landscape or context for the story? You can combine some personal experiences with a bit of exaggeration or imaginative additions. You can dramatize feelings, reflection and commentary. Be sure to describe the characters, including appearance and personalities. Create a dialogue your characters can say. Remember to utilize transition words to link the ideas of your story.

Paso 4: Busca en Internet una arpillera que te guste, luego inventa y escribe un cuento sobre lo que veas. Después súbelo al foro de la clase. Incluye esta información en tu cuento:

- el propósito, el público y el contexto del cuento
- una descripción de la escena
- una descripción de los personajes
- el diálogo entre los personajes
- incluye la arpillera con tu cuento

Según cuenta la historia

12.38 Preparaciones para una entrevista de trabajo. La oficina de preparación para carreras de la universidad te está ayudando a prepararte para una entrevista de trabajo. Te pide que presentes en detalle dos experiencias de tu vida de las que estés muy orgulloso/a. Completa los **Pasos** para preparar tu presentación. Answers will vary.

Paso 1: Piensa en dos experiencias importantes de las que puedas hablar en una entrevista. Escribe una lista de las ideas principales.

Suggestion for 12.37, Paso 4: Have students prepare their writing assignment before coming to class. Then have them peer-edit each other's work by having them take turns reading their work aloud to a partner. The partner looks at the paper and searches the first time for content (Is all the required information present?) and mechanics the second time through (accents, spelling, etc.)

Technology tip for 12.37, Paso 4: Require students to post their paragraphs on your learning management system discussion board. Next, students must read and post follow-up questions for two of their classmates to be answered prior to the next class session.

Manos a la obra

Technology tip for 12.38: Require students to record audio in their PowerPoint presentation and post their creations on your learning management system discussion board.

Paso 2: Prepara una explicación y narración de cada experiencia, incluyendo cuándo ocurrió durante tu vida, qué hiciste y por qué estás orgulloso/a de cada experiencia.

Paso 3: Practica tu entrevista con tu compañero/a.

12.39 Crear un *Mad lib*. El *Mad lib* es un juego que fue inventado en 1953 por Roger Price y Leornard Stern. Consiste en "llenar" los espacios en blanco de un cuento. A veces los resultados son muy cómicos, por eso es divertido jugar con varios amigos. Es muy fácil crear tu propio juego. Completa los siguientes **Pasos** para crear uno. GAME Answers will vary.

Paso 1: Crea un cuento. No tiene que ser extraordinario, ya que las palabras elegidas durante el juego pueden hacerlo más interesante y divertido.

Paso 2: Piensa en el público. Si es para tus compañeros de clase, puedes incluir sus nombres en el cuento y referir a experiencias durante el curso.

Paso 3: Edita tu cuento. Elige varias palabras para reemplazarlas con espacios en blanco. En paréntesis escribe la categoría de gramática o una pista indicando qué se necesita para llenar el espacio en blanco, por ejemplo (sustantivo), (verbo), (persona), (lugar), (acción).

Paso 4: Imprime tu cuento. Lee el cuento a un grupo de 4 compañeros. Por turnos, ellos deberán completar los espacios en blanco según las pistas.

Paso 5: Léele el cuento terminado al grupo y/o a la clase.

12.40 Te toca a ti. Vas a grabar un video preparando tu bebida preferida, sin alcohol. Mira el video del comienzo del capítulo 12: **Cómo preparar mate**. Completa los siguientes **Pasos** para preparar tu propio video. Answers will vary.

Paso 1: Decide qué bebida quieres preparar y escribe los ingredientes y los pasos para hacerla.

Paso 2: Practica tu explicación y tus instrucciones en voz alta, sin leer tus apuntes.

Paso 3: Practica tus instrucciones con tu compañero/a. Él/Ella te dará sugerencias sobre tu trabajo.

Paso 4: Finalmente, graba tu video con tu compañero/a, tomando turnos para incluir las tareas en **Pasos 1-3** en cada uno de sus videos.

Paso 5: Sube tu video al foro de la clase para compartirlo con tus compañeros.

Technology tip for 12.41:
Have your students use the tool of their choice to compile their electronic notebook. This is a great way to keep students organized as they create a portfolio of photos and material regarding the countries presented throughout the book.

12.41 Mi cuaderno electrónico. Ahora te toca organizar otra página en tu cuaderno electrónico para anotar la información interesante que encuentres sobre Argentina y Chile. Abre tu cuaderno y sigue las siguientes instrucciones. Answers will vary.

Paso 1: Utilizando tu libro de texto, los videos de Daniel e Internet, escribe la siguiente información:

1. Estadísticas interesantes de los dos países que has estudiado: Argentina y Chile.
2. Información básica sobre Argentina y Chile.
3. Mapa de cada país.
4. Un lugar que quieres visitar y por qué.
5. Información sobre los lugares que quieres visitar.
6. Fotos de los países.
7. Enlaces interesantes sobre los dos países.
8. Observaciones culturales.

Paso 2: Comparte tu información con un/a compañero/a o con la clase.

REPASOS

Repaso de objetivos

Check off the objectives you have accomplished.

I am able to...

Teaching tip for Repaso de objetivos: Although this self-assessment is designed for the students to evaluate their progress, teachers might poll students informally as a group to gauge how students are feeling about the material. This could be done orally with eyes closed and hands raised or by simply asking students to leave a slip with their answers at the end of class.

	Well	Somewhat		Well	Somewhat
• talk about past events.	☐	☐	• investigate some of the political difficulties that have affected everyday life in Chile and Argentina.	☐	☐
• describe how I am feeling and comment on the emotions of others.	☐	☐	• investigate an everyday citizen in Chile who is making her mark on society.	☐	☐
• share past experiences to tell a story in the past.	☐	☐			
• retell a legend from Argentina or Chile or a childhood story.	☐	☐			

🎧 Repaso de vocabulario

WileyPLUS

Go to WileyPLUS to review these vocabulary words and practice their pronunciation.

Los estados de ánimo   *Moods*

Expresiones con *estar* (¿*Cómo estás/ te sientes?*)

aburrido/a   *bored*
alegre   *happy*
cansado/a   *tired*
contento/a   *content/happy*
de buen/mal humor
    in a good/bad mood

enfermo/a   *ill*
enojado/a   *angry*
estresado/a   *stressed*
feliz   *happy*
nervioso/a   *nervous*
ocupado/a   *busy*
preocupado/a   *worried*
triste   *sad*

Expresiones con *tener*

tener calor   *to be hot*
tener frío   *to be cold*
tener hambre   *to be hungry*
tener miedo   *to be afraid*
tener prisa   *to be in a hurry*
tener sed   *to be thirsty*
tener sueño   *to be sleepy*
tener suerte   *to be lucky*

Repaso de gramática

Narrating and describing in the past with preterit and imperfect

The **PRETERIT** is used to indicate that an event had a beginning and an ending point, that is, the event concluded, it came to an end in the past even though the exact time and date may not be expressed. The preterit is used to…

- view a singular action or a series of actions that may have continued in the past but are now viewed as a completed whole.
- view an action from the point of view of its beginning or end.
- narrate a sequence of completed events or actions in the past.
- focus on the event itself or specifies an important event in the story line itself.

The **IMPERFECT** is used to describe past events without reference to their having a beginning or an ending point. Use the imperfect to...

- set the background for the events of a story.
- describe past actions that were continuing, ongoing, or repeated; actions without reference to their beginning or ending.
- describe actions that <u>used to</u> take place, actions with no definite time or duration.
- tell clock time in the past.
- to tell someone's age in the past.

Preterit and imperfect with mental states and emotions

- You can use the following verbs to express a change in a feeling or emotion:

aburrirse	to become bored
alegrarse	to become happy
asustarse	to become scared
enojarse	to become angry
sorprenderse	to become surprised

- You can also use the verb **ponerse** (*to become*) to express a change in emotion.
- There are other verbs that can be used with mental and physical states: **conocer**, **saber**, **haber**, **poder**, **querer**. If you use these verbs in the imperfect, you are talking about an ongoing feeling in the past. If you use the preterit for these verbs you are specifying the beginning or ending of the mental or emotional state.

Verb	Preterit	Imperfect
conocer	to meet for the first time	to know
haber	there was/were (implies something occurred)	there was/were (general description, past description of a scene, setting the stage for the story)
poder	succeeded (or did not succeed)	was able (or not able) to
querer	tried to (or refused)	wanted/didn't want to do something
saber	to find out	to know something

Syllable (Word-level) Stress and Written Accent Marks in Spanish

Every word in Spanish with two or more syllables has at least one syllable that is stressed by the speaker's voice slightly more than the others. In some cases, the meaning of the word can actually change depending on the syllable you stress as in "**Escucho**" (I listen) as compared to "**Escuchó**" (S/he listened) or "**esta**" (this) and "**está**" (is). The stress is placed on the vowel in the corresponding syllable, which would be the "u" in "**Escucho**" and the "o" in "**Escuchó**".

You can hear the location of the stress in a word because the vowel is pronounced slightly louder, with a higher pitch, and is lengthened just a bit. Only a very small number of words in Spanish have two stressed syllables while many multi-syllabic words in English have one syllable with primary stress and another with secondary stress. Though English does not use written accent marks to indicate which syllable is stressed, Spanish does under certain circumstances. The use of written accent marks follows certain patterns and by learning those patterns you can make sure your writing and speaking are understood correctly.

The first notion to keep in mind when you encounter a new word in Spanish that you don't know how to pronounce is that if you see a written accent mark above a vowel (**á, é, í, ó, ú**), that tells you that it is the syllable to stress and you do not need to worry about applying any further rules.

To use accent marks accurately in your own writing, or to know where to stress a new word without a written accent, here are the two most important rules and conditions for their use:

1. No accent mark is needed if the second-to-last syllable is stressed AND the word ends in a vowel (**a, e, i, o, u**) OR "**n**" or "**s**". Examples:

   mesa: mE-sa, *table*, ends in a vowel and the stress falls on the next to the last syllable.

   hermanas: her-mA-nas, *sisters*, ends in an '**s**' and the stress falls on the next to the last syllable

   amaron: a-mA-ron, *they loved*, ends in an '**n**' and the stress falls on the next to the last syllable.

2. No accent mark is needed if the last syllable is stressed AND the word ends in a consonant OTHER than "**n**" or "**s**". Examples:

   papel: pa-pEl, *paper*, ends in the consonant '**l**' and the stress falls on the last syllable.

   correr: co-rrEr, *to run*, ends in the consonant '**r**' and the stress falls on the last syllable.

   pared: pa-rEd, *wall*, ends in the consonant '**d**' and the stress falls on the last syllable.

If these guidelines are not followed, then a written accent mark is needed to indicate which syllable to stress:

1. Use a written accent mark if the word ends in a vowel (**a, e, i, o, u**) or '**n**' or '**s**' and the stress falls on the last syllable. Examples:

   habló: ha-blÓ, *s/he spoke*, ends in a vowel and the stress falls on the last syllable. A written accent is needed on the **ó**.

   limón: li-mÓn, *lemon*, ends in an 'n' and the stress falls on the last syllable. A written accent is needed on the **ó**.

hablarás: ha-bla-rÁs, *you will speak*, ends in an '**s**' and the stress falls on the last syllable. A written accent is needed on the **á** of the last syllable.

2. Use a written accent mark if the word ends in a consonant other than '**n**' or '**s**' and the stress is on the next to the last syllable. Examples:

lápiz: lá-piz, *pen*, ends in a consonant other than '**n**' or '**s**' and the stress falls on the next to the last syllable. A written accent is needed on the á of the first syllable.

árbol: ár-bol, *tree*, ends in a consonant other than '**n**' or '**s**' and the stress falls on the next to the last syllable. A written accent is needed on the á of the first syllable.

3. Use a written accent mark if the stress falls on any vowel more than two syllables from the end of the word. Examples:

trágico: trÁ-gi-co, *tragic*, is stressed on the third syllable from the end of the word.

música: mÚ-si-ca, *music*, is stressed on the third syllable from the end of the word.

4. Use a written accent mark if the stress falls on a weak vowel (**i** or **u**) that occurs immediately before or after a strong vowel (**a, e, o**). Examples:

día: dÍ-a, *day*; the stress falls on an **i** which is immediately followed by an **a**.

maíz: ma-Íz, *corn*; the stress falls on an **i** which is immediately following an **a**.

Ask yourself: Does the word end in **a, e, i, o, u, n**, or **s**?

If your answer is "**yes**" and the word is **not** stressed on the **next-to-the-last syllable**, then you should use a written accent.

If your answer is "**no**" and the word is **not** stressed on the **last syllable**, then you should use a written accent.

Accent marks are required on some words to distinguish them from otherwise identically spelled words. There are two groups of these word pairs.

1. Exclamation and question words use written accent marks, while the corresponding relative pronouns or connecting words are not.

¿adónde?	*(to) where?*	**adonde**	*(to) where*
¿cómo?	*how?*	**como**	*as, like, because*
¿cuál?	*which?*	**cual**	*which, as*
¿cuándo?	*when?*	**cuando**	*when*
¿cuánto(s)?	*how much, how many?*	**cuanto(s)**	*as much, as many*
¿dónde?	*where?*	**donde**	*where*
¿qué?	*what, how?*	**que**	*which, that*
¿quién(es)?	*who, whom?*	**quien(es)**	*who, whom*

Examples:

¿Adónde vas?	*Where are you going?*
¿Cuánto cuesta?	*How much does it cost?*
¡Qué interesante!	*How interesting!*
Cuando vengan, iremos al cine.	*When they come, we'll go to the movies.*
Dice que no es verdad.	*S/he says that it's nott true.*
La mujer de quien hablas es la directora.	*The woman you're talking about is the director.*

2. Several pairs of one-syllable words use a written accent mark to distinguish their meaning since they sound the exact same.

dé	*give* (subjunctive of **dar** or a command)	**de**	*of, from*
él	*he, him*	**el**	*the*
más	*more, most*	**mas**	*but*
mí	*me*	**mi**	*my*
sé	*I know* (**saber**), *be* (this is a command/imperative form of **ser**)	**se**	*himself, herself,* etc.
sí	*yes, indeed*	**si**	*if, whether*
té	*tea*	**te**	*you, yourself or to you*
tú	*you*	**tu**	*your*

The words that don't have translations are cognates. A cognate is easy to remember because it looks and means the same thing as a word you already know.

¡Buen provecho! Enjoy your meal! 8
¿Cómo está usted? How are you? (formal) 1
¿Cómo estás? How are you? (informal) 1
¿Cómo se llama usted? What is your name? (formal) 1
¿Cómo te llamas? What is your name? (informal) 1
¿Cómo? What/How? 2
¿Cuál es su nombre? What is your name? (formal) 1
¿Cuál es tu nombre? What is your name? (informal) 1
¿Cuál/es? Which one/s? 2
¿Cuándo? When? 2
¿Cuánto/a? How much? 2
¿Cuántos/as? How many? 2
¿De dónde? From where? 2
¿De qué? From what? 2
¿Dónde? Where? 2
¿Por qué? Why? 2
¿Qué tal? What's new? (informal type of greeting) 1
¿Qué? What? 2
¿Quién es? Who is she/he? 1
¿Quién/es? Who/Whom? 2
(Muy) bien. (Very) well. 1
(Muy) mal. Not (very) well. 1
(No) muy bien. (Not) very well. 1
0 cero 1
1 uno 1
2 dos 1
3 tres 1
4 cuatro 1
5 cinco 1, 6
6 seis 1
7 siete 1
8 ocho 1
9 nueve 1
10 diez 1
11 once 1
12 doce 1
13 trece 1
14 catorce 1
15 quince 1, 6
16 dieciséis 1
17 diecisiete 1
18 dieciocho 1
19 diecinueve 1
20 veinte 1
21 veintiuno 1
22 veintidós 1

23 veintitrés 1
24 veinticuatro 1
25 veinticinco 1
26 veintiséis 1
27 veintisiete 1
28 veintiocho 1
29 veintinueve 1
30 treinta 2
31 treinta y uno 2
32 treinta y dos 2
33 treinta y tres 2
40 cuarenta 2
41 cuarenta y uno 2
50 cincuenta 2, 6
60 sesenta 2
70 setenta 2
80 ochenta 2
90 noventa 2
100 cien 2, 6
101 ciento uno 6
200 doscientos 6
300 trescientos 6
400 cuatrocientos 6
500 quinientos 6
600 seiscientos 6
700 setecientos 6
800 ochocientos 6
900 novecientos 6
1000 mil 6
5000 cinco mil 6
50 000 cincuenta mil 6
500 000 quinientos mil 6
1 000 000 un millón 6
2 000 000 dos millones 6
5 000 000 cinco millones 6
50 000 000 cincuenta millones 6
500 000 000 quinientos millones 6
900 000 000 novecientos millones 6

A
a la derecha de… to the right of 3
a la izquierda de… to the left of 3
a la una at one o'clock 3
a las cartas cards 11
a las cinco at five o'clock 3
a las escondidas hide and seek 11
a las muñecas with dolls 11
abogado/a lawyer 5
el abrigo empacable packable coat 9
el abrigo coat 7
abril April 4

el/la abuelo/a grandfather/grandmother 5
aburrido/a boring 3, 4, 12
el aceite de oliva olive oil 8
las aceitunas rellenas stuffed olives 8
acostarse (o › ue) to go to bed (to put oneself to bed) 6
activo/a 2
adiós. Good-bye. 1
la adolescencia 10
afeitarse to shave (oneself) 6
agosto August 4
agresivo/a 2
el agua water 8
el ajo garlic 8
al lado de… next to 3
alegre happy 12
el alemán German 3
la alfombra rug 6
el algodón cotton 9
almorzar (ue) to eat lunch 5
el almuerzo snack between breakfast and large meal in Spain 8
alto/a tall 2
amarillo yellow 7
ambicioso/a 2
el/la amigo/a íntimo/a intimate, very good friend 10
el/la amigo/a friend 2
amistad friendship 10
amo/a de casa housewife, househusband, home manager 5
el amor love 10
anaranjado orange 7
andar en bicicleta to ride a bike 3
andar en patineta to skateboard 11
el/la anfitrión/a host/hostess 10
anoche last night 9
anteanoche the night before last 9
anteayer/antes de ayer the day before yesterday 9
el apartamento 3
aprender to learn 4
el armario closet 6
el/la arquitecto/a 5
arreglarse to get (oneself) ready 6
arrogante 2
el arroz rice 8
el arroz con leche rice with milk dessert 8
el arte 3
atlético/a 2
atractivo/a 2

los audífonos   headphones 3
el auditorio 4
la avalancha de nieve 9
ayer   yesterday 9
la azucarera   sugarbowl 8
azul   blue 7

B

la bachata 4
bailar   to dance 4
el/la bailarín/bailarina   dancer 4
bajar el tobogán   to go down the slide 11
bajo/a   short 2
el balcón 6
la banana/el plátano   banana 8
bañarse   to bathe (oneself) 6
la banda   band 4
la bañera   bathtub 6
el baño   bathroom 6
la barba   beard 2
barrer el suelo   to sweep the floor 6
Bastante bien.   Okay. 1
la batería   drum set 4
las berenjenas   eggplants 8
la biblioteca   library 3
bibliotecario/a   librarian 5
el bigote   mustache 2
la billetera canguro   money belt 9
la biología 3
el bistec   steak 8
blanco   white 7
la blusa 7
la boca   mouth 7
el bocadillo (de queso, de jamón)
      sandwich (with cheese, with ham) 8
la boda   wedding 10
el bolígrafo   pen 3
la bolsa   purse 7
los boquerones   anchovies 8
el bosque   forest 9
las botas   (hiking) boots 7, 9
el brazo   arm 7
Buenas noches.   Good evening. 1
Buenas noches.   Good night. 1
Buenas tardes.   Good afternoon. 1
Buenos días.   Good morning. 1

C

la cabeza   head 7
café   brown 7
el café   coffeeshop 3
la cafetería 3
cajero/a   cashier 5
los calamares   squid 8
los calcetines   socks 7
la calculadora 3
el cálculo   calculus 3
la cama   bed 6
el/la camarero/a   waiter 8
camarero/a   waiter/waitress 5, 8
caminar   to walk 3
la camisa   shirt 7

la camiseta   t-shirt 7
el campo de fútbol   soccer field 3
la canción   song 4
el cañón 9
cansado/a   tired 4, 12
el/la cantante   singer 4
cantar   to sing 4
Carnaval 11
la carne   meat 8
la carne de cerdo   pork 8
la carnicería   butcher shop 8
la carroza   float 11
casado/a   married 10
casarse con   to marry someone 10
castaño/moreno   chestnut-colored/brown 2
la cebolla   onion 8
celebrar 4
la cena   dinner 8
el centro estudiantil   student center 3
cepillarse el pelo/los dientes   to brush one's
      (hair, teeth) 6
cerrar (ie)   to close 5
el cerro   hill 9
los champiñones   mushrooms 8
las chancletas   flip flops 7
Chao.   Good-bye. 1
la chaqueta   jacket 7
el/la chico/a   young person (male/female) 2
el chorizo   sausage 8
el ciclón 9
las ciencias políticas   political science 3
el/la científico/a 5
el cinturón   belt 7
la cita   date 10
los clientes   customers 8
el cocido   stew 8
la cocina   kitchen 6
cocinero/a   chef/cook 5
coleccionar   to collect 11
   estampas   trading cards 11
   sellos   stamps 11
columpiar(se)   to swing 11
el comedor   dining room 6
comer   to eat 3
cómico/a   comical, funny 2
la comida   main meal 8
competente 2
componer   to compose 4
la composición 3
comprar   to buy 3
comprometerse con   to become
      engaged to 10
comprometido/a   engaged 10
la computadora portátil   laptop computer 3
con carritos   with toy cars 11
con el/la amiguito/a/ los amiguitos   with
      your friend/friends 11
con/sin hielo   with or without ice 8
el conejo   rabbit 8
confiable   reliable 10
el conjunto musical   musical group 4

conocerse   to meet each other/to get to know
      each other 10
consejero/a   counselor 5
conservador/a 2
considerado/a 10
la contabilidad   accounting 3
contador/a   accountant 5
contar (ue)   to count 5
contento/a   content/happy 4, 12
el contrabajo   bass 4
conversar con los amigos   to converse/chat
      with friends 3
la copa   wine glass 8
la corbata   tie 7
la cordillera   mountain range 9
el coro   chorus 4
correr   to run 3
cortar el césped   to cut the grass 6
las cortinas 6
corto   short 2
creativo/a 2
la crema   creme based soup 8
las croquetas 8
el cuaderno   notebook 3
la cuchara   spoon 8
la cucharilla   small spoon 8
el cuchillo   knife 8
la cuenta   check 8
las cuevas   caves 9
cumplido/a   responsable 10
el/la cuñado/a   brother-in-law/sister-in-law 5

D

de buen/mal humor   in a good/bad mood 12
de estatura mediana   medium height 2
de la mañana   in the morning (a.m.) 3
de la noche   in the evening; at night (p.m.) 3
de la tarde   in the afternoon (p.m.) 3
debajo de…   under 3
decir (i)   to say, tell 5
el dedo   finger 7
delante de…   in front of 3
delgado/a   thin 2
el/la dentista 5
dependiente/a   sales clerk 5
el desayuno   breakfast 8
el desfile   parade 11
el desierto   desert 9
despejado   clear skies 5
despertarse (e › ie)   to wake oneself up 6
el desván   attic 6
detrás de…   behind 3
el Día de Acción de Gracias   Thanksgiving 11
el Día de la Independencia   Independence
      Day 11
el Día de la Madre   Mother's Day 11
el Día de la Resistencia Indígena   Indigenous
      Resistence or Columbus Day 11
el Día de las Brujas   Halloween 11
el Día de los Reyes Magos   Three Kings
      Day 11

el Día de San Patricio   Saint Patrick's Day 11
el Día de San Valentín/el Día de los Enamorados   Valentine's Day 11
el Día de Todos los Santos   All Saints Day 11
el Día del Año Nuevo   New Year's Day 11
el Día del Padre   Father's Day 11
el Día del Trabajador   Labor Day 11
dibujar   to draw or sketch 11
diciembre   December 4
difícil   difficult 3
dirigir   to direct, conduct 4
el disfraz   costume 11
divertido/a   fun 10
divorciado/a 10
divorciarse de 10
el divorcio 10
Doctor (Dr.)   male doctor 1
Doctora (Dra.)   female doctor 1
domingo   Sunday 3
Don   (has no expressed meaning but used with a male's first name) 1
Doña   (has no expressed meaning but used with a female's first name) 1
dormir (ue)   to sleep 5
dormir en una tienda de campaña   to sleep in a tent 11
dormirse (o › ue)   to fall asleep 6
dramático/a 2
la ducha   shower 6
la dulcería   candy shop 8

E

la economía 3
la educación 3
elegante 2
empezar (ie)   to begin 5
en la arena   in the sand 11
enamorarse de   to fall in love with 10
Encantado/a.   Nice to meet you. 1
encima de…   on top of 3
enero   January 4
enfermero/a   nurse 5
enfermo/a   ill, sick 4, 12
enfrente de…   facing 3
enojado/a   angry 12
la ensalada 8
la ensaladilla rusa   Russian salad 8
ensayar   to practice, rehearse 4
entre   between 3
la erupción volcánica 9
Es de…   S/he is from… 1
Es…   S/he is… 1
escribir   to write 4
el escritorio   desk 3, 6
escuchar   to listen 4
la espalda   back 7
el espejo   mirror 6
el/la esposo/a   husband/wife 5
este fin de semana   this weekend 3
el este   east 9
Estoy…   I am (feeling)… 1

estresado/a   stressed 12
el/la estudiante 2
estudiar   to study 3
la estufa   stove 6
extrovertido/a 2

F

fácil   easy 3
la falda   skirt 7
fascinante 3
febrero   February 4
feliz   happy 12
los fideos   noodles 8
la filosofía 3
finalmente   finally 9
los fines de semana   weekends 3
la física 3
flaco/a   skinny 2
el flan   carmel custard dessert 8
la flauta   flute 4
las flores   flowers 6
la fotografía 3
el francés   French 3
el fregadero   sink 6
la fresa   strawberry 8
la frutería   produce store (fruits) 8
los fuegos artificiales   fireworks 11

G

los gabinetes de cocina   kitchen' cabinets 6
el garaje 6
el gazpacho   cold tomato and vegetable pureed soup 8
generoso/a 2
gerente   manager 5
el gimnasio   gym 3
el globo   balloon 4
los globos   balloons 10
gordito/a   plump 2
la gorra   cap 7, 9
grabar   to record 4
grande   big 3
gris   gray 7
guapo/a   handsome/good looking 2
la guitarra 4
El gusto es mío.   The pleasure is mine. 1

H

la habitación   bedroom 6
hablar (por teléfono)   to speak/talk (on the phone) 3
hace (mucho) calor   it's (very) hot 5
hace (mucho) frío   it's (very) cold 5
hace (mucho) viento   it's (very) windy 5
hace (muy) buen tiempo   it's (very) nice weather 5
hace (muy) mal tiempo   it's (very) bad weather 5
hace fresco   it's cool 5
hace sol   it's sunny 5
hacer ejercicio   to do exercise 3
hacer rompecabezas   to do puzzles 11
hacer   to do, to make 5

hacer/tender la cama   to make the bed 6
Hasta luego.   See you later. 1
Hasta mañana.   See you tomorrow. 1
Hasta pronto.   See you soon. 1
Hay…   There is… / There are… 1
la heladería   ice cream parlor 8
el helado   ice cream 8
el/la hermanastro/a   stepbrother/sister 5
el/la hermano/a   brother/sister 5
el/la hijo/a   son/daughter 5
la historia 3
Hola.   Hi! 1
el hombre   man 2
el/la hombre/mujer de negocios   business man/woman 5
los hombros   shoulders 7
honesto/a 10
el horno   oven 6
el horno de microondas   microwave 6
los huevos   eggs 8
el humo   smoke 10
el huracán 9

I

idealista 2
Igualmente.   Likewise/Same for me. 1
el impermeable   raincoat 9
importante 2
impulsivo/a 2
el incendio forestal   forest fire 9
independiente 2
la infancia 10
la informática   computer science 3
la infusión   herbal tea 8
la ingeniería   engineering 3
ingeniero/a   engineer 5
el inglés   English 3
el inodoro   toilet 6
inteligente 2
interesante 2, 3
interpretar 4
introvertido/a 2
la inundación   flood 9
el invierno   winter 5
los invitados   guests 10
ir   to go 4
ir de campamento   to go camping 11
ir de compras   to go shopping 3
la isla   island 9

J

el jamón   ham 8
el jamón serrano   mountain-cured ham 8
el japonés   Japanese 3
el jardín   garden 6
el jazz 4
juegos de mesa   board games 11
jueves   Thursday 3
jugar   to play 11
jugar al…   to play… 3
   básquetbol 3
   béisbol 3
   fútbol 3

fútbol americano 3
golf 3
tenis 3
vóleibol 3
jugar videojuegos   to play videogames 3
julio   July 4
junio   June 4
la juventud   youth 10

L

el laboratorio   lab 3
lacio   straight 2
el lago   lake 9
la laguna   lagoon 9
la lámpara 6
el lápiz   pencil 3
largo   long 2
el lavabo   bathroom sink 6
el lavaplatos   dishwasher 6
lavar la ropa/los platos   to wash the clothes/
     the dishes 6
lavarse   to wash, to bathe (oneself) 6
leal   loyal 10
la leche   milk 8
la lechería   diary shop 8
la lechuga   lettuce 8
leer   to read 4
leer tiras cómicas   to read the comics 11
leer una novela   to read a novel 3
las lenguas/los idiomas   languages 3
las lentejas   lentils 8
levantar pesas   to lift weights 3
levantarse   to get (oneself) up 6
liberal 2
el libro   book 3
limpiar el baño   to clean the bathroom 6
los llanos   plains 9
llevar   to wear 7
llevarse bien/mal con   to get along well/
     poorly with someone 10
llover   to rain 5
Llueve.   it's raining. 5
la lluvia   rain 5
lluvioso   rainy 5
la luna de miel   honeymoon 10
lunes   Monday 3

M

la madrastra   stepmother 5
la madre   mother 5
la madurez   maturity 10
maestro/a   teacher 5
mandar mensajes de texto   to send text
     messages 3
la mano   hand 7
la mantequilla   butter 8
la manzana asada   baked apple 8
la manzana   apple 8
el mar   sea 9
el maremoto   tsunami 9
los mariscos   shellfish 8
martes   Tuesday 3
marzo   March 4

Más o menos.   So-so. 1
las máscaras 11
las matemáticas 3
materialista 2
el matrimonio (feliz)   (happy) marriage 10
mayo   May 4
Me gustaría…   I would like… 8
Me llamo…   My name is… 1
el/la mecánico/a 5
mediano   medium-sized 2
médico/a   doctor 5
el/la medio/a hermano/a
     half brother/sister 5
la melodía 4
menos   minus (used for telling minutes
     before the hour) 3
el menú 8
el merengue 4
la merienda   snack 8
la merluza   hake, a white fish 8
el mes/año pasado   last month/year 9
la mesa   table 6
la mesita   end table 6
la mesita de noche   night table 6
Mi nombre es…   My name is… 1
el micrófono 3
miércoles   Wednesday 3
mirar videos   to watch videos 3
la mochila   backpack 3, 9
las montañas   mountains 9
morado   purple 7
Mucho gusto.   Nice to meet you. 1
la mujer   woman 2
la música   music 3, 4
la música: popular, clásica, latina, country,
     rock, hip hop, alternativa, blues 4
el/la músico/a   musician 4

N

nadar   to swim 3
la naranja   orange 8
la nariz   nose 7
la Navidad   Christmas 11
negro   black 2, 7
nervioso/a 4, 12
nevar   to snow 5
el/la nieto/a   grandson/granddaughter 5
Nieva.   it's snowing. 5
la nieve   snow 5
la niñez   childhood 10
el/la niño/a   child 2
el noreste   northeast 9
el noroeste   northwest 9
el norte   north 9
Nos vemos.   We'll see each other soon. 1
el noviazgo   engagement 10
noviembre   November 4
el/la novio/a   boyfriend/girlfriend 10
los novios   couple 10
nublado   cloudy 5
la nuera   daughter-in-law 5
nuevo/a   new 4

O

el océano 9
octubre   October 4
ocupado/a   busy 12
el oeste   west 9
los ojos   eyes 7
la ópera 4
optimista 2
ordenar la casa   to organize the house 6
las orejas/los oídos   ears/inner ears 7
organizado/a 2
el otoño   fall 5

P

paciente 2
el padrastro   stepfather 5
el padre   father 5
los padres   parents 5
los padrinos   godparents 4
el pan   bread 8
la panadería   bakery 8
la pantalla   screen 3
los pantalones (cortos)   pants/shorts 7
los pantalones largos   long pants 9
el papel   paper 3
la pareja   couple 10
los parientes   relatives 5
el parque 3
pasar la aspiradora   to vaccum 6
pasivo/a 2
el pastel de cumpleaños   birthday cake 10
el pastel   cake 4, 8
la pastelería   pastry shop 8
el patio 6
el patio de recreo   on the playground 11
pedir (i)   to ask for, request 5
peinarse   to comb one's hair 6
pelirrojo/a   red-haired 2
peluquero/a   hairdresser 5
pensar (ie)   to think, to intend to do
     something 5
pequeña   small 3
perder (i)   to lose 5
perfeccionista 2
el periodismo   journalism 3
periodista   journalist 5
la pescadería   seafood store 8
el pescado   fish 8
pesimista 2
el piano 4
el pie   foot 7
la pierna   leg 7
el pimentero   pepper shaker 8
los pimientos   peppers 8
pintar   to paint 11
planchar la ropa   to iron the clothes 6
las plantas 6
el platillo   saucer 8
el plato 8
poder (ue)   can, to be able to do
     something 5
el policía; la mujer policía 5

la pollería   poultry shop 8
el pollo   chicken 8
poner   to put, set 5
ponerse   to put on (as in clothing) 6, 7
popular 2
practicar deportes   to play sports 3
la pradera   meadow, grossland 9
preferir (ie) 5
la prenda   article of clothing 9
preocupado/a   worried 12
preparar la mesa   to set the table 6
la primavera   spring 5
el primer plato   first course 8
primero   first 9
el/la primo/a   cousin male/female 5
probar (ue)   to try 5
probarse (ue)   to try (on) 7
producir 4
el/la profesor (a) 2, 5
el/la programador (a) 5
la propina   tip 8
proponer matrimonio   to propose to
     someone 10
el protector solar   sunscreen 9
la psicología 3
el/la psicólogo/a 5
el/la psiquiatra 5
la puerta   door 6
puntual 10

Q

quedar (me, te, le) bien/mal   to fit, i.e. Me
     queda bien; No me queda 7
querer (ie)   to want 5
el queso   cheese 8
Quiero tomar…   I want to drink… 8
la química   chemistry 3
la quinceañera   young woman celebrating her
     fifteenth birthday 4
Quisiera…   I would like… 8
quitarse   to take off of oneself 6

R

el rap 4
el ratón   computer mouse 3
rebelde   rebelious 2
el/la recepcionista 5
recibir   to receive 4
el refresco   soft drink 4, 8
el/la refrigerador/a 6
el regalo   gift 4
los regalos   gifts 10
el reguetón 4
Regular.   So-so. 1
los relámpagos   lightning 9
religioso/a 2
el reloj   clock 3
reservado/a 2
la residencia estudiantil   dorm 3
respetuoso/a 10
responsable 2
el río   river 9
el ritmo   rhythm 4

rizado   curly 2
la rodilla   knee 7
rojo   red 7
romántico/a 2
romper con   to break up with 10
la ropa (ligera/liviana)   (light-weight)
     clothing 9
rosado   pink 7
rubio   blonde 2

S

el sábado (u otro día de la semana) pasado
     last saturday (or other day of week) 9
sábado   Saturday 3
sacar la basura   to take out the trash 6
sacudir los muebles   to dust the furniture 6
la sala   living room 6
el salero   saltshaker 8
salir   to leave, to go out 5
salir con   to go out with 10
salir con los amigos   to go out with friends 3
el salmorejo   cold soup 8
la salsa 4
saltar a la cuerda   to jump rope 11
las sandalias 7
la sandía   watermelon 8
secar la ropa   to dry the clothes 6
el/la secretario/a 5
el segundo plato   second course 8
seguro/a de sí mismo/a   self confident 10
la selva   jungle 9
la semana pasada   last week 9
Señor (Sr.)   Mr. 1
el señor   man, Mr. 2
Señora (Sra.)   Mrs. 1
la señora   woman, Mrs. 2
Señorita (Srta.)   Miss or Ms. 1
la señorita   young woman, Miss 2
sensible   sensitive 10
sentarse (e › ie)   to sit oneself down 6
la separación 10
separado/a 10
separarse de   separate from 10
septiembre   September 4
serio/a 2
la servilleta   napkin 8
la sierra   mountain 9
la silla   chair 3, 6
el sillón   overstuffed/easy chair 6
sincero/a 2
el/la sobrino/a   nephew/niece 5
la sociología 3
el sofá 6
el sol   sun 5
soltero/a   single 10
el sombrero   hat 7
la sopa   soup 8
el sótano   basement 6
Soy…   I am… (include your name here) 1
Soy de…   I am from… 1
subir a los árboles   to climb trees 11
la sudadera   sweatshirt 7

el suéter 7, 9
el supermercado 3, 8
el sur   south 9
el sureste   southeast 9
el suroeste   southwest 9

T

el tambor   drum 4
la tapa o el pincho   small portions of food to
     try, like hors d'oeuvres 8
la taza   cup 8
el tazón   bowl 8
el teatro 4
el teclado   keyboard 3
el/la técnico/a 5
el televisor   television set 6
el tenedor   fork 8
tener alergia a…   to be allergic to… 8
tener calor   to be hot 5, 12
tener frío   to be cold 5, 12
tener hambre   to be hungry 8, 12
tener miedo   to be afraid 12
tener prisa   to be in a hurry 12
tener sed   to be thirsty 8, 12
tener sueño   to be sleepy 12
tener suerte   to be lucky 12
tener un buen sentido del humor   to have
     a good sense of humor 10
tener una cita   to have a date 10
el terremoto   earthquake 9
tímido/a 2
el/la tío/a   uncle/aunt 5
el tocador   dresser 6
tocar un instrumento   to play (an
     instrument) 4
el tocino   bacon 8
la tormenta   storm 9
la tortilla española   potato omelette 8
la tortilla francesa   plain omelette 8
la tostada   toast 8
trabajador/a   hard-working, industrious 2
trabajar   to work 3
tradicional 2
traer   to bring 5
el traje de baño   bathing suit, swimsuit 7, 9
el traje tradicional   traditional outfit 11
el traje   suit 7
tranquilo/a 2
triste   sad 12
la trompeta 4
los truenos   thunder 9

U

las uvas   grapes 8

V

el valle 9
los vaqueros   jeans 7
el vaso   glass 8
la vejez   old age 10
las velas   candles 10
vendedor/a   salesperson 5
vender   to sell 7

creme based soup   la crema 8
cup   la taza 8
curly   rizado 2
customers   los clientes 8

D

dancer   el/la bailarín/bailarina 4
date   la cita 10
daughter-in-law   la nuera 5
December   diciembre 4
desert   el desierto 9
desk   el escritorio 3, 6
diary shop   la lechería 8
difficult   difícil 3
dining room   el comedor 6
dinner   la cena 8
dishwasher   el lavaplatos 6
doctor   médico/a 5
door   la puerta 6
dorm   la residencia estudiantil 3
dress   el vestido 7
dresser   el tocador 6
drum   el tambor 4
drum set   la batería 4

E

ears/inner ears   las orejas/los oídos 7
earthquake   el terremoto 9
east   el este 9
easy   fácil 3
eggs   los huevos 8
eggplants   las berenjenas 8
end table   la mesita 6
engaged   comprometido/a 10
engagement   el noviazgo 10
engineer   ingeniero/a 5
engineering   la ingeniería 3
English   el inglés 3
Enjoy your meal!   ¡Buen provecho! 8

F

facing   enfrente de… 3
fall   el otoño 5
father   el padre 5
Father's Day   el Día del Padre 11
February   febrero 4
female doctor   Doctora (Dra.) 1
finally   finalmente 9
finger   el dedo 7
fireworks   los fuegos artificiales 11
first   primero 9
first course   el primer plato 8
fish   el pescado 8
flip flops   las chancletas 7
float   la carroza 11
flood   la inundación 9
flowers   las flores 6
flute   la flauta 4
foot   el pie 7
forest   el bosque 9
forest fire   el incendio forestal 9
fork   el tenedor 8
French   el francés 3
Friday   viernes 3
friend   el/la amigo/a 2

friendship   amistad 10
From what?   ¿De qué? 2
From where?   ¿De dónde? 2
fun   divertido/a 10

G

garden   el jardín 6
garlic   el ajo 8
German   el alemán 3
gift   el regalo 4
gifts   los regalos 10
glass   el vaso 8
godparents   los padrinos 4
Good afternoon.   Buenas tardes. 1
Good evening.   Buenas noches. 1
Good morning.   Buenos días. 1
Good night.   Buenas noches. 1
Good-bye.   Adiós. / Chao. 1
grandfather/grandmother   el/la abuelo/a 5
grandson/granddaughter   el/la nieto/a 5
grapes   las uvas 8
gray   gris 7
green   verde 7
guests   los invitados 10
gym   el gimnasio 3

H

hairdresser   peluquero/a 5
hake, a white fish   la merluza 8
half brother/sister   el/la medio/a hermano/a 5
half past   y media/y treinta 3
Halloween   el Día de las Brujas 11
ham   el jamón 8
hand   la mano 7
handsome/good looking   guapo/a 2
happy   alegre 12
happy   feliz 12
hard-working, industrious   trabajador/a 2
hat   el sombrero 7
head   la cabeza 7
headphones   los audífonos 3
herbal tea   la infusión 8
Hi!   Hola. 1
hill   el cerro 9
honeymoon   la luna de miel 10
host/hostess   el/la anfitrión/a 10
housewife, househusband, home manager   amo/a de casa 5
How are you? (formal)   ¿Cómo está usted? 1
How are you? (informal)   ¿Cómo estás? 1
How many?   ¿Cuántos/as? 2
How much?   ¿Cuánto/a? 2
husband/wife   el/la esposo/a 5

I

I am (feeling)…   Estoy… 1
I am from…   Soy de… 1
I am… (include your name here)   Soy… 1
I want to drink…   Quiero tomar… 8
I would like…   Me gustaría… / Quisiera… 8
ice cream   el helado 8
ice cream parlor   la heladería 8
ill, sick   enfermo/a 4, 12

in a good/bad mood   de buen/mal humor 12
in front of   delante de… 3
in the afternoon (p.m.)   de la tarde 3
in the evening; at night (p.m.)   de la noche 3
in the morning (a.m.)   de la mañana 3
Independence Day   el Día de la Independencia 11
Indigenous Resistence or Columbus Day   el Día de la Resistencia Indígena 11
intimate, very good friend   el/la amigo/a íntimo/a 10
island   la isla 9
it's (very) bad weather   hace (muy) mal tiempo 5
it's (very) cold   hace (mucho) frío 5
it's (very) hot   hace (mucho) calor 5
it's (very) nice weather   hace (muy) buen tiempo 5
it's (very) windy   hace (mucho) viento 5
it's cool   hace fresco 5
It's raining.   Llueve. 5
It's snowing.   Nieva. 5
it's sunny   hace sol 5

J

jacket   la chaqueta 7
January   enero 4
Japanese   el japonés 3
jeans   los vaqueros 7
journalism   el periodismo 3
journalist   periodista 5
July   julio 4
June   junio 4
jungle   la selva 9

K

keyboard   el teclado 3
kitchen   la cocina 6
kitchen' cabinets   los gabinetes de cocina 6
knee   la rodilla 7
knife   el cuchillo 8

L

lab   el laboratorio 3
Labor Day   el Día del Trabajador 11
lagoon   la laguna 9
lake   el lago 9
languages   las lenguas/los idiomas 3
laptop computer   la computadora portátil 3
last month/year   el mes/año pasado 9
last night   anoche 9
last saturday (or other day of week)   el sábado (u otro día de la semana) pasado 9
last week   la semana pasada 9
lawyer   abogado/a 5
leg   la pierna 7
lentils   las lentejas 8
lettuce   la lechuga 8
librarian   bibliotecario/a 5
library   la biblioteca 3
lightning   los relámpagos 9
Likewise/Same for me.   Igualmente. 1
living room   la sala 6

long largo 2
long pants los pantalones largos 9
love el amor 10
loyal leal 10

M

main meal la comida 8
male doctor Doctor (Dr.) 1
man el hombre 2
man, Mr. el señor 2
manager gerente 5
March marzo 4
married casado/a 10
maturity la madurez 10
May mayo 4
meadow, grossland la pradera 9
meat la carne 8
medium height de estatura mediana 2
medium-sized mediano 2
microwave el horno de microondas 6
milk la leche 8
minus (used for telling minutes before the hour) menos 3
mirror el espejo 6
Miss or Ms. Señorita (Srta.) 1
Monday lunes 3
money belt la billetera canguro 9
mother la madre 5
Mother's Day el Día de la Madre 11
mountain la sierra 9
mountains las montañas 9
mountain range la cordillera 9
mountain-cured ham el jamón serrano 8
mouth la boca 7
Mr. Señor (Sr.) 1
Mrs. Señora (Sra.) 1
mushrooms los champiñones 8
music la música 3, 4
popular, classical, latina, country, rock, hip hop, alternative, blues 4
musical group el conjunto musical 4
musician el/la músico/a 4
mustache el bigote 2
My name is... Me llamo... / Mi nombre es... 1

N

napkin la servilleta 8
nephew/niece el/la sobrino/a 5
New Year's Day el Día del Año Nuevo 11
new nuevo/a 4
next to al lado de... 3
Nice to meet you. Encantado/a / Mucho gusto. 1
night table la mesita de noche 6
noodles los fideos 8
north el norte 9
northeast el noreste 9
northwest el noroeste 9
nose la nariz 7
Not (very) well. (Muy) mal. 1
notebook el cuaderno 3
November noviembre 4
nurse enfermero/a 5

O

October octubre 4
Okay. Bastante bien. 1
old age la vejez 10
olive oil el aceite de oliva 8
on the playground el patio de recreo 11
on top of encima de... 3
onion la cebolla 8
orange anaranjado (color) 7
orange la naranja (fruta) 8
orange juice el zumo de naranja 8
oven el horno 6
overstuffed/easy chair el sillón 6

P

packable coat el abrigo empacable 9
pants/shorts los pantalones (cortos) 7
paper el papel 3
parade el desfile 11
parents los padres 5
pastry shop la pastelería 8
pen el bolígrafo 3
pencil el lápiz 3
pepper shaker el pimentero 8
peppers los pimientos 8
pink rosado 7
plain omelette la tortilla francesa 8
plains los llanos 9
plump gordito/a 2
political science las ciencias políticas 3
pork la carne de cerdo 8
potato omelette la tortilla española 8
poutry shop la pollería 8
produce shop (vegetables) la verdulería 8
produce store (fruits) la frutería 8
purple morado 7
purse la bolsa 7

Q

quarter (used for quarter past or quarter till the hour) y cuarto/y quince 3

R

rabbit el conejo 8
rain la lluvia 5
raincoat el impermeable 9
rainy lluvioso 5
rebelious rebelde 2
red rojo 7
red wine el vino tinto 8
red-haired pelirrojo/a 2
relatives los parientes 5
reliable confiable 10
responsable cumplido/a 10
rhythm el ritmo 4
rice el arroz 8
rice with milk dessert el arroz con leche 8
river el río 9
rug la alfombra 6
Russian salad la ensaladilla rusa 8

S

S/he is... Es... 1
S/he is from... Es de... 1

sad triste 12
Saint Patrick's Day el Día de San Patricio 11
sales clerk dependiente/a 5
salesperson vendedor/a 5
saltshaker el salero 8
sandwich (with cheese, with ham) el bocadillo (de queso, de jamón) 8
Saturday sábado 3
saucer el platillo 8
sausage el chorizo 8
screen la pantalla 3
sea el mar 9
seafood store la pescadería 8
second course el segundo plato 8
See you later. Hasta luego. 1
See you soon. Hasta pronto. 1
See you tomorrow. Hasta mañana. 1
self confident seguro/a de sí mismo/a 10
sensitive sensible 10
separate from separarse de 10
September septiembre 4
shellfish los mariscos 8
shirt la camisa 7
shoes los zapatos 7
short bajo/a 2
shoulders los hombros 7
shower la ducha 6
singer el/la cantante 4
single soltero/a 10
sink el fregadero 6
skinny flaco/a 2
skirt la falda 7
small pequeña 3
small portions of food to try, like hors d'oeuvres la tapa o el pincho 8
small spoon la cucharilla 8
smoke el humo 10
snack la merienda 8
snack between breakfast and large meal in Spain el almuerzo 8
snow la nieve 5
soccer field el campo de fútbol 3
socks los calcetines 7
soft drink el refresco 4, 8
son/daughter el/la hijo/a 5
song la canción 4
son-in-law el yerno 5
So-so. Más o menos. / Regular. 1
soup la sopa 8
south el sur 9
southeast el sureste 9
southwest el suroeste 9
spoon la cuchara 8
spring la primavera 5
squid los calamares 8
steak el bistec 8
stepbrother/sister el/la hermanastro/a 5
stepfather el padrastro 5
stepmother la madrastra 5
stew el cocido 8
storm la tormenta 9
stove la estufa 6

straight   lacio 2
strawberry   la fresa 8
stressed   estresado/a 12
student center   el centro estudiantil 3
stuffed olives   las aceitunas rellenas 8
sugarbowl   la azucarera 8
suit   el traje 7
summer   el verano 5
sun   el sol 5
Sunday   domingo 3
sunscreen   el protector solar 9
sweatshirt   la sudadera 7

T

table   la mesa 6
tall   alto/a 2
teacher   maestro/a 5
television set   el televisor 6
tennis shoes, sneakers   los zapatos de
      tenis 7
Thanksgiving   el Día de Acción de Gracias 11
the day before yesterday   anteayer/antes
      de ayer 9
the night before last   anteanoche 9
The pleasure is mine.   El gusto es mío. 1
There is… / There are…   Hay… 1
thin   delgado/a 2
this weekend   este fin de semana 3
Three Kings Day   el Día de los Reyes
      Magos 11
thunder   los truenos 9
Thursday   jueves 3
tie   la corbata 7
tip   la propina 8
tired   cansado/a 4, 12
to ask for, request   pedir (i) 5
to bathe (oneself)   bañarse 6
to be afraid   tener miedo 12
to be allergic to…   tener alergia a… 8
to be cold   tener frío 5, 12
to be hot   tener calor 5, 12
to be hungry   tener hambre 8, 12
to be in a hurry   tener prisa 12
to be lucky   tener suerte 12
to be sleepy   tener sueño 12
to be thirsty   tener sed 8, 12
to become engaged to   comprometerse
      con 10
to begin   empezar (ie) 5
to break up with   romper con 10
to bring   traer 5
to brush one's (hair, teeth)   cepillarse el
      pelo/los dientes 6
to buy   comprar 3
to clean the bathroom   limpiar el baño 6
to climb trees   subir a los árboles 11
to close   cerrar (ie) 5
to collect   coleccionar 11
   stamps   sellos 11
   trading cards   estampas 11
to comb one's hair   peinarse 6
to come   venir (ie) 5
to compose   componer 4

to converse/chat with friends   conversar con
      los amigos 3
to count   contar (ue) 5
to cut the grass   cortar el césped 6
to dance   bailar 4
to direct, conduct   dirigir 4
to do exercise   hacer ejercicio 3
to do puzzles   hacer rompecabezas 11
to do, to make   hacer 5
to draw or sketch   dibujar 11
to dry the clothes   secar la ropa 6
to dust the furniture   sacudir los muebles 6
to eat   comer 3
to eat lunch   almorzar (ue) 5
to fall asleep   dormirse (o › ue) 6
to fall in love with   enamorarse de 10
to fit, i.e. Me queda bien; No me queda
      quedar (me, te, le) bien/mal 7
to fly   volar (ue) 5
to fly kites   volar papagayos/cometas 11
to get (oneself) dressed   vestirse (e › i) 6, 7
to get (oneself) ready   arreglarse 6
to get (oneself) up   levantarse 6
to get along well/poorly with someone
      llevarse bien/mal con 10
to go camping   ir de campamento 11
to go down the slide   bajar el tobogán 11
to go out with   salir con 10
to go out with friends   salir con los amigos 3
to go shopping   ir de compras 3
to go to bed (to put oneself to bed)
      acostarse (o › ue) 6
to have a date   tener una cita 10
to have a good sense of humor   tener un
      buen sentido del humor 10
to iron the clothes   planchar la ropa 6
to jump rope   saltar a la cuerda 11
to learn   aprender 4
to leave, to go out   salir 5
to lift weights   levantar pesas 3
to listen   escuchar 4
to lose   perder (i) 5
to make the bed   hacer/tender la cama 6
to marry someone   casarse con 10
to meet each other/to get to know each
      other   conocerse 10
to organize the house   ordenar la casa 6
to paint   pintar 11
to play   jugar 11
   board games   juegos de mesa 11
   cards   a las cartas 11
   hide and seek   a las escondidas 11
   in the sand   en la arena 11
   with dolls   a las muñecas 11
   with toycars   con carritos 11
   with your friend/friends   con el/la
      amiguito/a/ los amiguitos 11
to play   jugar al… 11
   básquetbol 3
   béisbol 3
   fútbol 3
   fútbol americano 3

golf 3
tenis 3
vóleibol 3
to play (an instrument)   tocar un
      instrumento 4
to play sports   practicar deportes 3
to play videogames   jugar videojuegos 3
to practice, rehearse   ensayar 4
to propose to someone   proponer
      matrimonio 10
to put on (as in clothing)   ponerse 6, 7
to put, set   poner 5
to rain   llover 5
to read   leer 4
to read a novel   leer una novela 3
to read the comics   leer tiras cómicas 11
to receive   recibir 4
to record   grabar 4
to return   volver (ue) 5
to ride a bike   andar en bicicleta 3
to run   correr 3
to say, tell   decir (i) 5
to sell   vender 7
to send text messages   mandar mensajes
      de texto 3
to set the table   preparar la mesa 6
to shave (oneself)   afeitarse 6
to sing   cantar 4
to sit oneself down   sentarse (e › ie) 6
to skateboard   andar en patineta 11
to sleep   dormir (ue) 5
to sleep in a tent   dormir en una tienda
      de campaña 11
to snow   nevar 5
to speak/talk (on the phone)   hablar
      (por teléfono) 3
to study   estudiar 3
to sweep the floor   barrer el suelo 6
to swim   nadar 3
to swing   columpiar(se) 11
to take off of oneself   quitarse 6
to take out the trash   sacar la basura 6
to the left of   a la izquierda de… 3
to the right of   a la derecha de… 3
to think, to intend to do something
      pensar (ie) 5
to try   probar (ue) 5
to try (on)   probarse (ue) 7
to vaccum   pasar la aspiradora 6
to wake oneself up   despertarse (e › ie) 6
to walk   caminar 3
to want   querer (ie) 5
to wash the clothes/ the dishes   lavar la
      ropa/los platos 6
to wash, to bathe (oneself)   lavarse 6
to watch videos   mirar videos 3
to wear   llevar 7
to work   trabajar 3
to write   escribir 4
toast   la tostada 8
toilet   el inodoro 6
traditional outfit   el traje tradicional 11

t-shirt   la camiseta 7
tsunami   el maremoto 9
Tuesday   martes 3

U

uncle/aunt   el/la tío/a 5
under   debajo de... 3

V

Valentine's Day   el Día de San Valentín/el Día
   de los Enamorados 11

W

waiter   el/la camarero/a 8
waiter/waitress   camarero/a 5
water   el agua 8
watermelon   la sandía 8
We'll see each other soon.   Nos vemos. 1
wedding   la boda 10
Wednesday   miércoles 3
weekends   los fines de semana 3

west   el oeste 9
What?   ¿Qué? 2
What is your name? (formal)   ¿Cómo se
   llama usted? 1
What is your name? (formal)   ¿Cuál es su
   nombre? 1
What is your name? (informal)   ¿Cómo te
   llamas? 1
What is your name? (informal)   ¿Cuál es tu
   nombre? 1
What/How?   ¿Cómo? 2
What's new? (informal type of
   greeting)   ¿Qué tal? 1
When?   ¿Cuándo? 2
Where?   ¿Dónde? 2
Which one/s?   ¿Cuál/es? 2
white   blanco 7
white wine   el vino blanco 8
Who is she/he?   ¿Quién es? 1

Who/Whom?   ¿Quién/es? 2
Why?   ¿Por qué? 2
widow   viudo/a 10
window   la ventana 6
wine glass   la copa 8
winter   el invierno 5
with or without ice   con/sin hielo 8
woman   la mujer 2
woman, Mrs.   la señora 2
worried   preocupado/a 12

Y

yellow   amarillo 7
yesterday   ayer 9
young person (male/female)   el/la
   chico/a 2
young woman celebrating her fifteenth
   birthday   la quinceañera 4
young woman, Miss   la señorita 2
youth   la juventud 10

Index

A

a, with humans or animate objects, 264
adjectives
  agreement with nouns, 36
  demonstrative, 222
  describing moods, 388, 403
  descriptive, 56
  estar +, 121
  formation of, 36
  of nationality, 39
  number of, 36
  possessive, 144
  ser +, 121
Adrià Acosta, Ferran, 269–270
adverbs
  in comparisons, 187
  with preterit tense, 291
  of time, 291
affirmative expressions, 115
Alfonso, X, 127
algo, 115
alguien, 115
algún/alguno(s), 115
alphabet, 15
animals, 35, 56
animate nouns, 35
aquel, 222
Argentina, 39, 385–386, 389, 391, 406
Argueta, Manlio, 205
art, 19, 409
articles
  definite and indefinite, 35–36, 56
  for parts of body, 226
  with professions/vocations, 158
-**ar** verbs
  imperfect tense, 358
  present tense, 85–86
  preterit tense, 292

B

bilingual dictionaries, 236
Bladés, Rubén, 160
body, parts of, 226
Bolivia, 39, 284–285, 289, 302
Boneta, Diego, 51
Bueno, Descemer, 127

C

calendar, 72
Castro Ruz, Fidel, 128–129
Chicano/a (term), 7
children, 228, 356
Chile, 39, 223, 393–394, 409–411
Chinchilla, Laura, 169
Cisneros, Sandra, 22
classes, 70
classroom expressions, 4
clothing and accessories, 218–219
cognates, 31–32

colloquial expressions
  Argentina, 386
  Bolivia, 285
  Chile, 394
  Colombia, 366
  Costa Rica, 146, 149
  Cuba, 102
  Ecuador, 281
  El Salvador, 201
  España, 248
  Guatemala, 181
  Honduras, 230
  Mexico, 30, 41
  Nicaragua, 217
  Panamá, 140
  Paraguay, 335
  Perú, 287
  Puerto Rico, 61
  República Dominicana, 78
  Uruguay, 317
  Venezuela, 355
Colombia, 39, 223, 364–367, 373,
  377–378
colors, 219
comparisons
  of equality, 187
  of inequality, 187, 188
connecting words, 92, 343
conocer
  preterit versus imperfect forms of, 403
  versus **saber,** 166
conseguir, 325
context and pronunciation, 136
contractions, **d** + **el,** 81
Costa Rica, 39, 146, 148–149, 152, 153, 155,
  165, 168, 169, 171
cuál/cuáles, 48
cuánto/cuántes, 48
Cuba, 39, 101–102, 104, 111, 118–119,
  125–129

D

daily activities, 197
dar, 322
Daylight Savings Time, 300
days of the week, 72
de, 81
deber, 194
decir, 156
definite articles, 35–36, 56
demonstrative adjectives, 222
demonstrative pronouns, 223
descriptive adjectives, 56
desires, expressing, 152
dictionaries, bilingual, 236
diminutives, 370–371
directions, 288
direct object pronouns, 263–265
dormir, 325

double negative, 115
Dudamel, Gustavo, 374–376
Dunaway-González, Karen, 236–237

E

Ecuador, 39, 280–281, 298, 300
El Salvador, 39, 184, 190–191, 200–201, 204
emotions, 388, 403
Equatorial Guinea, 39
-**er** verbs
  imperfect tense, 358
  present tense, 105
  preterit tense, 292
España, 39, 247–248, 251, 258, 268,
  271–272
Estados Unidos, 1, 5, 22–23, 39, 108–109,
  130, 229
estar, 80
  with adjectives, 121
  + location, 80
  in present progressive, 202–203
  versus **ser,** 121–122, 252
  uses of, 121–122
este/esto, 222
esto/eso/aquello, 222

F

family, 141–142, 145, 201, 318
family tree, 138
feeling(s)
  asking about how someone is, 10
  describing, 388, 403
food and beverages, 43, 52, 90, 111, 146, 243,
  249, 251–252, 271, 370, 383, 387, 389
formal forms of address, 7, 146
Fuentes, Diana, 127
furnishings, 177
future, with **ir** + **a** + infinitive, 109–110

G

García Bernal, Gael, 32
gender of nouns, 35–36
geography, 289
gerunds, 202–203
gestures, 245
godparents, 145
good-bye, saying, 8
greetings, 3, 6, 8
Guatemala, 39, 180–181, 184, 190, 195,
  208–209
Guinea Ecuatorial, 39
gustar + infinitive, 65

H

haber, preterit versus imperfect forms of, 403
hacer
  present tense, 155
  preterit, 292
  yo form of, 155
hace + time + **que** (ago), 296

Hispanic heritage, 108–111
Hispanics (term), 7
Honduras, 39, 228–230, 236–238
housing, 177, 182, 190–191, 193

I

imperfect
 preterit versus, 395
 of regular verbs, 358
 uses of, 395, 403
inanimate nouns, 35
indefinite articles, 35–36, 56
indirect object pronouns, 335–337
infinitive
 gustar +, 65
 ir + **a** +, 109–110
informal forms of address, 7, 146
intention, expressing, 109–110
interrogative words, 48
introductions, 6–7
ir
 + **a** + infinitive, 109–110
 imperfect tense, 358
 preterit tense, 292, 322
-ir verbs
 imperfect tense, 358
 present tense, 105
 preterit tense, 292

J

jugar, 151

K

Kahlo, Frida, 46

L

Latino/a (term), 7
life, stages of, 318
likes and dislikes, expressing, with **gustar** +
 infinitive, 65
linking words, 92, 343
location, with **estar,** 80

M

maps
 Argentina, 385
 Bolivia, 284, 289
 Chile, 393
 Colombia, 365
 Costa Rica, 148
 Cuba, 101
 Ecuador, 280
 El Salvador, 200
 Guatemala, 180, 208
 Honduras, 229
 México, 29
 Nicaragua, 216
 Panamá, 139
 Paraguay, 334
 Perú, 286, 289
 Puerto Rico, 60
 República Dominicana, 77
 Spain, 247
 Spanish-speaking countries, 39
 Uruguay, 316
 Venezuela, 354
Martí, José, 124

Martínez, Susana, 22
más/menos… que, 187
Menchú Tum, Rigoberta, 205
mentir, 325
metric conversions for temperature, 165
México, 29–30, 39, 41–43, 50, 52
Milanés, Haydée, 126
months of the year, 116
moods, 388, 403
Mujica, José, 341–342
Mulanovich, Sofía, 304–305
music, 103, 104, 126–127, 330, 377–378

N

nada, 115
nadie, 115
narrating and reporting about the past,
 291–293
nationalities, 39
-ndo form, 202–203
negative expressions, 115
Nicaragua, 39, 216–217, 220, 223, 224,
 228, 234, 235
ningún/ninguno, 115
nouns
 adjective agreement with, 36
 animate versus inanimate, 35
 diminutive forms of, 370–371
 gender of, 35–36
 number of, 36
 plural, 36
number (of nouns and adjectives), 36
numbers
 0 to 29, 12
 30 to 100, 41
 from 100 to 500 000 000, 185
nunca, 115

O

obligation, expressing, 152, 194

P

Panamá, 39, 139–140, 143, 154, 165, 171
para, 231, 300–301
Paraguay, 39, 334–335, 337, 338, 343–344
pastimes, 62
Pequeña Habana, 108–109
Pérez, Yamileth, 235
personal qualities, 331
Perú, 39, 286–287, 289
phone numbers, 42
physical appearance, 44
plural nouns, 36
poder, preterit versus imperfect forms of, 403
poner, 155
por, 230–231, 300–301
possessive adjectives, 144
preferences, 152
present progressive, 202–203
present tense
 -ar verbs, 85–86
 regular verbs, 105
 stem-changing verbs, 150–151, 155–156
preterit tense
 about, 291
 adverbs with, 291

 of **hacer,** 293
 imperfect tense versus, 395
 of **ir** and **ser,** 292
 regular verbs, 292
 stem-changing verbs, 321–322, 325–327
 uses of, 395, 403
professions and occupations, 34, 158–159
pronominal verbs, reflexive pronouns with, 197
pronouns
 demonstrative, 223
 direct object pronouns, 263–265
 indirect object pronouns, 335–337
pronunciation, and context, 136
Puerto Rico, 39, 60–61, 68
Pulido, Sandra, 20

Q

querer, preterit versus imperfect forms of, 403
questions, yes/no, 89
quién/quiénes, 48

R

redundancies, avoiding, with direct object
 pronouns, 263–265
reflexive pronouns, 197
reflexive verbs, 197
regular verbs
 imperfect tense, 358
 present tense, 85–86, 105
 preterit tense, 292
República Dominicana, 39, 76–78, 90

S

saber
 conocer versus, 166
 preterit versus imperfect forms of, 403
salir, 155, 156
Sánchez, Rick, 22
Santana, Carlos, 23
Santiago, Esmeralda, 91
seasons, 163
se construction, 253
ser, 33–34
 with adjectives, 121
 versus **estar,** 121–122, 252
 imperfect tense, 358
 preterit tense, 292, 322
 uses of, 34, 121–122
shopping, 224
siempre, 115
Sotomayor, Sonia, 23
Spanish (term), 7
Spanish speaking countries, 17, 39
sports, 63
stem-changing verbs
 present tense, 150–151, 155–156
 preterit tense, 321–322, 325–327
studying, materials for, 78
su/sus, 144

T

también, 115
tampoco, 115
tan/tanto, 187
temperature conversions, 165
tener, 45

tener que, expressing obligation, 152, 194
Tiempo Libre (grupo musical), 127
time
    adverbs of, 291
    and culture, 76
    of events, 296
    telling, 73–74
titles of respect, 11
todo/todos, 115
traer, 155
transition words, 343
tú
    usted (Ud.) versus, 7, 34
    vos versus, 146

U
Uruguay, 39, 316–317
usted (Ud.)
    tú versus, 7, 34
    vos versus, 146
ustedes (Uds.) versus **vosotros,** 34

V
Vallejo, Camila, 407, 408
Venezuela, 39, 354–355
venir
    present tense, 155
    yo form of, 155

ver
    imperfect tense, 358
    preterit tense, 322
vos, 146
vosotros/as, 34

W
want ads, 162
wants, expressing, 152
weather, 163–164

Y
yes/no questions, 89